本书是广东省教育厅基础教育信息化融合创新示范推广项目"基于学习数据的适应性教学模式在薄弱学校的应用研究"的研究成果

基于学习数据的适应性教学模式研究与案例

广东省教育厅基础教育信息化融合创新示范推广项目"基于学习数据的适应性教学模式在薄弱学校的应用研究"项目组 编

主编：姚轶洁　副主编：李海东　詹春青　汪晓东　吴竞　杨幼娟　梁春晓

广东高等教育出版社
Guangdong Higher Education Press
·广州·

图书在版编目（CIP）数据

基于学习数据的适应性教学模式研究与案例/广东省教育厅基础教育信息化融合创新示范推广项目"基于学习数据的适应性教学模式在薄弱学校的应用研究"项目组编．—广州：广东高等教育出版社，2022.10

ISBN 978-7-5361-7192-3

Ⅰ．①基…　Ⅱ．①广…　Ⅲ．①中小学-教学研究　Ⅳ．①G632.0

中国版本图书馆CIP数据核字（2021）第279898号

基于学习数据的适应性教学模式研究与案例
JIYU XUEXI SHUJU DE SHIYINGXING JIAOXUE MOSHI YANJIU YU ANLI

出版发行	广东高等教育出版社
	社址：广州市天河区林和西横路
	邮编：510500　　营销电话：（020）87554152　87551163
	http://www.gdgjs.com.cn
印　刷	广州市友盛彩印有限公司
开　本	787毫米×1 092毫米　1/16
印　张	35
字　数	880千
版　次	2022年10月第1版
印　次	2022年10月第1次印刷
定　价	82.00元

（版权所有，翻印必究）

前　言

教育现代化呼唤现代化教育技术。随着大数据、机器学习及相关计算技术在生产生活中的广泛应用，人工智能与教育的融合也越来越紧密。互联网、人工智能等新技术的应用正在不断重塑教育形态，推动知识获取与传授的方式、教与学关系发生着深刻变革。如何应用新技术有效提升教育教学质量已成为全球关注的热点。

2019年2月，国务院印发《中国教育现代化2035》，提出2035年"总体实现教育现代化、迈入教育强国行列"的总体目标，重点部署了包括"推动各级教育高水平高质量普及"等内容在内的十大面向教育现代化的战略任务，充分利用先进技术和推进模式，为我国教育现代化向均衡、充分的发展提供了指引。2019年5月，"国际人工智能与教育大会"审议通过的《北京共识——人工智能与教育》，提出"致力于引领实施适当的政策应对策略，通过人工智能与教育的系统融合，全面创新教育、教学和学习方式，并利用人工智能加快建设开放灵活的教育体系，确保全民享有公平、适合每个人且优质的终身学习机会，从而推动可持续发展目标和人类命运共同体的实现。"2020年3月，教育部发布《关于加强"三个课堂"应用的指导意见》，提出"促进信息技术与教育教学实践深度融合，推动课堂革命，创新教育教学模式，促进育人方式转变，支撑构建'互联网+教育'新生态，发展更加公平、更有质量的教育，加快推进教育现代化。"

教育信息化为"双减"赋能。"双减"后的教育质量必须依靠深化教育教学改革加以保障，通过信息技术与教育教学的深度融合有效促进"双减"政策落地。5G、边缘计算、区块链、脑科学等新兴智能技术为重塑教育生态提供了有效手段，为推动"双减"提供了重要力量和关键支持。如何通过技术赋能"实现个性而精准的教育""解放教育力""构建高质量的教育体系"是教育领域的重要命题。实践中，实现"基础教育高质量发展"的教育愿景依然面临诸多挑战：一是我国拥有全球最大的在校生规模，全国各省间、城乡间、甚至同区各校间的教学资源差异仍普遍存在，优质教育资源相对匮乏；二是教师研训内容、方式与教学实际需求不匹配，存在"断点式"培训、只研不训、研训不精准等问题；三是信息化教学平台与资源适用性不强，存在功能不完备、资源不适用等问题。

正是基于以上的背景和问题，为了更好地规划和引领未来教育教学，实现技术与教育教学的深度融合，促进数字教育迈向智能教育，广东省教育研究院联合华南师范大学、广东第二师范学院、广东技术师范大学等高校，以及各地市教育局、教研室，建构"教育科研机构＋薄弱学校＋高校＋企业"实践共同体，多方联动，开展了"基于学习数据的适应性教学模式在薄弱学校的应用研究"，在聚焦新技术支持的教育环境下，将基于学习数据的适应性教学模式应用于实践。为广大中小学一线教师、学校行政人员、教研员提供人工智能学习环境下开展智能教育、精准教学提供一些参考。

本书共分为两部分，简要描述如下：

第一部分为研究篇，介绍了传统信息化教学、疫情期间线上教学以及后疫情时代线上线下融合教学的三种不同课堂教学样态，介绍课堂教学研究总体的实践思路与创新做法。

第二部分为案例篇，择优集结了义务教育阶段各学科基于学习数据的适应性教学设计案例，展示了中小学各学科基于新技术应用的教学设计，以及高校专家、学科教研员对该教案的深度点评。

本书所列的案例均为广东省教育信息化融合创新示范推广培育项目的研究成果。相信在大家的共同努力下，数据驱动的适应性教学能够得到更好的发展。

姚轶洁

2021 年 6 月

目 录

研 究 篇

第一部分 探索在线教学新模式，提升在线学习效果 ………………………… 2
疫情期间基于"云课堂"在线教学的实践 ……………………………………… 2
疫情期间在线开展教研实践与思考 ……………………………………………… 8
移动互联环境下的初中体育教学研究 …………………………………………… 15
疫情期间开展常态化线上教育的策略研究 ……………………………………… 20
信息技术与初中英语阅读教学融合探究 ………………………………………… 24
疫情期间初中数学"小老师"引领线上教学课堂模式的实践 ………………… 29
从形式参与到认知参与——"以练代管"的在线教学法 ……………………… 34

第二部分 响应停课不停学，落实在线教学课堂实践 ………………………… 42
新冠疫情中体育课"以练代管"线上教学案例 ………………………………… 42
小学英语词汇在线教学探究——以《Unit 6 Jobs（Vocabulary and Target）》为例 …… 51
提升小学美术线上教学质量的优化策略 ………………………………………… 55
疫情期间开展高效线上小学数学教学的对策研究 ……………………………… 59
"一案到底"的道德与法治复习课线上教学案例 ……………………………… 63
网络环境下"以练代管"的初中数学复习课教学案例 ………………………… 72
在线教学环境下初中数学几何课翻转课堂教学的实践与探究
　　——以北师大版八年级下册"1.3.1 线段的垂直平分线"为例 …………… 78
居家实验作前置任务优化农村学校初中物理线上教学 ………………………… 86

第三部分 注重分层教学，促进均衡发展 ……………………………………… 94
互联网+教育精准扶贫视域下薄弱学校发展路径研究 ………………………… 94
巧妙十分钟，研究大不同——论小学语文课堂小练笔在平板分层中运用研究策略 … 105
平板分层教学策略在小学作文教学中的高效运用 ……………………………… 109

借助信息技术进行分层教学的试卷评讲课 …………………………………… 113
　　移动互联环境下的英语分层教学研究 ……………………………………… 121
　　小学英语写作教学中的平板分层教学探讨 ………………………………… 133
　　习题微课在小学英语平板分层教学中的应用
　　　　——以"Can I help you？复习课"为例 ………………………………… 137

第四部分　线上线下相混合，构建课堂新常态 ……………………………………… 142
　　巧用平板提高数学课堂教学效率 …………………………………………… 142
　　移动互联环境下的小学数学"学教并重"教学模式研究 ………………… 146
　　移动学习环境下的毽球脚内侧传接球教学课例
　　　　——人教版体育与健康七年级下册《毽球运动》……………………… 151
　　移动平板引入传统体育课堂研究 …………………………………………… 155
　　纸上得来终觉浅，绝知此事要躬行
　　　　——云平台下初中英语听说教学混合式课堂实践的思考 …………… 159
　　基于学习数据适应性的初中英语语法复习课教学模式 …………………… 162

第五部分　探索课堂新智慧，应用发展多元化 ……………………………………… 170
　　智慧课堂教学反思的基本框架 ……………………………………………… 170
　　基于手机直播的教师远程培训策略研究 …………………………………… 176
　　小学二年级美术单元主题微课程资源开发的实践分析 …………………… 185
　　智慧课堂是对薄弱学生的补偿 ……………………………………………… 188
　　思维可视化图示技术优化小学信息技术合作学习的实践研究
　　　　——基于学习共同体理论 ……………………………………………… 191
　　基于Microbit的跨学科教学课程设计研究 ………………………………… 198

案　例　篇

第一部分　小学语文教学设计案例 …………………………………………………… 211
　　我的好朋友 ………………………………… 广州市白云区颐和实验小学　郑兰兰　211
　　搭船的鸟 …………………………………… 东莞市寮步镇石步小学　陈超文　222
　　基于学习数据的适应性教学设计
　　　　——第四单元复习课 ………………… 广州市白云区颐和实验小学　潘福妹　231
　　西门豹治邺 ………………………………… 广州市白云区颐和实验小学　史宏清　238

围绕中心意思写 …………………………… 广州市白云区颐和实验小学 聂艳梅 248

鲁滨孙漂流记 …………………………… 中山市南头镇民安小学 黄倩玲 256

听故事，讲故事 ………………………… 中山市南头镇民安小学 温业霞 264

第二部分　小学数学教学设计案例 …………………………………………… 272

负数的认识 ……………………………… 东莞市寮步镇石步小学 钟凤仪 272

搭配中的学问 …………………………… 梅州市丰顺县实验小学 罗安娜 278

乘法的初步认识 ………………………… 广州市花都区颐和实验小学 杨明媚 290

生活中的比 ……………………………… 梅州市丰顺县实验小学 陈晓燕 302

圆柱的表面积 …………………………… 中山市南头镇民安小学 陈晓琳 309

基于学习数据的适应性教学设计　《比的应用》
………………………………………… 广州市白云区颐和实验小学 邹有花 318

第三部分　小学英语教学设计案例 …………………………………………… 326

Unit 1 My day Part B Read and write ………… 东莞市寮步镇石步小学 梁翠冰 326

小学英语语法《一般过去时复习》 ……… 广州市白云区颐和实验小学 黄泽虹 332

My Favorite Activities 词汇和句型 ………… 中山市南头镇民安小学 梁莉妍 342

Weather around the world ………………… 中山市南头镇民安小学 肖雪芳 350

第四部分　小学其他学科教学设计案例 ……………………………………… 360

有趣的剪纸娃娃 ………………………… 珠海市三灶镇中心小学 蒋尚霓 360

乘雪橇 …………………………………… 中山市南头镇民安小学 吴秀霞 366

炊具与餐具 ……………………………… 梅州市汤坑镇第一中心小学 谢柏安 375

橡皮泥在水中的沉浮 …………………… 珠海市三灶镇中心小学 黄洁婷 385

第五部分　初中语文教学设计案例 …………………………………………… 392

黄河颂 …………………………………… 佛山市顺德区容桂四基初级中学 陈思奋 392

第六部分　初中英语教学设计案例 …………………………………………… 405

M 11 Photos U 3 Language in use ………… 佛山市顺德区容桂容里初级中学 廖丽丹 405

黑布林整本书阅读《反恶霸小分队》导读课
………………………………………… 佛山市顺德区容桂外国语学校 陈淑英 412

Module 9 Population Unit 2 Arnwick was a city with 200 000 people
………………………………………… 佛山市顺德区容桂四基初级中学 姚晓玲 418

第七部分　初中数学教学设计案例 …… 429
　整式的乘法 …… 佛山市顺德区伍蒋惠芳初级中学　朱艺纯　429
　特殊平行四边形复习课 …… 佛山市顺德区容桂容里初级中学　李影霞　436
　《位置与坐标》单元复习
　　　　　　　　　　…… 佛山市顺德区容桂四基初级中学　李晓丹　444
　平方差公式（1）…… 佛山市顺德区容桂红旗初级中学　李东生　451
　等腰三角形复习课 …… 佛山市顺德区容桂容里初级中学　何言彩　460
　平行四边形的性质（1）…… 佛山市顺德区梁开初级中学　陈晓丽　468

第八部分　初中化学教学设计案例 …… 482
　　空气 …… 佛山市顺德区梁开初级中学　卓国香　482

第九部分　初中地理教学设计案例 …… 492
　　巴西 …… 佛山市顺德区容桂四基初级中学　曾思萍　492

第十部分　初中历史教学设计案例 …… 501
　复习秦汉时期：统一的多民族国家的建立和巩固
　　　　　　　　　　…… 佛山市顺德区梁开初级中学　莫肖容　501

第十一部分　初中物理教学设计案例 …… 510
　浮力 …… 佛山市顺德区容桂四基初级中学　卢煜桦　510
　焦耳定律 …… 佛山市顺德区容桂四基初级中学　陈镇华　523

第十二部分　初中生物教学设计案例 …… 531
　生物进化的原因 …… 佛山市顺德区容桂外国语学校　方志甄　531
　神经调节的基本方式 …… 佛山市顺德区容桂四基初级中学　梁艺华　539

第十三部分　初中道德与法治教学设计案例 …… 547
　美好生活需要法律 …… 佛山市顺德区梁开初级中学　林丽斯　547

研 究 篇

第一部分　探索在线教学新模式，提升在线学习效果

疫情期间基于"云课堂"在线教学的实践[①]

肖雪芳

> **【摘要】** 突如其来的疫情[②]，使在线教学成为教师必然的选择。本文根据疫情期间开展的基于"云课堂"在线教学实践，结合应用翻转课堂、直播教学，充分运用课前、课中、课后等环节，推进以学生为中心的教学改革，提出了一些操作性较强的教学对策建议，旨在为线上教学的开展提供参考和借鉴。
>
> **【关键词】** 云课堂　线上教学　翻转课堂

一场突如其来的疫情，使教师摇身一变，成了"主播"，家长变身为"班主任"，家里变成了"学校"，钉钉成了中小学生最受欢迎的东西。学生开始在电视机前或手机前参加升旗仪式，教师在钉钉里圈注批改作业。这次疫情，让教师与信息技术更为息息相关，从开始排斥到慢慢接受，从多次"翻车事故"到得心应手。线上教学这段时间以来，教师经历了一次次的教育信息技术革命带来的洗礼。

一、疫情期间的在线教学

开学时间推迟后，家长和教师都非常着急，担忧孩子学习的进度。到了二月底，线上教学的指导方案细则终于出来了。大家有欣喜——终于开学了，也有担心——教学效果有保证吗？教师变身为"主播"，学生居家学习，让 20 年前的一句未来设想成

[①] 本文是广东省基础教育信息化融合创新培育推广项目"基于学习数据的适应性教学模式在薄弱学校的应用研究"专项课题（立项编号：GDJJ201918）"一对一数字化学习下的小学英语词汇教学模式建构"的研究成果。原文发表于《教育信息技术》。作者单位：广东省中山市南头镇民安小学。

[②] 2020 年暴发的新型冠状病毒肺炎疫情，本书简称为疫情。

为了现实："到了 2020 年，我们不用去学校上学了，在家就能上课了。"疫情开启的，不仅仅是一场学生"学习的革命"，更是一场教师"学习的革命"。"云课堂"线上教学以来，教师纷纷开启学习模式，探索教学与信息技术相结合的旅程，积极响应教育部"停课不停学"的倡导。在钉钉的技术支持下，一起研究如何直播课堂、多群联播，研究如何在屏幕分享和摄像模式之间切换，研究麦克风和扬声器的使用，研究钉钉利用家校本的作业布置。在教师和家长的指导下，学生开始了线上学习，学会了连麦，也学会了参加"视频会议"和主持"视频会议"。学生第一次在屏幕中看到教师和同学熟悉的面孔，变得兴奋起来。

虽然隔着屏幕，但随着每一次"钉"的声音，已经沁入孩子心田。不同的时间、不同的空间，没有阻碍学习的脚步，师生勇往直前，停课不停学，离校不离心。

好的学习不是教师找到一种好的教学方法，而是给学生找到一个更好的机会去自我建构。疫情期间，学生在家自我教育，收心、静心、安心还需要专心。这正是教师给学生机会去发挥自我能动性的最佳时机。授人以鱼不如授人以渔，所以笔者在开学伊始做了一次停课居家学习的学法指导，从线上学习的要求到学期教材的要求，从语法的掌握到课外知识拓展的方法和渠道，都一一做了细致的说明，使学生更清晰学习的要求和目标，以及自我学习的一些技巧和方法。

二、"翻转课堂"促进学生主动学习

如果将学生的学习安排在教师上课之前，学生先自学相关内容，然后带着问题看教师录制好的视频，最后带着仍未解决的问题听教师授课，那么学生的主体性地位就得到了体现，教学效果相对更好，这就是翻转课堂。翻转课堂包括两个翻转，第一是时间的翻转。学生学习的时间在教师授课之前；二是学习内容的翻转，学生在教师授课之前先自学学习内容。所以会在课前先给学生布置任务，帮助学生自主学习，提高学生的个人学习力。

（一）前置性作业

移动互联设备为前置性作业提供了更大的可能性，如英语课文的电子书，教学光盘如金太阳软件，特别是一起作业的平台，为学生自学、预习提供了很好的媒介，减轻了家长的负担。教师通过布置一些前置性的作业，事先让学生上网搜索与课文相关的知识，做好知识的铺垫，如五年级下册英语的前三个单元都是 vacation 主题，可以发散学生的思维，去哪里 where，何时去 when，怎么去 how，跟谁去 with whom，去做什么 what to do。课前让学生自行探究，形成感性认识，激发学习的好奇心，这样到了课中，学生就有了表达的欲望。

（二）预习导学案

导学案使学生对学习目标和重难点可以提前把握，学生在导学案的指引下进行自我学习，教师根据导学案在课堂上进行预习的检测。导学案促使学生带着疑问去学习，去寻找答案，同时在教师讲评时带着疑问聆听，效果事半功倍。

（三）微课预习

网络上有较多的教学视频，如何将丰富的信息资源转化为课程资源。教师要选取适合学生学情和符合教材教学主题的相关微课视频，或根据自我需要录制好微课视频。积极搜索与课程相关的资源推送给学生，尽可能增加课程的趣味性、直观性，并拓宽学生的视野。既然"微"，就要求短小而精悍，能知"微"显"著"。微课预习，如同一个家庭教师陪伴孩子学习一样，让学生有身临其境的感觉。将班级学生分成互助学习小组，通过组长收集导学案完成及订正情况。

（四）学习互动小组

将学生分成若干小组，每组安排一个优秀学生做小组长起到引领作用。大家一起观看微课或完成导学案后，互评、交流、讨论。把较难解决的问题罗列出来，留待课堂提问。课后作业也可以在小组中交流，碰撞思维的火花。

（五）课堂疑难点拨

正式授课时因为学生之前做了大量的预习等，对教学内容已有了较深的认识，教师只需要点拨学生前期学习遗留的难题或者把说话权给学生，在教师抛出引导性问题后，由学生进行提问，别的学生来解答，在互动中解决教学的重难点，为学生传道授业解惑。明确在以学生为中心的云技术教学中，教师由场上"主演"变成"配角"，教师启发、引导作用大大加强。

翻转课堂以学生自主学习为主，教师课后答疑为辅，学主教从，以学定教。所以课堂可以采用钉钉的视频会议进行答疑。在翻转课堂学习中，教师要从单元出发，强调学生的预习、调查、收集、练习、自查、交流、分享、小结和汇报展示。

三、网络资源支撑下的多元"云课堂"教学方式

学校有丰富的在线资源和平台（钉钉、一起作业、优教信使等平台），需要对这些课程资源进行整合，并结合学生情况进行筛选，推送给学生自主学习或制定好教学计划，进行直播课堂，与学生在线互动学习。

（一）课前预习

利用预习导学案、微课、一起作业等资源和平台。采用"翻转课堂"教学模式，利用微课视频的推送、导学案或者一起作业进行前置性的作业布置，让学生自主学习，提高学习力。

（二）钉钉平台直播

使用钉钉直播，教师在线、露脸，有既视感、现场感。直播回放可以帮助稍弱的

孩子，遇到不会的问题，可以反复观看回看，可以根据个人的学习需求自主管理。课前播放与教学主题吻合的英文歌曲、动画、英语绘本等导入学习的主题，活跃气氛。声像结合，图文并茂，这适合小学生好奇、求趣、求新的年龄特点，让学生自然而然地进入到英语交际的情景。也进而减轻学生学习英语的心理负担，提高教学实效。钉钉课堂连麦，不仅调动学生学习积极性，还可以检测学生听课状态，提醒他们保持听课的专注性。

线上直播学习时长只有20分钟，要短小精悍，主题突出，重难点有突破，这对教师备课前期工作的要求很高。教师可以学习借鉴一些优秀的课例，如中山市疫情期间录制的名师课堂就是非常好的优质资源，先按单元备好课，再观看名师课堂，对比自己与名师的设计，取长补短，理清名师课程设计的思路和亮点，记录下录像课上的疑难点，并有针对性地设计点拨练习，完善自己的教学设计后再执教。

在英语教学中，因缺少英语情境的学习，学生无法亲身感受，导致学习效率低，所以在英语教学时，教学语境的创设可以从真实事件和体验入手，着眼于学生的亲身和身边经历，关注家庭和社区的关系和资源，把握教学契机。在开学第一课，笔者就自创英语绘本，就疫情事件进行了一节"Fight the virus"专题绘本教育课。

可以利用钉钉直播的多群联播的方式进行教学，减轻任课多个班级的教师的负担。联播时，采用屏幕分享模式，直接投屏电脑上可以操作的资源，利用电脑直接播放PPT。PPT在课堂教学中的运用，突破了以往课堂教学空间与时间的局限，化繁为简，化隐为显，对学生语言运用能力和思维能力的发展起到了非常好的作用。

（三）早读、午读

早读和午读的时间对于英语学习来说，非常重要，英语口语需要多操练才能熟能生巧。为了能看到每个孩子读书的情况，以及很好地跟学生进行互动，利用视频会议模式进入学习，要求每个学生露脸和开麦。这样教师就可以监管到每个学生读书的情况，请学生及时回答互动的问题或小组合作互动。

（四）课后作业

使用钉钉家校本布置作业，可及时了解学生上交和做题情况，学生还可以上传英语录音，教师也可以利用录音来诊断、点评，可文字反馈也可视频反馈，功能丰富。错题圈注批改，可以打回订正。教师要多写个性化的评语，充分调动学生的学习积极性。通过"优秀作业"的评定，激励学生形成良性的竞争。

采用家庭版一起作业平台作为学生的作业媒介工具。一起作业平台内容丰富，既有巩固性的课文跟读朗读的口语表达作业，也有相关的练习题，更有富有童趣的绘本和口语交际，学生乐在其中。用一起作业平台布置作业，可更多拓展和延续话题，如口语交际栏目、绘本阅读和趣配音等，以增加英语口语表达的机会。口语教学在信息技术的整合下也变得更生动有趣，在视频教学和纯正语音的熏陶下，学生的语感加强了，发音也更准确了。

优教信使平台的练习卷资源丰富。而且课后作业反馈分析数据精细，简单易操作。每单元一次英语小测，利用优教信使题库分层组卷，进行检测，帮助学生查漏补缺，也同时减轻了教师批改作业的烦琐，操作简单，有效及时反馈学生的学习效果，能帮助教师快速掌握学生学习的情况，如速度、错误率等，尽快做适度的教学调整和课后的跟踪等。根据学生的学习过程和结果，分析成因，因材施教，便于教师发现不同学生的学习风格，进行分层教学。

（五）提供个性化的答疑方式

作业的讲解除了使用钉钉作业圈注批改、语音留言等，教师还可录制微课讲解习题，对于学生在作业中出现的共性问题录制小视频讲解；或者请小组长录制小视频做"小老师"。教师也鼓励学生提问、质疑，可随时给教师微信留言或语音联系。

四、多形式开展学生学习跟踪

（一）班级每日总结反馈

开学初，给学生制定学习目标和激励机制。利用钉钉每天的直播数据和作业数据，教师可以进行一周内的学习数据反馈，记录学生作业等级和学习情况的学习轨迹，并以积分的形式反馈给每一个孩子，评定"优秀作业"，激励学生的学习积极性和提升学生的竞争意识。

（二）家校合作，共同促进学生学习

家校合作，每天在家长微信、QQ 群短信反馈学生作业完成情况及听课时长。小学生自律性不强，需要取得家长的帮助，保证在线学习的时间才能保证学习的效果。首先，鼓励家长，这是一个难得的能陪伴孩子那么长时间的假期，多一些陪伴，就能帮助孩子找到学习的误区和有的放矢地突破。再则，建议父母双方都加入钉钉群，互相监督孩子上课的数据、作业等，双管齐下。目前，家长大概分为三类：第一类，工作忙，不知道孩子有没有完成学习任务，所以需要教师及时反馈；第二类，手机软件操作不熟练，这就要求教师做好培训与沟通工作；第三类，置之不管的家长。孩子不做作业，不按时听直播、看录播，反复沟通，家长口头答应，却还是不督促孩子，这就需要教师与孩子做好沟通及时鼓励、奖励，让孩子自己找到学习的方法与信心，又或者让孩子找到学习伙伴，在小群里进行两两结对，互相督促。

（三）钉钉群师生互动

建立钉钉群与学生互动，学生可以提问和交流。也可以共享上传的课件、视频等教学资源。钉钉群里还有直播回放的功能，利于学生复习巩固。

（四）成立后进生帮扶小组和互助学习小组

线上教学面临的最大问题是后进生学习不主动，无法监测和跟进到他们的学习效

果。教师针对某一个知识点，将掌握不好的学生组成一个单独的学习群，通过小群监督可以达到更好的效果。其他学生分成互助学习小组，通过组长收集课堂笔记及导学案订正情况，同时汇总学生每日在线学习情况。

（五）作业布置形式多元化

为了丰富学生在家的课余生活，除了布置笔头作业、口语作业，还可布置做英语手抄报、制作绘本、拍摄视频等生动有趣的实践作业。鼓励学生进行课外阅读，建议学生每天完成《小学生英语阅读100篇》其中一篇并自行对答案。教师还安排了趣配音的活动，学生乐在其中，逐步提高了语感和英语口语的流利度。

智慧的"云课堂"，课上学生兴致盎然，课后富有想象力、创造力的作业成果展示令教师惊喜连连。线上教学的"云课堂"促进了信息技术与教育教学实践的深度融合，促进了育人方式的转变，是一种创新的教育教学模式。

五、结语

停课不停学，宅家不松懈。线上教学让学生和教师从最初的手忙脚乱到应用自如，从"被动"变为主动，改变了传统的教学模式，让师生有了新的交流平台，更加深刻记录了师生互动和学习的轨迹。线上学习突破了空间的限制，服务了教师，成长了孩子。学生是学习的主体，唯有调动好学生学习的积极性，才能让学生的潜力发挥出来。正如《英语新课程标准》（2011年版）中明确指出：英语教学要面向全体学生，教师要充分利用现代教育技术，开发教学资源，拓宽学生学习渠道，改进学生学习方式，提高教学效果。移动互联设备的应用是课堂教学方式的变革，使课堂得到了充分利用和延伸。

疫情期间在线开展教研实践与思考[①]

吴钊和

> 【摘要】停课期间的在线教研是随着在线教学的出现而产生的教研模式，是对疫情期间传统教研或常规教研方式的有效延伸。本文通过在线教研的实践探讨，帮助教师与时俱进，更新教育理念，使其在在线教学过程中不断反思探究，提升自身教学水平，促进教育教学能力的提升，确保在线教学有质有量。
>
> 【关键词】在线教学　在线教研

在疫情的影响下，新学期开学时间继续延期。得益于互联网的迅速发展，在全国上下掀起了一场在线教学的热潮。但是，教学离不开教研，在延迟开学期间，如何把传统的教研活动也做好，成了教学管理者和教师要思考的问题。因此，线上开展教研活动是一种创新的探索。

何谓在线教研？就是在停课期间，利用互联网平台把常规的集体备课、听课、评课以及教学常规检查放在线上开展的一种教研活动形式。开展在线教研是停课不停学的前提和保障，是确保高质量完成在线教学的基础。那如何才能把在线教研做好？可以从以下几个方面开展。

---

① 本文是广东省基础教育信息化融合创新培育推广项目"基于学习数据的适应性教学模式在薄弱学校的应用研究"专项课题（立项编号：GDJJ201917）"一对一数字化学习在小学数学差异化教学"的研究成果。原文发表于《教育信息技术》。作者单位：广东省中山市南头镇民安小学。

一、在线教研准备

（一）确定在线教学平台

全面开展在线教学是史上第一次，如何开展，采用什么方式，利用什么资源，通过什么网络平台开展，都是值得探究的。因为在线教学不仅关系到学生、教师，还关联到家长，一旦开局走错了方向，影响是很严重的。因此，选择怎样的教学平台，在这次在线教学中尤为重要。为此，学校在在线教学开始之前，组织了技术骨干组，研究如何开展在线教学、采用怎样的网络平台，以及使用怎样的模式。

目前，常用的家校沟通平台是微信群和QQ群，以及家校通平台。几种网络工具的优缺点对比（见表1）：

表1　几种网络工具的优缺点对比

工具	优点	缺点
QQ群	常用社交软件； 群内发放通知，操作简便快捷； 能在群内上传较大型文件，且文件存储时效长； 可以开展多人视频模式	应用在教学上，学生之间容易发生相互抄袭的情况； 多人视频会议模式有人数上限； 存在网络安全风险； 学生可能会安装QQ系列游戏，分散学习注意力； 教师整理批阅学生作业比较麻烦
微信群	常用社交软件； 群内发放通知，操作简便快捷； 也可以支持多人视频	应用在教学上，学生之间容易发生相互抄袭的情况； 教师整理批阅学生作业比较麻烦； 不能上传较大文件，且文件不及时查收会因失效而不能查阅； 采用多人视频没有办法同步播放教学课件
家校通	能即时发送短信通知	没办法开展更多的师生互动

通过对以上几种常用的沟通工具的功能研究，发现它们没有办法满足教学教研的需要。此时，需要一款交互方便，又能避开以上工具的缺陷的网络平台尤为迫切。经过在网上寻找、对比，发现了平常只是用来作为教职工考勤打卡使用的"钉钉"有此功能。通过初期组织部分技术骨干的教师试用、模拟，基本上形成了一套教研、教学和办公的线上模式。

（二）技术培训

开展在线教学，关键在于教师。全面开展在线教学是史上第一次，技术能力是摆在教师面前的一大难题，如何在短时间内让全体教师掌握在线教学的各项技能，以及熟练地应用于日常的教育教学工作上显得尤为突出。因此，开展在线教学前的教师技术培训是十分必要的。经过技术小组的努力，开展了一次全体教师的线上技术能力培训。从如何组建教学班，如何推送 PPT、微课、习题、音频等资料给学生，如何利用师生互动工具组织在线教学，到如何利用网络平台开展在线教研等环节进行了认真细致的讲解。

二、开展在线教研

教研工作是学校教学的一项主要工作，是另一种的教学形式，也是学习、交流经验的方式，"他山之石可攻玉"。在线教学同样也不能没有教研活动，因此，开展在线教研是确保高质量完成在线教学十分必要的一环，线上教研也在深刻地改变着教师的学习方式和工作方式。在线教研活动可以相互学习并借鉴别人的经验、理念、教学方法、技术特点，从而在在线教学实践中去改进自己的教学，形成自己的教学风格和教学特色。扎扎实实地开展在线教研活动，才能确保在线教学有质有量。

（一）开展线上集体备课

怎样把在线教学高质量地完成，单靠个人的能力显然是不够的，在教研组中开展集体备课是非常必要的，线上集体备课为教师的交流、互动、共同提高、共同发展提供了舞台。在在线教学前，由各年级学科组建年级备课小组，所有的备课工作都在备课小组中完成，资源都共享在备课小组中。

线上集体备课是集中智慧，引导教师加深对教材的理解、优化教学设计、提高线上课堂教学效益的一条重要途径，有利于充分发挥骨干教师的作用，带动和提高同组教师的教学能力。

（二）开展线上听课

听课，是学校教育教学计划的一项必备内容，也是教师必备的一项基本功。听课的目的就是为教师相互交流教学经验，切磋教学技艺，探索教学规律，取人之长补己之短，搭建一个良好的平台，以不断提高课堂教学水平。在线教研，也不能少了线上听课，尤其是在目前还没有一套成熟的在线教学模式的情形下，博采众长，通过线上听课，吸收经验，用别人的方法指导自身的教学，同时对自己的教学进行反思和研究，对于快速提升在线教学的能力是很重要的。

在线教学期间，学校落实了在线教研的工作，各科组根据科组计划，组织教师开展示范课交流、常规课交流等不同形式的线上听课活动。同时，也鼓励同年级同科目的教师互相听课，通过互听，发现集体备课中的优点和不足，为下一次集体备课提供更好的经验。

（三）开展线上评课

评课是教研活动中的重要一环，是同学科教师之间相互研究、相互交流与相互学习的一种有效沟通方式，也是开展各级教研工作的重要途径之一。在线教学中的在线教研活动，不能少了线上评课这一环节。线上评课打破了传统教研评课的模式，线上评课可以采取视频会议模式面对面交流，也可以采用文字表达的形式围绕着某些要点，通过社交工具进行讨论。

一般情况下，每一学科的教研组在每周的教研活动中开展集体听课后，都会组织科组成员开展线上评课交流活动，通过对上课教师的上课内容从设计、教学目标的达成、教学重难点的突破到教学环节中的优点和不足一一开展评述。

线上的评课交流，打破了传统评课的空间和时间限制，让教师有更多的交流机会，为在线教学提供了更多的宝贵经验。

三、在线教学管理

教学常规工作与教学质量是高度相关的。教学是否有正常的、稳定的秩序；教师是否有备课、上课、考试、教学研究等制度；学生是否有预习、听课、复习、作业、考试等严格的管理措施，是直接影响和制约教学质量的。同样，在线教学也不能缺少教学常规的管理，因此，把传统的教学常规管理工作搬到线上，开展线上的教学常规管理工作，是对在线教学质量的一个关键把控。这一模式，也可检验教学管理者的应变能力。

（一）开展线上巡堂

课堂教学是教育教学中普遍使用的一种手段，它是教师给学生传授知识和技能的全过程，主要包括教师讲解、学生问答、各项教学互动活动。课堂优质，学生才会优质；课堂创新，学生才会创新；课堂进步，教师才会成长。因此，优质的课堂教学才能保证教学质量稳步提升。那么，如何去把控在线教学的质量？那就需要教学管理者多下功夫，要适时开展线上巡堂工作，利用线上巡堂的机会，及时发现教师在线教学中的优点和不足，把优点作为经验供全体教师学习，把发现的问题在线下和相关教师共同探讨、解决，确保课堂的质量过关。

在在线教学开展前，学校教导处就制定出行政蹲级的管控措施，要求全体行政分级组进入相应班级的"钉钉"教学班级群，同时，校长和教学行政均进入全部班级群中，并制定了在线教学巡堂评价表（记录各班的上线人数、课堂效果和总体评价）、在线教学巡堂安排表。通过这样的操作，让全校的在线教学有较为严格的质量把关，同时也确保了教师能依规教学。

（二）开展在线教学常规检查

教学常规，就其广义而言，是学校教学管理实施的基本条例，就其狭义而言，是教师完成教学工作应遵循的基本原则。因此，按常规要求进行教学和管理，是各类学校完成教育教学目标最基本的措施和保证。在线教学期间，教学常规的检查也不能缺少，开展在线教学常规检查是保障在线教学质量的重要评价手段。

学校利用"钉钉"平台，在办公群中建好学校科组架构，设置好教师的常规材料文件夹，教师只要把在线教学的教学设计、教学课件、微课、学习单等常规材料放进个人文件夹中，这样备课组长和科组长就可以进行检查和评价。

对于学生的作业和学习效果的检查评价，可以利用班级"钉钉"群中教师布置的作业和练习的情况进行检查和监督。同时，为了激励学生认真开展线上学习，教学部门可会同德育部门评选出"学习之星"等优秀学生或进步的学生。

四、在线教研的实施成效

（一）教师教研能力得到提升

教师的教研能力是教师在教学实践中发现问题、分析问题、解决问题的能力，只有提高教师教研能力才能提高教师素质、提高教育教学质量。在线教学是疫情影响之下的一种新教学手段，很多教师都是第一次尝试，没有任何的经验可以借鉴，也没有完全可以直接使用的资源可以应用。踏踏实实做好在线教学期间的在线教研活动，既可以保证教学质量，又能让教师在线教学的能力和素养得到提升。通过调查（见表2），55.38%的教师认为自己通过线上教学能提升教学能力和教研能力，41.54%的教师认为略有提升，只有3.08%的教师认为原地踏步，调查结果在一定程度上说明了大部分教师认为线上教学能提升教育教学能力。

表2 在线教学过程中教师教育教学能力提升程度问卷

问卷题目	选项	小计	比例
线上教学过程中，你认为你的教育教学能力是否得到了提升	有很大提升	36人	55.38%
	略有提升	27人	41.54%
	原地踏步	2人	3.08%
有效填写人数			65人

（二）学生学习自觉性得到提高

教育在很大程度上要注重培养学生的自主精神和独立意识，这不仅是学生在接受学校教育阶段获得必要学科知识和基本生存能力的重要前提，更是出身社会后在人生事业方面有所发展的保障。由于疫情的影响，学校延迟开学，学生居家开展线上学习，相对于传统的在校学习，这在一定程度上对学生的学习自觉性有着很大的考验。学校通过在线教学常规的检查，一定程度上起着监督学习的作用，同时通过对学生学习表现进行评价，这使得大部分学生能在没有教师和家长现场监督的情况下，能端正态度开展学习，能自觉完成教师布置的各项学习任务。通过调查（见表3），60.1%的学生认为在这段学习过程中，个人的学习自觉性得到了提高，对线上学习也有着浓厚的兴趣。

表3　学生学习自觉性调查

问卷题目	选项	小计	比例
线上教学过程中，你认为你的学习自觉性是否得到了提高	是	491人	60.1%
	否	326人	39.9%
有效填写人数		817人	

五、存在的问题与对策

在线教学过程中，由于没有任何经验可以借鉴，在某些方面会存在一定的问题。例如教师在在线教学期间对于线上课堂的把控和学生的管理等方面都存在一定的困惑。通过调查，很多教师认为这两个方面在在线教学过程中必须重视，否则，在线教学的质量会慢慢变差。由于在线教学是在一个虚拟的课室中，学生和教师在不同的空间里，在短短的20分钟内，教师是没有办法掌控全部学生的学习状况的，也没有办法能够与传统课堂一样和学生面对面交流。如何解决这两个问题也是教学管理者要思考的问题。如何去做得更好、更合适，这也是在整个在线教学中的困惑。通过对全体教师关于在线教学中遇到的困惑的问卷调查（见表4），发现有69.23%的教师认为在学生管理方面存在一定的困惑。

表4　教师的困惑

问卷题目	选项	小计	比例
线上教学中，你在什么方面遇到困惑	备课	9人	13.85%
	上课	11人	16.92%
	学生管理	45人	69.23%
有效填写人数		65人	

在学生方面，也有学生提出自己的困惑（见表5），37.33%的学生认为课后作业存在一定的困难，这可能是他们在课堂上没有学懂，也可能是他们在课后没有得到适当的指导。突破这一难点，既需要学生自身去克服，也需要科任教师提供帮助，更需要教学管理者提供适当的指导。

表 5　学生的困惑

问卷题目	选项	小计	比例
线上学习过程中，你在什么方面遇到困惑	课前学习	248 人	30.35%
	课堂学习	264 人	32.31%
	课后作业	305 人	37.33%
有效填写人数			817 人

六、结语

"教无涯，研不止"，教和研是教学的双翼。只要有教学，就会有问题，就需要进行研究。随着教学实践的发展，已解决的问题可能会有新的变化，新的问题也可能会随之出现，这就需要持续不断地对教学活动进行关注、研究。在线教学是新出现的事物，虽然经验不足，师生之前也没有经历过，也不敢保证最终的教学效果如何，但是，只要在教学研究方面能扎实地开展，相信是能有收获的。

参考文献

[1] 石林. "互联网+"背景下网络教研设计与高效开展 [J]. 中国信息技术教育，2018，(2)：109-110.

[2] 蒋新成. 网络教研的现状分析与"互联网+教研"的设计 [J]. 基础教育参考，2017 (17)：39-41.

[3] 杨国顺. 浅谈如何进行听课与评课 [J]. 读写算（教育教学研究），2014 (5).

[4] 郝琦蕾，王丽. 新世纪网络教学研究的回顾与反思 [J]. 天津师范大学学报（基础教育版），2017 (2)：16-20.

移动互联环境下的初中体育教学研究

卢宝辉

> **【摘要】** 体育教学是素质教育中极为重要的一部分，对培养学生身体素质以及精神素质有着重要意义。因此，本文将初中体育作为研究对象，分析当前初中体育教学所存在的问题，包括教学素材单一、教学手段单调、教学受限于课堂以及忽视体育精神等方面，再围绕移动互联网进行探讨，提出相应的解决对策。建议教师挖掘互联网资源，丰富教学素材，利用互联网软件加强师生交流，发挥相关APP的功能以了解学生水平，借助多媒体技术增加教学趣味，播放比赛视频培养学生价值观，旨在提高初中体育教学质量。
>
> **【关键词】** 移动环境　初中体育　课堂构建

在素质教育引领下，我国体育教学也逐步进行改革。传统体育教学受限于学校场地、基础设施以及运动设备的影响，不利于学生的体育学习。在移动互联网促使下，很多学校也逐渐尝试将初中体育教学与移动互联网相结合，并取得显著效果。红旗中学是一所具有体育特色的学校，尤其在毽球、田径等项目有着较大的优势。因此，笔者结合红旗中学的体育教学模式进行相关研究。

一、初中体育教学存在的问题

（一）体育教学素材较为单一

目前，很多中学过于重视文化课程建设，却忽视了体育教学的重要性，将更多的

---

① 原文发表于《体育教育》。

资源投入到文化课程建设当中，而投入到体育课程建设的资源相对较少。学校没有过多的体育素材，初中生只能通过一本体育教科书去了解体育运动，无法全面深入地了解各项体育运动的性质、规则、技巧等内容。例如，初中生在学习网球知识时，如果学校没有建立网球场，教师通常只能让学生通过网球教科书去了解网球运动，而初中生难以通过理论知识去深刻了解网球运动，也没有更多的素材去全面认识网球运动。长此以往，学生将无法真正领略到网球运动的魅力，也难以学习到网球运动的技巧。

（二）体育教学受限于课堂

很多学校的体育课时相对较少，往往都是一周两节、一周一节等情况，使得初中生参与的体育学习时间十分有限。同时，中学体育教学更多依赖于课堂环节，教师主要都是在课堂上讲解一些体育知识，指导学生参与体育活动，而一旦体育课堂结束，教师就无法对他们进行课外教学指导。此外，初中生也缺乏自主的体育运动意识，课外之余很少会将时间花在体育运动的学习当中，这就难以提高自身的体育水平。归根结底，主要在于有些中学没有贯彻素质教育提出的"终身学习"理念，导致体育教学仅局限于课堂，在教学课堂之外无法对学生体育能力进行有效指导。

（三）体育教学手段比较单调

学校在开展体育教学时，主要由体育教师口头上对初中生讲解体育知识，再带着全体学生在固定的场地进行体育训练。例如，在进行排球教学时，教师先讲解排球理论知识，再指导学生在空闲场地进行排球训练。这种模式化的教学方式变化有限，不仅单调死板，使得课堂氛围一直处于沉闷的状态，也不利于教师对学生排球掌握程度的了解，难以根据初中生排球技术以及身体素质进行个性化一对一教学。长此以往，学生很难真正热爱排球运动，也无法掌握更深层次的技术动作。

（四）忽视体育精神的重要性

目前，我国明确规定了新课程的三维目标。体育运动并不局限于强身健体这一层次，还有更高的精神层次。然而，当前初中的体育教学主要关注知识与能力、过程与方法两个教学目标，忽视了情感态度与价值观的目标。长此以往，体育教学逐渐流于形式，教师只会考查学生的体育成绩，忽视了对他们体育精神的培养，导致学生容易在体育活动中产生放弃的心态，不利于提高学生对体育运动的认识，也难以提高其体育水平。

二、移动互联环境下初中体育课堂构建策略

（一）挖掘互联网资源，丰富教学素材

体育教学涉及方方面面，既要规范初中生训练姿势，还要帮助学生掌握各项体育运动的技巧。为此，教师可充分挖掘互联网体育资源，并将其进行有效整合，以便丰

富教学内容。例如，教师在开展毽球教学时，可提前在百度贴吧以及毽球网站上下载关于毽球运动的视频，如毽球比赛录像、毽球微课等内容，再统一上传到平板电脑当中。在课堂训练前，可将这些视频播放给学生观看，让他们深刻了解毽球运动，观察其他人踢毽球的姿势、技巧等方面，以便更快地融入毽球训练当中。同时，由于毽球运动的各个动作衔接较为紧密，导致学生并不能完全了解自己的毽球动作是否规范。教师可将每个学生的训练过程进行录制，等训练结束后让他们观看自己毽球训练的情况，指出每个学生毽球技术以及训练姿势的不足之处，将他们的训练动作进行慢动作播放，必要时反复进行回放；再根据初中生身体特点以及毽球水平提出针对性的建议，帮助其找到自己最适合的盘踢节奏，从而提高毽球教学质量。此外，在课堂结束后可指导他们自发下载自己需要的毽球运动视频，并在班级学生之间相互进行转发，充分挖掘毽球教学资源，使他们能够随时随地学习毽球技术。

（二）利用互联网软件加强师生交流

体育教学不同于其他科目的教学，其侧重于实践训练，要求教师能够做到言传身教，充分指导学生进行体育训练。为此，教师可利用互联网软件来加强师生之间的互动，及时了解学生在体育课堂中存在的疑虑，以便及时进行解答。例如，教师在开展篮球教学时，可先将班级全体学生拉到体育教学微信群当中，将每堂课的训练要求发布到微信群，并根据每个学生的训练进度以及个人能力来制定个性化学习目标。对于篮球技术欠缺的学生，可重点指导运球、三步上篮以及转身等技术的训练；对于投篮能力较弱的学生，可重点指导投篮姿势以及投篮技术的训练。由于篮球场地较大，学生人数较多，教师不可能同时关注到所有学生的训练，可引导学生将自己的训练实时结果发到微信群当中，如投篮命中率、三步上篮命中率以及运球过半场时间等，这样便可有效掌握每个学生的训练实际情况。同时，如果学生想在课堂之外自主进行篮球训练，也可以将自己关于篮球训练的问题通过微信群发给教师，必要时可以通过微信视频的方式进行远程教学，以此达到 24 小时教学目的。此外，也可以引导班级学生将自己的篮球心得通过微信群进行分享，加强师生、生生之间的篮球交流，以便更好地提高篮球水平。

（三）发挥相关 APP 的功能以了解学生水平

体育教学评价取决于学生体育测试结果，这就要准确了解学生体育锻炼的方式以及各项运动数据。为此，教师可下载相关的体育 APP，主要用来实时记录学生训练数据，以便对学生体育锻炼成果进行准确分析。例如，在进行田径教学时，可将班级学生所有的跑步成绩记录到 APP 当中，由 APP 自行归纳总结。教师可直观了解学生的各项数据，对比同一名学生的 100 米、400 米、1 500 米以及跳高、跳远的数据，分析这名学生擅长长跑还是短跑。如果这名学生的短跑成绩优于其他学生，在未来的体育教学中可充分挖掘这名学生的短跑潜力，亦可实现体育素质的教学要求。同时，还可以利用 APP 来对比同一名学生在特定项目的数据，分析这名学生通过一段时间训练是否有所提升。如果这名学生 100 米跑步一直徘徊在 15 秒，长时间都没有提升，教师可及时进行有效反思，一方面寻找自身原因，自己的教学方法是否适用于这名学生；另一方面寻找学生原因，这名学生心态、身体以及态度是否存在问题，从各个方面加以改进，以便有效提高这名学生的 100 米跑步成绩。此外，可引导学生在课外时间利用 APP 来记录自己的田径训练数据，自发了解自身田径运动的水平，并与教师共同制定一个训练计划，通过长期坚持来达到田径水平的提升效果。

（四）借助多媒体技术增加教学趣味

体育教学要求初中生进行大量体育运动。如果体育课堂气氛不够浓厚，就会导致学生厌倦、排斥体育活动。为此，教师应巧妙借助多媒体技术，设计具有趣味性的体育教学内容，避免出现千篇一律的口头讲解，而是主动去营造体育教学氛围，激发学生对体育运动的兴趣。例如，在进行乒乓球教学时，教师可利用多媒体技术巧妙制作一段新颖的乒乓球视频以及动画模拟视频，充分展示出乒乓球运动中发球、杀球、削球以及接球等多项技术，并且将这些技术重难点通过视频效果进行优化，这就增加了乒乓球教学乐趣，使学生能够尽快领悟到乒乓球的学习要领。同时，还可以让学生接触乒乓球游戏，让其通过玩电脑乒乓球游戏的方式加深对乒乓球运动的认识，逐渐对其产生兴趣，进而积极主动进行学习。此外，也可以在课堂中设计一些乒乓球娱乐竞赛，如发球比赛、双人表演赛等，让初中生通过协调合作的方式参与到活动当中，将乒乓球教学氛围提高，使学生全身心投入到乒乓球训练中。最后，还可以剪辑一些乒乓球比赛集锦，如孔令辉、张继科以及马龙在各大赛事中的精彩比赛，以让学生了解到乒乓球同样具有极强的观赏性以及趣味性。

（五）播放比赛视频培养学生价值观

体育教学并不是单纯让学生掌握各项运动的技巧，更重要的是让学生通过体育学习来领悟各项运动的意义。认识到体育运动既能够强身健体，还能够锻炼自己的意志力、团队协作能力以及心理素质，甚至可以体会到永不放弃、为国争光的精神价值。为此，教师可通过播放奥运会、世界杯等各项运动会的比赛视频，让学生感受运动员在场上的拼搏精神，激发他们积极向上的品质，培养他们的班级荣誉感以及国家荣誉感，增强他们终身运动的意识。例如，在进行足球教学时，教师可带领全班学生一起观看世界杯比赛视频，让他们深刻认识到足球运动的团队合作魅力，并感受到足球运动员在球场上"不断奔跑，永不放弃"的精神。同时，还可以播放一些著名球员的个人纪录片，如梅西纪录片，并讲述梅西的成长经历，让学生感受到梅西为了足球梦想而拼搏的经历，进而加强对足球运动的热情。此外，在进行排球教学时，可播放奥运会女排决赛视频，让学生感受到当时决赛的紧张氛围，并领略中国女排"不屈不挠，为国争光"的精神，使学生认识到排球不仅仅是一项运动项目，更是一项为国家荣誉奋斗的战斗，从而让学生形成正确的运动价值观。最后，向初中生灌输终身运动的理念，让其真正认识到体育运动不仅局限于课堂教学当中。在任何时间、任何场地都可以参与到其中,这也是素质教育下对体育教学的内在要求,只有这样才能培养出一批批热爱运动、坚韧不拔、积极向上、热爱祖国的初中生。

三、结语

体育教学是培养初中生运动能力以及体育精神的重要课程,将移动互联网充分运用到体育教学中,挖掘互联网体育资源,利用互联网软件加强师生交流,发挥相关APP的功能以了解学生水平,借助多媒体技术增加教学趣味,播放比赛视频培养学生价值观,可真正提高初中体育教学质量。

参考文献

[1] 蒙彩娥. 移动学习在体育教学中的应用及效果分析 [J]. 运动,2018(9):119-120.

[2] 张立新. 移动学习在中学体育教学中的应用研究 [J]. 中小学电教,2018(5):8-10.

[3] 卢向明. "翻转课堂"在中学体育与健康教学中实施的可行性探究 [J]. 体育世界(学术版),2018(7):31-32.

[4] 赵木桥,韦苏育. 新课标视角下体育微课在中学体育教学中应用的困境与对策 [J]. 当代体育科技,2018,8(27):5-6.

[5] 王树华. 浅谈心理健康教育在中学体育教育中的应用 [J]. 亚太教育,2016(17):211.

[6] 张家录,王晓萍. 基于云空间的高校课程教学方法变革研究 [J]. 中国教育信息化,2015(12):73-76.

疫情期间开展常态化线上教育的策略研究

周剑山

【摘要】受疫情影响，中小学延迟开学，各级各类学校积极响应教育部"停课不停学"的号召，纷纷组织师生开展线上教育工作。但在大规模开展常态化的线上教育活动过程中，出现了很多问题。本文分析了线上教育的特点，提出了系统规划方案，优选网络平台，科学管理，提高线上教育效率的策略。

【关键词】线上教育　常态化　策略研究

一场突如其来的疫情，打乱了正常的开学计划，教育部印发"停课不停学"的线上教育通知，各地学校纷纷利用线上教育平台和资源，积极开展线上教学工作。但在进行如此大规模的全媒体常态化教学过程中，很多问题也随之暴露出来：网络基础设备配置不足、学生监控不到位、教学和管理策略落后、教师应用现代信息技术水平不高……如何才能保持"停课不停学"的初衷，有序开展常态化的线上教育活动呢？

对于线上教育，教育部有明确的指引：要加强学生居家学习指导，合理安排作息时间，教学内容要适量，教学时长要适当，防止照搬套用正常课堂教学方式、时长和安排；要注重加强以爱国主义教育为主要内容的思想引导，将防疫知识、战"疫"先进事迹教育、生命教育、公共安全教育、心理健康教育等融入在线学习，增强学生爱党爱国爱社会主义的思想情感；要关心学生身心健康，引导学生加强体育锻炼，认真做好近视防控。在开展常态化线上教育的过程中，要以一种新的方式来思考，整体、务实、细致、创新地组织实施，要做好顶层设计、精选教学资源、优化学习平台、落实过程管理。

---

① 原文发表于《科教导刊》。作者单位：佛山市顺德区容桂外国语学校。

一、顶层设计：做好科学、系统的规划

线上教学有别于传统的线下班级授课，学校要清晰组织思路，细化分工，精心做好方案的顶层设计。线上教学的关键在于"学"而不是"课"，要搞清楚"学什么""怎么学"。学校要统一编制"线上教育"指导手册，从课程、教师、学生、家长等方面规范常态化线上学习，既要有正常的"课程表"，合理安排各个学科的课时，让学生有上学的仪式感，又要适当控制每节课的时长，尽量减少观看屏幕的时间，同时引导和监督学生适当进行居家环境下的体育锻炼。

课程是学校实施线上教育的基础和保证。统筹国家课程、地方课程、校本课程的安排，做到学科课程与综合课程兼顾。不能局限于教科书上的知识，面对这样一场疫情，我们除了教会孩子如何做好个人防护、养成良好的个人卫生习惯外，更应当传递一些有价值的理念和认知。我们要把灾难当作"教材"，把危机变成机遇。疫情之下，全国人民戮力同心抗击疫情，教会孩子们面对困难和挫折时，不要轻易放弃，而是要看到希望，努力前行；通过一线医生、护士、警察、志愿者和社区工作人员等一个个最美逆行者，教会他们无私奉献、勇于担当，在大我中实现小我；疫情让学生对野生动物有了更多了解，教会他们要与大自然和谐共处。要"五育"并举，让孩子接受生命教育、科学教育、社会教育、道德教育、责任教育与安全教育。

二、精选平台：安全、稳定、适宜

线上教学平台要在教育部门认定和推荐的范围内，以安全、稳定、适宜为原则，挑选符合校情和学情的网络平台。市场上有很多线上授课平台，良莠不齐，功能各有差异，如果不按照相关法律做好安全审查，就有可能造成学生信息泄露、出现恶意收费等问题。考虑到是常态化教学，选用的平台要具备以下功能：考勤、布置作业、提交作业、作业查看和统计、发放资料、观看资料、班级管理等，我们尽量选择一些大众化、知名度高、操作方便的学习平台，比如腾讯课堂、钉钉直播、QQ 屏幕分享、QQ 作业等平台，学生熟悉，操作简单，在疫情期间也是免费使用。从目前的实践经验来看，看录播视频进行预习，线上直播平台进行新课授课，线上提交、批改、反馈作业是较好的组合方式。

要把保护学生视力健康放在首要位置，培养学生养成良好用眼卫生习惯，按时做好眼保健操，经常进行远眺，调整好学习时间间隔。尽量减少观看屏幕时间，增加听讲时间，积极提供纸质教材和学习资料，防止学生用眼疲劳。

三、科学管理：扁平化和智能化

在线学习常态化，其管理是一个新课题。为方便信息交流，及时解决突发问题，可以采用扁平化管理方式。按照"一个中心，三条线，一督查"的管理模式，一个中心是指学校的线上教育指挥中心，由校长挂帅，集体研究，统筹部署；三条线是指教学、德育、后勤三条线，以德育为首，教学为中心，后勤做保障，分管的副校长和主任直接对接各年级；一督查是指督查组对各项常规工作的协调，检查督导。扁平化管理将教师放在第一位，给予非常高的尊重，能高效收集教师遇到的问题和建议，营造起积极向上的工作氛围。

管理即是服务，智能化的管理才能提供优质的服务。线上教育期间，以班为单位，各科单独建立 QQ 群，由科任教师担任群主或管理员，学生在群里进行课前接龙考勤，课后辅导答疑。对学生的管理，除了跟进学生是否在线、是否认真听课外，更重要的是聚焦学生是否认真思考、是否理解等内在的认知。我们将全校的行政、科级组长分配到各个群里，每天反馈各班的线上教学情况，对一些共性问题，提出优化建议，推送给全校教师。定期开展线上调查活动，掌握师生教学动态，及时调整教学策略，最大限度地提高教学效率。

四、教学内容：重视基础和方法指导

当前，把传统的课堂教学搬到线上，用课件替代黑板，教师认为讲得越多学生收获越大，学生思考缺少问题引领等现象普遍存在。防疫期间线上教学内容要以基础知识和方法指导为主，要按照"以学定教，以教导学"的原则进行设计和开发，包括学生自主学习、教师导学、学习评价等环节。可从以下几个方面入手：

（1）降低期望值托底教育。要重视基础知识、基本概念、基本规律、基本训练，站在学生视角。

（2）问题引领与目标驱动。

（3）重视师生互动与反馈。

复习巩固已学知识内容，特别是重难点内容和高频考点；选取必要且可学的新知识，尽量选取基础、学生容易掌握的内容；各学科学习方法指导、技能培训；结合当前疫情防控的学科研究性学习。

教育部和各级教育部门都积极审慎地提供了充裕、完备、优质的学习资源。教师要根据目标、学情、内容，结合线上学习特征和个人风格，认真选取、恰当加工、有效呈现精彩有趣的学习内容，使线上教育的效能达到最大化。要发挥备课组的集体力量，集体备课和个人二次备课相结合。基于学生的认知过程，做好教学设计，线上学习的内容和难度要略低于课堂教学，尤其是在刚开始的时候要循序渐进，如果难度太高，师生都可能受打击，产生畏惧心理。

五、教学方式：创新性、个性化

科学设计学习环节和流程，不要过于依赖录播或直播讲授。线上教学的本质应该是"教师指导下的自主学习"，重点在于教师"利用信息化条件支持学生自主学习"。因此，教师要充分运用信息化方式，设计和实现"统计分析学情—激发学习动机—提供学习资源—解析知识要点—疑难问题解答—组织讨论交流—布置练习并评析"等环节。教师要创新线上教学方式，将教学内容碎片化、精炼化，建立知识体系框架，凸显教师作为课堂组织者与引导者的作用。

充分发挥线上教学在数据分析、学情诊断、跟踪反馈方面的优势，开展个性化教学。学习平台具有"测验""统计""错题纠正"等功能，可以跟踪每位学生的学习情况，帮助教师及时发现学生的学习问题。对普遍问题或需要强调的问题，采用直播方式评讲，也可以录制视频发布，供同学们查看。录制的视频要短小聚焦，注重问题化、情境化、趣味化。对一些个别问题，采用一对一的线上辅导方式，发布学习任务或练习给学生，并要求学生提交，然后针对学生的作答情况进行点评和补充讲解，实现点对点的个性化教学。利用好线上学习平台的数据统计，一样可以进行分层教学，而且更有时效性和针对性。

这种大规模常态化的线上教育是前所未有的，师生不适应、不熟悉是正常现象。每一位教育工作者都要立足当下，着眼未来，思考构建"学校+云校""线上+线下"相结合的新学校模式，形成"人人皆学、时时能学、处处可学"的新学习范式。

参考文献

［1］杨金勇，裴文云，刘胜峰，等．疫情期间在线教学实践与经验［J］．中国电化教育，2020（4）：1-13.

［2］李斌．基于微课的线上线下混合式教学模式研究［J］．宁波广播电视大学学报，2019（17）：87-89.

［3］汪彩梅，李正茂．线上线下融合模式下智慧课堂教学实践［J］．软件导刊，2019，18（11）：196-198，202.

信息技术与初中英语阅读教学融合探究

罗晶晶①

> **【摘要】** 2020年，受疫情影响，网络课程得到迅速应用和推广。在网络教学下，信息技术与初中英语阅读教学融合在实践上显得愈加重要。阅读是初中英语教学的重中之重。如何利用信息技术，促进信息技术与英语阅读教学的有效融合，最大限度地培养和激发初中学生对阅读的兴趣，提高初中阅读教学的效率成为重要的英语教学研究课题。因此，本文研究在网络教学的情况下，以外研版初一下册：Goldilocks hurried out of the house为例，探讨如何运用信息技术在课前、课中和课后展开英语阅读教学，探究利用信息技术提高初中英语课效率的有效途径与策略。
>
> **【关键词】** 信息技术　初中英语　阅读　融合

阅读是初中英语教学非常重要的环节。英语阅读在英语教学中的重要性和作用不言而喻。2020年，受疫情影响，网络课程得到迅速应用和推广。在网络教学下，信息技术与初中英语阅读教学融合研究显得愈加重要和迫在眉睫。

根据对笔者学校三个年级的学生进行问卷调查发现，超过90%的学生都意识到英语阅读的重要性，然而却只有约64%的学生比较喜欢阅读；约81%的学生认为将信息技术融入英语教学有助于他们的英语阅读学习（见表1）。因此，信息技术与初中英语阅读教学融合是十分必要的。信息技术与英语阅读课的融合，可以优化教师教学模式与学生学习方式，提高教师阅读教学的能力，激起学生阅读的兴趣，为学生提供宽广全面的阅读体验，提高学生的阅读能力。那么，如何把信息技术与初中英语阅读教学进行融合呢？本文将对此问题进行探索。

---

① 作者单位：佛山市顺德区容桂兴华初级中学。

表 1 调查表

1. 你认为英语阅读对于英语学习是_____。[单选题]

选项	小计/人	比例
A. 非常重要	1 205	65.7%
B. 比较重要	508	27.7%
C. 一般	112	6.11%
D. 不重要	9	0.49%
本题有效填写人次	1 834	

2. 你对英语阅读学习感兴趣的程度_____。[单选题]

选项	小计/人	比例
A. 非常喜欢	418	22.79%
B. 比较喜欢	755	41.17%
C. 一般	603	32.88%
D. 不喜欢	58	3.16%
本题有效填写人次	1 834	

3. 你认为融入信息技术的教学手段是否对你的英语阅读学习有帮助？_____[单选题]

选项	小计/人	比例
A. 非常有用	669	36.48%
B. 比较有用	820	44.71%
C. 一般	315	17.18%
D. 没有帮助	30	1.64%
本题有效填写人次	1 834	

本文研究在网络教学的情况下，以外研版初一下册：Goldilocks hurried out of the house 为例，研讨如何运用信息技术在课前、课中和课后展开英语阅读教学，探究利用信息技术提高初中英语课效率的有效途径与策略。

一、利用网络平台让学生在课前预习课文

为了更好地理解和掌握课文，学生需要掌握必要的单词、短语和拥有阅读所需的其他相关的文化背景知识的储备。教师可以根据文章主题为学生提供相关信息和背景知识，让学生为阅读做好知识储备和准备。例如，教师在网络学科教学平台上，发布一些单词的读音、图片和视频，直接、生动、形象地向学生展示和提供将要阅读所需要的单词和文化背景知识。此外，教师还根据教学内容安排与主题相关的任务，引导学生利用网络以个人或团体的形式找到相关主题的资料，自主去了解和探究阅读所需要的背景和知识，培养学生自主探究能力和合作能力。再如，在讲授 Goldilocks hurried out of the house 前，先在翼课网平台发送单词录音让学生先学习熟读本模块的单词，同时在高分云平台推送关于这个故事的相关图片，让学生们对这个故事产生兴趣，对故事里的角色和内容有大体的理解。另外布置任务，让学生去了解故事的作者等一些背景知识。这样当学生在课堂上阅读时，他们就可以更好地理解课文了。

二、利用信息技术提升课堂教学效率

（一）利用信息技术展开课堂导入，激发学生阅读兴趣

课堂导入是整个课堂教学活动的第一步。只有设计良好的课堂导入环节，激发学生的阅读兴趣，才能为下一步的阅读教学打下良好的基础。首先，根据新课程的基本内容设计阅读导入的基本内容，制作电子课件，并适当插入一些图片、视频或音频。然后，通过图片展示和视听播放的方式，有效地进行导读过程，充分激起学生的阅读兴趣，激发学生对下一步内容的强烈好奇心，有效地提高阅读教学的效率。

例如，在讲授 Goldilocks hurried out of the house 时，为了激发学生的阅读兴趣，在导入环节，笔者利用信息技术为学生播放了一段 Goldilocks 故事前半部分的视频。学生通过视频，了解了本节课的学习主题，激发了探索下一个故事情节发展的好奇心。这有效地激起了学生的阅读兴趣，增加了课堂教学的活跃气氛。

（二）利用信息技术缔造阅读情境，提升学生阅读效率

阅读情境的还原或者缔造能够有效引发学生情感态度体验，提高学生对课文的阅读理解能力，提升阅读效率。所以，初中英语教师要充分运用信息技术缔造阅读情境，即利用多媒体教学设备用图片、影音、视频、文字、音乐、动画等形式，将英语阅读内容直观、形象、立体地展示给学生，让学生体验视觉和听觉的双重感官刺激，调动学生学习的积极性，从而使学生对阅读文本内容迸发强烈的情感共鸣，更好地理解阅读内容。同时，它活跃了课堂教学气氛，提高了英语阅读教学的效率。

例如，在讲授 Goldilocks hurried out of the house 时，笔者先利用信息技术，向学生

展示文章中出现各种动作的图片，让学生掌握 walk into、point at 等新的单词和词组的表达。学生读完后播放 Flash 动画教学，让学生有身临其境的感觉，加深对课文的理解，增强阅读信心。在关键短语和句型的教学中，运用 PPT 向学生展示单词、短语等，采用不同的字体、颜色、flash 动画等方法，突出教学的重点和难点。这不仅会激发学生的学习兴趣，还会加深他们的印象和理解。这样，在初中英语教学中，利用信息技术创设情境，让学生能够积极参与课堂学习活动，提高阅读效率。

利用信息技术，根据学生的阅读水平进行分层训练。

学生完成课本的阅读后，可以在网络平台上设置网上练习，检验学生的掌握程度。根据学生测试的水平选择难度不同的相关文章，在网络平台进行分层练习。利用网络教学平台进行训练，既能够减轻学生对阅读的畏难情绪，又能够达到即学即练、及时反馈、精准辅导的效果，使学生的阅读能力能够得到迁移和提高。

三、课后利用信息技术丰富课外阅读训练，开阔学生阅读视野

传统教材有些内容更新跟不上时代的发展，语言相对陈旧，题材有限，与学生的现实生活脱节，而且具有局限性，学生难以真正明白课文的内容和知识。也就是说仅仅依靠英语教材并不能满足教学和学生的阅读需要。这在一定程度上限制了学生英语运用水平的提升，不利于学生阅读的积极性。而网络有着非常丰富的资源，比如图片、新闻资讯、时事评论、音频视频等。同时互联网资源在不断更新，具有很强的时效性，可以为学生提供最新的相关资料，帮助学生拓展知识面，扩大最新的词汇使用，增加阅读材料中的社会知识。因此，初中英语教师可以利用信息技术丰富学生的课外阅读模式和内容，拓展学生的阅读视野。具体来说，英语教师可以通过网络平台，例如翼课网、高分云等，收集网络资源和阅读素材，并组织学生进行阅读训练，对学生进行课外阅读素材的补充。这样可以克服教材的单一性和滞后性，实现课外阅读教学方法的转变和内容的丰富，拓宽学习面。例如在讲完 Goldilocks hurried out of the house 后，可在网络平台布置一些其他英文故事的阅读，如 Snow white 等，以延伸本单元"story"这一话题，让学生了解更多的英文故事的结构和意义，增强学生的文化知识。

信息技术与英语阅读教学的整合是教育信息化发展的必然趋势。信息技术与英语阅读教学的结合不仅能激发学生的阅读兴趣，还能使他们享受更好的学习生活，有效促进教学重点和难点的突破，提高学生的英语阅读效率，培养学生的综合阅读能力，拓展他们的知识面，锻炼他们处理信息和语言的综合能力。因此，作为初中英语教师，我们应该与时俱进，不断创新。探索网络课程下信息技术与英语阅读课的融合，优化英语阅读教学，提高初中英语阅读教学效率。

参考文献

[1] 高永泽. 有效运用信息技术，优化英语阅读教学 [J]. 中学生英语, 2016 (2).

[2] 陈琼玉. 军校学员教育与管理 [M]. 北京：国防大学出版社, 2004.

[3] 冯杰. 巧用信息技术打造初中英语阅读高效课堂 [J]. 海外英语, 2017 (3).

[4] 陈莉莉. 基于信息技术的英语阅读教学研究 [J]. 学园, 2011 (4).

疫情期间初中数学 "小老师" 引领线上教学课堂模式的实践

朱艺纯[①]

> **【摘要】** 受疫情影响，全国师生开启了第一次线上教学的尝试。此次尝试给我们带来一个信号：信息技术的发展飞快，需要我们加快脚步，在线上教学进行授课的同时，更要做到开发学生的实际操作能力，提升学生的科学创造力，在课堂上鼓励学生作为"小老师"线上展示。不仅做到线上教学要达到我们教育的目的，同时也要让线上教学给学生提供一个自我成长的平台。用现代科学技术方法的教学，以学生为中心，强调师生协作，给予学生更多培养自主学习能力的条件和展示自我的平台。
>
> **【关键词】** "小老师" 自主学习 展示自我

一、课堂信息技术的应用

（一）线上教学平台与工具

在线上教学过程中，主要使用高分云平台和钉钉两种应用。

高分云平台是一种在互联网环境下开展教学任务，可以做到课前教师先通过平台布置预习任务，学生进行预习提交预习反馈，教师再根据学生预习的反馈二次备课；课中在课堂上可以更好更有目的性对疑难问题进行针对性解决；课后进行作业批改，学生可以查看批阅情况，进行改正，达到很好的翻转课堂的效果。

---

① 作者单位：佛山市顺德区伍蒋惠芳中学。

钉钉最大的优势在于线上教学期间，师生可以通过视频会议即时互动，包括答疑解惑、反馈点评等。并且，在视频会议的同时共享桌面，包括上课需要演示的PPT、导学案等资源都可以通过共享桌面实现，做到了逼近线下课堂的效果。

（二）线上教学过程（见图1）

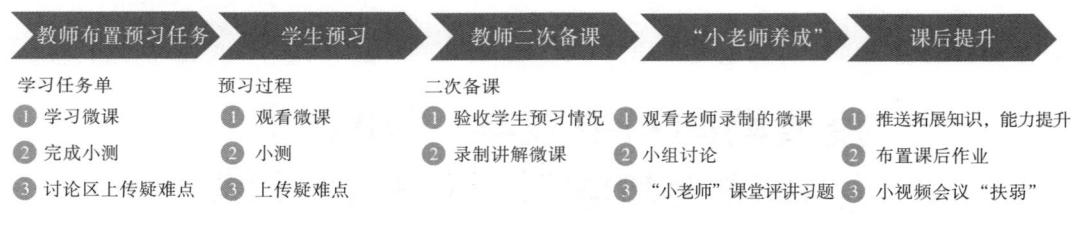

图1　线上教学过程

二、线上教学课堂模式构建——以初中数学《整式的乘法》为例

（一）线上教学师生活动

1. 教师活动

（1）课前，教师先在高分云平台创建课程，丰富本节课相关教学资源，布置任务单给学生预习。任务单包括课前预习小测、主题讨论，让学生在预习的过程中完成规定任务，以此预防学生走马观花，可更好地组织学生预习。同时教师关注学生完成预习的用时，督促他们认真对待。根据学生的预习用时，分层次了解学生对预习内容的接受程度，从而在之后的教学，不断完善预习任务单。

（2）教师通过学生的预习情况，根据学生错得比较多的部分，分析本节课的薄弱环节，以便在课堂上着重评讲。对学生不懂的部分，进行疑难解析。同时，高分云平台可以对学生的客观题进行自动批改，教师在布置预习任务的时候，客观题的设置可以连接相应知识点，则教师可更快地根据图表，得到学生的学情反馈。针对学生错得比较多的题目，教师可以选择录制习题微课，发布在平台供学生观看，既可对"小老师"进行能力提升，也可使基础较差的同学补强基础。

（3）课堂上根据"小老师"的评讲，适时补充。在课堂的后半段时间，进行课堂总结，对知识进行提炼。课后分层布置习题，学有余力的同学要适当推送拓展知识，促进能力提升；基础较弱的同学，将习题进行分割，教师再次通过视频会议（小部分人）进行讲解。

2. 学生活动

（1）对照任务单完成预习任务，预习过程中标记不熟悉的题目，在讨论区上传预习过程中遇到的疑难问题。

（2）第一次预习任务完成后，观看教师录制的习题微课，根据预习情况解决问题。

"小老师"可以通过观看微课，对照自己对题目的理解，检测自己对知识点的掌握情况，加强对知识的表达；基础较弱的学生对照自己的错题进行错题纠正。

（3）"小老师"讲解习题过程中，熟悉利用信息技术进行课堂展示。有电脑的可以使用电脑共享桌面，没有电脑的使用支架将平板摄像头当作实物投影仪。这个过程中，学生既熟练了线上教学的技术性操作，也用"小老师"的身份去感受了线上教学的优劣。

（4）课堂上对教师的总结做好笔记，根据自己的学情完成课后分层作业。

（5）课堂结束后其他学生对"小老师"进行点评，"小老师"和教师沟通，梳理本节课的优点与不足。

（二）线上教学模式构建

学生的素养培养是教育的重点，除了学习学科知识，更要在学习的过程中，学会翻阅资料，预习备课。在课堂授课时，对其他同学突发的提问尽量有所预设，主动想办法解决。因此，在"小老师制"的线上模式下，先是教师布置预习任务，学生完成，接着"小老师"再根据前置预习内容进行备课，然后线上进行授课。

（三）线上教学效果分析

通过实施"小老师"引领线上教学的课堂模式，在教学中取得了以下进展。

（1）教学中对学生的学情监控和课前预习的评定有据可循。根据学生的做题情况，进行学情跟踪。高分云平台也会监察学生完成预习的时间，对完成时间过短，敷衍完成的同学起到监督作用。高分云平台在评估过程中综合了学生看微课、小测等学习行为，对学生学情分析有一个直观清晰的呈现，后续对薄弱知识点进行智能补强，科学有效地对线上学习过程给予评定。

（2）微课方面，在课后调查发现，学生对于微课的选择倾向于知识点的讲解和经典例题格式的解析，因此在录制微课过程中，不要局限于录制PPT，而要将镜头投向学生做不好的地方，进行着重讲解，可以让学生反复观看不断加深理解。

（3）学生对课堂参与度提高。与以往线下"小老师"的教学模式相比，线上教学的"小老师"模式更受欢迎。一方面锻炼学生的知识整合能力、表达能力，另一方面学生在与教师的备课沟通中学习了线上教学技术，多掌握一项技能。每节课后其他学生对"小老师"进行点评，给予宝贵的意见，"小老师"在经历中获得了成就感，拉近了学生与课堂以及科技的距离。

（4）教师及时进行反思。课堂小测设置与知识点关联的客观题，进行自动批改，更快检测学生对知识的掌握。同时暴露教师在教授过程中存在的问题，锁定知识漏洞，及时反思并纠正。

三、总结与启示

（一）优点

（1）课堂有学生做"小老师"，让其他学生更加深入观察线上教学，用不同的角度去广泛感受科技，可以收到更好更全面的课堂反馈。

（2）提供"小老师"展示自我的平台。不同的"小老师"对于问题的思考有不同的角度，知识的碰撞利于学生发散思维，多方面思考问题。

（3）学生获取资源的手段更丰富。学习过程中，不仅可以通过教师提供的资源去学习备课，还可以在小组讨论时互相分享讲解视频，打破线上教学教师一言堂的局面。

（4）小组讨论过程中，提高了学生使用电子设备录制视频讲解习题的技术和对知识的表达能力。通过线上小组讨论，加强了同学之间的合作。比起线下课堂的小组讨论，线上小组讨论更需要学生的组织能力和归纳能力。

（5）课前、课中、课后都让学生全程参与，更好地体现了以学生为中心，加强学生互相协作的能力。

（二）不足

（1）线上上课因受网络和设备的影响而存在局限性，课堂的完整性不稳定。需要教师和学生都保持网络和设备的稳定，课堂质量才有所保障。

（2）因线上上课须使用电子设备，导致部分自控力不强的同学，会偷偷使用电子设备做与课堂无关的事，造成学习精力的涣散，致使教学进度受阻，教学节奏不流畅。因此，在线上教学过程中，教师要经常关注学生的摄像头，注意学生的动作，这是一件花费时间和分心的事情。正确处理好信息化教学和课堂管理之间的关系，是需要重点解决的问题。

（3）有些学生上课不认真，没有达到应有的效果，课后作业利用电子设备上网抄答案。因此教师批改时要关注每一个步骤，上课期间要单独点名同学回答问题。检验学生的课堂提问比课后作业更具信度。但是在课堂时间上，常常因学生与教师互动时设备的连接而花费时间。

（4）学生的学习环境需要保持安静，但学生家里的环境，常有各种声音对学生造成影响，不能够构成正常的课堂环境，让学生分心，无法专注课堂。

（5）有些同学对"小老师"参与度不高，经常不发言，课堂上"隐身"，而教师因为不能家访只能电访来与同学联系，这对于懒惰的同学作用不大。因此线上教学要提高"隐身"同学的积极性，是需要重点解决的问题。

（三）未来研究方向

（1）将线上教学作为分层教学、培优扶弱的契机，通过"小老师"授课，培养学生的表达能力和知识整合能力。

（2）假期鼓励学生利用教学资源，进行自我提升。

（3）将线上教学和"小老师"模式相结合，提高教师的教学能力。

四、结语

任何新生事物的推行与实施都需要一线教师在实践中不断尝试与探索，调动学生参与课堂，聆听来自学生与教师的声音，获取真正改进的方向，让学生在学习过程中做到"德智体美劳"全面发展，让线上教学发挥出应有的作用，成为疫情之下提高教学质量、提升学生素养的有力方式。疫情对课改来说既是一次危机，更是一次契机。学生的发展是祖国未来的发展，通过"小老师"引领线上教学，做到"小老师"与线上教学双融合，用科技改变现在的教学环境，成为科技的亲历人，为之后的教学提供更好的方向。

从形式参与到认知参与
——"以练代管"的在线教学法

汪晓东[①]

按教育部要求,返校前大中小学都采用在线课堂教学(俗称"网课")的方式开展教学,多数学校的实践主要采取两种方式:一种是直播,教师边讲学生边听,就像在教室上课一样;一种是录播,先录好视频传到网上,学生学习后教师找时间统一给大家答疑解惑。两种形式各有优劣,很多专家做了分析,此处不赘述。

一、目前存在的问题

上述两种方法都有一些问题难以解决:
1. 留得住学生的人,留不住学生的心

虽然有很多理论阐述学习是一件快乐的事,但对于多数同学而言,这个论断并不成立。常规课堂里,大部分同学基本可以实现主动或被动地学习,因为教师可以直接观察到学生的参与状态并施加干预。改成网课,教师无法有效观察和干预学生的学习。一旦失去有力的约束,相当多同学就很难持续保持专注力,影响学习效果。

许多学校和教师尝试了不同的控制方法。例如在直播时,要求学生签到,学生听课过程中要不时回复数字1以表明自己在听课,或者开摄像头以便教师监控。这些方法或多或少有一定作用,但约束力远不如常规课堂。

录播似乎更符合在线教学异步时空的特点,可学习效果仍然不佳——过去几年MOOC的辍学率可以充分证明这一点。

所以,看起来学生都在线上,但他真的在课上吗?
2. 无法观察到学生的认知状态

常规课堂本来就缺乏有效判定学生认知状态的方法,学生是否听懂了?有多少人

[①] 作者是华南师范大学教育信息技术学院副教授。

听懂了？问题集中在哪里？不得而知。"同学们听懂了吗"这种无效提问，是包括笔者在内的绝大部分教师经常使用的方法。但面对面课堂，教师对学生的实时观察（包括看学生的反应和学生做练习时的巡堂）多少还能提供一些有用的反馈信息，转成网课，连这些初级的反馈都很难获得。

一些教师尝试在直播课堂通过学生的文字回答和摄像头来观察学生的认知状态，但收效甚微，因为这两者最多能反映出学生的行为参与状态，但反应不出认知参与状态。

另一部分教师则希望通过答疑解惑来判定和解决学生的问题，这个想法很好，可是操作起来特别低效。即便是常规课堂，教师也不能让学生随时提问并即刻解答——那样的话，你的课堂大概率是低效甚至是崩溃的。网课的交互效率远低于常规课堂，效果更差。这种方法会导致多数学生觉得学不到东西，进而影响后续学习的积极性。

3．家长的焦虑

平时上学，家长把小孩送到学校，基本就不操心了，默认孩子在学校能学得很好。现在上网课，家长对这种新形式不了解，也不信任，更容易引发焦虑。尤其是家长复工而学生又未返校时，家长无法控制孩子上网，又不得不让他上网，进退两难。

这种压力甚至还会传导到教师身上，因为教师无法告知家长，在自己的课上，他的孩子是否认真学了，是否学会了。这反过来也会加剧教师上网课的焦虑。

二、如何解决上述问题？

一个可能的解决思路是："以练代管"，实现从形式参与到认知参与。

首先，我们认可按课表分班集体上网课的形式。

因为学生（特别是中小学生）不是成熟的学习主体，学习的积极性、自觉性、自我管理的能力都不完善，必须施加适当的外部管控。按课表集体授课，既可以给学生一个紧迫感，也可以营造一种仪式感，又比较接近于常规课堂，师生更容易适应。

对于教学而言，适当的管控是必要的，只不过，管控的思路可以转换一下，重点不应放在学生是否在线、是否端坐等表象行为，而应聚焦于学生是否思考、是否理解等内在认知，这才是教学的终极目标。

"以练代管"，就是通过高频次的练习来保持学生的学习专注度，从而提高网课的教学效果。

上课时，先布置练习给学生做，并要求学生提交，然后教师针对学生作答情况进行点评和补充讲解。再发放新的练习给学生做，提交后讲评，进入下一个阶段。一节课就是几轮这样的循环。

发放练习的时候，可以配套发放一两个微课，以帮助学生完成练习。但应以练习为主线，微课只是辅助学生做练习的。

"以练代管"能否解决前述几个问题？

1. 关于学生参与度的问题

学生要做作业、交作业，交上去的作业会即刻被教师点评。没有交作业的同学会被教师在课堂上及时提醒，也会被教师在课后"关怀"，这种情况下，不认真做练习似乎不是好的选择。而且，交没交作业都有记录，教师可以"秋后算账"，学生没法"滥竽充数"。当学习的责任落实到个人而不是群体时，更多同学会保持较高的专注度，从而提升学生的课堂参与度。

对学生而言，一节课要反复完成几次"练习—听讲"的过程，想要偷个懒又不会被教师抓到可不是件轻松的事。对教师而言，只需要专注于练习的分析，比起看一个个学生的头像，轻松多了。

2. 关于认知状态诊断的问题

每一次的练习结果，都可以帮助教师对学生认知状态进行判断。学生是否学会、有哪些问题、问题集中在哪里，都可以通过练习结果的分析及时诊断，并在后续的点评和讲解中加以解决。

当然，标准化的练习题比较容易做到及时统计分析，主观题效果稍逊。但即使是主观题，也可以通过快速浏览提前上交的学生作业来帮助教师修正自己的预判。退一步说，这个问题在常规课堂也同样存在，网课并不会做得更差。

3. 关于家长焦虑的问题

有了练习的结果，教师可以比较清晰地判断每位同学的学习参与状态，也就可以较好地反馈给家长。你的孩子今天上课总体表现如何，每个阶段表现如何，有没有学会，哪些地方学会了，哪些地方还要加强，这些都有记录，可以缓解家长的焦虑，也间接减缓了教师的压力。

三、"以练代管"的不利因素和解决思路

当然，任何教学方法都不可能完美，"以练代管"这种方式，也存在着两个不足：

1. 不可能保证每个同学都认真学习

解决的办法是，承认自己不可能解决所有学生的问题。这个看起来像"鸵鸟政策"的做法，其实才是真实有效的做法。因为，即使在常规课堂，教师也很难保证所有学生都认真学习。网课这种特殊时期的特殊形式，不能解决所有学生的学习问题是必然的，只要我们能保证多数同学跟得上，网课就是合格的。

2. 及时统计学生的练习结果比较困难

大多数直播平台都不具备完善的教学管理功能，网课需要引入一种新的工具——教学平台，帮助教师发放练习和回收练习，并对结果进行及时分析。通过"直播平台 + 教学平台"组合的方式，实现"以练代管"的教学方法。

可能很多教师在常规教学中没有使用过教学平台，但教学平台却不是个新鲜事。经过十几年的发展，已经有一些教学平台做得比较易用、好用，并且免费，我们只需

要学习一下就可以拿来解决问题了。

教学平台的选用要考虑满足"以练代管"的要求。简单说，选用的教学平台要具备如下功能：布置作业、提交作业、作业查看和统计、发放资料、观看资料、班级管理等功能。

具备上述功能的平台就符合"以练代管"的需求，而这些功能都是教学平台的基本功能，并不难免费获得。

如果教学平台能够提供关联的家长账号，让家长随时查看孩子的学习状态（包括一节课教师发了哪些练习、你的孩子做了哪些练习、做对了多少练习、处于全部学生的哪个水平层次等），就更符合中小学的教学需求了。

有的教师可能会有顾虑：除了直播平台，我们还得学习一种新的工具，多麻烦。这个问题无解，因为网课本身就是一种新的教学形式，不掌握新的技能怎么能解决新的问题呢？就算是简单的直播教学，也需要学一下直播平台的使用，再说教学平台学起来也不复杂。

有了教学平台的加入，直播工具的选用也变得简单很多，只需要能够呈现教师讲解的内容即可。钉钉或QQ群都完全满足讲解的需要，而且只需要用到其中的"屏幕分享"功能。屏幕分享的时候可以切换到教学平台而不会退出屏幕分享状态，学生在做练习的时候还听得到教师的语音提醒。

四、"以练代管"的案例

通过一个课例来进一步了解"以练代管"的操作，该课例为初中数学课，讲一元二次方程应用，顺德兴华学校潘锦朝老师执教。

图1是教学设计的截图。为了更好地利用课堂时间，教师把第一轮循环中的练习阶段前置到了课前完成。教师提前一天在教学平台上发布了练习和学习资料，并要求学生当日完成和提交作业。这是一种"翻转课堂"的教学方式，如果对这种方式不熟悉，教师也可以不提前发作业，留到课上再做。

直播平台选用了QQ群，因为师生都比较熟悉。教学平台选用的是该校平板教学实验班的平台，该平台原本是配套平板教学使用的，但也提供了独立的APP，包含教学的基本功能，师生可自行在手机端下载使用。

上课伊始，教师在QQ群里发布了本次课的教学安排（见图2）说明。

线上教学课例设计简要流程

一、课例设计流程参考

课前：发布预习任务："微课+测试"

课中：

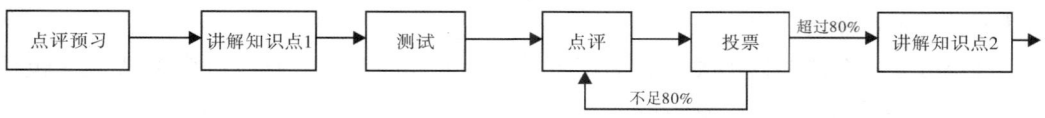

课后：纸质作业，拍照上传

二、需掌握的平台功能

高分云：组卷、上传微课、发布任务、查看测试数据

QQ群：同屏分享、设置全员静音、发起投票（手机端）

三、课堂与信息技术融合

教学环节	支持平台	主要功能
预习	高分云	组卷、发布任务
点评预习	QQ群	同屏分享
讲解知识点	QQ群	同屏分享
测试	高分云	组卷、发布任务
点评	QQ群	同屏分享
投票	QQ群	发起投票

图1 教学设计截图

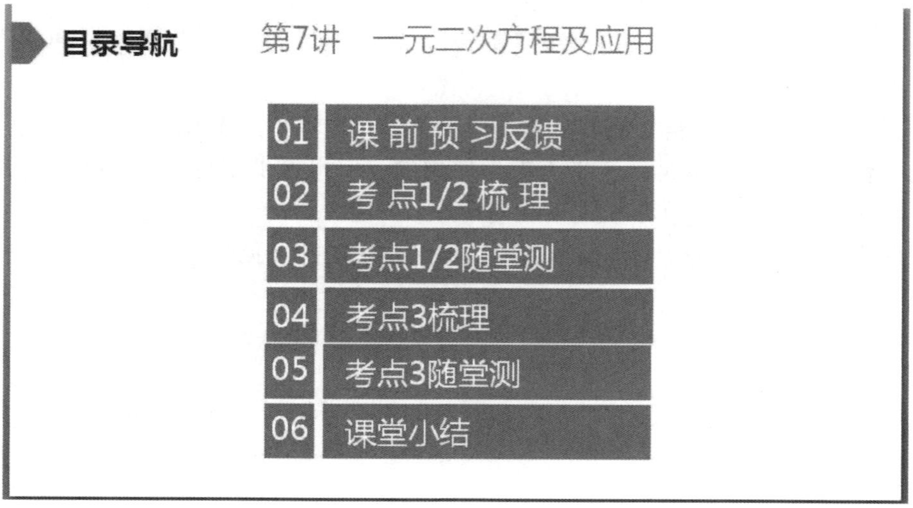

图2 本节课教学安排

随后教师针对课前的作业进行点评（01 课前预习反馈）和补充讲解（02 考点 1/2 梳理），之后再发放新一轮的习题（03 考点 1/2 随堂测），再进行点评和讲解（04 考点 3 梳理）。讲解完毕后发了一个随堂测试（05 考点 3 随堂测），最后进行课堂小结并布置课后作业（06 课堂小结）。

课后教师对学生每个环节的参与情况进行复盘，总结了合理的做法，反思了不足并改善后续课程的设计。家长的关联账号也能看到自己孩子的学习状况，家校沟通，共同提高学生的学习参与度。

类似的案例还有一节政治课，由该校主管教学的毛海彪副校长执教。笔者以学生的身份用手机全程参与了上述两节课的过程，并与两位教师进行了研讨。结合后测成绩和课后调查结果，感觉基本达到"以练代管"的目的，并且大多数学生都能够接受这种"先练后讲"的方式。

目前已在几所不同的学校（包括中职和本科）完成了第一轮试验，试验涵盖了多个学科，"以练代管"具有可行性，也可以比之前采用的直播或录播的方式效果更好。第一轮试验主要是部分教师一两节课的尝试，正在开展的第二轮试验则包含了更多学科，也包含了教师的多次教学。

五、"以练代管"的注意事项

基于第一轮的试验，发现"以练代管"在教学中需要注意一些问题。

1. "以练代管"的核心理念

"以练代管"的核心理念在于通过高频次的练习实现学生参与度的保持，每一轮循环中的练习和讲解，时间都不能太长，要做到"小步调、及时反馈、逐步推进"。

网课的注意力保持比常规课堂更难，如果某个环节的时间过长，学生的注意力会下降，影响教学进展。因此要根据所教学生的特点，找到一个恰当的教学节奏，通常一节课可以做 2~3 个循环。

此外，布置给学生的练习，多数应让学生能够做对，但也不必全对。让学生做对，是为了给他成就感，让学生做错，是为了让他产生认知困惑，激发学习兴趣。如何"挖坑给学生跳"和分阶段的练习设计是"以练代管"的难点。

2. 准备工作

（1）强调网课的重要性。刚开始学生不太重视网课，毕竟习惯了坐在教室里才算学习。教师要提前给出具体的管理规定和评判标准，这样才会提高大家的重视程度。

（2）加强家校沟通。要让家长明白网课是正式的教学活动，不是可有可无，通过家长给学生一些督促。

（3）提前发布教学计划和资料。上课前给学生看上课内容和流程，让他们心里有底，知道要干什么，提高课堂效率。

（4）学习方法的训练。可以先上一两次课作为学习方法的练习和适应，不要求学生学太多东西。学生熟悉了上课的方式，后续上课效果会更佳。

（5）不建议联班上课。有些教师会用钉钉进行联班直播，这种方式并不好。多班上课，学生人数太多，容易浑水摸鱼，教师也无法有效分析学生的认知问题。此外联班上课，也会降低教师的责任感。

3. 教学设计

（1）在线教学的内容和难度可以略低于课堂教学，尤其刚开始的时候要循序渐进。如果一开始就讲很难的东西，师生都有可能受打击，产生畏惧感，所以要慢慢来不能急。

（2）教学指引要清晰，不要太多字。字数太多，学生没兴趣看。可以考虑做视觉化表达的处理（如画学习流程图等）。

（3）基于认知过程，逐轮提高认知目标阶段。网课对学生来说是一个认知递进的学习过程。可先从简单的目标开始，比如第一轮做基本知识的理解，第二轮做应用性的训练，第三轮做拓展或者是查漏补缺的训练。可根据实际情况调整教学安排。

（4）教学设计要预判学生的问题。学生在哪些题目会出错，需要提前预判。另外建议每道题做一页讲解PPT，发现哪道题要讲，就翻到那一页，省时高效。

（5）备课时要考虑备用方案。网课受技术条件的制约较大，可能会出现掉线、卡顿甚至系统崩溃的情况，需要准备应急预案，比如提前录制微课（包括习题微课）、允许学生课后回看等。

4. 技术操作

（1）不用开摄像头。学生不需要关心教师的脸，他们更应该关心题目怎么做和讲解的内容。教师也不需要关注学生的外在行为而应该关注学生的认知状态，所以师生都不必要开摄像头。

（2）以学生身份同步听自己的课。教师可用电脑端上课（屏幕分享），用手机端以学生身份进入课堂，站在学生的角度去观看自己的课，掉线或者卡顿现象能及时发现并解决，也可反思改进教学。

（3）电脑屏幕调低分辨率。分辨率太高字体会显得很小，或者调大显示比例，或放大图片。学生大部分使用手机上课，要便于他们观看。或者用屏幕缩放工具根据需要实时放大部分屏幕，避免因看不清楚而影响教学效果。

（4）慎用问答交互。网课仍然是集体教学形式，只能针对大多数同学的需求来讲，要做到个性化教学对大部分教师而言仍有较高难度。教师不用问"听懂没有"，这是无效提问，直接看学生作业来评判如何调整教学。

（5）实时语音提醒。上课时可根据需要开启语音，学生做练习时把语音关掉。或者不关闭语音，但保持周边安静。杂音会影响学生。

（6）要限制提交作业的时间。不用询问学生做完与否，那样很容易导致拖堂，或影响后面的内容教学。可以提醒学生提交作业的时间，也可以提醒他们无论是否全部做完都要提交作业。

上述建议是"以练代管"教学中易犯的错误，多数错误并不难避免，只需多上几次课即可解决。

六、"以练代管"的未来发展

疫情只是暂时的，"网课"也很快会结束，那"以练代管"这种方法是不是就失去作用了呢？

不会。

因为本文第一部分列出的"网课"问题，在课堂教学中也有不同程度的存在，学生在课堂上精力不集中、学生认知状况无法及时准确判断、无法让家长实时跟进学生的学习细节等问题，并不会随着返校而自动消失。这些问题，仍然可以通过高频次练习和教学平台的统计功能加以解决，而这恰恰是"以练代管"的核心理念。

所有学生分班级按课表在线学习，这种网课是前所未有的，师生出现不适应是正常现象。因此我们对网课的效果应持一种恰当的预期，只要能够在这段特殊时期维持学生的基本学习状态，就是很不错的结果。"以练代管"，引导学生从"形式参与"到"认知参与"，或许是特殊时期网课教学方法的一种选择，甚至是教学未来的发展方向。

第二部分 响应停课不停学，落实在线教学课堂实践

新冠疫情中体育课 "以练代管" 线上教学案例[①]

谭其康　黄明　汪晓东

2020 年初，新型冠状肺炎疫情突然来袭，为了保证师生的生命健康安全，从中央到各省教育厅都宣布延期开学，为了降低师生因疫情受到的影响，确保疫情期间学生停课不停学、教师停课不停教，教师们纷纷利用网络平台开启了线上教学。

然而面对这次突如其来的"超长假期"，学生健康教育问题成为当下值得思考的重点。尤其是在本次疫情中，抵抗力低下的人往往更容易受到影响，而长时间"被困"在家的学生缺乏运动，身体抵抗力每况愈下。因此，为了提高学生的身体素质，增强身体抵抗力，开展线上体育课势在必行。

为了解中小学体育教师在线上教学中所采用的直播方式，笔者对 50 名本地中小学体育教师进行了调查。从调查统计结果得知，其中有 42% 的教师采用纯录播方式，34% 采用纯直播方式，另外还有 16% 采用直、录混合的方式和 8% 采用其他方式。但在实际教学中无论采用哪种直播方式都显露出不少问题，其中的两大难题是：

（1）线上教学时教师无法随时观察掌握学生的学习状态，不能做到动态化的指导、监管。学生不在教师的视线范围内，那些自律性较差的学生就很难保证全身心地投入学习，尽管教师普遍都会采用打卡形式进行监管，但学生"人在心不在"，学习的状态与效果难以切实保障。

（2）在实际的线上教学中，教师难以及时获得学情反馈。线上教学无法像线下面

[①] 作者：谭其康，黄明，汪晓东。谭其康、黄明是佛山市南海艺术高级中学体育教师；汪晓东是华南师范大学教育信息技术学院副教授。本文是佛山市教育学科"十三五"规划教育信息技术研究《初中西藏班学生体育训练 SPOC 的开发》研究成果。

对面教学那般随时观察和掌握学生的学情，学情反馈的缺乏，教师的教学往往成了"单兵作战"。

"以练代管"线上教学模式可以很好地解决上述两大难题。线上教学中采用观看微课视频、师生互动交流、课中理论练习、课后实践练习以及布置课后练习等手段。通过高频次的练习提高了学生的参与度和积极性，减轻了课堂中的监管压力。通过安排课中理论测试、实践练习以及课后作业练习，从而更好地获得学情反馈，有助于教师及时解决学生在学习当中出现的问题，极大地提升了学生的学习效果。

下面，以线上教学的一次课——《平板支撑》作为案例，阐述采用"以练代管"模式的体育课线上教学的过程和效果。

一、《平板支撑》教学设计

（一）本课教学内容

平板支撑。

（二）学习目标

（1）认知目标：学生了解平板支撑的基本要领。

（2）技能目标：通过学习，80%的男生和70%的女生基本掌握平板支撑的动作技术。

（3）情感目标：通过课堂师生互动，教师因材施教辅导，培养学生独立思考的能力以及提高学生的学习兴趣。

（三）教学平台的选用

进行线上直播，课堂上的讲解、动作技术的展示以及师生的互动交流都需要利用直播功能。除此之外，在"以练代管"的线上教学模式下，还需要安排大量的训练、发放学习资料、做测试、对学生学情反馈进行统计分析以及对学生进行有效管理等，但单一的平台无法同时满足这么多功能的需求。多平台相结合才能确保教学能顺利进行，所以选用了以下几个免费平台。

（1）钉钉平台：本课例中会主要用到屏幕分享、签到考勤、直播保存回放、连麦提问、多群同时联播、直播统计等功能，虽然平台偶尔比较卡顿，但操作简单容易上手，推荐师生选用。

（2）Umu互动学习平台：专业的学习平台，创建课程和课程学习是其核心功能，在案例中会用到视频播放、图文传送、问卷调查、理论考试、反馈评估、投票评分等功能，而且本平台不需下载APP，直接通过链接就能进入课程学习，降低了学生和家长的使用难度。是一款较优秀的互联网知识分享工具型平台。

（3）微信平台：作为辅助性的一个平台，微信平台是最为普及的，基本上人人都有，同时平台稳定性也是最好的，在案例中经常使用语音及视频聊天、接收图片和短视频等功能。

二、教学过程

课堂开始部分：课前在钉钉平台发布签到程序，并在班群中要求学生在正式上课前完成签到，学生需提前 5 分钟打开相应学习平台并进行签到。通过签到缺勤统计，笔者利用微信平台对缺勤学生的情况进行了解，微信联系不上的同学再通过电话联系家长，务必把每一位缺勤的学生联系上并记录缺勤原因。本节课到课率 86%，总体良好。正式上课后，把上节课课后作业存在的问题通过钉钉平台进行屏幕分享点评，表扬做得好的学生，而不及格的作业发回重做并对其学生通过钉钉平台进行连麦辅导。注意每个学生学习情况不一，辅导时候遵循因材施教。随后通过 Umu 学习平台播放徒手热身操视频，让学生跟着视频一起进行热身运动，热身操共 8 节，每节 4 个 8 拍，大约 5 分钟完成，培养学生养成课前热身的习惯，预防学生在上课期间受到不必要的运动损伤。同时，在钉钉平台随机抽取几名同学，通过微信平台对其进行视频监管，确保学生能保质保量完成热身任务。

课堂基本部分：在正式学习本节课内容之前，通过钉钉平台对学生进行提问，目的是让学生带着疑问观看微课学习。以下是一个提问的小片段：

老师：同学们，大家有练习过平板支撑这个动作吗？

学生们异口同声：练过！

老师接着问：那大家都了解平板支撑这个动作吗？

学生们：……（无人应答）

老师（追问）：既然大家都练习过，那么有哪位同学可以告诉老师平板支撑主要是锻炼身体哪个部位呢？又能增强哪个部位的力量呢？

学生 1：可以练腹肌。

学生 2：可以练腰腹力量。

学生 3：可以增强核心力量。

老师（追问）：那又有哪个同学能告诉老师，平板支撑的正确动作要领以及注意事项呢？

学生们：……（鸦雀无声）

提问完后，通过 Umu 学习平台播放微课视频（平板支撑），同时结合钉钉平台进行线上讲解。平板支撑的动作要领，最初的准备动作是俯卧，双肘弯曲支撑在地面上，肩膀和肘关节垂直于地面，双脚踩地，身体离开地面，躯干伸直。练习过程中，应当注意头部至踝部始终保持在同一平面上，将下颚收紧，肩胛骨周围肌肉也不要放松，肩关节位置保持稳定；腹部、臀部要同时收紧，腰部尽可能放松，骨盆后倾，腿部打直，保持均匀呼吸。平板支撑的注意事项，对于初学者而言，由于在做平板支撑时的腰部动作不正确，他们很容易在练习过一段时间后，出现腰部疼痛等问题，不但健身效果没有达到，反而令身体受伤。要求学生需同时打开 Umu 和钉钉两个平台，Umu 平台播放微课视频，钉钉平台讲解动作要领以及注意事项。讲解完动作要领以及注意事项之后，进入学生提问环节，下面是学生提问环节的一个片段：

学生1：老师，练习平板支撑要坚持多少分钟才有效果呢？

老师：我们练习的时候切忌一蹴而就，要循序渐进，刚开始我们可以先坚持一分钟，熟练以后我们再逐渐增长时间。每个同学的情况都不一样，所以我们练习时要因人而异，选择自己最适合的时间去练习。

学生2：老师，以往我练习时间长了，小臂会由于撑地而发生疼痛，怎么去避免这个问题呢？

老师：在练习的时候，有条件的同学可以在地上铺一张瑜伽垫，如果没瑜伽垫，我们也可找一张稍厚的纸皮铺在地上，避免手臂与地面直接接触，可大大减缓手臂疼痛现象。

在对学生提出的问题进行答疑、小结后，笔者通过 Umu 学习平台发一套理论题给学生进行课堂测试。学生打开 Umu 学习平台链接进行答题小测（选择题），共 5 题，限时 3 分钟。测试完后通过平台及时生成的测试数据反馈，及时了解学生对刚刚所学的内容的掌握程度，把高频错题汇总并对此进行错题讲解，帮助学生巩固提高。理论学习和测试后，笔者安排实践练习，理论与实践相结合。实践练习内容是平板支撑练习，练习时间为一分钟，并对学生提出练习要求，按时按量在室内独立完成，练习全程用电子设备进行录像，结束后通过微信把练习视频发送上交到班群。笔者随机抽出 3 个视频，通过钉钉平台的屏幕分享功能进行课堂评讲，针对学生的完成情况进行点评和补充讲解，再发放新的练习给学生做，学生提交后再讲评，之后进入到下一阶段。一节课就是几轮这样的循环。通过多频次的练习代替管理，给学生尽量多的时间练习，提高学生课堂的参与程度与积极性，让学生真正的学有所获，学有所成。

课堂结束部分：笔者在 Umu 平台播放放松动作的视频并对本节课进行总结点评，学生跟着视频一起放松紧张的肌肉并认真听教师对本节课的总结点评，避免肌肉酸痛同时调整身心平复心情，尽量不影响学生后面的文化课学习。总结点评结束后，布置课后练习作业，继续巩固本节课所学内容，要求作业以视频形式按时通过微信平台进行发送上交，最后宣布下课。

三、采用"以练代管"后的教学效果

除本案例之外，笔者还在过去的 6 次线上教学课中采用"以练代管"的教学模式，并在采用该教学模式前、后的课程中进行了一系列的数据统计分析，分别是每节课的到课率、课堂测试及格率、课堂互动人数、课后作业上交率以及课堂满意度等。

（一）学生到课率更高

笔者在每节课课前都会进行签到统计，根据统计分析可得（见表1）：每节课应到课50人，采用"以练代管"教学模式前平均到课人数为33人，平均到课率为66%。而采用"以练代管"教学模式后平均到课人数43，平均到课率86%，相比高出20%。在采用"以练代管"的模式教学后，学生的上课到课率和积极性明显提高。

表1 采用"以练代管"模式前后到课率对比

教学模式	每节应到人数/人	每节平均实到人数/人	平均到课率
"以练代管"前	50	33	66%
"以练代管"后	50	43	86%

（二）学生的学习掌握度更好

笔者在每节课的课中都安排有课堂测试，并把每节课课堂测试的成绩进行记录统计，将采用"以练代管"教学模式前、后的课堂测试及格率进行统计分析（见图1），采用该模式前，学生课堂测试的及格率只有62%，而采用该模式后，及格率提高到96%。前后相差34%，说明采用"以练代管"的教学模式后，学生上课更认真更专心，对学习内容的掌握程度更高，学习效果更好。

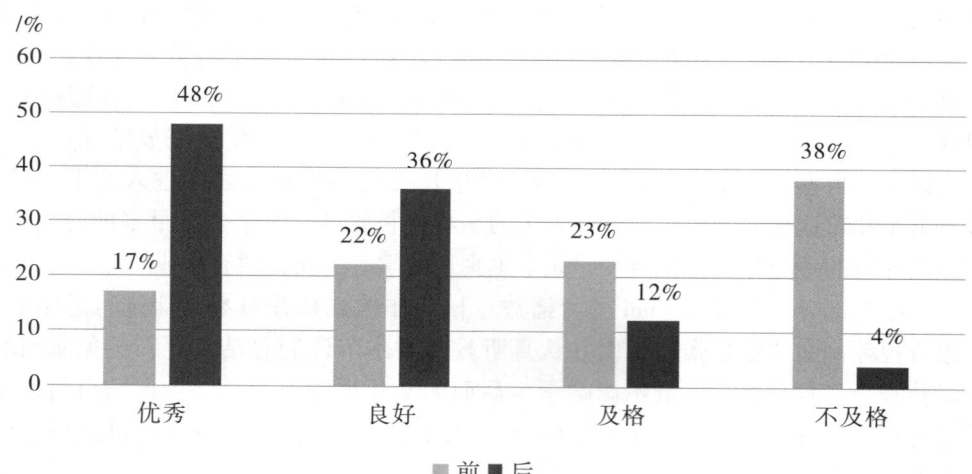

图1 采用"以练代管"模式前后课堂测试成绩对比

（三）学生对课程更感兴趣

通过对采用"以练代管"教学模式前、后课堂中与教师互动人数的统计（见图2），经统计得出采用该模式前，平均每节课与教师互动的人数占37%，而采用该模式后为65%。课堂师生互动占比的高低是对学生是否认真上课、是否对课程感兴趣的有力依据。所以，采用"以练代管"教学模式后，学生学习认真，课堂参与度高，对课程更感兴趣。

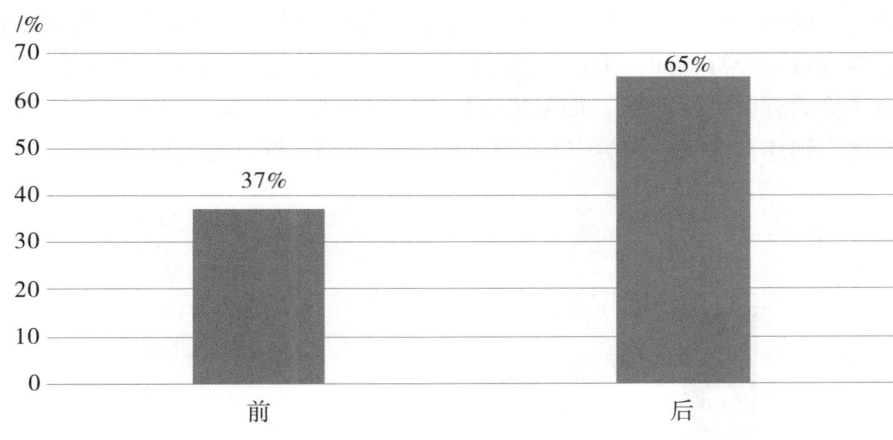

图2 采用"以练代管"模式前后课堂互动人数占比

(四)学生的学习自觉性更好

判断学生的自觉性很大程度取决于学生课后作业的完成度与质量,因此笔者通过统计采用"以练代管"教学模式前、后课后作业上交率和质量可得(见图3),采用该模式前的课后作业上交率为72%,及格率为43%,而采用该模式后的上交率为94%,及格率为91%。结果表明,采用"以练代管"的模式后,学生学习自觉性更好,教师的监管压力也更轻松。

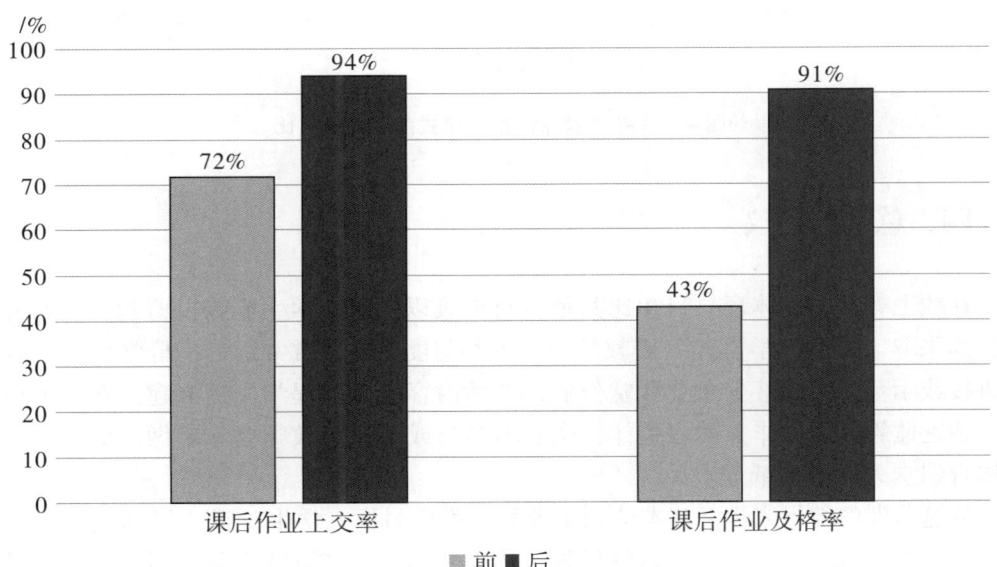

图3 采用"以练代管"模式前后课后作业上交率和及格率对比

（五）学生对"以练代管"的教学模式认可度高

笔者每节课课后都会对学生进行课堂满意度的问卷调查，并对其数据进行整理分析。根据调查数据分析可知，采用"以练代管"教学模式前后的评价差异较大，采用该模式前评价满意以上占55%，而采用该模式后占96%。数据表明将"以练代管"的教学模式运用到体育课线上教学中，学生的认可度更高，课堂评价更好。

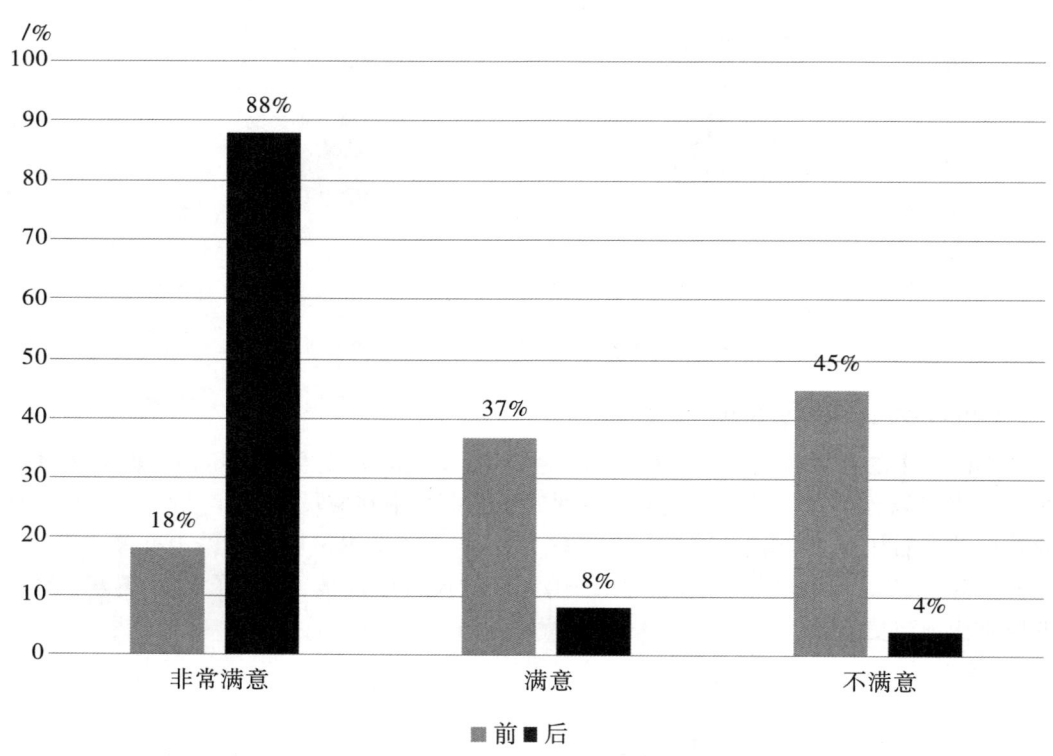

图4 采用"以练代管"模式前后评价对比

四、总结与建议

在线上教学中，体育科目相比其他科目更难以操作，学生更难以监管。大部分体育教师采取"普通教学模式"去教学，学生参与度不高，常常都是一群学生看着教师在讲授或示范，课中甚少布置课堂作业，教学内容难以提起学生的兴趣。在课中或课后又缺乏监管，学生作为学习主体，全程不参与或不按照教师要求来做，那么整个在线体育课堂无异于"纸上谈兵"。

从这节课的效果来讲，基本达到了课程的教学目标，学生对于"以练代管"的教学模式接受度也比较高。将"以练代管"的模式引用到体育线上教学当中，把尽量多的时间交给学生去练习，以练习代替管理，通过平台的反馈统计了解学生的学习情况，让学生全身心参与到课堂当中，避免了体育教师"一个人的独舞"的尴尬场面，大大改善了"普通教学模式"的弊端，更重要的是能让学生在疫情期间自觉运动起来，增强了学生的体质。

经过反复实践，在体育课引用"以练代管"的模式进行线上教学中，笔者有以下几点建议：

（1）由于线上教学通常会同时用到多个不同的学习平台，有条件的学生可以在课堂上同时使用手机、电脑或平板中的两种，利用不同的设备打开不同的学习平台，解决了课堂中频繁切换平台的问题，提高了上课的效率。

（2）考虑到体育线上教学都是居家体育锻炼，所以教师在设计课程的时候，一定要合理安排教学内容，球类等运动要适度安排，以免影响邻里正常生活。

（3）安全是体育教学中"老生常谈"的问题，体育线上教学时教师不能把控学生练习时候的身心状态、居家环境等，所以不能一概而论，这就需要学生对自身情况进行把控，也可以通过家长参与监督，课堂安全是重中之重，一切都必须在保证安全的情况下进行。

（4）教师在加强课堂管理与考勤的同时，也要加强关怀与体贴。对于上课缺勤的学生，教师要落实了解每一位学生缺勤的原因，大部分学生缺勤都是因为身体原因，教师要做到充分相信学生，尽量不去考虑学生说谎的可能。真心地对待每一位学生，虽然学习重要，但学生的心理状态更重要。

（5）教师在课堂上讲解的时候，一定要注意讲解时间，切忌讲解时间太长，时间太长，学生的课堂注意力会下降，影响教学质量。课堂上做到动静结合，把尽量多的时间交给学生去练习，让学生在练习中发现问题、解决问题。而教师在安排训练的时候，难度要由小到大，不能一开始就安排难度太高的训练，如果学生做不好容易打击自信心，从而失去对课堂的积极性。

（6）每一节都必须用心去设计，在上完每一节课后，都要去进行反思总结。教师以往都是线下教学，突然变成线上教学是很难适应过来的。课程线上与线下的教学存在很大差异，其中，要提前了解课堂中使用到的各个学习平台，学会怎样去操作，怎样教学生操作，还要了解平台各个功能的优点与缺点。只有提前准备好，在真正线上教学的时候才能得心应手，不至于手忙脚乱。

（7）一个教师往往负责好几个班级，这样每天收到的作业量无疑是巨大的，每天教师批改视频作业就要耗掉好几个小时的时间。所以我们要学会利用好学生的力量，笔者会把每个班级分成若干小组，把学习较好且认真负责的学生作为每组的小组长，每天负责批改各自组员的作业，各小组长把作业问题汇总起来再发给笔者进行统计分析。这样不仅能减轻教师的工作量，更重要的是还能从中培养学生的自主学习和管理能力。

（8）教师可利用各种渠道加强与家长的沟通，如利用学校公众号、家长微信群等转发一些家庭教育方面的文章,也可以通过微信、电话等方式提供个性化的家访。家长对教师的反馈意见还是非常重视的,这样就很容易形成合力,家校共育,双管双教。

参考文献

[1] 王汝启. 计算机网络知识及互联网应用 [M]. 上海:立信会计出版社,2008.

[2] 饶钦智. 中等专业学校体育教学运动损伤和预防 [J]. 黑龙江科技信息,2009 (31).

[3] 王梅成. 谈谈高中体育教学中如何增强学生的力量 [J]. 考试周刊,2016 (7):105.

[4] 张雪松. 高校体育教学中体育游戏的应用研究 [J]. 文体用品与科技,2018 (22):120–121.

小学英语词汇在线教学探究[①]
——以《Unit 6 Jobs（Vocabulary and Target）》为例

卢丽萍

《Unit 6 Jobs（Vocabulary and Target）》一课的教学内容是关于职业的八个新单词（doctor, nurse, police officer, firefighter, writer, office worker, taxi driver, teacher）以及询问职业和职业向往的句型（What do you do? I am a /an... /What do you want to be? I want to be...）。

四年级学生对职业的英语表达储备是零散的，对职业的感知也不够深入，而且这个阶段儿童思维发展开始从具体形象思维向抽象逻辑思维过渡。在教学《Unit 6 Jobs（Vocabulary and Target）》这一课时，应遵循英语词汇教学原则，创设情境，以新型冠状病毒肺炎疫情特殊时期不同职业人们所做的贡献为主线，引领学生深入了解不同职业，感受劳动人民的伟大。同时根据四年级学生注意力不太稳定和不太持久的特点，结合线上教学，充分利用线上教学平台及小组合作，注重词汇学习的音形义，实现有效互动，在情感态度上激发学生的职业向往。

一、根据线上教学特点，选择合适的教学方式

（一）利用钉钉平台进行线上直播教学

在线教学的特点是教师不能同时和全班学生面对面交流，师生之间互动有限且不够直观，尤其是小学生注意力不集中，学习自主性不强，但直播教学能够更好地激发学生的兴趣。学生在钉钉平台直播中可以通过打文字、发语音、连麦等功能实现师生互动和生生互动。

[①] 本文是广东省基础教育信息化融合创新培育推广项目"基于学习数据的适应性教学模式在薄弱学校的应用研究"专项课题（立项编号：GDJJ201918）"一对一数字化学习下的小学英语词汇教学模式建构"的研究成果。原发表于《教育信息技术》。作者单位：广东省中山市南头镇民安小学。

（二）借助网络平台开展课堂学习活动

在线教学中，教师最担心的是学生的学习效率。对于布置的任务，学生有没有做？做了多少？教师都不能及时掌握。但通过一些在线平台，教师可以课前设置好课堂需要的学习活动。如《Unit 6 Jobs（Vocabulary and Target）》一课中，教师利用一起作业在线平台提前把跟读单词和单词识义两个课堂学习活动布置好，在练习环节直接发送给学生，并规定时间完成。时间一到，教师可以马上在平台上查看学生的完成情况，并有针对性地进行下一步讲解。学生需要在课前提前登录好一起作业，为课中的练习做好准备。

（三）组建学习小组，使学生之间积极合作

在课前，教师把全班 50 个学生分为八组，每组分别在钉钉平台创建一个群，每组设一个正组长和一个副组长。通过小组的沟通交流使线上教学互动性更强，小组间的竞赛机制也让学生在学习中争先创优。

二、创设情境，激发兴趣，体现英语学科育人

北京师范大学王蔷教授在"探索英语学科核心素养的实践途径"的专题报告中指出，英语课程改革的其中一个方面是关注学科育人价值。在新冠肺炎疫情影响的特殊时期，学生对身边发生的一切都深有体会，笔者以此为契机，让学生深入了解特殊时期各行各业人们的贡献，感受劳动人民的伟大。同时，根据词汇教学原则，知识总是通过与其他知识建立某种关系而储存，只有通过一定的网络系统储存的知识才能被有效地提取利用。语境制约着语言的选择，意义的表达、词汇的意义等都必须在一定的上下文中才能完成。词汇教学如果脱离语境，学生就无法真正掌握语言。本课笔者采取了这样的方式来创设情境：笔者首先把抗击疫情中不同职业的人们的照片汇总在一起，创设了这样的情境：In these special days, people in different jobs have made a great contribution to fight against Convid – 19. let's talk about their jobs. 接着结合书本上的八个新单词 a doctor, a nurse, a police officer, a firefighter, a writer, an office worker, a taxi driver, a teacher, 逐一和学生一起谈论了这八个职业的人在抗击疫情中的工作。先以学生尊敬的钟南山院士的照片引出 doctor 这一职业所做的巨大贡献，接着谈论了"光头护士"的勇敢、维护社会稳定的警察等，最后展示线上教学照片，每张照片都牵动着学生的心，学生把已有的知识储备与新单词进行链接，加深了对职业的感知，同时也体现英语学科育人的价值。

三、巧用在线平台，实现英语词汇教学有效互动

《义务教育英语课程标准（2011 年版）》对词汇的二级目标描述是要知道根据单词

的音、义、形来学习词汇，因此，在学生对新单词有了一定的感知后，笔者通过在线平台设置了以下教学活动：

（1）把课前布置好的看图识词作业发送给学生，限时 2 分钟，让学生看图片选择对应的单词，考查学生对词汇的理解。完成后通过数据发现 doctor 和 teacher 这两个单词正确率是 100%，其他单词只是个别学生错误。office worker 和 writer 这两个单词学生的失分率最高，基于这个数据，教师把 office worker 和 writer 再向学生补充强调。

（2）把课前布置好的单词跟读作业发送给学生，限时 3 分钟，让学生跟着录音读单词，考查学生的词汇发音。通过数据发现 taxi driver 一词的发音平均分是 B，其余单词平均分是 A。在重点示范了 taxi driver 正确发音的同时，教师还查看 firefighter 和 police officer 两个难点单词的读音情况，教师播放了得分是 A 的同学的发音做示范，也把得分是 B、C、D 的学生的发音一起播放，分析原因，让学生注意如何正确发音。对于发音不准的学生教师还可以连麦让他重读。

（3）利用课前分好的小组对本课重点句型进行口语训练。八个职业分别标上 1~8 的编号，每组学生训练属于自己组的图片，组长发送语音在组内群问，What do you do? / What does he/she do? 其他组员根据图片发送语音回答。时间结束后，教师点击语音和全班一起听，进行点评。根据回答情况，教师连麦两个学生进行互动，强调易错点。

四、拓展知识，激发学生职业向往

（1）在讨论完书本上八个关于 Jobs 的单词后，为了发散学生思维，拓展更多职业，笔者进行了这样的拓展：Every job is important in our society. I'll show you more jobs. 笔者继续介绍了更多在新冠肺炎疫情中做出贡献的不同职业的人们，包括城市美容师、快递员、建造雷神山与火神山医院的建筑工人等。

（2）英语教学应以英语学习者为中心，将学生的个人经历、思想、情感、价值观等同课堂教学联系起来，激发学习兴趣。学生在本课围绕新冠肺炎疫情的特殊背景的主线下，对职业有了了解，同时更多的是对不同职业的崇拜和向往。接着教师把职业和学生的生活联系起来，询问他们长大后的梦想，What do you want to be when you grow up? 教师提供了两个模板让不同层次的学生选择完成。教师还利用了钉钉家校本的功能，学生先写在本子上，再拍照发到家校本，这样教师就能实时查看学生的书写、语法、单词拼写等情况。

（3）通过互动作业了解其他组员的理想，并运用目标语言把自己和组员的理想写下来，巩固学习。根据每个学生在家校本发送的梦想，加强小组成员间的了解，加强小组合作。

五、结语

受新型冠状病毒肺炎疫情影响，2020年春季的在线教学给教师带来了挑战和机遇，教师要以英语相关教学理念为准则，同时也要结合在线教学特点，探索出行之有效的教学实践活动。教师要在小学英语词汇在线教学中取得良好的教学效果，就需要根据小学生心理年龄特点，结合学生生活经验创设情境，并遵循英语词汇教学原则，利用网络平台进行有效互动，帮助学生提高综合语言运用能力，体现英语学科育人的作用。

参考文献

[1] 王笃勤. 小学英语教学策略［M］. 北京：北京师范大学出版社，2010.

[2] 教育部. 义务教育英语课程标准（2011年版）［M］. 北京：北京师范大学出版社，2012.

[3] （英）格里菲思，（英）基哈恩. 如何开展个性化课堂教学［M］. 北京：外语教学与研究出版社，2009.

提升小学美术线上教学质量的优化策略①

郑雪芬

【摘要】 在互联网迅速发展的时代背景下,"互联网+教育"的教学新模式应运而生。线上教学作为一种新的教学方式,与传统的教学存在着较大差异,也是教师所面临的新挑战。针对小学美术线上教学存在的问题,教师应增强线授课师生互动,增加美术欣赏课、绘画课和手工课,针对性实施因材施教,更好地提高小学美术学科教学质量。

【关键词】 小学美术　线上教学　优化策略

线上教学具有学习时间场地自主、教学进度自由、资源共享面广的优势特点,对学生自律性和信息化素养提出较高的要求,对师生情感交互产生一定影响。小学美术学科开展线上教学,能够更好地服务学生,助力学生美术学科素养提升,但其中也存在一些问题。教师应充分利用线上教学优势,改善和优化传统教学,使线上教学发挥最大作用。

一、直面美术线上教学新挑战

(一)美术线上教学师生互动受限

由于教师习惯了传统教学的方法,面对新的授课形式,容易出现线上教学的理论和技能短板,难以进行从讲台教师到网络"主播"的角色转换。教师在课程教学设计时出现困惑、在录课或直播技术技能方面出现障碍,在课后辅导上无法像面对面沟通

---

① 本文是广东省教育研究院专项课题《小学美术二年级微课程的开发与实践的研究》（项目编号：GDJJ201903）的阶段性研究成果。原文于2020年发表于《文化产业》。作者单位：珠海市三灶镇中心小学。

那样高效便捷。上课过程中教师缺少与学生之间的及时反馈，不能捕捉到学生的学习状态，难以给予及时纠正和指导。对而小学生而言，由于学习氛围不够，注意力容易分散，课堂积极性不高，从而影响学习效果。

（二）美术线上教学工具材料受限

线上教学受到信号、网速、屏幕清晰度等客观条件的影响，学生绘画作品中的色彩以及线条在视频中展现存在一定的误差，导致教师难以发现问题，从而直接影响学生的课程评价。同时，线上教学由于没有现场感，学生不能准确地认识相同色系之间不同颜色的色差，这对学生在以后色彩的认知中容易产生偏差，绘画课程的审美教学效果会大打折扣，在孩子美术水平的提升上也难以有实质性的帮助。

（三）美术线上教学因材施教受限

现实中的课堂，教师可以对不同层次的学生进行分层教学，使学生能够在有效的时间中接收到与其相应的知识点，学生之间也可以进行小组分工合作，提高学生知识能力。而在美术线上教学中，由于没能像现实课堂那样，有针对性地进行分层指导和个别辅导，学生之间缺少及时的交流和沟通，限制了学生们发挥自主的主观性，降低了学的生们的课堂积极性。教师难以区别对待不同层次的学生，容易进行"一刀切"和"满堂灌"式的教学，很难进行因材施教。

二、增强线上授课师生互动

课堂上教师与学生的互动可以使学生更快地接受知识点，而线上教学难以像常规课堂那样师生在一个固定的空间内面对面交流。但是我们可以利用网络的优势，提高在线授课师生的互动性。

（一）线上连麦、现场对话

为了增强师生之间的互动性，教师可以开启直播软件中现场连麦功能，给学生提供发言机会。比如《美妙多变的线条》这一课，让学生跟随音乐的节奏、旋律和感觉，用线条表现在纸上。然后学生主动连麦，展示一分钟线条作品，可以让在线的其他同学看到作品，也可以邀请小朋友讲一讲线条创作的想法，当当"小老师"，其余的同学可以用照片的形式实时发送，这样可以帮助教师及时了解学情和听课效率，方便教师掌握画面信息。

（二）播放语音、听取回答

由于互动连麦比较费事，参与的学生数量比较少。因此教师可以利用播放语音的功能获取学生回复。比如在《象形文字的联想》这一课，教师提问"看了这么多象形文字的介绍，你有什么想法呢？"并且用语音发在群内。学生用语音进行回答，教师进行同步播放，然后对学生的回答进行反馈。这个方法可以大量快速获取同学们的回答情况，而且其他同学也可以听到。平时线下上课的互动只是少数同学的互动，而线上用语音方式，让所有同学都可参与进来。课后教师也可以听取不同同学的感受，比连麦节省时间，好处是范围更广，可收到更多的信息。

（三）及时评价、作品展示

学生的美术作品提交到平台之后，教师的及时点评极为重要，这是建立师生线上互动关系的重要一环。可以通过文字、语音、图片、星级数等方式与学生进行互动交流。对于优秀作品，教师可以发布在微信群里与学生、家长进行分享交流，鼓励学生更加积极、大胆地创作。

三、增加美术欣赏课、绘画课和手工课

（一）增加欣赏课

在欣赏课中，教师要提高小学生的美术鉴赏能力。例如《趣味国画》一课中，教师通过讲解国画的基本常识，带领学生欣赏历代以来的中国画名作，并观看示范讲解，以欣赏课的形式，激发学生对中国画的兴趣，以此了解中国画的历史，提升学生文化艺术素养。

（二）增加绘画课

绘画课可以考虑以写生课为主。内容上以生活中随处可见的题材为主，比如植物、玩具、运动鞋、人物写生等，既能锻炼学生的动手能力，又能锻炼观察能力，培养学生发现美、表达美的能力。

（三）增加手工课

手工课可以就地取材。通过学生家里随处可见的生活用品，像果壳、纸盒、纸杯、包装袋等，引导学生观察其中的造型和色彩是如何构成的；思考如何改造、优化生活中的日用品，使其造型、色彩、功能更加完美。这样能提高孩子的主动思考能力，提高学生的想象能力，也使美术学科与生活的联系更加紧密。

四、针对性实施因材施教

（一）编辑画册，展示分享

教师可通过微信群、QQ 群等线上功能，评价每个学生的作品。将学生的每张作品上署上学生的班级和姓名，并整理成画册，开展趣味网络展。通过美篇、学校公众号分期推送优秀学生作品，学生在作品的展示中和点评中，能够看到自己与其他同学的差距，因此更加清晰了解自己的定位和目标以及努力前进的方向。

（二）重视评价，定期总结

教师每周进行总结，发布光荣榜，光荣榜分为个人榜单和进步最快榜单。每个月结束进行 5~10 星的评价。首先是学生进行自评，是否观看微课、对自己的成绩进行统计与梳理，其后是教师复评，根据学生分数打上金星、银星或铜星，再加上有针对性的评语，帮助不同层次的学生提升美术素养。

（三）建设教师个人网络空间

美术教师可以通过微信公众号、微博、个人网页等平台，开展美术教学"成长记"，在平台上分享教学措施和教学设计过程、发布教学案例、分享教学成果作品等。教师通过个人网络空间将不同的内容推送给不同层次需求的学生进行学习，让家长也参与其中，以便更好地协助教师辅导学生。学生也可以根据自身的情况，在教师个人空间内选择适应自己的学习内容，这就达到了针对性辅导，有效实行因材施教。

参考文献

[1] 张庆，吴兴梅. 停课不停学 青羊在行动——成都市青羊区疫情防控期间线上教学工作研究 [J]. 中国现代教育装备，2020（4）：4-6.

[2] 周宝荣. 新型冠状病毒肺炎疫情背景下，在线课程资源公益性供给的实践观察及理性思考 [J]. 数字教育，2020（1）：9-14.

疫情期间开展高效线上小学数学教学的对策研究[①]

曾海务

【摘要】 为预防小学生在上学期间发生新型冠状病毒肺炎聚集性感染事件，教育部门针对新型冠状病毒肺炎蔓延期间开展教育工作相关内容做出了紧急调整，通过开展高效线上教学模式，利用网络平台、微课等方式全面实行"停课不停学"的教学方针，使学生们的学习生活能够稳步开展。但是由于新型冠状病毒肺炎疫情发生较为突然，学校缺乏开展线上教学经验，导致教学效果不理想，为了能够有效提高小学线上教学效率，本文主要基于2013部审北师大版4年级数学教材，通过分析疫情期间开展线上教学面临的问题，并针对相关问题提出教学对策，从而有效提升小学数学线上教学效率。

【关键词】 线上教学 数学教学

一、引言

由于受到疫情的影响，各地教学工作无法正常开展，各学校春季学期开学计划在不断延期，为避免学生因疫情等原因，导致学业跟不上，或对学业出现放松等情况，我国相关部门通过开展"停课不停学"教学对策，积极鼓励各地各学校通过开展线上教学的方式，使学生能够通过网络学习的方式在家中自主完成基础课程学习任务，从而使学生通过线上学习的方式保持高效的学习状态。

---

① 本文是2019年广东省教育信息化融合创新示范培育推广建设项目《基于学习数据的适应性教学模式在薄弱学校的应用研究》的专项课题《移动互联环境下的小学课堂教学改进策略研究》（立项编号：GDJJ201915）的阶段性研究成果。作者单位：广东省梅州市丰顺县汤坑镇第一中心小学。

二、疫情期间小学数学开展线上教学的意义

在疫情期间，开展小学数学线上教学具有重要意义，能够避免因聚集而引发大型聚集性感染事件发生，能够使春季学年的教学计划不受影响，使教学能够顺利开展。同时，通过引入网络教学的方式，能够为新时代教学模式的创新和发展提供一定的指导意见和契机，通过开展线上教学，能够实现全民学习的目的。在疫情期间，学校的教学工作受到严重影响，通过在疫情期间开展线上教学的方式，能够使学生的在校课程不受影响，学校的教学进度能够正常进行。就小学数学课而言，通过开展线上教学课程，能够锻炼学生自学能力、独立学习能力，使学生养成自律、自觉的学习态度，通过开展线上教学课程，教师通过网络直播录播的方式，能够使学生通过 PPT 演示的方式，更好地接受相关数学知识，理解教材能力，使学生养成预习与复习的良好习惯。

三、小学数学课程开展线上教学的难点

（一）线上教学模式开展困难

由于在日常教学中，学生和教师基本没有接触过线上教学模式，导致在开展线上教学工作时困难重重，加上疫情暴发较为突然，学校在开展相关线上教学工作时准备不够充分，采取的教学方法较为仓促，从而导致教师和学生在开展线上教学时，对相关教学模式和方法不适应，降低了线上教学的效率。另外，在开展小学数学教学工作过程中，由于数学知识较为抽象，很多学生仅通过线上学习的方式不能对教材知识进行深入学习，降低了学生的学习效率，同时教师在开展线上教学时，不能同时兼顾所有学生的学习进度，导致教学效率低下，线上课程开展困难。

（二）学生缺乏自觉性

由于小学生年纪较小，在学习过程中缺乏主动性和专注性，尤其是在疫情期间，开展线上教学时，学生与教师无法进行面对面交流和沟通，教师无法时刻监督学生，导致学生在进行线上学习时，容易分心，在学习过程中，缺乏自觉性，对教师布置的预习、复习任务抱有应付的态度，导致对教材理解不够深入，在学习时容易走神，不利于教学工作的开展。另外，学生在线上学习时，容易受到网络游戏等的影响，在学习过程中，表面上在学习数学，实际上趁着家长和教师不注意时玩网络游戏，不利于数学线上课程的开展。

四、小学数学开展线上教学的具体对策

（一）转变教学模式，引入趣味教学法

为有效在疫情期间开展线上教学工作，教师在进行数学教学之前，需要充分进行相关的教学准备，对学生进行线上教学模式普及，告知学生相关的学习方法和预习方法，转变传统的教学模式，结合线下教学模式，充分开展线上教学工作。在小学数学教学中，教师可以通过引入趣味教学法的方式，使学生快速适应线上教学模式，提高学生对线上教学的接受能力。例如在小学 4 年级教学中，在学习小数的意义和加减法一章节内容时，教师可以利用教材中的实例，使学生在家中利用教材中的附页进行学习，根据附页中的内容，举例说明 1.11 元的具体含义，从而加深学生对小数意义的认识。同时，在进行小学教学过程中，教师通过网络直播教学的方式，让学生通过准备方格纸和彩色笔，使学生通过观察教师课件中给出的具体小数和分数，将方格纸进行涂色，以表示具体的小数数值。通过趣味学习的方式，使学生尽快适应线上教学法。

（二）教学资源共享，提高学生预习、复习能力

在疫情期间，数学教学在开展线上教学工作时，可以充分利用网络平台和线上资源，通过共享教学资源，提高学生预习、复习的能力，使学生在学习过程中能够自觉参与到学习中。教师在教学过程中，应主动打破传统教学，改变传统的布置作业的方式，通过共享教学资源的方式，使学生从被动学习转变为主动学习，通过共享教学资源，提高学生对教材的理解能力和预习能力。例如，教师在进行教学之前，利用 QQ 群、微信群等方式上传下一节课程的 PPT 和相关课件，使学生通过提前预习的方式，主动学习即将学习的内容，通过翻转课堂的形式，使学生能够自觉学习。例如在学习认识三角形和四边形一节内容中，教师通过上传教学课件，使学生先初步了解即将学习的内容，并提前准备课件中涉及的教学用具，准备有关的三角形和四边形，从而提高学生的学习效率，课后学生通过反复学习教学资源中的内容，能够有效做到查漏补缺。

（三）采取互动教学提高教学质量

在线上开展数学教学过程中，为提高教学质量，教师应充分利用线上平台的互动功能，通过提问的方式，使学生利用网络的互动功能进行抢答，提高学生学习的积极性。例如在小数乘法学习过程中，教师在 PPT 课件中播放小数乘法的口算题，学生通过快速抢答的方式在线上互动平台进行回答，教师根据学生回答的速度和正确率进行表扬，对做得又快正确率又高的学生进行鼓励，提高学生的互动性和参与性。同时，教师通过分析学生的答案，对本节课的教学质量进行评估，并对相关的教学方式进行总结，进一步提高教学质量。

五、总结

综上所述,在疫情期间开展线上教学模式,能够有效避免出现聚集性感染事件,通过线上教学模式,能够有效提高学生的学习效率,引导学生养成自觉、自律的学习习惯。但是在小学阶段,开展线上教学模式时,由于学生年纪较小,学校基本没有线上教学经验,导致线上教学模式开展困难、学生缺乏自觉性、教学质量难以保证等,为有效提高学生的线上学习能力,提高教师的线上教学水平,在开展小学数学线上教学工作中,通过转变教学模式,引入趣味教学法、教学资源共享、互动教学等方式,提高学生预习、复习能力和互动能力,进一步提高线上教学的高效性。

参考文献

［1］徐建林. 指向学力生长的小学生数学线上学习［J］. 江苏教育研究,2020(11):40-43.

［2］杜建英. 互联网背景下小学数学自主学习能力的策略探究［J］. 学周刊,2020(12):28-29.

［3］李宇韬. 线上线下融合的小学数学运算深度教学设计策略——以"三位数乘两位数"为例［J］. 中小学数字化教学,2019(11):13-16.

［4］郭小玲. 巧用微课资源 化解数学难点［J］. 课程教育研究,2018(33):132-133.

"一案到底"的道德与法治
复习课线上教学案例[①]

毛海彪　钟洪蕊　汪晓东

道德与法治课旨在促进"正确思想观念和良好道德品质的形成与发展"。如果"概念化、孤立化地传授和记诵知识",不止容易冲淡课程的"德育性",而且容易沦为说教,引起学生的反感。因此,课程标准强调联系生活实际,注重学生的情感体验。

新型冠状病毒肺炎疫情暴发,给全国甚至全球造成巨大冲击,直接影响到每个人的生活。国家、社会和个人等不同层面的各种表现,也碰撞出丰富的情感体验。如果仅仅将其作为情境导入的话题,而不选取适当的案例做深入的分析,就是对这种学习资源的极大浪费。

案例分析既是道德与法治课学习的重点,也是难点,因为初中生的阅读理解和综合分析能力仍然有待发展。然而,一节课呈现过多文字材料,或者材料之间缺乏联系,又会造成阅读/理解比例失调和"一厘米深、一公里宽"的窘境。因此,我们提出"一案到底"的做法,即以一个案例为主线贯穿整节课,不断变换条件,融入相关知识,将学生的理解引向深入。

"一案到底"对应的教学方法,并不是一讲到底。首先,它是由案例的基本版本和衍生出来的若干变式共同组成的,需要若干相对独立的教学环节。其次,案例分析需要在摸清学生认知盲点和误区的基础上因势利导,需要学生先练。此外,在线教学环境下,师生分离,常规的监管方式失效,学生注意力容易分散,需要通过高频次的练习保持专注。因此,我们通过"以练代管"落实"一案到底","小步调、及时反馈、逐步推进"。

下面我们就以九年级复习课《疫情对我们的启示》为例,说明道德与法治在线教

[①] 本文是广东省教育厅2019年广东教育信息化融合创新示范培育推广建设项目《基于学习数据的适应性教学模式在薄弱学校的应用研究》的阶段性成果。作者:毛海彪是佛山市顺德区容桂兴华初级中学副校长、道德与法治教师;钟洪蕊是广东全朗教育信息科技有限公司研究员;汪晓东是华南师范大学教育信息技术学院副教授。

学中"一案到底"的过程和效果。

一、教学构想与设计

（一）教学构想

以新型冠状病毒肺炎疫情中各方的反应为主线，串起爱国教育和规则意识两个主题（见图1）。

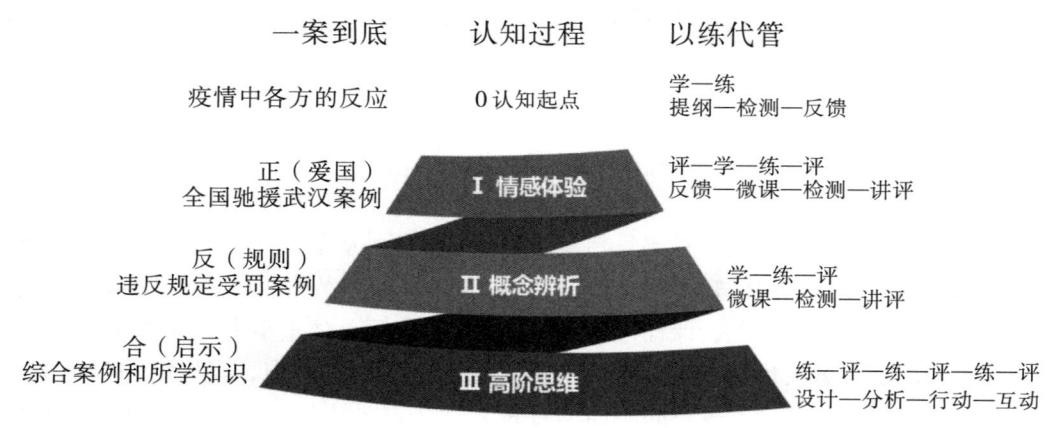

图1　一案到底教学流程图

通过国家在短期内能够发挥制度优势，调动各方力量驰援武汉的正面案例，重点复习社会主义核心价值观、民族精神、青少年的历史责任、中国梦等概念，增进学生对国家和民族的认同感。

通过对比分析某些人防范意识不强甚至违反隔离要求而被判刑的负面案例，重点复习一般违法与犯罪等中考知识点，并对二者进行区分。

在学生掌握知识，深化理解的基础上，综合应用以上正反两方面的案例，训练学生应用、分析、评价的高阶思维，并进一步强化关注时政热点的意识，以及迎战中考的技巧。

（二）教学设计

在学科训练方面，先强化正面的情感体验，巩固"爱国""规则"两大主题相关的基础知识，然后通过设计宣传标语和问题分析应用所学知识，实现基础提升，最后从意识到行动、多角度分析作为中学生应该做些什么，拓展训练思维。

在技术操作方面，课前推送基本知识提纲，并推送课前检测，了解学生掌握情况，进行二次备课。课中通过微课/屏幕分享的方式讲评知识点或错题，通过高分云发布任务，通过随机点名抽查、在线检测、上传图片等方式即时反馈学生认知盲点和误区。

课后通过课堂小测反馈教学效果,并通过微课或个别辅导提供认知支撑。

二、教学过程

"爱国"和"规则"这两个大概念,重要也抽象。没有感性资料的支撑,就会显得空洞,需要提供恰当的案例给学生直观感受。只是提供案例而没有分析的概念和工具,产出的就是自发的感慨,限于一时一事,难以通约、迁移,更枉谈规范行为。因此,案例与概念相辅相成,缺一不可。

(一)课前

在新课学习过程中,每次课学习的概念有限,可以先呈现案例,再结合问题情境引出相关概念,注重学生思维的发散和概念的形成。复习课查漏补缺的目的更明确,尤其是到了九年级,需要将散见各个年级的概念整合起来,因此课前需要先梳理、诊断基础知识的掌握情况,再通过案例进行综合性的应用提升。

1. 预习任务发布

在高分云平台推送与"爱国""规则"两大主题相关的基础知识提纲,将散见于八、九年级的概念形成网络,让学生复习。然后推送课前检测限时完成。

如果只是发布资源,不做检测,很多同学就会认为可学可不学。推送检测,而且是限时检测,就是要让学生适度紧张,认真完成。这样,才可以通过平台的统计功能监管、决策:通过任务完成时间和未完成名单,可以即时监管学生是否认真完成,考虑是否发回任务让其重做,或者适时干预提醒;通过正确率统计和各选项选择名单汇总,可以及时准确地诊断学生对基础知识的掌握情况,为教学重、难点的筛选和案例的设计提供依据。

2. 学情反馈

(1) 全班48人,43人上线完成预习任务,完成率为90%,与线下作业完成率基本持平。但达到持平状态,也经历了比常规教学更痛苦的过程。虽然有QQ群通知,有通过学习平台绑定的公号向家长推送任务信息,但每次总有一些学生需要电话催交,而且每次原因不同:有没网络的,有家长没收手机的,有睡觉睡过的,有自己自学不用听课的……学生隔离在家,但是网络游戏、社交软件又为他们开拓了虚拟世界的娱乐王国,对教学监管和教学设计都提出了更大的挑战。

(2) 课前检测第1~4题正确率在85%以上(见图2),说明"爱国"主题的基础知识掌握情况较好;第5题错误率达52%,说明学生对民事违法行为、行政违法行为、严重违法行为的判断不清,没有掌握好三者的区别,尤其是严重违法行为三个特征认识不到位;第6题错误率为26%,说明部分学生对公平这一概念的理解有误,规则公平并不等于人人一样。

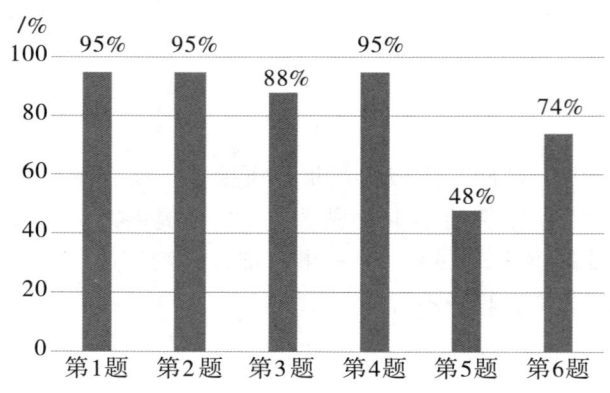

图 2　预习任务正确率

（二）课中

1. 预习反馈

通过 QQ 屏幕分享，统一出示答题情况，表扬完成情况良好的同学，正向激励；总结哪些知识点掌握较好，哪些知识点存在问题，明确课中学习目标，以便"导教、导学、导测评"。

师生同步在线、教师语音讲评，可以部分还原真实的课堂教学，塑造一种正式学习的仪式感。后面学生自主学习、操作其他 APP 的过程中，屏幕分享界面以悬浮窗形式呈现，教师可以适时语音提醒学生完成任务需要注意的事项，或者切回集中讲评。

2. 通过正面案例体验情感

根据学情反馈，学生对于"爱国"主题的基本知识已经掌握，没有必要重复。但情感态度层面的"爱国"，不能仅仅停留在知识层面，还需要一个体验的过程。

角色扮演等形式因为时空分隔，难以使用。配合声效的视频容易产生临场感和感官冲击，是学生喜闻乐见的形式。因此，本课选取了《武汉莫慌，我们等你》的城市短片和本地及至全国驰援武汉的材料制作微课，给学生限时观看，直观感受疫情的残酷、国家的强大和民族的团结，并适时引入民族精神、中国梦和少年的担当等重要概念，增强学生对国家对民族的认同感和责任感。

将中考考点与真实发生在身边的案例结合，一方面可以建立知识和经验的联结，让抽象的概念具象化，将学生的理解引向深入；另一方面可以塑造学以致用的成就感，引导学生关心时政热点，并使用学过的概念进行分析。

课前的练习侧重记忆层面，微课学习之后能否结合材料辨析相关概念，仍然有待检测。此外，从预习反馈到观看微课的十几分钟时间，师生分离、难以互动，教师无从监管学生的认知状态，因此微课还配套设置了限时练习，即时反馈完成情况、正确率和错误集中选项，以练代管。通过错题点评查漏补缺、强化认知，深化学生对"爱国""做一个自信中国人"的认识。

3. 通过反面案例辨析概念

根据学情反馈，学生对违法行为的认知存在问题，因此选取了与前面应对方式相反的案例，即疫情期间违反隔离规定受到处罚的案例制作微课，讲评规则的重要性，辨析违法、犯罪的区别。

同样，学后练，练后讲评，通过高频次的练习，保持学生学习的专注度，并及时诊断易错点和易混点，针对性地强化学生认知。

4. 综合应用正反案例进行高阶训练

通过正反两方面的案例分析和选择题的训练，学生已经形成了正向的情感体验，而且能够辨析相关概念，这时就需要发展学生应用、分析、评价的高阶认知过程。因此，接下来设计了三个任务对学生进行分步训练，并逐一根据学生作业反映的问题点评：

请学生结合第 2 部分出示的正面案例，为战胜"疫情"设计宣传标语。（限时 1 分钟，将思考后的答案发到 QQ 群）

请学生结合第 3 部分的负面案例，至少从三个方面分析"面对疫情小部分人存在什么问题？"（将答案写在练习本上，限时 5 分钟，拍照上传到 QQ 群）

请学生结合案例和所学知识，谈谈作为中学生能为打赢新型冠状病毒肺炎战"疫"做什么？（随机点名若干名学生将答案拍照上传到 QQ 群）

之所以选择 QQ 群互动，一方面是因为此时学生已经有了表达、输出的意愿和基础，体验、输入环节的选择题已经不足以获知学生的认知状态。此处将答案贴出来，抄袭的弊端低于前面的选择题，而且能够起到凸显差异、相互启发的作用。另一方面是因为学生已经基本摸清"学—练—评"的套路，很容易只在需要做任务的时候出现一下，需要变换一下形式，加入随机点名等互动方式。

5. 课堂小结

屏幕分享展示本课知识结构图，梳理本课知识点，强化学生对重点知识的记忆。

（三）课后

1. 课后检测

学生在高分云完成相应检测题，检测本节课的教学效果，尤其是课前检测的错题，通过本节课学习后是否已经解决。

2. 针对辅导

通过查看检测结果，及时录制微课讲解，或针对个别学生进行辅导。

三、教学效果

（一）通过教学，学生已基本掌握相关知识点

经过这节课的学习，学生对"爱国"和"规则"两大主题的中考相关知识点掌握较好，尤其是社会主义核心价值观、民族精神、中国梦的知识基本已掌握，对于一般

违法和犯罪的区分有了明显的提高（见图3）。

第6、7、8、9、10题是与一般违法和犯罪知识点相关的题目。其中第6题涉及比较专业的法律知识外，其他涉及一般违法和犯罪的题目学生选择的正确率平均在85%以上。

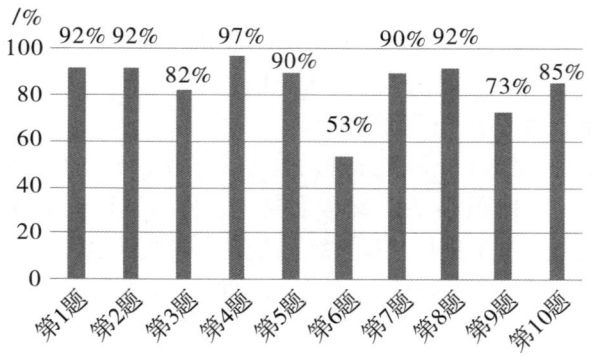

图3　课后检测正确率

（二）学生对一案到底的教学方式认可度较高

46人（本班48人）填写调查问卷，94%的同学表示满意（见图4）。

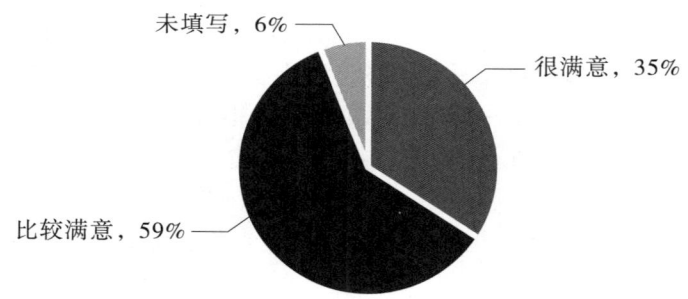

图4　对今天的教学方式是否满意？

69%的同学在使用高分云加QQ同屏的方式进行学习时，专注度会高于资源包或网络学习（见图5）。

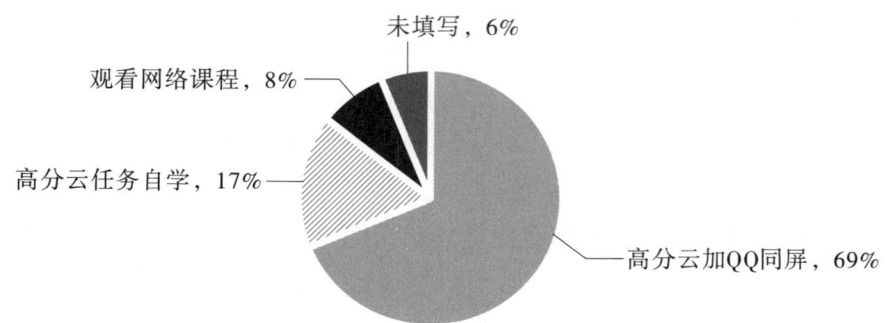

图5　哪种教学方式专注度更高？

79%的学生希望单独采用同屏讲评或与微课结合的方式讲解错题（见图6），因此师生同时在线的教学互动形式不能丢弃。

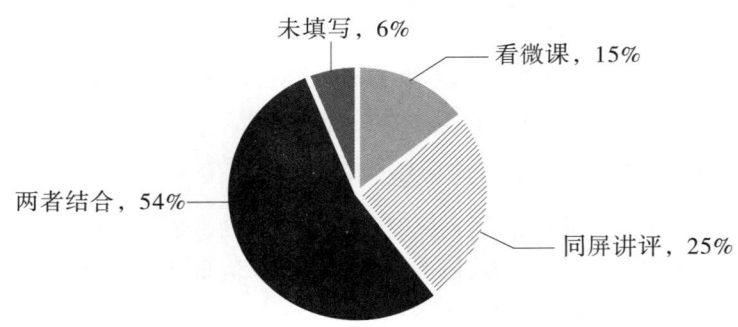

图6　哪种方式讲评错题更好?

四、总结与建议

线上教学的难度主要在学生的管理方面，学生在"云端"学习，教师总感觉在"云里雾里"，心里没底，通过QQ同屏分享和高分云平台线上测试、即时统计反馈功能的应用，教师能够在线看到学生学习的效果，与学生进行即时互动，从"云端"回到"人间"，教学有了落地的感觉。

不过，一堂课是否能够吸引学生，留住学生，根本还是在于教师认真备好课，让教学设计更适合学生，这是一堂好课的灵魂。否则，再好的技术手段、教学设计不尽如人意，线上教学也只能留住学生的"身"而不能留住学生的"心"。从实践来看，"一案到底"与以练代管网课教学法的结合，能够达到较好的线上教学效果。

"一案到底"的道德与法治复习课线上教学，需要处理好五个关系：

（一）要处理好案例、概念与实践的关系

案例教学要实现从直观具体到概念抽象，再到实际运用的两次飞跃。道德与法治课的"德育性"，需要联系生活实际，注重情感体验，需要案例材料的直观具体；只是提供案例而没有分析的概念和工具，产出的就是自发的感慨，限于一时一事，难以通约、迁移，需要由案例生成概念，或借由概念分析案例；有了直观体验和概念工具后，就需要从意识到行动，发展学生应用、分析、评价甚至创造的高阶认知过程。

（二）要处理好案例基本版本和变式之间的关系

案例材料及其配套的任务要相互关联，由基本版本出发，不断变换条件，逐层递进。尽量避免材料堆积，阅读/理解比例失调和"一厘米深、一公里宽"的窘境。本案例采用了正、反、合的螺旋推进方式，其他"一案到底"的教学也可以采取从简单到复杂的阶梯推进方式。

（三）要处理好新授课与复习课的关系

在新课学习过程中，每次课学习的概念有限，可以先呈现案例，再结合问题情境引出相关概念，注重学生思维的发散和概念的形成。复习课查漏补缺的目的更明确，尤其是到了九年级，需要将散见各个年级的概念整合起来，课前需要先梳理、诊断基础知识的掌握情况，再通过案例进行综合性的应用提升。

（四）要处理好"一案到底"与以练代管的关系

"一案到底"并不是一讲到底。案例的逻辑是一贯的，但不同的变式客观上又相对独立，而且线上教学学生听讲的专注时长有所下降，因此需要以不同的变式为单位，化整为零，及时反馈，以练代管。

（五）要处理好教学与技术的关系

"当我们关注工具所指向的目的时，工具才是工具！"作为上手工具的技术需要服务于教学"展示""诊断"和"互动"的需求。"一案到底"直观具体和情感体验的设计，需要推送微课、短片等多媒体资源；复习课梳理、诊断的定位，需要推送知识结构图和微课等学习资源和线上测试，及时统计反馈，筛选典型问题针对性讲评；线上教学师生分离，互动艰难，需要师生同步在线、教师语音讲评，部分还原真实的课堂教学，塑造一种正式学习的仪式感，同时也需要高频地推送任务，并及时统计反馈，练评结合，以让学生维持专注。

在上课时，QQ屏幕同屏和云平台线上检测两种手段需要进行切换，学生如果只有一部终端上课，需要适应切换的节奏。因此，可以考虑从以下两个方面改进：

（1）同时使用手机、电脑和平板中的两种终端上课，分别打开两个软件，就不存在切换的问题。当然，部分家庭仍不具备这样的硬件环境。

（2）教师在设计教学时必须精简内容、环节，避免不必要的切换，并预留切换的缓冲时间。待学生完全适应后，再考虑增加教学容量。

参考文献

[1] 中华人民共和国教育部. 义务教育思想品德课程标准（2011年版）[M]. 北京：北京师范大学出版社，2011.

[2] 汪晓东. 1招帮您解决学生"在线不在学"——"以练代管"网课教学法[EB/OL]［2020－11－12］. https://mp.weixin.qq.com/s/03Qy－LD4lnsFRLlmscLKMg.

[3] 皮连生，杨心德，吴红耘. 学与教的心理学[M]. 上海：华东师范大学出版社，2009：188－207.

[4] 崔允漷. 追问"学生学会了什么"——兼论三维目标[J]. 教育研究，2013（7）：98－104.

[5] 徐晓东. 校际协作学习方法和基于差异的学习策略的研究与进展［J］. 电化教育研究，2010（6）：10－18.

[6] 杨开城. 技术何以革新教育？——尝试回到实事本身［EB/OL］.［2020－11－15］. http://blog.sina.com.cn/s/blog_59be446301017hkn.html.

网络环境下"以练代管"的初中数学复习课教学案例[①]

潘锦朝

【摘要】 线上教学，如何管控学生是最大难题。本文以"分式方程"复习课为例，根据数学复习课的教学需求，在网络环境下充分融合信息技术手段"以练代管"，通过高频次的讲练交替，讲完就练，练完再讲，以练代管，有效保证了学生线上学习的参与率，基本满足复习课的教学需求，保证线上课堂的教学质量。

【关键词】 以练代管　初中数学　复习　网络

时下，全国各地开展线上教育，对于习惯在教室环境上课的教师们，是一个极大的挑战。在网络环境下，如何上好初三数学的复习课，是毕业班教师们迫在眉睫需解决的问题。以往的复习课师生在课室面对面进行对话交流、练习批改、黑板展演等方式推进课堂学习，实现教学目标。而如今，这一系列的教学环节都必须在网络上完成，如何才能保证课堂质量呢？笔者认为，在网络环境下借助学习平台和QQ群互动，利用"以练代管"的教学模式是一种行之有效的方法。

一、数学复习课教学需求

数学复习的目的是将已学过的数学知识系统化、网格化，在学生的已有知识水平和能力的基础上，进行有针对性的复习，对重点内容进行综合复习；提高综合运用所学知识、方法去解决数学问题的能力，培养学生提出、分析、解决问题的数学能力，改善学生的数学思维品质，提高数学学业水平。课堂上教师需要通过讲授或练习，帮助学生把学过的数学概念、定理、公式、解题方法等内容，经过选择、归类、整理、储存让学生搭建自己的认知结构，从而形成完整的知识体系，便于提取和运用。

---

① 作者单位：佛山市顺德区容桂兴华初级中学。

因此，数学复习课需要经历四个阶段：提取信息、思考重建、综合运用、反思提升。每一个阶段都需要学生的全程参与、独立思考、及时反馈和交流分享。而如果在线上教学时，仅仅是直播课堂，学生没有教师的管控，失去了集体的制约，很难完整地经历以上四个阶段，复习效果得不到保障。如果能借助学习平台进行检测反馈，"以练代管"不失为一种好方法。

"以练代管"的教学模式在初中数学复习课上的应用，首先我们可以在课前发布测试任务，收集学生学习数据，统计分析，进行二次备课。教师可以了解学生信息提取的状态，使课堂上的复习更加有针对性，精准把握复习的重难点；一改以往"一言堂""填鸭式"的教学，教师的教和学生的学变得有意义。

其次，通过学生做练习，及时反馈学生的学习状态，教师准确把握学生的学习进度，为课堂上调整教学策略提供了有力的帮助。在复习课的思考重建阶段，通过练习任务的完成率来监控学生在线学习的参与度，同时测试成绩的及时反馈也有利于学生及时改进学习策略，形成良好的学习行为，顺利重建自己的认知结构。

再次，通过教师发布练习任务，学生完成练习任务。教师既可以进行点对点地教学、辅导，也可以一对多或多对多教学和重点关注。在数学复习的综合运用和反思提升阶段，通过练练、查查、改改、讲讲，让更多的学生能坚持参与课堂学习，完整经历复习课的四个阶段，从而保证数学复习课的教学质量。

下面笔者以"分式方程"复习课为例，谈谈如何实践"以练代管"的复习课教学模式。

二、教学构想和设计

课程构思：以分式方程复习为例，梳理分式方程相关知识点，理解分式方程的定义，会解分式方程，能利用分式方程解决简单实际问题。重点是解分式方程，掌握解分式方程的策略，难点是增根的问题及分式方程的应用。学习目标要求学生会解分式方程，能利用分式方程的增根，求字母系数，能运用分式方程解决简单的应用题。

教学设计：提取信息阶段，笔者通过推送一些典型的习题给学生解答，帮助学生逐步提取、回忆分式方程有关的概念、公式、解题方法。提前发布练习，让学生通过习题先自主回顾知识。课堂开始，根据平台反馈的学生学习数据，有针对性的点评。

接着进入第二阶段思考重构。笔者通过对解分式方程中出现增根问题复习讲解，让学生明白增根是如何产生的，利用平台发布随堂测，根据随堂测的学习反馈，适时调控教学策略。让学生通过自身的思考，把分式方程的相关知识点条理化、有序化、网格化、立体化。利用平台上传自己的知识图谱，与同伴互相交流分享，逐步构建完整的知识结构体系。

第三阶段综合运用。通过讲解分式方程的应用，对相关的基础知识、基本技能、和基本方法及使用技能、解题策略等综合训练。强化学生提取知识、选择加工知识的能力。为了加强学生综合运用的训练，笔者利用学习平台发布典型例题测试，点评例题，利用QQ群同屏分享技术充分展示学生典型错误，通过互动讨论、辨析等方式强化学生的知识、能力和方法。

第四阶段反思提高。通过学习平台上传总结反思，发送自我评价问卷，对本节课所学内容自我小结。然后利用QQ群同屏分享技术与同学交流分享，聆听他人的评价，在自我评价与他人评价中反思自己对数学知识、体系的理解，对解决问题过程中知识、方法、策略进行反思，从而形成更加巩固的知识体系。

上述的四个阶段，每个阶段边讲边练，以练代管，通过视频讲解或直播讲解帮助学生梳理知识点，形成知识结构，通过随堂测反馈，及时掌握学生在线状态，通过测试成绩准确把握学生的理解程度。而学生通过观看教学视频或直播讲解，慢慢理解知识，通过测试内化知识，暴露问题。

三、分式方程复习课"以练代管"教学模式的实施过程

笔者设计的分式方程复习课共分为六个环节，其教学模式如图1所示。

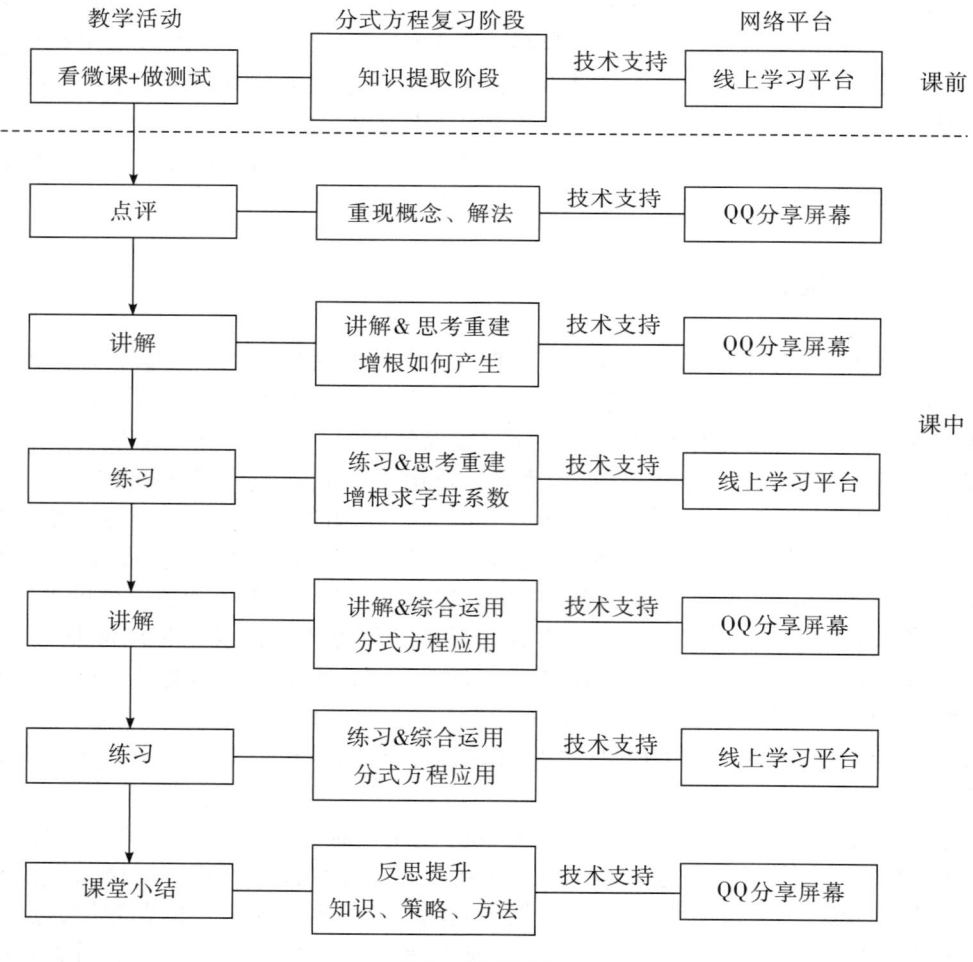

图1　教学模式

在信息提取阶段，笔者利用习题的解答帮助学生回顾知识。为了解学生对分式方程相关知识点的掌握程度，笔者设计了对应的前测练习，利用学习平台推出微课和练习，学生利用手机、电脑、平板等上网工具完成前测练习。笔者可以通过互联网迅速了解学生的掌握情况，进行二次备课。学生前测学习数据如表1所示。

表1　学生前测学习数据

题号	考核知识点	正确率
1	分式方程的定义	81%
2	解分式方程之如何去分母	75%
3	解分式方程中易错点	71%
4	产生增根的理解	55%
5	解分式方程	67%
6	分式方程的简单应用	57%

课中笔者通过网络平台将教师的电脑屏幕分享给学生观看，通过语音通话功能进行直播讲解。明确思考问题的关键条件，明晰解分式方程的策略：去分母转化为整式方程，提醒解分式方程的易错点，注意答题规范性。接着开始讲解分式方程增根产生的原因，回应前测练习中暴露出来的问题，知识点讲解完后，通过网络平台推送随堂测试，检验学生的掌握程度，以练习代替毫无意义的打卡任务，一举两得。

分式方程的解法，注重解题的步骤规范、思路清晰和答题的完整性。针对知识点不同的考核维度，笔者运用网络平台推送作业的同时，设置允许学生在线提交，学习在练习本上完成解题，拍照上传。教师在平台的这一端可以像平时课堂巡堂改题一样，进行个别批辅，抽查学生出勤，既能及时了解学生的作答情况，又能通过完成率马上判断学生在线状态。

四、案例效果分析

从总体的成绩来看，利用"以练代管"的教学模式进行分式方程的复习，收到较好的效果，从前测与后测的相同考点的正确率可以看出，普遍的知识考点正确率都有提升（见表2）。

表2　前测与后测结果对比

考核知识点	前测正确率	后测正确率	对比
解分式方程中易错点	71%	80%	↑9%
分式方程定义	81%	52%	↓29%

续上表

考核知识点	前测正确率	后测正确率	对比
分式方程的简单应用	57%	76%	↑19%
产生增根的理解	55%	76%	↑21%
解分式方程之如何去分母	75%	82%	↑7%
平均正确率	68%	73%	↑5%

说明：分式方程定义考点难度有意拔高，正确率出现负增长。

从每个教学环节学生的参与度来看，课堂刚开始，个别学生没有准时上线，参与率偏低，在学习平台和QQ群两者之间切换的时候，出现个别学生没连上导致参与率会稍低，其他教学环节，学生的在线学习参与率都比较高（见表3）。

表3 学生在线学习参与率

教学环节	参与人数/人	班级人数/人	参与率
课前预习	52	53	98.11%
预习点评	48	53	90.57%
讲解1	53	53	100.00%
练习1	53	53	100.00%
讲解2	49	53	92.45%
练习2	53	53	100.00%
课堂小结	49	53	92.45%

从学生对"以练代管"教学方式的认可度看，大部分的学生表示通过这种方式，基本能理解教师所讲的内容。

五、课后反思与评价

网络环境下"以练代管"的教学模式应用于初中数学复习课，基于互联网的技术实现了师生在线互动和学生即时反馈，在初中数学复习课的四个阶段均能较好地满足数学复习课教学需求（见表4）。

表4 相关情况表

总结复习课阶段	教学需求	网络环境	管控方式
信息提取	了解学生现有水平和能力	测试任务、数据统计、成绩反馈	教师vs测试任务
思考重构	讲授、直观展示	直播、白板推送	教师vs主题讨论

续上表

总结复习课阶段	教学需求	网络环境	管控方式
综合运用	讲解、错误展示	直播、测试反馈	教师 vs 测试任务
反思提升	对话交流、学生总结	直播、问卷评价	教师 vs 问卷评价

信息提取阶段，在教室环境下，教师组织学生上课，通过师生间的对话交流、随机抽查、黑板展演的方式了解学生现有的知识水平和能力。而在网络环境下，通过学习平台发送测试任务，利用平台数据统计功能，及时发现尚未登录参加学习的学生，及时提醒；成绩的及时反馈，全面了解学生的现有水平和知识能力，继而开展更有针对性的重点复习。不仅可以精准把握学情，而且学生学习数据有记录，学生账号家长会关注，有没有上线学习，教师一清二楚，基本可以实现课堂管控。

在思考重建阶段，学生需将所学的概念、公式、定理、解题方法等知识，经过加工、选择、组合构建自己的认识结构体系，形成各自新的数学图式。此阶段需要学生的全体参与交流分享，将图式结构形象直观展示。教师可以通过学习平台推送讨论主题，学生可以利用白板功能提交个人结构图式，形成图库，同学们互相借鉴学习，完善自己的知识结构，同样，这阶段的学习任务完成率可以作为学生在线学习的状态考核。

综合运用阶段，学生需要通过典型案例、经典习题加强训练，提高综合运用知识的能力，学生的易错点、思考问题的关键点教师需充分的展示给学生，通过讨论辨别强化学生基础知识、技能与方法。教师可以通过直播和学习平台的白板推送功能展示错例，及时纠正易错点，通过分享屏幕，帮助学生找出解题的关键点。

反思提升阶段，教师可以利用平台发送问卷评价，促进学生自我评价，在自我评价和他人评价中，反思自己的数学认识结构，完善知识体系，提高解决问题的能力。

线上教学，如何管控学生是最大难题。笔者认为与其管住学生的人，通过摄像头视频监控，倒不如管住学生的时间和精力。通过高频次的讲练交替，讲完就练，练完再讲，以练代管。"练"之前，学生必须知道教师讲了什么，否则就无法提交练习，马上就被教师提醒、批评了，而且利用网络平台学习有记录，账号有家长关注，作业有没有交不仅教师一目了然，家长也是了如指掌。这样看似无人管控的课堂，实际却是"多管齐下"，大大提高了管的实效性。

参考文献

[1] 汪晓东. 1招帮您解决学生"在线不在学"——"以练代管"网课教学法[EB/OL]. [2020-06-07]. https://mp.weixin.qq.com/s/03Qy-LD4lnsFRLlmscLKMg.

[2] 张奠宙，宋乃庆. 数学教育概论[M]. 北京：高等教育出版社，2004.

[3] 何小亚，姚静. 中学数学教学设计[M]. 北京：科学出版社，2008.

在线教学环境下初中数学几何课翻转课堂教学的实践与探究[①]

——以北师大版八年级下册"1.3.1 线段的垂直平分线"为例

张虹　黄启勇

> **【摘要】** 在线教学环境下的初中数学几何课,由于课堂训练无法及时收集、反馈和讲评,课堂管控难度大,在线教学效果大打折扣。因此,尽快探究出有效的教学模式提高课堂的管控力以及策略是非常必要且重要的。本文主要内容:(1)初中几何教学的重点;(2)在线教学环境下的初中几何教学模式的探究以及探究的结果——翻转课堂教学模式下的"以练代管";(3)以北师大版八年级下册"1.3.1 线段的垂直平分线"为例,进行教学实践以及由此引发的思考。
>
> **【关键词】** 在线教学　以练代管　初中几何

初中的几何教学着重于培养学生的数学思维能力,而增加训练的科学性和实效性,注重概念和定理的形成则是培养学生严密的逻辑思维能力的重要保证。落实核心素养,打造思维课堂,要更注重概念和定理教学,并及时捕捉课堂生成性问题,解决问题,不断总结归纳;再通过变式教学,引导学生从不同角度解决问题,有效拓宽学生的思维广度,提高学生的创造性思维能力和知识的迁移能力。

初中几何教学是一个动态生成的过程,对于学生的认知参与度,训练、评价的时效性要求较高,在线教学环境下,采用怎样的模式,才能使得几何教学更有效,笔者做了以下几种尝试:一开始笔者选用了发资源包加线上答疑的形式,实现了课堂训练的及时收集反馈,但很快就发现了问题:有些学生没有自主观看微课,做题也是马虎

[①] 本文是广东省教育研究院"基于学习数据的适应性教学模式在薄弱学校的应用研究"专项课题《基于学习数据的初中数学智慧课堂模式应用研究》(编号:GDJJ201907)的研究成果。作者单位:广东省佛山市顺德区梁开初级中学。

了事。学生利用资源包学习的质量无法保障，缺少课中环节使得教师无法观察学生的思考过程，缺乏与学生进行认知过程的互动，无法及时捕捉课堂生成性问题，教师在课堂上的作用无法体现。而沿用线下教学思路，采用直播教学缺乏课前预习反馈，教师无法了解学生的具体学情，只能根据经验教学，容易造成讲授时间过长，变"线下灌"为"线上灌"，对于课堂的练习不能即时统计评价，无法判断学生的学习效果，而通过连麦、点名的方式进行互动关注到的只是学生是否在线、是否端坐等表象行为，没有聚焦学生是否思考、是否理解等内在认知。

沿用线下教学思路的直播和完全放弃课中的资源包学习都不能做到更有效的管控，亟待探索新的方法。而"以练代管"加持下的翻转课堂能够很好的融合两种模式满足几何教学的需求。课前通过发资源包的形式，实现在线翻转，让学生提前做好预习，课前预习与课程教学相结合能使教学任务得到很好地完成，达到深度学习的效果。既保留了课中环节，与学生进行认知过程的互动，即时评价，"通过高频次的练习实现学生参与度的保持"，又能通过平台的即时统计功能"及时反馈"帮助教师聚焦学生的内在认知，及时捕捉课堂生成性问题，不断反思归纳，落实核心素养，打造思维课堂。本文以北师大版八年级下册"1.3.1 线段的垂直平分线"为例，阐述基于"以练代管"的翻转课堂的教学实践以及由此引发的思考。

一、教学构想与目标

（一）教学构想

采用"以练代管"翻转课堂开展在线教学（见图1），课前以"微课+测试+讨论"的形式在高分云平台发布任务，分析学生的任务完成情况，调整教学目标和内容，进行二次备课。课中采用钉钉直播和高分云检测，以"预习反馈+定理证明+变式训练+课堂小结"的模式，利用直播平台进行知识讲授，与学生进行认知过程的互动，在核心素养下，教师不仅要关注解题结果更要关注考查学生的思维过程，课前让学生师徒合作共同探索，主动建构知识，课中利用平台实现巡堂效果，发现问题，即时评价，解决问题。开展一题多变、一题多解的训练，内化定理，从理解定理发展到能运用于实际，提高学生的思维能力、分析问题及解决数学问题的能力。课后则分层发布作业，个别辅导，激发学生学习的内驱力与积极性。

（二）教学目标

能运用几何符号语言证明垂直平分线的性质定理及其逆命题，并会对定理进行应用。

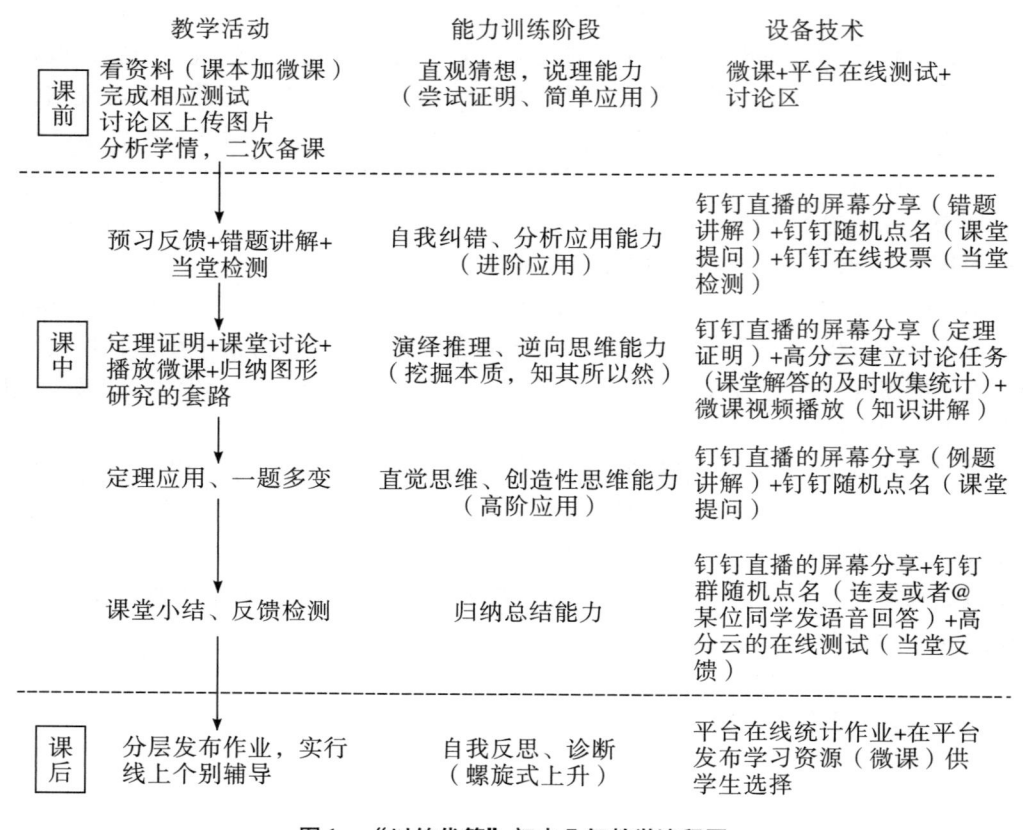

图1 "以练代管"初中几何教学流程图

二、创设教学情境与过程

（一）课前

1. 通过平台布置预习任务，并在学习群给出指引

（1）提前预习 P23~24 的电子课本。

（2）观看平台发布的微课视频（作者注：垂直平分线的做法、三角形全等的证明方法）并完成相应的检测［作者注：设置了简单（第1、2题）、中上难度（第3、4题）梯度的题目］，让基础薄弱的学生有信心，让基础好的学生有思考空间，带着问题、求知的心进入课堂。

（3）根据视频内容尝试自己画出 AB 的垂直平分线，根据作图过程师徒合作共同完成以下两项任务并拍摄视频在讨论区上传。

①如图2，连接 CA、CB，DA、DB，请你根据刚才的作图过程说出他们的数量关系（即点 C、D 到点 A、B 的距离之间的数量关系），在直线 l 上任取一点 P，到点 A 与点

B 的距离之间的数量关系是否改变？如何概括这一结论呢？你能用不同的方法验证这一结论吗？

②如果已知一点 G 到点 A、B 的距离相等，那么点 G 在线段 AB 的垂直平分线上吗？你能证明你的结论吗？

2. 学情反馈

（1）学生预习完成率达 90% 以上，总体还是比较认真。

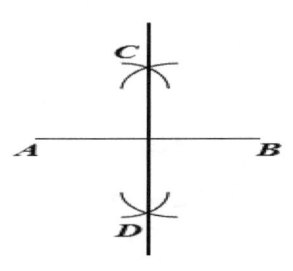

图 2

（2）从讨论区可以看出大部分同学在预习后通过师徒合作能简单概括出垂直平分线的性质定理和通过全等进行简单证明，不足之处就是语言方面不够规范。对于逆定理的证明则完成的不是那么理想，主要表现为两种问题：一是无从下手，想不到要做辅助线来证明；二是机械性地把定理翻译成符号语言，用定理的结论来证明定理（见图3）。因此课堂上要对这些问题进行引导和深入讲解。

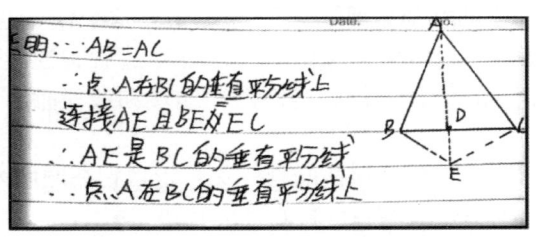

图 3　学生作业

（3）从课前发布的检测题答题情况可以看出学生通过自学基本都能掌握线段垂直平分线的性质定理的应用（见图4第1、2题），但是结合其他知识点的情况下更深层的练习完成情况不够理想（见图4第3题），因此课堂上要进行这方面的深入讲解。

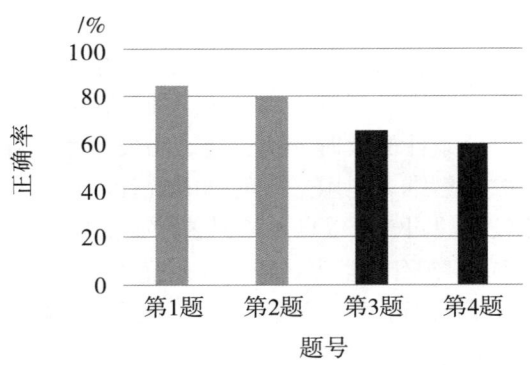

图 4　课前检测正确率

（4）对于逆定理的应用完成得不够理想（见图4第4题），很多同学还不能根据逆定理去判定垂直平分线。结合前面讨论区逆定理的证明情况可知，学生对逆定理的理解和应用方面出现了困难，课堂上要重点讲解。

（二）课中

课中主要分为四个环节。

1. 预习反馈

教师反馈预习任务完成情况，对做得比较好的同学及时表扬。对学生课前完成的测试中错误率比较高的题目统一讲解梳理，再通过课堂小测来反馈学生对于这个知识点的掌握程度。使用钉钉投票可以高效统计学生做题情况，也可以避免学生来回切换软件，弊端就是不能预先设置题目，需要当堂操作。

2. 精讲释疑

接下来，播放学生在课前上传的作线段垂直平分线及师徒合作完成的任务一视频。根据学生给出的猜想，教师利用几何画板进行演示，进一步确认猜想的正确性，教师顺势给出线段垂直平分线的性质定理，再引导学生对这个结论进行严格的几何证明：改写成已知，求证的格式。给出学生课前完成的证明过程，通过对比，引发学生对点的位置的思考，进而对点的位置进行分类，即在线段和线段垂直平分线的交点处和线段外。

紧接着教师提问"上述定理的逆命题是什么？它是真命题吗？"对学生进行逆向思维的训练。以下是引导学生对逆命题进行验证的片段：

问1：已知线段 AB，你能否找到一点使得其到端点 A、B 距离相等？

问2：你可以用圆规找一点 C，使得 $CA = CB$ 吗？说出你的作法。

（学生在七年级学过作线段垂直平分线，有一定知识储备）

问3：用圆规再找出一点 D，使得 $DA = DB$，画出直线 CD，观察 CD 与线段 AB 的位置关系是怎样的？

问4：像这样的点你能找出多少个？你认为它们在什么位置？

……

引导学生猜想：这些点都在线段的垂直平分线上，借助平台发布讨论任务，让学生对猜想进行验证，教师实时刷新浏览点评，实现线下课堂中巡堂查看的效果，学生会有很多种证法，对于符合条件的及时评价肯定，激发学生的探究欲望，一题多证的过程可以培养学生的发散性思维。利用平台的即时统计功能，也可以监管哪些同学没有认真完成。完成得比较快的同学可以点击微课进行深度学习。

最后就是通过语音DING，召回学生，统一展示优秀学生的证法，让学生学会对命题及定理的文字语言转化成图形和符号语言。并进行适当归纳，找到基本图形，使学生知道这个定理的作用以及遇到类似图形怎么用。

3. 定理应用、一题多变

通过直播屏幕分享展示题目，在原题的基础上进行变式，由易到难，先通过调换条件与结论进行简单变式，再通过重构原题的条件与结论进行变式，层层递进，帮助学生挖掘定理的实质，与其问学生是否听懂，不如通过变式训练，以练代管，引导学生积极思考、认真解答，感受数学知识由易到难的过程，以不同思考角度和解决方式获得答案，聚焦学生的内在认知，培养学生的直觉思维、创造性思维能力，促进学生数学核心素养的养成。对于学生解答过程的收集可以利用平台的讨论区进行上传，也可采用点名（直接@某位同学，或者在网络较好的情况下连麦提问）的方式。

4. 课堂小结，反馈检测

采用钉钉直播的方式，随机点名让学生在群里发语音或者连麦进行总结，教师再做最后的补充。总结研究几何图形的基本路径，为下一节课研究角平分线的相关性质作铺垫，并将相关的几何概念进行梳理，新知与旧知贯穿，构建系统的知识脉络。

接下来，在平台发布检测题，及时掌握学生本节课的学习情况，关注学习能力相对薄弱的学生，并利用钉钉或者微信对学生进行针对性辅导。

（三）课后

结合课前和课堂检测情况，分层发布作业，并在平台发布这节课的相关微课资源（基础解题视频和拔高视频）供学生选择。学习目标未达到的学生，学习微课资源补漏；已达学习目标的学生，可学习微课资源促使高阶学科能力的发展。

三、反思教学过程和效果

1. 提升学生的学习兴趣，提高答题正确率

采用单一的资源包形式，任务完成率为60%，采用直播加平台检测的方式，任务完成率升至95%（见图5）。

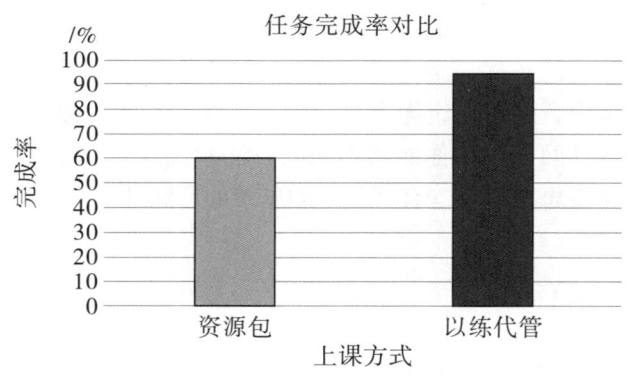

图5 不同上课方式任务完成情况

经过这节课学生对于线段的垂直平分线的性质定理及其逆定理的证明和应用已经基本掌握，课中钉钉检测和反馈检测正确率都达90%以上的人数过半，比起课前有所

提高。

2. 增加课堂互动，增强"课堂"体验感

课后笔者对学生进行了问卷调查，从以前单一的资源包形式到现在的直播加平台检测形式，学生的满意度大大提升，达到80%以上。笔者也对他们进行了采访，了解到平台上提供的微课资源包虽然也能学习，但是教师的声音和教学方式会让他们更感亲切。课堂上的提问互动和找错环节等，都让他们更有"课堂"体验感。

3. 提升学生的认知参与度，加强课堂"监管"

在教学过程中"通过高频次的练习实现学生参与度的保持"，"以练代管"，即时训练，一题多证，一题多变，层层深入，通过练习监测学生的认知情况，知识的掌握程度。通过平台的即时统计功能"及时反馈"帮助教师聚焦学生的内在认知，保障课堂的教学质量，实现真正的课堂"监管"。

4. 重视定理教学，渗透数学思想

在课前，让学生通过动手画垂直平分线，唤醒其最近发展区，学生在七年级学过轴对称、线段的垂直平分线作图、三角形全等的证明，通过问题串引导学生进行合理猜想，在这个基础上进一步提出要求：用严格的几何语言进行证明，使得新知具有可得性的同时也具有挑战性。由师徒合作探究，降低证明难度，实现学生的共同进步，增加学习主动性，整个过程是学生对知识的主动构建，通过动手操作、观察、适当猜想，课上教师进行适当引导进行规范证明，最后给出定理，真正体现以学生为主体，教师为主导。在这个过程中渗透从特殊到一般的数学，通过设置开放性问题，引导学生进行多角度思考、证明，培养发散性思维能力；体会知识点之间的联系，感悟研究几何图形的基本路径。

5. 通过变式教学，提升核心素养

通过对几何经典题型由简到难的变式，先将原题的条件与结论对调，或者进行简单的修改数据，有利于提高学生的识图、分析能力，培养学生的几何直观和逻辑推理等数学素养。再对原题的条件、结论进行重构，有利于培养学生的发散性思维与归纳的能力。在这个过程中，还可以让优生自己尝试改编，培养创造性思维。在教学的过程中，通过一些开放性问题，如你能用不同的方法验证这一结论吗？鼓励学生在平时证明或者解题时多角度思考问题，有利于增加思维的广阔性。

四、结语

综上所述，"以练代管"的在线初中数学几何翻转课堂不失为一个有效的教学模式。杜绝陷入"中心论"的泥潭，注重以学定教的"关系"思维。学生通过前置学习，带着求知欲和一定的知识储备进课堂，学习目标更明确，兴趣更浓厚；教师根据学生的课前学习情况进行二次备课，直播时有针对性地讲解；课堂直播中，与学生进行认知过程的互动，即时评价，及时捕捉课堂生成性问题，开展变式教学，通过高频次的练习实现学生参与度的保持，聚焦学生的内在认知，促进学生数学核心素养的养成。而在课后利用平台数据，针对性辅导，实现分层教学。

参考文献

[1] 汪晓东. 1招帮您解决学生"在线不在学"——"以练代管"网课教学法［EB/OL］［2020 - 12 - 25］. https://mp.weixin.qq.com/s/03Qy - LD4lnsFRLlmscLKMg.

[2] 李芒. 大学金课观——兼论大学教学的若干基本问题（一）［J］. 煤炭高等教育，2019，37（3）：8 - 13.

[3] 李志平，钟文辉. 赏析初中数学教材一道习题的改编与探究［J］. 中学数学研究，2013（10）.

居家实验作前置任务优化
农村学校初中物理线上教学

> **【摘要】** 疫情期间由于缺乏实验器材，给物理实验教学造成了困境，且学生学习习惯较差，本文主要阐述"居家实验＋实验报告单"作线上教学的前置任务的实施过程和教学效果。
>
> **【关键词】** 线上学习　居家实验　前置任务

2020年伊始，一场突如其来的疫情打了个措手不及。在国家防疫的大背景下，为保护师生安全，促进儿童成长而开展"停课不停学"。云端教学的开始，传统的教学模式被迫按下了"暂停键"，对于教师和学生来说都是一次巨大的挑战。本文是基于疫情下对农村学校初中物理线上教学模式的探索。

一、研究背景

（一）初中物理线上教学中面临的困境

从传统的讲学稿主导的课堂转变到线上授课，遇到了各种各样的困难。其中对于物理教学来说，最大的困难莫过于在传统物理实验教学中，课堂可提供器材让学生探究，使学生理解物理概念和掌握物理规律，提高学生的感性认识，但在疫情下却无法实现分组实验探究物理规律。

笔者所在的学校是广东省佛山市顺德区容桂街道一间镇属初级中学，属于薄弱学校。学校大部分学生是进城务工人员子女，学习基础以及学习习惯相对比较差。

（二）初中物理线上教学设想

物理是一门以实验为基础的学科，物理实验能把物理现象清晰地展现在学生的面前，提供给学生丰富的感性认识，没有实验就没有物理教学。非常时期采用非常手段，居家实验是应对中学物理教学困境中的有效途径，以"居家实验+实验报告单"作为前置任务运用于课堂，既保证了物理实验教学中的进度和质量，又能让学生更好地体验实验的过程，激发学习兴趣，培养学生的动手能力，养成乐于探究、勇于探索的科学情感态度。

二、研究过程

（一）线上学习中两种不同的课堂模式的对比

教室学习转变为居家学习，居家学习也可以是生动、形象、多样化的，笔者从几个方面把线上物理教学中常见的课堂模式做了如下总结（见表1）。

表1 总结情况

	居家实验+实验报告单	知识点填空
前置任务	完成教师布置的居家实验和实验报告单	预习课本，完成教师布置的知识点填空
学生	主动学习	主动学习+被动学习
教师	学生学习的引导者	知识的传授者
交流方式	生生互动为主，师生互动为辅	师生互动为主，生生互动为辅

（二）"居家实验+实验报告单"物理实验探究课课堂模式分析与构建

本文所提出的教学模型将完整的一节课分为课前、课中与课后三个阶段，在每个阶段教学活动、教师与学生的职责各不相同。此课堂模式通过自己动手完成居家实验前置任务，带着困惑进入课堂，通过师生互动、生生互动等方式促使学生主动建构知识，突破重难点，侧重于培养学生的自主学习能力和沟通能力，提升学生整体素质。

1. 课前阶段

教师在开学几周内应该将学生按照成绩、性格特点等因素将学生分成若干个小组，以备课上合作探究。

教师需要进行整节课的教学设计，形成完整的知识体系，准备课中相关的课程资源，包括PPT和课上用的微课资源，进行居家实验和实验报告单的布置。学生在课前阶段则需要认真完成前置任务，完成实验报告单的同时记录好自己的思考和困惑，以备教师二次备课和课上交流。

2. 课中阶段

（1）前置任务反馈阶段。

教师分享反馈典型课前作业，全班同学在直播课讨论区进行充分探讨，包括实验器材、实验步骤、实验结论、失败原因、改进方案等进行深入讨论交流，侧重交流大家具有的共性问题，思维碰撞中知道如何解决问题。各小组汇总问题给教师，教师点评并点名同学回答，集中指导重难点知识。在此过程中优化实验过程和实验表述，提高学生的表达能力。

（2）重点实验落实阶段。

因居家实验与课本实验在器材方面有所区别，且部分学生仍未结合课本掌握实验，以微课实验视频＋实验报告形式，巩固已学知识点，并为学习成绩中下层学生提供范例。期间用问题串激发学生思考，设置分层任务，小组合作，分层落实。学生应该全面了解教师安排的任务，精力高度集中的学习制作的微视频，而对于学有余力的同学可以利用教师发布的拓展问题进行深入交流，通过提高题的合作交流拓展优生知识面，达到培优效果。

（3）检测点拨阶段。

利用高分云平台中测试功能，不仅检测的范围广，而且能节约课堂时间，提高课堂效率，教师还能即时掌握学生的答题情况，了解学生对重点知识的掌握程度，及时反馈给教师课堂教学效果，帮助学生发现错误、纠正错误，使教师能够对错误率高的重难点题目进行讲解和点评。课中检测的时效性还能使教师及时调整学习策略，在课后任务中加强练习。

3. 课后阶段

在这个阶段中，学生通过巩固知识、内化知识，并整理成知识体系。教师在课后练习中可给予个性化指导，分层练习。课后阶段教师对整个教学过程的评价有着重要的作用，评价清晰地反映了学生是否达到三维目标，促进学生对学习策略和学习态度的反思和改进。教师也可以根据教学效果不断反思和调整下次的教学策略。

"居家实验＋实验报告单"的物理实验探究课教学模式如图1所示。

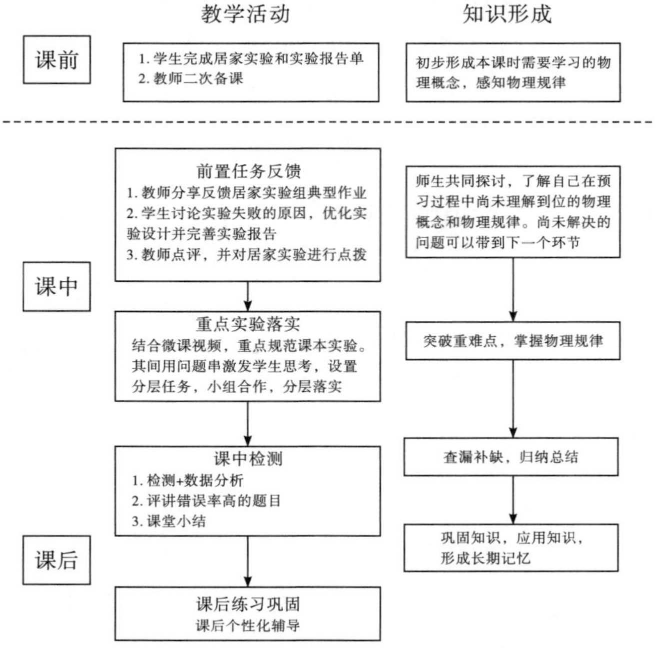

图1 "居家实验＋实验报告单"的物理实验探究课教学模式

（三）教学效果数据分析

实践样本选取八年级两个班级，1班开展"居家实验＋实验报告单"的物理实验探究课教学，作为实验组。2班按照常规教学，以导学案为主导的模式进行，前置任务为"知识点填空"作为对照班。为了体现实践效果评估的客观性和公平性，两个班级的基础水平、男女比例均差异不大。

1. 教学成绩数据分析

（1）前测数据分析（见表2）。

表 2　前测数据

	优秀人数/人 （80% 以上）	合格人数/人 （60%～79%）	低分人数/人 （0～30%）	平均分
知识点填空班	16	33	4	66.4
居家实验班	13	34	3	66.2

两个班在学习本课前各个指标相近，"知识点填空班"优秀人数稍多，学生整体水平无明显差异。

（2）后测数据分析（见表3）。

表 3　后测数据

	优秀人数/人 （80% 以上）	合格人数/人 （60%～79%）	低分人数/人 （0～30%）	平均分
知识点填空班	18	23	12	二.13 平均分：3.9 总分：10.0 已批改
居家实验班	21	27	13	二.13 平均分：3.9 总分：10.0 已批改

较前测相比，"居家实验班"的优秀人数、及格人数都超越"知识点填空班"，平均分高出1.2分，前置任务为居家实验教学效果更佳。

2. 学生学习的满意度分析

为调查学生对前置任务满意度，笔者设计了如下调查问卷（见图2）。

初中物理前置任务调查问卷

亲爱的同学：
　　你好！这是一份关于中学物理实验教学情况的调查问卷，目的是了解我们学校物理课堂教学的现状。调查结果仅供物理教学研究用，匿名问卷，因此填写时不需要有任何顾虑。
1. 你的物理学习成绩是：
A．80~100分　B．60~80分　C．0~60分

2. 线上学习中你怎样的预习方式
A．自己动手居家实验并写实验报告单
B．看书预习讲学稿
C．都可以

3. 你喜欢做居家物理实验吗？
A．不喜欢
B．喜欢，觉得实验对提高自己的认知有很大帮助
C．喜欢，觉得实验就是玩玩而已
D．觉得做不做实验都一样

图2　调查问卷

数据分析如下：
（1）你的物理学习成绩是（见图3）：

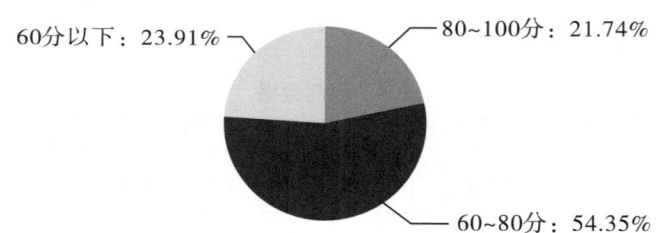

图3　物理成绩调查图

有约54%的同学学习成绩中等，约24%的同学学习成绩一般，还有约22%的同学学习成绩较好。

（2）线上学习中你喜欢怎样的预习方式（见图4）：

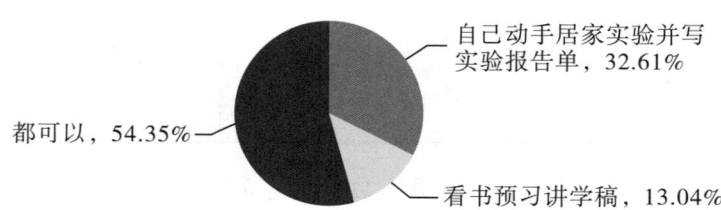

图4　预习方式调查图

约33%的同学喜欢自己动手完成居家实验并填写实验报告单作为预习方式，有约54%的同学认为都可以，只有约13%的同学喜欢传统的看书预习讲学稿。说明"居家

实验+实验报告单"的前置任务较受欢迎。

（3）你喜欢做居家物理实验吗？（见图5）

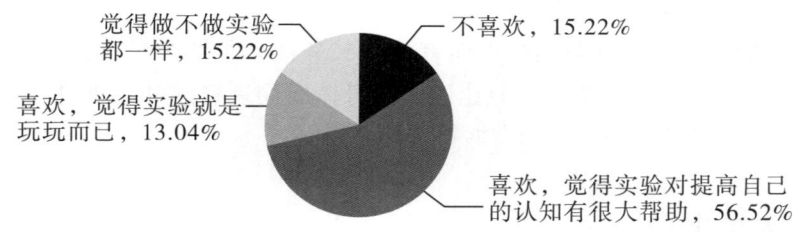

图5 是否喜欢居家物理实验调查图

约70%的同学都比较喜欢做居家实验，约57%的同学认为居家实验对自己认知帮助大，约13%的同学认为居家实验能提高自己的学习兴趣。

（4）不同层次学生对线上教学前置任务的倾向（见图6）：

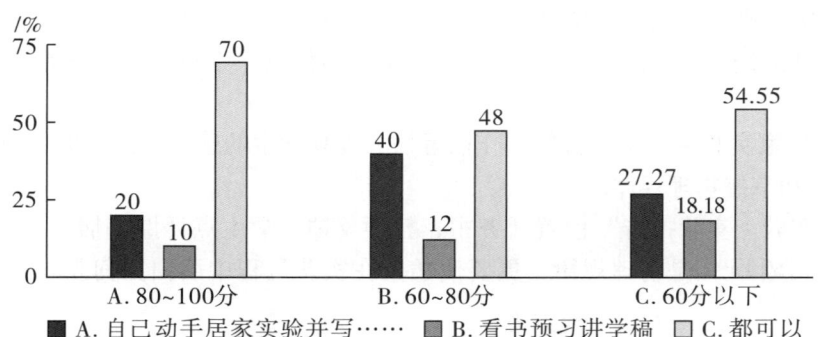

图6 对线上教学前置任务的倾向的调查图

（5）不同层次学生对居家实验效果满意度（见图7）：

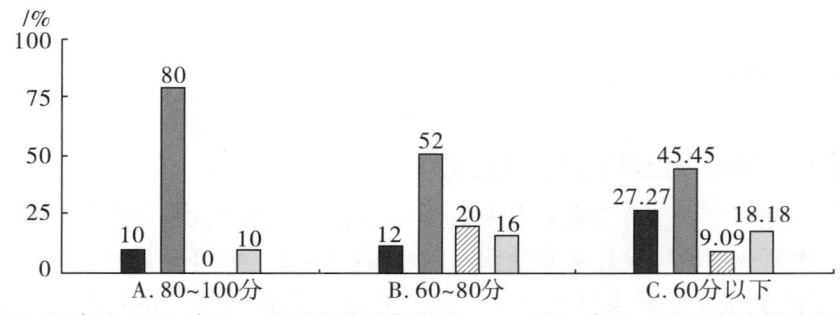

图7 居家实验效果满意度调查

对于物理成绩为 80~100 分的学生而言，此分数段 70% 的学生认为哪种形式线上教学前置任务都可以，80% 的学生认为居家实验对自己的认知有帮助。此类学生在线上学习过程中比较自觉，何种前置任务方式对他们无明显影响，但多数认为居家实验能够提高他们的认知情况。

对于物理成绩为 60~80 分的学生而言，有 52% 的学生认为对自己的认知有帮助，说明居家实验对于成绩中等学生，能让他们亲身体验物理概念和物理规律，能带给他们思考，促进他们理解物理概念和掌握物理规律。

三、研究结论

（1）基于教学数据分析和教学满意度分析，"居家实验+实验报告单"在线上学习期间学习效果较好。

（2）"居家实验+实验报告单"作前置任务有利于提高学生学习兴趣，激发学生学习积极性。

"居家实验班"的线上课堂每节课评论数可达 70 条，"知识点填空班"的线上课堂每节课评论数在 30 条左右，"居家实验班"较"知识点填空班"学习兴趣浓，课堂积极性高。

（3）"居家实验+实验报告单"作前置任务提高学生的感性认识，更有利于学生理解物理概念和掌握物理规律。

"居家实验+实验报告"前置任务中，教师反馈—学生点评课前居家实验的环节，不仅仅告诉学生什么是物理规律，更要使学生在实验过程中明白如何发现问题和解决问题。

（4）生生互动更深入，收获更全面。

学习环境由原来的教室变为自己家中，学生能用到的教学资源不局限于课本，而是开放的天然实验场。这种探究型的教学模式使同学间的讨论更深入，思维碰撞更激烈，收获更大。

四、不足和展望

（一）前置任务可以更好发挥学生的主体性

课堂上将"居家实验"作为前置任务，学生猜想影响浮力大小的因素还有物体的密度等，但在本研究中教师设计实验受限，以后可以尝试"教师设计实验+实验报告单"和"学生自主设计居家实验+分享展示"对比，以确认哪种前置任务教学效果更好。

（二）优化前置任务

本研究的"居家实验组"前置任务只关注到浮力的影响因素这个知识点，下次再执教本课时，可以加上针对浮力的方向、浮力产生的原因进行居家实验前置任务设计；设置前置任务时，增强前置任务设置的趣味性、情境性。

（三）以练代管，与家校合作相配合，取得更好效果

在实践过程中，少部分学生在线上学习中因缺乏监管，课堂、作业敷衍，成绩一落千丈。上课可重点关注此类同学，利用点名回答问题、课堂测试抽查、与家长沟通等方式，让学生知道教师正在关注他，激发学生学习的紧迫感和主动性，以取得更好的教学效果。

参考文献

[1] 义务教育物理课程标准实验教科书编写组. 物理（八年级下）[M]. 北京：人民教育出版社，2013.

[2] 中华人民共和国教育部. 义务教育物理课程标准 [S]. 北京：北京师范大学出版社，2012.

[3] 高嵩，刘梦茹，潘增余. 初中物理智慧课堂课前自主学习任务单的设计 [J]. 教学与管理，2020（1）：34-38.

[4] 宋发庆. 疫情期间中小学校线上教育的问题与建议 [N]. 江西政协报，2020-03-24.

第三部分　注重分层教学，促进均衡发展

互联网+教育精准扶贫视域下薄弱学校发展路径研究[①]

詹春青　姚轶洁

【摘要】 在互联网技术与教育领域深度融合实现教育传统行业快速发展的社会新形态背景下，利用互联网+思维和技术，开展精准扶贫，提升薄弱学校教育教学质量，成为我国教育均衡发展的新方向和新思路。本文从分析薄弱学校的需求入手，分析互联网+的教育功能，厘清互联网+、教育精准扶贫与薄弱学校发展三者之间的关系，并介绍了典型的互联网+教育精准扶贫应用案例，在此基础上探索互联网+教育精准扶贫促进薄弱学校发展的路径，分别是精准构建扶贫共同体、精准识别学校发展需求、精准实施学校供给措施和精准评价学校发展成效，为政府制定推动教育精准扶贫中的薄弱学校建设，促进教育公平、优质、均衡发展提供一定的参考价值。

【关键词】 互联网+　精准扶贫　薄弱学校　共同体　智慧教学

一、引言

办好义务教育阶段的每一所学校，缩小学校之间的差距，改造薄弱学校，为每一个适龄儿童青少年提供优质教育，这是各级政府的法律责任。1986年，《中华人民共和国义务教育法》规定：县级以上人民政府及其教育行政部门应当促进义务教育均衡发

[①] 本文是全国教育科学十三五规划2018年度教育部重点课题《互联网+教育精准扶贫视域下薄弱学校发展路径研究》（课题编号：DCA180317）的部分研究成果。作者：詹春青，广东省教育研究院基础教育研究室，助理研究员；姚轶洁，广东省教育研究院基础教育研究室副主任，中学高级教师。

展，改善薄弱学校的办学条件，促进学校均衡发展，缩小学校之间的差距。经过30多年的努力，薄弱学校有了大幅度改进，但步入新时代，普通义务教育学校发展尚且面临优质教育资源不均衡不充分的问题，与广大人民群众上好学的需求以及政府办人民满意的教育政策要求，还存在一定的差距，薄弱学校更是如此。新时期，薄弱学校具有什么表征，其发展需求是什么？如何凭借自身的内生发展动力，借助外部高校专家的智力支持与互联网+的技术支持促进从薄弱到优质发展呢？

二、薄弱学校发展需求分析

（一）何谓薄弱学校？

研究薄弱学校，寻求一条适合薄弱学校的发展路径，首先要正确认识薄弱学校。何谓薄弱学校？从官方政策文件来看，教育部出台《关于加强大中城市薄弱学校建设，办好义务教育每一所学校的若干意见》（1998年）中指出："薄弱学校是在大中城市的一些中小学校中，或因办学条件相对较差，或因领导班子力量不强，师资队伍较弱以及生源等方面的原因，使得学校管理不良，教学质量较差，社会声誉不高，学生不愿去、家长信不过"。从专家学者理论研究来看，薄弱学校表现为硬件和软件的薄弱，硬件体现在校舍、设备设施、图书资料等办学条件差，软件体现在学校管理、师资队伍、生源质量等教学质量差。

本文认为，薄弱学校本身是一个动态发展的概念，是指在某特定时期、特定区域内在办学条件、学校管理、师资水平、生源质量等方面比较薄弱，达不到同级同类学校的基本办学标准，造成教育质量不高、社会声誉不佳、学校生存与发展处境困难的一类学校。

（二）薄弱学校的发展需求分析

有学者认为，广大中小学校是教育信息化推进的主战场、主阵地，是具体的实践场域，应当提出教育信息化推进的具体需求，并积极参与教育信息化推进实践和研究工作，从而变革教育教学过程，提升教育教学质量（左章明，2017）。那么，薄弱学校的发展需求是什么？本文结合薄弱学校内生发展需求和外部发展需求进行具体分析。

1. 内生发展需求

内生发展理论是20世纪中后期兴起的一种具有重要影响力的社会发展理论。法国经济学家弗朗索瓦·佩鲁（Francois Perroux）于1983年提出内生发展理论，他认为内生发展是指一个国家或地区合理开发与利用本地资源、提升内部能力的发展。此后，学者在佩鲁对内生发展理论的原始概念界定基础上有所发展，认为内生发展指一个国家或地区以当地人为发展主体，以本地区的资源、技术、文化为基础，通过人文发展、技术进步、制度创新等措施培育自我发展能力，探索一种适合区域发展的模式。其中自我发展能力的培育是内生发展的关键属性。自我发展能力是指主体充分依靠自身主观努力,最大程度发展自己内在潜能,自力更生,适应社会环境并满足外在要求的能力。

内生发展被提出来并广泛应用于欧洲农村发展实践,在理论上经历了从内生发展论到新内生发展论的快速演变,在实践上被广泛应用于对城乡发展不平衡问题的讨论,集中议题是相对后发的农村如何发展内生动力以实现振兴。处于农村的薄弱学校亦是如此。它们自身渴求进一步良性发展,以实现学校的优质发展甚至跨越式发展。薄弱学校内生发展需求具体体现在:一是主动发展,自主规划学校教育发展规划与教育行政部门的政策支持相结合。二是借力发展,自主开展教学实践与高校专家智力支持相结合。三是充分利用现有教育技术实施设备与企业提供的智慧教育教学技术支持相结合。四是通过自身努力与外部力量,实现优质内涵发展,摘除薄弱学校的标签。

2. 外部发展需求

薄弱学校发展动力一方面源于自身内生发展的需求,另一方面源于国内外对优质教育的需求。具体体现在:一是新时代国际对优质教育的呼唤。国际上大型的教育质量监测项目,如监测学生阅读、数学和科学能力的 PISA;监测学生数学和科学能力的 TIMMS 以及监测学生科学能力的 NAEP 等著名的学生评估项目,旨在全面监测学生各方面的学业表现,发现和诊断问题,为制定教育决策提供更好的指引和服务,薄弱学校为了适应和提高教育教学质量,培育适应经济社会发展的人才必须接受与面临国际和国内的教育质量监测。二是新时期国家教育政策提出教育均衡发展战略任务,对薄弱学校均衡发展提出了新要求。《国家中长期教育改革和发展规划纲要(2010—2020)》将推进义务教育均衡发展作为义务教育战略性任务。要求不断缩小城乡教育差距,推进城乡教育一体化发展,重点扶持农村薄弱学校,"努力办好每一所学校,教好每一个学生,不让一个学生因家庭经济困难而失学"。三是新时期人民群众对优质教育的强烈诉求,对薄弱学校内涵发展提出了新要求。目前人民群众对教育的需求,是追求更高质量和更具内涵的教育,因此薄弱学校的改进也从改善办学条件转向提高教育教学质量。在办学条件得到保障的条件下,薄弱学校如何激发内部发展动力,注重内涵发展,提升教育质量是当前新时期薄弱学校发展的关键。

三、互联网+教育精准扶贫:新时期薄弱学校发展的有效路径

(一)教育扶贫——阻断贫困代际传递的根本途径

我国政府高度重视并致力于扶贫开发,党的十八大以来,以习近平同志为核心的党中央高度重视扶贫工作,陆续颁布了一系列扶贫政策与行动计划,如《中共中央国务院关于打赢脱贫攻坚战的决定》,又如《中共中央关于制定国民经济和社会发展第十三个五年规划的建议》提出了"精准扶贫、精准脱贫"这一新时期扶贫脱贫工作新理念。此外,习近平同志对扶贫工作提出了"扶贫先扶志""扶贫必扶智""精准扶贫"

等重要论断。可见,教育是"扶志"与"扶智"的根本手段,教育扶贫是阻断贫困代际传递的根本途径。

(二)互联网+教育精准扶贫——新时期促进薄弱学校发展的有效途径

新时期随着我国教育事业不断发展,在互联网技术与教育领域深度融合实现传统教育行业快速发展的社会新形态时代背景下,利用互联网+思维和技术,提升薄弱学校教育教学质量,成为我国促进教育均衡发展的新方向、新思路和新杠杆。

1. 互联网+教育功能分析

本文拟从互联网基础设施建设、互联网技术支持系统以及互联网发展思维三个方面进行分析。一是互联网基础设施建设,含无线网络、移动终端设备等,其教育应用是创设移动互联工作环境;二是互联网技术支持系统,含云计算(Cloud Computing)、大数据(Mega Data)以及人工智能(Artificial Intelligence)等,云计算提供动态易扩展、虚拟化的数字资源,其教育应用可实现优质数字教学资源的共建共享;大数据可存储、挖掘和分析海量数据,支持实时记录教学轨迹,可视化教学行为,为过程性教学评价提供数据支持;人工智能技术可利用计算机模拟人的某些计算思维过程和智能行为,可用于计算机辅助教学。三是互联网发展思维,指多维网络状的生态思维,它由节点连接形成圈子或系统,可帮助薄弱学校建立互联网发展思维,开展互联网+教育精准扶贫等行动计划。以上分析详见表1。

表1 互联网+教育功能分析

	功能列表	功能描述	教育应用
互联网基础设施	无线网络	采用无线通信技术实现的网络	创设移动互联工作环境
	移动终端设备	可以在移动中使用的计算机设备	
互联网技术支持	云计算	提供动态易扩展、虚拟化的数字资源	数字教学资源库共建共享
	人工智能	利用计算机模拟人的某些计算思维过程和智能行为	计算机辅助教学
	大数据	存储、挖掘和分析海量数据	记录教学轨迹,可视化教学行为,为过程性教学评价提供数据支持
互联网发展思维	多维网络状的生态思维	由节点连接形成圈子或系统	帮助传统教育行业建立互联网思维

2. 互联网+、教育精准扶贫、薄弱学校发展三者之间的关系

互联网+是当前信息技术时代的热门应用,发挥互联网+在薄弱学校教育教学的

优化和集成作用，应当把互联网＋支持度（含基础设施、技术支持和发展思维）与教育扶贫精准度（识别与诊断、设计与实施、评估与反馈）两者有机结合，努力催化互联网＋与教育精准扶贫两者产生放大效应，加强与薄弱学校的适切性研究，提升薄弱学校发展质量（由不良发展逐步过渡到良性发展，最终实现优质发展），形成更广泛的以互联网＋为基础设施和技术支持实现教育发展新样态。互联网＋、教育精准扶贫、薄弱学校发展三者之间的关系如图1所示。

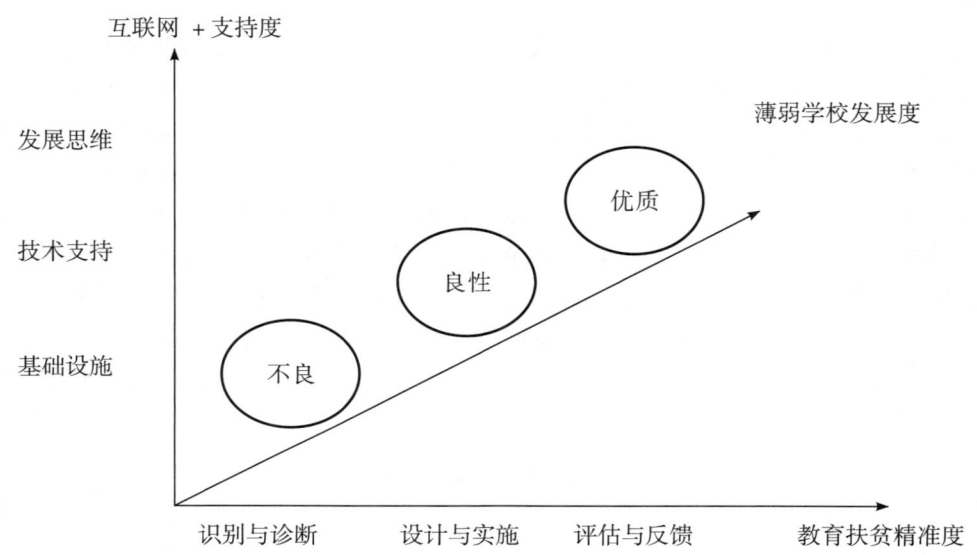

图1　互联网＋、教育精准扶贫、薄弱学校发展三者之间的关系

3. 互联网＋教育精准扶贫应用案例

刘忠民等以吉林省榆树市的一所薄弱学校武龙中学为例，开展了以"互联网＋教育"精准扶贫摆脱农村薄弱学校发展困境，提高办学质量的探索与实践。又如王文君等人结合信息技术视域下教育精准扶贫路径选择的核心理念支撑，找准数字资源共建共享、职业技能培训、教师能力提升等在精准扶贫的优势，提出了利用信息技术促进教育精准扶贫路径实施的五个阶段，致力于消除贫困文化。本文以"双师教学"为案例，具体介绍互联网＋教育精准扶贫应用案例。

"双师教学"项目是由创新人才教育研究会、中国人民大学附属中学、友成企业家扶贫基金会、国家基础教育资源共建共享联盟共同发起的旨在促进教育均衡发展的远程教学模式。"双师教学"项目尝试用远程的方式解决乡村学校师资不足，优秀资源匮乏等问题，从而探索城市优质教学资源补充乡村的可操作性。双师教学项目的互联网＋支持度和教育扶贫精准度分别见表2和表3。

表2 "双师教学"项目互联网+支持度

互联网+支持度	主要内容
基础设施	由"国家基础教育资源共建共享联盟"提供城乡交流共享资源的教学平台
技术支持	由正保远程教育集团的东大正保远程教育平台提供全面、完善的技术支持。该平台集互联网技术、多媒体课件技术、教育教学技术、教学管理思想于一体
发展思维	在识别和诊断薄弱学校发展问题和实际需求基础上,通过构建扶贫共同体,利用慕课教学平台,为薄弱学校提供优质教学资源和开展网络教学,促进薄弱学校发展

表3 "双师教学"项目教育扶贫精准度

教育扶贫精准度	主要内容
精准构建共同体	共同体:国家基础教育资源共建共享联盟、中国人民大学附属中学、薄弱学校、创新人才教育研究会(研究会成员单位覆盖国内多所著名大学)、友成企业家扶贫基金会、正保远程教育集团
精准识别发展需求	学生需求:接受名校教师的课程讲解,提升学习能力
	教师需求:观摩名师课堂视频,与名师交流互动,学习优秀教学经验,促进专业发展
	学校需求:师生接受优质教育教学资源供给,提升学校课堂教学质量
精准实施供给策略	提升学生能力:该项目以每日远程传输中国人民大学附属中学优质课的形式,为薄弱学校的学生讲授课程,通过网络直播或录播的方式输送课程,让薄弱学校的学生在优质师资的远程指导下进行学习
	促进教师专业发展:"双师教学"中的"双师"是指每个试验班有两个教师一起开展教学活动,一个是中国人民大学附属中学的教师,负责网络远程主讲;一个是薄弱学校的教师,负责提前备课、整合中国人民大学附属中学的课程资源、选择合适的教学模式、复讲复练、组织本班学生讨论、教学重难点的总结、答疑、批改作业,以及个别辅导等。通过陪伴式的"师傅带徒弟"培训,薄弱学校教师在中国人民大学附属中学教师言传身教过程中进行观摩学习和提问交流,提升自身素养
	丰富教学资源供给:中国人民大学附属中学将优质课程资源共享于慕课教学平台中,提供给薄弱学校自主选择
精准评价改进成效	过程性评价:项目定期让薄弱学校教师撰写反思日志,反馈扶贫效果和问题
	总结性评价:项目经过几年的发展,已从松散式的点状试点发展模式转型为县域、市域和省域的推广模式,中央财经大学中国人力资本与劳动经济研究中心"双师教学项目评估报告"显示项目在师生比例、教学资源、教学设施、教师素质四个方面对薄弱学校的学生产生了积极影响。评估结果充分体现"双师教学"项目可有效提升贫困地区薄弱学校的教学质量,真正实现薄弱学校教育扶贫的目标

四、互联网＋教育精准扶贫促进薄弱学校发展的实现路径探索

立足薄弱学校的实际情况，本文从以下四个方面探索互联网＋教育精准扶贫促进薄弱学校发展的路径。分别是多方联动，构建以教育行政部门为行动主导、高校和教科研部门为智力依托、以教育信息化企业为技术支持、以薄弱学校为扶贫对象而开展的教育扶贫共同体；共同体通过精准识别和诊断薄弱学校发展遇到的主要问题和实际需求，有针对性地设计与供给"互联网＋"技术支持服务系统，为师生提供优质的数字化教学资源；开展"互联网＋"智慧教学，提高课堂教学效果；开展线上和线下相结合的混合教研培训，促进教师专业发展。最后，通过评估和反馈，及时发现问题，并解决问题，有效推动"互联网＋"教育精准扶贫促进薄弱学校发展。

1. 精准构建教育扶贫共同体

"共同体（community）"一词是"社区""社群"之意。它作为社会学概念最早由德国著名社会学家和哲学家斐迪南·滕尼斯于19世纪80年代在《共同体与社会：纯粹的社会学的基本概念》一书中提出。他认为"共同体的理论出发点是人的意志完善的统一体，并把它作为一种原始的或者天然的状态。""凡是在人以有机的方式由他们的意志相互结合和相互肯定的地方，总是有这种方式的或那种方式的共同体"，滕尼斯还把共同体分为血缘共同体、地缘共同体和精神共同体，他认为，"精神共同体是最高形式的共同体"。共同体的概念受到教育领域的关注，最早是著名的美国教育家杜威引入的，他认为，学校即社会，而社会则是由个人之间的互动而产生的思想与感情的共同体。基于共同体的理论与实践研究也逐渐发展起来，实践共同体、学习共同体、经济共同体、人类命运共同体等概念相继而生。从现代意义来说，共同体是指为实现共同目标或愿景而聚集在一起的群体、组织或团体。王继新等人认为"以信息技术为依托建立城乡基础教育均衡发展共同体，不仅可以促进区域优质教育资源的共享，还能够在城乡学校交互、教师交互、学生交互中促进城乡教师、学生和学校的共同发展"。

鉴于薄弱学校发展仅仅靠自身努力还不够，抑或靠政府支持也是不够的，借鉴共同体具有共同协商、共同参与，促进问题的解决和共同目标的实现这一特质，互联网＋精准扶贫视域下薄弱学校的发展共同体精准构建应该加强政府、高校、教学科研机构、企业与薄弱学校自身多方联动，形成高校专家指导、教科研机构人员引导、薄弱学校教师主导、企业技术人员协作与政府支持的方式，在充分发挥各自优势的基础上，构建真正能够有效促进薄弱学校发展的教育扶贫共同体。如此多方协同，深入精准诊断薄弱学校现存问题，并提供适切的实施方案，切实为薄弱学校发展"量身定制"做好顶层设计和过程跟踪。

在扶贫共同体中，不同角色承担不同的工作职责，政府负责统筹总体工作，引领薄弱学校、高校专家、教科研机构、电教企业与社会力量等全程积极参与到教育精准

扶贫过程中；同时，政府为薄弱学校提供相应的政策支持与经费支持；高校专家协同教科研机构提供学术引领、教研指导，为薄弱学校课堂教学质量的提高与改进、教学教研课题的申报与完成，提供智力支持；企业根据学校的实际需求，提供教学所需的数字化教学平台以及优质的教育教学资源，同时提供专业的及驻点技术支持，及时解决教师在教育技术方面的问题；而社会力量则提供社区服务等社会资源。

2. 精准识别学校发展需求

诊断学校发展问题，识别学校发展需求，是实施学校供给策略的重要环节，关乎教育精准扶贫是否取得显著成效，因此该阶段重点在于采集数据，并应用统计分析方法建立用户模型，整合多样化的数据信息，从而分析归纳大数据背后隐藏的整体关联性和内在规律性。一是借助互联网＋教育精准扶贫平台采集学校、教师和学生三者的基本数据，并将数据分类存储到平台数据库中。其中，需要采集的数据包括两个部分内容：第一部分为基本信息，以教师为例，教师的基本信息含姓名、性别、年龄、学历、任职学校、授课科目、授课年级、授课薄弱点等；第二部分为需求信息，主要呈现学校、师生的需求。同样以教师为例，需求信息设置多道题目以了解教师的实际需求，部分题目如下：

（1）知识点讲解中需要得到哪些帮助与支持？
（2）课堂教学中需要哪些类型的数字化教学资源？
（3）课后备课需要得到哪些方面的教研帮助与支持？
（4）网络教研中需要得到哪些方面的教学与技术指导？等等。

如此，分别向学校领导、教师、学生了解其真实需求，分别调查学生的学习动机与学习效能，调查对象通过填写个人基本信息，填写需求表单和自主发布需求等方式实现薄弱学校的数据录入，互联网＋平台通过大数据分析技术，将数据转化成帮扶需求信息，进而将数据进行归纳、总结和提炼，实现薄弱学校发展需求的准确识别。

本文将薄弱学校可能出现的需求主要归结为三类：第一类是面向师生资源获取与应用的需求，第二类是面向学生教学的需求，第三类是面向教师教研方面的需求。事实上，薄弱学校的需求是这三个类别无法覆盖的，还包括资金投入、设备补充和校园文化建设等方面，但考虑到共同体的能力可及范围和实际可操作性，本文将互联网＋教育精准扶贫定位于教学、教研和资源三个方面，其他方面的需求暂不考虑。

3. 精准实施学校供给措施

一是精准推送优质教学资源。主要通过个性化推送优质教育资源和开展数字化资源应用培训。高校专家协同教研机构教研员共同甄别和筛选有效的、实用的符合薄弱学校师生需求的优质教育资源，这些数字资源含教学视频、教学设计、测验试题以及微课优课等。薄弱学校的教师根据学生的知识基础、兴趣爱好、学习风格等学情，结合资源浏览/下载记录，以及资源点击量和资源评价，确定资源内容和选取资源类型，为学生推送合适的资源。互联网＋教育精准扶贫，能够根据师生的真实需求，个性化推送资源，打破了传统流水线式"漫灌"资源的局面，以扶贫对象为中心，变被动接受为主动获取，变全面铺开为个性化推送，充分调动了师生的主动性和积极性，让他们根据自身需求主动获取，有利于真正实现"滴灌"式资源输送。这种个性化资源配置由"套餐"转变为"自助餐"，满足扶贫对象的个性化需求，有利于充分发挥数字化资源的实效。

为了薄弱学校师生更好地利用数字化资源辅助教学，解决"有建设，无应用"的问题，充分发挥数字化资源的辐射效应，实现扩大优质数字资源扩大面的目标，同时也为了满足薄弱学校师生开展日常教育信息化教学的需求，针对教师开展数字化资源应用培训，培训内容包括数字化资源筛选甄别、数字化资源制作、数字化资源改造、数字化资源辅助教学等，实现"点点用、改改用、创创用"。

二是精准开展互联网+智慧教学。针对薄弱学校学生个体差异大，大部分学生学习基础相对薄弱、学习动力不足、学习专注力较为低下、学习自信心不足，教师课堂效率低下，无法同时顾及少数的优秀生和多数的学困生，教学迷茫、干劲不足等劣势，如何既能激发大部分学困生学习兴趣，提高学习专注力和学习自信心，又能提高课堂教学效率和教学质量？开展互联网+智慧教学已成为教育技术的新范式，也是一条积极探索促进薄弱学校优质发展的路径。智慧教学是互联网+教学的典型新样态，但怎样的教学能够称之为智慧？纵观国内外近十年的智慧教学，可归纳为两种，一种是教师智慧地教，强调教师的教学机智；另一种是教师利用智能教学技术教，强调教师巧妙地利用智能技术。前者强调教师机智，教学改进就会进入不可言说的默会领域；后者强调智能技术，教学的核心就会失去焦点或是异化为技术论。因此，有必要加强两者的融合，找到两者兼备的教学模式和技术形态，实现教学与技术的深度整合。有学者认为，完备的智慧教学系统应该集合先进理念与操作系统于一体，兼具技术工具和教学价值双重理性，能够提供尊重差异并满足多样化的、个性化的学习方式和学习资源，能有效促进学生养成自主学习意识和习惯，提高学生自主学习能力的技术支持系统。本文互联网+智慧教学指在移动互联教学环境中，教师通过智能教学平台和课堂观察等方式，记录和观察学生的学习行为，根据收集的学习数据进行教学诊断，有针对性地开展分层教学，以满足不同层次学校不同层次学生的个性化需求的一种教学模式。如教育部在湖南省郴州市柿竹园学校和白露塘镇中心小学，以及广东省广州市陈嘉庚纪念中学等薄弱学校开展的互联网+智能教学提升薄弱学校品质提升项目，就是培训教师合理地有效利用爱迪乐（IDIIL）教学系统[①]进行差异化教学，特别是提升学困生学习能力，促进全体学生进步的有益尝试。

三是精准开展线上与线下相结合的混合教研。混合教研是基于优秀教师、高校专

---

① IDIIL是美国爱迪乐教育研究院以麻省理工学院物理学教授徐启天博士带领团队研发的智能教学系统。IDIIL是5个核心教学理念：个别化学习（Individualized learning）、发现式学习（Discovery-Based Learning）、互动式引导（Interactive Guidance）、渐进式成长（Incremental Development）、主体式学习（Learner-Centered Instruction）的英文词组的首字母。

家和教科研人员帮扶薄弱学校教师的理念，通过智能学习平台为薄弱学校教师教研提供一个动态交流对话的空间，提供在线培训和线下教研两种方式促进薄弱学校教师能力提升。其中在线培训是定期或不定期组织高校专家、教科研人员与薄弱学校教师通过 UMU[①] 等智能教学平台开展实时的线上培训活动，包括线上讲座、线上答疑、交流互动等活动；线下教研，包括深入课堂观摩研讨课例、集体备课、同课异构等活动，薄弱学校教师可以将教案等内容发布到教学平台，帮扶人员及时答疑与指导，在交互中将优秀教学理念、方法等潜移默化地传授给薄弱学校教师，不断地促进其专业发展。

4. 精准评价学校改进成效

学生能力提升和教师专业发展是一个持续、系统的发展过程，这个特点直接决定了教育精准扶贫效果评价的复杂性和动态性，因此，需要以"动态、实时"为核心对扶贫效果进行评价。在这个环节，采用不同的手段和方式分别对师生资源、教学和教研扶贫进行动态跟踪。一是采用问卷、量表了解学校师生对资源使用的需求与满意度进行跟踪评价；二是采用问卷、访谈了解学校教师、学生对教学质量、效率与满意度进行跟踪评价；三是通过教师的教学日志、反思等方式了解教师对教研质量、满意度进行跟踪评价，及时调整和修正扶贫策略。每个月或每个学期结束后定期进行评价，并把相关数据和信息记录到平台中，随着教育扶贫实践的积累，每一所薄弱学校的师生数据都会不断增加，并记录在学校数字化档案里，不断更新档案中的数据，完整记录每位师生在帮扶过程中的成长与发展过程。通过这些相关的评价数据，可以直观、科学呈现出整个互联网+教育精准扶贫的效果，也可以及时地发现新的问题。若发现问题则反馈给精准实施阶段进行病因诊断，最后再循环到动态跟踪阶段，进行分类治疗与问题解决，如此循环往复地评估反馈和修正完善过程，能够提高扶贫的精准性，从而实现互联网+教育精准扶贫促进薄弱学校的发展的目的。

五、总结与展望

利用互联网+教育精准扶贫促进薄弱学校发展的研究已取得一定的成果，但是大部分研究还处于教育扶贫的资源供给阶段。鉴于教师专业内生发展建设，以及学生学习能力提升是一个复杂、系统、动态发展的过程，本文引入共同体和智慧教学的概念，有助于打破传统个体知识建构的局限，将薄弱学校的发展置于师生个体发展与社会经济发展的实践场域之中。同时借助于互联网+时代的技术力量和发展思维，跟随教育学和认知科学的实践和研究趋势，开展适切的智慧教学，引领学生学习方式发生变革，教师教学流程再造，为学生提供有针对性的个性化学习，促进薄弱学校迈向优质发展是技术回归教育本质的实践。

---

① UMU 是互联网+时代知识分享与传播的学习平台，可用于企业学习、学校教学等不同场景。

参考文献

［1］师诺. 内生发展：现代教育技术融入边境民族地区薄弱学校的路径研究［D］. 重庆：西南大学，2015（4）：12.

［2］左明章，卢强. 区域教育信息化协同推进机制创新与实践［J］. 中国电化教育，2017（1）：93.

［3］佩鲁弗朗索瓦. 新发展观［M］. 张宁，丰子义，译. 北京：华夏出版社，1987：2－3.

［4］姚永强. 内生发展——薄弱学校改造路径选择［J］. 中国教育学刊，2013（4）：37.

［5］张文明，章志敏. 资源·参与·认同：乡村振兴的内生发展逻辑与路径选择［J］. 社会科学，2018（11）.

［6］刘忠民. "互联网＋教育"助推城乡教育均衡发展——以吉林省武龙中学为例［J］. 中国电化教育，2016（8）：98－101.

［7］中国教育新闻网. 双师教学项目评估报告发布会在中央财经大学召开［EB/OL］. ［2020－06－11］. http://www.jyb.cn/china/gnxw/201612/t20161213_689161.html.

［8］（德）斐迪南·滕尼斯. 共同体与社会：纯粹社会学的基本概念［M］. 林荣远，译，北京：商务印书馆，1999：58.

［9］（德）斐迪南·滕尼斯. 共同体与社会：纯粹社会学的基本概念［M］. 林荣远，译，北京：商务印书馆，1999：65.

［10］王继新. 共同体视域下的区域基础教育均衡发展模式研究［J］. 电化教育研究，2018（3）：12.

［11］王创. 以数字教材规模化应用促进信息时代的"课堂革命"［J］. 广东教育（综合版），2019（3）.

［12］卓晴君，邓立言. 智能教学系统引导下的教学范式变革［J］. 中国电化教育，2017（10）：104.

巧妙十分钟，研究大不同——论小学语文课堂小练笔在平板分层中运用研究策略

潘福妹[①]

【摘要】 在语文教学中，我们慢慢发现"小练笔"已经活跃在各大课堂教学中，每位教师都能够懂得利用这个"短小精悍"的文字，通过日复一日、年复一年的训练，在很大程度上提高孩子们的写作能力，锻炼孩子们的领悟力。但是我们真正走进课堂，会发现很多教师布置的"小练笔"太流于形式，学生也是为写而写，本文立足于课堂上的"小练笔"教学，提出"小练笔"在课堂教学中使用平板分层教学的方法，更好地提高学生们的语文素养。

【关键词】 平板分层教学 小学课堂"小练笔" 运用

分层教学其实就是在教育中贯彻"因材施教"的原则。孔子是实施分层教学的鼻祖，他有许多分层教学的案例，非常值得我们后人学习和借鉴。孔子曾评价他的学生："由也，千乘之国，可使治其赋也；求也，千室之邑，百乘之家，可使为之宰也；赤也，束带立于朝，可使与客言也。"这些语言都反映出孔子注意学生之间的差别。现代的《语文课程标准》也明确地指出："学生是学习和发展的主体，语文课程必须根据学生身心发展和语文学习的特点，关注学生的个体差异和不同的学习要求。"

在分层教学的这段实践中，笔者认识到要进行分层教学，教师首先要在心理上摆脱对学生主观的判断和评价，换成另一个角度另一种眼光去看待他们，你就会有不同的发现。分层教学不是歧视学生，而是为了学生更好地发展，在学习这个过程中能够明白自己所面对知识的困惑和疑点；分层教学不是改变孩子的个性，不是打压他们的认知水平和领悟能力，而是发现他们自己身上不同的特质。比如有的学生天生反应灵敏，有的善于记忆和背诵，有的善于表达和管理，有的善于思考和分析……而这些学

[①] 作者单位：广州市白云区颐和实验小学。

生的特质和现象是无法改变的。所以如果教师也能像孔子那样了解自己的学生，让他们能针对自己的弱点进行修正，那岂不是每个学生的福音吗？在这个学期中，笔者不断地尝试用平板分层教授"小练笔"，学生们的写作速度和质量都有很大的进步，下面将谈谈在常规教学操作中的实施方法，与大家共勉。

一、利用多媒体手段，拓展学生的思维

当现代教育撞上这个伟大的科技时代，获取知识不再是单一和片面的直观教学，不再是一支粉笔、一块黑板和一张嘴的天下。而是如何利用现代的网络传播方式，并且结合时代的要求和现在小学生思维水平的发展，调动孩子的积极性，用它独特的声形具象传播方式，鼓励孩子大胆想象，激励孩子去探索知识秘密的源头，这无一不是我们教师在课堂教学中所追求的目标。伟大的教育家孔子曾说过："知之者不如好之者，好之者不如乐之者"。南宋的朱熹也指出："教人未见趣，必不乐学"。所以在操作过程中，笔者让孩子们学完精读课文的第一课时后，给他们口头阐述下节课将要写的"小练笔"，让他们首先在脑海里有个初步的印象，第二节课上完后就让他们来具体操作。对于那些口齿伶俐的孩子，笔者直接给主题，让他们把自己想象的内容写下来，此时鼓励他们用上平时的写作方法和修辞手法；对于那些表达能力一般的同学，笔者会提供一些丰富多彩的四字词语，让他们能够利用这些词语进行句子的整合，抓住主要的情节具体描写。经过一个学期的训练，孩子们能够享受在这十分钟的"分层"中带来的"灵感"，没有压力，没有对比，按照自己的能力来操作，他们自得其乐。

二、利用平板，分层训练

我们在常规教学中会发现，"小练笔"就是教材中的"小模块"，它的目标比较集中，要求少，范围小，用时少，有利于攻击学生在习作中的各个细节问题，突破单元习题的重难点。所以笔者在平板分层中，分成三个阶段进行操作。第一个阶段是仿写，给学生们一段精彩的段落，比如在授课《竹节人》的课文时，笔者就让学生结合课文的第5~7自然段来仿写。操作这个模块的时候，笔者先让优生详细写自己制作的过程，让中等生来写自己喜欢的玩具，只要能在字里行间表达出"喜爱"之情就可以，学生在这个过程中初步体会到模仿的意识。第二个阶段是续写阶段，比如第11课《桥》，这是一篇非常震撼人心的小说，特别是故事的结尾荡气回肠，悲壮如山。笔者鼓励学生根据自己生活的体验，优等生直接续写故事发展的情节，对于学困生这个选材的难度有点大，笔者就让学生们写出老汉和小伙子之间的对话，学生都能做到心中有话，手中有字。第三个阶段是补白阶段，比如《穷人》这篇课文，桑娜在救助两孩子的过程中，她心里的挣扎和犹豫，文中没有花很多笔墨，所以在这个过程中笔者就安排优生利用平时作文训练的方法，巧妙地运用比喻句和夸张句，渲染环境描写和人

物的心理描写；对于学困生则鼓励他们写出桑娜和渔夫的对话，他们也能抓住人物的对话来体会他们内心的善良和人格的伟大。因此分层教学策略应用在小学语文课堂中，要以学生客观存在的差异为前提，有区别地指定每节课的教学方案，运用不同的教学方法，使每个学生都在最适合自己的学习环境中求得最佳发展。

三、相信每个孩子都是"作家"，重视欣赏佳作

陶行知先生早就说过："小孩子最好的先生，不是我，也不是你，是小孩队伍里最进步的小孩。"红青结对的模式由此而来。这也和颐和的SQC[①]问题导学教学模式不谋而合，以学生自愿选择和教师的建议为原则，形成了异质同构的小组学习方式。也就是每次的"小练笔"都有红花积累，得到十朵或者十朵以上红花就是达人组，十朵以下就是志远组，六朵以下的就是励进组。达人组就是写作能力强，基础好，书写工整，经过适当的培训，可以担任志远组学生的"小老师"，他们可以修改标点符号，订正错别字，检查写作目标是否完成等，大大提高作文学习效率。其间，笔者不断采用激励性的语言鼓励他们写作，每一次的作文授课笔者都是选取班里优秀同学的范文提前进行修改再誊抄工整，让学生们欣赏自己心目中的"作家"的优秀作品，榜样的力量显得有力又没有距离感，对于学生来说这是最好的精神动力。

四、关注学困生的思维和书面表达能力差异，实现共情教育

对于小学生来说，提笔洋洋洒洒地写出一篇优秀的文章，这无疑是非常困难也是不切实际的想法，如果教师的方法运用不当，还会让学生对写作心生恐惧，把文字表达变成最讨厌的事情。所以笔者在训练的过程中，对于达人组的"小练笔"会有意识地提高对他们的要求，修改的次数也会增多。但是对于励进组的同学，笔者会特别关注他们自由表达的方式，他们可以任意选择自己喜欢的方式进行描述，只要能写出来，语句通顺，没有错别字，都可以让他们尽快"升级"，鼓励他们不断挑战自己的能力，战胜自己的写作恐惧心理。"小练笔"的篇幅比较短小，所以它的操作时间很灵活，可以放在课中，也可以放在课后，所以实践起来很方便，而且还可以随时点评修改。我们只有不断地实施共情教育，这样既能够提高学生的写作兴趣，又能满足学生好表现的心理，提高他们思维的敏捷性。

总之，我们应做语文教学的有心人，积极探索，创新教学方式，走出练笔的误区，精心选择练笔点，对学生练笔进行正确指导，并及时点评，使学生懂得正确运用语言文字，领会语言文字的妙处，提高他们的学习兴趣，促进读写能力的提高。课堂小练笔在小学语文教学中简单又实用，可以促进小学生写作能力的提高。教师在开展课堂

---

① SQC 即目标自学（S）、问题建构（Q）、合作研习（C）。

教学时应当以课本为基础，充分挖掘出课本中的训练点，结合小学生的实际情况，对小学生进行有效的指导，从而促进其更好地掌握知识，提高其写作水平，让课堂小练笔推动小学语文高效课堂。

参考文献

［1］ 陆志平. 小学语文新课程教师研修教材［M］. 北京：北京大学出版社，2007.
［2］ 郭根福. 小学语文新课程教学法［M］. 长春：东北师范大学出版社，2003.

平板分层教学策略在小学作文教学中的高效运用

聂艳梅[①]

> **【摘要】** 作文教学一直是小学语文教学中的重难点,很多时候教师费心尽力地组织形式多样的课堂教学,学生写作时仍然无从下手。常出现语文教师黔驴技穷、学生写作如履薄冰的情形。本文立足于小学作文教学,提出在小学作文课堂教学中使用平板分层教学的方法,以提升小学语文写作教学效率,优化学生的写作技巧,夯实学生的写作基础。
>
> **【关键词】** 平板分层教学　小学作文教学　运用

因材施教是我国著名教育学家孔子提倡的教学理念,苏联教育学家巴班斯基觉得最有效的课堂教学形式一定是结合了个性化教学、集体化教学和分组化教学于一体的教学形式。可见分层教学在课堂教学中的重要性,也为打破小学语文作文教学困境提供了突破口。在小学语文教学过程中实施分层教学是尊重学生的兴趣爱好,深入挖掘学生的写作优势,根据学生学习特点实施因材施教的教学策略,能有效弥补学生的写作劣势,提升写作教学效率。

平板分层教学,即立足于学生的能力水平、知识掌握情况、智力和非智力因素等,把一个教学班的学生分成三类,即好、中、差,在立足于课程目标要求和因材施教的原则下,有针对性地分层测评、分层练习、分层指导、分层授课、分层备课的一种教学模式。我们按照学生自主写作展开教学诊断,有针对性地进行二次备课,挑选习题,录制微课,开展分层教学,以满足不同层次学生的个性化需求。传统教学中,教师通常是根据经验判断,而经验判断是一种模糊判断,并不能精确判断学生的学情。我们发现,在引入平板之后,利用大数据技术对学生的学情进行更加精准的分析,进而为

[①] 作者单位:广州市白云区颐和实验小学。

教师的备课以及授课提供可靠的依据，教学更有针对性。在本学期的实践教学中，笔者不断探究和反思分层教学在小学写作教学中的应用，使所教学生的写作水平大幅度提升。下面结合笔者教学经验分享如何在小学作文教学中高效运用平板分层教学，以供参考。

一、工具与流程

以网络学习空间为载体、以平板为工具、以习题微课为辅助资料助力分层教学。课前分层备课；课中分层授课；课后与对照班级进行对比来判断分层教学的效果。

二、分层备课

教师在进行分层备课时梳理本单元作文写作的要求，将教学内容拆解成相关子知识点，进而对子知识点预判分层。首先，进行"纵向，即是否有知识跨度"的分层，若有知识跨度，则将其分为两个层级，基础内容和进阶内容。其次，对于基础内容要求不同的学生达到不同的程度，即进行"横向，即是否达到不同的高度"，若是，则将其划分为基础难度和进阶难度。进行"纵向内容跨度"分层及"横向难度"分层之后，教师筛选知识点配套的习题，并录制微课。课前发布检测并根据检测数据进行二次备课，即资源的再分配。

三、科学客观地对学生进行分层

学生分层是开展小学作文教学的关键，学生分层的科学性和客观性是分层教学的重要保障，小学语文教师必须引起重视。小学语文教师应根据学生每一次每一个主题的写作水平明确学生所属的写作层次并做相应的文字记录。为了呵护好孩子的自尊心，笔者采用晋级的方式进行分层。比如 A 类作文晋级为达人级别，这一类的孩子上课可以自由组成达人队。B 类作文的孩子晋级为志远级别，C 类作文的孩子为励进级别。完成学生分组后，教师按照学生分层情况制定相应的教学目标，保证教学目标和学生写作能力的匹配性。

在课中，所有的学生依据自主写作的等级报告进行阶梯晋级，学生依据晋级的等级重新找伙伴组成学习小组。教师小结本次作文的优缺点，让孩子们发现各自的不足，制定相应的学习目标。范文欣赏和劣文诊断完毕之后，学生依据各自的学习目标进行修改作文。此时，教师进行动态分层教学，每个级别的学生各自看教师推送的资料和微课，依据写作的要求修改自己的作文。修改完之后，分享展示，并陈述为何要这样修改。通过这样有针对性地帮助和指导，基础较差的学生在写作中有了写作的欲望和动力，中等生有机会晋级，优等生有机会欣赏大作家的作品，整个课堂让每个级别的孩子都得到了提升，每个孩子的自信心也会得到相应程度的提高。

四、因材施教地进行写作方法的分层训练

在进行写作专项训练时，不论是刻画人物的心理活动、动作、外貌和角色之间的某段对话，还是训练对某个事物的侧面、某个景物的描述等，都要根据学生层次的不同，对其提出不同的要求。针对具有较好写作水平，即达人级的学生，由于他们已具备较强的观察生活的能力，且对各种写作方法也非常熟悉，能够准确掌握文章中心，不仅可以快速完成写作，也有新颖、深刻、生动的作文内容。对此，教师应帮助其形成"精益求精"的意识。要求他们每周至少完成一篇作文的写作，同时将个人实际情况结合起来对课外附加的练笔予以确定。

针对中等写作水平的学生，因为其才刚刚开始独立写作，能够围绕命题展开自主写作，且具有敏捷的思维，可快速完成写作。所以，笔者在训练他们时，便要求其做到写作书写整洁、语句通顺、结构完整、中心明确、内容丰实、思想健康。同时对他们作文中的优点，第一时间给予表扬，并鼓励他们扬长避短，不断提高自身写作能力。对于良好层次的学生，应要求其每周写一篇作文，课外练笔至少每周有一次。

由于低层次的学生正由半独立写作向独立写作过渡，其作文中的模仿痕迹非常清晰，对此，教师就应把对他们的要求适当降低，即正确使用标点、不写错别字、格式正确、书写清楚、语句通顺、条理清楚、中心清晰、内容具体。并鼓励他们提升自己的单项能力，加快写作速度，并做到每周完成一篇作文的写作，片段练习在两次以上。鉴于低层次的学生还处于模仿写作阶段，他们常常需要对范文的内容、结构、取材、表达方式予以借鉴，所以就影响了写作速度，部分学生甚至无法在规定时间内完成写作。针对这一情况，应重点训练学生掌握阅读的方法，让其一边阅读，一边做好读书笔记，对文中的好词好句进行反复品读，同时展开摘抄积累，以起到丰富写作素材的目的。仿写不应操之过急，而要循序渐进，慢慢将难度加大，由片段向整篇文章过渡。此层次的学生每周必须写超过一篇的作文，每周完成两次以上的阅读笔记，同时可以立足于他们自己的实际情况展开片段的写作训练。

五、培优辅差式的分层批改

新课改中明确要求，应重视引导学生在进行自我修改与相互修改的过程中提高自身的写作能力。因此，笔者在实施小学作文分层教学时，就对师生互改、生生互评的评价方法予以了灵活运用。拥有良好写作水平的学生可采用自我修改或互相评改的方法；也可以组建"作文批改小组"，给予教师帮助，对其他层次学生的作文进行批改。教师可以对学生进行引导，让其在生生互批的过程中可以发现同学作品中的优点，进而喜欢上写作。对于良好层次的学生，教师在批改的过程中应以鼓励为主，且需为其

指出作文的问题和修改方向。而针对低层次学生的作文则应以教师批改的方式为主，以学生"作文批改小组"批改为辅。及时肯定他们作文中好的地方，也要及时指出作文中的问题，并把修改方法提出来。待进步层次学生的作文应纳入重点批改对象的范畴，并给予较多的帮助，这一类学生的水平非常需要得到提升，如果他们能够达到一两项标准，则作文获得高分也就不是难事。

六、各得其所式的分层讲评

如果可以顺利进行作文的讲评，则有助于作文分层教学效果的提高。教师在实施作文分层教学时，必须将每个层次学生的每次作文写作情况予以充分掌握。在具体进行讲评时，从每个层次学生的作品中将典型的作文选出，并详细讲解。在讲评优秀层次学生的作品时，可让其带着感情把自己作品在全班学生面前朗读，接着让"作文批改小组"进行讲评，当然教师也可以给予学生启发，让其多把关注的焦点放在优秀作文的材料的选择和题目的拟定等优点上，且第一时间给予鼓励与肯定，使其体会到创作成功的快乐，并起到良好带头作用。教师在朗读良好层次学生的作品时，不仅要对其作品优点予以肯定，还需引导学生找出问题，并让学生自由发言，教师和学生一同对修改方案展开讨论。对低层次学生的作品进行讲评的过程中，不仅要让学生了解好的地方，还要将其中的问题指出来，使之对今后的努力方向有清楚了解。对需要进步的学生来说，可让教师对其作品进行朗读，而之所以要进行讲评，主要就是帮助这一类学生了解他们还需努力的地方。

总之，作文分层教学方式契合新课改的理念。其一方面能够有效调动起学生的写作欲望，以良好的条件助力学生的发展；另一方面，也可很好地消除优等生"吃不饱"、后进生"吃不下"或"吃不消"的现象，最终顺利达到教学目标，即"转差、促中、培优"，推动所有学生的进步发展，真正实现终极教学目标，即孔子所提出的"圣贤施教，各因其材，小以小成，大以大成，无弃人也"。

参考文献
[1] 黄华丽. 小学作文分层教学探究［J］. 名师在线，2019（19）.
[2] 陈苗姝. 小学作文分层指导教学的组织与实施［J］. 课程教育研究，2019（11）：104.
[3] 刘春光. 小学作文如何落实个性化分层教学［J］. 小学生作文辅导（上旬），2018（5）.

借助信息技术进行分层教学的试卷评讲课

卢健颜[①]

> **【摘要】** 试卷评讲是数学教学中一个非常重要的环节，它是检查学生的学和反馈教师的教的重要有效的手段。但在常规教学的试卷评讲课中，由于缺乏对数据的细致分析，教师对学生的分析有时不到位，导致重点不突出，难点没突破。会的学生会了还要继续听，显得很不耐烦；不会的学生，由于很多同学都会了，讲解得不透彻，所以还是不会。因此，本文重点关注如何提高学生的学习兴趣，让不同层次的学生都能通过试卷评讲课达到查漏补缺的效果，能学有所获，得到不同层次的提升，形成自主学习的习惯。
>
> **【关键词】** 数学　试卷评讲课　信息技术

　　试卷评讲是数学教学中一个非常重要的环节，它是检查学生的学和反馈教师的教的重要有效手段。通过试卷评讲可以帮助学生查漏补缺，又可以帮助教师发现自己教学方面的问题和不足，借以改进教学方法，提高复习效果。但在常规教学的试卷评讲课中，由于缺乏对数据的细致分析，教师对学生的分析有时不到位，不了解学生的掌握情况与需求，会出现"眉毛胡子一把抓"的现象，平均花力气，平均用时间，结果导致重点不突出，难点没突破。会的学生会了还要继续听，显得很不耐烦；不会的学生，由于很多同学都会了，讲解得不透彻，所以还是不会。在常规教学的试卷评讲课中，有时也会出现：学生参与度不高，整节课都是教师一言堂——教师拼命讲，学生拼命抄——抄笔记、抄答案。学生被动地接受，根本没有时间消化，甚至有的学生听得昏昏欲睡。为了调动学生学习积极性，将常规教学的试卷评讲课引入小组合作学习模式，让成绩较好的学生帮助其他学生，这在一定程度上提高了课堂效率，但后者长

---

① 作者单位：广东省佛山市顺德红旗初级中学。

期依赖前者，容易导致其学习缺乏独立思考能力。如何提高学生的学习兴趣，让不同层次的学生都能通过试卷评讲课达到查漏补缺的效果，能学有所获，得到不同层次的提升，形成自主学习的习惯，值得思考。

笔者认为，解决上述问题需要改变教学方式，通过有趣有效的评价方式，调动学生的学习兴趣。可以在基于信息技术的学习平台大环境下，通过大数据的分析，借助平板进行分层教学的自主学习模式，并有机结合小组合作的互助学习模式，进一步提高试卷评讲课的实效。下面，笔者以"2017年顺德区七年级数学质量检测卷评讲课"为例，谈谈在信息技术环境下进行分层教学的初中数学试卷评讲课的教学过程与体会。

一、教学构想与设计

（一）第一阶段：课前准备

（1）教师通过大数据分析学生的成绩和答题情况，确定讲评目标和重点。教师通过学习平台发布电子试卷，学生把每道题的答题情况进行录入，平台会自行计算每个学生各个小题的得分和每个学生的总分，并计算班级的平均分、及格率、优秀率、各题得分率。基于此，可更好地了解每个学生的知识缺陷点，明确试卷评讲课该重点评讲哪些题；通过分析学生的错误答案了解学生错误的原因，明确每个知识点查漏补缺的对象，做到辅导更有针对性。

（2）根据数据分析，教师找出学生的高频错题和共性问题。如果共性问题是解答过程不规范、定义不清晰、审题能力不强等，则提点一下，通过课前拍小视频微课的形式，让学生课前看微课解题视频来解决。对于学生共性问题中的典型错误，则可拍照收集，找出错误的原因，进行分类整理，确定需要重点评讲的题目和知识点，从而确定评讲课的教学目标、教学重点与难点。

整体教学目标：
①等腰三角形的边、角、三线合一性质。
②三角形中线的性质及应用。
③实际情境中，图像所表示的变量之间的关系。
④角平分线加平行线构造等腰三角形模型。
⑤求等可能事件概率解答题的答题规范。

教学重点：等腰三角形的边、角、三线合一性质；实际情境中，图像所表示的变量之间的关系；求等可能事件概率解答题的答题规范。

教学难点：三角形中线的性质及应用；角平分线加平行线构造等腰三角形模型。

（3）学生通过学习平台看微课视频，做巩固性练习。微课视频及巩固练习由两部分组成，第一部分是全班同学都要完成的简单共性问题，先看解题视频的微课，再完成对应巩固练习；第二部分是针对学生出现的个性问题进行查漏补缺。针对每一道基础题，哪些学生做错，平台就给该部分学生发送该道基础题的解题视频，以及对应巩固练习给做错的学生进行再次的学习与巩固。

（4）根据学生完成的巩固练习反馈，教师进行二次备课。根据学生巩固练习的完成情况，确定评讲课要解决的问题是什么，以及课堂上用什么教法学法进行解决。

（5）学生进行初步的订正试卷错题。通过看微课，把容易解决的错题进行更正，并在学习平台上进行错题巩固。

课前准备设计意图：利用信息技术的大数据分析，更有针对性地了解学生对知识的掌握情况，更有针对性地确定评讲课的教学目标、教学重难点、应该讲哪些题目、哪些题目不用课堂集体评讲，而且根据每一个同学基础知识的掌握情况，能更有针对性地进行查漏补缺。有些基础知识，不一定是只有学困生不会，也有可能部分优生也没有弄清楚，尽量把简单的、学生容易解决的题目利用微课+巩固练习检测的形式放在课前解决。针对学生掌握基础题目情况的差异性，通过个别发布错题微课+巩固练习检测的形式，进行课前的分层教学，使每一个学生都能根据自己的实际情况进行查漏补缺，学有所获，使得我们的教学更有针对性、精准性和有效性。

（二）第二阶段：课堂教学过程

第一环节：教师总结本次测试的情况。公布平均分、最高分、表扬成绩较好的同学和进步较大的同学，对成绩暂时落后的和退步的同学进行提醒和鼓励，并进行学习态度和学习方法的指导。

第二环节：小组合作及小组展示。教师公布课前检测的反馈结果，对仍看不明白课前微课视频的同学，通过小组合作，组长或者师傅进行个别辅导，教明白怎么做，明确错误原因，小组内有针对性地解决各自的问题，如果师傅解释不了，可以寻求教师帮助。针对课前检测错误率仍然高的题目，让做错的同学上讲台进行错题展示，解释怎样做，用到哪些知识点解决，并归纳做错的原因。小组同学在任务的驱动下，有了学习的积极性，通过小组的交流互助，能够更有针对性地解决错题，提高课堂实效。而且采用让做错的同学上台展示、小组补充的形式，既激发了学生的学习兴趣与表现欲望，又能培养学生倾听、质疑、补充的能力。

布鲁姆把认知领域的目标分成记忆、理解、应用、分析、综合和评价六个方面。其中记忆、理解和应用被称为低阶思维，分析、综合和评价被称为高阶思维。我们教育的目标不是为了应试，而是以培养学生高阶思维为终极目标。

每一道题都讲透彻，面面俱到是不现实的。利用信息技术的支持，利用大数据分析使得我们课堂上讲解的题目更有针对性。通过课前提前学习，让学生课前解决容易的问题，课堂上才能有更充裕的时间突破学生的重点难点题目。

在课堂第二环节，把学生的共性问题的教学重点、难点解决。在第三环节，学生进行分层学习。

第三环节：分层自主学习。

（1）教学对象的分层。在对学生进行分层时，教师要充分考虑到学生的身心发展规律、学习特点、学习兴趣、情感态度、学习能力等各个方面的因素，最主要还要考虑学生的数学学习成绩，取学生多次数学考试的平均成绩作为主要的划分标准，结合学生的表现分成 A、B、C 三层。

（2）对教学目标进行分层。由于不同层次学生的数学基础和学习能力不同，所以要达到的目标也存在差异性。为了使每个学生在原有的基础上获得最大限度的成长和提高，在本节试卷评讲课中，笔者给三个层次的学生制定了本节课的分层目标。

A 层目标：掌握科学记数法；根据完全平方公式的结构特征，求项；幂的综合计算、整式的综合计算的熟练应用，争取全对；做角平分线的尺规作图。

B 层目标：在 A 层目标掌握的基础上，等腰三角形性质、角平分线、平行线的综合应用；复杂图形背景证明三角形全等，以及全等三角形性质的综合应用。

C 层目标：在 B 层目标掌握的基础上，倒数三题压轴题的知识点综合应用，以及思维方法的培养。

每一层目标对应试卷上要解决哪一道题，让学生清清楚楚。

（3）对教学内容的分层。根据题目的知识难度，笔者把练习分成三个梯度。每一个梯度对应该层的学习目标：

A. 夯实基础；B. 综合提升；C. 拓展探究。

学生根据自己的实际情况自主选择学习哪个梯度。每个梯度都是教师根据学生现有的知识、能力水平和潜力，围绕试卷中的重难点，设计的一步步深入、一步步拔高的练习，由易到难，由浅入深，使不同层次的学生在这一系列的练习中掌握相应的知识与技能，并最终达成既定的学习目标。

每个梯度的练习除了有题目外，还有自动批改功能和对应题目的解题视频，学生在巩固练习的过程中，做错了，如果看答案文字解释后还不会，则可以进入解题视频的微课进行再学习，再做错题，直到做对为止。

在信息技术的支持下，利用强大的题库，智能组卷功能，推送微课、习题功能，自动批改功能，以及及时反馈功能，使每个学生都能进行自主学习，选择适合自己的学习方式，除了查漏补缺外，还可以根据自己接受知识的节奏进行学习。

借助信息技术的学习平台，进行分层教学，真正使每个层次的同学都学有所获，差生"吃得了"，优生也能"吃饱"。

第四环节：分层小结，分层巩固检测，反馈该节课的掌握情况，对没掌握该层学习目标的同学，通过作业继续进行分层巩固，继续查漏补缺。

第五环节：把小组评价与分层评价互相结合。对学生既有过程性评价，如上课过程中有没有积极回答问题、主动提出质疑、自信上台展示等，还有结果性评价，该节课该小组有多少个同学达标，有多少个同学超目标提升，让小组长进行总结记录，教师根据评价结果通过平台对学生进行总结性评价以激励学生。

（三）第三阶段：课后分层作业

完成课堂上没完成的分层任务、解决课后检测中存在的问题，继续进行查漏补缺。完成本节课的教学目标和分层目标。

二、教学流程图

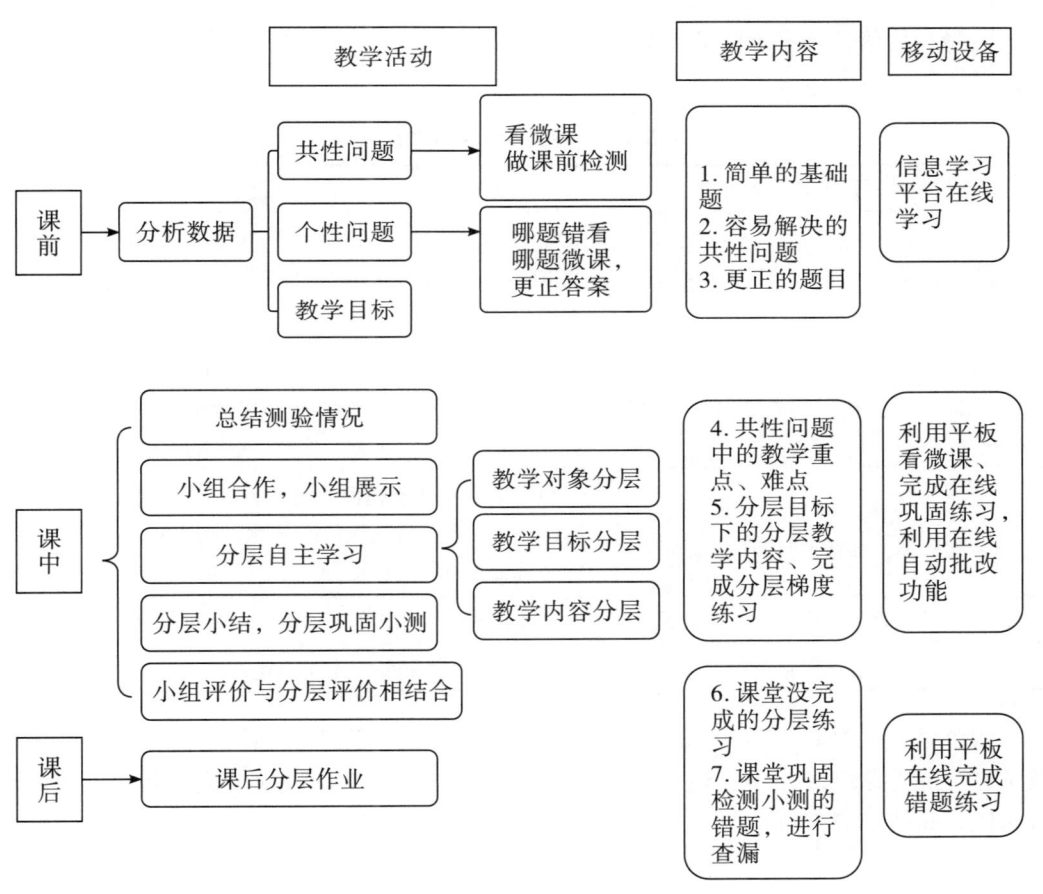

图1　教学流程图

三、常规试卷评讲课与利用信息技术进行分层教学的试卷评讲课的区别

数学试卷评讲课的主要作用是帮助学生分析自己的学习情况，巩固知识，纠正错误，并进行查漏补缺，通过改错的过程掌握知识，进一步提升自己的思维能力，所以试卷评讲课的质量直接影响学习的有效性。但是在日常的常规评讲课中，往往存在着

下列几个问题：

（1）试卷评讲缺乏针对性，重点不突出。

（2）没有考虑每个学生的需要，每题都讲，使不懂的学生没听明白就匆匆带过，懂得学生又觉得不耐烦。

（3）评讲就题论题，只重视过程，缺乏方法点拨引导，也缺乏思维训练。

（4）评讲形式单一，都是教师讲、学生听。

（5）题目评讲完后没有对应的练习进行巩固，降低了评讲的有效性。

但是利用信息技术下的分层教学进行试卷评讲，以上的这些问题都有比较大的改善，具体如表 1 所示。

表 1　两种类型评讲课对比

常规试卷评讲课	利用信息技术下的分层教学的试卷评卷课
试卷评讲缺乏针对性，重点不突出	利用大数据分析，掌握每个学生对每一题的得分和掌握情况，课堂有针对性选择教学内容，教学更有针对性
教师主讲，学生被动接受	学生自主选择自己不懂的内容进行自主学习
全部同学接受相同的教学目标、教学内容	根据每个学生的情况进行分层教学目标、分层教学内容的学习，查漏补缺，使每个层次学生都能学有所获
引入小组合作进行分层教学，但学友过分依赖师傅，师傅没时间进一步提升	利用微课+课堂检测自动批改，不懂就看文字答案解析，再不懂就看微课解题视频，还不懂才求教师傅，师傅有更多时间进行提升学习，不会受到过多影响
批改滞后，无法快速检测学习情况	自动批改，立刻出结果，马上了解掌握情况
形式单一，讲解—做题—评讲	高效：展示、讨论、总结、运用、迁移、提炼、提升

两个班在复习期间都进行试卷评讲课，一（7）班借助平板利用信息技术下的分层教学进行试卷评讲课，一（8）进行常规的试卷评讲课。对两次模考成绩和期末成绩进行对比，具体如表 2 所示。

表 2　成绩对比

	班级	参考人数/人	及格人数/人	及格率/%	优秀人数/人	优秀率/%	平均分	高分人数/人	高分率/%	低分人数/人	低分率/%	合计成绩/分	名次	是否借助信息技术
第一次模拟测验	一（7）	49	32	65.3	8	16.3	77.4	3	6.1	2	4.1	55.6	2	是
	一（8）	51	33	64.7	12	23.5	75.4	4	7.8	5	9.8	56.1	1	否

续上表

	班级	参考人数/人	及格人数/人	及格率/%	优秀人数/人	优秀率/%	平均分	高分人数/人	高分率/%	低分人数/人	低分率/%	合计成绩/分	名次	是否借助信息技术
第二次模拟测验	一(7)	49	42	85.7	23	46.9	89.4	9	18.4	0	0.0	73.1	1	是
	一(8)	51	42	82.4	16	31.4	84.4	2	3.9	2	3.9	65.3	2	否
期末考试	一(7)	49	43	87.8	18	36.7	88.7	2	4.1	0	0.0	69.7	1	是
	一(8)	51	43	84.3	16	31.4	86.2	1	2.0	1	2.0	66.4	2	否

两个班的基础都是一样的，刚开始是（7）班成绩达到优秀的人数比（8）班稍微弱一点，但后来的两次考试中，（7）班及格和优秀的人数都逐步提升，优秀的人数甚至超过了（8）班。这是因为复习期间（7）班用信息技术进行分层教学的试卷评讲课，（8）班没有用信息技术进行分层教学，只是进行常规教学的试卷评讲课。

四、总结与启示

在教育改革飞速发展的今天，如何借助信息技术的力量优化常规传统的课堂教学，促进学生自主学习能力的发展，十分重要。笔者以常规试卷评讲课中出现的问题为出发点，以信息技术优化教学的环节和实效，以分层教学的思想指导如何进行查漏补缺，因材施教，以小组合作为手段，设计出一个利用信息技术进行分层教学的试卷评讲课的教学模式，以提高学生的学习成绩和思维能力。

五、反思与展望

笔者觉得，在利用信息技术进行分层教学的试卷评讲课中，教师把容易解决的知识和学生的共性问题放在课前解决，让学生有充分的时间进行自我反思和有针对性地改错。学生对试卷内容有了二次认识，上课的效率就提高了，课堂上评讲的题目的针对性也就更强了。教师利用发送错题微课视频和错题巩固练习给做错的学生，使学生查漏补缺的实效性更强，优生有更充裕的时间进行思维方法指导，让不同的学生的需求都得到满足。总体来说，学生自主学习的积极性增强了，课堂的有效性得到提高。在实践中，笔者有下面几点思考：

（1）利用信息技术进行分层教学的试卷评讲课模式，由于要录制学生的错题视频和分层练习视频，教师准备的工作量比较大。笔者认为可以发挥学生的作用，让学生加入到微课录制的队伍中，把任务分配给学生。学生既然会讲解，并讲解清楚，那他肯定就知道怎样做，同时提高学生学习的积极性和表现的欲望。

（2）利用信息技术的学习模式，学生自主选择适合自己的内容进行学习、练习，学生的自主性得到充分的培养，也为学生的自主学习创造了条件，把学习主动权交还给学生。教师是一个引导者、启发者的角色，学生能做的，让学生去做，学生遇到问题，让学生先独立思考，把自己的问题与小组同伴一起分享，大家一起讨论、探讨解决的方法，培养学生的探究能力和合作精神。实践证明，这些做法对大部分的学生是有效的，但对于个别学习自觉性不强的学生，教师仍然要多关注，给予个别辅导，利用小组合作的力量，督促他们学习。

试卷评讲本身是一种反思性的教学活动，需要学生的积极参与并主动接受。本文通过大数据分析学生存在的共性问题和个性问题，使课堂上的教学更具有针对性、精准性，同时培养了学生的自主学习能力，让学生自主发现问题，自主讨论分析，自主纠错，自主总结归纳，自主解决问题，把学习的主动权交还给学生。通过技术满足不同层次学生的学习需求，做到因材施教。笔者将会继续研究，在实践中不断反思与完善，努力提高课堂教学的有效性。

参考文献

［1］杨秀凤．初中英语分层教学研究［J］．人生十六七，2017（8）．
［2］栾莉．信息技术支持下的初中数学分层教学模式探讨［J］．新课程教学，2018（3）．

移动互联环境下的英语分层教学研究

陈淑英[①]

【摘要】 文章采用对照实验、收集分析数据和课堂观察等方法，对英语分层教学难以实施的问题进行了研究。该研究借助于移动互联平台，通过行动、总结与反思，以课例研究的形式进行了句型训练、阅读训练以及课后的培优育尖促中的分层教学实践，初步解决了英语分层教学的问题。研究发现实施分层教学，有助于各层次学生英语能力全面提升。

【关键词】 移动互联环境 英语分层 教学研究

一、问题提出

当今，教学班的学生难以处于同一水平。学生的英语水平参差不齐。笔者在班上进行《嫦娥4号》作文的相关句型翻译训练。经观察学生的课堂表现，以及检查学生提交的作业情况，发现基础较好的学生基本能够完成任务，但是中等层次学生的任务完成效果不理想，甚至部分学生，无从下笔，留空不答。

针对这种现象，在同一课堂，不同层次的学生有着不同的需求，长期的一刀切、大锅饭，使得优生的优势不能充分地发展，而学困生由于长期跟不上，对英语学习完全失去兴趣。因此，在同一课堂实施分层教学是极具必要性的。

同时，由于传统课堂的局限，教师不能在课堂上面面俱到，对于照顾不同层次的学生，常常感到分身乏术，使得分层教学难以实施，只能流于形式。

网络教学平台，利用微课分身的功能，通过让学生学习不同层次的微课资源，处

[①] 作者单位：顺德容桂外国语学校。

理好不同层次学生的讲评练测，解决大部分学生的共性需求。这样就可以把教师解放出来，腾出更多的时间进行个性化辅导。

鉴于课堂中存在的这些问题，笔者思考如何利用移动互联环境，有效地实施同一课堂下英语的分层教学，尝试以层次化的项目为驱动，优化分层教学，并通过不断迭代，达成各个层次学生的技能提升。巧妙利用高分云等教学平台，实现同一课堂下，对不同层次的学生进行个性化的教学及辅导。

二、研究方法

1. 研究对象

参与本次研究的对象，为容桂外国语学校初二年级两个实验班（每班50人）。这些学生大部分英语基础较好，也有部分同学存在偏科现象，英语处于中等水平。他们初一入学就配有平板，教室均搭建移动互联网络，具有移动互联环境下课堂学习的软件与硬件。

对于学生的分层依据，一方面可以根据学生的段考成绩及平时测试的成绩，把学生分成优秀层次和中等层次。为了照顾学生的心理顾虑，把优秀层次的学生称为"冲刺高分"或"冲刺屏蔽"，而中等层次的学生称为"冲刺优秀"。

另一方面的分层依据是：课前对学生进行前置测试，根据前置测试的成绩，进行学生的分层。

对学生的分层并不是固定不变的，根据学生的表现，有进步的同学可以进入到更高层次。同理，若优秀层学生跟不上进度，学习有困难，可调至中等层。正是因为这个动态分层机制，提高了学生的学习积极性，鼓励学生通过努力，晋级到更高层次。

2. 活动与工具

写作和阅读是学生最容易拉开差距的部分，而句型掌握不好，又是写作的突出问题。课中需要重点关注，课后的培优育尖也不能掉以轻心。因此笔者重点开展了句型训练、阅读训练以及培优育尖促中的教学实践研究。

本次研究主要借助移动互联平台诊断学情，实施动态分层，针对不同层次的学生，发布不同层次的任务及讲评微课。课后利用平台给尖子生推送《黑布林阅读》任务，给优秀学生推送《不一样的新概念》任务，给中等生推送基础错题补强训练，进行培优育尖促中的常态化辅导。

3. 数据收集与分析方法

本研究采用了以下数据收集和分析方法：

（1）对照实验法。通过对平行班，实验A班与实验B班的对比教学，实施研究活动。通过收集学生数据，做组间对照，并分析前后测数据。

（2）课堂观察法。通过教师对学生反应的观察，获取对学生的态度以及教学效果最直观的感受。

三、研究过程

实践1：移动互联环境下实施句型训练分层教学。

1. 课程构想

以外研版初二（上）期末复习课为例，其中有一环节是借助句子的翻译练习，使学生熟悉相关的句型结构，让学生初步构思完成《嫦娥4号》作文。这个环节的学习目标：使学生熟悉作文的相关句型，为独立写作做好铺垫。难点：《嫦娥4号》这一作文话题，属于中考复习话题，对于初二上学期的学生来说，难度较大。因此，为了突破难点，降低难度，笔者通过让学生完成句型翻译练习的形式来达到训练效果。

2. 课程实施

笔者首先在实验A班，不进行分层教学，直接让所有学生完成句型翻译训练。通过课堂巡堂发现优秀层次学生，能够顺利地完成任务，并通过自行观看微课，查漏补缺，认真做好笔记。但是此任务对于中等层次的学生就相对比较困难，看完微课后，虽然有做笔记，但是比较凌乱，对句型仍未能掌握（见图1）。

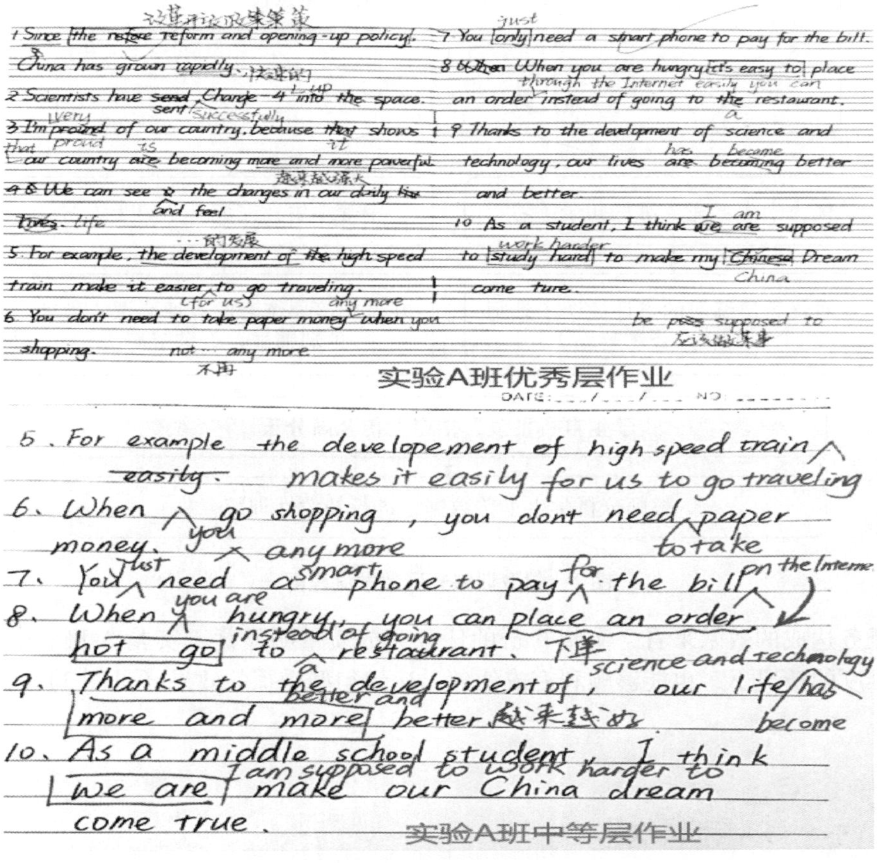

图1　实验A班作业展示

3. 改进措施

针对实验 A 班的这种现象,笔者在另一个平行班实验 B 班,进行了分层教学的尝试。

优秀学生:让他们完成《嫦娥 4 号》作文的相关句型翻译训练。

如:自改革开放以来,中国经济已飞速发展。_____

中等学生:让他们根据中文意思,做完成句子的练习。

如:自改革开放以来,中国经济已经飞速发展。China has grown rapidly since _____.

鉴于传统课堂的时间空间的限制,笔者借助于移动互联环境,解决实际操作中的分层困难问题。具体操作如下:首先,在课前利用移动互联平台,设置两个层次的任务,句型翻译和完成句子。课中,在句型训练环节中,利用平台,把任务推送给对应层次的学生。通过移动平台,可以便捷地实现同一时空,针对不同层次的学生,实施分层教学。学生完成相关任务后,教师分别推送课前录制好的点评微课,让学生自行听微课,核对答案,红笔更正后,拍照上传至移动平台(见图 2)。

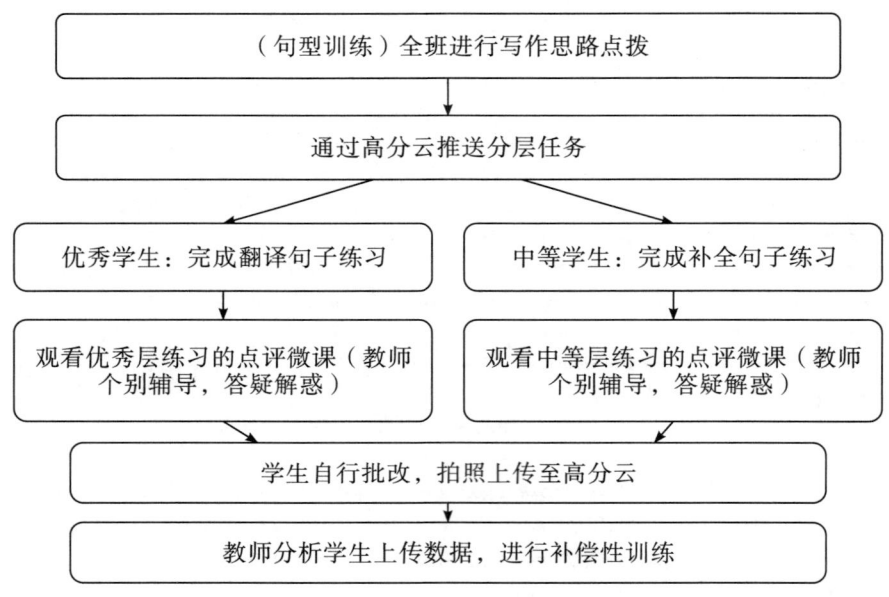

图 2　句型训练分层教学流程图

从任务达成的效果来看,实验 B 班的任务完成质量明显优于实验 A 班。中等学生在降低难度的情况下,也能够顺利完成任务,达到句型操练的效果(见图 3)。

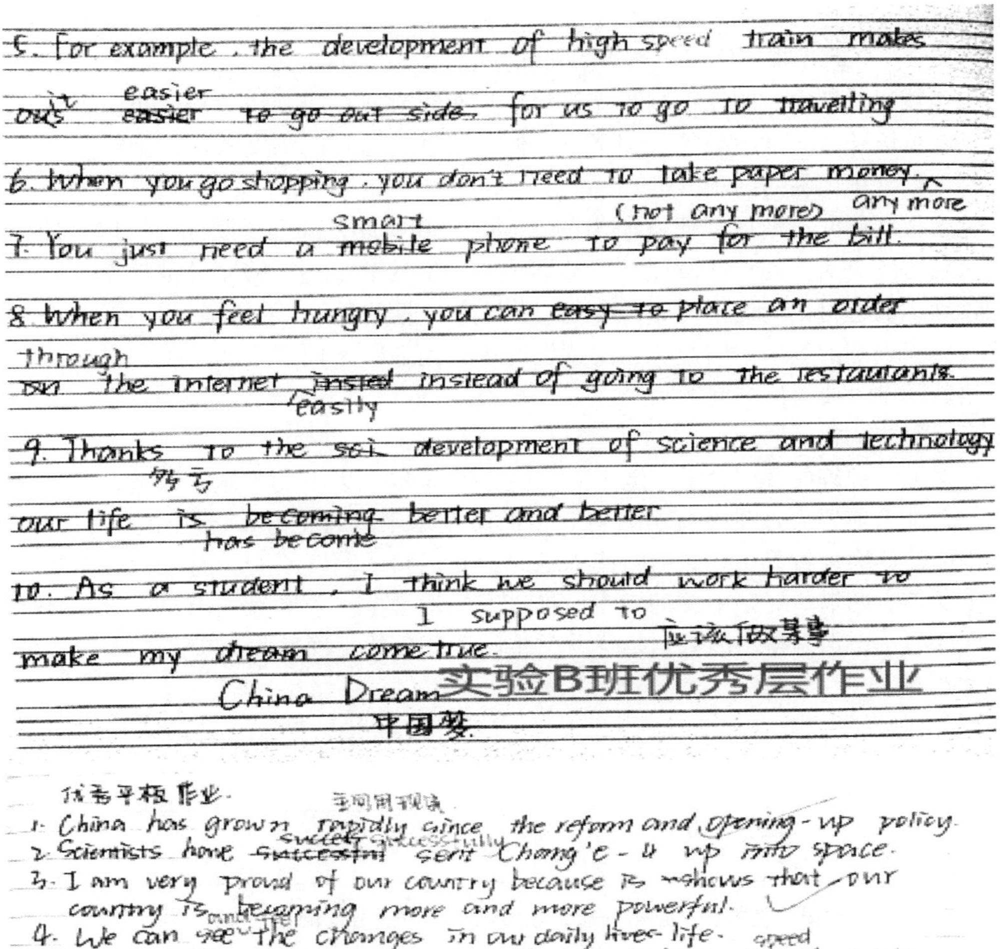

图 3　实验 B 班作业展示

此次的句型分层教学，是笔者尝试移动互联环境下的英语教学的起步阶段，初步感受到了利用高分云平台实施英语分层教学的优势，但只是停留在教师经验论的层面，缺乏具体的后测数据支撑，因此笔者进一步尝试了阅读训练的分层，并注重了前测后测数据的收集对比。

实践2：移动互联环境下实施阅读训练分层教学。

初中英语教学中，阅读占据了相当大的比重。常言：得阅读者得天下。因此，阅读训练在英语课堂教学中必须长期坚持。但是阅读的选材，难度系数的把握是一线教师在阅读训练中面临的困难。

笔者长期研究本地区教研室所出的试题，发现试题的难度系数和生词率均偏大，而且试题比较灵活。若长期按照常规的训练，优生的潜力不能够充分被挖掘。但是若在阅读训练的选材偏向优生，加大难度，中等生长期跟不上，看不懂，导致乱写一通，最终失去了训练的效果。因此，在阅读训练中如何兼顾不同层次的学生，也成为笔者在英语教学中需要解决的问题。

1. 课堂实施

针对阅读训练的分层教学，笔者对实验A班采取了以下的措施：课前，利用移动互联平台推送前置阅读训练任务，对学生的阅读水平进行把脉，定位学生阅读能力，对学生阅读能力进行分层。课中阅读训练时，利用移动互联平台，对于优秀学生，推送了短文填空两篇。对于中等的学生，推送了完形填空1篇和短文填空1篇。具体操作如图4所示，但是得出的数据是优秀学生阅读任务的正确率为93%，中等学生的正确率为60%。

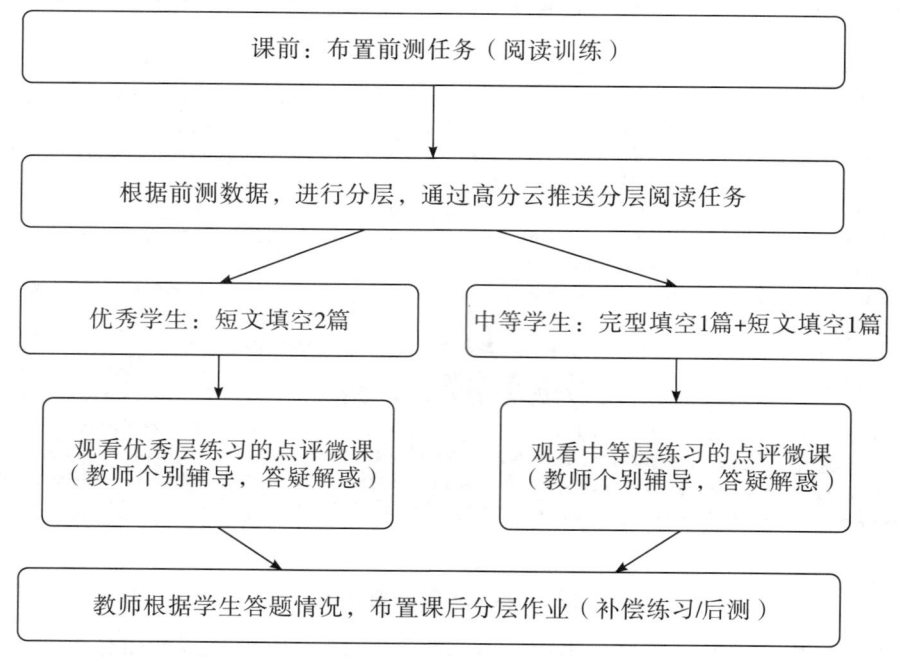

图4 阅读训练分层教学流程图

从学生的答题数据分析，这与设想的数据发生了严重的偏差。笔者设想短文填空的难度会比完形填空大,但是从答题数据看,学生对于短文填空的把控优于完形填空,并没有达到预想的分层效果。

2. 问题反思

出现这种问题,归因于教师的前期选题判断失误。在推阅读题目时,要综合考虑学生对阅读话题的熟悉程度、生词率等。优秀学生,对于所给的短文填空任务话题比较熟悉,所填的单词对于他们来说难度不大,得分率较高。中等学生,很明显,教师所推的题目对于他们来说难度过高,因此在实际操作中,应该进一步调低中等学生阅读材料的难度系数,适当加入他们感兴趣话题的阅读材料。

3. 改进措施

针对实验 A 班在阅读训练中出现的问题,优秀层任务难度不够大,中等层任务难度过大,不能达到预设的分层训练效果。笔者在实验 B 班的阅读训练课中,调大优秀层任务难度,适当降低中等层任务的难度系数。

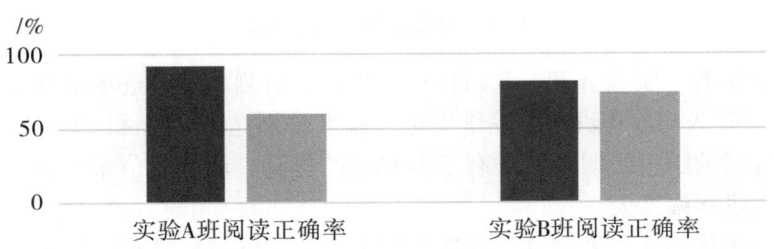

图 5 阅读分层训练正确率对比

从实验 B 班的阅读训练测评数据来看(见图 5),优秀学生得分率为 82%,中等学生的得分率为 75%。优秀层和中等层阅读任务的选材比较合理。优秀学生和中等学生均能达到预设的训练效果。因此,教师实施阅读任务分层时,一定要注意难度的设置,难度过大或过小,均不利于学生阅读能力的提高。最佳难度应该控制在 75%~80% 左右,这样学生读起来才有信心,不会因为阅读过难而产生畏难情绪,也不会因为阅读过于简单而不能得到能力提升。只有适合难度的阅读训练,才能够真正做到因材施教,最大限度地提升学生的阅读水平。

经过了 3 周的阅读分层训练,笔者通过移动学习平台给学生发布难度系数相似的统一后测任务进行后测,来检测阅读分层训练的效果。就前测数据与后测数据进行对比,实际参与前测人数为 97 人,其中 3 人缺考,完成率为 97%;实际参与后测人数为 99 人,其中 1 人缺考,完成率为 99%。从参与人数来看,学生对英语的阅读训练是比较重视且认真的。通过优秀层和中等层学生的前后测数据对比,各个层次的学生的阅读水平均有提高(见图 6)。

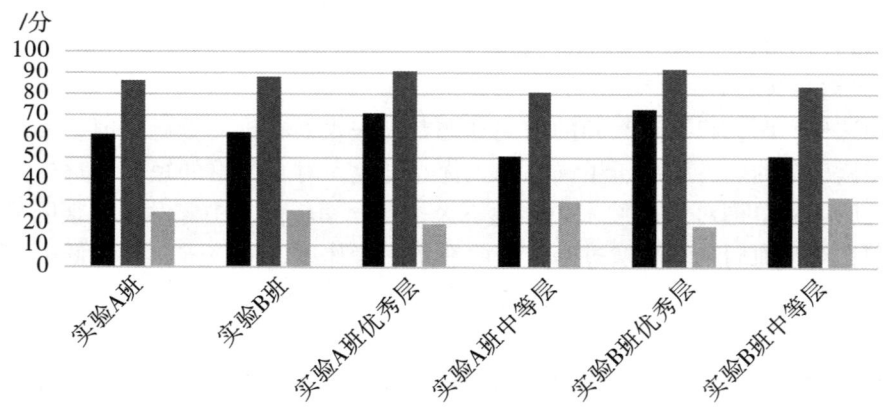

优秀层&中等层学生前测与后测对比图
■ 前测成绩 ■ 后测成绩 ■ 前后测差值

图 6　阅读前测和后测对比

从数据分析看，实验 A 班、B 班优秀学生的前后测成绩的进步幅度分别为 19.7% 和 18.9%。实验 A 班、B 班的中等学生进步幅度分别达 30.2% 和 32.2%。由此可见，优秀层和中等层的学生阅读水平均有不同程度的提高。从相对值来看，中等层学生比优秀层的学生进步幅度大。

因此，利用移动互联平台进行阅读分层训练，能够及时掌握学生的达成数据，教师可以根据数据及时调整教学，有利于提高学生的阅读水平。

除了课堂上的分层教学，笔者思考能否利用移动互联平台的分层教学延伸到课后？因此，笔者尝试了第三轮的分层教学实践，移动互联环境下的课外培优育尖分层教学。

实践 3：移动互联环境下实践探索培优育尖促中分层教学。

尖优生的培养，需要融入日常教学中，持之以恒。对于尖优生，课本知识是不能满足他们的需求的，因此教师要充分挖掘尖优生的潜力，使他们"吃得饱"，同时中等生的帮扶也不能落下。

在平时教学中，培优育尖促中工作非常重要，但是由于工作繁重，时间重叠等因素制约，教师个人不能对每一位学生进行个性化辅导。笔者尝试利用互联移动平台对学生进行分层培优育尖促中辅导。具体操作如下：

（1）对于英语基础很好的尖子生，笔者主要利用移动互联平台加强阅读指导。鼓励他们进行整本书英语阅读，如《黑布林阅读》系列丛书。每天在平台发布阅读任务，要求学生读完后，完成相对应的任务，并在任务的心得处上传相关资料，包括读书笔记或读书海报的设计，口头转述故事的音频，读后感想等。

刚开始学生感觉比较困难，慢慢适应后，他们也就能够得心应手了。经过 5 周的训练，这些同学的语言感悟能力、阅读能力及口头表达能力均有提升。

（2）对于比较优秀的同学，训练难度稍微降低一点。前期，笔者会搜集一些热门话题的相关文章，或者录制《不一样的新概念》微课，上传至移动互联平台，推送给学生，要求他们模仿跟读或者背诵，拓宽他们的知识面。

（3）对于基础一般的同学，笔者会重点抓基础。平时笔者会收集学生高频错题，并将其汇总，重新整理编辑，上传至移动互联平台，推送给这部分的学生，反复操练。具体操作见图7。

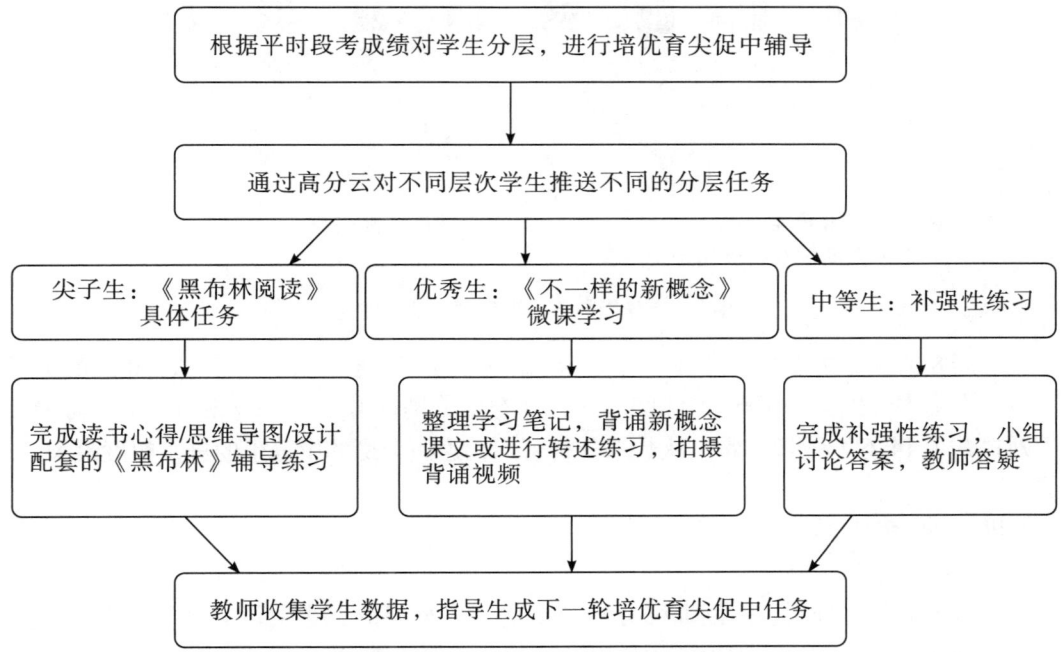

图7　课后培优育尖促中辅导流程图

传统的教学手段，以一位教师的力量，不可能长期在完成正常教育教学工作的同时，长期对三个层次的学生进行课后辅导，但是利用移动互联环境，均可一一落实，并成为常态化的培优育尖促中工作。

笔者在移动互联环境下进行英语分层教学，在初二上学期实施5周，初二下学期实施3周。从高分云系统中导出学生做题准确率，进行分层效果的数据分析。

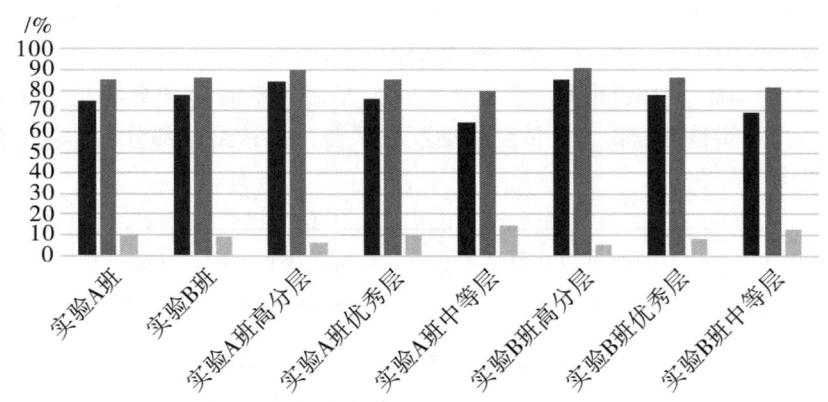

图 8　上学期与下学期做题准确率对比

从图 8 的数据中发现，实验 A、B 班的做题准确率均有提高。实验 A、B 班的尖子生做题准确率分别提升了 6.2% 和 5.7%，优秀生分别提升了 10.2% 和 8.3%，而中等生则提升了 14.6% 和 12.7%。从数据分析可知，这两个班的中等生的进步幅度最大。

四、研究小结

从以上的句型分层、阅读训练分层及培优育尖分层的三个英语教学的分层实践来看，移动互联环境下的英语教学的分层教学是有一定的模式可循的。

	教学活动	学科训练	技术设备
课前	推送预习任务（微课+资源） 解决学生预习过程中出现的问题 分析学情，二次备课 制定课内分层目标 提前根据学情，编辑分层任务 学生完成前测任务 讨论区上传图片	认知能力训练：领会获得微课或教学资源的学科信息 领会能力训练：把握新知识的意义 情感反应：主动参与英语活动，获得满足 应用能力训练：应用新知识完成检测/课前任务	微课+平台在线测试+讨论区
课中	基础性共性问题集体讲授（统一） 推送各个层次的分层任务/分层问题 教师个性化答疑解惑 提前录制微课答疑分层任务 小组讨论，互助解决问题 设置后测任务，检验教学效果	领会能力训练：听懂授课主题，获取主要信息 应用能力训练：把学到的新知识应用于新情境，来解答问题 综合能力训练：通过观看微课，内化知识，或向同伴、教师求助，将零碎知识整合成知识系统 评价学生的学习效果	课堂解决共性问题 平台建立讨论任务/测试任务/平台推送知识讲解微课 教师巡堂辅导 平台推送讲评微课 小组合作讨论
课后	分析分层任务及后测数据 推送分层作业 整本书阅读/篇章阅读/错题强化 实施分层评价	应用能力训练：应用课堂新学的知识或技能，解决问题 分析能力训练：通过对阅读材料的理解分析，完成对应的任务 综合能力训练：通过海报设计、转述演练等训练，让学生内化知识架构，提升学生的综合语言运用能力	平台推送分层作业

图 9　移动互联环境下英语教学的分层教学流程图

从图 9 可知，移动互联环境下英语教学的分层教学的基本模式为：诊断分析—精准分层—推送分层任务—分层答疑（微课/个性辅导/小组互助）—检测效果—指导下一轮教学设置。

笔者经过三轮的英语分层教学，效果是非常明显的。分层教学除了设置分层教学目标、推送分层任务外，难点是各个分层任务的讲解与跟踪评价，如果这一点不能落实，分层教学也就不能取得成效。而巧妙地运用移动互联环境，进行英语分层教学，恰好能够解决以上的困难。在移动互联环境下，进行英语分层教学，分层推送学习内容和小测任务，全面掌握并分析学生情况。优生和中等生均能更好地施展自己的特长，增加英语学习的兴趣，提升英语学习的积极性，学生的英语水平有了显著的提高。

参考文献

[1] 程东升,王振国. 高职同一课堂分层迭代教学模式研究 [J]. 教育教学论坛,2020(8):377-379.

[2] 肖丽利. 移动学习环境下微信支持的动态分层教学模式研究 [J]. 教育现代化,2018,5(13):160-162.

[3] 钟洪蕊,周卓慧. 游戏化学习对学生学习兴趣影响的行动研究 [J]. 现代教育技术,2012,22(3):91-94.

[4] 杨颖. 英语句型训练课件的设计及其特点 [J]. 教学与管理,2011(36):141-142.

[5] 孟燕. 分层教学模式在初中英语阅读教学中的应用探讨 [J]. 国际公关,2019(12):98.

小学英语写作教学中的平板分层教学探讨[①]

黄泽虹

> **【摘要】** 在小学英语教学过程中，培养和提高学生的写作能力是其中的一个重要方面。但在考核学生综合能力的写作课堂上，以往的教学课堂模式难以帮助写作时思路空白的后进生，也达不到提升优生习作能力的目的。教师反复思量引导学生写出来的习作，考试得分率虽然较高，但是优生跟后进生的小练笔在词汇、句型、篇幅等各个方面的差别并不大，长此以往，优生学习起来没有挑战性从而降低积极性，而后进生学得仍旧很吃力。平板分层教学运用在小学英语写作课上，通过课前检测分层，课中让不同层次的学生在完成难度不同的教学任务时得到相应的辅助支撑，帮助后进生克服畏难情绪，增强自信心；也让优生的求知欲得到满足，体会到进步的成就感。
>
> **【关键词】** 小学英语写作　平板分层教学　写作练习

随着教育改革的不断深入，在教学中充分发挥学生在教学过程中的主体地位，研究学情，了解学情，并根据学情备课尤其重要。《英语课程标准》的核心理念也是如此，即以人为本，强调在面向全体学生的同时，关注每个学生的个体，并尊重个体的差异。

英语写作是一种综合能力，包括学生对单词、短语、句型的灵活运用。要求学生能够学以致用，将所学的知识点串联起来形成语篇的思维结构。但是在教学中常有这种情况：同一个班级的学生写作水平差异很大。语言水平较好的学生，能够写出较为

[①] 本文是广东省教育厅 2019 年广东教育信息化融合创新示范培育推广建设项目《基于学习数据的适应性教学模式在薄弱学校的应用研究》的专项课题《基于学习数据的小学平板课堂分层教学研究》（立项编号：GDJJ201901）的阶段性研究成果。

完整的小篇章；语言水平较差的学生在拼写、句型、语法上都尤为困难，无法写出完整的小篇章，甚至没有写作的思路。而在日常的读写课堂上，英语知识能力水平差异明显的学生却不得不接受统一的教学内容，教师也往往以班级中等生的接受程度进行备课，所以很容易造成优生"吃不饱"，部分后进生却因学习内容难度太高而"吃不了"。这种传统教学的读写课，一方面满足不了优生的高层次学习需求，积极性消退；另一方面后进生却在教师授课后仍然无处下笔，得不到相对应的帮助，进而产生畏难情绪，甚至在作业中一遇到写作便留白。

因此，小学英语教师应该根据学生的英语水平、学习能力以及学习兴趣，关注各个层次的学生。通过平板推送预习微课和课前检测，并根据课前检测后的数据分析结果，有针对性地进行二次备课。准备不同层次学生的学习资源，确保在同一节课堂上能给予各个层次的学生不同的学习内容和学习资源，让每个层次的学生都能体会到学习成就感，并在后续的学习中产生浓厚的兴趣。这种分层教学在如今的班级授课制度下实行是有难度的，但是借助平板为载体，分层推送资源为手段，对学生进行分层教学却是有可能实现的。接下来本文将以笔者的教学经验，分享如何借助平板在英语写作课堂上实现分层教学。

一、学生课前科学分层

必须明确的是，分层教学不单只是为了让优生更优，而是为了让全体学生都能找到合适的学习方法，实现每一个个体的进步。所以对学生分层的方法要具体、有依据，课前检测便能有利于教师收集到每个学生的疑难点。以教科版小学《英语》六年级（下）为例，Unit 4 We can save the animals 的写作要求为例，本模块写作要求为：描述你喜欢的动物，并提出相应的保护动物的建议。课前笔者便制作了统一的预习微课，在微课中引导学生从哪些方面描述自己喜欢的动物，进而了解到动物面临的困境以及人类能提供的帮助。同学们在自行学习微课后，完成小练笔。而教师通过课前检测学生交上来的小练笔可以将学生分为以下三个层次：

A：已经能够完整地表达自己的观点，句型运用得当而且词汇量大，但是观点多源于课本，很少拓展。

B：完成小练笔，但英语句法掌握不扎实，句子语法错误较多。

C：不知如何下笔，英语词汇量少，英语语法有很大的问题。

学生的知识水平是一个动态变化的过程，所以每次分层授课前都应该对学生进行课前检测，通过学生在课前检测的表现，综合学生平时的课堂表现、学习兴趣以及学习潜力进行分层，只有第一步学生分层做到科学合理，接下来的教学活动才能高效率进行。

二、教师二次备课，确定教学分层目标

教师通过学生的课前检测情况，了解到各个层次学生的写作水平和遇到的具体问题后，确定本节课三个层次的学生的学习目标。以教科版小学《英语》六年级（上）Unit 1 What are those famers doing? 的写作课堂为例：

（1）能够至少用五句话描述一种农场动物，包括动物的外貌、颜色、吃的食物，以及能力描写。

（2）在第一个层次的基础上，学生能够描述该农场动物对于人类的贡献，同时拓展动物外貌描写的形容词，进行细节描写。

（3）能够运用拓展词汇、短语、从句句型描写农场动物。

确定好分层目标，教师进行二次备课，以往课堂上，教师准备一套统一资源给全班学生。在分层教学中，教师准备三份难度不等的资源在课堂中借助平板推送给学生，同时确保推送的资源相对于该层次的学生难度跨度不会太大，又有一定的帮助和挑战性，从而激发学生的内在学习动力，获取学习成就感。

三、课中分层教学

通过课前检测和二次备课，教师对学生各个层次目前的写作水平以及遇到的困难已经了然于胸，便可在每个教学环节上都设定分层的教学任务，帮助不同层次的学生在每个教学环节上都能得到进步。

以教科版小学《英语》六年级（上）Unit 1 What are those famers doing? 的写作课堂为例，写作要求为：描述你喜欢的农场动物。在课堂上的听力环节中，听力材料统一为一种农场动物的描写，教师通过平板发送三份难度不等的习题到学生的平板上，学生戴上耳机完成。任务要求第一个层次的学生能选择正确的单词补全对话即可。第二个层次的学生能听懂对话内容并做出判断。第三个层次的学生能够在理解课文的基础上正确地书写出单词补全对话。同学们在完成各自的练习后观看相对应的讲解微课检查答案。

这个教学环节通过三份难度不等的习题帮助学生熟悉听力材料，感知如何描述农场动物。学生通过观看微课订正答案后，师生再次通过问题问答、思维导图等方式复述听力材料，帮助学生再次理清写作思路。

除此之外，写作课上的组内看图说话交流学习也应实施分层教学。在以往课堂中的组内交流学习活动中，由于后进生受当前学习水平限制，往往不敢开口或不知从何开口，结果课堂上的后进生不参与、不表达，小组展示也成了优生表现的平台。但是在分层教学中教师通过向各个层次的学生推送难度不同的资源、图片，让每个学生都能有话可说。同时三份具体难度的资源代替了以往课堂的统一资源。

以教科版小学《英语》（上）Module 6 Festival 为例，给第一个层次的学生推送的组内说话练习图片可以是源于课文，而且是同学们熟悉的春节与中秋节，并在旁边列出表格或思维导图引导学生围绕节日时间以及人们在节日期间做什么、吃什么等方面进行描写。给第二个层次的学生推送有关端午节、重阳节等的资源和图片，同时引导学生对节日中的活动加以细节描写。第三个层次的学生拓展描述国外节日，如感恩节、复活节等。学生根据平板上收到的资源、图片在组内交流学习。以上的教学活动和设计照顾到了各个层次的学生，并促使他们将想表达的观点运用到写作中，做到写作时有话可写。

教学课堂活动分层设计是为了每个学生都能够参与进来，避免后进生做课堂的旁观者，鼓励每位学生融入活动。教师通过挖掘教材，根据学生的具体情况进行教学引导，学生通过探讨、发表观点、完成任务等形式，让学生感受到最后的成果是个人努力得来的，逐步培养学习热情。

四、分层布置写作任务

通过课中的输入，使得各个层次的学生都有所获，心中也有话可说。最后教师根据课前划分好的三个层次，制作成三个相对应的讲解微课，并向各个层次的学生推送。微课主要是帮助学生解决存在的问题并理清写作思路，引导进步的方向，为不同层次的学生提供精准的帮助，促使学生在课后完成写作任务时能有质的飞跃。

总而言之，分层教学在英语写作课上的运用，是为了强调学生在课堂上的主体地位。一整节课从课前检测到二次备课再到具体的分层教学任务的实施，都应该考虑到各个层次学生的学习水平和需要的帮助。通过课堂分层设计让每个学生都能体会到进步的喜悦，才能激发他们内在的学习动力，从而使他们产生浓厚的学习兴趣。

参考文献

[1] 中华人民共和国教育部. 英语新课程标准［M］. 北京：北京师范大学出版社，2001.

[2] 符文雯. 浅谈分层教学法在初中英语教学中的应用［J］. 中外交流，2019（36）：264－265.

习题微课在小学英语平板分层教学中的应用[①]
——以"Can I help you？复习课"为例

张月婵

> **【摘要】** 智慧课堂的开展，是传统课堂的一种"改革"，也是一种助力。通过乐课平板可以迅速并及时了解每个学生的学习情况，但是学生的知识水平与学习能力并不相同，存在着一定的差异，教师根据学生的个体差异，充分利用平板及习题微课等资源，在课堂上进行分层教学，满足不同层次学生的学习需求。本文以四年级开展的平板+习题微课分层课为例，尝试如何利用平板电脑和习题微课辅助开展小学英语教学活动。
>
> **【关键词】** 小学英语　平板课堂　分层教学　习题微课

随着教育教学手段的不断变化，校园课堂也越来越智慧化。教师在平板电脑等现代化技术的支持下开展的教学活动，能与学生高效互动，及时收集相应的课堂及课后学生学习的效果反馈，从而提高教学效果及优化课堂学习氛围。而教育教学"以人为本"，学生个体本身存在差异性，长久以来就会形成水平的两极分化。为了更好地缩小学生之间的两极分化，达到理想的教学效果，因材施教，通过网络，以习题微课为辅助来开展平板分层教学，在同一课堂上满足各个层次的学生的需求，后进生当堂掌握知识点，优生掌握知识点的同时得到相应的拓展。现以教科版四年级上册的 Module 5 Clothes Unit 10 Can I help you？ 的复习课为例，探索平板电脑分层教学在小学英语课堂中的应用。

[①] 本文是广东省教育厅 2019 年广东教育信息化融合创新示范培育推广建设项目《基于学习数据的适应性教学模式在薄弱学校的应用研究》的专项课题《基于学习数据的小学平板课堂分层教学研究》（立项编号：GDJJ201901）的阶段性研究成果。

一、学情简析与课前教学设计、准备

授课班级是学校的平板教学实验班，从 2020 年 9 月开始，每月英语学科有两次进行平板分层课堂学习，学生对乐课学习平台系统的使用较为熟练，对于课堂分层的操作也有一定的了解。该班学生在经过 Module 5 Clothes 两个单元的学习之后，基本能掌握服装单词及购物用语的表达运用，但学困生在单词的拼写，句型的理解运用上较薄弱，尤其在衣物的单复数的区别上出现较多问题。

1. 课前检测及教学设计

教师根据教学内容需要，在乐课网平台筛选与本模块相符的难易适中的 10 道选择题，内容包括衣物单复数，this/these，that/those 的单复数的区别，pair of 的单复数及购物句型等，并分题录制习题微课，在微课里讲解习题的解题方法以及易错点和重难点，并发布检测题。学生完成习题后根据错题情况学习相应的微课并订正错误的习题，进行巩固复习。

根据学生课前预习报告分析情况，可发现该班的部分学生在购物用语的表达运用及衣物的单复数的区别及英语不定代词的运用上存在明显的差异，对于本单元知识点的掌握是不够牢固的。此时教师可以有针对性地进行二次备课。本节课分为两个层，把本课课前错误较高的知识点如衣物单复数的正确使用，this/these，that/those 的单复数的区别，pair of 的单复数的简单理解与运用作为基础内容重点讲解掌握；在进阶习题中增加习题的难度以帮助优生提高。第二个分层在理解与正确使用购物用语的前提下，找出不定代词 something 及 anything 的用法区别及学习 everything 及 nothing 的用法；再准备基础习题与进阶习题进行巩固与提高。

2. 课堂中习题的筛选

根据本节课内容两个分层的需要，设置七套练习题，每一个分层包括基础试卷一份、基础补充试卷一份、进阶试卷一份，再加上一套综合检测试卷。基础与进阶习题的难度是递增的。命名时按照数字顺序排列好，再录制所有基础类习题和基础补充类习题的讲解微课上传至乐课平台。由于时间的关系，每套练习题的数量控制在 5～10 题为佳。另外乐课平台在收集客观题如选择、判断、单词填空等数据最为直观与快速，所以在本课习题的选择上主要以选择与单词填空为主。

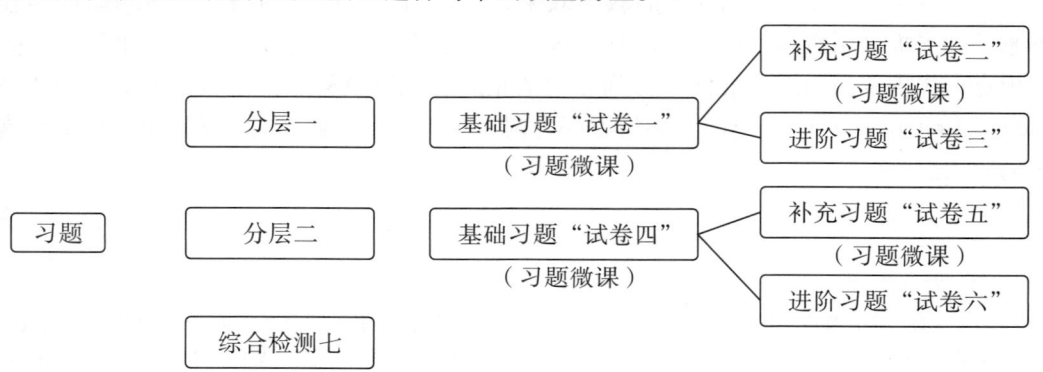

图 1 课中习题筛选示意图

二、课中的分层授课

首先教师用课件引导学生对课文进行复述，对数字及价钱表达：How much is it? How much are they? 等进行基础知识复习。教师会用平板发起快速问答互动，实时给予学生红花奖励，以提高学生的参与度，增加课堂的趣味性。接着向全体学生推送"基础习题试卷一"，根据答题情况对学生进行第一次分层。同时使用平板"倒计时"功能进行"限时答题"，以提高完成效率。其中分层操作如下：

（1）正确率为100%的学生完成"进阶习题三"；
（2）其他学生根据自己的错题看相应的习题微课，并完成"基础补充习题二"：
A. 正确率为100%的学生完成"进阶习题三"。
B. 有错误的学生继续观看习题微课，进行第二次巩固学习，不要求完成"进阶习题三"。

在教师或邀请同学点拨讲解错误率较高的进阶习题后进行进阶内容的学习，为二次分层做准备。教师会通过购物句型的归类引导学生观察总结 something 和 anything 的用法区别，并学习 nothing 和 everything。之后教师再次向全体学生推送"基础习题试卷四"，根据答题情况对学生进行第二次分层，分层操作如第一次分层。在本节课的最后，教师会通过"综合检测"习题"验收"本课学生知识点的掌握情况。

值得注意的是在课堂中所有基础习题教师是不讲解的，学生通过观看微课自学掌握，之后校对答案再通过完成"基础补充习题"进行"检验"。补充试题难度与基础题难度级别相同，若还有错误的学生，同样观看错题的讲解微课，直至理解为止；优生则从进阶习题得到适应的知识拓展。

图2是课前检测和综合检测的成绩分布对比情况。

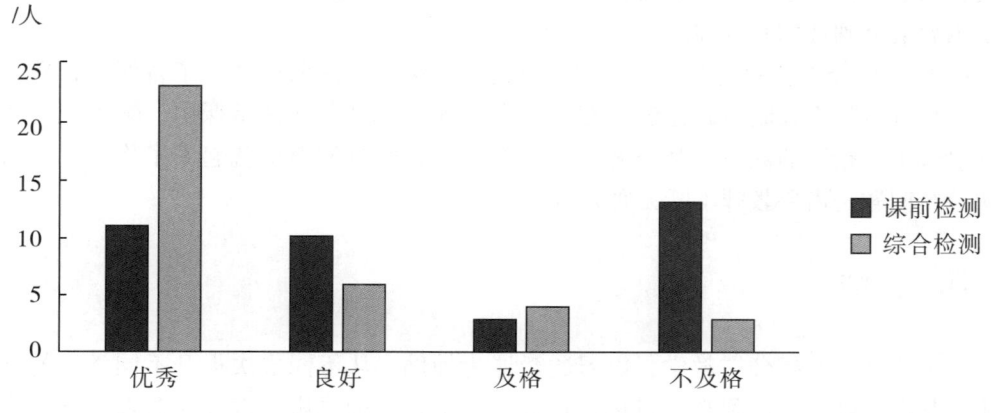

图2　成绩分布对比情况

通过本节课的分层学习数据分析，全班的答题正确率由课前的68.9%提高到课后的84.7%，达到"优秀"的学生由原先的11人上升到23人，"不及格"的学生人数，由课前检测的13人下降到综合检测的3人。

本节课例有几点反思。首先课上复习与分层练习的时间分配要更合理些，使整节课的教学流程及衔接更流畅。其次习题与微课在"作业栏"的命名和排列不够清晰与具体化，导致课中学生不能及时地找到相应的习题或微课，有些耽误时间，可以按照"试卷一""试卷二"等顺序排列编辑；最后在习题的筛选上还需要改进，因为发现有部分优生在做完进阶题后，没有事情做，而此时后进生还没有看完微课和做补充练习。

三、平板电脑分层教学在小学英语课堂中的困惑与解决策略

相对于其他教学工具而言，平板电脑在信息化课堂教学中存在明显的优势，尤其是在习题微课支撑下的平板分层教学课堂中，一定程度上满足了不同层次的学生学习需求，相对地提高了学习效率。但是同时在某些方面也带来了困惑，需要教师在实践中解决。

（1）分层课前的备课尤其重要，因为是习题微课辅助下的平板分层教学课堂，在课型的选择上是否存在有局限性是我们一直要去思考的问题。其实根据相应知识内容需要，区分开基础内容与进阶内容，无论是新授课、读写课或是语法课都能进行习题微课平板分层教学，但如何更好地开展还需要进一步实践。

（2）习题的筛选也很重要。既然是习题微课辅助分层教学，那么所选的习题便要求能够做到真正考查学生相应知识点的掌握情况，而且还得在内容上有层次性，尤其在进阶题目难度的把握和选择上。进阶内容应该是在基础内容上的延伸或对基础内容进行补充与强化，满足学生的求知欲但又不可跨度太大，打击学生的学习积极性。所以这就要求教师对于知识点的把握要很准确，要非常熟悉教材，才能做到基础内容和进阶内容的准确性和有效性。

（3）平板分层教学还有一个关键点就是习题微课。课前教师除了备课外，还会花很大一部分时间去录制习题微课。有时候会发现不管是课前还是课中，学生观看微课的数量远不及错题的数量，甚至有些并没有观看，此时的微课就起不了作用。如何去解决这个问题是需要教师不断去研究与实践的。

四、总结

综上所述，平板分层教学，以习题微课为辅助，从不同层次提升不同学生的学习水平，帮助教师有效达到教学目标，打破了传统课堂的局限，有效地激发了各层次学生的学习兴趣和内在学习动机。相信通过不断地尝试与创新，平板分层教学会顺应时代的需求，实现更高效的课堂教学。

参考文献

[1] 方芳. 平板电脑在小学英语课堂教学活动中的应用——以"At the beach"一课为例[J]. 中国现代教育装备, 2018（6）: 5.

[2] 顾卫东. 浅谈分层教学法在初中英语教学中的应用[J]. 中学时代, 2012（8）: 13.

第四部分 线上线下相混合，构建课堂新常态

巧用平板提高数学课堂教学效率[①]

冯灵忠

> **【摘要】** 科学技术越来越发达，各种科技产品深入课堂教学，有效提高了课堂教学的效率。平板作为信息技术发展下的产物，近年来在教学中得到广泛应用。平板在数学课堂教学中的应用，既是机遇也是挑战。平板直观的教学，优化了课堂教学，使学生更容易融入课堂之中，提高了课堂教学的效率。平板具有许多强大的功能，如何开发这些功能为数学课堂服务是教师的重要任务。
>
> **【关键词】** 平板电脑　数学课堂　教学途径

在信息社会的背景下，信息技术服务于课堂教学是大势所趋。平板电脑作为人们常用的一种智能信息设备，正不断影响着人们的生活，也改变了教育的模式。很多学校已经开始引入平板进行教学，尤其在数学课堂教学中，具有很好的促进效果。平板电脑为教师提供了快捷的电子阅卷方式，平板屏幕为教师提供了直观的教学，促使数学课堂效率的提高。平板作为教育教学中的一种工具，正逐步被教师以及学生接受。本文就平板电脑在数学课堂教学中的应用途径进行探讨，以促使数学课堂效率的大幅度提升。

[①] 本文是 2019 年广东省教育信息化融合创新示范培育推广建设项目《基于学习数据的适应性教学模式在薄弱学校的应用研究》的专项课题《移动互联环境下的小学课堂教学改进策略研究》（立项编号：GDJJ201915）的阶段性研究成果。作者单位：丰顺县汤坑镇金溪小学。

一、数学课堂教学存在的问题以及平板教学的重要性

1. 数学课堂教学存在的问题

教育改革为课堂教学带来了新的生机，全新的教学理念促进课堂效率的提高。但是，如今的课堂教学中仍然存在很多的不足，尤其是数学课堂的教学。首先是缺乏针对性教学，情境创设单一。数学课堂教学需要为学生创设丰富的教学情境，吸引学生的注意力，使学生回归数学教学之中。但由于时间、地点的限制，数学教学情境较为单一，并且无法做到有针对性地设置，使得数学课堂教学失去生机，学生无法专心上课，影响了数学课堂教学的效率。其次是教学模式单一，教学理论化。很多数学教师传承传统的教学模式，课堂上以数学教材为主，为学生讲解数学理论知识；隐晦难懂的数学内容使得学生似懂非懂，从而失去了学习的兴趣以及信心，没有实质性效果。很多教师开始上课就对数学知识点展开教学，看似很有效果，实际上学生并未听懂，严重影响了数学课堂的质量。再者是教材内容单一，缺乏启发性。社会在进步，学生的思维在转变，可是数学教学内容却一成不变，单一的教材内容已经难以满足学生的需求。教学内容大多是理论型，内容老套，学生无法在课堂之中得到学习的启示，严重限制了学生思维的发展。

2. 数学课堂平板教学的重要性

经济的快速增长，生活水平的提高，为平板电脑在教育教学中的应用创造了条件。如今，平板已经家常化，越来越多的人使用平板进行生活、娱乐、工作，甚至教学。平板在课堂教学中具有非常大的优势，教师可以利用平板给学生进行预习，以更好把握学生在数学知识点上的难题。学生可以利用平板在课上同时回答教师问题，并进行在线测试。平板电脑还具有直观性，对于数学教材上复杂的公式，难懂的概念，教师都可以利用电脑强大的信息处理功能，为学生制定有针对性的教学方式，大大提高学生的学习质量。平板在数学教学中可以为学生提供情景化教学。教师利用平板，为学生创造生活化的教学氛围，这是传统教学模式所不具备的。如数学课堂利用平板进行教学，可以对学生的学习情况及时掌握，能够照顾到每一位学生。平板电脑有丰富的课外资源，很好地弥补了数学教材内容单一的不足，帮助学生开拓思维，使学生成为高素质的人才。平板在数学课堂教学中具有明显的现实意义，加强平板电脑在数学课堂教学中的应用，是数学教师的责任，也是义务。

二、巧用平板提高数学课堂教学效率的途径

1. 巧用平板创设情境，增添教学氛围

学生的课堂学习与学生所处的环境密切相关，良好的学习氛围会促使学生积极向上，开拓进取，激发学习的兴趣。数学的复杂性及逻辑性，使很多小学生害怕学习。

数学课堂上，小学生很难做到聚精会神听课，并且听课时大多数无目的，对于数学知识的积累大多数是靠机械的记忆，对于数学概念以想象为主，抽象化的数学知识使得学生难以掌握。在数学课堂教学中引入平板教学，利用平板的可视化性，添加了课堂的直观性。利用平板更容易为学生实施有目的性的教学，让学生课堂上不再迷茫，更加集中注意力。平板具有强大的功能性，可以为学生很好指出数学教学的重点以及难点，引导学生进行自主学习，对于数学知识不再死记硬背，能够更好掌握知识点，促使学生思维的创新。如教师在讲解6年级数学上册第10单元"观察物体"的有关内容时。先利用平板为学生确定教学目标，并选择有趣的视频片段，将物体位置的观察情境化。巧用平板电脑，情境导入教学课题，激发学生学习兴趣，促使学生进行主动学习和探索，有效提高学习效率。教师利用平板进行数学教学时，要依据学生的性格特点以及学习的情况，积极引导学生，利用平板所带来的图片视觉效果增添课堂的趣味。学生会被有趣的话题吸引，从而投入精力专注于课堂之中。

2. 巧用平板直观性，优化教学内容

数学学科不同于其他学科，其拥有大量的数学概念以及定义，如果学生只是机械记忆，很难做到真正理解。加之学生的思维正处于开发阶段，对于抽象的数学知识概念难以进行掌握，严重限制了他们学习的进步。在数学课堂教学中，具有直观性的教学方式更容易获得学生的喜爱，并真正帮助学生获取知识，提高他们的数学成绩。平板在数学课堂教学中的应用，为课堂教学提供了直观性。丰富多彩的图片、生动的人物语言等都吸引着学生进行学习，在无意中渗透数学教学的重点。比如教师在讲解数学6年级上册第6单元"比的认识"相关内容时，首先，如果教师按照教材内容直接给学生讲解"比"的概念，学生会感觉非常抽象，且课堂氛围极其枯燥，使得学生无法专心于课堂之中。借助平板的强大功能，可以将"比"抽象的概念具体化，增加学生的理解。在平板中向学生展示一个饼，然后将饼分成5份，由学生拿走2份，再对学生拿走的饼与原来的饼进行比较，看是之前饼的几分之几。学生通过直观性的学习，将抽象知识具体化，将大大提高教学的效率。

3. 巧用平板体现学生的主体性

传统的数学课堂教学主要以教师为课堂主体，学生的主体地位没能得到体现，影响了学生的学习兴趣，使课堂学习质量下降。平板在数学课堂教学中的应用，能够促进师生之间的交流，只有师生之间有足够多的交流，教师的教学才能得到更好的反馈，从而做出更好的改进。学生多与教师沟通交流，提出自己的看法，可培养数学思维。比如教师在讲解数学6年级第3单元"图形的变换"有关内容时，教师可以利用平板将图形的变换自动演绎出来，提高学生对图形变换的实际认识，促进学生的思维发展。同时，对于图形变换的讨论，教师与学生之间可以通过平板进行网上交流，教师可以及时了解学生对图形知识的认识程度，学生在网上也可以匿名发表自己的建议，不仅突破了时间与地点的限制，还维护了学生的尊严，使课堂质量得到保证。

总而言之，数学学科的发展应顺应时代的潮流。如今是信息社会，信息技术改变着人们的生活。数学学科教学应结合信息技术展开，利用平板的灵活性、信息高速性、直观性等强大功能，为学生创设教学情境，优化教学内容，突出教材重点，体现学生的主体性，保证数学课堂教学的质量，提高教学效率。

参考文献

［1］朱丹．运用平板电脑优化小学数学课堂教学［J］．中国现代教育装备，2016（24）：7．

［2］何海松．巧用多媒体课件提高小学数学课堂教学效率［J］．飞（素质教育版），2014（2）：279－280．

［3］魏群．初中数学教学中运用平板电脑培养学生自主学习能力的研究［D］．武汉：华中师范大学，2018．

移动互联环境下的小学数学 "学教并重" 教学模式研究

曾海务　范圣斌　冯灵忠

> **【摘要】** 作为一所山区小学，受限于各种因素，教育教学改革推进遇到了瓶颈，教学效果一直以来都不够突出。为了提高课堂教学效果，我们开展了小学课堂教学改进策略的研究，通过移动互联环境下的小学数学"学教并重"的课堂教学模式的研究与实践，使学校的课堂教学效果得到了很大的提升。
>
> **【关键词】** 移动互联环境　现代信息技术　学教并重　课堂教学实践

一、前言

"如何让我们的孩子不在起跑线上输于大城市里的孩子？如何抓好课堂教学的质量、实现高效课堂，让山区的孩子受到更优质的教育呢？……"这些问题不仅仅困扰着我们一线的教师，更是让学校的领导们为之心急火燎。课堂教学的改革任重道远，改革的道路曲折，改革的措施在实施的过程中遭遇到了各种阻力。尤其是我们这个小山区的学校，山广人稀、信息闭塞等硬件条件的先天不足，还有由于父辈大多文化水平不高，家长对子女教育思想滞后，对文化知识的重要性意识淡薄，同时山区学校条件较落后，新思想、新理念较难在学校实施等，这些都严重制约着山区学校教育教学的改革。"满堂灌""一刀切""齐步走"等现象屡见不鲜。为了能改变这个现状，近年来，学校领导多次前往教育先进地区的学校学习、取经，每年也派出大批教师去学

---

① 本文是2019年广东省教育信息化融合创新示范培育推广建设项目《基于学习数据的适应性教学模式在薄弱学校的应用研究》的专项课题《移动互联环境下的小学课堂教学改进策略研究》（立项编号：GDJJ201915）的阶段性研究成果。作者单位：丰顺县汤坑镇第一中心小学。

习、培训，同时还请了很多专家、教授到学校开讲座，通过"走出去，请进来"的方法，让我们见识到了教育信息化带给教育的变革，那种改革力量是颠覆性的，也清楚地看到了我们学校与发达地区的教育还有很大的差距。所以改革，利用信息技术与课程的深层次融合来破解制约我们山区教育的难题，刻不容缓。

二、"学教并重"教学模式的提出和具体的实施

1. 教学模式的提出

我们关注到信息技术具有无与伦比的互联互动功能，而这些正是我们小学课堂所欠缺的，所以我们决定开展移动互联环境下的小学课堂教学改进策略的研究。研究团队的所有成员齐心协力，通过查找书籍、文献，我们发现目前流行的教学设计理论主要有"以教为主"和"以学为主"两大类。由于这两种教学设计理论均有其各自的优势与不足，所以将两者结合起来，取长补短，形成优势互补的"学教并重"教学设计理论，据此我们将研究方向进行细化，精准定位到移动互联环境下的小学课堂"学教并重"教学模式的研究。

2. 核心概念的界定

移动互联环境：包括硬件环境、资源环境以及交互环境，是指在本校现有的移动软硬件设施设备下，保证生成的教学资源（如微课等）能在各个终端设备互联互通。

学教并重："以教为主"和"以学为主"两种教学设计理论的有机结合，优势互补。

3. 具体内容

（1）课前移动学习，掌握基础知识。

课前，教师以任务驱动和问题引导为指导，学生通过微课及课前测验等在线活动先学习重点、难点等知识。

（2）课中互动探究，内化知识，提升能力。

课中，教师和学生通过各种知识内化互动活动。教师走下讲台，走到学生中间，引导学生借助教学平板等互动工具，组织学生参与基础的互动来质疑、讨论、探究、合作，展示解决问题的能力和进行口头交流等活动，激发学生主动学习、创造性学习和深化学习，促进学生建构知识和综合能力的培养。

（3）课后反思总结，巩固学习成果。

课后，教师分析互动统计等数据，帮助学生反思和总结，制作和发布移动学习资源延伸课堂，进一步巩固学习。学生也可以通过智慧校园等平台的实时录制功能，针对自己课上没理解的知识进行巩固性再学。"学教并重"教学模式详见图1。

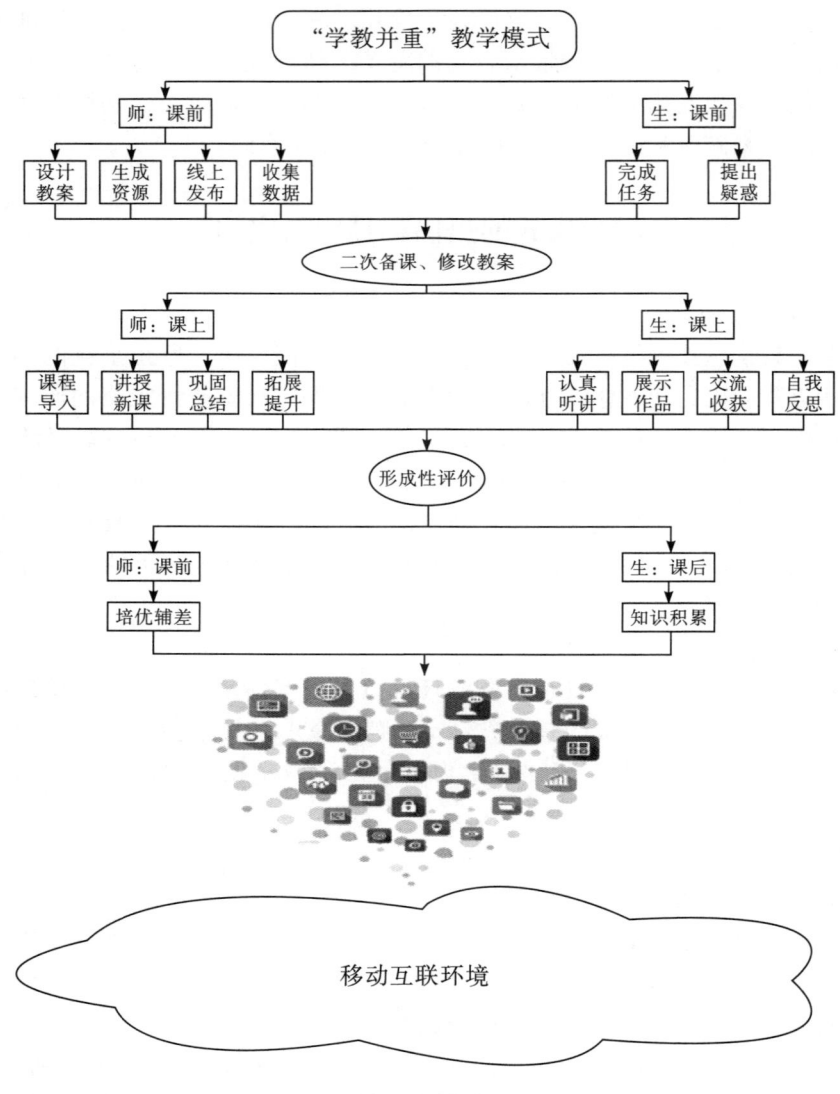

图 1 "学教并重"教学模式

三、"学教并重"教学模式在数学课堂的初尝试

为了更好地分析该模式的优缺点，下面结合"长方形周长"这一教学设计案例来具体阐述"学教并重"教学模式在小学数学课堂教学中的实践应用。

我们选择了两个整体素质差不多的班级作为我们的实验班，实验（1）班采用原有的教学模式，实验（2）班则采用了"学教并重"模式来开展教学。

在实验（2）班的教学中，我们先调查了学生使用平板的情况，发现大部分学生都没有使用过平板,且操作很不熟练,为此,我们课题组教师一起行动,为(2)班的学生普及平板的使用方法,让学生熟悉教学软件的操作,为顺利完成教学奠定了基础。接着,通过"课前—课中—课后"三个阶段来具体介绍教师和学生的教学活动。

课前,教师根据移动互联软硬件设施设备的特点,设计了教学过程,在希沃云空间发布精心准备好的"长方形周长"的微课和课前习题。学生观看了微课之后,完成对应的课前练习,然后通过希沃易课堂生成的实时数据,发现学生对周长的概念掌握得较为牢固,只有一位同学答错;对"正方形是特殊的长方形"这个容易混淆的知识点掌握得不够到位,有40%左右的学生答错。通过这些数据,将教学过程进行修改,着重强调"正方形是特殊的长方形"这一知识点,而对周长的概念只是简单的复习带过,让整个教学过程更有针对性。

教学过程中,教师充分运用视频创设了适合三年级学生的教学情境——"解救小白"来导入新课,改变了以往的以旧知识导入这种枯燥、乏味的教学,激发了学生的学习兴趣,让学生"要我学"转变成"我要学",充分调动了学生的主观能动性。在"教学长方形周长计算方法的推导"环节,先让学生在教学平板上用自己喜欢的方法来计算周长,然后在小组内分享各自的算法等互动活动,不仅培养了学生独立思考的好习惯,也培养了学生的创新思维,最后小组派代表来展示自己小组的算法,锻炼了学生的听和说的能力。而在"选择你最喜欢的方法"这一环节,教师则采用了投票这样的互动活动,节省了教学时间,也从统计数据得出学生最喜欢的方法,适时地引导学生采用简便的方法来计算。最让教师意外的是讲授完新课之后,出示了"森林运动会"这一个游戏活动,本来有部分学生已经分散的注意力一下子又集中了,学生们都很投入地完成这一个游戏,这是以往的常规课堂所不能实现的,让学生从游戏中掌握新知识,学会应用新知识解决生活中实际问题。

整节课,教师把易课堂的互动传屏、教学资源、数据报表等功能天衣无缝地融入数学课上,这使得整节课节奏明晰、全班学生的知识掌握情况反馈及时、教学重难点落实到位、学生能够得到个性化的练习提升。同时教师通过希沃易课堂的互联互动活动,让学生在"玩中学""学中思",并且根据学生的课堂表现和生成的数据,及时调整教学活动,达到了"学教并重"的教学目的,提高了课堂教学的效果。

课后,教师通过查看学生各自的课堂反馈和生成的数据,发放和布置有针对性的练习题。尊重了学生的差异性,为学生个性化发展奠定基础。

综合上述,这种新的教学模式带来的改变是以往的教学模式所不具备的,是真正触动最深层次的教育教学改革。在接下来的"学教并重"教学模式的尝试中,教师要注意收集相关的数据包括学生课前练习的正确率、课中实时反馈的数据、课后巩固练习的正确率等,同时还要跟常规教学下的学生数据进行对比,找出该教学模式的优势和劣势,为学校更好地推广该模式打好坚实的基础。

四、新模式助力学校全面提升课堂教学效果

自从学教并重教学模式在学校推广以来,教学效果明显提升,在信息化课堂魅力下,课堂气氛活跃、和谐,学生学习兴趣盎然,学生主动学习,而且敢于说,善于思,通过探究、讨论、合作等方法以解决问题从而获得数学知识,并享受这个过程中获得成功的喜悦,达到了很好的效果,教学质量也得到了很大的提高。比起以前传统教学方式是一次质的飞跃。随着研究的不断深入,将面临更多的挑战和困难,但我们坚信,信息技术与课程深层次的整合是我们推进课改的法宝。如果说,学校是一条在大海航行的船,那么智慧教育就是这条船上的一叶风帆,这条充满活力和希望的帆船,承载着师生共同的梦想,在素质教育的海洋里,劈涛斩浪、风雨兼程,勇往直前,谱写山区学校教育事业的新篇章。

参考文献

[1] 何克抗. 信息技术与课程深层次整合理论 [M]. 北京:北京师范大学出版社,2019.

[2] 刘昕璞. 信息技术与课程整合的探究 [J]. 教育研究,2010 (5):14.

[3] 孔颖. 浅析信息技术与课程的整合 [J]. 北方文学(下半月),2011 (8):6.

[4] 张筱兰,郭绍青. 信息化教学 [M]. 北京:高等教育出版社,2010.

移动学习环境下的毽球脚内侧传接球教学课例[①]
——人教版体育与健康七年级下册《毽球运动》

陈志洪

课例简介：传统传接球课堂教学模式单一，传接球课堂教学一般是教师主讲，学生被动接受，学生参与度低；在课前无法进行本课教学内容练习，也难于针对重难点进行突破，课堂的时间空间限制，使教师教学进度过快，很多同学跟不上，致使学生对传接球课不感兴趣。为解决这些问题，除采取适当的教学方法外，还应该利用移动的学习环境和技术的支撑，借助平板采取"翻转课堂"的教学模式。

一、教学分析

1. 教材分析

学校一直以来对毽球都是非常重视，本校毽球为佛山传统项目、顺德区毽球网点校、容桂毽球训练基地。连续21年包揽顺德区毽球锦标赛团体第一，多次获得省亚军，毽球逐渐在学校深入人心，为此学校开发了校本教材，并且把毽球引进课堂，在初中体育教科书中毽球也列入体育教学的项目，毽球脚内侧传接球是毽球的重要环节，在毽球运动中也是必不可少的一个环节，毽球脚内侧传接球是初一上学期的教学内容。

教学中，教师要帮助学生学会毽球脚内侧传接球，构建动作技术间的联系，并且培养学生在实际情境下运用相关技术进行传接球，并提高各方面的综合能力。

笔者将"毽球脚内侧传接球"作为本节课教学的主线，贯穿整课。这与本模块"传接配合"很好地契合。设计一个现场传接球的活动，让学生更好地运用所学的毽球脚内侧传接球的技术，并锻炼合作与配合的能力。然后学生在小组进行毽球脚内侧传接球，并展示；接着根据活动表现，选择队友，并两两相互对传球，回归技术重点。

[①] 原文发表于2019年《数字教材·数字化教学——第四届中小学数字化教学研讨会论文案例集》，有改动。作者单位：佛山市顺德区容桂红旗初级中学。

2. 学情分析

本校七年级的学生大部分是独生子女，生活条件好，在家缺少劳动锻炼，毽球课本来就枯燥，又比较累人，选这样的教材上课，可以说是一种挑战，对此，在教学中先以兴趣引导来激发学生的学习兴趣，然后在游戏里搭起学生展现自我的平台，在毽球内侧接球教学中，让学生带着"我国传统毽球文化和当今毽球发展有什么不一样的"问题去进行探究教学，提高学生的主观能动性。

二、教学目标

（1）培养学生的观察与模仿能力。课前微课的学习，通过微课让学生把技术点串接起来，形成自己的技术概念，清楚毽球脚内侧传接球的动作技术要领。

（2）提高学生的运用能力。学生能在实际应用中正确使用传接球，通过传接球活动与展示活动提高传接能力及合作交流能力。

（3）激发学生学习传接球的兴趣与信心。通过小组练习、两人对传球的活动激发学生学习的兴趣，各个环节层层递进，紧扣重点难点。在两人传球的过程中，体验毽球脚内侧传接球在实际生活中的应用。

三、教学重、难点

重点：降低重心，支撑脚用力保持身体平行，接球动作自然放松。
难点：脚腕踝关节绷紧内扣，小腿稍折叠，配合发力方法掌握动作。

四、设计思路与教学方法

学生不仅需要对技术要点有总结概括能力，还需要有分析与纠错的能力。借助平板电脑推送前置学习试题与技术动作，使学生能对传接球的动作要领进行深入的学习与探讨；通过视频对比，学生能进一步地学习到传接球的难点与易错点；纠正自己的动作，使学生对技术又一次巩固。教师可及时得到小测的数据反馈，迅速了解学生的掌握情况。针对学生做错的题目，教师继续进行讲解。扫除教学中的盲区，最大化地使全体学生都掌握重难点，这是传统的课堂无法当堂完成的。利用平板教学，可以及时得到各项精确的数据，使课堂更加高效。

优质高效的毽球脚内侧传球课的焦点不是教技术规则，而是让学生在实际情境中运用技术，同时也要注重学生的自主能力的发展。所以笔者根据学生的预习情况设计与该技术动作相关联的活动或游戏，让学生在玩中学。在应用环节，笔者设计了多样式练习的活动。在练习的过程中互相拍照上传。通过拍照上传，学生在课后能够清晰地看到自己的动作与标准动作的对比，及时巩固动作技术的使用方法以提高运用能力，让学生在实践中更好地运用动作技术。这个过程中，不仅使学生收获技术，而且令他们从成功中获得喜悦。

教学流程为：通过平板做前置推送题目与观看技术动作—课堂常规—热身运动—小组利用平板再次学习—平板拍照上传—游戏（小组互拍上传、互评）—毽球内侧接球技术巩固与提高—放松运动—评价小结，师生再见。

五、教学过程

教学过程详见表1。

表1 教学过程

教学阶段	教师活动	学生活动	设计意图
开始部分	一、课堂常规 1. 集合队伍 2. 检查人数 3. 安全教育 4. 安排见习生 5. 宣布本课内容 二、热身操 1. 慢跑4圈热身 2. 正压腿 3. 侧压腿 4. 合腿盘坐 5. 屈膝提腿 6. 高抬腿练习	1. 整队快、静、齐 2. 集中精神听本课内容 3. 充分拉伸肌肉，活动关节 4. 在教师的带领下，进行自主练习	组织：0表示男生 x表示女生 ▲教师 000000000000 000000000000 xxxxxxxxxxxx xxxxxxxxxxxx 宣布课程内容，进行安全宣讲，安排见习生。 注意：以提高同学们上课的热情为目标，并且进行课前的身体机能唤醒，达到最佳的状态
基本部分	三、小组接球练习 1. 学生自己进行颠球练习 2. 小组两人一组，进行抛球接球练习 四、观看教学视频 提高学生技术动作认知 五、通过平板小组小结视频技术动作 1. 重难点讲解 2. 易错动作讲解	1. 正确掌握技术动作 2. 掌握与两人对传节奏 3. 两人传球动作熟练运用 4. 学习两人传球技术 5. 提高学生毽球技术水平 6. 巩固技术认知水平 7. 掌握重难点	学生成四列横队体操队形站立。 0000xxx0 xx000x0x0 0xx0x0x00 0x0x0x0x0 要求：整齐、安静。 通过由浅到深的小组练习过程，加强训练，提高学生的技术

续上表

教学阶段	教师活动	学生活动	设计意图
基本部分	六、比拼进步 1. 小组相互拍练习视频上传，各组之间观看，提出问题 2. 在比赛中各派一名组长相互拍视频上传 七、颠接巩固练习 八、课课练	8. 通过讲解、正确理解动作 9. 加强练习 10. 熟练运用技术 11. 小碎步 1×3 组 12. 交换屈膝内侧跳 ×3 组	利用平板的针对性技术示范讲解，提高学生的运用水平。 课课练： 0000xxxx0 xx000x0x0 0xx0x0x00 0x0x0x0x0
结束部分	九、小结本课 1. 小结技术掌握 2. 突破的重点难点	1. 正确掌握传接球方法 2. 正确掌握两人传球技术动作	学生成四列横队体操队形站立。 0000000000 0000000000 xxxxxxxxxx xxxxxxxxxx 要求：整齐、安静

六、教学反思

本节课主要应用了平板教学技术及利用了移动学习环境的功能。教师可以充分利用移动互联网的优势，通过平板电脑使得教学更加有针对性，充分利用时间，并且在平板课前完成技术动作学习以及技术动作重难点题目。使得教师能通过后台数据充分了解学生的掌握情况。

平板教学也存在一些问题：如果设计不合理会影响学习进度，教师选择技术动作的时候要有针对性，对场地网络通畅要求较高，以及网络流量较大。

移动平板引入传统体育课堂研究[①]

陈志洪

【摘要】 传统的体育课堂教学是以教师集体教学与示范为中心、集体教学贯穿于整节课堂的课堂教学模式。传统的体育教学课堂逐渐形成了教师单方面灌输教学内容、学生被动接受的局面,由此看出传统体育课堂教学的缺陷是较为明显的,学生作为认知的主体地位在整个课堂教学中处于被动的地位,学生在传统体育课堂中被动接受,学生的学习主动性受到一定的影响。这种传统体育课堂教学模式难以培养出高质量创造性人才,为此,改变传统体育教学模式引入移动平板进入传统体育课堂尤为重要,引入适合新时代发展的高效体育课堂势在必行。传统的体育课堂教学对比于移动学习环境的体育课堂有着一定的差别,传统的体育课堂教学中动作要点讲解和示范会占用较长时间,学生只能掌握局部动作,没有足够的时间建立连贯动作,更难达到自主化运用;在传统体育教学模式中全班同学围在一起,很难看清教师的动作示范;即便分组演示,学生能够看清教师的动作示范,也很难一次记住所有的动作要点,自主练习难以顺利进行。平板教学可实现一对一教学以及针对性教学。

【关键词】 移动学习环境　移动平板　针对性教学

在快速发展的时代,传统的体育课堂教学的缺点日渐暴露出来,在教育信息化2.0的时代中,传统体育课堂无法实现针对性教学,传统体育教学课堂引入移动平板教学势在必行,通过移动平板增强学生的求知欲与探索精神尤为重要,通过平板教学更加能体现学生的主体地位以及增加学生的学习兴趣,同时提高学生的信息化技术,以更

[①] 原文发表于2019年《数字教材·数字化教学——第四届中小学数字化教学研讨会论文案例集》。作者单位:佛山市顺德区容桂红旗初级中学。

好应对当今飞速发展的社会潮流，培养出适应社会发展的技术性人才。

一、移动平板电脑引入传统体育课堂分析

在传统的体育教学课堂中主动权基本集中在任课教师的手中，传统的体育课堂难以做到针对性的教学，使学生的掌握程度受到一定的影响，同时无法有效检测学生的掌握情况。对此引入移动平板电脑教学，借助平板电脑可以在一定程度上解决一系列的问题。在平板体育课堂中，教师在课前录制教学内容的视频，让学生在课前观看并且做相应的题目。教师做正确技术动作与错误技术动作的对比，讲解导致错误动作的原因，加强学生对正确动作技术的认知，编写技术重难点与技术要点。对此教师在后台管理系统可以查阅学生的掌握情况，通过数据整理在课堂进行个别同学针对性教学。在课堂中再次学习电脑发布的微课，培养学生的主动性学习习惯。通过小组互拍、互批等环节，真正把课堂交给学生，增强学生在课堂的主体地位。

1. 动作技术学习的前置化

课堂的前置学习对于课堂教学有着至关重要的作用，是教学环节不可缺少的一部分，好的课前预习有助于提高课堂教学效率，在传统的体育课堂教学中难以实现前置学习的教学环节，平板电脑引入体育课堂对于前置学习有着至关重要的作用，通过教师在课前推送学习技术以及技术重难点和动作技术要点，学生可以通过前置观看与回答相应的技术题目，可以达到课前学习，提高学生对该技术动作的认知，激发学生的求知欲望。同时教师在后台数据管理平台查阅学生的答题数据，整理学生的答题情况，初步得出学生大体的掌握情况，得出该课堂的教学重点。

2. 技术学习的深入化与细节化

在传统体育教学课堂上，教师在集体教学示范中，学生在短时间接受教师动作技术示范，难免会出现模糊的表象，久而久之会出现技术动作的错误或者对衔接以后的技术出现难以掌握和难以运用的情况。如今在信息化发达的社会中，平板电脑引入课堂教学对于技术深入与细节化教学有着决定性的作用，通过教师前置录制的微课教学视频，使得学生更加清晰观看动作技术运用和理解技术原理。使得学生的技术学习能突破短期表象而更加深入和细节化学习。

3. 移动平板课堂技术教学的针对化

在传统体育课堂教学的过程中教师采用集体教学，对学生的动作技术掌握程度以及技术动作重难点的突破难以做到及时的发现与纠正，每个学生的理解与模仿能力都存在一定的差别，学生的掌握能力也存在差异，传统课堂在一定程度上制约了教师在课堂教学中实现对个别学生的针对性教学。对此传统体育课堂中引入移动平板电脑教学实现针对性教学不失为一种好的方法。

4. 增强学生课堂的主体性地位与培养学生的合作精神

加强落实课堂回归学生为主体，激发学生的课堂积极性，培养学生的探索与求知

的精神。在当今社会中，由于信息化教学的普及使学生对信息化的兴趣远远大于传统体育课堂的兴趣，利用平板数据分析得到相应模块的分组，在课堂教学中利用分组的形式加强学生之间的合作交流，培养学生在学习中锻炼自己的交流能力与合作精神，以及在小组展示中体现学生互帮互助的精神。

5. 评价更加准确化与合理化

在移动环境下把平板电脑应用在体育课堂中，学生通过小组互拍和组内自拍，通过移动互联网上传至平台，小组自评与互评让学生再次加强技术动作的学习，加深动作技术的概念，教师通过小组评价进行打分，让更多同学在评价中看到自己与同学的技术打分。再次加强自己的技术动作概念以及动作技术的标准。让学生充分认识到该技术的正确运用方法。

二、移动环境体育课堂教学开展的局限

（一）移动平板电脑环境的需求

移动环境下将平板引入体育课堂教学，移动环境的网络速度直接影响到该课堂的流畅度，移动平板对网络的需求量较大，这对移动环境下的平板体育教学开展产生了一定的困难。

（二）教师操作专业技术水平的提升

信息化的运用离不开专业的培训，同时信息化体育课堂教学对教师信息化运用的能力较强，如今体育信息化运用培训相对滞后，教师使用体育信息化课堂教学存在一定的困难，加强体育信息化课堂教学培训迫在眉睫。

三、结论

时下开展信息化教学尝试的多是文化课。在体育课上应用信息化手段，可以直接借鉴的经验不多，对教师是一次不小的挑战，对教师和学生都是一次鼓舞。

1. 有效的学习数据采集分析能够促进教师以学定教

从教材分析时重难点的笼统模糊到教学实施时的清晰明确，充分体现了学习数据对教学的重要性。

2. 学生的参与度和动作掌握情况都得到了提升

因为动作要领的学习前置，课上有了更多对练PK的时间，满足了学生体育课上少听、多动的需求，参与度得到了大幅度提升。而且因为教学更有针对性，学生可随时回放教学视频，更好地加强了学生对知识点的巩固。

3. 移动学习环境下的课堂检测高效且有意义

移动环境下的体育课堂，教师能高效地了解学生的掌握情况以及重难点突破，并

及时反馈，提高教学效率。传统体育课堂由于时间与技术的限制，无法及时发现真实的情况，也无法及时进行检测和有针对性的技术动作讲解。合理地借助移动学习环境，不仅丰富了教学模式，提高了学生的自主能力，而且还有效地提升了学生自身的学习品质，培养学生自主学习意识与团结合作意识。教师在教学中要不断总结与反思，提升自己的各方面能力，巧妙地运用平板教学，使教学更生动、有趣、高效。

4. 移动学习环境更能提高学生的学习兴趣与活跃课堂氛围

在移动学习环境下，学生可以自主学习；通过小组讨论与交流，不但能激发学生的课堂兴趣以及动作学习的积极性，而且在课堂学习的过程中，学生的视觉、身体机能都会得到有效的刺激。在展示和互批的活动环节中，会吸引学生的注意力，活跃课堂氛围。

参考文献

[1] 皮连生. 学与教的心理学（修订本）[M]. 上海：华东师范大学出版社，1999.

[2] 朱志勇. 平板电脑在高中数学教学中的运用 [J]. 求知导刊，2018（9）.

[3] 鲁维安. 通过身体进行教学——也谈信息技术下高校体育课中的示范法 [J]. 当代体育科技，2012（9）.

[4] 李奕霖. 体育信息化教学改革的摸索与实践 [J]. 文体用品与科技，2018（4）.

[5] 廖家坚. 初中体育信息化课堂教学的困难与突破 [J]. 当代体育科技，2018（6）.

纸上得来终觉浅，绝知此事要躬行
——云平台下初中英语听说教学混合式课堂实践的思考

郝锐[①]

【摘要】 本文以初中英语听说课教学与云平台信息技术融合下的混合式模式的思考为主题，随着信息技术的飞速发展趋势，给传统的听说课教学带来了巨大的冲击，同时也给新型的听说教学模式带来了前所未有的挑战与机遇。

【关键词】 听说教学　云平台　融合　混合式课堂

国家中长期教育改革和发展规划纲要（2010—2020年）第十九章加快教育信息化中明确规定：加快教育基础设施建设。信息技术对教育发展具有革命性影响，必须予以高度重视。把教育信息化纳入国家信息化发展整体战略，超前部署教育信息网络。随着信息技术的飞速发展趋势，传统听说课堂教学模式已经不能满足现代化教学需求。主要表现为：课前教师无法进行学情数据分析、课堂教学模式单一、课堂学生充分理解和运用英语的时间不足、教学行为无法分析、学生学习情况凭主观判断、无法保障缺勤同学落下的课程内容及时补上、学生评价只有结果缺乏过程评价等问题，这些问题一直困扰着一线教师。所以，如何促进"传统听说课堂"向云平台下更高效的"混合式课堂"的具体转变，是我们需要思考的。

在这样的教育改革和需求背景下，笔者尝试云平台下改变传统听说课教学路径，通过不断地实践、反思与研究，让学生自主地、更好地参与到英语听说课的学习过程中，采用自主学习方式，提高合作探究的效率，让学生每节课都能有所收获，对英语听说产生兴趣，进而提高学生的学习积极性和主动性，为以后终身学习英语打下扎实的基础，同时对教师教育技术能力、信息技术能力，以及学科的整合能力提出更高的要求。

---

① 作者单位：佛山市顺德区容桂四基中学。

一、云平台下听说课混合式课堂的内涵

当今世界呈现多元化和经济全球化的发展特点,英语作为国际交往和文化交流的重要工具,是中国与世界沟通的桥梁,因此初中英语课程承担着培养学生核心素养的任务,为终身学习奠定基础。英语核心素养之一的语言技能中的听、说技能代表学生理解的技能和表达的技能,它们在英语学习和交际中相辅相成、互相促进,因此听和说既是学习的内容,又是学习的手段。语言技能之听说目标以学生在某个级别"能做什么"为主要内容,这不仅有利于调动学生的积极性,促进学生语言能力之听说能力的提高,也有利于科学、合理地评价学生的学习过程和结果。张永涛、藏志超等认为,重点在于"改变教育教学方法,通过创新搭建新型学习平台、个人空间,通过学习者主观能动性推动信息技术在教学中的应用"。解文明教授认为,教育教学与信息技术深度融合需"创建新型教学方式,建立课堂教学与基于网络的自主学习相结合的混合式学习的教学模式"。因此,在对信息技术界定的基础上,利用云平台下听说课混合式教学模式实现改变传统课堂的师生互动的路径,教师通过提供课前自主学习任务清单引导学生学习听说内容,使学生掌握基本知识(包括教学视频、在线朗读单词、听力材料检测等),云平台数据可以展现每位同学的完成情况,课堂时间则用来围绕话题材料的听说训练以帮助学生内化知识,引导学生开展合作参与式学习模式。

二、云平台下听说课混合式课堂的形态

1. 布置前置任务清单,及时了解学情

萨尔曼·可汗在 *The One World Schoolhouse*(《翻转课堂的可汗学院》)一书中提到,翻转课堂指的是让学生按照自己的学习进度在家中上课,然后再到课堂上与教师和同学一起解决疑问,并且提出发布的视频时间在十分钟左右最符合学生集中注意力的身心发展。笔者在这样的理论依据下开展云平台下英语听说教学混合式课堂,着重设计前置任务,下面就外研版七年级下册 Module 11 Body language Unit 1 They touch noses. 听说课教学中尝试用云平台发布前置任务进行回顾。笔者在上课前一天发布三个任务,分别为任务1:学生观看笔者录制的6分钟微课视频,完成笔记和知识树的内容并拍照上传;任务2:听力理解:听一段独白完成5道单选题检测;任务3:朗读 Unit 1 单词和对话,口语检测平台打分,并且朗读活动4的重点句型并录音上传。这三个前置任务的布置目的在于解决学生们学习本单元所需背景知识、熟练朗读所需词汇、完成笔者创设一段关于帮助外国人了解关于中国人见面的肢体语言相关的听力材料的检测,通过平台前置任务的数据统计,笔者及时了解了同学们课前完成任务所需时间和自学情况,为后面的课堂教学提供了更科学准确地指引。

2. 把脉共性个性问题，精准二次备课

教师通过操作云平台，实时监控和检查学生的前置任务完成情况，根据学生的实际情况，在原有的备课基础之上再次调整教学方案，结合云平台数据分析，即时评价学生的学习效果，对学生的学习效果进行统计、分析和总结，及时发现问题，选择具有针对性地研究教学方向和侧重点。笔者就外研版七年级下册 Module 11 Body language Unit 1 They touch noses. 云平台数据报告指引下进行了更加精准的二次备课，针对学生在听力检测中出现的共性问题需要笔者在课堂上统一解决，而个性化问题则通过堂上小组合作探究解决或是堂下个别辅导。

这是笔者所教班级前置任务听力检测数据统计，我把第2、3题得分率最低的两道题目分析同学们错误的生成原因，并且给出这类听力题目答题策略，在课堂上和同学们共同分析和解决，这样备课后使笔者堂上解决问题更有针对性，大大提升了课堂效能。

三、云平台下听说教学混合式课堂的困惑

云平台下听说教学混合式课堂模式改变了传统教学的路径，而且前置任务布置和完成情况起到了至关重要的作用，英语教师对教材的理解和整合能否准确定位，前置任务内容是否合理，难易度把握是否准确，学生们能否认真有效地在平台上完成任务，平台统计数据是否真实有效，这些都是笔者在开展这种云平台下听说教学混合式课堂中遇到的问题和困惑。因为，每一种教学改革都会遇到挑战、质疑和反对，教学过程又是需要非常严谨和慎重的态度来处理的，毕竟学生不是实验材料，我们在运用一种新的教学手段的时候，在实践的过程中需要不断探索和反思，既不能畏首畏尾也不能过于激进，这些都值得一线英语教师与英语教育教学专家学者做出理性思考。

参考文献

[1] 张永涛，藏志超. 信息技术与教育教学深度融合方法探讨 [J]. 大学教育，2013（7）.
[2] 解文明. 学习教育信息化十年发展规划对信息技术与教育深度融合的解读 [J]. 中国电化教育，2012（12）.
[3] [美] 萨尔曼·可汗. 翻转课堂的可汗学院 [M]. 杭州：浙江人民出版社，2014.

基于学习数据适应性的初中英语语法复习课教学模式

廖丽丹[①]

目前，英语语法教学仍是英语教学中的一个重难点。优质高效的语法复习课的焦点不是教语法规则，而是让学生在实际情境中运用语法，同时也要注重学生的交际能力的发展。但是，传统的语法课堂由于不知道学生对该语法的掌握情况，教师一般是靠自己以往的经验"满堂灌"，教学模式单一，学生被动接受，导致语法复习课效率低下。如何使语法复习课高效？

笔者认为：除了有效整合教学内容，采取适当的教学方法外，还应该利用学习数据等智能技术对信息化课堂赋能。数据不仅是客观学习结果，还包括主观学习态度、学习行为表现及教学行为表现。通过对数据的分析，对症下药，设计相关教学活动，增强课堂互动能力，使学生在智能化的课堂中高效地掌握英语语法知识，并在此过程中智慧发展。根据收集的学习数据进行教学诊断，有针对性地开展适应性教学活动。笔者以定语从句语法复习课为例，谈谈基于学习数据适应性的教学过程与体会。

一、教学构想与设计

教材分析：笔者对英语外研版初三上册第十一模块的语法复习课进行研究。本模块的语法知识是复习定语从句，语法聚焦是定语从句的用法。重点是在真实的情境下正确、得体地使用定语从句，难点是使用定语从句写短文。学习目标是学生能理解定语从句的功能与句子结构；学生能初步掌握定语从句的具体用法与注意事项；学生能够在复杂情境/语境下正确使用定语从句；学生会写带定语从句的句子；学生能够正确使用定语从句描述照片和人。本模块的主题是"照片"，在教学中，教师要帮助学生学会应用定语从句介绍照片，构建知识间的联系，并且培养学生在实际情境下运用相关

---

① 作者单位：佛山市顺德区容桂容里初级中学。

知识进行对话和写作，并提高各方面的综合能力。

教学目标：①培养学生的总结与概括能力。课前微课的学习，通过画思维导图让学生把知识点串接起来，形成自己的知识图谱，复习定语从句的语法知识；②提高学生的综合能力。学生能在实际应用中得体地使用定语从句，通过采访活动与展示活动提高口语表达能力、写作水平与交际能力；③激发学生学习语法的兴趣与信心。通过小组讨论、采访他人等活动激发学生学习的兴趣，各个环节层层递进，紧扣重点难点。在采访的过程中，体验英语在实际生活中的应用。

教学过程：以定语从句的使用方法为主线，让学生在课前自主学习，画思维导图、写作文，课中通过讨论修改、总结、做题巩固、采访、展示等活动巩固基础知识，全面掌握语法的形式、意义与使用三个维度，并提高相应能力。

二、基于学习数据的适用性应用

由于学生学习语法的兴趣不高、内容多、对学情不了解等各因素的限制，传统的语法复习课的教学模式是"呈现—练习—产出"。教师讲、学生记的教学模式限制了课堂的效率。教师不清楚学生的掌握情况，没有对症下药，导致课堂效率低下。

传统的初中语法复习课限制了学生学习的宽度与深度，阻碍了学生学习语法的兴趣与发现问题解决问题的动力，出现了很多难点。但是基于学习数据的应用后，这些问题有了比较大的改善，具体如表1所示。

表1 传统教学与基于学习数据的应用的对比

传统教学困境	学习数据的应用及其优势
1. 由于时间限制，教师在课堂只能关注到语法的形式，无法涉及和学习语法的意义和使用规则； 2. 课堂"满堂灌"，抓不住重点； 3. 语法教学枯燥，学生不感兴趣、很容易走神或跟不上； 4. 教师批改速度慢且滞后，无法快速检测学习情况。不知道学生对知识的掌握情况	学习数据的应用： 1. 课前：通过自主学习，做小测，得到小测数据，了解学生对语法的掌握情况； 2. 课中：通过小测数据反馈，了解学生对课堂重难点的掌握情况。 学习数据的优势： 通过学习数据的分析，了解学情，调整课堂教学重点。课堂有时间设计多元化活动，调动学生学习积极性。实现个性化教学，提高教学效率

（一）课前学习

在上复习课前，笔者通过移动设备发送关于定语从句的微课、知识点有关的选择题与上传"你最喜爱的照片"及短文的任务。在技术的支持下，学生在家可以通过电脑、手机、平板等移动设备自主完成语法知识的基础学习，并画思维导图，呈现语法的形式，再借助平台拍照，发送给笔者，并完成预习小测。笔者可以得到同学们上交的所有思维导图及作文，并可知小测的错误率及具体到每个学生的答题情况。此外，还可以得到全部试题分析结果数据。笔者根据课前学习的数据，了解学生对定语从句的掌握情况和问题，进行二次备课。

设计意图：利用平台在线自主学习功能、上传资料及作业功能、检测做题情况及统计数据功能得到学情。根据学生学情反馈数据，了解到学生通过自学微课，已初步掌握定语从句的使用规则，在单独考查主谓一致和关系词时，学生掌握情况良好；但在综合考查句意理解、主谓一致及关系词选择时比较容易用错。确定本课的教学重点应放在真实的语境下定语从句的正确使用。

（二）课中学习

1. 课前学习评价

二次备课后，笔者选出两张思维导图，在课堂中利用平板推给学生，引导学生关注定语从句的意义和功能。让学生小组讨论、批改、评价思维导图，重现语法的形式。再根据易错点，让学生讲解，对语法知识点进行总结展示，巩固重难点，归纳语法的形式与意义。

设计意图：学生不仅需要对知识点有总结概括能力，还需要有分析与纠错的能力。借助小组合作，学生能对定语从句的一般特点进行深入的学习与探讨；通过对比，学生能进一步地巩固定语从句的难点与易错点；修改自己的思维导图，以再一次巩固知识点。

2. 课堂学习探究

同学们根据教师的描述猜人，并用定语从句描述教师，以操练句型，随后上台介绍"我最喜爱的照片"。最后，组织学生进行小组合作：在同学们课前上交的有代表性的"我最喜爱的照片"的作文中，划出使用定语从句的句子，找出错误，直接在作文上改正，并拍照上传。

设计意图：笔者以同学们及教师的照片引入，吸引同学们的注意力与兴趣，并不断地操练含有定语从句的句型。引导学生用定语从句介绍最喜爱的照片，既训练了语法知识，贴近主题，又在介绍最喜爱的照片过程中进行爱国、爱家、珍爱生活的情感渗透。学生通过小组合作探究能巩固定语从句的使用方法。

3. 课中小测

在带领学生对作文进行讨论、修改、小结后，在平台上发布小测任务，及时检测学生的学习效果。通过平台的统计数据、及时反馈功能就可以实现对学生进行更精确的分层，布置任务：没全对的同学自行观看微课进行纠错，全对的同学做巩固练习（课后自己看微课）。针对学生做错的题目，笔者继续进行提问及解答，扫除教学中的盲区。

设计意图：学生能自主个性化学习，强化训练语法知识。笔者可及时得到小测的数据反馈，迅速了解学生的掌握情况，及时调整教学活动，对症下药，使课堂高效。

4. 拓展提升：采访

优质高效的语法复习课的焦点不是教语法规则，而是注重学生的交际能力的发展。且本课的重点是学生能在真实的语境下正确使用定语从句，所以笔者根据学生的预习情况设计与该语法知识相关联的活动或游戏，让学生在玩中学，并综合应用知识点，达到学习语法知识的另一个维度——用法。在应用环节，笔者设计了一份采访的表格，引导学生采访一位教师，并把结果记录到表格，用定语从句写句子描述采访的人（包括外貌、爱好/工作、性格），拍照上传。分享采访结果，介绍新朋友。

设计意图：通过采访，学生能在真实的情境下正确、得体地使用定语从句，及时巩固定语从句的使用方法；提高口头表达能力，通过照片介绍朋友，回归主题；从学生的兴趣与生活实际出发，激活学生的元认知。创设真实的语言或生活环境，让学生在实践中运用语法知识。

（三）课后作业

根据所学，改写作文："我最喜爱的照片"。

设计意图：加强对学生在写作中得体使用定语从句的训练。

三、总结与启示

通过定语从句的语法复习课的实验研究，笔者认为，初中语法复习课应尽量使用这种课堂模式，让同学们都参与到活动中，快乐地学习语法。其教学模式如图1所示。

此模式左边一列是教学活动，右边一列是技术提供的支持，中间一列是语法训练。三者相辅相成，共同筑成高效的语法复习课。课前，移动设备提供了前置学习的环境，学生进行个性化学习，在家观看微课学习语法的一般特点，画思维导图，呈现语法的形式，技术提供在线学习功能、写作业功能及统计数据功能；课中，第一环节，教师展示有代表性的思维导图和作文，通过师生讨论与修改，重现语法的形式；第二环节，通过一系列的活动让学生了解语法的意义；第三环节，借助移动设备发送任务（单选题），设备可以马上检测学生的掌握情况，技术提供统计数据功能，然后进行分层学习：没全对的同学自行观看微课进行纠错，全对的同学做巩固练习（课后自己看微课），极大地促进了学生的个性化发展。第四环节，教师根据语法知识设计游戏活动，不仅解决了语法的用法问题，突破重难点，还提高了学生的学习兴趣与各方面能力，技术提供展示数据功能，教师在此活动中可以根据数据中出现的问题进行进一步的讲解；第五环节，回归语法的形式、意义和用法三个维度，提炼总结语法知识的重难点与小结。课后，对语法的用法进行进一步巩固，学生可在家进行个性化学习，教师通过技术支持得到数据反馈，并进行个性辅导。

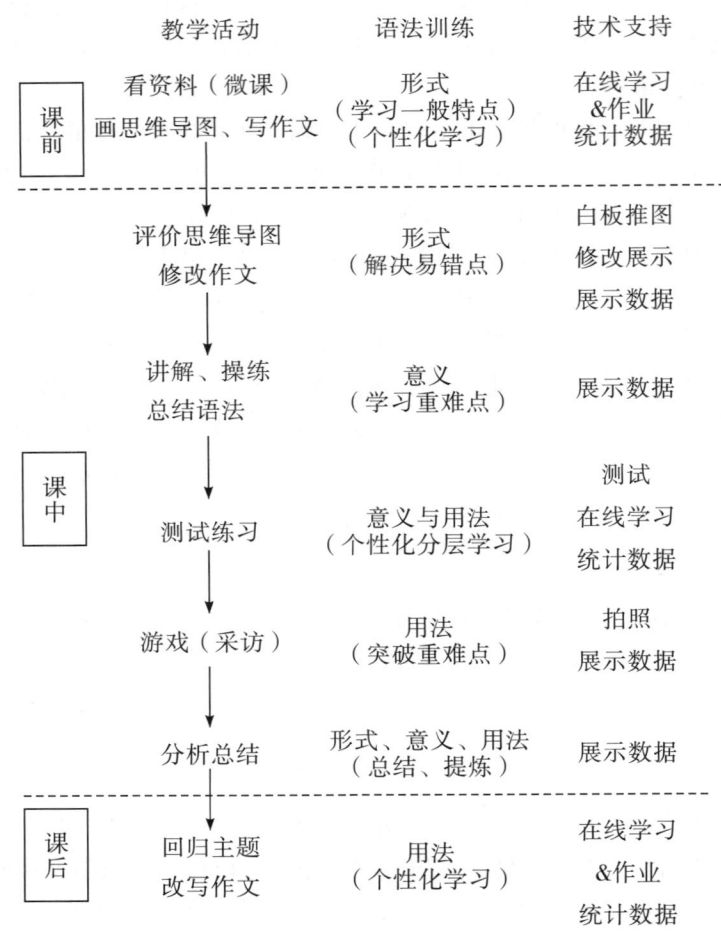

图 1　基于学习数据适应性的初中英语语法复习课教学模式

基于学习数据适应性的初中英语语法复习课教学模式的优势如下：

（一）学习数据能精准分析教学重难点，能提高课堂教学效率及教学质量

1. 能精准分析教学重难点

教师通过课前小测的数据，可以明确知道学生对哪些知识点掌握得比较好，哪些知识点是难点或易错点。以本节课为例，课前小测的每道题都是针对一个考点，从学生的答题情况可了解学情，具体如图 2 所示。

通过小测数据分析及学生上传的作文情况，了解到学生能掌握定语从句的使用规则，在单独考查主谓一致和关系词时，学生掌握情况良好（第 1、2、3、6、7 题）。但是，在综合考查句意理解、主谓一致及关系词选择时比较容易用错（第 4、5、8、9、10 题），在作文中也易出错。根据前置学习的正确率及数据分析，进行二次备课，调整

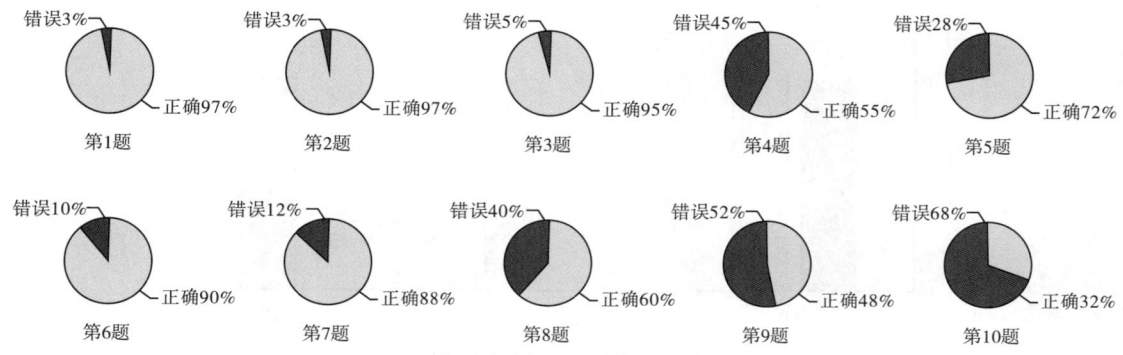

图2 定语从句课前小测答题情况

教学目标和教学活动,本课的教学重点应放在真实的语境下定语从句的正确使用。

2. 提高课堂教学效率与课堂教学质量

笔者在初三2班用基于学习数据适应性的初中英语语法复习课教学模式上了定语从句的语法复习课,在另一个班(初三4班)用传统的语法教学模式上,根据定语从句的知识点和内容,各安排了课前、课中、课后小测。三次小测的数据有比较大的区别。具体如图3所示。

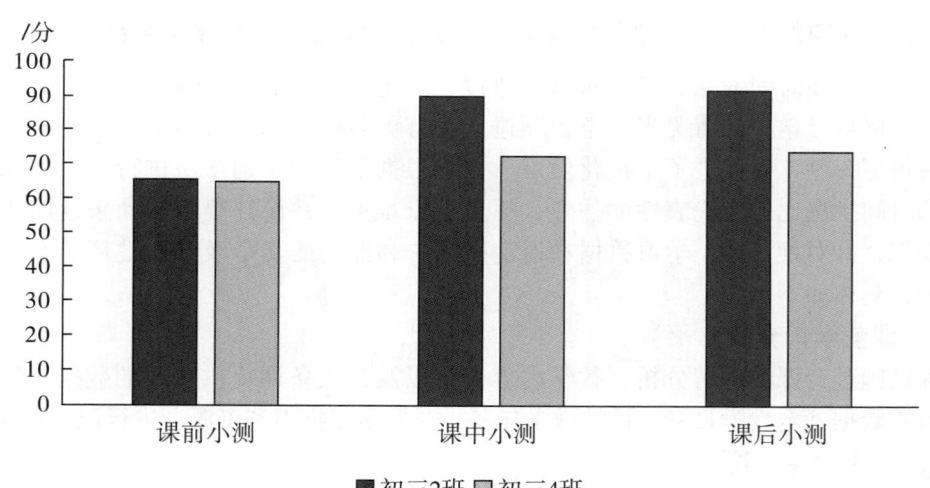

图3 定语从句小测平均分

从图3可看出,课前小测2班的平均分是65.3,4班是64.7;课中小测2班的平均分是90.2,4班是72.5;课后小测2班的平均分是91.7,4班是73.4。在不同的授课模式后,课中小测与课后小测的结果有比较明显的差异。由此可判断,基于学习数据适应性的初中英语语法复习课教学模式更能提高教学效果。

此外,传统教学与基于数据下的教学达到的维度不一样。如图4所示。

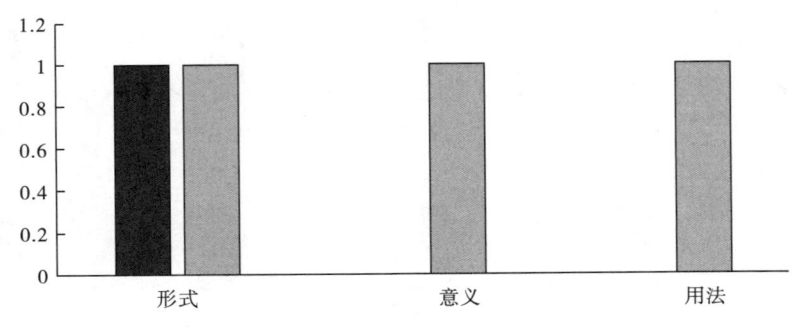

图 4　传统教学与基于学习数据的应用教学在语法教学的达成维度情况

从图 4 可看出，传统教学由于目标不明确，教学模式单一等因素，学生在课堂中只能掌握定语从句的形式，没有时间了解和体会它的意义，更不能体验正确、得体地使用定语从句的感受。语法教学变得机械，流于表面。但是，基于学习数据的应用教学模式，教师教学目标明确，设置恰当的教学活动，针对性强。课堂中及时发现问题，及时反馈，极大地提高了课堂效率。教师创设真实的环境给学生运用所学知识，有效地提高了学生学习英语的兴趣与综合能力。

（二）学习数据为学生提供个性化学习途径，为教师提供针对性教学手段

前置学习使时间充裕，学生可调控进度，奠定基础，促进个性化发展。学生在课前可以根据自己学习的情况来调整视频进度，有更多的时间学习与消化，使学生对知识了解得更深刻，并促进了个性化发展。教师根据学生的课前学习进行二次备课，有充分的时间挑选比较有代表性的作业，抓住重点难点，并设计很多活动来运用所学的语法知识，针对性更强。学习数据在课前、课中和课后的几个教学关键环节发挥了重要作用，具体如下：

1. 课前学情分析

为教师进行课前学情分析、教学内容分析以及二次备课提供重要的数据。教师可以通过该数据确定教学目标，设计教学任务，开发学习指南和资源，进行课堂重构。

2. 课中学生分层

教师根据学习数据，对学生进行分层，推送不同难度的练习题，满足不同层次学生的需要，达到个性化训练的目的。教师可以要求"双基过关"为必做练习，"能力提升"为选作练习，以实现个性化训练的实效性。

3. 课中教学诊断

教师根据学生考试内容、考试频率、难度分布以及学生对考试内容的掌握程度，及时调整教学策略，动态生成适合学生学习需要的教学任务、教学方法等。

4. 课后教学反思

教师利用学习数据进行查漏补缺，为学生提供个性化辅导。

（三）基于学习数据的适应性教学模式更能提高学生的学习成绩、兴趣与各方面的能力

在移动的学习环境下，学生课前对语法的知识有了基本的了解，学生的学习目标更明确，兴趣更高，学生真正成了课堂的主人。语法的形式、意义、用法等多个维度贯穿于整个教学活动中。通过讨论与交流，不仅能激发学生的学习兴趣和积极性，而且在主动探究的过程中，学生的视觉、听觉和感觉都会得到有效的刺激。而在抢答、展示和互批的活动环节中，会吸引学生的注意力，活跃课堂氛围。基于学习数据的适应性教学模式为课堂营造了全新的沟通机制与资源丰富的学习环境，实现了一种随时随地的学习方式。

四、反思与展望

本节复习课主要基于学习数据及利用了平板教学技术，探讨了基于学习数据适应性的初中英语语法复习课教学模式。教师可以充分利用数据分析及平板教学的优势，解决普通语法复习课的难点，解决语法教学难、学生学习兴趣不高的问题。同时，丰富了语法教学的课堂模式。

笔者研究发现，虽然基于数据分析及平板教学有很多优势，但也存在一些问题。例如：课中小测的题目与个性化学习的题目应与中考接轨，改变题型。教学设计及课堂教学的重点应该以数据分析为基点，并随着各阶段的练习得到的数据而不断改进教学活动。

基于学习数据分析，合理地使用平板教学，不仅丰富了教学模式，实现个性化分层学习，而且使学习者掌握了知识，提高了学习能力，培养了自主学习意识与团结合作意识。教师在教学中要不断总结与反思，提升自己的各方面能力，利用先进技术与数据分析，使教学更高效。

第五部分 探索课堂新智慧，应用发展多元化

智慧课堂教学反思的基本框架

钟洪蕊[①]

【摘要】 教学设计的根本问题，是"目标—手段"一致性。结合智慧课堂教学观察中常见的问题，初步提炼出四对基础性的概念，从目标和手段层面建构了智慧课堂教学反思的框架："好"的课，首先要"对"，因此教学需要关注学生问题的解决；追求"效率"的同时，也要兼顾"公平"，因此需要面向个性化学习，组合使用分组和分层的方式；教学需要学生"知道"，更需要学生"理解"，因此需要关注学生迷思概念，以学定教；学习评价的重点在于"诊断"学情、促进学习，而非只是"评判"学生，因此需要小步教学、及时反馈。以上四对概念，或许在常规教学中已经成为教学反思的常识。然而，情境变化之后，常识也会变成惰性知识，需要重提，以便对智慧课堂教学反思起到引导作用。

【关键词】 智慧课堂 教学反思 "目标—手段"一致性

教学设计的根本问题，是"目标—手段"一致性。需要时时思考，"我们最终所设计的真的是我们最初想要的吗？"在观察高分云课改联盟校智慧课堂教学的过程中，发现一些共性问题，初步提炼出四对基础性的概念，作为智慧课堂教学反思的基本框架。在这个框架中，既从目标层面反思了智慧课堂教与学的评价维度，也从手段层面给出了若干建议。

---

① 作者单位：广东全朗教育信息科技有限公司。

一、好 vs 对

我们如何判断一节课好不好？是否流畅、热闹？是否达到了预想效果？是否用到了吸引眼球的技术功能？……这些重要吗？重要，但不完整。因为这些还都是在手段的层面寻求标准，没有直面目标的达成。

我们在听课时经常发现，整堂课上得很顺，却并没有留下什么"记忆点"。师生互动以及小组互动都自然、热烈。英语课上，小组讨论后，"小老师"上台讲评，有模有样。根据图片猜单词，会的起立抢答，气氛异常活跃。数学课上，除了小组讨论，还分层布置题目，让提前完成练习的同学有事做。提前完成新任务的同学到台上接受指导，然后下场为其他同学提供支持。

稍作分析就会发现，课上的流畅，拼的是教师扎实的基本功。一切都在教师的掌握之中：讲授的知识是预设的，讲评的作业是优秀的，个别发言的同学是不错的。异常或者不和谐的声音淹没在了小组或者集体中，学生的问题没有得到机会暴露。问题没有凸显，整节课也便只看到了流畅、热闹的一面。

套用东东枪[①]关于广告的观点，我们常看到一些"好而不对"的教学。教学"不能只'好'"，因为教学"不是登台表演，不是炫耀才华，而是解决问题"。教学的第一标准，还是解决学生的困惑和问题。即便粗糙一点，能够解决问题，也就对了。

在智慧课堂应用过程中，很多教师会提出这样的问题："我现在只会用一些常规的功能，拍照上传啊，抢答啊，随机点名啊，还有没有其他比较好的功能？""我这个地方已经用了这个功能，那个地方还用，这么重复会不会不太好？"

追求酷炫，是教师接触到新的技术应用时的直觉反应。智慧课堂、平板教学，对常规的讲授课堂来说，是新奇的。对技术应用更多的教师，他的反应可能就会冷淡很多，但也更加理性。各种革命性的技术，其实都已经隐入我们的日常。比如口头语言、手工抄写/羊皮书和印刷技术。

走过新奇的阶段，我们更需要关注的是，相对以前的手段，新的技术能为我们的教学提供什么可能？能为我们解决什么问题？只有从教学问题出发，才不会出现技术对我们的单向驯化，用形式的华丽来掩盖内容的空洞和设计的缺失。

二、效率 vs 公平

智慧课堂的关键词之一就是精确，可以快速获取数据，聚焦问题，针对性地教学。

效率之上，又会存在公平的问题。20%正确率的题目要讲，没有任何疑义。60%，80%，90%呢？对于没有做正确的同学，我们直接将他们"牺牲"掉吗？

---

① 本名郝连会，文字/创意工作者。

为了促进教学公平，我们可以引入小组合作，让学生互教互学。如果不是敷衍地告知答案，互教互学并不会妨碍优生的进步。研究表明，"合作学习中获益最大的是那些向别人或接受别人详尽解释的学生。"

最高层次的公平就是个性化。自适应的教学系统很早就被设计出来，试验、应用，然而距离大规模、常态化，还有很长的路要走。在真正的个性化学习之前，分组和分层还是大班教学小班化，集体教学个性化的常用策略。

面向个性化学习来看分组和分层，而不是局限于分组或者分层本身，可以帮助我们优化二者在教学中的组合和配比。

"个性化学习本身有两种不同的理解：学习过程的个性化，学习结果的个性化。学习过程的个性化指的是，学生自定步调地学习……最终每一位学生都要学到统一的标准。真正的个性化学习，是结果的个性化。"

从学习结果/标准的角度考察，分组教学更倾向统一标准的达成，而分层教学则更倾向结果的个性化。因此，分组和分层组合使用时，各自的意图就更加明确：分组重基础、讲公平，分层重提高、讲效率。分组需要明确教学的最低标准，不能恋战；分层需要衡量教学的投入产出比，评估培优还是转化，哪种更划算？

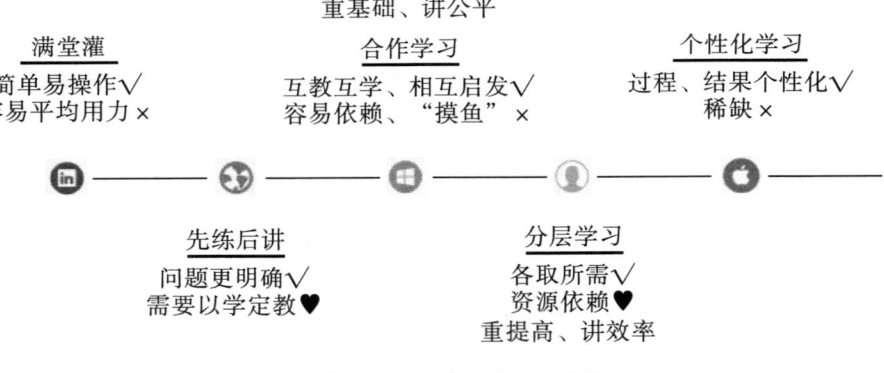

图1　满堂灌—个性化学习连续体

三、内容中心（知道）vs 学习中心（理解）

教学取向由低到高分别为：告知信息、传递结构化知识、师生交互、促进理解以及概念转变。前两种取向，是以教师为中心、面向内容的；后两种取向，是以学生为中心、面向学习的。

很多教师的教学取向都处在传递结构化知识、师生交互和促进理解这个层面，在教师中心和学生中心之间游移，没有充分关注学生的问题和错误及其背后的概念系统和迷思概念，进而予以转变（见图2）。

直给的方式效率非常低下。"只有被期待的知识才能被听懂"，教师给的不等于学

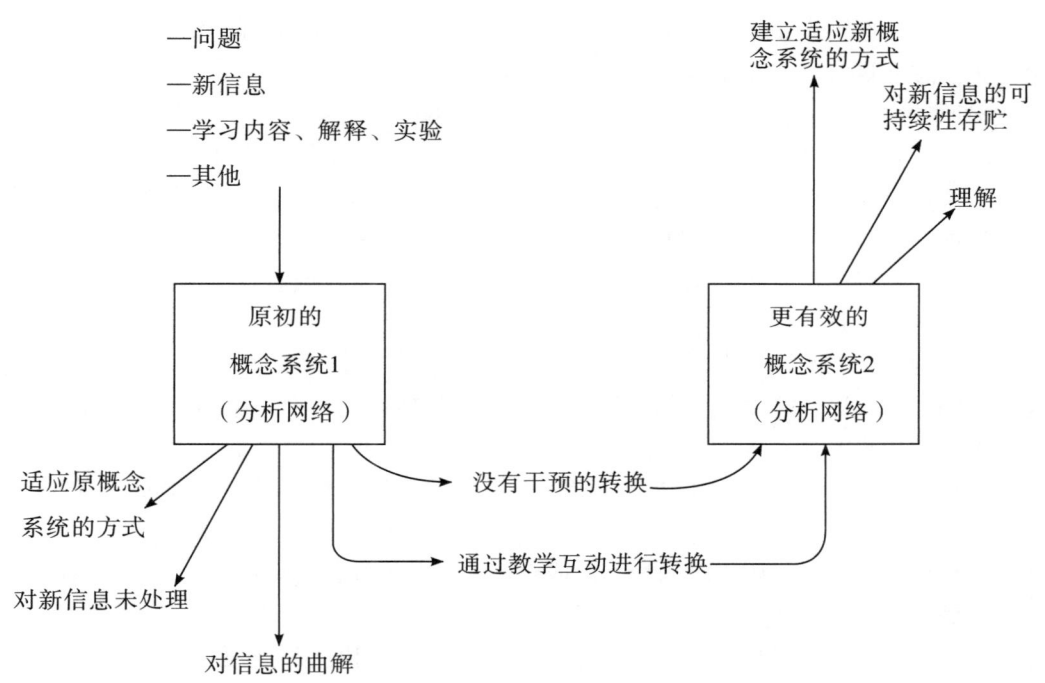

图 2　概念系统的转换

生要的。学生可能无视教师提供的信息。即便教师提供的，是学生想要的，也很容易只是习得了一堆知识，而不明白为何如此组织，或者不能理解相关知识与方法的价值，进而曲解相关信息。因此，教学中存在很多"一英里宽，一英寸深"的情况：学生知道很多，但是真正理解，能够应用的不多。这时候就需要我们考虑究竟是要以主题为中心，围绕一个话题不断发散，还是围绕一个基本问题，不断深入？

Kapur 等学者建议在学习过程中，要设计一定形式的挫败，以激发学生的问题解决能力。"对典型错误进行阐述，并将这些错误的解决方案与正确的解决方案进行比较对学习至关重要"。因此，教学中，要给学生"挖坑下套"，等他们扑腾的差不多时才出手。否则，他们不会懂得教师指导的可贵。也只有在此时，教师才更容易找到问题的症结所在，以学定教。

四、评判 vs 诊断

课前预习生成的饼图能够呈现正确率，可以诊断学情，确定学生的起点。这是最直观，也是最基础的学习数据。大部分教师都是有首尾的人，起点确定了，也会看看终点，快下课的时候推个堂测，或者课后推个小试。然后，就没然后了。

学习数据就是饼图？除了课前、课后（课中的尾巴），课中不需要？这个问题，可以拿住院做个类比。手术前，医生会让你拍片、照 CT，各种检查来一套。出院前，也是一堆检查。但别忘了，刚做完手术，床上会放一台机器监测心跳和血氧。另外，也会有护士过来量温度、测血压，问你拉屎尿尿了没。

对照住院的例子，就会发现我们用学习数据的时候，重两头，轻中间。相对于周测、段考，我们已经很好了，评价的单位细到了课时。但还是缺乏对过程的动态监控。

一节连一节。课堂临近结束或者已经结束，通过数据发现了问题，那要怎么干预呢？靠课后抓学生吗？或者狠狠心，下节课再留点时间扫扫尾？如果学习内容简单、零碎，没啥关联层次，不会说前一个不行，后面都跟不上，或者学生的问题比较单一，或者有问题的只是少数，以上处理都没问题。

话分两路，如果以上不成立，那就有必要关注课中；再有就是，以上何以成立？尾巴处的那个小测，能够担负起完整覆盖整节课的期望吗？会不会有遗漏？测试的效度是否要求更高？

所以，更经济的做法，还是关注课中，由整节课细化到知识点的粒度。一节课覆盖到的所有知识点，或者就只是重难点，需要进行检测。检测学生掌握没有？有什么问题？讲评完，还要再跟进巩固检测，或者进行纵向的变式拔高和横向的主题拓展。

客观题容易，还是选择题，需要快速反馈。主观题，可以通过白板功能快速聚焦典型问题。一方面可以通过互批的分数，从某一分数段快速筛选典型问题。一方面可以通过分组机制，按组推送提交，把组内典型的问题上传。这两种筛选机制，并不完美，但相较于教师随机点人，会更有代表性。

在数据的具体分析层面，如果只是把它作为一个引子，笼而统之地讲一下学生的问题，或者作为重难点出场的前奏，学习目标跟学情分析的关联就不会太紧密、平顺。学习目标就会显得抽象突兀，后面大篇幅的教学容易缺乏合理性根基。

还是需要具体问题具体分析，从数据分析背后学生的典型错误和典型理解，表明这些问题是成问题的，更重要的是，后面的内容才立得住。不止步于饼图，点开题目，结合错误集中项进行分析，就更容易把握学生的问题，此时将设计好的教学活动对接起来，就更平顺，而且也方便评价。有问题，才好知道效果到底如何。否则只是热闹，只是有幸福感，就不够直接。这样，才真能让学习目标"导学导教导测评"。

此外，点开题项分析，听课的教师也不会很懵，不知道之前发生了什么。而且对他进行了引导，他评课的时候，也会更关注学生的问题解决了没，而不只是关注各种细节。

小步调，及时反馈，线上"以练代管"的时候要提，线下教学一样要提。只有时时关注学生的问题，而不是沉浸在自己的世界里，或者沉浸在教参建构的世界里，我们对学情的把握，对教学的认知才能真正推进提升。笑话别人"我要我觉得，不要你觉得"的时候，也可以反思下，我们自己有没有这么干呢？

五、结语

以上四对概念，或许在常规教学中已经成为教学反思的常识。然而，转移到智慧课堂教学情境下，就很容易变成没有激活和条件化的惰性知识。因此需要重提，以便对智慧课堂教学反思起到引导作用：

（1）"好"的课，首先要"对"，因此教学需要关注学生问题的解决。

（2）追求"效率"的同时，也要兼顾"公平"，因此需要面向个性化学习，组合使用分组和分层的方式。

（3）教学需要学生"知道"，更需要学生"理解"，因此需要关注学生迷思概念，以学定教。

（4）学习评价的重点在于"诊断"学情、促进学习，而非只是"评判"学生，因此需要小步教学、及时反馈。

参考文献

[1] 杨开城. 为什么要发展技术性的教学设计理论［J］. 现代远距离教育，2012（3）：9–13.

[2] 东东枪. 如何把你的广告做"对"［EB/OL］.［2016–06–07］. https://www.zaih.com/falcon/mentors/2bhn8qu7egm，2015–11–24.

[3] 斯莱文，王坦. 合作学习的研究：国际展望［J］. 山东教育科研，1994（1）：75–79.

[4] 赵勇. 未来，我们如何做教师？［J］. 中国德育，2017（11）：48–51.

[5] Kember, D. A reconceptualisation of the research into university academics' conceptions of teaching［J］. Learning and instruction，1997，7（3）：255–275.

[6] 裴新宁. 变构学习模型与教学设计［J］. 全球教育展望，2006，35（12）：38–42.

[7] 焦尔当，裴新宁. 变构模型——学习研究的新路径［M］. 北京：教育科学出版社，2010.

[8] 杨玉芹. 启发性挫败的设计研究——翻转课堂的实施策略［J］. 中国电化教育，2014（11）：111–115.

[9] 格兰特·威金斯，杰伊·麦克泰格. 追求理解的教学设计［M］. 上海：华东师范大学出版社，2017.

[10] 王美，廖媛，黄璐，等. 数字时代重思学习：赋予学习科学重要使命——第13届学习科学国际大会综述［J］. 开放教育研究，2018，24（5）：108–120.

[11] 皮连生. 学与教的心理学（第五版）［M］. 上海：华东师范大学出版社，2009.

基于手机直播的教师远程培训策略研究

吴竞　张晨婧仔

> **【摘要】** 远程培训作为教师培训的重要手段之一，在实施过程中仍存在内容与需求契合度不高、教学交互即时性不强、培训质量有待提升等问题。手机直播作为一种新型远程实时同步技术，具有便携性高、即时性强、交互性好的特点，能够提高远程培训质量。
>
> 　　本文在综合分析有关研究经验基础之上，设计了基于手机直播的教师远程培训策略，通过行动研究进行修改与优化，最后形成了"任务驱动、资源助学、技术指导、直播互动、强化激励、评价反馈"六维远程培训策略，并通过实践验证了其良好的应用效果。
>
> **【关键词】** 手机直播　网络直播　教师培训　远程培训　培训策略

一、研究背景

《国务院关于印发国家教育事业发展"十三五"规划的通知》提出发展现代远程教育和在线教育，实施"互联网+教育培训"行动。可见，发展现代远程培训是"互联网+教师培训"行动的历史使命与发展趋势，将成为"十三五"时期我国教育行政部门、各级各类学校、教师培训机构的重要抓手和努力方向。

---

① 原文发表于《电脑与电信》2019年第3期。本文基于以下基金项目成果：全国教育信息技术研究2017年度课题《基于手机直播技术的中小学教师培训模式研究》，项目编号：176140028；《基于手机互动学习平台的课堂教学交互策略研究》，项目编号：176140022；广东省外语艺术职业学院2017年课题"基于微信直播平台的教师培训课程设计与实践"，项目编号：2017QN05。作者：吴竞（广东省外语艺术职业学院广东省中小学教师发展中心）；张晨婧仔（广东交通职业技术学院轨道交通学院）。

目前，教师远程培训通常以异步教学为主，在实施过程中仍存在三大主要问题：第一，内容与需求契合度不高。如丁钢等发现我国教师对培训的即时可用性要求最为强烈，希望进一步提高网络培训的实效性和针对性；张秀莲发现广东省高中教师远程培训中部分内容陈旧过时，理论知识较多，对教学实践指导价值甚微，与教学实际联系紧密性较差；赵艳等分析长春市中小学教师远程培训学员访谈内容，发现近一半学员认为课程内容理论性过强，不能有效地指导教学实践，脱离了一线教师实际需求。第二，教学交互即时性不强。如胡小勇等发现广州市中小学教师继续教育的多数远程培训课程忽视了学员个性化学习需求，答疑反馈和作业评价不及时、不具体；何志颖等发现西部教师研修网教师教育类网络培训中难以实时地对学员提交的作业、发帖和回帖等做出判断与回复，导致学员的疑惑或问题得不到及时反馈，对其学习积极性造成不良影响；王晓丽等发现学员在宁夏"国培"远程培训过程中未能得到有效及时的引导、组织和支持，学习体验欠佳；第三，远程培训质量有待提升。如丁钢等发现对于各类培训选择"较有帮助"和"非常有帮助"的教师相加后，比例虽达 65.0% 以上，但仍有三分之一的教师认为培训质量一般或帮助不大；石大维发现山西省中小学教师省级远程培训以学员在线时长与完成任务数量作为评审标准，较为侧重于量化指标，对学员的作业质量却无法进行细致考核，未能促进学员高质量完成作业，存在重量轻质的趋势；贾巍等发现部分学员在宁夏"国培"远程培训期间以"挂网+提交作业"方式开展学习，作业雷同、拼凑、应付现象较为严重，影响了培训质量。

随着移动技术的发展，直播形态从电视直播、网络直播到移动互联网直播，使直播不拘泥于电视端、电脑端，促进直播人群与使用范围迅猛拓展，开启了全民直播时代，直播成为网民喜闻乐见的生活方式，在"十三五"期间将走向高速发展阶段。手机直播作为一种新型直播方式，能为学习者创设一个真实的、实时互动的学习环境，激发学习者学习兴趣，将催生远程培训变革。

手机直播在语言、考研、应试教育、职业培训等领域进行了初步探索，在人文社科、心理励志、教师培训等领域涉及较少。从直播功能与效果上看（见表1），手机直播平台呈现两大趋势：第一，视音频型手机直播平台，如斗鱼、哔哩哔哩。可以展示直播者视觉形象和声音、电脑屏幕、图片、文字等，具备弹幕评论功能，开启弹幕后，直播者能动态调整教学进程，及时回应学习者疑问。直播者视觉形象能够同步显示，能够拉近师生之间的距离，比较适用于真实课堂教学场景，但由于需要采集多种信号源，对网络带宽和技术要求较高，可能会出现声画不同步现象，移动端需下载 APP，对学习体验可能会造成一定影响。第二，图文语音型手机直播平台，如荔枝微课、千聊 Live。通常可展示语音、课件、图片、文字，能播放已上传的视频，具备弹幕评论功能，对网络带宽和技术要求较低，无须下载 APP，关注其微信公众号即可使用，但由于无法实时观看直播者视觉形象，学习者可能会产生一定的"孤独感"。尽管上述两类手机直播平台功能和效果有所不同，但都有录播功能，直播结束后可永久储存与回放，有利于学习者重复学习、加深理解。

表1　不同类型手机直播平台对比分析

直播类型	信号源	交互性媒体	即时性	便携性	实现难度	平台
视音频	摄像头（摄像机）、话筒、电脑（手机）	视频、语音、图片、文字、电脑屏幕	弹幕评论	支持电脑端、移动端 移动端需下载APP	较大	斗鱼 哔哩哔哩
图文语音	话筒、电脑（手机）	视频（已上传）、语音、图片、文字、课件	弹幕评论	支持电脑端、移动端 移动端无须下载APP 关注微信公众号即可	一般	荔枝微课 千聊Live

可见，已有相关研究仍难以解决培训内容与实际需求不符、即时互动交流不畅、远程培训质量不高等问题。手机直播具有较好的即时性、便携性与交互性，能为使用者创建实时互动的学习环境，有利于提高学习质量，但在教师培训中的应用与研究尚欠充分。

二、研究设计与实施

（一）研究对象

本研究以参加广东省某项中小学教师培训项目的88名教师为研究对象，以"荔枝微课"为手机直播活动实施平台，以微课设计与制作为学习内容。

（二）研究方法

本研究通过行动研究来观察和分析参训教师远程学习情况，同时不断优化和完善基于手机直播的教师远程培训策略，以问卷调查法和个案研究法来检验远程培训质量与效果。

（三）研究过程

本研究在综合分析有关文献的基础上，参考倪俊杰等提出的"直播前Offline（预习材料）、直播中Online（网络教学）、直播后Offline（复习材料）"直播教学模式，结合学员需求和"荔枝微课"平台特点，开展行动研究，优化培训策略。

1. 第一轮行动研究

运用策略V1（任务驱动、资源助学、直播互动、评价反馈），设计并实施培训活动。通过作业情况、微信群与QQ群讨论情况和手机直播时师生互动交流情况等进行观察和分析，发现学员自主完成微课作业难度较大、直播活动顺利开展遇到阻力等问题，于是对策略 V1 进行修改，增加了"技术指导"策略。

2. 第二轮行动研究

运用策略 V2（任务驱动、资源助学、技术指导、直播互动、评价反馈），设计并实施培训活动。通过作业情况、微信群与 QQ 群讨论情况和手机直播时师生互动交流情况等进行观察和分析，发现部分学员产生畏难情绪、学习过程缺少显性奖励等问题，于是对策略 V2 进行修改，增加了"强化激励"策略。

3. 第三轮行动研究

运用策略 V3（任务驱动、资源助学、技术指导、直播互动、强化激励、评价反馈），设计并实施培训活动。

（四）基于手机直播的教师远程培训策略

通过行动研究，最终形成了基于手机直播的"任务驱动、资源助学、技术指导、直播互动、强化激励、评价反馈"教师远程培训策略，如图 1 所示。

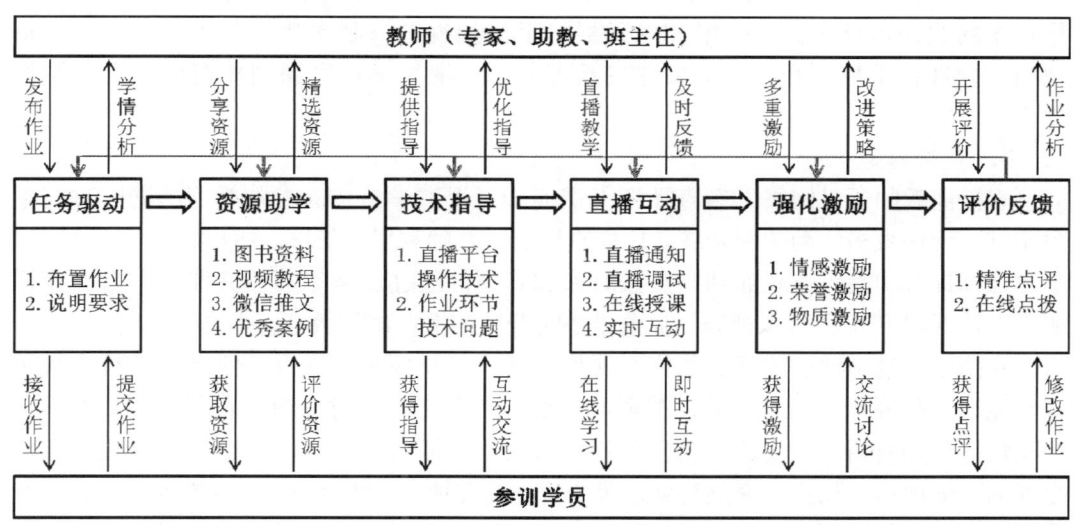

图 1 基于手机直播的教师远程培训策略

1. 任务驱动

直播前教师利用网络发布作业，学员接收作业后按要求提交，教师根据作业情况进行学情分析，针对性地设计直播内容，并选择合适的教学方法与教学媒体开展直播教学，提高教学质量。比如第一次直播前，班主任在 QQ 群中上传了微课作业要求与评价标准，学员提交作业后，专家参照评价标准为每一份作业进行点评，提出具体修改意见，并根据作业情况（总体上缺乏学习情境设计，部分微课视频出现了没有片头、画面质量较差、声音较为嘈杂、成品分辨率较低等问题），设计手机直播课，直播中通过图文、语音和视频，讲解解决方法策略和微课设计流程。

2. 资源助学

教师通过发放图书资料、分享视频教程和微信推文、推送优秀案例等方式分享学习资源，学员获取资源后进行自主学习，根据自学效果在 QQ 群或微信群中评价资源，教师通过收集和分析有关信息，进一步精选资源进行分享。例如教师向学员发放了图书《设计好微课》，并在 QQ 群或微信群中分享获奖微课、视频编辑软件教程和微信推文等学习资源，学员通过自主学习对资源使用情况和问题进行交流，教师根据学员反馈进行分析和解答，再精选资源进行分享。

3. 技术指导

教师通过网络发布手机直播平台操作指南和听课须知，并对学员完成作业时遇到的技术性问题进行及时指导，为学员顺利开展直播学习、高质量完成作业提供良好的技术支持。学员获得技术指导，在交流互动中不断解决技术问题，教师根据实际情况进一步优化指导策略。比如直播前，班主任在微信群或 QQ 群发布手机直播平台学员版操作指南和听课须知，并督促班长将操作指南和听课须知传达给每位学员。同时，聘请具有丰富微课制作经验的教育技术学专业人员在 QQ 群为学员解答微课制作技术问题，指导学员解决用 PPT 录屏、手机拍视频、制作片头与添加字幕、剪辑视频、处理音乐与声音、渲染微课成品等问题，缩短学员微课制作时间，提高制作效率。

4. 直播互动

直播前教师通过网络发布直播课上课通知，提醒学员按时参加学习，同时进行平台调试，确保直播活动顺利开展。比如直播前，教师利用微信群、QQ 群、"荔枝微课"平台通知提醒功能等方式通知学员按时参加直播，通过发送"荔枝微课"平台操作说明、上传课程 PPT 和微课视频、提前半小时开展直播调试等做好直播准备。

直播中，教师通过语音、图文、课件、已上传视频等开展直播活动，学员在线听课时能通过弹幕评论即时互动，教师通过语音、图文等及时反馈，有利于提高教学交互质量。比如直播时，主持人会发布签到活动，并播出语音"大家好，欢迎大家参加今晚的直播活动，如果大家能听到这段语音，请在评论区中回复1，听不到的话，请查看页面上方的听课须知"，确保学员能正常使用平台后再介绍主讲教师，随后教师通过语音、课件、视频等讲课，学员能发表弹幕评论，教师与主持人通过语音或图文进行回复。直播后，直播课能永久回放，有利于学员个性化学习。

5. 强化激励

教师运用情感激励、荣誉激励、物质激励等方式，引导学员积极对待培训，努力完成培训任务；学员获得激励后，与教师交流讨论，教师对讨论情况进行分析，动态调整改进激励策略，提高培训质量。比如培训过程中，部分学员表示工作任务较重（一周 16 节课、指导学生参赛、组织运动会、作品参展、迎接检查等），继续完成微课作业有困难。教师采用情感激励的策略，一方面对学员处境表示理解、给予安慰，另一方面通过发送视频、图文等方式分享励志故事激励学员。如在微信群中分享了"最帅大爷王德顺"励志视频。学员们观看该视频后受到了激励，表示要迎难而上，完成作业。

也有一部分学员表示完成微课作业很辛苦，需花费很多时间与精力，加班熬夜历经几次至几十次录制，希望能有所奖励。教师采取荣誉激励与物质激励的策略，通过微信群、QQ群告诉学员，将对微课作业进行评选，并设一等奖3名、二等奖5名、三等奖8名，获奖者可获得相应荣誉证书与奖品，以提高学员积极性。

6. 评价反馈

直播前，教师对学员的每一份作业进行精准点评，提出翔实具体的修改意见，汇总整理后上传至QQ群、微信群，并根据作业情况进行直播课程设计，提高学习有效性；直播中，教师开展直播教学并进行在线点拨。学员获得作业点评和在线点拨后修改作业并再次提交，教师根据作业情况，设计直播课，优化培训策略。

比如，教师对学员李某的微课作业评语是：①背景音乐声太大，宜更换一首更加舒缓轻松的音乐并调低声音；②开头可展示几个不同风格的成品，激发学生的兴趣；③讲解声音要清晰，不能太小。讲解要清楚，例如开头那里，教师要准备的工具有哪些，应该一件一件说出来；④制作过程要分步骤，例如第一步制作鱼身，第二步制作鱼尾等，可用文字标注的方式在视频上写出来作为提示，重点操作也可以用文字标注做提示。针对作业中普遍问题和典型案例，教师将在直播时进行展示、提供解决思路，同时对学员疑问进行解答，并要求学员修改作业，参加后续直播活动。

三、数据分析与讨论

为检验培训效果，本研究根据培训方案要求、学习内容和直播教学特点等设计了培训效果调查问卷，向88名学员发放了调查问卷。回收问卷84份，回收率95.5%，其中有效问卷84份，有效率100%。对问卷结果进行数据分析，依据公式计算出得分率，如表2所示。

表2 基于手机直播的教师远程培训效果调查

维度	评价内容	得分率
问题解决能力	能够通过直播课程的学习和课外自学等方式，提出问题	0.95
	能够清楚地表述与培训内容相关的问题	0.96
	能够尝试通过资源自学、直播互动、教师助学等方式解决问题	0.94
	能够与同伴讨论问题，并帮助同伴解决问题，从反思解决问题的过程中获取知识	0.95

续上表

维度	评价内容	得分率
自主学习能力	能够在手机直播平台上主动学习，并完成直播前的学习任务	0.93
	能够在直播课程开始前，将不懂的问题记录下来	0.92
	直播学习与课外自学遇到问题时，能够主动请教同伴、教师或助教	0.93
教学设计能力	能够设置合理的教学目标	0.95
	能够科学地选择与组织教学内容	0.93
	能够选择有效的教学策略	0.94
	能够选择并使用合适的教学媒体	0.94
微课开发能力	能够获取所需的网络教学资源	0.93
	能够利用 PPT 录屏、手机实拍等方式录制微课视频	0.93
	能够利用剪辑软件进行片头制作、视音频素材处理与加工、视频渲染等操作	0.92
	能够开发微课配套资源，如微教案、微课件等	0.91
学习态度	能够积极参与完成手机直播课程和课外学习的学习任务	0.95
	喜欢教师培训中采用的手机直播培训模式	0.95
	愿意继续使用手机直播培训模式进行学习	0.94
	能够在直播课程中积极回答问题，参加学习活动	0.93

结果显示，学员在"问题解决能力""自主学习能力""教学设计能力""微课开发能力"和"学习态度"五个维度的各题得分率均大于 0.5。在教师远程培训过程中运用基于手机直播的教师远程培训策略，能够提高学员的问题解决能力、自主学习能力、教学设计能力、微课开发能力，培养良好的学习态度。如学员微课《飞翔的纸鸟》荣获 2018 年广东省计算机教育软件评审活动基础教育组微课省级三等奖。

此外，培训前后个别学员微课质量没有改善；通过对其作业、评语的分析，发现其首次作业质量偏低，而专家提出的修改意见较多，可能会导致其认为修改难度较大而无法完成，于是简单修改、应付作业。建议在后续研究中，对于水平偏低的学员，教师在作业评价时不宜一次性提出较多修改意见，应提供适当的修改意见使学员认为修改难度适中、能顺利完成，从而促进学员个性化学习。

四、结论与建议

开展基于手机直播的教师远程培训策略研究，形成以下结论：第一，通过行动研究，构建了基于手机直播的教师远程培训策略：任务驱动、资源助学、技术指导、直播互动、强化激励、评价反馈；较好地解决了教师远程培训存在的内容与需求契合度不高、教学交互即时性不强、培训质量有待提高等问题，培训内容的实效性和针对性较强，教学交互与讨论及时有效，教学评价具体、可行性强，较好地满足了学员学习需求，提高了培训质量。第二，培训过程中验证了基于手机直播的教师远程培训策略的有效性，能够提高学员的问题解决能力、自主学习能力、教学设计能力、微课开发能力，能够培养其良好的学习态度。

本研究虽然取得了一些阶段性成果，但也存在一些不足，需继续改进，对于后续研究有以下建议：第一，在手机直播培训过程中研究分层教学策略，进一步促进个性化学习，提高培训成效。第二，将策略应用于其他教师培训项目中以求不断优化，进一步完善基于手机直播的教师远程培训理论和实践体系。

参考文献

[1] 国务院关于印发国家教育事业发展"十三五"规划的通知 [EB/OL]. [2020－10－15]. http://www.gov.cn/zhengce/content/2017－01/19/content_5161341.htm.

[2] 丁钢, 陈莲俊, 孙玫璐. 中国中小学教师专业发展状况调查与政策分析报告 [J]. 教育研究, 2011, 32 (3): 3－12.

[3] 张秀莲. 高中教师远程培训模式的建构与实践——广东省高中教师远程培训案例剖析 [J]. 继续教育, 2011, 25 (6): 33－35.

[4] 赵艳, 赵蔚, 姜强. 基于学习分析技术的中小学教师远程培训效果影响因素实证研究 [J]. 中国电化教育, 2014 (9): 132－138.

[5] 胡小勇, 徐旭辉. 中小学教师远程培训网络课程的调研与分析 [J]. 中国电化教育, 2010 (4): 62－66.

[6] 何志颖, 王蕊, 魏立鹏. 基于网络课程的中小学教师远程培训有效策略研究——以"西部教师研修网"为例 [J]. 中小学教师培训, 2016 (9): 24－27.

[7] 王晓丽, 路宏, 贾巍. 农村中小学教师远程学习适应性影响因素研究——以宁夏"国培计划"远程培训为例 [J]. 电化教育研究, 2015, 36 (4): 108－113.

[8] 石大维. 山西省中小学教师省级远程培训问题、原因及对策 [J]. 教育理论与实践, 2017, 37 (23): 30－32.

[9] 贾巍, 黄兰芳, 华俊昌. 互动生成的教师远程学习活动设计与实践研究——以宁夏"国培"远程培训为例 [J]. 教师教育研究, 2017, 29 (1): 102－108.

[10] 刘佳. "直播＋教育"："互联网＋"学习的新形式与价值探究 [J]. 远程教育杂志, 2017, 35 (1): 52－59.

[11] 王传珍. 手机网络直播：跻身移动互联网新风口 [J]. 互联网经济, 2016 (8): 62－69.

[12] 陈明选, 杨婧. 手机直播支持下的交互式学习设计与应用研究 [J]. 远程教育杂志, 2017, 35 (6): 3－11.

[13] 赵爱霞,左路平. 手机直播+教育模式初探[J]. 电视研究,2017(5): 62-64.
[14] 倪俊杰,丁书林. O2O 直播课堂教学模式及其实践研究[J]. 中国电化教育, 2017(11):114-118.
[15] 中国微课网"全国中小学微课征集活动"评审标准[EB/OL]. [2020-05-07]. http://dasai.cnweike.cn/index.php?r=matchV4/default/standard.

小学二年级美术单元主题微课程资源开发的实践分析

郑雪芬

> **【摘要】** 本文以小学二年级美术单元主题微课程资源开发的实践分析为主要内容进行阐述,结合当下单元主题式微课程开发介绍为主要依据,首先分析了微课程资源介绍、小学美术单元主题课程,其次从整体构建单元主题微课程资源、分层实施单元主题微课程内容、反思和评价单元主题微课程资源这几方面进行深入探讨和分析,其目的在于运用单元主题微课程资源提升二年级美术教学质量。
>
> **【关键词】** 单元主题　微课程资源　分层开发

一、引言

小学美术微课程资源开发的目的在于对美术教材进行分析,注重单元主题的知识讲解和开发,并用微课等多媒体形式展示出来,突破重难点,以拓展学生美术知识面,培养学生正确的审美观,提高学生美术表现实践能力,最终优化二年级美术学科教学效果。

二、单元主题式微课程开发介绍

(一) 微课程资源介绍

微课程资源,以建构主义为主,结合教学实际需求,为学生提供动态化教学模式。微课程教学是一个非常完整的教学设计,主要包含学科知识设计、开发、实施和评价等不同环节。

（二）小学美术单元主题课程

在小学美术教材中，各课题之间没有相互联系，内容分散，需要教师针对教材内容进行整合，以单元主题形式进行重新编排和分析，合理分配美术教学知识，使得课程资源联系更加紧密，循序渐进，层层递进。

三、小学美术单元主题课程资源开发的有效对策

（一）整体构建单元主题微课程资源

1. 从日常生活切入进行知识构建

以部审 2012 岭南版教材为依据，进行单元主题知识构建，开发小学美术单元主题式微课程内容，需要从日常生活入手。积极引导学生将生活中的美与教材中的美术知识进行联系，懂得教材中的美术知识在生活中的实际运用，理解"艺术"与"生活"的关系，这样学生才能在以后的生活中，观察生活、感悟生活，在生活中灵活运用美术知识，创作出有生活气息的美术作品。

2. 引入文化元素进行知识构建

美术学习为学生提供了一条通过视觉艺术看世界文化的途径，通过学习，让学生逐渐具备尊重与理解多样化文化的能力，因此，在美术知识整体构建中，适当融入各种文化元素，通过图文结合形式向学生介绍与美术相关的历史文化，加深学生对美术与文化的理解，使学生能够更深层次理解美术学科的价值，以此激发学生学习的动机。

3. 以审美判断为方向进行知识建构

微课程资源整体构建，不仅仅是为了传授美术绘画技巧，更应该在课程资源开发中注重提升学生的审美判断能力，通过学习，学生能够判断生活中的美与丑，能够分析和辨别生活中的视觉文化现象，进而形成自己的看法与做出自己的判断。

（二）分层实施单元主题微课程内容

1. 确立单元主题微课内容大纲

结合学生实际情况对单元主题内容进行确立，依据学生兴趣、爱好、学习程度做好单元主题设计工作，为学生提供适合的教学内容。

2. 设计单元主题微课分层教案

由于学生之间存在较大的差异性，用统一的方法去要求全部学生显然不合理。因此，要结合学生的认知水平做好教学设计工作，依据不同层次学生进行不同内容的教学设计，将单元分层美术知识整合到微视频中，以适应不同水平的学生。

3. 实施单元主题分层课堂教学

在课堂教学实践中，利用微视频对不同的学生进行不同层次的指导，并且对学生作品提出不同难度的要求。比如在学习《给树爷爷画像》这一课时，课堂上教师要启

发不同层次的小学生对各种树干形态和纹理进行观察分析，利用微视频为学生提供树干形态和纹理的分析素材，引领学生观察分析的方向，指导学生观察分析的方法，最后辅导不同层次的学生进行绘画创作。

（三）反思和评价单元主题微课程资源

反思和评价是美术课程教学的重要组成部分，根据微课视频在课堂教学中的实际教学效果对单元主题微课程资源进行反思与评价，有利于更好聚焦教学目标，提高教学质量。评价内容方式应该多元化、多样化，从"知识与技能""过程与方法""情感态度价值观"等维度进行教学评价。

在评价过程中，可让学生口述或者以发放问卷等多种形式，让学生反馈对微视频教学的意见，在此基础上，教师结合美术学科视觉艺术性的特点，以及结合学生在美术学习过程中的表现等情况，再次进行微课程教学资源的修改，以使得微课程资源真正起到提高课堂教学时效性的作用。

四、结束语

总而言之，微课程资源使得学科教学更加高效，开发微课程资源已成为教师需要面对的挑战。以小学美术单元知识作为微课程资源开发具体内容，高效利用微课程资源提升教学质量，是提升小学生美术学科综合素养能力的重要教学途径。

参考文献

[1] 赵梓钧. 小学美术单元主题微课程资源开发的实践研究——以《脸》为例 [J]. 美术教育研究，2019（12）：136-137.

[2] 相瑛. 小学美术中高段水彩画微课程开发的实践研究 [J]. 美术教育研究，2018，l77（14）：146.

智慧课堂是对薄弱学生的补偿[①]

陈晓燕

> **【摘要】** 本文主要针对智慧课堂是对薄弱学生的补偿进行了探究，首先对智慧课堂针对性的加强数学概念学习，有效的培养学生探究能力进行了分析，然后对智慧课堂重视预习作业培养解题思维进行了阐述，最后对智慧课堂提供薄弱学生互助平台有效培养合作意识进行了总结。
>
> **【关键词】** 小学数学　智慧课堂　课堂教学

智慧课堂其实就是在进行教学的过程中采取的一些针对性的教学手段，其主要的优势是可以给学生提供良好的学习氛围，进而充分地深入挖掘相应的知识潜能，同时，引导部分学习能力较为薄弱的学生进行相应的思考和探究，在其过程中有效地提升学生的创新能力，充分地拓展数学思维，除此以外，还可以充分地提升数学课堂的教学效率。智慧课堂相比其他类型课堂来说更加便于培养学生的创造和想象能力，能给予学生自主和探究的良好学习平台，有效地促进学生思维散发，充分地让学生在兴趣和问题的促使下积极地展开相应的探索，最终使学生素养在一定程度上得到有效的提升。

1. 智慧课堂针对性的加强数学概念学习，有效的培养学生探究能力

数学概念在数学学习中至关重要，其对于部分学习能力较为薄弱的学生思维发展和解题能力提升有直接的影响。相比之下，需要对其进行相应的重视，进而在原有的教学基础上深入完善相应的数学教学方法，随之创新相应的指导，同时可以尝试诸多相关数学教学方法，促进学生学习的积极性。同时，让学生在思考与交流中掌握数学

[①] 本文是广东省教育厅2019年广东教育信息化融合创新示范培育推广建设项目：基于学习数据的适应性教学模式在薄弱学校的应用的专项课题《移动互联环境下小学数学自主合作学习的研究》（立项编号：GDJJ201914）的阶段性研究成果。作者单位：广东省梅州市丰顺县实验小学。

的重要概念，为后续的数学学习奠定良好的基础。

2. 智慧课堂重视预习作业培养解题思维

在数学教学中，培养学生充分掌握数学知识需要借助教师在课堂上的正确引导，课前预习环节对于学生来说也是十分重要。教师在智慧课堂中可利用相应的手段促使学生在学习中明确学习的目标，同时帮助学生清楚学习的重难点，并且带着相应的问题，进入课堂听课。其不仅可以针对性地提升学习能力较薄弱学生的学习效率，同时，还可以有效地促进课堂反馈，及时地让教师们了解学生们的学习详情。

智慧课堂可以有效地针对学习薄弱学生进行相应的补偿。比如，教师可以根据其相应的学习情况进行灵活的学习方案调整，针对性地进行相应的科学预设，从而进行科学的预设实施。正确地引导学生充分的利用课余时间，在教学前熟悉下节课将要学习的数学知识内容，让其对数学内容有一定的了解，同时，在预习的过程中，需要学生将重难点用笔标注出来，并且大胆尝试解决。进而有效锻炼学生自身在学习方面的潜能，潜移默化地发现了自身的智慧。上课时，可以多鼓励学生谈谈自己利用课余时间预习的亲身感悟，并且将自身在预习时的疑惑和收获分享给其他学生。

3. 智慧课堂提供薄弱学生互助平台有效培养合作意识

智慧课堂注重提倡研究性学习教学，其主要注重培养学生在学习方面的自主性，以独立思考为基础展开相应的合作。在数学教学中，智慧课堂可以为学习薄弱的学生提供相应的学习氛围，学习薄弱的学生在轻松开放的学习氛围影响下，能更充分地激发自身的学习兴趣，同时，其智慧和创造力在一定程度上也得到了有效提升，进而有效地促进了智慧课堂的构建，最终实现了数学教学的高效教学率。

4. 数学课堂借助任务驱动激发学生思考

在设计数学教学以及教学的过程中，必须要充分认识到这一重点。数学教师需要针对学生进行相应的学习设计任务，并且巧妙的借助问题激发学习薄弱的学生的兴趣，充分地促使其在兴趣的驱动下针对数学进行相应的探究认知，促进学生的思维发展。在任何班级中都存在学生个体之间学习能力差异，其差异主要体现在学习的思维和学习的能力以及自身具备的认知水平等方面。比如，在"分数乘法"教学内容中，根据"分数乘法"的计算方法，开展合作学习。在合作的过程中，教师需要鼓励学生针对整数和分数之间的关系进行相应的分析，进而得出相应的计算方法。

5. 结束语

综上所述，智慧课堂的构建主要是针对薄弱学生数学学习过程中进行补偿的一种教学手段，其在成功地改革传统的教学模式的同时也有效地激发了学生学习的兴趣，数学课堂的学习氛围，也因此在一定程度上得到了提升。同时，在一定程度上确保了学生学习的主体性。进而充分地落实了智慧课堂针对薄弱学生在数学学习方面相应的补偿目的。

参考文献

[1] 在学习性协作体建设中促进区域教育均衡发展[Z]. 西山区教育科研信息培训中心. 2009.

[2] 张玉华. 以"课例研究"为载体提升化学教师实践智慧[D]. 上海：华东师范大学，2005.

思维可视化图示技术优化小学信息技术合作学习的实践研究
——基于学习共同体理论

刘亮[①]

【摘要】本文针对小学信息技术课堂任务驱动教学中存在的小组合作流于形式、任务趋于离散等问题，基于学习共同体的理论，提出以思维可视化图示技术连接小组、小组成员和任务进行合作学习，以期达到激发学生协作学习的精神、提高课堂学习的深度的目的，让信息技术教学中离散的课时因学生的合作学习变得有延续性。

【关键词】思维可视化　图示技术　信息技术　合作学习　学习共同体

小学信息技术课程以其趣味性强、交互性强等特点深受广大学生的喜爱。长期以来，以任务为载体、以小组合作学习方式开展课堂教学是小学信息技术课堂普遍采用的课堂教学组织形式。但通过对小学信息技术课堂教学的长期观察发现，很多小组流于形式，学员间的互助往往是你不会我帮你做等简单交流。同时很多任务趋于离散，小组组员之间团队精神缺失，任务之间、课时之间很容易形成信息孤岛，如何能让课堂学习更有深度、学生交流更有效是我们应该关注和思考的问题。

一、研究概述

（一）思维可视化图示技术

思维可视化是指运用一系列图示技术把本来不可视的思维包括思考方法和思考路

[①] 作者单位：东莞市寮步镇石步小学。

径呈现出来，使其清晰可见的过程。思维可视化的图示技术包括思维导图、模型图、流程图、概念图等。思维可视化图示技术以其独特的优势和特点在各个学科中受到了广泛的关注和应用，如尝试使用思维导图将复杂的学习内容变得简化而有条理，增强学生与知识之间的有效互动，促进学生知识体系的构建。其中，李文帅通过分析小学生的认知特点和基础教育阶段信息技术课程特征，将思维导图用于小学信息技术的教学中，验证了其对教学效果的促进；王青雪在高中信息技术课堂中使用思维导图激发学生的创新和创造思维，研究表明思维导图对学生高阶思维发展有显著的效果。

（二）学习共同体与小组合作学习

学习共同体是指学习者和助学者共同组成的，以完成共同的学习任务为载体，以促进成员全面成长为目的，强调在学习过程中以相互作用式的学习观做指导，通过沟通、交流和分享各种学习资源而相互影响、相互促进的基层学习集体。由于小学信息技术学科的综合性强，涉及面广，是各种自然要素与人为要素组合而成的复杂系统，有时学生单独认知较为困难。在学习共同体中学生各自发挥自己的长处，不断进行沟通交流，共同完成一定的学习任务。此理论强调在教学过程中应该以学生为中心，认为学生对知识的获得不单是教师传授获得，学生通过一定手段和途径，通过同伴或教师的帮助，在良好的学习氛围之下，共同体内成员共同努力，促进对方知识的增长。基于学习共同体的理论，以任务为载体、以小组合作学习方式开展信息技术课堂教学，不再满足于组员之间只是简单协助，而是把小组间的沟通、分享和交流落到实处，让各个任务之间紧密贯穿课程的始终，这不仅能够解决学习深度和高度的问题，更有利于解决课时的间断性和课程内容的连续性问题。

综上，本文基于学习共同体理论，提出在小学信息技术课程中运用思维可视化图示技术作为纽带，连接小组、小组成员和任务进行小组合作学习的优化。通过对知识及技能信息进行归类整理，将任务思考解决过程可视化，建立知识之间的联系，方便小组组员间表达个人观点，分享信息，重构个性化的知识体系，达到对知识技能的高阶认识和掌握，让信息技术课堂真正高效起来，让学生们学有所思，学有所得，学有所获。

二、思维可视化图示技术优化小组合作学习的实践

（一）优化策略

本文提出的运用思维可视化图示技术优化小学信息技术合作学习，即对教师布置的任务，学生通过图示技术将知识与技能要求显性化、可视化；经过小组组员间的交流、讨论、思考、展示，最终达到能对知识进行分析、评价、创新的目的。同时，小学信息技术课程一般在 3~6 年级开展，这个年龄段的学生思维正是从形象思维向抽象逻辑思维过渡的转折期，利用图形化、形象化的形式来表达学生头脑中形成的概念、知识、思想，更加切合他们思考问题的习惯。通过小组合作学习中教师的支持和辅助，

生生间的交流和互助，不仅加强了交流、活跃了课堂气氛、提高了认识，更使课堂的深度得到提高，让知识得到延续。优化策略如图 1 所示。

任务
思维可视化工具设计
完善设计
组内协作讨论
创作
总结分享
任务提出
任务探究
任务达成
建构学习共同体

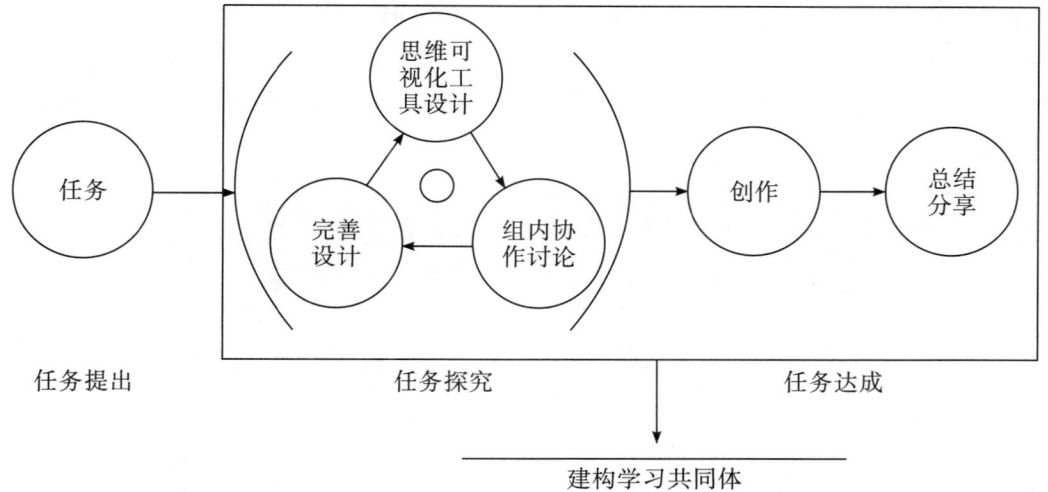

图 1　思维可视化图示技术优化小学信息技术合作学习的实践策略

（二）课堂实施

本文以广东省小学课本信息技术第三册（下）第 6 课《重复命令的嵌套》中的教师为学生布置任务“制作简易窗花”为例，教学对象为六年级学生，任务重点是让学生运用重复命令的嵌套格式进行创作，学生结合自学网站已对本课基础知识进行了学习，通过前期任务已经对本任务有了一定的理解。

1．任务发布

学生按照自身认识，依据教师发布的学习任务，如图 2 所示，完成思维导图。

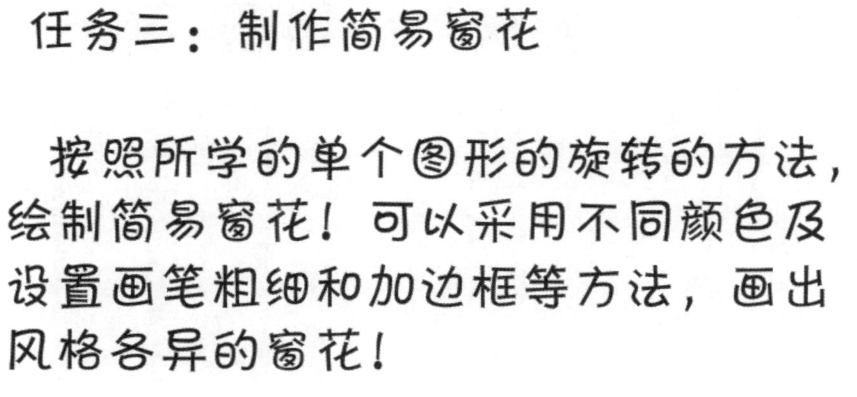

任务三：制作简易窗花
按照所学的单个图形的旋转的方法，绘制简易窗花！可以采用不同颜色及设置画笔粗细和加边框等方法，画出风格各异的窗花！

图 2　学习任务图

2. 任务探究

思维可视化图示技术的任务探究结果如图 3、图 4 所示，选了两位学生的作品，不仅在作品的呈现形式上有了改进（边框不仅可以是方形，还可以是圆形），而且还将思维方式由特殊过渡到了一般（从特殊的三角形、四边形旋转过渡到任何多边形的旋转），对课程内容进行了深入探讨，让小组组员间的协作交流更加深入，学习效果更加明显。

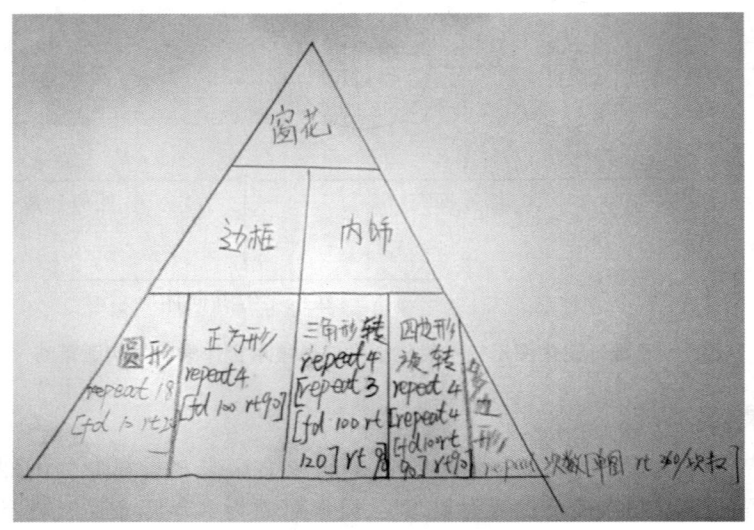

图 3　A 同学的金字塔图

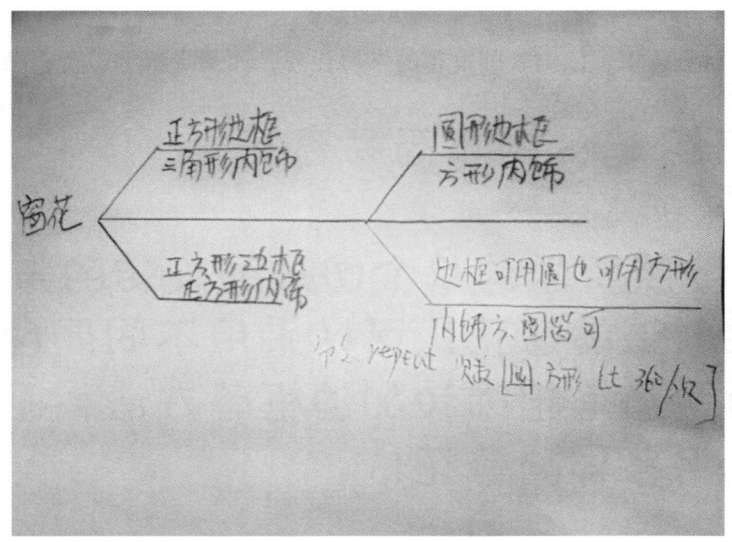

图 4　B 同学的鱼骨图

3. 任务达成

通过思维可视化图示技术的分析,学生对作品的设计制作已经有了比较全面的认识,制作起来也相当高效,图 5 为部分学生的创作结果,作品质量明显要高于常规课堂教学。

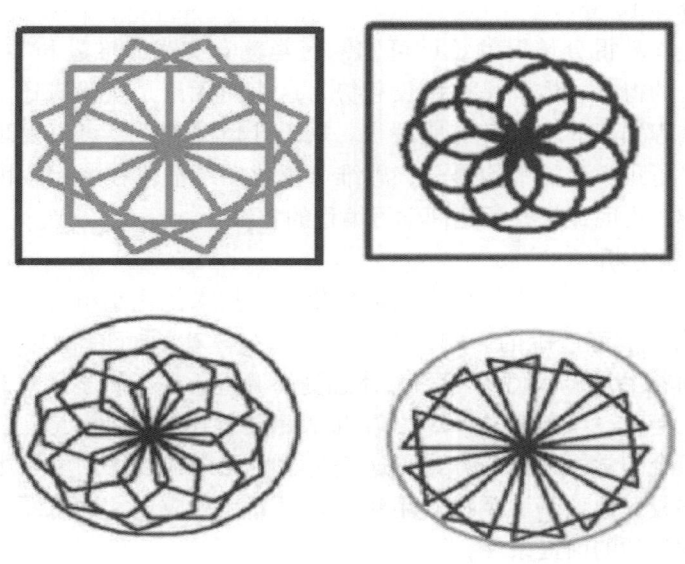

图 5　部分学生创作作品

4. 综合成绩分析

为了验证本实践研究的有效性,本文选取了本校 6（1）班 50 名学生进行优化策略教学,通过一学期的实践,依据问卷调查及课堂检测,实践对象相对于其他两个平行班,在学习兴趣、知识掌握、课堂参与度、学生创新作品数等方面都有明显区别。图 6 是本文通过对 6（1）班 50 名学生及 6（2）班、6（3）班每个班随机抽取 30 名学生得到的调查结果分析。

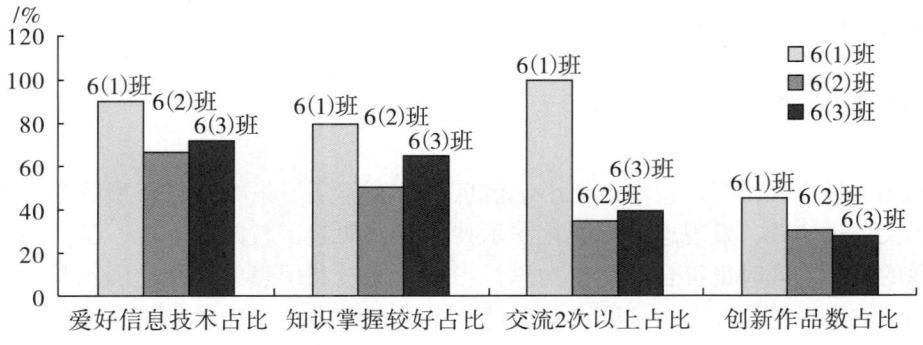

图 6　学习效果对比图

5. 学生作品分析

在本实践研究中，学生每两个课时完成一个个案学习，形成一个完整的作品，在整个学习单元中每位学生一共完成 4 个作品。在收集并整理完学生作品后，教师分别对实验班和平行班的学生作品进行打分，并取所有作品成绩的平均值作为学生的最终成绩，成绩满分为 10 分。

通过对学生作品得分情况的统计可知，随着教学实践的推进和学习任务的增加，实验班和平行班的得分总体都呈现增长趋势，这表明无论是实验班还是平行班，通过学习，学生对编程知识的掌握都有所进步。从统计情况来看，可以发现实验班学生的平均得分高于平行班学生的平均得分，思维可视化图示技术在一定程度上促进了学生学习编程的兴趣，也明显提升了他们学习编程的效果。

6. 学习体验分析

为更好地了解实验班学生使用思维可视化图示技术优化小组合作学习的感受，以及图示技术对他们学习产生的影响，本文对实验班学生进行问卷调查，发放问卷 50 份，回收有效问卷 49 份。对学生学习整体感受的调查旨在了解学生对利用图示技术来优化合作学习的感受，实验班中 90% 的学生表示能够比较好地适应利用思维可视化图示技术进行小组合作学习编程的方式，这表明学生无论在以往的学习中是否使用过图示技术，都能够较好地理解和掌握其用法，并对其进行应用，这是图示技术适用于小学信息技术课堂教学的前提条件。

同时，在教学实践的过程中我们也观察到，学生不仅在学习任务发布阶段会使用图示技术和小组同伴一起分析任务要求，在动手编程阶段当他们忘记下一步该如何操作时，也会拿出已完成的图示资料进行参考，教师也会辅助学生对图示资料进行解读，引导学生充分理解任务要求和图示资料给出的编程思路，因此在动手编程阶段图示技术依然能够发挥作用。

上述检验表明，本实践研究不仅很好地解决了小组组员参与度不高、课时之间形成信息孤岛等问题，思维可视化图示技术优化小学信息技术合作学习策略也已初见成效，同学间的交流互动，探讨问题的深度和高度都较以前有较大提升，学生信息素养及团队协作精神普遍得到提升。

三、结束语

利用思维可视化图示技术优化小学信息技术合作学习策略是对新型教学方式的探索。本文经过实践，发现思维可视化图示技术有效架起了教师和学生、学生与学生之间沟通的桥梁。同时也符合小学生的思维习惯，通过利用思维可视化图示技术，将抽象的知识内容形象化，不仅培养了学生的归纳总结能力，也为学生对知识的深度思考提出了方向。

在实际教学过程中，我们仍需注意的是：利用思维可视化图示技术优化小学信息技术合作学习，应选择恰当的内容，尤其对于操作性较强的章节，如 Excel 的公式，重点在操作，应该更多地引导学习团队交流和实践，促进小组合作学习，思维可视化图示技术在此时则无须使用。而且，对于思维可视化图示技术的选择，针对同类型的任务也可用不同的分析样式，如思维导图多用在对知识联系的分析上，而鱼骨图则是对知识进行多角度分析，但如果是设计电子报刊，所用到的技术知识及版面知识则需综合选取图示技术的多种样式才能满足应用需求。

基于 Microbit 的跨学科教学课程设计研究

张焜懿[①]

> **【摘要】** 面对日新月异的教学技术和创新型教育模式改革，在使用信息技术和机器人技术设计跨学科教学课程的时候，教育工作者碰到的最大困难，是难以找到符合教学需要的实用方法和原则，设计出优秀和合适的课程。本文通过几个用开源硬件 Mircobit 自主设计的教学案例，阐述如何用这类开源硬件设备设计制作适用于初中跨学科教学的机器人，并分析和总结出一些设计课程的思路和方法，供运用信息技术和相关硬件设备设计 STEM 课程的教师参考。
>
> **【关键词】** 机器人　跨学科　Microbit　开源硬件

一、研究背景和目的

（一）创新性教育的必要性

随着社会的发展，社会对创新型人才的需求日益增加，传统教育的应试模式和学科相互独立特性却在一定程度上制约了这类人才的培养。进入 21 世纪以来，各种新的教育技术和设备（如机器人），开放和创新教育模式（如 STEM）的引入，对教育产生了巨大的冲击。有鉴于此，国家对教育信息化和智能化的重视程度也不断提升，连续

---

① 张焜懿，东北大学计算机科学与技术专业学士，现在佛山市顺德区容桂兴华初级中学任教，信息技术二级教师。任容桂街道特聘教研员、信息技术中心教研组长、学校备课组长。曾获 2018 年佛山市创客种子培训计划项目优秀学员，2019 年佛山市创客导师培养计划优秀学员，2018 年顺德区课题研究优秀实验教师等称号。主导、参与《网络电子杂志辅助乡土地理教学的实践研究》《机器人跨学科融合教学的有效性研究》等课题的研究。培养的学生参加全国电脑制作活动、佛山市创新制作活动、顺德创客节等比赛屡获奖项。

颁发了如《国家中长期教育改革和发展规划纲要（2010—2020年）》《新一代人工智能发展规划》等重要文件，推动新教育技术和模式的应用。基于现实需求和国家战略角度，信息技术和机器人等教育设备和模式在教学中的应用研究，变得相当的紧迫和重要。

（二）基于机器人的基础教育课程的现状

虽然近几年出现了各式各样的教学机器人，也出现了很多基于这些机器人的课程。但这些课程绝大部分是由机器人开发公司或业余爱好者所设计的。而且，多半是为了让学生学会如何使用机器人的功能，或者是利用机器人去做一些任务。比如大疆公司的 RobotMaster 教育机器人，它是很先进的机器人，可以实现很多高级动作和任务，甚至可以组队进行对战。然而，它们的教育教学功能比较欠缺。我们知道，好的教学是需要设定合理的教学目标，实施合适的教学过程，还要给予正确的评价。而这些"机器人课程"大多没有做到这些，而且它们仍然是"机器人学科"本身的教育，很少设计其他学科知识。类似的机器人教育设备有很多，包括开源硬件 Arduino、Microbit、树莓派，以及国产产品掌控版，等等。它们的很多课程都是由厂家或者非学校的教育机构开发的，课程里面没有合适的体现其他学科的教学内容。也就是说，多数是教如何使用开发板、如何使用传感器、如何编写程序等。因此，我们作为教育工作者，应该从教学角度，思考如何解决这个问题。

（三）问题和研究目标

机器人应用于教学，在基础教育阶段，应如何做？更具体说，用开源硬件设计机器人跨学科教学课程的时候，应遵循什么原则或使用什么方法？本文通过几例笔者设计的课程的分析，试图得出一些普遍适用的方法。

（四）开发工具和设备

机器人是一种能够根据环境反馈自动执行任务的器械。本课题研究的机器人是广义上的具备控制器、传感器和执行器的设备，例如现在广泛用于教育行业的开源硬件，就属于简易机器人。这里选择 Microbit，是因为它体积小、价格低而且内置了如 LED 矩阵屏幕、按钮、三轴陀螺仪、无线和蓝牙等功能，方便开发课程。也可以用 Arduino、掌控版等开源设备代替。开源硬件的基本使用方法这里不再赘述。

二、机器人跨学科教学案例

（一）数学课中的机器人融合教学

一般 STEM 课程中都会包含数学原理或方法，比如，机器人制作或设计时就包含数学计算或几何结构。而许多机器人学习课堂也将这些作为 STEM 课例推荐或销售给学校使用。然而，学校真正教授的时候才发现，这些课程只能在计算机或综合实践课里面使用，因为，它脱离了我们使用的数学教材。而笔者设计的这节《利用三角形全等测距离》则是植根于初一数学教材全等三角形内容，利用 Microbit 和超声波传感器、激光发射器等元器件制作测距仪。实验中学生通过使用 Microbit 测量仪，应用数学中"全等三角形测量"原理，实地测量教室横梁间距离。让学生在制作机器人和使用机器人测量的过程中学习数学和信息技术等相关知识。另外，这节课的测量对象是难以用普通测量工具准确测量的物体。因此这工具不仅应用了机器人技术和数学原理，也具备实用价值，可以扩展到更多的应用场景。

图 1 至图 4 是这个"超声波激光测距仪"的实验场景、原理、实物图和学生上课实录图片。

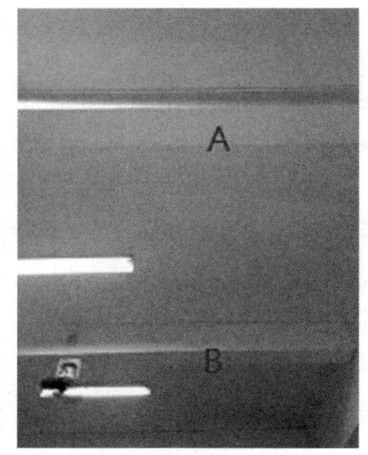

图 1　场景（AB 为要测量的横梁距离）

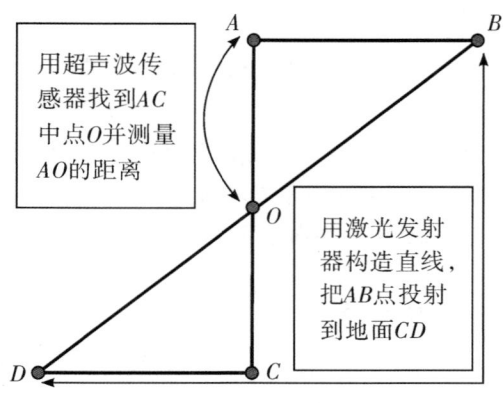

图 2　全等三角形测量原理

图3 测量机器人实物图

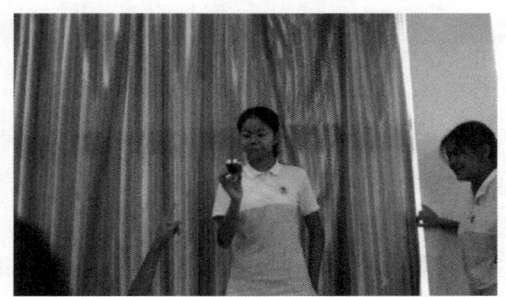

图4 课堂实录（学生在用机器人进行测量）

本课例通过机器人设计制作、数学原理运用、实验操作、数据分析、问题总结和改进思考等环节，使学生深刻地理解了该数学知识点，掌握了在生活中应用此知识解决实际问题的能力。同时，在计算机、机器人等技术方面，也学习到了如搭建设备、编程等知识。本课教学效果良好，学生参与度和积极性非常高，教学过程轻松有趣，取得了良好的教学效果。此课例上送到广东省双融双创课例评比活动，获省三等奖。

（二）英语课上的机器人融合教学

语言文化课一般很难设计跨学科课程，STEM课程基本元素里面也没有包含文化和艺术，强调的是科学数理工程。如何在英语等课堂上应用机器人是一个比较棘手的问题。通过与英语教师的深入沟通，了解英语听读课教学中的常见问题。学生的说、读等语言运用是教学重点。笔者利用了Microbit内置的无线通信功能、三轴陀螺仪和LED显示功能给学生和教师设计了三个教学环节。

（1）单词学习体感游戏：学生通过Mircobit用蓝牙遥控电脑中的小车（Scratch程序），选择正确的路径，配对正确的单词和场景（见图5）。通过这种方式学习新单词，不仅有趣，还能大大增加记忆，不容易忘记。程序的设计制作是信息技术课的编程教学内容，教师在英语课前的预备课中对游戏的设计方法进行了教学。

图 5　课堂应用场景

（2）交互式学习：学生通过客户端 Microbit 选择正确的单词，把结果传输给教师，教师通过 Microbit 汇总答题数据，了解学生的学习效果。这是一个简单的答题器（见图 6），不需要复杂的设备如电脑和平板，也不需要网络。仅仅通过 Microbit 自身的无线连接功能就可实现（具体实现代码比较复杂，在此略过）。Microbit 本身自带无线通信功能，但欠缺文字显示能力，因此在教师端添加了一块 LCD 液晶扩展版，用于把学生的答题情况显示给教师（见图 7）。程序主要由教师完成，但学生在课前会学习如何使用。这种主从式通信可以扩展很多功能，比如集体投票、师生即时互动等。

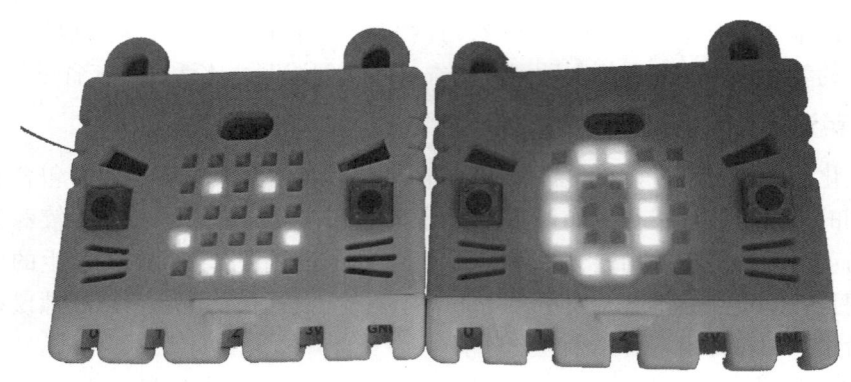

图 6　蓝色为体感游戏控制器，橙色为学生答题器

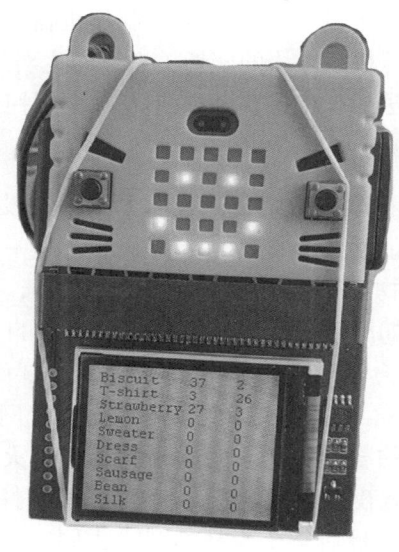

图7 教师端答案收集器，通过无线收集学生数据并统计结果

从图7可以看到学生单词选择的正确率，如Biscuit，这道题有37人选择了正确答案，2人选择了错误的答案。

（3）分组会话：学生在分组交流对话环节，利用Microbit的三轴陀螺仪功能实现随机摇出商品的数量和价格，显示在Microbit的LED矩阵屏上，增加会话的随机性和趣味性（见图8）。这个功能相当于一个电子"骰子"，学生可在英语课前学会，然后自行编程实现。

图8 学生使用Microbit摇出随机数字

以上三个功能，都是信息技术教师在英语课前的预备课上让学生先制作和编好程序，测试之后运用于英语课堂上的。学生在学习制作机器人的过程中，不仅掌握了机器人和编程的知识，因为计算机跟外语的密切关系，学生对外语学习的热情也提高了。本课例通过佛山市的筛选上送到广东省双融双创优秀课例评比活动中，获市三等奖。

（三）生物课上的仿生模拟

计算机和机器人是电子和机械的结合，表面上跟生物没有关系。然而，研究如何用计算机和机器人模拟生物活动、结构乃至内部机制，是一个非常有意思和有难度的问题。大多数的机器人和生物 STEM 课是使用各种传感器，获取环境和生物的外部数据，进而进行实验分析，比如测量空气与土壤湿度，以及自动浇水系统等。这类课程也不错，只是有点审美疲劳了。下面介绍一节很有创意的课例。

本案例选自 Microbit 官网，它很好的用 Microbit 的内置网络功能演示了森林里萤火虫的发光机制，是一个极好的教学范例。图 9 是森林里萤火虫的发光状态。它们的发光机制是：某一些萤火虫在入夜后开始发光，一开始发光时机不同步，随着时间推移，萤火虫的发光逐渐趋于一致，最后整个森林的萤火虫同时亮灭，实现同步（见图 10、图 11）。科学家一直不得其解，最后由一支美国科学团队在 1992 年解开了谜团：萤火虫按照一个体内时钟定时发光，但当它看到附近有其他萤火虫先发光时，它会自动向前调快一点时钟。这个连锁反应最终让所有萤火虫同时亮灭。用 Microbit 的无线连接和信号强度功能可以很好地模拟这个发光机制。具体实现代码请参考官网的项目文件。

图 9　自然界萤火虫的发光状态，逐渐趋于同步

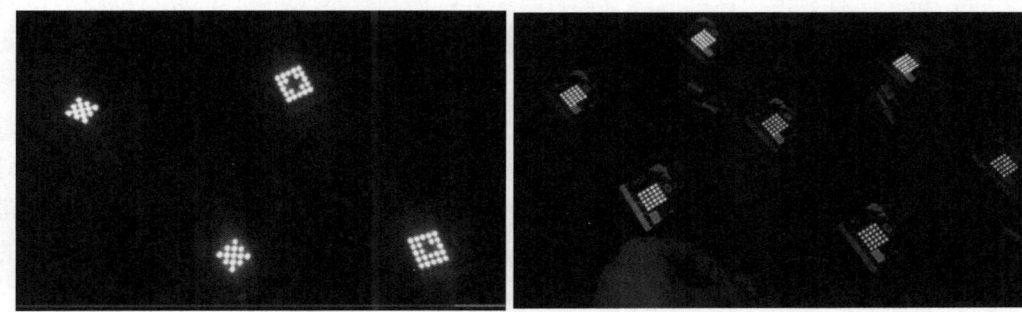

图 10　萤火虫仿生模拟（同步前）　　　图 11　萤火虫仿生模拟（同步后）

这样一节 STEM 课，使学生在学习计算机和机器人知识的同时，也认识到了生物群体的内在机制，还拓宽了他们使用计算机或机器人仿真生物的思路，让人印象深刻。

三、机器人 STEM 课程的设计

本部分内容试图从上述课例中总结机器人 STEM 课程的要素，以及设计过程和一些设计思路。

（一）机器人 STEM 课程应包含的要素（如图 12）

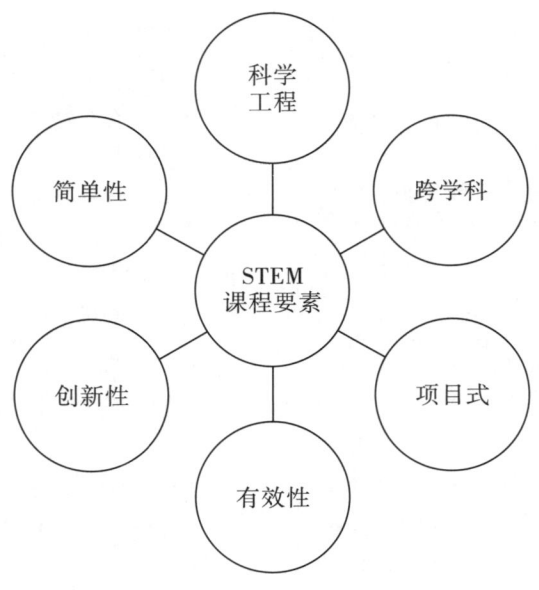

图 12　STEM 课程要素图

（1）科学工程：该类课程应该遵循科学原理，体现技术应用和基于工程项目开发，尽量采取开放式教学，不预设结论和限定研究方式。尽量鼓励学生自行设计项目方案和研究方法，得出科学的结论或取得相应成果。如上面的生物仿真，即用电子设备和编程技术模拟了新的科学发现，体现科学技术和工程的优秀结合。

（2）跨学科：机器人是集机械、信息技术、通信、材料、仿生等学科的综合性科学，使用机器人设计 STEM 课程很容易涉及各学科知识。需要注意的是这里的跨学科是信息技术等与传统学科的融合，不能是仅仅借助现代教育设备教授普通文化课堂上的知识。

（3）项目式：课程应提出一个具体的问题、项目或任务，让学生以研究或实验的流程实施，最后得出各自的结论或获得有效的数据。学生应该分组合作，完成项目设计、资料收集、实践研究、成品制作、测试调试、展示汇报等项目流程。

（4）有效性：需要注意，新设备和技术在课程教学中应该是有效的，不应画蛇添足。比如上面的数学课中的测距仪，它很好地利用了开源硬件设备，运用数学原理解决了生活中的测量问题。这对于学生来说是在"做中学"，这样的教学是最有效的。

（5）创新性：如果课程的开发或设计是重复模仿或学生早已熟悉，那么学生学习的积极性就会骤减。比如机器人拼装这类入门操作，如果学生在小学阶段已经做过，那么初中阶段再用这类方式设计跨学科课程，就会显得沉闷。如上面的英语课，教师别出心裁的设计体感小游戏，让学生在有趣的体验中学习新知识，会达到事半功倍的效果。

（6）简单性：在设计课程时，应遵循尽量简单原则。机器人可以完成的事情很多，也可以做得非常复杂。但是一旦复杂，工程的质量和结果就难以保证，也不会有很好的教学效果。如上述的生物课，设备和编程都相对简单，没有过多地添加其他结构，结果却很令人满意。

（二）机器人 STEM 课程设计流程

既然是 STEM 课程，那么应该采用项目式教学（PBL），按照 PBL 的标准开展课程。如项目中有作品或产品产出的，也可以使用更加标准化的 CDIO 工程教育模式。CDIO 工程教育模式是近年来国际工程教育改革的最新成果。CDIO 代表构思（Conceive）、设计（Design）、实现（Implement）和运作（Operate），它以产品研发到产品运行的生命周期为载体，让学生以主动的、实践的、课程之间有机联系的方式学习工程。具体到课程设计时，我们可以在设定好研究背景和提出研究问题后，让学生构思研究问题解决方案，讨论完善后设计出作品雏形，再对作品进行改进或修改，最终运作作品解决问题。这就是整个 CDIO 流程，如图 13 所示。

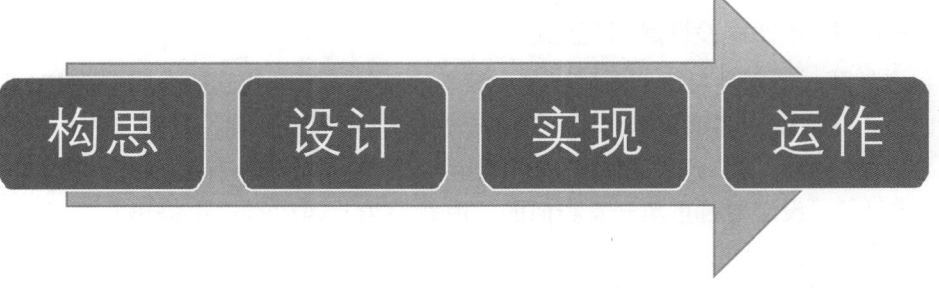

图 13　CDIO 流程

表 1　比较 CDIO 与工程实施流程

CDIO	工程实施流程
构思（Conceive）	调查、研究
设计（Design）	计划、设计
实现（Implement）	建设、制作
运作（Operate）	操作、呈现

下面以笔者的示例课《用全等三角形测量》中的 Microbit 测量机器人制作为例，说明如何用 CDIO 模式实施教学（见表2）。

表 2　《用全等三角形测量》课例中测量机器人的制作流程

构思（Conceive）	设计（Design）	实现（Implement）	运作（Operate）
目标：制作工具测量出教室顶部横梁之间的距离	可行性：基于 Microbit 和传感器的方案是否具备测量能力	制作：搭建元器件，安装、连接设备	测试和改良：测试工具的可用性和准确度。调试改进，提高准确度
研究：传统测量工具或方法和基于开源硬件的测量方式的特点和优劣	方案：根据数学全等三角形原理设计硬件结构	编程：根据数学原理对测量数据进行编程和呈现	投入使用：测量工具投入使用，记录测量数据，分析结果

通过上面的 CDIO 教学，学生了解到解决问题的整个流程，为日后的工作打下了扎实的基础。

对于系列课程，我们应该注意，需要给课程定一个总体目标，划分小任务，每一个小任务都需要按照 PBL 或 CDIO 模式去实施教学。同时，应循序渐进地提升知识和能力，最后让学生形成知识技能体系。

（三）STEM 课程设计题材和思路

很多教师，特别是习惯了本科目单一教学的教师，很难找到适合用于 STEM 课程的设计题材。往往做许多别人早已做得很不错的类似或雷同课程，比如《桥》《智能小车》《垃圾分类》等。这些题材不是不能用，而是本来已经有很多设计得非常好的 STEM 课程了，没必要再重新开发类似的，浪费精力。因此，这里提出几个设计 STEM 课程的思路，抛砖引玉。

（1）基于某一种特定技术设计比较完整的项目式课程：如以 3D 打印技术为载体，整合数学、物理、地理等学科，开发系列教程。如《机械结构 3D 打印设计》《3D 打印中的立体几何》等。

（2）基于某一学科主要教学内容使用新技术或传统技术设计的跨学科课程：比如《折纸中的数学》《电子音乐》等。

（3）基于某一产品的 STEM 课程设计：如 Microbit。这类产品开发之初便是为了迎合新时代教育的需要。因此使用它们可以很容易制作出有创意和具实用性的作品，用于教学。如《智能小车》《智能小区》等。

（4）基于创客教育的跨学科融合：创客教育是更"自由开放"的教育模式，它甚至没有限定最终教学目标。它鼓励学生真正的自我学习和创造。设计该类课程一般可以基于创客类竞赛或作品制作。

（5）基于地方特色和传统文化进行跨学科融合课程设计：这类 STEM 课程最具有地方特色和文化价值。比如《中国食品中的化学》《智能陶瓷》《走读水乡》等题材，不仅有趣，而且让学生在学习知识的同时培养对家乡的爱。

（6）基于社会新需求和科技的跨学科融合课程：比如《未来交通》《病毒与社会》《智能社区》等，这类课程贴合社会需求和生活实际，学生容易接受，成果也容易转化为有价值的产品。

四、总结

本文尝试从几个自主设计的机器人 STEM 课例的实施过程中分析、归纳出一些适用于基础教育阶段的 STEM 课程设计方法、模式和思路。由于新技术、新理念不断发展，教育也在不断进步，本文的很多想法未必恰当，希望同行不吝指正。在此感谢与笔者共同开发上面一些课程的教师，期望有更多的教师，可以一起开创一条适应未来教育的路。

参考文献

[1] Microbit 官网：http://www.microbit.com.

[2] 骆卫华. 信息技术中机器人教学的内容定位 [J]. 基础教育研究，2016（12）：

85–86.
[3] 梁锦明. 基于CDIO工程教育模式的3D创意设计课程的开发与实施[J]. 中小学信息技术教育, 2017 (1): 9.
[4] 陈虹, 韩晓英. 机器人技术跨学科创新实践教学研究[J]. 数字教育, 2016 (3).
[5] Firefly项目主页: https://makecode.microbit.org/projects/fireflies.

案例篇

第一部分　小学语文教学设计案例

我的好朋友

一、基本信息

课型： 写话　　　　　　　　　　　　　**课时：** 第一课时
学校： 广州市白云区颐和实验小学　　　**授课教师：** 郑兰兰
学科（版本）： 小学语文（部编版）　　**年级：** 二年级下学期

二、教学分析

教学目标	低阶目标： 1. 巩固写话的基本格式，能准确运用标点符号。 2. 能对写话产生兴趣，树立写话的信心。 3. 能根据提示，仿照样子写出自己的一位好朋友。 高阶目标： 1. 运用好词佳句和修辞手法，将好朋友的外貌特点及活动内容介绍得更加丰富生动。 2. 尝试运用"总—分—总"的结构展开写话
教学内容分析	《我的好朋友》是统编小学语文二年级下册第二单元的写话，也是本册的第一次写话。 　　本次写话内容是照样子写身边的一位好朋友，内容贴近生活，学生有话可写。教材用提问和表格的方式提出了写话要求，用三个问题引出了本次写话的主线："他是谁？""长什么样子？""你们经常一起做什么？"然后用表格呈现了一个例子："我的好朋友叫张池，他掉了一颗门牙。他的脸圆圆的，笑起来有个小酒窝。我们天天一起上学，一起回家。我们经常一起打乒乓球。"这样的教材设计，有方法提示，有样例呈现，学生有方法可依，有样例可模仿，从而降低了写话的难度

续上表

学情 分析	统编教材前三册共涉及3次课后仿写和3次写话训练。如用"有……"列举事物；学写留言条；描写"我最喜欢的玩具"等。由此可见，大多数学生已经大致了解写话的格式及要求，有书面表达基础，在写话中，能基本运用学过的词语和句式，对写话有一定的兴趣和自信心。 　　不过部分后进生抓不住写话的主要方向，不能流畅地使用表达句式，缺乏对词语和句子的积累，导致写话内容不够完整，少数学生甚至还不能规范使用标点符号。 　　在此学情基础上，本课时利用平板学习工具，对低阶和高阶的学生推送不同微课，针对性地进行写话分层指导。力争在有效的课堂时间内，同时兼顾优生和后进生，帮助优生学得更优，后进生学得更牢
技术应用	本课时主要运用网络教学平台和平板展开分层教学。
重、难点	教学重点： 1. 巩固写话的基本格式。 2. 能根据提示，仿照样子写出自己的一位好朋友。 教学难点： 1. 通过分层指导，B级学生能基本掌握写话要求，A级学生能提升并美化写话内容。 2. 培养学生写话的兴趣，树立写话的自信心
教学环境 与资源	网络教学平台；平板、一体机教学工具；《我的好朋友》课件；课前写话指导微课、课中高阶指导微课等

三、教学过程

一、课前写话，初步分层

学习目标：
1. 能初步根据提示，仿照样子写出自己的一位好朋友。
2. 能大致运用正确的写话格式和标点符号

教师活动	学生活动	技术使用与功能评析
1. 课前录制微课——"我的好朋友"课前指导微课，明确写话的方法和要求。 2. 布置写话任务。 3. 批改写话，从字数、内容、结构三个方面将学生的写话内容分成A、B两级。 4. 收集、整理数据，进行二次备课	1. 观看"我的好朋友"课前指导微课。 2. 初步完成写话。 3. 在平板作业端上传"我的好朋友"的写话内容	【技术使用】 1. 平板推送微课； 2. 平板拍照上传； 3. 平板出示分层数据； 4. 平板展示学生写话。 【功能评析】 1. 激发学生的学习兴趣，调动积极性； 2. 高效、准确地收集学生的学习数据，为课上讲评提供依据

续上表

学习评价	1. 学生通过课前观看指导微课，初步完成写话。 2. 教师批改写话后，及时整理出分层数据。 3. 平板端自动生成课前学习数据，实时记录学生的学习轨迹。 4. 课前的数据分析为课中做好了分层准备
基于学习数据的课前学情诊断	 ／人 45 40 35 30 25 20 15 10 5 0 　　　A级写话　　　B级写话　　　全班人数 ▲课前写话诊断　16　　　　27　　　　43 《我的好朋友》写话分层 　　本班共43名学生，通过批改课前写话发现，有16名学生能结合以往的学习经验，初步根据提示，仿照样子写出自己的一位好朋友；有27名学生，在格式及内容上，不能按照要求介绍自己的好朋友。由于两级学生写话水平悬殊较大，故将他们分为A、B两级，课中需进行针对性的写话指导
二次备课说明	根据课前写话数据显示，全班37%的学生能达到写话的基本要求，而63%的学生写话基础较弱，从字数、内容、格式等方面都不符合要求，两极分化严重。 　　了解学生的课前写话数据后，教师及时调整教学内容。先带领全班学生巩固写话要求和格式，结合生活实际以及范文讲解，帮助学生理解并运用写话的方法。同时将学生分成A、B两级，组织学习能力较强的A级学生退出线上课堂，自主观看微课，并提升自己的写话内容。考虑到B级学生人数较多，且自主学习能力不佳的情况，教师课上专门对27名B级学生进行写话加强指导，从内容、结构、写作方法等方面，帮助学生找到改进的方向以及具体操作方法。 　　本节课的学习目标分层如下： 　　A级学生能适当运用修辞手法和"总—分—总"的结构，将"我的好朋友"描写得更加形象生动，并表达自己对好朋友的喜爱之情。 　　B级学生能运用正确的写话格式，将"我的好朋友"介绍具体，语言表达流畅，适当运用好词佳句，把内容写完整

续上表

二、课中学习，分层指导

（一）激趣导入，寓教于乐

学习目标：
1. 激发学生的写话兴趣。
2. 结合生活实际，对人物肖像展开语言描写

教师活动	学生活动	技术使用与功能评析
1. 游戏导入——"猜猜他是谁"。 （1）教师出示"灰太狼、小头爸爸、光头强"三个人物图片，并出示其中一人的文字描述，通过平板发起选择题，让学生快速对应人物答题。 （2）平板即时出示答题数据，答对学生奖励3朵红花，答错则扣除1朵红花。 2. 出示班上同学的大头照，教师对其中一人进行口头描述，并通过平板抽答的方式指名让学生猜一猜是谁。 3. 出示教材第26页描写张弛样子的语句，并出示三张学生照片，组织学生快速选择。 4. 板书课题	1. 根据教师出示的三个人物图片及文字描述，进行对应选择。 2. 实时关注平板的红花奖惩情况以及抽答情况。 3. 翻开语文书第26页，学习写出人物特点的方法，在平板上快速答题。 4. 齐读课题	【技术使用】 1. 平板推送选择题。 2. 平板实时进行红花奖惩。 3. 平板出示答题数据。 4. 平板进行随机抽答。 【功能评析】 1. 激发学生的学习兴趣，活跃课堂氛围。 2. 加强师生互动，生生互动。 3. 快速、准确地搜集学生的答题数据

（二）欣赏美文，诊断劣文

学习目标
1. 了解写话的基本要求，规范运用标点符号。
2. 学会判断写话内容是否符合要求，客观评价他人的写话

教师活动	学生活动	技术使用与功能评析
1. 出示写话要求，回顾写话格式。 写话要求： （1）仿照样子，写出好朋友的外形特点，以及经常一起做的事。 （2）内容完整，表达流畅。 写话格式： （1）题目写在第一行的正中间； （2）每一个自然段开头空两格； （3）标点符号单独占格。	1. 根据写话要求和格式，评价自己的写话内容，并打星。 （1）题目写在正中间★ （2）开头空两格★ （3）标点符号单独占格★★	【技术使用】 1. 平板出示写话内容。 2. 平板实时进行红花奖惩。 3. 平板出示答题数据。 4. 平板搜集评价数据。

续上表

教师活动	学生活动	技术使用与功能评析
2. 对学生进行自我评价调查，发起快速问答——选择题，并及时公布答题数据，进行红花奖惩。 3. 出示一篇 A 级写话内容，引导学生从字数、内容等方面进行评价。 播放 微课①欣赏 A 级写话 4. 教师总结优秀写话的特点： 字数达标，内容丰富；规范使用标点符号，写出好朋友的外形特点；适当运用好词佳句和修辞手法，表达流畅完整；学会分段，抒发自己对好朋友的喜爱之情…… 5. 全班一起诊断 B 级写话内容，教师总结。 播放 微课②诊断 B 级写话 字数不达标；标点符号占格错误；语句不通顺，字迹潦草；没有写出好朋友的外形特点，也没有写清楚经常一起做的事…… 6. 教师出示 A、B 两级学生名单和占比数据	（4）写出好朋友的外形特点★★ （5）写清楚一起做的事情★★ 2. 自我诊断写话等级。 3. 欣赏优秀写话，并尝试多方面评价。 4. 尝试将优秀写话的方法运用到自己的写话上。 5. 参照教师的总结内容，对自己的写话进行二次评价。 6. 根据名单明确自己的等级	5. 平板做课堂笔记。 【功能评析】 1. 实时调动学生的学习积极性。 2. 直观、近距离地引导学生诊断写话。 3. 快速准确地搜集学生的答题数据和评价数据。 4. 平板后台及时统计、保存学生的学习数据

（三）分层学习，分阶进步

高阶学习目标：

1. A 级学生能在原有基础上运用更多好词佳句和写作手法，如比喻、夸张等，将好朋友的外貌特点及活动内容介绍得更加丰富生动。

2. A 级学生能运用"总—分—总"的结构展开写话，将写话分成三至四段。

低阶学习目标：

1. B 级学生能正确运用标点符号，并仿照样子把自己好朋友的外形特征描述清楚。

2. B 级学生能将写话内容表达得完整流畅。

3. 能对写话产生兴趣，树立写话的信心

续上表

教师活动	学生活动	技术使用与功能评析
1. 教师出示学习任务： 高阶指导A级学生（16人）： 退出在线课堂→在平板作业端观看两个微课： 微课③我的好朋友：介绍样子 微课④我的好朋友：我们经常一起做的事 →看完微课即时修改写话→返回课堂。 低阶指导B级学生（27人）： 继续留在课堂，教师面对面补充讲解写话的方法和改进方向。 2. 教师出示《我的好朋友》范文，当堂指导B级学生修改写话。 （1）引导B级学生巩固写话内容，并结合所学内容推送简单好词，如二年级上册《妈妈睡了》一课中："明亮的眼睛、弯弯的眉毛、红润的脸"等，引导学生将人物的样子写具体。 播放 微课⑤B级写话当堂指导：好朋友的样子 （2）尝试将写话分成两到三个自然段，第一段描写好朋友的样子，第二段写经常一起做的事，如一起去图书馆看书、一起玩游戏、一起做运动、一起上下学……最好能写出做某件事具体的时间、地点、人物及心情…… 播放 微课⑥范文：好朋友麦子 播放 微课⑦范文：好朋友芊冉 3. 教师巡堂指导B级学生修改写话。 4. 教师拍照上传已当堂修改成功的写话内容，挑选出优秀作品分享至全班，并组织学生进行简单评价。	1. 分层学习： 　　A级学生戴上耳机观看高阶指导微课，通过教师推送的好词佳句、写作方法、结构划分等内容，不断美化、提升自己的写话。 　　B级学生留在课堂完成低阶学习。 2. B级学生明确改进方向，当堂修改写话，尝试将好朋友的样子写具体，用上教师推荐的好词佳句。在此基础上，分段写一写和好朋友经常做的事，用上三到四句话。 3. 完善写话时若有疑惑，可举手提问，教师适时解惑。 4. 对教师出示的优秀写话进行点评和学习。 5. 学生再次对写话进行自我评价。 6. 自我分析写话内容的优点和不足。	【技术使用】 1. 平板出示写话分层数据。 2. 平板线上、线下分层推送学习微课。 3. 平板拍照上传写话内容。 4. 平板收集评价数据。 5. 平板及时进行红花奖惩。 【功能评析】 1. 在有限的课堂时间内，辅助学生分层学习。 2. 快捷而有针对性地推送学习微课。 3. 线上举手发言、红花奖惩等方式更能调动学生的积极性。 4. 平板后台及时统计、保存学生的学习数据。 5. 微课学习资料可反复调试观看，帮助学生提高学习效率

续上表

教师活动	学生活动	技术使用与功能评析
5. A、B两级学生大致完善写话内容后，教师再次出示评价标准，引导学生进行自我评价。 6. 教师对比分析学生两次自我评价的数据，即时肯定有进步的学生，鼓励更多学生树立写话的信心。 7. 课堂小结，布置作业。 （1）将写话读给好朋友听。 （2）拓展练笔： 描写爸爸或妈妈的样子。 8. 课外拓展，阅读好文。 《大头儿子和小头爸爸》	7. 跟好朋友分享写话内容；拓展描写爸爸或妈妈的样子。 8. 自由阅读《大头儿子和小头爸爸》系列图书，也可观看动画视频	

三、课后巩固，查漏补缺

学习目标：
1. 完善写话内容，提升写话能力。
2. 加强学生写话的自信心，助其感受写话的乐趣

教师活动	学生活动	技术使用与功能评析
1. 督促学生完善写话。 2. 组织学生互批，用自己喜欢的方式帮助同学改正写话中的不足之处。 3. 评选出互批最认真的小组，及时表扬并奖励红花。 4. 调查互批情况，选出得★最多的写话。 分享并展示优秀写话	1. 完善写话内容。 2. 全班分组进行互批，为自己喜欢的写话评星。 3. 向教师推荐优秀写话内容。 4. 全班学习优秀写话	【技术使用】 1. 平板自由观看微课。 2. 平板查看课堂笔记。 3. 平板奖励红花。 【功能评析】 1. 红花奖励及时肯定了学生的努力和进步，调动积极性。 2. 平板资源不限时共享，有效、便捷地为学生提供了帮助
学习评价	1. 课后通过回看指导微课、课堂笔记等内容，学生在短时间内有效地完成了写话分层任务。 2. 生生互批的方式提高了写话的趣味性和有效性。 3. 学生通过课前、课中、课后的学习，切实提升了写话能力	

续上表

基于学习数据的课中精准教学分析	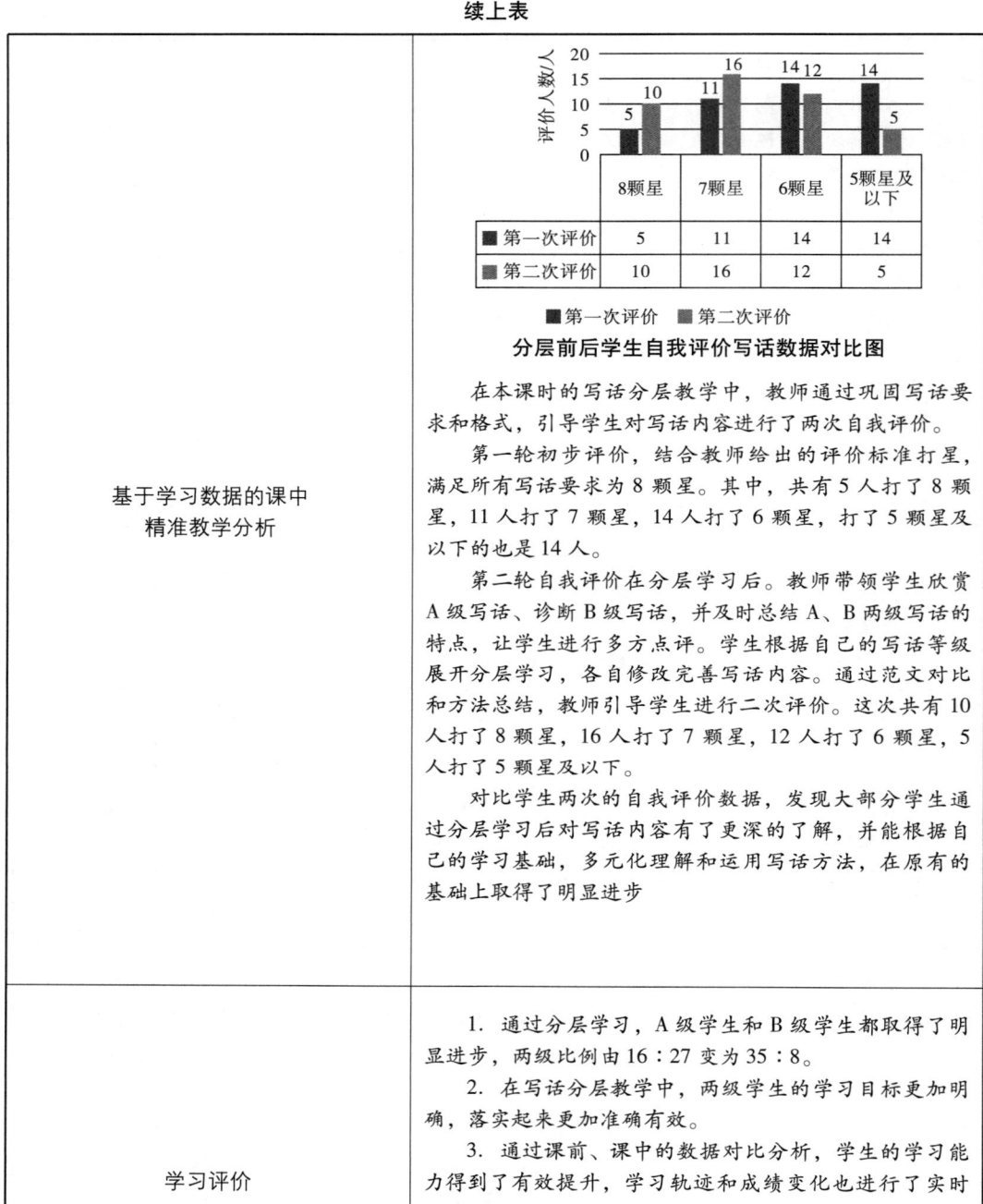 **分层前后学生自我评价写话数据对比图** 在本课时的写话分层教学中，教师通过巩固写话要求和格式，引导学生对写话内容进行了两次自我评价。 第一轮初步评价，结合教师给出的评价标准打星，满足所有写话要求为8颗星。其中，共有5人打了8颗星，11人打了7颗星，14人打了6颗星，打了5颗星及以下的也是14人。 第二轮自我评价在分层学习后。教师带领学生欣赏A级写话、诊断B级写话，并及时总结A、B两级写话的特点，让学生进行多方点评。学生根据自己的写话等级展开分层学习，各自修改完善写话内容。通过范文对比和方法总结，教师引导学生进行二次评价。这次共有10人打了8颗星，16人打了7颗星，12人打了6颗星，5人打了5颗星及以下。 对比学生两次的自我评价数据，发现大部分学生通过分层学习后对写话内容有了更深的了解，并能根据自己的学习基础，多元化理解和运用写话方法，在原有的基础上取得了明显进步
学习评价	1. 通过分层学习，A级学生和B级学生都取得了明显进步，两级比例由16∶27变为35∶8。 2. 在写话分层教学中，两级学生的学习目标更加明确，落实起来更加准确有效。 3. 通过课前、课中的数据对比分析，学生的学习能力得到了有效提升，学习轨迹和成绩变化也进行了实时记录。 4. 平板分层学习、快速问答、红花奖惩、自我评价等方式大大提高了学生的学习兴趣，同时提高了课堂效率。 5. 分层学习后，学生对介绍"我的好朋友"更有信心，写起话来也更加流畅完整

四、教学反思

（一）学习数据分析

通过对比课前初次写话和课中分层写话的数据发现，A级学生由原来的16人上升至35人，其中包括在原有A级基础上，提升至更优的学生10人，而B级写话人数由27人减少至8人。由此可见，通过分层写话教学，有81%左右的学生在原有基础上取得了明显进步，而剩下21%左右的学生也在不断向A级靠近。

（二）教学效果分析

在传统的低年段语文写话教学中，教师无差别、无层次进行授课，且只利用课堂这一个渠道展开教学，过于单一化，模式化，从而导致学生对写话方法"大小通吃"，却不能嚼化吸收，不少后进生对于写话更是无从下手，避而远之。如在平行班2C班的常规写话教学中，同标准A级学生共26人，B级学生有17人，可见后进生人数较多，且写话出现的问题不少，教师难以在40分钟的课堂上及时辅导并解决。

而在写话分层教学中，教师通过课前的摸底分级，了解了学生的学习数据，课中根据学生的能力差异进行针对性指导。A级学生在原有基础上不断丰富写话内容，提高动笔能力。而B级学生在了解自己写话水平的基础上，明确了改善写话的方向，在教师的指导下，一步一步达到写话的基本要求，从而树立了写话的信心。最后A级学生达到35人，B级学生只剩人。

总体来说，这次写话分层指导课，无论是教师的教学效果，还是学生的学习效果，都达到了课前的预期目标。教师教得愉悦，学生学得轻松，无论是高阶学生还是低阶学生，都取得了明显进步，相比传统写话教学收益更大。

（三）教学模式提炼（见图1）

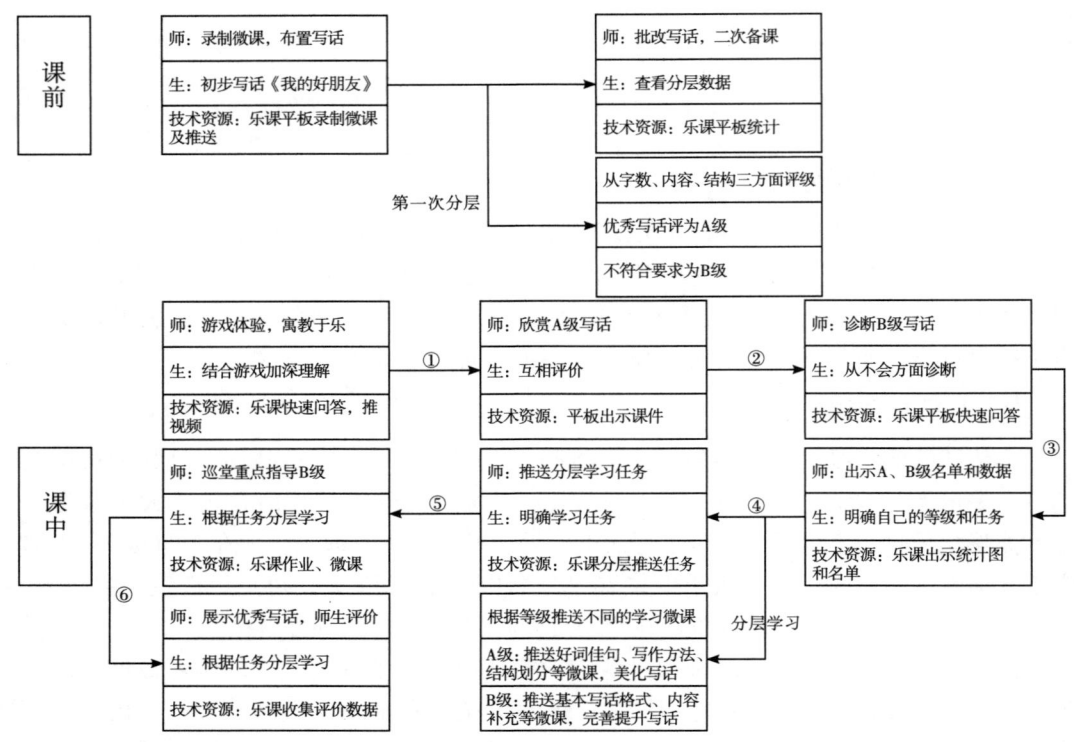

图 1 《我的好朋友》写话分层教学模式

（四）教学改进方案

（1）对课前收集的写话内容进行多方位的分析，评分等级还可以更加详尽，如 A+、A、B+、B、C 等。课前将评分标准告知学生，保证数据的准确性、时效性。

（2）将线上学习和线下学习紧密联系起来，在课上开展分层教学时，不仅可根据学生的基础、学习能力来分配学习内容，还可在学习时间、学习强度上进行个性化训练。

（3）对学生的学习数据进行系统的收集整理，抓住大数据来分析资源，并以此来获取学生中的典型案例及范文，更有针对性地开展分层教学。

（4）微课指导资料要直观明了，无论是图片设计还是文字处理，都应当帮助学生快速准确地感知主要内容，从而达到让学生分层吸收知识点的效果。

（5）分层指导的内容要更加精准、更具引导性，让学生对自己的学习目标一目了然。

（6）不断提高学生的主观能动性，培养学生养成主动思考、主动评价、主动总结的学习习惯。

（7）不断训练学生的分层学习意识，及时了解自己的学习情况，并在此基础上趋向完成高阶目标。

(8) 课后可开展"一对一帮扶"活动,组织 A 级学生总结写话经验,及时分享给 B 级学生,并帮忙评价和批改写话,共同进步。

(9) 合理使用平板,控制好时间和力度,避免逐本舍末现象。

(10) 合理安排、调控课堂上的分层指导时间,可引导学生分析和评价教师的教学行为和教学效果,促使教师的个人行为不断改善。

五、专家点评意见

《我的好朋友》是小学语文(部编版)二年级下册的写话课。本节课包含课前诊断、课中分层、课后巩固三个环节,其设计特色在于借助课前数据分析实现分层教学。

在课前诊断中,学生通过观看微课,初步完成写话,教师批改,生成课前学习数据,依据数据实施精准分层,将学生分成AB两层,为课中分层教学活动做好准备。课中分层教学按照"激趣导入、寓教于乐—欣赏美文、诊断劣文—分层学习、分阶进步"的顺序依次展开。其亮点在于"分层学习、分阶进步"环节。该环节,教师首先将学习任务分成AB两层,然后A层学生借助微课开展自主学习并完善写话内容,同时B层学生接受教师面对面指导修改写话。AB两层学生各自完成任务后,教师引导所有学生进行自我评价。并在课后巩固环节利用平板电脑组织全班开展分组互评活动。

本节课充分利用课前学生学习数据,有效实施了学习目标分层、学习任务分层、学习资源分层和教师指导分层,让不同层次的学生在同一节课中各自向更高层次的目标发展,有效地解决了传统课堂中优等生"吃不饱"、后进生"吃不消"的问题。

点评专家:马秀芳,华南师范大学博士,副教授,美国匹兹堡大学访问学者。

教学视频

搭船的鸟

一、基本信息

课型：习作课　　　　　　　　　　　　课时：第一课时
学校：东莞市寮步镇石步小学　　　　　授课教师：陈超文
学科（版本）：小学语文（部编版）　　年级：三年级上册

二、教学分析

教学目标	1. 正确、流利、有感情地朗读课文。 2. 通过小组合作品读描写翠鸟"外形"的文段，初步学习观察和描写动物外形的方法，体会留心观察的好处。 3. 选择喜爱的动物进行观察，借助思维导图整合观察信息，交流观察所得，锻炼表达能力，培养细致观察的意识
教学内容分析	课前游戏，明确主题 板块一：检查词语，全文整体感知 板块二：品读外形，感悟观察之法 板块三：微课引路，巧设思维支架 板块四：观察动物，构思写作框架
学情分析	从学情来看，三年级的学生处于一个学习心理与能力的调适期，由简单的看图写话，过渡到完整的习作训练，畏难情绪与拔高要求，都会扼杀学生的表达欲望。从学生能力发展的阶段性特点来看，学生应学习观察周围世界，能不拘形式地写下自己的见闻、感受和想法。本课的教学设计，重在培养学生主动观察生活的意识和习惯，为提升学生的表达能力奠定基础

续上表

技术应用 重、难点	本课多个环节需要运用学创教育网络平台中的作业评价系统，从发送练习至学生的平板，到学生完成练习，再到收集学生的练习完成情况，教师能够及时地在线上终端批阅、了解学生情况
教学环境 与资源	学创教育的网络平台；平板电脑；多媒体课件；微课；素材库

三、教学过程

一、课前预测		
学习目标	学习活动	技术使用与功能评析
借助课前热身游戏，初步明确留心、细致观察的重要性	1. 游戏热身一起来找茬：留心观察，认真数，圈出图片中不同的地方。 2. 学生在平板上圈画各自的发现并上传。 3. 交流观察感受：如果粗略地看几眼，只找到几处不同。只有留心观察，耐心地数，才知道图画上共有多少处不同。 4. 明确主题：只有留心、细致观察，才能有不一样的发现	多媒体课件及作业评价系统便于教师确定学习情况
学习评价	智慧教学平台自动生成的学生学习数据，记录学生学习轨迹	
基于学习数据的课前学情诊断	游戏不仅是创设真实课堂交际的有效途径，还是活跃课堂气氛的有效手段。极具挑战性的游戏既能减缓学生在课前的紧张情绪，激发起学生的学习兴趣，又能从中引导学生体会留心、细致观察的重要性。学生在游戏情境中愉快而有目的地进入学习，寓教于乐	
二次备课说明	教师需要引导学生细致地观察。遵循以生为本的原则，以实现高效课堂为目标，本篇教学设计融合网络平台的优势，优化教学手段，从而达到学生自主学、快乐学的目的，实现高效的课堂教学	

续上表

二、课中探究

板块一：检查词语，全文整体感知

学习目标	学习活动	技术使用与功能评析
检查词语，由词入篇，感知全文，感受留心观察的好处	一、谈话导入，揭示课题 1. 师：在本单元的单元导读里，记录下法国著名雕塑家罗丹说过的一句话，请读——生活中并不缺少美，只缺少发现美的眼睛。 2. 揭题：能"发现美"的眼睛就是会观察的眼睛！我们一起走进第五单元，看看课文中的他们是怎样留心、仔细观察周围事物的。首先，去看看郭风乘船时偶遇的那只——"搭船的鸟"。 二、检查词语，由词入篇 1. 检查预习，读准字音。 2. 初读课文，初步感受留心观察的好处。 师：把词语放进文中，自由朗读课文，想一想作者对哪些事物进行了细致观察？ 三、师生合作，感受作者留心观察的好处 1. 学生汇报作者细致观察的事物和场景。 2. 根据学生寻找的事物和场景，营造情境，师生配乐合作朗读	多媒体课件

板块二：品读外形，感悟观察之法

学习目标	学习活动	技术使用与功能评析
通过小组合作方式完成学习任务单，品读描写翠鸟外形的段落，感悟观察之法。	一、品读外形特点，得留心观察之美 过渡：作者留心观察周围的一景一物，从而发现美。（贴板书：留心）当他在船上遇到翠鸟时，先观察到的是翠鸟的——外形。 1. 师：瞧！翠鸟飞来了，这是一只怎样的鸟儿，请你用一个词说说。 2. 师：作者用"彩色"这个词语概括出翠鸟的总特点，这是作者对翠鸟整体的观察。（板书：整体观察）看见如此色彩鲜艳的小鸟，作者发出这样的感叹—— 出示：我看见一只彩色的小鸟站在船头，多么美丽啊！	多媒体课件、作业评价系统

续上表

学习目标	学习活动	技术使用与功能评析
	3. 师：作者是怎样描绘这只多彩的翠鸟的呢？让我们一起对翠鸟外形进行局部的观察吧！请小组合作学习第二自然段，完成自学任务单。 小组合作完成自学任务单 1.读一读第二自然段，作者对什么进行局部观察？把思维导图补充完整。 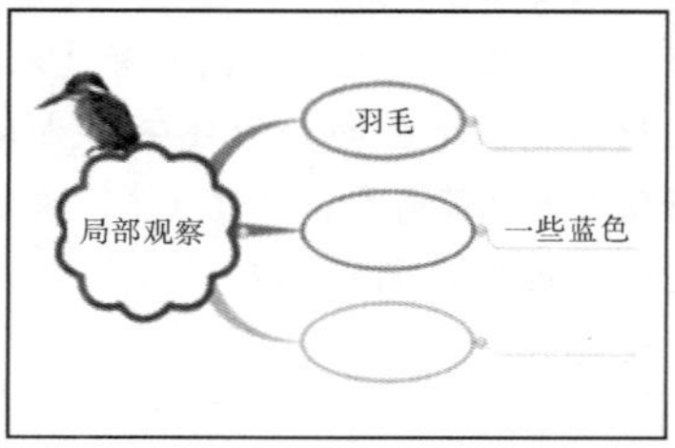 局部观察 —— 羽毛 　　　　　—— 一些蓝色 　　　　　—— 2.小组内交流展示，根据思维导图说一说这只翠鸟。 交流：①我们小组发现，作者对翠鸟的……进行局部观察。 　　　②我能根据思维导图说一说： 　　　　例：我看见了一只彩色的翠鸟，他的羽毛是…… 3.小组拍照上传自学任务单。 （1）学生按照步骤，完成学习任务单。 （2）小组展示、交流任务单，引发集体补充交流。教师相机点拨，板书。 ①点拨部位： 师：请小组派代表说说，作者局部观察了什么？（相机板书：羽毛、翅膀、长嘴） ②点拨细致观察： 师：羽毛、翅膀、长嘴是翠鸟身上的各个部位，作者能把翠鸟身体部位观察得清清楚楚，说明他观察得非常——细致。他还细致地观察到这些身体部位的颜色，分别有哪些？ ③点拨从整体到局部的观察方法。 总结：瞧！同学们，从思维导图中能看出，作者先是从整体观察到翠鸟彩色的特点，接着对翠鸟身体部位进行局部观察，进一步点明翠鸟色彩鲜艳的特点。从整体到局部这种观察方法让观察更细致不易遗漏。 （3）男女生读。 师：请男生带着一双会观察的眼睛，通过朗读，来看看这只彩色的翠鸟吧！ 师：这只翠鸟比鹦鹉还漂亮呢！请女生带着对翠鸟的喜爱，赞美这只色彩鲜艳的翠鸟吧！	

续上表

板块三：微课引路，巧设思维支架		
学习目标	学习活动	技术使用与功能评析
通过观看微课，总结表达方法，分层搭建思维导图，为写作提供思维支架	一、借助导图，试说翠鸟 师：真是一群会读书的孩子，谁能借助思维导图试着说一说这只翠鸟的外形？ 点评：看！思维导图帮助我们有序地描绘出一只翠鸟的形象。但这样的介绍还不够生动呢！瞧！翠鸟的好朋友鹦鹉带着礼物飞过来了，请看！ 二、播放微课，导图分解 微课讲说词： （一）导入 小朋友们，你们好，我是翠鸟的好朋友小鹦鹉。刚刚听说你们能根据思维导图介绍小翠鸟的外形，真棒呢！思维导图不仅能够帮助我们梳理信息，还能帮助我们进行写作构思呢！我也给自己做了一个思维导图，快来看看吧！ （二）介绍外形，出示导图 大家都说我是一只美丽的小精灵。瞧！我天天穿着一身漂亮的花衣裳，我的头戴着一张蓝绿渐变的头巾，圆溜溜的眼睛四周布满了黑白相间的花纹。黑灰色的嘴巴弯弯的，像一把镰刀，我的背部披着一件黄、蓝相互交错的大衣，金黄金黄的腹部闪闪发光。我最喜欢拖着我那条长长的尾巴，左摇右摆。 （三）小结 同学们，喜欢这么美丽的我吗？不妨也学学我，借助思维导图梳理外形的特点，为写作搭建思维支架吧。	

续上表

	三、总结方法，分层搭建 　　1. 师：小鹦鹉是怎样介绍自己的呢？它先告诉我们它最突出的特点——美丽，接着它又给我们介绍了它的…… 　　2. 师：小鹦鹉真厉害，它也学会了从整体到局部有顺序介绍自己的外形。对比一下翠鸟外形的思维导图，你有什么发现吗？ 　　3. 师：除了描写颜色以外，我们还可以对它的形状等方面进行描写，在描写的过程中还能展开想象，加入恰当的修辞手法，把小动物写得更生动形象	

板块四：观察动物，构思写作框架

学习目标	
从素材库中选择喜爱的动物进行观察，借助思维导图整合观察信息，交流观察所得，锻炼表达能力	一、学以致用，搭建思维框架 小试牛刀，画思维导图： 　　孩子们，老师把你们最喜欢的小动物请来了，请你们打开素材库，对感兴趣的动物进行留心、细致的观察，运用上我们这节课所学到的从整体到局部的观察方法，有序地画出动物外形的思维导图。画好以后，根据导图内容，在小组内说一说这只小动物的外形。 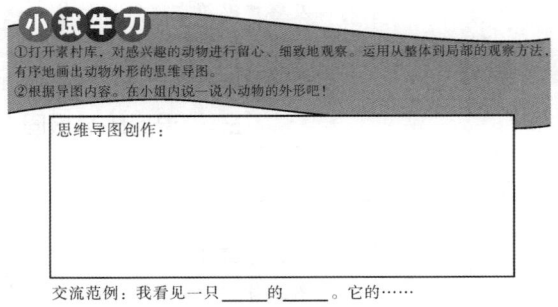 （1）学生自主创作思维导图，构思写作框架，拍照上传。 （2）小组内交流，根据思维导图内容，说出小动物外形。 （3）小组派代表上台展示

续上表

学习目标	
	二、结合板书,总结所得 　　这节课,我们学会留心、细致观察事物,掌握从整体到局部的观察方法,认识了这一只彩色的翠鸟。还学会借助思维导图,有序地描绘出小动物的外形特点,感受了写作构思过程中的乐趣。期待看见同学们笔下的小动物。
基于学习数据的课中精准教学分析	在教学探究学习过程中,环环相扣,由浅入深。立足文本特点,巧搭思维支架,借助思维导图,引导学生探究"作者是从哪些方面对翠鸟进行观察",通过小组合作的方式完成翠鸟外形文段的思维导图,从而建构起思维支架,理清习作脉络。通过微课再次感悟从整体到局部的观察方法,习得写作生动之妙。紧接着,老师请学生在素材库中选择自己喜爱的小动物,运用所学的观察方法,画出思维导图,为下一步的动笔写以及搭建思维支架做好铺垫,最后放手让学生自行写作
学习评价	学生借助思维导图,从"扶"到"放"地进行写作,效果良好

三、课后练习巩固

学习目标	学习活动	技术使用与功能评析
锻炼表达能力,借助课上所画思维导图,写下动物的外形,并在小组内分享习作	一、布置作业,落实写作 　　各式各样的导图开拓我们的思维,为我们构建写作框架,梳理写作内容。今天,请同学们借助思维导图,把喜欢的小动物外形写出来。写好后,拍照上传,并在小组群中轮流分享。 二、乐享表达,互赏共评 　　小组内根据评分表内容,互评习作,选取得分最高的习作,进行全班展示。	使用了学习平台的作业评价系统,能够让教师及时了解每一个学生的作业情况

续上表

	互评共赏
	评价标准 / 他能获得
	语句通顺，表达清楚 ☆ ☆ ☆
	有序描写（从整体到局部） ☆ ☆ ☆
	抓住动物特点描写（能用上恰当的修辞手法，生动有趣） ☆ ☆ ☆
	总得星
	修改建议：
基于学习数据的课后个性辅导分析	延伸拓展，借助思维导图记录观察所得，通过互赏共评，搭建表达平台。读、写结合，扶、放递进，凸显习作专题单元中精读课文所承载的任务——在阅读中学习表达的方法及锻炼表达的能力
学习评价	通过系统的数据反馈，学生均完成了课后写作，并且态度认真

四、教学反思

（一）学习数据分析

学习数据的呈现，能够有效地根据数据信息分析学生的知识掌握情况，利用数据在课堂上根据预定的目标进行统计分析，有针对性地得出学生学况，能对学情做出综合性更强的判断和预测。在学习重点文段的过程中，以学习小组合作方式开展，学生透过有序地分工合作、以小组为单位上传小组成果，高效地完成自学任务单。教师结合系统呈现的小组学习数据，发现各个小组的学习成果令人欣喜。学习数据的分析应用在本课中发挥了重要的作用。

（二）教学效果分析

在习作教学中，发现大部分教师在运用思维可视化工具教学时，偏重于引导学生利用可视化工具画出思维导图，而欠缺写法的指导。基于这样的情况，本篇教学设计在充分结合可视化教学工具的同时，综合考虑学情，利用小组合作学习模式，以合作完成思维导图的自学活动学会归纳作者在观察事物时的特点。借助微课资源，引导学生学习表达技巧，巧用思维导图进行有序的表达。在教学中既体现思维导图的思维严谨性，又融合语文习作教学中的写作技巧，学生在小组中学习，在学习中成长，写作能力逐步提升，思维导图的应用与习作教学的结合渐入佳境。

（三）教学模式提炼

根据本课教学，提炼出"创情境—搭支架—活运用—巧评价"这一教学模式。

（四）教学改进方案

习作评价是习作教学的重要一环，发挥评价的正面作用，有助于提升学生的习作能力。本课的课后写作评价环节中主要是以小组为单位，通过量化表对学生的习作进行评价，学生在评价的基础上修改自己的习作。如能充分利用网络教学平台的作业评价系统优势，或是利用钉钉群的信息互动的便利，就能使写作的评价不仅仅局限在课堂，学生写完习作后，还能参与线上互评，使评价的角色可以多元化，可以是学生，也可以是家长，这样习作就得到了多方位的评价。此时，学生不仅是写者，也是评者，由此激发学生的写作兴趣，让学生乐于写作，乐于分享。

五、专家点评意见

《搭船的鸟》是小学语文（部编版）三年级上册习作专题单元中的精读课文，本节课是第一课时的教学设计，其核心点在于让学生"在阅读中学习观察和描写动物的方法"。这节课融合了翻转课堂和探究学习理念，通过课前预测、课中探究和课后练习巩固三个环节完成课程教学。

借助课前预测环节学生在智慧学习平台的热身游戏中留下的学习数据和轨迹，本节课在传统学情和教学内容分析的基础上，实现了对学生学习的精准学情诊断，教学目标的分析不仅达到了新课程标准中教学目标可操作、可检测的要求，而且充分体现了基于学习数据的教学目标精准性分析。

在课中探究环节，本节课交叉利用智慧教学平台、作业评价系统、多媒体课件、微课、思维导图和素材库等多种信息技术手段，有效驱动学生积极主动地对课文知识内容、观察和写作方法展开层层深入的探究过程。探究过程中，微课、素材库、多媒体课件和课本有机融合形成了学生的立体化学习资源；思维导图工具既是学生小组合作感悟观察方法的思考脚手架，也是学生个体练习表达的写作脚手架。课中环节充分体现了技术丰富环境下的智慧探究教学理念，高效达成了教学目标。

总之，本节课以数据分析为课前起点，以技术支持的探究为课堂核心，以智慧平台为课后延伸，既达到了让学生层层深入有效解读课程文本的目的，又达到了让学生在不知不觉中掌握方法的目的；既体现了融合翻转课堂与探究学习融合的理念，又体现了基于数据的适应性学习的理念。

点评专家： 马秀芳，华南师范大学博士，副教授，美国匹兹堡大学访问学者。

教学视频

基于学习数据的适应性教学设计
——第四单元复习课

一、基本信息

课型： 复习课　　　　　　　　　　　**课时：** 第一课时
学校： 广州市白云区颐和实验小学　　　**授课教师：** 潘福妹
学科（版本）： 小学语文（部编版）　　**年级：** 六年级上学期

二、教学分析

教学目标	一、知识与技能 1. 会写15个词语，正确理解文中的词语释义。 2. 有感情地朗读课文，学习作者通过描写人物的动作、神态、语言等描写方法，体会人物平凡而又伟大的人格魅力。 3. 体会作者丰富的想象，初步感受小说跌宕起伏的故事情节和引人入胜的表达方式。 二、过程与方法 通过不同等级的基础训练，借助不同层次的习题、微课，最终能掌握本单元的内容。 三、情感与态度 1. 培养抓住本单元的重点词语和课本的主要内容进行复习的习惯。 2. 通过激励和分层学习，提升学生运用小说的描写方法和修辞手法，感受小说人物的精神魅力。 3. 加强课外阅读短篇小说，学会感受和体验生活的酸甜苦辣

续上表

教学评价	本单元主要围绕"虚构小说"这个专题，运用了大量的描写方法，如人物的神态、动作、外貌、语言等方法，让学生体会这些描写的表达效果，并迁移运用到平时的写作中去，从而让学生的文章更加生动真切。引导学生读小说要关注情节、环境，感受人物形象，发挥想象，创编生活故事
教学内容	本节课的重点是掌握小说的表达方法和跌宕起伏的表达情感。通过检测利用学生对课本基础知识的掌握情况数据再次进行分析，利用掌握情况，进行进阶练习，进阶内容必须在学生掌握基础知识的情况下，一步一步加深难度。A级别的学生进行阅读能力提升练习，B级别的学生进行基础知识综合练习，让不同学生都能在这个过程中得到提高
学情分析	总体情况来看，六年级学生女生的学习自觉性非常强，学习效率也很高；男生的学习习惯相对比较差，多数需要家长和教师的通力合作，互相提醒才能够更上心。通过对课文内容的理解，孩子们的接受能力不同，他们进一步的学习也需要不同的资源，对于更深层次的学习有更大的需求，但是后进生对于课文的词语运用不够灵活，因此通过测试，了解学生掌握的情况，利用数据分析，进行分层练习，让他们巩固好重点的四字词语和分析课本的重点语段来学习进阶练习，打牢基础，为后面的学习做好铺垫
教学重、难点	教学重点： 1. 有感情地朗读课文，在《桥》《穷人》和《在柏林》三篇课文中塑造人物形象起到很大的作用，注意人物情感和形象的刻画。 2. 体会作者丰富的想象，深刻感受小说中主要人物的内心情感。作者利用多种描写方法，逐步学会语文文本对话，感受人物的内心情感。 教学难点： 重点体会"读小说，关注情节、环境，感受人物形象"，注意把握故事情节、环境描写，突出人物形象，指导学生抓住描写人物神态、语言、动作的关键语句，体会人物形象
技术应用	本节课主要借助乐课网教学平台发起课前听写分层，以及课中复习本单元的重点四字词语和修辞手法的运用，针对检测反馈的大数据分析对学生进行分层学习，同时提供习题讲解微课辅助学生理解修辞手法和描写方法
教学环境与资源	平板工具；乐课网教学平台；课件；习题若干；微课若干

续上表

学习数据的应用及其优势	
传统教学困境	学习数据的应用及其优势
传统的复习课堂只是布置学生不停地做试卷，要不就是很单调地读读背背和词语的抄写。到了老师授课的时候学生的状态不同，呈现的学习结果完全不同，也会出现参差不齐的局面，但这个时候却无能为力，只能继续授课。因为对有效方法和学生学情的分析不够到位，又不能准确掌握学生的知识能力掌握情况，那如何让后进生及时赶上，又如何让优生能够"吃得饱"，这是一个很值得深思的问题	在复习课中，平板电脑在这里发挥了很重要的作用，学生们可以上网查找资料，可以拍照、录像，也可以通过观看微课的方式，提前扫盲知识的盲点等，学生非常乐意使用这些设备。平板的分层授课正好借助于学生对平板的兴趣，将平板引入课堂。上课时，师生利用平板电脑，将教学资源和作业放在网络平台服务器上；课后，学生可以利用平板电脑登录学习平台下载教学资源和老师布置的课后分层作业。教师利用平板电脑在课堂上及时分发选择题目，学生就能很快接收并反馈分层的习题效果，教师也能立即了解全班学生的参与情况以及知识的掌握情况，并通过直观的统计图知道学生的错误集中在哪里并且能对自己授课的方向及时进行调整。在使用平板的过程中，教师通过平板发布的课前检测和课中检测反馈的大数据分析，精准获取学生的学习数据，在及时了解到每个学生的困惑点，对学生进行有效分层，推送不同学生学习难度的习题和微课帮助他们解决难题。对于学困生微课可以在此讲解一遍，及时扫除他们的知识盲点，同时通过看微课进行巩固或拓展，再通过不同的习题微课，帮助不同的学生查漏补缺，掌握各自欠缺的知识点，实现精准教学

三、教学过程

一、课前检测		
学习目标： 1. 会写20个字，正确读写18个词语。 2. 正确、流利地朗读课文，掌握课文内容，体会作者的思想感情		
教师活动	学生活动	技术支持
教师通过乐课网平台发布课前基础知识的检测习题，通过检测获得分层数据，给学生进行精准分层	通过乐课网平台认真完成教师发布的课前基础知识预习检测习题和阅读预习检测习题	乐课网教学平台；平板

续上表

基于学习数据的课前学情诊断	根据学生课前预测反馈的大数据分析，可发现六（B）班的学生在第四单元的复习课中学习上存在较大的差异性，呈现出两极分化的情况，后进生对于课本的主要内容运用不灵活，从预习检测来看，有10个同学对于课本的词语运用没有过关，还有部分同学对修辞手法和描写方法的运用容易混淆；而优生基础扎实，知识点掌握牢固，答题正确率高，有8位同学全对

二、课中分层

（一）基础内容讲解

学习目标：
1. 掌握本课生字词。
2. 能够灵活运用词语，有效进行句子训练

教师活动	学生活动	技术支持
1. 教师把课前检测的答题情况公布，及时表扬做得好的同学，同时对听写中的易错点进行点评。 2. 教师总结讲解容易读错及写错的生字词，提醒同学们同时注意形近字的拓展和识别	依据预习基础知识反馈的数据，进行等级划分，根据等级分别做不同的习题	乐课网课前检测数据分析；平板；生字词讲解PPT

（二）分层巩固

学习目标：

优生：能够灵活运用词语，并能分析同一词语在不同语境中的不同用法。特别是作者运用不同的描写方法来衬托当时的环境、人物和心情，初步感受小说跌宕起伏的表达魅力。

后进生：能够准确书写生字词，能够初步认知课文所表达的情感，体会人物的内心世界和情感

教师活动	学生活动	技术支持
教师通过乐课平台发布分层习题，根据预习检测数据给A、B类同学发布不同习题。	A类同学为全部做对的学生，则完成"阅读提升训练"（见阅读提升训练（一））；B类为有做错的学生订正再完成"第四单元综合能力检测卷"（见第四单元综合能力检测卷）	乐课网教学平台向学生推送分层检测习题和相对应的习题讲解微课；平板

（三）进阶内容讲解

学习目标：复习本单元的重点语段，分析人物形象，能够理解文章的修辞手法和描写方法，并能分析在不同的句子中运用不同的描写方法

续上表

教师活动	学生活动	技术支持
教师针对错误率较高的进阶习题进行一一讲解，同时再发起一套课堂进阶检测题，让学生再次测试，根据自己的错题看微课，扫盲自己的弱点	再次测试，完成习题，根据自己的错题看微课，把知识点弄明白	乐课网教学平台上的数据分析；辨析词语讲解的PPT；平板

（四）分层巩固

学习目标：

优生：学习课文的情感表达的深刻内涵，体会作者表达的意思。

后进生：通过观看视频表演《穷人》（见视频课本剧——穷人），更加深刻体会作者描写的场景和内心活动

教师活动	学生活动	技术支持
全体学生再一次进行随堂检测，完成进阶习题，全部做对的学生为A类（达人组），再进行初步阅读练习，把基础知识运用到阅读中；有错的学生则为B类（志远组），根据自己的做题情况及时订正进阶习题的错题，在完成补充进阶习题之后可以进入阅读练习中的学习	A类同学为全部做对的学生，则完成"进阶阅读习题二"；B类为有做错的学生根据自己的错题及时订正再完成"进阶阅读习题一"，其中部分学习能力较强的同学，完成了"进阶阅读习题二"之后再进入微课的学习	乐课网教学平台上的数据分析；平板
基于学习数据的课中精准教学分析	（1）在本课基础知识的学习中，从课前预习来看，在乐课网上的数据显示有34位学生完成了第四单元复习习题，从数据上看，"优秀"学生人数有14人，而且都是全对，还有20名同学有部分错题，从这可以看出在预习的过程中同学们对基础知识的掌握程度还不够好，需要巩固加强。 （2）在课堂上对于进阶练习中的难点进行讲解，让同学们弄明白本课基础知识中容易读错的，容易写错的，教师和同学们一起分析总结弄明白关键点后，全体学生再一次进行随堂检测。全部做对的学生为A类（达人组），这时达人组的同学就可以进行初步阅读练习，把课文的理解脉络运用到阅读中，能准确流利地朗读课文，同时能够对阅读进行拓展延伸，通过触类旁通的方法延伸到课外阅读中；有错的学生则为B类（志远组），根据自己的错题有针对性地先看习题微课，并订正，然后再完成一份基础知识综合卷。这次分层，达到达人组的学生人数有18人，说明他们通过观看基础题讲解微课后掌握了基础知识点，但出错的学生仍然存在，由原来的8位学生下降到5位，通过分层练习，这些后进生也进步了，效果还是显而易见的	

续上表

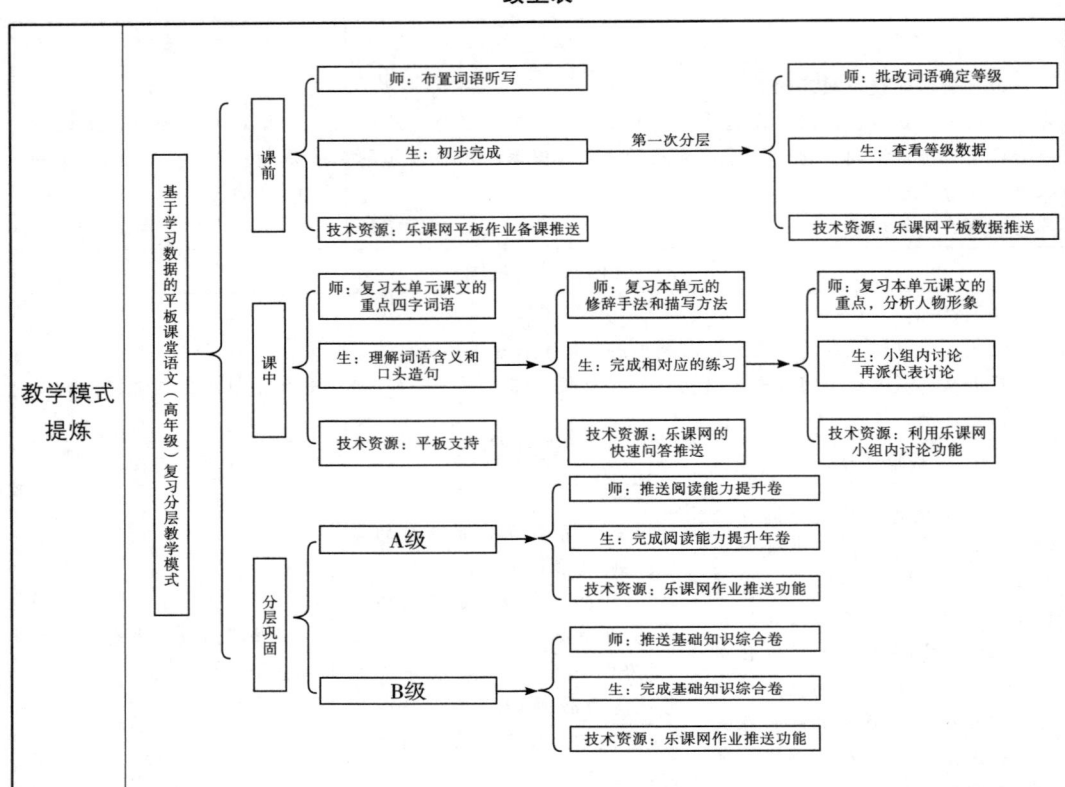

四、教学反思

（一）学习数据分析

从每次布置的分层作业来看，我们遵循的基本原则是抓住课本的易错词语和重点问题进行拓展运用，基础知识是基本相同的，只是在难易程度上一步一步加深，通过课前检测、课中分层、课后巩固，多层次的巩固各个知识点，正确率一次比一次高，达到"优秀"的学生从开始 A 类 15 人上升到 18 人，通过课中的分层，到最后全对的 A 类学生达到了 30 人；B 类的学生人数到最后出现错误的只有 4 人，而且这 4 人都只是在阅读题中因回答不完整而失分，这说明利用平板分层教学大大提高了课堂的效率，后进生也能自主通过观看错题微课讲解，逐步完成补充巩固练习，真正地掌握本课的基础知识点，而优生通过完成进阶练习，课本的理解能力也有所提升。

（二）教学效果分析

网络的发展一直都在不断地创新和改革，现在的学生已不满足于教师用单纯的 PPT 授课，他们更期待自己在这个过程中得到实际的操练和看到效果。所以刚开始运用平板授课的时间很仓促，一节课通过平板来进行操作习题，教师处于习惯性关注学困生的学习需求，很多时候会忽略优等生的知识阶梯需求。通过平板分层，很多学生能明白自己处于班级的什么位置，他们在班级里力求上进，而且通过平板分层中的各种奖励，他们的积极性得到很大的提升，这在学生的测试数据分析中能看到显著的效果。

（三）教学改进方案

（1）要落实分层教学的课改理念，要求教师拥有更高的综合素质，以及整合资源的能力，同时对学生出现的问题要有预见性，能熟练把握各种知识点。根据学生检测数据再次备课，把握教材主线，才能对后面的进阶内容把握准确，进阶内容的延伸才能对基础内容进行补充、强化、巩固，以提高课堂效率。

（2）分层教学借助习题、微课辅助教学，可提高教学效率，那么习题的筛选就很重要。每一道习题必须精准地了解学生对知识点的掌握情况，确保学生在课中对知识点不断巩固；在此基础上优生就有机会完成提高练习，优生的进阶习题要体现层次性，相对于基础题要有一定的难度，但难度不能太大，以免打击他们的学习自信心。

（3）结合时代的需求，制作微课时要更吸引学生们的目光，可以把教师制作微课和网上优秀的微课相互结合，习题讲解要思路清晰，易错点的把握要准确，能够帮助学生解惑。在今后的分层教学中，要不断地寻找最佳方法和创新思路，能够真正做到使优生对知识更渴求，学困生对学习更自信！

五、专家点评意见

"第四单元复习课"是小学语文（部编版）六年级上册的复习课。本节课设计的特色在于借助课前数据进行分层教学。课程分为课前检测和课中分层两阶段。在课中分层部分又细分为"基础内容讲解—分层巩固—进阶内容讲解—分层巩固"四个环节。但课中分层教学过程存在表达不清晰的问题。如第一次分层巩固中的学习目标是："优生：能够灵活运用词语，并能分析同一词语在不同语境中的不同用法。特别是作者运用不同的描写方法来衬托当时的环境、人物和心情，初步感受小说跌宕起伏的表达魅力。后进生：能够准确书写生字词，能够初步认知课文所表达的情感，体会人物的内心世界和情感。"然而对应的教师活动却是"教师通过乐课平台发布分层习题，根据预习检测数据给A、B类同学发布不同习题"。A类同学为全部做对的学生，则完成"阅读提升训练（一）"；B类同学为有做错的学生，订正错题后再完成"第四单元综合能力检测卷"。教师活动虽然表面上有分层，但实际上与学习目标的描述不能呼应，更无法有效达成上述学习目标。有理念，但表达不清，建议再做修改。

点评专家： 马秀芳，华南师范大学博士，副教授，美国匹兹堡大学访问学者。

教学视频

西门豹治邺

一、基本信息

课题：西门豹治邺　　　　　　　　　　**课型**：阅读新授课

学校：广州市白云区颐和实验小学　　　**授课教师**：史宏清

学科（版本）：人民教育部编版　　　　**年级**：四年级

课时：第一课时　　　　　　　　　　　**电子邮箱**：641819531@qq.com

二、教学分析

教学目标	1. 认识"豹、芜、娶"等12个生字，会写"豹、魏、派"等13个生字，理解"田地荒芜、提心吊胆、磕头求饶"等词语。 2. 通过分层学习，采取多种方法理解文中词语的意思，并能灵活运用词语。 3. 正确、有感情地朗读课文，从整体上把握课文内容，了解西门豹是怎样调查原因、兴修水利的
教学评价	利用平台对本课所学知识点进行测试，及时了解学生学习情况，根据反馈的数据进行分析。进行分层学习，及时改进教学设计，提高教学效果
教学内容	本节课教学内容是人民教育部编版四年级上册《西门豹治邺》第一课时新课学习。学生掌握基础知识是一个学习重点，通过课前的自学，学生对字词有了一定的了解，但掌握情况还需在课堂上进一步落实。而本节课的重点则是掌握本课生字新词，同时能灵活运用词语。通过检测利用学生对基础知识掌握情况的数据再次进行分析，根据掌握情况，进行进阶练习，进阶内容必须在学生掌握基础知识的情况下，一步一步加深难度，让不同层次的学生得到不同程度的提高

续上表

学情分析	四年级的学生，对生字的认识、记忆的掌握情况不同，他们进一步的学习也需要不同的资源，对于更深层次的学习有更大的需求，尤其后进生对于基础知识的掌握不够扎实，主要体现在生字、新词的书写，以及理解运用方面。学生的掌握程度不一样，在学习中所需要的资源也不一样，所以通过测试，了解学生情况，利用数据，进行二次备课，让他们巩固好基础知识点，学习进阶内容，打牢基础，为后面的学习做好铺垫
教学重、难点	教学重点： 认识"豹、芜、娶"等12个生字，会写"豹、魏、派"等13个生字，理解"田地荒芜、提心吊胆、磕头求饶"等词语，会灵活运用词语。 教学难点： 1. 采取多种方法理解文中词语的意思，并能灵活运用词语。 2. 正确、有感情地朗读课文，从整体上把握课文主要内容。 3. 字词：A类同学能够在语境中灵活、准确运用词语；B类同学能准确书写字词、辨析字词。初步感知课文：A类同学能准确把握文章内容，并进一步理解分析文章。B类同学通过不同的方法能准确把握文章内容，并感知大意
技术应用	本节课主要借助平板，发起课前检测、课中检测，针对检测反馈的大数据分析对学生进行分层学习，同时提供习题讲解微课辅助学生自主学习
教学环境与资源	平板工具；信息技术教学平台；课件；习题若干；微课若干

学习数据的应用及其优势

传统教学困境	学习数据的应用及其优势
传统的课堂对于学生课前的学习情况难以掌握，学生掌握知识的程度各不相同，根据检测后的数据分析，教师对学生的学情难于分析到位，学生之间的差距以及学习需求都难于准确掌握，那如何让后进生及时赶上，又如何让优生能够充分发挥自己的能力？在《西门豹治邺》这篇课文的学习中，有一半的同学能够通过预习掌握字词，可还有一部分同学，有的不能准确运用词语，有的不能辨析词语，怎样让所有学生能在课堂上获得更多的知识呢？	平板电脑可以上网查找资料，可以拍照、看微课视频等，学生非常乐意使用这些设备。正好借助于学生对平板的兴趣，将平板引入课堂，利用平板电脑高效学习。上课时，师生利用平板电脑，将教学资源和作业放在网络平台服务器上；课后，学生可以利用平板电脑登录学习平台下载教学资源和在线完成作业。教师利用平板电脑在课堂上及时分发选择题目，学生能很快接收学习任务，并能及时生成学生的学习情况，教师马上就可以了解全班学生的参与情况以及知识掌握情况，并通过直观的统计图知道学生的错误集中在哪里，教师还能在学生作答的过程中即时了解到每位学生的情况。教师通过监控学生的平板，轻松掌握每一位学生的学习细节，从而给出具有针对性的学习建议，实现个性化教学。在网络资源支撑下，教师通过平板发布的课前检测和课中检测反馈的大数据分析，精准获取学生的学习数据，再及时了解到每个学生的困惑点，对学生进行有效分层，推送不同层次、不同难度的习题和微课帮助他们解决难题。同时通过看微课进行巩固或拓展，再通过不同的习题微课，帮助不同的学生查漏补缺，掌握各次欠缺的知识点，实现精准教学。由学生自己发现问题、解决问题，顺利地进入到进阶内容的学习中，利用分层教学实现高效课堂的目的

三、教学过程

一、课前检测		
学习目标： 1. 通过自学，会认读文中的生字词。 2. 能正确、流利地朗读课文		
教师活动	学生活动	技术支持
教师通过信息技术教学平台发布课前基础知识预习检测习题（见习题1）和阅读预习检测习题（见习题2），通过预习检测获得分层数据，给学生进行精准分层	通过信息技术教学平台认真完成教师发布的课前基础知识预习检测习题和阅读预习检测习题	教学平台习题
基于学习数据的课前学情诊断	根据学生课前预习检测反馈的大数据分析，可发现四B班的学生在第26课《西门豹治邺》中基础知识的学习上存在较大的差异性，呈现出两极分化的情况，后进生对于基础知识掌握不扎实，字音、字形没有准确掌握 《西门豹治邺》基础预习　课前　学生互批 提交人数：38/38　　批改人数：37/38　　正确率：77.3% 从以上预习检测报告图来看有22.7%的同学基础知识没有过关；而77.3%的学生基础扎实，知识点掌握牢固，答题正确率高，其中有12位同学全对	
二次备课说明	通过预习检测数据图可以看出，学生对知识点的掌握程度不一，课堂上的所需也各有不同，教师则根据此情况进行二次备课。教师在进行分层备课时梳理教材内容并拆解成相关知识点，对知识点预判分层，分为A类和B类，77.3%的优生则为"A类"，有知识点的跨度；而22.7%的后进生则为"B类"，在同个知识点练习题难度上进行巩固学习，基础知识过关后再进行进阶练习。分层之后教师筛选不同知识点的配套习题，并录制习题微课若干个，以保证学生在课堂上遇到难题，都能得到及时解答，以扫清学习障碍，从而顺利地进入到进阶知识点的学习中	

续上表

二、课中分层

（一）基础内容讲解

学习目标：
1. 掌握本课生字词。
2. 能够灵活运用词语

教师活动	学生活动	技术支持
1. 教师公布课前检测的答题情况，及时表扬，同时对习题中的易错点进行点评。 2. 教师讲解容易读错及写错的生字词，提醒同学们要多注意的地方	依据预习基础知识反馈的数据，进行等级划分，根据等级分别做不同的习题	课前检测数据分析；平板；生字词讲解PPT

（二）分层巩固

学习目标：
优生：能够灵活运用词语，并能分析同一词语在不同语境中的不同用法。
后进生：能够准确认读生字词，会辨析字词

教师活动	学生活动	技术支持
教师通过信息技术教学平台发布分层习题，根据预习检测数据给A、B类同学发布不同习题。A类同学为全部做对的学生，则完成"进阶基础习题二"（见习题4）（见微课2）；B类为有做错的学生则根据自己的错题有针对性地先看习题微课（见微课1），再完成"进阶基础习题一"（见习题3），其中部分学习能力较强的同学，完成了"进阶基础习题一"之后可进入"进阶基础习题二"的学习，最终掌握本课所有基础知识，为后面的学习打牢基础	A类同学完成"进阶基础习题二"同时观看相关微课；B类同学根据自己的错题有针对性地先看习题微课，再完成"进阶基础习题一"，其中部分学习能力较强的同学，完成了"进阶基础习题一"之后可进入"进阶基础习题二"的学习	利用信息技术教学平台向学生推送分层检测习题；相对应的习题讲解微课；平板

续上表

（三）进阶内容讲解		
学习目标： 学生能够灵活运用词语，并能分析同一词语在不同语境中的不同用法		
教师活动	学生活动	技术支持
教师针对学生错误率较高的进阶习题进行一一讲解，同时再发一套课堂进阶检测题。 针对第一次分层情况进行评价	再次测试，完成习题，根据自己的错题看相关微课，把知识点弄明白	信息技术教学平台上的数据分析；辨析词语讲解的PPT；习题、习题微课
（四）分层巩固		
学习目标 优生：准确把握文章的主要内容，了解西门豹是怎样调查原因、兴修水利的。 后进生：正确地朗读课文，从整体上把握课文内容		
教师活动	学生活动	技术支持
教师通过信息技术教学平台发布分层习题，根据预习阅读检测数据给A、B类同学发布不同习题。A类同学完成"进阶阅读习题二"（见习题6）（见微课4）；B类同学根据自己的错题有针对性地先看习题微课（见微课3），再完成"进阶阅读习题一"（见习题5），其中部分学习能力较强的同学，完成了"进阶阅读习题一"之后还可进入"进阶阅读习题二"的学习，最终掌握文章的大意，为后面深入理解课文打牢基础	A类同学与B类同学按教师分层教学要求，完成不同的练习	信息技术教学平台上的数据分析；习题；习题微课

续上表

基于学习数据的课中精准教学分析	（1）在本课基础知识的学习中，从课前预习情况来看，在信息技术教学平台上的数据显示"基础习题一"有37位学生完成了，从数据上看，"优秀"学生人数有15人，而且都是全对，还有22名同学有部分错题，有1名同学未完成，从这可以看出在预习的过程中同学们对基础知识的掌握程度还是不够好，需要巩固加强。 《西门豹治邺》基础预习　课前　学生互批 提交人数：38/38　批改人数：37/38　正确率：77.3% 不及格8人，占比21.6% 及格10人，占比27.0% 良好4人，占比10.8% 优秀15人，占比40.6% （2）根据基础知识预习数据进行了第一次分层，全对的同学为A类，完成"基础进阶练习二"；有错的同学为B类，完成"基础进阶练习一"，这些同学可以通过观看基础题讲解微课后，掌握基础知识。在此次进阶练习中，完成"基础进阶习题二"的同学有26位，可以看出有部分同学在完成"基础进阶习题一"后，通过微课解决了困惑，顺利地进入了进阶难度稍大的"基础进阶习题二"的练习，从而得到了知识点的补充和拓展。 （3）教师在课堂上对于进阶练习中的难点进行讲解，让同学们弄明白本课基础知识中容易读错的，以及容易写错的，教师和同学们一起分析总结弄明白关键点后，全体学生再一次进行随堂检测。 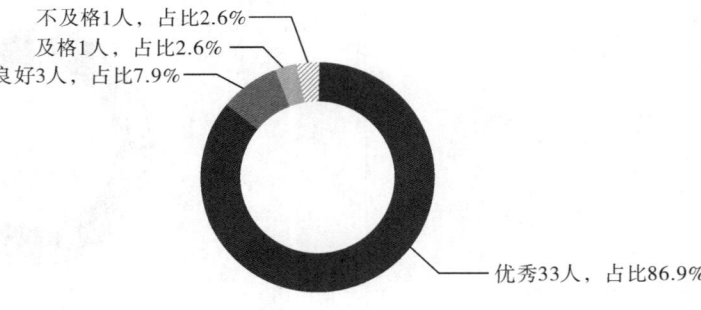 不及格1人，占比2.6% 及格1人，占比2.6% 良好3人，占比7.9% 优秀33人，占比86.9%

续上表

| 基于学习数据的课中精准教学分析 | 从这次检测结果来看，通过基础知识的分层学习，达到"优秀"的学生人数有33人，说明他们通过观看基础题讲解微课后掌握了基础知识点，但出错的学生仍然存在，由原来的18位学生下降到5位，通过分层练习，这些后进生也进步了，效果还是很好的。
（4）基础知识过关了，字词障碍扫除了，接下来要带着字词去读文章，把握文章的大意。

《西门豹治邺》阅读预习　课前　学生互批
提交人数：38/38　批改人数：38/38　正确率：57.9%

优秀4人，占比10.5%
良好8人，占比21.1%
及格6人，占比15.8%
不及格20人，占比52.6%

从课前阅读预习来看，在乐课网上的数据显示"阅读预习习题"有38位学生完成了，从数据上看，"优秀"学生人数只有4人，良好8人，全班的正确率则是57.9%，还有20名同学不及格，从这些数据可以看出在预习的过程中同学们对阅读理解的差异较大，这也是一个难点，在课堂上需要巩固加强。
在此进行了第二次分层，希望通过分层学习，达到目标。从"进阶阅读习题"的数据来看：

不及格1人，占比2.6%
及格0人，占比0%
良好1人，占比2.6%
优秀36人，占比94.8% |

续上表

	(四)分层巩固
基于学习数据的课中精准教学分析	通过阅读知识的一系列练习以及错题微课讲解层层巩固后,大部分同学对阅读知识已经掌握得比原先扎实了,由课前正确率57.9%提高到94.8%,教师再次根据数据反馈进行重点知识的讲解,让同学们都能通过习题、微课、教师重点知识地讲解,把阅读知识掌握好,为后面的具体阅读理解打牢基础
基于学习数据的课后个性辅导分析	从本节课分层学习的综合数据来看,有30位学生,取得了"优秀"的成绩,课后可以进行拓展性的阅读相关任务学习。剩下的8位同学继续完成课中没有完成的分层任务和解决自己在分层学习中没有解决的相关问题,直到完成本节课的教学目标和分层目标,掌握本课的基础知识,尽可能地进入到阅读学习中去

(四)分层巩固

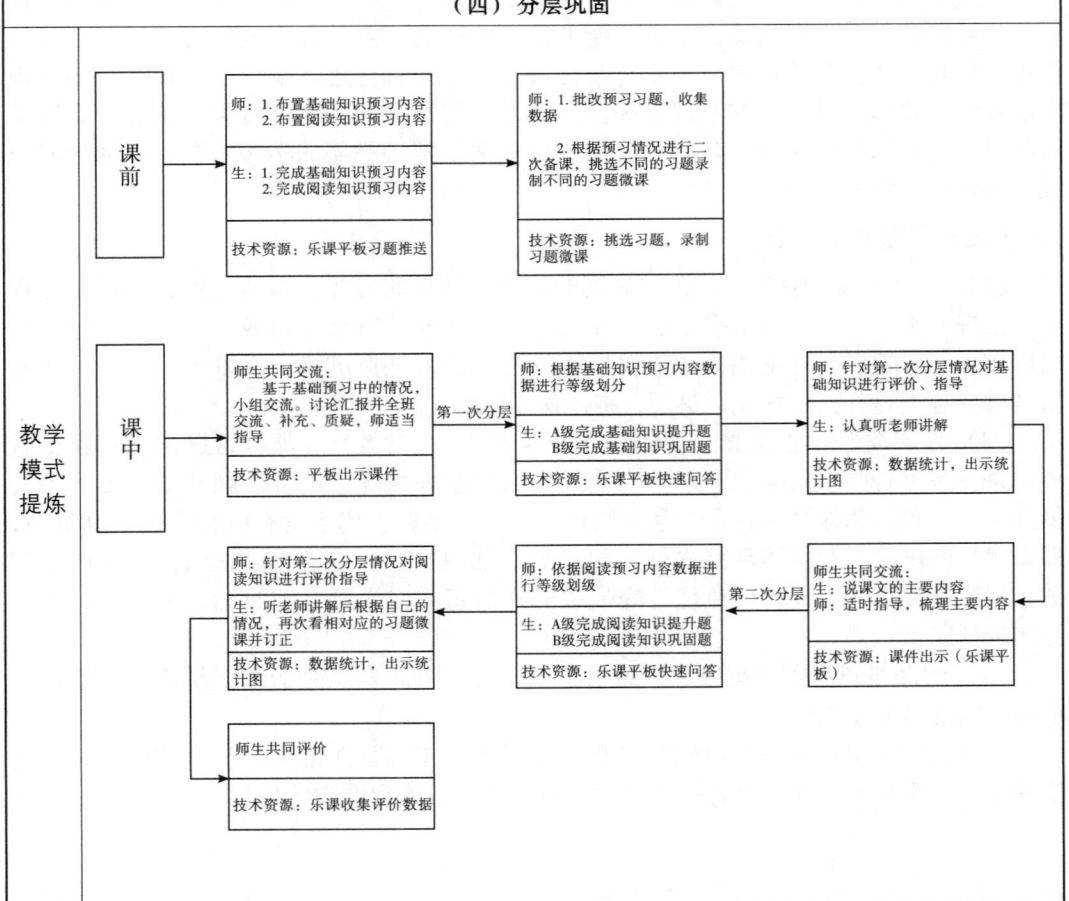

四、教学反思

（一）学习数据分析

本节课基础知识点都是一致的，只是在难易程度上进行了逐步加深，通过课前检测、课中分层、课后巩固，多层次的巩固各个知识点，正确率一次比一次高，基础知识达到"优秀"的学生从开始的 15 人上升到 33 人，阅读知识达到"优秀"的学生从 12 人上升到 36 人，通过课中的分层、习题微课的学习、教师对重点知识的讲解，基础知识方面，B 类学生最后出现错误的只有 5 人，阅读知识方面，B 类学生出现错误的仅 2 人，这说明利用平板分层教学大大提高了课堂的效率，后进生也能自主通过观看错题微课讲解，逐步完成补充巩固练习，真正地掌握本课的各个知识点，而优生通过完成进阶练习，扩展能力也有所提升。

（二）教学效果分析

通过平板分层练习，正好弥补了传统课堂上教师统一讲，练习统一做的缺陷，这样优生觉得已经会的知识没有新意，能力得不到提高；而后进生虽然可以跟着全班一起走，但是仍然会有部分知识点没有掌握透彻，这样就会落下缺口，但现在运用平板分层教学，教师通过信息技术教学平台反馈的学习数据，及时了解学生情况，掌握学习状况，进行二次备课后，有针对性地给每个学生推送所需的学习资源，帮助他们查漏补缺，达到学习目标。

（三）教学改进方案

（1）在分层教学中教师对教材大纲的理解、教材的目标，以及对各种知识点的难易度把握异常重要，只有掌握了这些才能有效地选择进阶练习内容。根据学生检测数据再次备课，把握教材主线，才能对后面的进阶内容把握准确，进阶内容的延伸才能对基础内容进行补充、强化、巩固，提高课堂效率。

（2）分层教学借助习题、微课辅助教学，提高教学效率，那么习题的筛选就很重要。每一道习题必须精准地了解学生对知识点的掌握情况，进阶习题和基础习题考查的知识点一致，确保学生在课中掌握知识点；在此基础上优生就有机会完成提高练习，那么优生的进阶习题要体现层次性，相对于基础题要有一定的难度，满足学生的求知欲，但难度又不能太大，以免优生完成提升进阶练习时受到学习自信心的打击，所以习题选择非常重要。

（3）微课的制作要多花心思，吸引学生。习题讲解要思路清晰，易错点的把握要准确，能够帮助学生解惑。

在今后的分层教学中，习题的选择，微课的制作都是非常重要和关键的，一定要把握好，慎重考虑，才能真正提高课堂学习的效率，达到课堂的高效。

五、专家点评意见

《西门豹治邺》是小学语文（部编版）四年级的阅读新授课。本节课设计的特色在于借助课前数据进行分层教学。课程分为课前检测和课中分层两阶段。课中分层部分又细分为"基础内容讲解—分层巩固—进阶内容讲解—分层巩固"四个环节。课中分层教学过程存在表达不清晰的问题。如第二次分层巩固中的学习目标是："优生：准确把握文章的主要内容，了解西门豹是怎样调查原因、兴修水利的。后进生：正确地朗读课文，从整体上把握课文内容。"然而对应的学生活动却是"A类同学为全部做对的学生，则完成'进阶阅读习题二'，同时观看相关微课；B类同学为有做错的学生，则根据自己的错题有针对性地先看习题微课，再完成'进阶阅读习题一'，其中部分学习能力较强的同学，完成了'进阶阅读习题一'，可再进入'进阶阅读习题二'学习。"学生活动虽然表面上有分层，但实际上与学习目标的描述不能呼应，更无法有效达成上述学习目标。

点评专家：马秀芳，华南师范大学博士，副教授，美国匹兹堡大学访问学者。

教学视频

围绕中心意思写

一、基本信息

课型：习作指导课　　　　　　　　　　　**课时：**第一课时
学校：广州市白云区颐和实验小学　　　　**授课教师：**聂艳梅
学科（版本）：小学语文（部编版）　　　**年级：**六年级上学期

二、教学分析

教学目标	1. 知识与技能。 （1）能了解习作例文是怎么围绕中心意思来写的。 （2）通过作文讲评，进一步明确围绕中心从不同的方面或选择不同的事例来把文章写生动、具体。 2. 过程与方法。 通过范文和写作方法的讲评，借助不同层次的习题、微课，修改自己的文章。 3. 情感与态度。 （1）培养认真、细心的修改作文的习惯。 （2）通过激励和分层学习，提升学生写作的积极性和学习兴趣
教学评价	利用乐课网平台对本次习作进行等级评定，了解学生学习情况，根据反馈的数据进行分析和分层学习，及时改进教学设计
教学内容	第五单元《围绕中心意思写》作文讲评

续上表

学情分析	本次习作与其他单元稍有不同，在写作之前安排了两篇习作例文。习作例文《爸爸的计划》与《小站》为学生提供了范例，便于学生借鉴和模仿，并以课后习题和旁批的形式提示了写作要围绕着中心意思进行。对习作例文的教学，教师不能从篇章入手，去整篇完整地教学，而应分部分、有选择地教学，把重点放在写法上，不做字词识记、内容理解、情感体会等方面的要求，避免教成略读课文。单元习作《围绕中心意思写》则给了学生相当大的自由，围绕一个汉字来写，既可以写生活中真实发生的事，也可以写想象故事。写作对象虽然只是一个汉字，但中心非常明确。教师可引导学生结合本单元的"交流平台""初试身手"中掌握的安排材料的方法，先写出写作提纲，再围绕着确定的材料开始写作。所以，在本次习作教学中，教师要加强"初试身手"、习作例文与单元习作的整合，重视"习作例文与习作"和精读课文、"交流平台"的关联性，有重点地帮助学生突破习作难点，消除畏难情绪
教学重、难点	1. 结合习作例文，学习围绕中心安排材料的方法。 2. 对比别人的习作，发现自己作文存在的问题
技术应用	本节课主要借助乐课网教学平台发起课前习作指导微课，课中习作分层修改，针对习作反馈的大数据分析对学生进行分层学习，同时提供习题讲解微课辅助学生自主学习
教学环境与资源	乐课网教学平台；平板工具；作文讲评课件；习题讲解微课若干

学习数据的应用及其优势

传统教学困境	学习数据的应用及其优势
传统枯燥的写作讲授，单纯无趣的技巧指导，很难调动学生的各个感官系统，很难拓宽学生广阔的想象空间。特别是后进生，这样的传统课堂无法满足他们的需求，也无法对他们进行个性化的指导	传统的分层课要么把学生分在不同的课室上课，要么放在不同的时间段上课，做不到同一时间同一课堂分层教学，但是以网络平台为载体、平板为工具，习题微课为辅助资源就可以实现同一时间同一课堂的分层教学。分层教学可以根据学生的差异，提出不同的要求，并辅以习题微课辅助学生学习，帮助不同层次的学生解决各自存在的问题，让每个层次的学生都得以提升。内容分层将教学内容分成三个层次，课前将学生分为励进级、志远级、达人级三个级别，习题练习以及微课讲解解决了个性化的需求，课中的重点放在发现问题和修改习作的进阶训练上，同时也有了更多的时间进行思考与修改，差生在课中通过观看针对性的微课进行习作仿写，确保基础内容掌握，这样差生也有机会晋升。笔者把学生分为达人级、致远级、励进级三种，是根据他们的写作能力程度，随着时间的推移，这个水平会改变。各级学生通过努力，基本上可以达到预期的目标，作文分层教学能激发学生写作兴趣，提高写作能力和教学效果，大有裨益

三、教学过程

一、课前检测		
学习目标	通过微课的习作指导，进一步明确围绕中心，从不同的方面或选择不同的事例来写生动、具体的文章（见课前预习资料）	
	师生活动	技术支持
	课前让学生针对教师推送的微课进行自主习作，教师依据本次作文要求进行等级评定	乐课网教学平台以及平板
基于学习数据的课前学情诊断	"围绕中心意思"要求我们选择一个感受最深的汉字写一篇习作，体现汉字丰富的文化内涵。可以从给定的字里选，也可以选其他的字。可以用选的这个字作为题目，也可以另外拟一个题目。 教师根据学生完成的情况和等级报告进行有针对性的制作微课，选择个性化练习在课堂上进行巩固	
二次备课说明	教师根据课前习作检测的整体情况进行二次备课。教师在进行分层备课时对学生习作等级进行归类，分为ABC三个等级，依据每个级别的目标进行习题筛选和微课录制，以保证学生在课堂上遇到哪个难题，以及有哪些困惑都能在第一时间得到相应的解答，扫清学习障碍，从而顺利地完成本次习作。 根据学生的课前习作检测结果，将本课教学纵向内容分层如下：达人级（A级）完成以下目标：①题目是否新颖？②表达的内容是否感人？③结尾是否做到升华主题？志远级（B级）完成以下目标：①文章中心是否突出？②是否做到首尾呼应？励进级（C级）完成以下目标：①是否围绕中心意思写？不偏题，不离题。②是否把事情的经过写清楚？③检查语句是否通顺？是否有错别字？④是否运用两种以上的描写方法和修辞手法？ 看看自己属于哪一级 阶梯晋级 ⇄ 达人（情感升华／内容感人／中心突出）　志远（感情真挚／内容较充实／中心明确）　励进（中心基本明确／内容单薄／基本符合题意）	

续上表

二、课中分层	
（一）基础内容讲解	
学习目标	达人级目标：熟练运用描写人物的方法，检查自己的文章运用了哪些技法？哪些内容有待修改。 致远级目标：教师讲的技法运用了哪几个，掌握怎么运用这些技法，可以参考达人级的作文进行自查。 励进级目标：弄明白此次作文可以运用哪些写作技巧，试着运用其中一两种写作技法进行仿写
师生活动	技术支持
教师课前做好PPT，对本单元习作的选材进行汇总，以及对学生的作文等级进行汇总，做到全面了解本次习作的概况。首先回顾此次习作的技法，不同等级的孩子达成不同目标：	乐课网课前检测数据分析；作文习作课件；习题准备；达人级作文拍照或扫描；乐课网分层推送作业
（二）分层巩固	
学习目标	1. 依据本次作文要求，让学生通过视频、别人优秀的习作、同学的点评，让学生各自发现自己作文存在的问题。 2. 通过习题和微课，进行个性化指导，使每个学生都得以进步。 3. 激发学生修改作文的兴趣
师生活动	技术支持
挑选本次最优秀的习作，通过平板将文章推送给学生，在规定时间内完成练习，每个人进行点评，对比自己的文章，发现自己的不足。其次挑选本次最差的习作，通过平板将文章推送给学生，在规定时间内完成练习，每个人进行点评，提出修改意见。 **分层推送资料，各自选择** 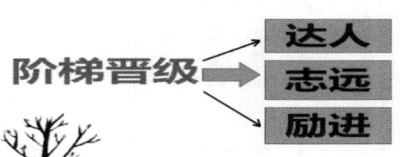 阶梯晋级 → 达人　　1. 美文欣赏　2. 佳句积累 　　　　　　志远　　1. 习题巩固　2. 范文导航 　　　　　　励进　　1. 微课讲解　2. 范文模仿 利用资源包，自主学习。（见分层练习资料包） 　　这样的平板分层智慧课堂是智能环境中融数据、资源、活动为一体，能实现精准化教学与个性化学习。直观详尽的数据展示，能让教师在课堂上管理有依据，能精准地了解学生的学情。教师能为学生提供具有吸引力的学习资源及学习内容，使课堂更加高效	乐课网教学平台向学生推送课中资料，不同级别的学生收到自己相对应的微课、习题或其他资料

续上表

	(三) 进阶内容讲解
学习目标	1. 不同等级的学生依据资料包修改自己的习作。 2. 达人级习作修改目标：题目要新颖；表达内容要感人；结尾要做到升华主题。 3. 志远级习作修改目标：文章中心要突出；做到首位呼应。 4. 励进级习作修改目标：做到围绕中心意思写；把事情经过写清楚；语句要通顺；能运用两种以上的修辞手法

师生活动	技术支持
课前精选的习作资料包通过平板推送给学生。不同级别的学生选取自己级别的作文资料包进行学习，然后阶梯晋级。这样可以激励学生积极挑战，真正做到个性化教学	
 按照不同的要求修改习作 1. 题目是否新颖？ 2. 表达的内容是否感人？ 3. 结尾是否做到升华主题？ 阶梯晋级 达人 志远 励进 1. 文章中心是否突出？ 2. 是否做到首尾呼应？ 1. 是否围绕中心意思写？不偏题，不离题。 2. 能否把事情的经过写清楚。 3. 检查语句是否通顺？是否有错别字？ 4. 是否运用两种以上的描写方法和修辞手法？ 为了让学生达成目标，笔者将目标分解细化，用问句的形式让学生逐一检查并以此目标修改习作。这种分层教学模式可以促进孩子们个性化的学习，较好地培养了他们自主学习、自主探究能力，提升了课堂的效率；而丰富的学习资源和智能化的平台，实现了课堂内外的无缝对接，让教师随时可以了解学生学习情况，及时补缺和提高，较好地提高学业成绩	乐课网教学平台上的数据分析和作文课件

	(四) 分层巩固
学习目标	达人级：熟练运用写作技巧修改习作，学习大作家的写作技巧与方法。 志远级：熟练运用写作技巧修改习作，能发现自己文章存在的问题。 励进级：能掌握基本的写作方法修改习作

续上表

师生活动	技术支持
不同级别的学生观看自己的作文资料包，利用微课和习题修改自己的习作，教师适当进行点拨。没有修改完的学生可以继续观看，继续查看教师推荐的资料包，实现分层学习 [普通]励进级作文学…　　线上作业　6C　2019-1-12 19:06布置　2019-11-30 19:05截止 如何选材　视频　　　　　　　　　　10/10 完成人数　查看 励进级资料　PPT　　　　　　　　10/10 完成人数　查看 收起 ∧	乐课网教学平台上的数据分析和作文课件
基于学习数据的课中精准教学分析	（1）根据第一课时作文指导后的练习结果进行分层，乐课网上的数据显示33位学生完成了，从数据上看，"达人级"学生人数有12人，作文等级是A，说明这些同学通过教师的指导基本掌握了写作要点。志远级有11人，作文等级是B，说明这些同学作文还不够优秀，但有很大的进步空间。励进级10人，作文等级是C，这些孩子此次作文存在很多问题，急需个性化指导。 （2）本课通过范文和写作方法的讲评，借助不同层次的习题、微课，修改自己的文章。挑选本次最优秀的习作，通过平板将文章推送给学生，在规定时间内完成练习，每个人进行点评，对比自己的文章，发现自己的不足。其次挑选本次最差的习作，通过平板将文章推送给学生，在规定时间内完成练习，每个人进行点评，提出修改意见。在这样的相互学习中感悟别人写作的技巧，清楚认识自己的不足，为下一个进阶打下基础。 （3）在最后的进阶中不同等级的孩子依据资料包修改自己的习作，教师适当进行点拨。经过此轮学习，最后数据显示达人级A级作文有17人，励进级C级作文只有1人，从数据看，孩子们的进步是很大的。教师可以根据这一数据反馈再一次重点讲解，让不同等级的学生依据各自的目标进行提升	

四、教学反思

（一）学习数据分析

利用习题微课辅助作文教学，这种尝试可将一些基本的写作方法放在课前解决，写作完成后利用乐课网收集数据，能让教师很快了解到学生存在的问题，从而进行有效的二次备课。而这次备课对于优等生，可以最大限度地挖掘自身的内在潜能，学习内容有挑战了，优等生才有动力及对学习产生成就感。对于学困生，可从他们的实际情况出发，为他们"量身定做"适合他们理解和接受水平的知识内容，从而使他们对本学科学习产生兴趣，不会在知识断层后衔接不上，滋生畏难情绪，进而厌学。

（二）教学效果分析

从学习数据和对照情况来看，本节平板分层课有着普通平板课所不能达到的效果，不但学生掌握的内容增加了，而且各个层次的学生都能"吃饱"。各级学生通过努力，基本上可以达到预期的目标，作文分层教学能激发学生写作兴趣，提高写作能力和教学效果，大有裨益。

（三）教学改进方案

（1）在这种课堂模式下，教师对于知识点的把握尤其关键，如何在大纲内容的基础上选择进阶内容。进阶内容应该是在基础内容上的延伸或者对基础内容进行补充、强化、巩固。这个过程要求教师应熟悉教材，只有在把握教材的主线脉络的前提下，才能做到进阶内容的准确性和专业性。

（2）习题的筛选也很重要。既然是习题微课辅助分层教学，那么每一道习题便必须能够精准地考查到学生相应知识点的掌握情况，目的性要十分明确，决不能信手拈来。补充习题要跟基础习题考查的知识点一致，已确保学生在课中可以得到二次巩固，在此基础上就有机会和优生一同来到进阶内容的学习，自信心也会得到相应程度的提高。同时进阶习题要体现层次性，相对于基础题要有一定的难度增加，满足学生的求知欲但又不可跨度太大，以免打击学生的学习积极性。

（3）微课的制作要美观大方，字体、字号及颜色恰当。习题讲解时要思路清晰，易错点的把握要准确，能够帮助学生解惑，启发教学，不能含糊其辞。

这三点都要在以后的教学实践中不断加强，才能够真正地提高课堂教学的有效性。

五、专家点评意见

《围绕中心意思写》是小学语文（部编版）六年级上册的习作指导课。本节课设计的特色在于借助学生数据实现分层学习和分层习作修改，主要借助乐课网教学平台发起课前习作指导微课，课中习作分层修改，针对习作反馈的大数据分析对学生进行分层学习，同时提供习题讲解微课辅助学生自主学习。但课中分层教学过程存在表达不清晰的问题，看不懂每一个教学环节渗透的具体教学内容和方法是什么；还存在分层任务不恰当的问题，没有充分体现分层的价值和作用。如：第一次"分层巩固"中，教师利用平板将最优秀和最差的文章推送给学生，在规定时间内进行点评，激发学生修改自己文章的兴趣（这部分分层任务不恰当的问题，没有充分体现分层的价值和作用）。"进阶内容讲解"中，课前精选的习作资料包通过平板推送给学生。不同级别的学生选取自己级别的作文资料包进行学习，然后阶梯晋级（这个环节交代不清晰，没有讲清楚学习资料包具体包括哪些内容和哪些层次，学生学习的目的又是什么？与上面环节如何衔接）。

点评专家：马秀芳，华南师范大学博士，副教授，美国匹兹堡大学访问学者。

鲁滨孙漂流记

一、基本信息

课型：阅读课　　　　　　　　　　　课时：第二课时
学校：中山市南头镇民安小学　　　　授课教师：黄倩玲
学科（版本）：小学语文（部编版）　　年级：六年级下学期

二、教学分析

教学目标	1. 培养学生快速阅读课文，抓住课文主要信息，概括主要内容的能力。 2. 了解《鲁滨孙漂流记》这部长篇小说的梗概，品读作品的精彩片段，激发课外阅读整部作品的兴趣。 3. 初步了解鲁滨逊在荒岛战胜困难、谋求生存的非凡经历，体会鲁滨孙战胜困难、顽强生存的积极生活态度
教学内容分析	《鲁滨孙漂流记》是部编版教材六年级下册第二单元中的一篇精读课文。本课是由原著的梗概和精彩片段组成。课文按鲁滨孙历险的时间顺序记叙，写了鲁滨孙"遇险上岛""建房定居""养牧种植""救'星期五'""回到英国"。这些故事情节，处处紧扣"险"，塑造了一位不畏艰险、机智坚强、聪明能干的主人公。本单元的主题是外国名著。根据《新课程标准》，教学过程中最关键的是要体现学生的学习自主性，即学生的主体性。让学生与文本进行充分接触，充分突出学生与文本之间的平等对话，尊重学生的阅读体验。所以要对《鲁滨孙漂流记》这本书进行充分阅读，正确把握思想内容，从而确定合理的教学目标

续上表

学情分析	六年级的学生思维比较活跃，具备一定的语文学习能力。本课内容学生很感兴趣，很容易激起学生学习的积极性。而文中鲁滨孙在荒岛战胜种种困难的经历及积极的人生态度，既是学生理解学习上的重点、难点，也是激发学生思维的兴奋点。所以，可以从"悟"字出发，着眼于学生的自主学习，自我感悟，悟情悟理
技术应用重、难点	技术应用重点：课前推送导读微视频，激发阅读期待。课前、课中、课后检测通过数据分析及时精准了解学情，调整教学活动。 技术应用难点：通过数据分析及时反馈、调整，课后精准辅导，实现个性化学习
教学环境与资源	智慧教学服务平台、支持分层教学和个性化学习的教学资源和平台；《鲁滨孙漂流记》课件、教学视频

三、教学过程

一、课前推送资源，激发兴趣		
学习目标	学习活动	技术使用与功能评析
1. 通过欣赏梗概视频，产生深入阅读整本书的兴趣。 2. 初步了解故事的主要情节	教师活动： 1. 推送导读微课和精彩的电影片段。 2. 布置学习任务单。 3. 在学习平台发布预习检测。 学生活动： 1. 观看教师发布的微课视频。 2. 自主阅读《鲁滨孙漂流记》，自主批注。 3. 完成预习检测	【技术使用】 教师端：传送学习资源和发布学习任务，统计检测数据。 学生端：利用平台自主学习功能完成预习。 【功能评析】 1. 激发兴趣，引发阅读期待。 2. 增强课堂师生、生生互动。 3. 教师根据学习数据诊断，及时更改教学策略
学习评价	以学情分析为核心的诊断性评价：通过智慧教学平台反馈的预习检测的数据，记录学生学习轨迹，及时准确了解学情，进行有针对性的二次备课	

续上表

基于学习数据的课前学情诊断	全班43人，42人观看了导读微课。完成预习检测的有41人，占95%，优秀：13人，占30%；良好：19人，占44%；合格：9人，占21%。从学习数据来看，大部分学生能在课前进行自主学习，顺利通过预习检测，课前自主阅读兴趣效果良好，生字词基本在课前已经过关。但是有将近一半的学生对"鲁滨孙流落荒岛后都做了哪些事情？"概括得不够准确，概括能力有待加强
二次备课说明	根据课前学情的诊断分析，学生普遍对鲁滨孙在岛上经历的事情概括得不够准确，所以在二次备课时要针对学生出现的共性问题——概括能力不强，调整教学设计的侧重点，关注概括能力的培养

二、课中学习探究

（一）研读梗概，理清脉络

学习目标	学习活动	技术使用与功能评析
1. 学习快速阅读课文，抓住课文主要信息。 2. 能借助作品梗概，了解名著的主要内容。	教师活动： 1. 激趣导入，指导学生快速默读，感知大意。 2. 引导学生结合阅读心得，交流主要内容。 3. 总结归纳学生的初步感受。 4. 引导学生小结学习方法。 学生活动： 1. 快速默读课文，感知大意。 2. 交流讨论：如果是你在这样一个荒岛上，你会怎样？ 3. 选择印象最深的段落读给大家听。 4. 圈画批注：作者写了鲁滨孙流落荒岛后都做了哪些事情？用喜欢的符号标出来，拍照上传	【技术使用】 1. 智慧教学直播平台课件展示、连麦互动功能。 2. 智慧教学平台随机抽查评价功能。 3. 学生端拍照上传功能。 【功能评析】 1. 有效调动学生的注意力和学习积极性。 2. 及时展示和交流学生自主学习的成果，增强师生、生生互动

（二）聚焦指导，学会方法

学习目标	学习活动	技术使用与功能评析
1. 学会抓住课文主要信息，概括主要内容。 2. 阅读精彩片段，感受鲁滨孙的光辉形象。	教师活动： 1. 创设问题情境，引发学生思考。在流落荒岛之后，我们的主人公鲁滨孙做了哪几件事情呢？ 2. 发送练习表格。 3 教师小结学习方法：我们通过朗读、小组合作交流，初步了解了课文的写作顺序。 学生活动： 1. 浏览课文，填表上传展示交流。 2. 互相浏览，汇报交流。 3. 合作交流：鲁滨孙在荒岛上创造了生存的奇迹，说说他给你留下了怎样的印象？	【技术使用】 1. 智慧教学平台推送练习资料的功能。 2. 学生端拍照上传功能。 【功能评析】 1. 及时展示和交流学生自主学习的成果，增强师生、生生互动。 2. 调动学生学习的积极性

续上表

(三)研读赏析,对比学习		
学习目标	学习活动	技术使用与功能评析
1. 研读精彩片段,体会名著的精彩之处,感受人物形象。 2. 对比学习精彩片段与梗概,感悟两种写作方法的不同之处。	教师活动: 1. 引导学生对比阅读:浏览精彩片段,与梗概对比,想想精彩片段大致在小说梗概的哪个部分。 2. 结合学生汇报,相机引导学生体会鲁滨孙生活态度的精彩和作者写法的精彩。 3. 教师根据学生可能回答的情况进行多种预设,在课件上通过超链接的方式呈现,引导学生通过精彩片段与梗概的对比学习,感悟两种写作方法的不同之处。 学生活动: 研读精彩片段,自主批注。 2. 汇报交流,感受鲁滨孙的光辉形象。 3. 对比学习,感悟写法。思考:课文节选片段,与梗概相比,有什么不同? 4. 交流讨论两种表达方式的好处。	【技术使用】 1. 智慧教学直播平台互动面板展示功能和连麦互动功能。 2. 智慧教学平台随机抽查评价功能。 3. 学生端拍照上传功能。 【功能评析】 1. 通过互动面板和连麦展示增强师生、生生互动。 2. 通过拍照上传功能及时展示和交流学生的课堂批注,调动学生的注意力和学习积极性
学习目标	学习活动	技术使用与功能评析
	5. 精读故事梗概,交流写作方法。	
基于学习数据的课中精准教学分析	根据课中学生展示的频率及质量,学生的品析词句的能力较理想、思考能力也不错。从课中检测的数据分析得知,有约90%的学生的课前预习较好,在互动分享环节,学生的阅读感悟的批注上传率为81%。但相当部分学生的感悟还停留在浅层的分析,没有联系实际深入感悟人物的精神品质	

续上表

学习目标	学习活动	技术使用与功能评析
学习评价	以合作互动为核心的形成性评价：从智慧教学平台课堂实时监测学生学习的数据，了解学生学习参与度、展示的频率、展示的质量、交流探究的有效度	

三、课后拓展，巩固提升

学习目标	学习活动	技术使用与功能评析
1. 完成课外拓展阅读分层练习，学会概括小标题。 2. 完成学习收获的个性化展示，相互观摩学习，提升能力	教师活动： 1. 在智慧教学平台推送训练概括能力的课外拓展阅读进行分层练习。 2. 在智慧教学平台发布学生个性化展示学习收获的作业。 学生活动： 1. 完成课外阅读分层练习，概括能力弱的同学观看微课，进行再学习。	【技术使用】 1. 智慧教学平台推送练习功能。 2. 智慧教学平台的展示、分享功能。 3. 智慧教学平台视频会议功能。
	2. 班级圈展示个性化分享阅读收获的作业：读后感、手抄报、思维导图、阅读推荐卡、阅读分享视频。（根据个人能力及兴趣自选展示项目）相互观摩点赞、评论。 3. 读书交流分享会。（视频会议）	【功能评析】 1. 通过推送微课和分层练习，实现个性化自主学习。 2. 班级圈展示分享个性化的学习收获，相互交流，互相观摩学习，提升了鉴赏能力。 3. 视频会议畅谈读书心得
基于学习数据的课后个性辅导分析	针对课前、课中出现的问题在课后进行及时补救。 1. 针对学生概括能力的不同水平，课后推送了三个层次的练习，从学习数据结果显示，经过自主学习微课和分层练习，学生答题的正确率提高。 2. 班级圈展示分享个性化的学习收获，形式多样，根据个人能力及兴趣自选展示项目，学生的参与积极性提高了。作品展示数量及质量令人满意。同学互相观摩学习，在点赞评论中提升了鉴赏能力	
学习评价	通过个性化展示学习成果，对教学目标达成度进行评价。（读后感、手抄报、思维导图、阅读推荐卡、阅读分享视频）	

四、教学反思

（一）学习数据分析

（1）从学习数据来看，课堂学习参与率为98%。

（2）前置学习检测优良率为74%。

（3）课中互动分享环节学生上传批注参与率为81%。

（4）课后个性化练习参与率为95%。学生分层练习得分率为80%。

从学习数据来看，学生学习兴趣深厚，能够积极参与学习，经过调整教学设计后，学习效率有所提高。

（二）教学效果分析

（1）从学习数据结果显示，经过自主学习微课和分层练习，学生答题的正确率提高。

（2）班级圈展示的分享阅读收获的个性化作业丰富多样，作品展示数量及质量令人满意。有读后感、手抄报、思维导图、阅读推荐卡、阅读分享视频。学生的参与积极性高，互相观摩学习，在点赞评论中提升了鉴赏能力。

（3）读书分享会学生积极交流展示，分享收获。

（4）学生撰写出有质量的读后感，在《中山日报》发表。

（三）教学模式提炼（见图2）

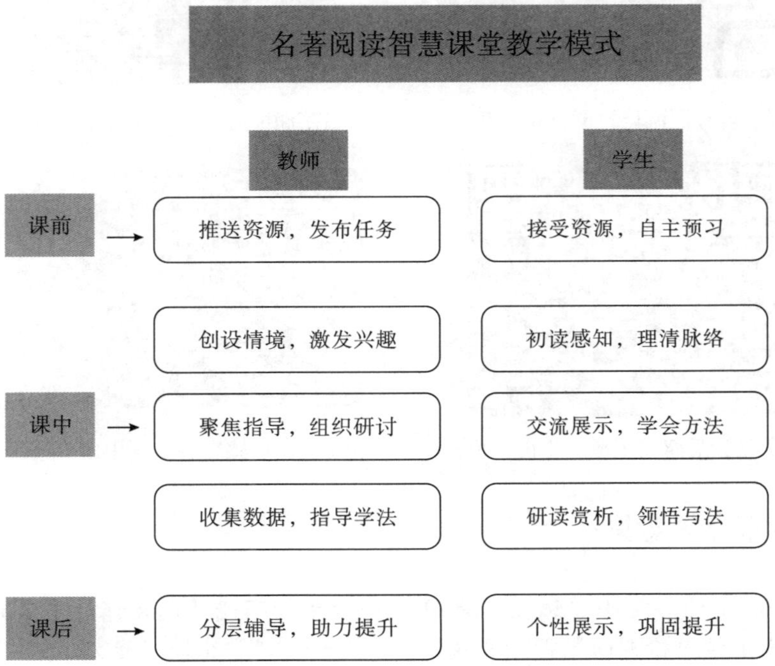

图2　教学模式

（四）教学改进方案

（1）课后个性化辅导的针对性要更强，分层推送的资源要更丰富，实现分层精准指导。

（2）创设合作探究的学习氛围，提高合作学习的有效性。

（3）建立拓展阅读的资源库，让学生随时随地有丰富的阅读资源。

附：课件、学习活动及成果

教学课件

《鲁滨孙漂流记》阅读拓展活动

何楚涵读后感发表在《中山日报》

曹荣洁读后感发表在《中山日报》

龚晓君读后感发表在《中山日报》

五、专家点评意见

《鲁滨孙漂流记》是小学语文（部编版）六年级下册的阅读课。本节课设计的特色在于借助课前预习检测的数据，准确把握学情——"学生概括能力不强"，进行精准的二次备课，调整教学设计的侧重点为：关注概括能力的培养。本节课的教学设计仅在调整设计方案的侧重点上体现了数据的价值。后续课程分为"课前推送资源、激发兴趣""课中学习探究"和"课后拓展、巩固提升"三阶段，在课中探究部分又细分为"研读梗概、理清脉络""聚焦指导、学会方法"和"研读赏析、对比学习"三个环节。在具体授课环节并没有使用学生数据，也没有体现数据分析对课题更多的指导作用。

点评专家：马秀芳，华南师范大学博士，副教授美国匹兹堡大学访问学者。

听故事，讲故事

一、基本信息

课型：综合性学习　　　　　　　　　　　　**课时**：第二课时
学校：中山市南头镇民安小学　　　　　　　**授课教师**：温业霞
学科（版本）：小学语文（部编版）　　　　**年级**：一年级下学期

二、教学分析

教学目标	1. 安静、认真听故事，借助图片，听懂故事内容，并记住主要人物和主要情节。 2. 借助图片讲故事，声音响亮地讲出故事的主要内容。 3. 有给大家分享课外故事的信心和勇气
教学内容分析	本口语交际是以连环画的形式呈现的一个有趣的童话故事，教材以故事激发学生看图片，听故事，再把有趣的故事说给别人听的兴趣。学生通过仔细观察图片，认真聆听教师讲故事，知道了听故事、读故事的要领，再学习借助图片，把故事的内容勇敢大声地讲清楚。在听和讲角色互换中感悟听故事讲故事的要领。最终达到口语交际的训练目的
学情分析	一年级学生在一年级上册"我们做朋友""用多大声"学习过讲话的礼貌和音量，但是只是在日常生活的交流中运用比较多。学生展示上，还是第一次正式地站在大家面前为大家讲故事，所以学生难免会觉得难为情和紧张，要给学生搭一个台阶，降低难度，给学生推荐一些优秀的讲故事片段，并分析片段中讲故事者表现优秀的地方，提出讲故事的具体要求，让孩子更直观地感受到该如何讲故事。利用疫情期间，大多孩子有家人陪伴的情况下，先以家人为观众，练习在人前讲故事，降低讲故事的难度，多次练习之后再向班级展示。学生中有小部分参加过才能培训的，有一定的表演经验，可以优先培养，作为示范

续上表

技术应用重、难点	重点： 1. 分享优秀的讲故事视频范例，并可以多次观看学习。 2. 学生讲故事可以分享，相互观看点赞。 难点： 学生年纪比较小，对手机、电脑的操作熟练程度不一，需要借助家人的帮助
教学环境与资源	钉钉教学平台；希沃课件；一起作业APP；好看视频；读书卡制作微课

三、教学过程

一、课前预习		
学习目标	学习活动	技术使用与功能评析
1. 借助拼音，正确朗读故事《老鼠嫁女》。 2. 通过线上平台阅读电子绘本故事，并记住自己喜欢的故事，为故事分享做准备。 3. 线上观看讲故事范例，试着有礼貌、声音响亮地给家人讲故事	1. 教师订正师生在家校本交流预习问题： 师：布置钉钉家校本预习作业， 生：提交预习朗读录音，提出读书中的思考。 师：留言点评，正音，收集学生的预习问题。 2. 课前拓展阅读： 师：选取适合低年级阅读的绘本故事，在一起作业平台生成作业发送给学生。 生：阅读绘本故事，并完成阅读后的选择题考查。 3. 讲故事准备： 师：发送讲故事的视频链接和讲故事的要求。 生：点击视频学习，挑选喜欢的绘本故事，根据讲故事的要求讲给家人听。并把选取的故事发送给教师。 师：收集学生选取的故事，配上相应的图画，降低学生连麦讲故事时的难度	【技术使用】 1. 钉钉家校本学生录视频，并展示学生课下讲故事的优秀示范。 2. 手机一起作业APP推送阅读并完成测试题目。 3. 推送好看视频资源。 【功能评析】 1. 电子绘本有声有色，增加孩子阅读兴趣。 2. 平台展示学生讲故事视频，展示机会更多，观众有教师、同学、家长，互动评价更多

续上表

学习评价	1. 钉钉平台家校本评价功能给予学生及时细致的评价，有助于学生得到更具体的进步。 2. 以学生为主体，自主学习，结合课后交流评价，课中交流展示等形式，师生配合默契，取得了较好的学习效果。 3. 故事分享会由简到难，调动了学生学习的兴趣，促进了分享的兴趣
基于学习数据的课前学情诊断	多个绘本故事中的人物多，而一年级孩子接触的多为类似《龟兔赛跑》的故事，人物较少，容易理清脉络。在阅读过众多的故事后，孩子容易混淆故事人物，忘记故事细节，难将故事讲得清晰、生动
二次备课说明	要让孩子借助图画，借助句子"什么比什么厉害"说一说故事的人物关系，让孩子更容易理解故事，并记住故事的主要内容

二、课中学习

（一）倾听故事，了解内容

学习目标	学习活动	技术使用与功能评析
1. 看着图片听教师讲故事，借助图片，听懂故事内容。 2. 看着图片，说出故事人物，记住主要人物。 3. 通过"什么比什么厉害"的说话训练，理清故事情节，记住主要内容。 4. 知道阅读故事的关注重点：人物＋关键情节	1. 兴趣导入。 师：出示《老鼠嫁女》的图片导入课堂，讲出《老鼠嫁女》的故事背景。 2. 听故事。 师：出示PPT，明确听故事的要求：安静听、手指着图片认真记故事内容。 生：看着插图，听教师讲故事，并记住故事的内容。 3. 梳理小结。 师：出示故事中的人物图片。 生：看图说出人物的名字。 师：过渡，"什么比什么厉害"，教师示范，乌云比太阳厉害。 生：用"什么比什么厉害"理清故事脉络。 师：小结阅读故事的方法，重点关注故事人物和主要的故事情节	【技术使用】 1. 借助课件平台制作颜色多彩、动态丰富的课件。 2. 线上直播，在线交流。 【功能评析】 1. 动态课间插画、游戏按钮等更吸引学生。 2. 在线交流，有屏幕之隔，减少学生展示的紧张感

续上表

	（二）讲故事	
学习目标	学习活动	技术使用与功能评析
1. 尝试借助图片，声音响亮地讲出故事的主要内容。 2. 线上观看讲故事范例，课后试着有礼貌、声音响亮地给家人讲故事。	师：提出讲故事要注意的要求：声音响亮地看着图把故事的主要内容讲出来。注意说话时的礼貌用语，要和听众打招呼，结束时要向大家致谢。 生：看着图片把《老鼠嫁女》的故事讲出来。 师点评小结讲故事的要求，点击视频模板，并发送给学生端，让学生直观地学习如何讲好故事。并总结讲故事的要求	【技术使用】 1. 线上直播——连麦，在线交流，增加学生的课堂参与。 2. 线上视频链接，推送网上优秀视频资源。 【功能评析】 1. 网上连线互动，较大的满足了线上远程教学的互动需要。 2. 网上视频推送，让教师资源共享，也方便孩子保存链接，多次学习

	（三）拓展阅读故事分享	
学习目标	学习活动	技术使用与功能评析
1. 通过做题加深自己对故事情节的理解，增加讲故事的信心。 2. 通过做题复习故事的情节，更清楚知道故事的内容。 3. 勇敢连麦，试着自信地看着摄像头，声音响亮地给大家讲出自己喜欢的故事	1. "分一分"。 师设置游戏闯关。第一关"分一分"考一考大家对故事人物的了解。 生连麦回答问题。 2. "选一选"。 选择题，考查故事细节，学生连麦回答。	【技术使用】 1. 线上直播，在线交流。 2. 制作课件，借助平台制作颜色多彩、动态丰富的课件。 【功能评析】 1. 在线交流，有屏幕之隔，减少学生展示的紧张感。 2. 动态课间插画、游戏按钮等更吸引学生

续上表

学习目标	学习活动	技术使用与功能评析
	3."讲一讲"。 讲故事。让学生连麦分享故事	
基于学习数据的课中精准教学分析	课前故事朗读,教师能够统计学生阅读中遇到的生字难关,在课堂进行提醒纠正。 课后分享讲故事,教师了解到学生不能把控时间,课中分享时,需设置讲故事的时间,在倒计时的影响下,学生更能抓住故事的主要内容	
学习评价	利用"希沃白板"生动多彩的动态课件,在课堂上更吸引低年级学生的注意力,"抢答、加分"等课堂活动,激发学生连麦回答的兴趣,课堂气氛更活跃	

三、课后交流

学习目标	学习活动	技术使用与功能评析
1. 勇敢地分享自己讲故事的小视频。 2. 将自己喜欢的故事画下来,做成一张读书卡,体会更多阅读分享的乐趣	师设置钉钉班级群话题,学生分享自己的讲故事小视频和读书卡。 师查看学生作业并进行点评反馈。 其他学生也可以为自己喜欢的作品点亮小红花,相互学习	【技术使用】 1. 钉钉班级群,在班级群发送学生讲故事视频。 2. 钉钉班级圈,学生、家长可以相互查看其他同学的展示,并点评。 【功能评析】 1. 课后学生展示的机会多,观众也多。 2. 多角度、多群体评价,评价更到位、更细致
基于学习数据的课后个性辅导分析	根据学生提交的线上作业挑选出优秀的范例,推送在钉钉群进行展示和表扬。 关注后进生、不敢开口讲的学生,通过钉钉私聊,可以为这些学生选取简单的故事如《狐狸和猴子》,并给予简单的问答题"它们想出了什么办法搭桥过河"等,帮助学生理解和记住故事。采用语音交流,引导他们一幅图一幅图分解式地讲故事,再鼓励学生把整个故事连起来,由简入难	

续上表

学习目标	学习活动	技术使用与功能评析
学习评价	课后通过钉钉平台展示学生讲述故事的视频，让更多的孩子得到展示点评的机会，不局限于短暂的课堂时间	

四、教学反思

（一）学习数据分析

《听故事、讲故事》在教材中是一则口语交际的材料，教学目标是让学生根据图片边听边理解故事内容，大声地讲出故事主要内容。通过预习《老鼠嫁女》故事朗读的录音、课中学生讲故事的交流、课后钉钉班级圈的视频展示，在多次的学生展示中对比学生的进步，以及分析学生存在的普遍问题。

学生线上阅读开展已经有一段时间了，根据一起作业系统的检测，学生在《听故事、讲故事》这一课时指导前，同样选取页数相近、难度相同的绘本故事，班级平均用时超出建议阅读时间，阅读后题目的班级平均分为 83.5 分（见图1）。

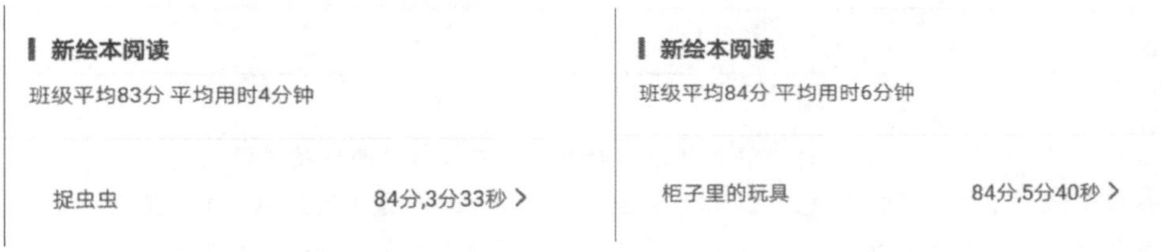

▎新绘本阅读		▎新绘本阅读	
班级平均83分 平均用时4分钟		班级平均84分 平均用时6分钟	
捉虫虫	84分,3分33秒 >	柜子里的玩具	84分,5分40秒 >

图1

在这一节课指导后，学生能够借助图画抓住故事的主要任务，并且能够讲出故事的主要内容。一起作业的后几次课外绘本阅读的时间减少，能在建议阅读时间之内完成，阅读后答题的班级平均分数提高到 90 分以上（见图2），提高了一年级学生通过阅读获取信息的能力。

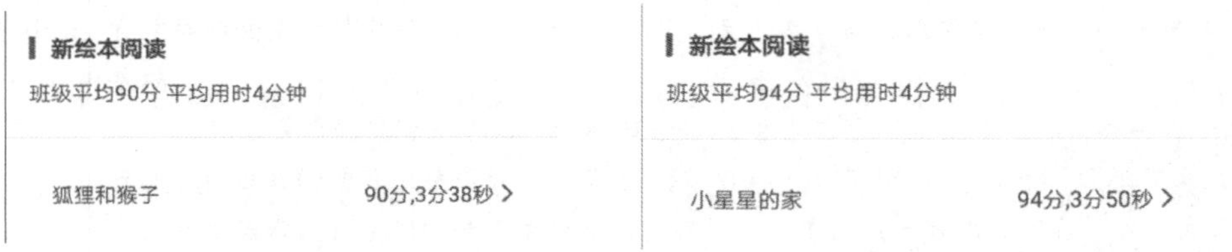

▎新绘本阅读		▎新绘本阅读	
班级平均90分 平均用时4分钟		班级平均94分 平均用时4分钟	
狐狸和猴子	90分,3分38秒 >	小星星的家	94分,3分50秒 >

图2

（二）教学效果分析

通过开展这次口语交际，50位同学中有41位同学提交了讲故事视频作业，这些学生能做到有礼貌地进行讲故事发言，说话的声音响亮，并能借助简单的图画提示回顾故事，讲出故事的主要内容。但有5位同学是看着故事书的文字直接读出来的，不能达到看图片记住故事内容并表达故事的要求。在课后个别辅导后，这5名同学基本能看着图画讲故事，但用时比较长，自主完成的信心不大。

通过看图复述故事的主要人物、"什么比什么厉害"说话训练、闯关游戏等，提高了孩子对阅读故事中的主要人物和内容的敏感度，积累了阅读故事的方法，有利于学生更高效地阅读课内外读物。

总的来说，本次课程不仅锻炼了大部分学生勇敢、大声地在同学面前表达的胆量；同时也提高了同学们阅读时获取有效信息的能力和初步感受阅读分享的快乐。

（三）教学模式提炼（见图3）

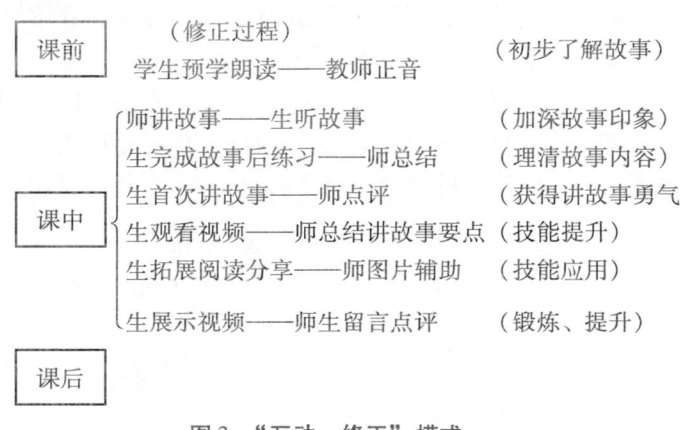

图3 "互动—修正"模式

（四）教学改进方案

（1）联播时学生不会调节摄像头和学生之间的距离，有的学生连麦时不能看到完整的上半身，以及讲故事时的表情动作，影响了讲故事的效果。教师应当拍一个微视频发给学生和家长，提前让学生学习如何更好地展示，展现出更好的故事效果，听众也会更加投入。

（2）有些同学因为没有设备观看直播，所以他们精彩的视频，没有在课堂上展示出来，只是课后推送给同学们，效果不如直播观看好。

（3）课后辅导单靠教师一人之力有些微薄，可以组建学习小组，让优生带学，在组内讲故事练习并自主评价，培养学生的自主学习能力和交流互动能力，更切合口语交际的学习目标。

五、专家点评意见

《听故事，讲故事》是小学语文（部编版）一年级下册的综合课。本节课包含课前预习、课中学习、课后个性化作业三个阶段，其设计特色在于根据课前预习发现的问题调整课中教学重点。具体来讲，课前预习发现一年级的学生在阅读过众多的故事后，容易混淆故事人物，忘记故事细节，难将故事讲得清晰、生动。因此调整本节课的教学重点为：让孩子借助图画，借助句子"什么比什么厉害"说一说故事的人物关系，让孩子更容易理解故事，并记住故事的主要人物和主要内容。课中依托钉钉教学平台、希沃课件、一起作业APP和微课，设计了"倾听故事，了解内容"—"讲故事"—"拓展阅读故事分享"三个环节。课中内容的设计围绕"借助图片，听懂故事内容，并记住主要人物和主要情节"这一总教学目标层层展开，教学目标达成度较高，教学过程设计较合理。但在课前预习环节对学生的课前预习数据分析不够深入、具体，因此造成课中无法更好地实施更有针对性的教学活动设计。另外，课中环节没有体现学习数据的价值和作用。

点评专家：马秀芳，华南师范大学博士，副教授，美国匹兹堡大学访问学者。

教学视频

第二部分　小学数学教学设计案例

负数的认识

一、基本信息

课型： 新授课　　　　　　　　　　　**课时：** 第一课时
学校： 东莞市寮步镇石步小学　　　　**授课教师：** 钟凤仪
学科（版本）： 小学数学（人教版）　**年级：** 六年级上册

二、教学分析

教学目标	1. 认识负数，能读、写负数，感悟负数是因实际需要产生的。 2. 通过自学培养学生的自主学习能力；借助思维导图，锻炼学生的结构化思维及发散性思维。 3. 使学生学会从数学的角度认识世界、解释生活，逐步形成"数学地思维"的习惯
教学内容分析	《认识负数》是人教版小学数学六年级下册第一单元的第一课时的内容。在学习负数之前，学生已经深刻认识了自然数、分数和小数（百分数）。负数，对于小学生来说是数概念的一次拓展，有利于中小学数学的衔接。教材通过大量的现实情境，让学生感悟由于生活和生产的需要，用已学过的数（即正数）已经不能明确地表达意思，从而产生了负数
学情分析	六年级的学生具备一定的学习能力，可以自主学习相对基础的知识。因此，学生可以通过自学认识负数的写法、读法、产生意义等内容，并在自学过程中通过思维导图进行个性化整理，为课堂上进一步学习负数的用途、拓展负数的生活实例奠定基础。 　　虽然学生已经有一定的画思维导图的经验，但是在起始阶段，学生的提炼概括能力依然比较薄弱，需要教师在课堂上给予一定的帮助。而画好图后，学生往往会画完就算了，没有发挥导图的进一步作用，因此有必要引领学生进行"忆图"环节

续上表

技术应用重、难点	学生需具备良好的媒介素养，能够通过网络搜索所需的资源；学生已经熟练使用罗络笔记软件，能够在课堂有限时间内使用软件内的模板完成思维导图；网络信号强，能支持50位学生同时上网搜索资源
教学环境与资源	罗络笔记软件；教师教学平板；学生学习平板；《认识负数》多媒体课件、网络视频短片

三、教学过程

一、课前唤起旧知		
学习目标	学习活动	技术使用与功能评析
唤起小学阶段"数"的知识，包括整数、小数、分数、百分数，以及研究过程等学习经验	1. 教师在罗络笔记软件上布置任务。 2. 学生完成"我们认识的数"思维导图	罗络笔记软件
学习评价	学生基本上能整理出比较完整的思维导图，基础知识比较扎实	
基于学习数据的课前学情诊断	根据罗络笔记软件的数据统计，100%的学生提交了课前的思维导图，教师通过提交的图片，可看出学生对以往学习过的数有较深的认识，基本能够说出整数、小数、分数、百分数的产生意义、读法、写法、用途等	
二次备课说明	对于学习水平中下的学生，最好能给他们提供思维导图的主干，不然难度有点大	

二、课中知识新授		
（一）自学教材，并以思维导图的形式整理负数知识		
学习目标	学习活动	技术使用与功能评析
1. 认识负数，能读、写负数，感悟负数是因实际需要产生的。 2. 通过自学培养学生的自主学习能力；借助思维导图，锻炼学生的结构化思维及发散性思维	1. 画图——初次形成思维脉络。 （1）初次阅读，提炼主干。 师：同学们，这就是我们今天要学习的数，请大家快速浏览教材页，并提炼教材中主要描述了负数的哪些知识？ 预设：写法、读法、作用、符号等。 （2）再次阅读，丰富分支。	罗络笔记软件

续上表

学习目标	学习活动	技术使用与功能评析
3. 使学生学会从数学的角度认识世界、解释生活，逐步形成"数学地思维"的习惯	师：请同学们再次自学教材页，并在不同的主干上通过举例子或者简洁的词组做进一步说明。 2. 读图——再次呈现思维过程。 师：收集一些同学的思维导图，请他们上来跟大家一起分享。其他同学有不同意见或者补充，举手发表。 预设： ①写法：-3、-8.5、-70%（先写符号，再写数字）。 ②读法：负三、负八点五、负百分之七十（先读符号，再读数字）。 ③作用：为了简洁地表示相反意义的量（例如：增加、减少）。 师：可是负数只能表示其中一种量，用负数表示"减少"，那"增加"用什么数表示呢？（正数）。 你能写一个正数吗？怎么读？关于正数你还知道什么？（正号可省略）。 3. 修图——调整思维误差。 师：同学们，修改或完善你的导图信息	

（二）巩固练习，增强认识

学习目标	学习活动	技术使用与功能评析
1. 认识负数，能读、写负数，感悟负数是因实际需要产生的。 2. 通过自学培养学生的自主学习能力；借助思维导图，锻炼学生的结构化思维及发散性思维。 3. 使学生学会从数学的角度认识世界、解释生活，逐步形成"数学地思维"的习惯	师：在自学的过程中，大家通过思维导图，脉络清晰地整理出负数的知识。这是一种很了不起的自我学习方式。现在就检验一下同学们的自学效果吧。 1. 基本读写。 先读一读这些数，再按要求分类： 3、+45、-8、-60%、-99、0、+6.6、-0.7、-22 2. 生活中的负数。 师：你有见过生活中使用负数的例子吗？结合生活实际说说其意义。	罗络笔记软件、学习平台的练习系统

续上表

学习目标	学习活动	技术使用与功能评析
	上网搜索生活中负数的实际运用例子。 3. 同桌讨论：A城市的温度是3℃，同一天B城市的温度是−4℃。哪个地方更冷呢？ 引导小结：比0℃高的温度叫作零上温度，用正数表示；比0℃低的温度叫作零下温度，用负数表示。0是零上温度和零下温度的分界点，也是正数和负数的分界点，所以：0既不是正数，也不是负数。 补充导图：0是正数与负数的分界点。 4. "东莞第一峰"银屏山高出海平面898米，记作（　　）米，吐鲁番盆地低于海平面155米，记作（　　）米。 师：这里是以什么作为分界点呢？	

（三）忆图

学习目标	学习活动	技术使用与功能评析
深化巩固思维脉络，通过忆图，整理整节课的知识	1. 师：同学们，结合思维导图，说一说这节课你对负数有哪些认识？ 2. 学生借助思维导图回顾总结本节课的知识	罗络笔记软件、学习评价系统

三、课后辅导

学习目标	学习活动	技术使用与功能评析
继续巩固负数的知识	1. 教师在微课掌上通发布当天练习题。 2. 学生完成练习题	
基于学习数据的课后个性辅导分析	线上评改作业，直观追踪反馈。教师通过微课掌上通发布每日作业，可以实时观测学生的上交人数，对于接近规定时间还没提交的同学，可以应用软件的提醒功能。根据微课掌上通的数据显示，学生对负数的读写基本都正确，对0的区分也清晰，主要错误点在于对负数的意义认识不够深刻，在今后的辅导中要加强辅导	手机或电脑上已经安装微课掌上通学习软件
学习评价	正负数的正确率为96%，学生掌握较好；练习题第3、4题运用正负数的正确率为94.5%，学生也基本达到学习目标	

四、教学反思

（一）学习数据分析

通过罗络笔记软件的数据显示，练习题第1题，辨别正负数的正确率为96%，学生掌握较好；练习题第3、4题运用正负数的正确率为94.5%，学生也基本达到学习目标。

（二）教学效果分析

（1）课前通过思维导图整理小学阶段学习过的数，不仅是唤醒知识，更重要的是唤醒学习方法，从数据可以看出，这一做法的教学效果是比较好的，学生基本能正确读写负数。

（2）但从教学效果可看出，这一做法淡化了学生对负数的意义的感知，也就是学生对为什么产生负数认识不够深刻，需要做进一步调整。

（三）教学模式提炼

（1）导入——借助思维导图回顾小学阶段认识的数。
（2）新授——自学教材，并以思维导图的形式整理负数知识。
①画图——初次形成思维脉络。
②读图——再次呈现思维过程。
③修图——调整思维误差。
④忆图——深化巩固思维脉络。
（3）练习——层层递进巩固基本知识，拓展提升。

（四）教学改进方案

尝试从生活中的情景开始导入，从学生熟悉的素材入手，加强学生对负数的意义的感知。

五、专家点评意见

（一）亮点

（1）教学目标明确，教学思路清晰，教学方法得当，教学效果良好。

（2）注重核心素养培养。通过让学生绘制"我们认识的数"思维导图，沟通所学知识，发展有关数概念的知识结构，使学生初步掌握研究一类数的一般研究方法。通过多种情境和例子，引导学生初步认识负数，感受负数的意义，发展数感。

（3）注重"学为中心"。能恰当利用新媒体技术为教学服务，给予了学生更多独立思考、自主探究与合作交流的机会。照顾学生差异，为中下水平的学生提供"脚手架"。

（4）充分利用媒体软件及时掌握学生的学情，呈现学习结果，有效推进教学进程。

（二）建议

进一步考虑不同层次学生的个别差异，体现差异化教学。

点评专家：鲍银霞，广东省教育研究院教学教材研究室研究员，教育学博士，广东省中小学名教师工作室主持人，华南师范大学教师教育学部兼职教授。

教学视频

搭配中的学问

一、基本信息

课型： 新授课 **课时：** 第一课时
学校： 梅州市丰顺县实验小学 **授课教师：** 罗安娜
学科（版本）： 小学数学（北师大版） **年级：** 三年级上学期

二、教学分析

教学目标	1. 能够结合现实情境，探索并掌握简单的搭配方法，能用适当的方式表示各种搭配方法。 2. 能够在尝试、展示、交流中，逐步学会按一定的顺序思考和解决问题。 3. 能够感受有序搭配在生活中的应用，体会数学与现实生活的密切联系
教学内容分析	本课是北师大版数学三年级上册的内容，这是一节主题实践活动课，围绕"搭配"这个主题，教材选用了"小丑"齐齐去动物园表演节目这个素材，由易到难，重在训练学生有序思考的能力，培养学生学习数学的兴趣和用数学方法解决问题的意识，搭配中的学问属于排列和组合问题，意在向学生渗透有序思考的数学思想
学情分析	三年级学生对于搭配问题已经有了一些感性经验，能够将事物按要求进行简单搭配，但没有"有序"思考的意识。因此，通过本节课的教学，重在训练学生有序的思考问题，这种能力对学生今后学习数学乃至其他学科，以及解决生活中的实际问题都有重要的作用

续上表

技术应用重、难点	1. 平台推送功能； 2. 平台数据统计功能； 3. 拍照上传功能； 4. 班级优化大师评价功能
教学环境与资源	希沃教学平台；多媒体教学工具；希沃白板课件；希沃易课堂课前、课中在线测试；预课中的微课及在线测试等

三、教学过程

一、课前自主学习		
学习目标	学习活动	技术使用与功能评析
1. 能够初步掌握简单搭配组合方法。 2. 能够将两类事物用连线的方法搭配在一起	教师： 1. 通过希沃易课堂发布学习资源和任务。 2. 汇总学生学习数据，分析数据，进行二次备课。 学生： 1. 观看微课。 2. 完成课前自主学习任务单的要求并拍照上传。 3. 完成"课前小测"	【技术使用】 1. 上传学习资料及作业功能。 2. 希沃易课堂平台推送测试题目功能。 3. 平板拍照上传。 4. 检测做题情况，统计数据功能。 【功能评析】 1. 调动学生课前参与积极性。 2. 提高学生学习兴趣及效率
学习评价	1. 希沃易课堂平台自动生成的学生学习数据，记录学生学习轨迹。 2. 课前小测，了解学生对图文、符号法掌握的情况	
基于学习数据的课前学情诊断	通过课前自主学习，个别同学对搭配的方法还不太理解。大部分同学比较喜欢选用图案、文字等形象直观的方法，能正确的表示出结果，但对字母、算式等比较抽象的数学符号表示方法还有点难度，还不能做到有序的原则思考问题	
二次备课说明	要通过生活中的具体情境抽象出数学符号化的方法，逐步训练有序思考的数学思想	

二、课中合作学习

（一）问题导向学习

学习目标	学习活动	技术使用与功能评析
1. 能够通过有趣的"小丑"搭配衣服的情境导入新课，将现实问题转化为数学好玩问题，激发学生的学习兴趣。 2. 能够引导学生观察并发现搭配中的组合问题	1. 创设情境，导入新课。 （1）玩"石头、剪刀、布"游戏，激发学生学习兴趣，首尾呼应做铺垫。 （2）介绍"小丑"，引出服装搭配问题。 （3）引入新课：搭配中的学问。 2. 问题导向学习。 （1）教师展示课前自主学习结果。 （2）学生自主反馈需要研究的问题。 （3）抛出问题：一共有多少种不同的搭配方法？	【技术使用】 1. 希沃白板中的PPT展示功能。 2. 查看任务统计情况功能。 3. 课前学习的数据分析功能。 【功能评析】 1. 提高学生的学习兴趣。 2. 调动学生课堂参与的积极性

（二）互动探究、展示交流

学习目标	学习活动	技术使用与功能评析
1. 能够让学生学会在平板上操作"摆一摆"，初步感知有序搭配。 2. 能够观察同学作品，倾听同学的讲解，对比观察不同作品的思维过程经历"数学化"，掌握两类事物搭配总数的不同的搭配方法	1. 互动合作学习。 （1）教师出示小组合作学习的要求，引导学生合作探究。 （2）教师巡视指导。 2. 展示交流学习。 （1）小组上台汇报学习收获。 ①用文字表示：没有顺序任意搭配（少搭和重复搭配）。 ②用文字表示：第一种是先确定帽子分别搭配3条裤子；第二种先确定裤子分别搭配2顶帽子。 ③用图形、字母表示，体会用图形的简洁性。 （2）选用自己喜欢的字母表示，再次体验用字母表示的方法。	【技术使用】 1. 希沃白板中的PPT展示功能。 2. 希沃易课堂课件推送功能。 3. 希沃易课堂互动中的拍照推送功能。 4. 平板拍照上传。 5. 查看任务统计情况功能。 【功能评析】 1. 展示学生成果，提高课堂效率。 2. 增强课堂师生、生生互动。 3. 提高学生学习兴趣及积极性

续上表

学习目标	学习活动	技术使用与功能评析
	（3）小结：不管是图案表示搭配方法，还是用图形、文字、数字、字母等来表示，只要在搭配过程中做到有序，搭配结果才会不重复、不遗漏。	

（三）巩固拓展、总结反馈

学习目标	学习活动	技术使用与功能评析
1. 能够进一步掌握简单的搭配方法。 2. 能够应用知识，体验"生活问题数学化"。 3. 能够用多种搭配方法解决生活中的问题	1. 运用规律，解决问题。 （1）推送午餐搭配问题、去动物园的路线的练习及小测过关4小题。学生展示思考过程和表示方法，并引导学生观察发现用字母表示比较简单，会用算式表示法。 （2）观察比较，发现联系。 2. 总结交流，自我反思。 （1）谈收获：通过这节课的学习，你有什么收获。 （2）总结：今天这节课同学们不仅学会了不同的搭配方法，还做到了有序思考问题。其实，在我们的日常生活中还会遇到很多的搭配问题，只要我们多观察、多思考，一定能在生活中找到更多学问。 3. 拓展延伸，回顾评价。 （1）继续完成课前的游戏：教师和一位同学玩，共有几种配龄方法？ （2）出示卡片，猜猜教师年龄。为下节课留悬念。	【技术使用】 1. 希沃白板中的PPT展示功能。 2. 希沃易课堂课件推送功能。 3. 希沃易课堂作业课中小测推送功能。 4. 查看任务统计情况功能。 5. 平板拍照上传。 【功能评析】 1. 调动学生课堂参与的积极性。 2. 及时显示学生测试数据，提高课堂效率。 3. 增强课堂师生、生生互动

续上表

学习目标	学习活动	技术使用与功能评析
	（3）学生评价自己及组员的表现，完成课堂自我评价表。 	评价内容	评价等级			评价目的	得分
---	---	---	---	---	---
	优(20)	良(15)	中(10)		
能认真听老师讲课，听同学发言				能否认真专注	
遇到会回答的问题都主动举手了				能否主动参与	
善于思考，主动操作，并能有条理地表达自己不同的看法				能否独立思考	
能积极参与小组讨论活动				能否主动参与	
在学习的过程中感到快乐				是否兴趣浓厚	
最欣赏哪个同学的表现，为什么？							
基于学习数据的课中精准教学分析	学生通过自主、合作交流学习，明白搭配的方法和策略，了解搭配在我们生活中经常用到，搭配也是一种学问。操作中寻求最简捷有效的搭配原则和方法，学生的有序思维还要进一步训练	
学习评价	希沃易课堂平台自动生成的学生课中学习数据，记录学生学习轨迹；小组学习自评与互评；教师评价	

三、课后巩固学习

学习目标	学习活动	技术使用与功能评析
1. 能够在练习中懂得善于观察和思考。 2. 能够用最简单、最基础的搭配方法解决生活中的问题	教师： 1. 向学生推送线上课后练习测试。 2. 根据测试结果进行课后个性辅导。 学生： 1. 完成课后练习测试。 2. 找找生活中还有哪些地方用到了搭配的知识，用画图或者拍照方式记录下来，与同学分享	【技术使用】 1. 希沃易课堂推送功能。 2. 线上检测功能。 【功能评析】 1. 了解学生知识掌握情况。 2. 提高学生学习效率
基于学习数据的课后个性辅导分析	通过测试，发现82%的同学能做全对，15%的同学做错一题，可以自行纠正，有3%的同学无法正确地数出搭配总数，写错的原因是缺少生活经验，容易数漏或搭配错误，通过个别辅导后，再出对应的练习，发现他们基本过关	
学习评价	希沃易课堂平台自动生成的学生学习数据，记录学生的学习轨迹	

四、教学反思

（一）学习数据分析
1. 课前小测

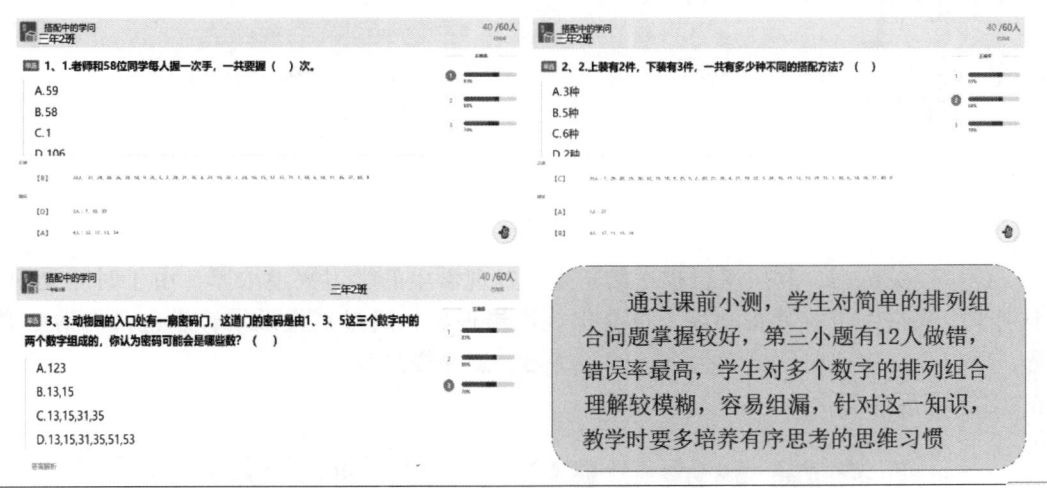

图 1

课前小测数据分析（见图1）：

通过三道基础题的小测，学生对简单的排列组合问题掌握较好，第三小题有 12 人做错，错误率最高，学生对多个数字的排列组合理解较模糊，容易组漏，针对这一知识，教学时要多引导，启发思维，多练习有关这方面的知识，逐步培养有序思考的思维习惯。

2. 课中练习

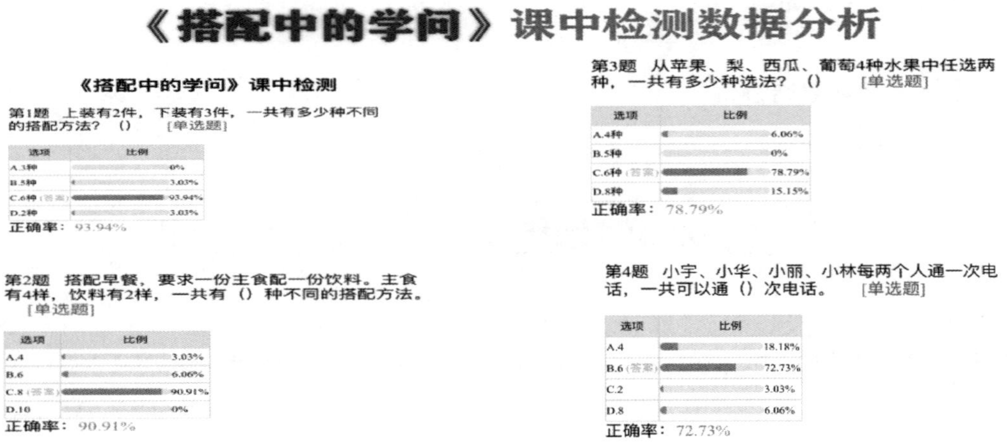

《搭配中的学问》课中检测数据分析

图2

课中闯关练习，利用平台推送给学生，发现学生的学习兴趣浓厚，由于时间受限，个别学生兴奋中带有紧张心理，也会出现填错现象，通过汇报反馈，学生又能清楚题意，所以今后多留时间给学生进行闯关练习，逐一提高难度。

3. 课后练习

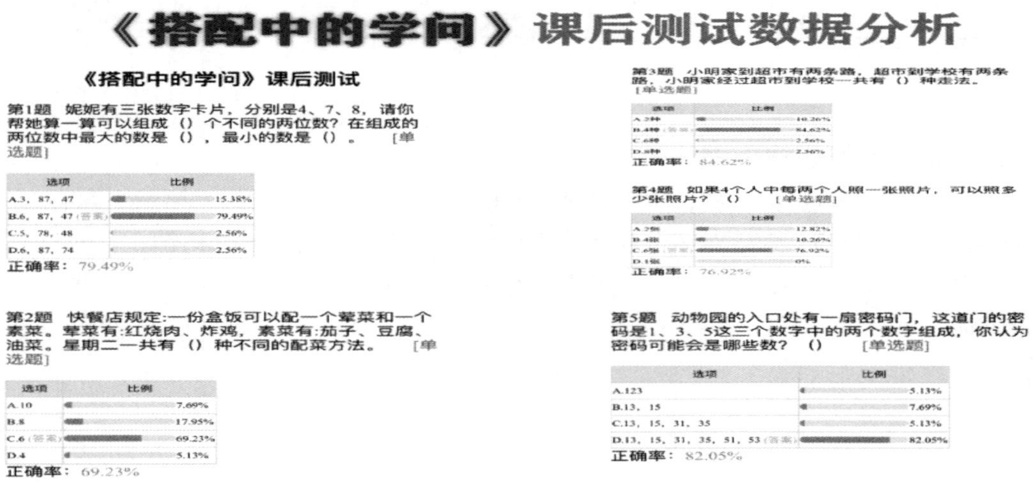

《搭配中的学问》课后测试数据分析

图3

课后测试（见图3）中，发现82%的同学能做全对，15%的同学做错一题，可以自行纠正，有2位同学无法有序数出搭配的方法，教师针对学生存在的个性化学习问题进行补充讲解或进行个性化辅导，逐步提高学生的学习成绩。

（二）教学效果分析

本节课是在移动互联环境下使用多媒体设备及多媒体录播室的设备和软件进行教学，是一种新模式的尝试，让学生真切地感觉到自己的成长轨迹。教学中，根据教材设计了与孩子的生活息息相关的穿衣、吃饭、走路等情境，让孩子们在愉悦的氛围中将有趣的生活问题抽象成数学问题，再自主、互动探索解决问题的办法，最后再将所学方法运用到解决生活问题中去，较好地达成了教学目标。本节课主要有以下特点：

1. 注重数学学习生活化

数学教学是数学活动的教学，紧密联系学生生活实际，教学中创设学生感兴趣的游戏情境"石头、剪刀、布"，课中紧紧围绕帮"小丑"搭配服装这一情境展开教学，很好地激发了学生提出问题和解决问题的欲望，让学生很快进入学习主题中。

2. 注重层次性和有序思考

"有序"是整节课的核心，而有序思考也是数学的核心。数学培养的基本素养就是做事有条理有顺序。本节课在导入主题后，就把问题抛出去，让学生自主探究、小组合作去搭配并用自己喜欢的方式去表达，还要让大家都看懂。这一环节中学生动手、动脑，多种表征方式交错进行，综合提升孩子的核心素养。在展示小组作品中，有层次、有选择性、渐进式地呈现作业，并让学生充分表达自己的看法。以"你觉得他（她）们小组的搭配怎么样？好在哪儿？为什么？"引导学生有理有据地进行评价，形成全班式的讨论模式。使学生互相启发，共同提高。从重重疑惑中渐渐清晰解决问题的本质：只有"有序思考"才能把所有的搭配方法不重复、不遗漏地找"全"，通过穿、吃、行几个活动，使学生体会数学解决问题的有效性，体现了数学的应用价值。

3. 注重符号化思想的渗透

在引导学生对比多种策略的过程中，通过知其然又知其所以然的比较中，体会到用字母、序号与图形代替衣服，比画图、文字表征简洁而省时，使学生充分感受到符号化思想的优越性，所以在后面吃饭和行走路线的搭配问题中学生水到渠成的就想到了更简洁的运算方法去解决。

4. 注重学以致用的有效性

后续作业应使学生产生学以致用的效果。所以这节课设计的作业有两个：一是课前设计了与全班同学玩"石头、剪刀、布"游戏，是为后续作业做铺垫。二是从生活情境的搭配过渡到数学本身的搭配，比如数字搭配，猜猜教师的年龄；找找生活中还有哪些地方用到了搭配的知识，用画图或者拍照方式记录下来，与同学分享。这些都让学生特别感兴趣，同时感受到搭配的广泛性。

借助多媒体、平板等教学手段，整节课的教学活动体现出了学生在好奇中体验与思考。课堂气氛活跃，小组讨论、汇报都兴致勃勃，学生的参与热情很高，能调动学生的多种感官，使学生真正地体验到学习活动的乐趣，体验到数学学科的灵感，体验到合作探究的成功。

（三）教学模式提炼

本节课结合学校确定的课堂教学模式开展了有效的教学，即"学"→"导"→"议"→"展"→"评"（见图4）。

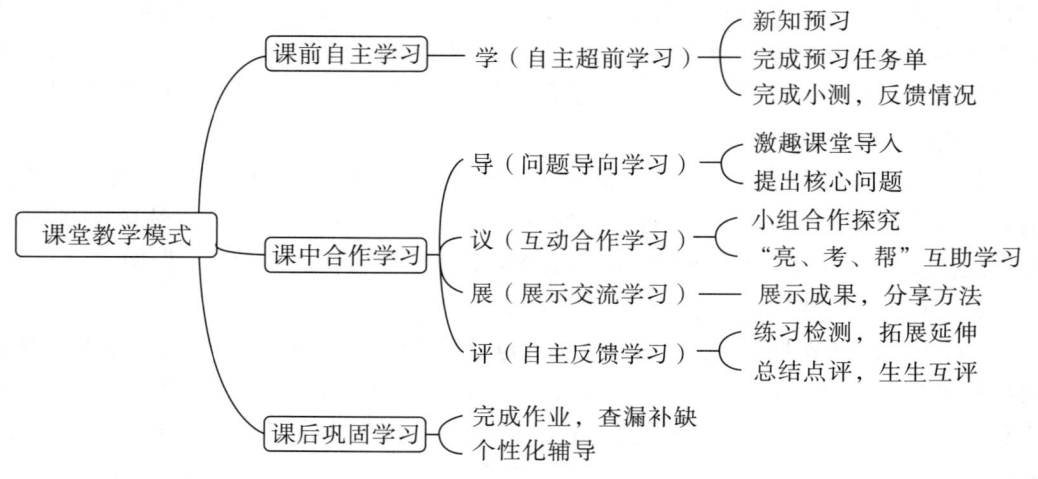

图4

（四）教学改进方案

1. 多关注学生个体差异，有效实施教学

互联环境下的数学课堂教学追求的是有效性，在一个班级的全体学生中，每个学生的差异是不同的。因此，我们的教学过程应该时时关注差生的转化工作。在做课堂作业时教师应该关注差生的完成情况，将错误纠正在当堂；在开始自主探究时，教师应提出："不懂的同学请举手，也可以来到老师的身边和老师一起合作。"；在反馈时也要时时关注差生，发现他们的思维误区。只有这样做教学才是有效的，才能真正面向全体学生。

2. 创多元化评价方式，促学生可持续发展

在教育信息化时代，对学生掌握基础知识与基本技能、学习过程、发现问题和解决问题能力的评价应该多元化、动态化。今后教学中，要依据学生的学习特征，不断调整创新评价方式，从而使学生产生源源不断的合作动力。

3. 提高教师多媒体应用能力，打造更优质的课堂

信息技术融合教学是一门学问。借助先进的计算机多媒体手段进行教学，学生愿学、乐学，学习积极性和课堂效率都有很大提高。如何更好地将信息技术应用到教学中，还需在今后的教学实践中认真探索、总结，进一步提高教师的教学水平和信息技术能力。

附：

"搭配中的学问"课前自主学习任务单

班级：_____   姓名：_____

一、学习指南		
1. 课题名称：北师大版小学数学三年级上册第七单元《搭配中的学问》第 76～77 页		
2. 达成目标： （1）掌握简单搭配组合方法。 （2）体会符号简洁、快速的优点。 （3）培养有序地、全面地思考问题的能力，感受图形的直观性和数形结合的好处		
3. 学习方法建议：观看微课自学法、动手操作法		
二、学习任务		
图文连线法： 	符号法： 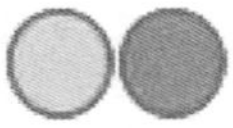 　　　　　　　　A1　　A2  　　　　　　B1　B2　B3 其他符号法：	算式计算法：
认真完成课前小测，小测成绩（　　　）		
（提示：登录希沃易课堂平台观看配套微视频，你一定能顺利完成填写！有想不明白的地方，可以请教爸爸妈妈）		
三、所学所获		

"搭配中的学问"课中学习单

班级：_____   姓名：_____

一、搭配服装

（1）"小丑"的帽子和裤子可以怎样搭配呢？将你的搭配方法用线连一连。

蓝帽　　　绿帽

粉裤　　花裤　　格裤

（2）用你喜欢的方法记录你的搭配。

二、搭配午餐：用你喜欢的方法记录你的搭配。

一份盒饭含一种主食和一种炒菜

今日午餐
主食：米饭　馒头
炒菜：鸡蛋西红柿　土豆片
　　　青椒炒肉　烧茄子

三、动物园路线图：用你喜欢的方法记录你的搭配。

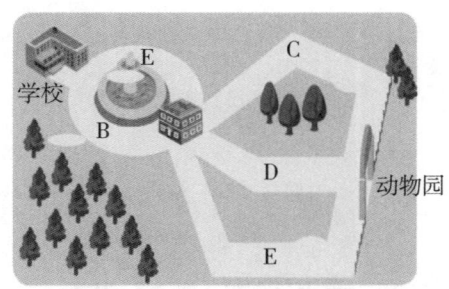

从学校经过少年宫再到动物园，一共有（ ）条路可以走。

五、专家点评意见

（一）亮点

（1）注重创设教学情境，以"小丑"的活动贯穿整个学习活动，教学目标明确，教学思路清晰，教学过程流畅，学习目标达成良好。

（2）技术运用得当，提高课中操作的质量效率。练习画图情况由平板统一反馈到教师终端，小测成绩即时反馈，使教师在关注全体的同时也能关注学困生，做到即时的点拨辅导。

（3）注重符号化思想的渗透，及时优化搭配表示的方法。

（二）建议

（1）充分让学生经历用不同方法创造表示不同搭配方法的过程，并在学生的真实生活中体会哪种方法更为简洁，自觉进行优化。

（2）借助几何直观、沟通连线法与乘法之间的联系，沟通解决不同情境问题中方法的联系，加强学生的数学思考，培养数学表达能力。

点评专家：鲍银霞，广东省教育研究院教学教材研究室研究员，教育学博士，广东省中小学名教师工作室主持人，华南师范大学教师教育学部兼职教授。

教学视频

乘法的初步认识

一、基本信息

课型：数与代数
学校：广州市花都区颐和实验小学
学科（版本）：小学数学（人教版）
课时：第一课时
授课教师：杨明媚
年级：二年级上学期

二、教学分析

教学目标	1. 知识与技能。 基础目标： （1）让学生在动脑、动手、动口的过程中体会乘法的意义，知道求几个相同加数的和用乘法计算。 （2）认识乘号"×"，初步掌握乘法算式的写法和读法。 （3）理解乘法算式各部分所表示的意义，以及乘法算式表示的含义。 进阶目标：在掌握本节课的重点、难点的基础上深化理解求几个相同加数的和与乘法的关系，体会乘法的简洁性和学习乘法的价值。 2. 情感、态度与价值观。 基础目标：通过小组合作，增加学生参加讨论和表达的机会，培养学生的口头表达能力和动手操作能力。 进阶目标：通过各种教学活动能够激励学生学会主动参与、主动思考、主动探索、主动创造。 3. 过程与方法。 基础目标：通过观察、操作等数学活动，培养学生的观察能力、实践能力。 进阶目标：使用启发式的引导、联系实际生活中的例子及开展形象的直观教学，鼓励学生大胆创新、培养思维的独立性

续上表

教学内容分析	《表内乘法》是学生学习乘法的开始，它是二年级上册第4单元的内容，是学习表内除法和多位数乘、除法的基础。而本节课的学习内容是第4单元第一课时《乘法的初步认识》，学生第一次接触乘法这个新概念。教材中多次将同数连加的算式或实物图与"几个几"对照编排，相互转换，使学生能将具体的同数连加的算式、情景用更抽象、更概括的"几个几"的方式进行表达，一方面架构起加法算式与乘法算式之间的桥梁，便于学生将同数连加的算式改写成乘法算式，另一方面更加突出乘法意义的本质，使学生更为明确乘法的意义
学情分析	在学习乘法的初步认识时，学生已学习了加法相关知识，并且也学习了找规律、分类等一些数学认知策略，具备了一些知识经验。学生在生活中有一组一组数的经验，通过一年级的学习，学生具有一定的动手操作能力，在一年级上册的学习中，"加法的意义"已经初步建立，并且能够运用加法解决简单的实际问题，为学习乘法的初步认识奠定了基础。虽然是第一次学习乘法，但有些学生在生活中已经听说过乘法，部分优生甚至已经会背乘法口诀了，但不知其所以然，教师若能很好地把学生带入学习乘法的数学园地，一定能激发学生探究乘法的欲望。 "乘法概念"的建立是学生学习本课的难点，对于乘法概念的抽象思维过程学生较难理解，虽然乘法的概念与加法有着密不可分的联系——乘法是求几个相同加数的和的简便运算。但这个概念又明显不同于加法。加法在生活中较为常见，并且用加法表示把两部分或几部分合并起来比较直观，容易理解。而乘法算式表示的含义就很抽象，学生只看到两个乘数，而实际上却表示几个或更多的部分合并起来，部分孩子往往会把乘法和加法混淆。所以"几个相同加数相加"是乘法概念建立的关键点，乘法的学习就是在认清相同加数和相同加数个数的基础上进行的，因此再现和再强化相同加数连加是十分必要的。 本节课的学习相对于之前的学习，更加侧重于学生的自主探究，探索发现、小组研讨等方法总结归纳出能改写成乘法算式的加法算式有什么样的特点，深化"几个几"的表达方式
技术应用重、难点	重点：及时了解学生的测试情况、通过检测结果让学生选择不同的测试，推送微课；通过数据的分析了解学生对本节课学习知识的掌握情况并进行分析。 难点：应用平板不能够准确地了解孩子的答题过程，习题较多，微课的录制数量较多，课前准备时间较长
教学环境与资源	畅言教学平台；平板教师机和学生机教学工具；课件；微课诺干；教具

三、教学过程

一、课前检测		
学习目标	学习活动	技术使用与功能评析
1. 能够看图找出数学信息，提出数学问题，并能用连加解决问题。 2. 通过微课的学习，尝试把加数相同的加法算式改写成乘法算式，并且能够正确读写乘法算式。 3. 优生能初步建立乘法的概念	1. 教师通过畅言智慧教学平台布置课前预习任务和习题微课。 2. 教师查看学生课前检测情况，从数据中提炼出学生存在的问题，根据数据分析进行二次备课。 3. 教师提前录制相应例题和检测题的微课，然后同一时间发送微课。 4. 学生在规定的时间内完成例题和课前检测题。 5. 学生观看错题的微课资源，修正错误	【技术使用】 1. 畅言教学平台推送测试题目及推送微课功能。 2. 通过畅言教学平台进行微课录制。 3. 畅言教学平台的PK板。 【功能评析】 1. 及时展示学生自学数据，精准了解学生的自学情况，提高课堂效率。 2. 有效地激发了学生的学习兴趣及积极性
学习评价	1. 畅言教学平台自动生成的学生学习数据，记录学生学习轨迹，精准地了解每个学生的自学情况。 2. 通过微课的学习，学生基本能体会学习乘法的必要性，知道"相同加数"这个概念，能把加数相同的加法算式改写成乘法算式，并且能够正确读写乘法算式。 3. 通过自学检测试题的反馈，教师可以精准地把握学生的自学情况。对于乘法的含义的题目，学生答对率不高，证明学生对乘法的含义还是含糊不清的。 4. 学生通过相应的习题，检测出自己哪方面存在问题，并且通过错题微课的讲解，对乘法有了更进一步的认识	
基于学习数据的课前学情诊断	根据畅言网平台推送的例题以及习题，还有微课讲解，初步了解了学生对于这一知识的掌握情况，虽然是一节新授课，但是因为学校在三年级会开展SQC问题导学型课堂学习模式，所以从一年级起就会在班上有意识培养孩子们的自学意识和能力。在每一节新授课前布置自学任务，完成相应的预习作业，经过一年多的训练，二年级这一阶段有一部分学生已具备一定的自学能力，对于这一新授课知识也掌握得不错，但因为本节新授的内容是乘法部分的起始课，是一节全新的知识，所以课前预习还存在一定的效果差异	

续上表

基于学习数据的课前学情诊断	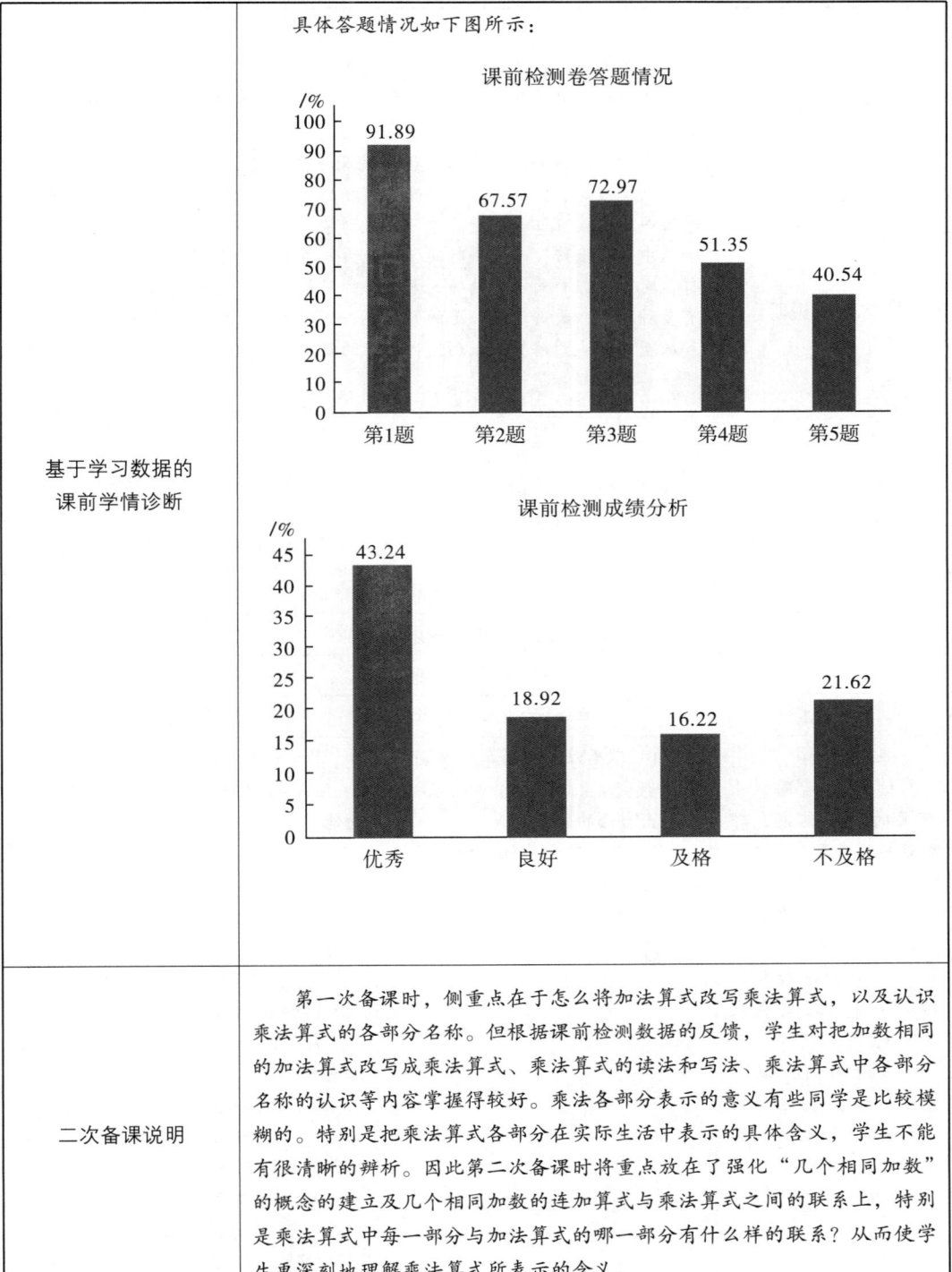
二次备课说明	第一次备课时，侧重点在于怎么将加法算式改写乘法算式，以及认识乘法算式的各部分名称。但根据课前检测数据的反馈，学生对把加数相同的加法算式改写成乘法算式、乘法算式的读法和写法、乘法算式中各部分名称的认识等内容掌握得较好。乘法各部分表示的意义有些同学是比较模糊。特别是把乘法算式各部分在实际生活中表示的具体含义，学生不能有很清晰的辨析。因此第二次备课时将重点放在了强化"几个相同加数"的概念的建立及几个相同加数的连加算式与乘法算式之间的联系上，特别是乘法算式中每一部分与加法算式的哪一部分有什么样的联系？从而使学生更深刻地理解乘法算式所表示的含义。

续上表

二次备课说明	将原本打算教师详细讲解的改写乘法算式及各部分名称的认识，调整为学生汇报，教师简单梳理，把更多的时间留给学生探讨研究乘法与加法的联系，深化乘法算式所表示的意义。 　　最后根据各层次学生的掌握情况及学生的特点，并且联系生活实际，精心选习题。根据选择的习题录制相应的讲解微课，确保基础薄弱的同学第一时间就可以在课堂的学习中找到学习的自信和动力。然后再为课前检测中做得很好，而且平时的学习能力就特别强和表现突出的同学筛选题目，对于这部分同学，选择的题目必须层层递进，或者是同一道题目必须有多种解法，最好还有一定的开放性，这样才能吸引这些同学的学习兴趣和欲望，以达到培养学生创造性思维的目标，选题之后同样录制相应的微课。具体过程如下： 　　课前 → 发布课前检测和微课资源 → 数据分析 → 　　　　发现问题，看微课订正错题 　　　　确定教学目标和分层内容 　　　　二次备课，分层精选习题

二、课中分层

（一）自学汇报

学习目标	学习活动	技术使用与功能评析
基础目标： 1. 学会看图找出有用的数学信息，理解题目的意思。 2. 会把相同加数用"几个几"的形式表示。 3. 会把加数相同的加法算式改写成乘法算式，认识乘号。 进阶目标：锻炼学生的口头表达能力和动手操作能力，培养严谨的数学思维	1. 学生以小组为单位拿出自己的预习单，分享自学的收获，并提出自己的疑问。 2. 以小组为单位进行预习汇报，其余同学做补充。 3. 教师及时点拨梳理，最后补充总结	【技术使用】 1. 畅言教学平台的拍照上传功能。 2. 畅言教学平台的分组作答功能。 3. 畅言教学平台的随机功能、及时展示学生预习单。 4. 教学平台的截屏分享功能。 【功能评析】 1. 及时展示学生预习单，提高课堂效率。 2. 增强课堂师生、生生互动。 3. 进行小组间的PK，提高学生的积极性同时培养学生的竞争意识。 4. 通过截屏分享功能把需要重点讲解的内容分享给学生，学生能屏幕共享，加强了师生互动，提高课堂效率

续上表

（二）例题讲解

学习目标	学习活动	技术使用与功能评析
基础目标： 1. 理解乘法算式中每个数字的含义及整个算式表示的含义。 2. 知道一个乘法算式可以表示两种不同的含义。 进阶目标：在掌握乘法有关知识的基础上，深化理解乘法与加法的联系，体会乘法的简洁性和学习乘法的价值	1. 教师对学生自学情况进行分析，重点讲解加数相同的加法算式与乘法算式之间的联系，理解乘法算式中每个算式及整个乘法算式表示的含义。 2. 学生进行小组讨论：乘法算式中各部分分别表示什么含义？	【技术使用】 1. 畅言教学平台的计时器功能。 2. 畅言教学平台的分组作答功能。 3. 畅言教学平台的拍照上传功能。 4. 畅言教学平台的随机、抢答功能。 5. 畅言教学平台的拍照、讲解和聚焦功能。 6. 畅言教学平台的PK板。 【功能评析】 1. 用计时器限定讨论的时间，促使学生在有限地时间内进行有效的讨论，同时便于教师把控时间。 2. PK板、随机、抢答等功能调动学生课堂参与积极性。 3. 拍照上传及时展示每组学生的讨论结果，便于汇报时的讲解，提高课堂效率。 4. 拍照讲解及聚焦功能便教师在巡视的过程中发现需要着重讲解的内容。增强课堂师生、生生互动，提高了课堂效率

（三）分层巩固

学习目标	学习活动	技术使用与功能评析
基础目标： 1. 会把加数相同的加法算式改写成乘法算式。 2. 会读写乘法算式，并理解其含义。	1. 教师利用平板向学生推送"课中检测卷"，根据答题情况对学生进行习题分层。 2. 通过平板推送"高级进阶试卷"。 3. 通过平板推送"基础补充卷"。	【技术使用】 1. 畅言教学平台推送试题和微课功能。 2. 畅言教学平台的屏幕巡视功能。 3. 畅言教学平台的PK板。

续上表

学习目标	学习活动	技术使用与功能评析
进阶目标：深入地理解乘法算式表示的"几个几相加的含义"，并能清晰地辨析出乘法与实际生活的密切联系，体会每部分在具体情境下表示的具体含义，培养学生的发散思维	4．通过平板推送"基础进阶题"。 （1）一起完成课中检测。 （2）做错的学生观看错题相应的习题微课，并完成"基础补充习题"。 （3）做完基础补充习题，有时间的同学可以去做基础进阶习题	【功能评析】 1．及时展示学生自学数据，精准地根据自己的学习情况，分层选择习题以提高课堂效率。 2．教师运用屏幕巡视功能可以清楚地了解到学生的答题情况，及时帮助有困难的学生
基于学习数据的课中精准教学分析	在本节课中，学生能按照教师的要求较认真地对待学习，及时了解自己的答题情况再根据其情况进行相应的巩固练习。在课中练习中，全班37人参与上课，课中检测采用系统批改或发起学生互批，全对的同学做进阶练习，有错误的同学看相应错题微课，做相应的补充练习，还有时间的同学就做基础进阶练习，这一环节，有26位同学全对，在做高级进阶习题的过程中，这26位同学的速度和正确率也出现了差异，有17人进阶是全对的，但有9位同学出现了错误，还有2位没有完成，而做基础补充练习的11位同学则有6位同学在做基础进阶练习时全对，2位同学有错，剩下3位同学基础进阶题未完成，这就说明在课堂教学中很多情况会跟预测存在一些差异，这样在分层的过程中，教师对学生课堂积极性的调动，对于学生做题态度和习惯的管控一定要到位，并且要正确地引导，采取一些积极的措施。数据分析如下： 课前与课中检测答题情况分析 （柱状图：横轴为答对1题、答对2题、答对3题、答对4题、答对5题；纵轴单位为人，范围0—30；图例为■课前 ▨课后）	

续上表

基于学习数据的课中精准教学分析	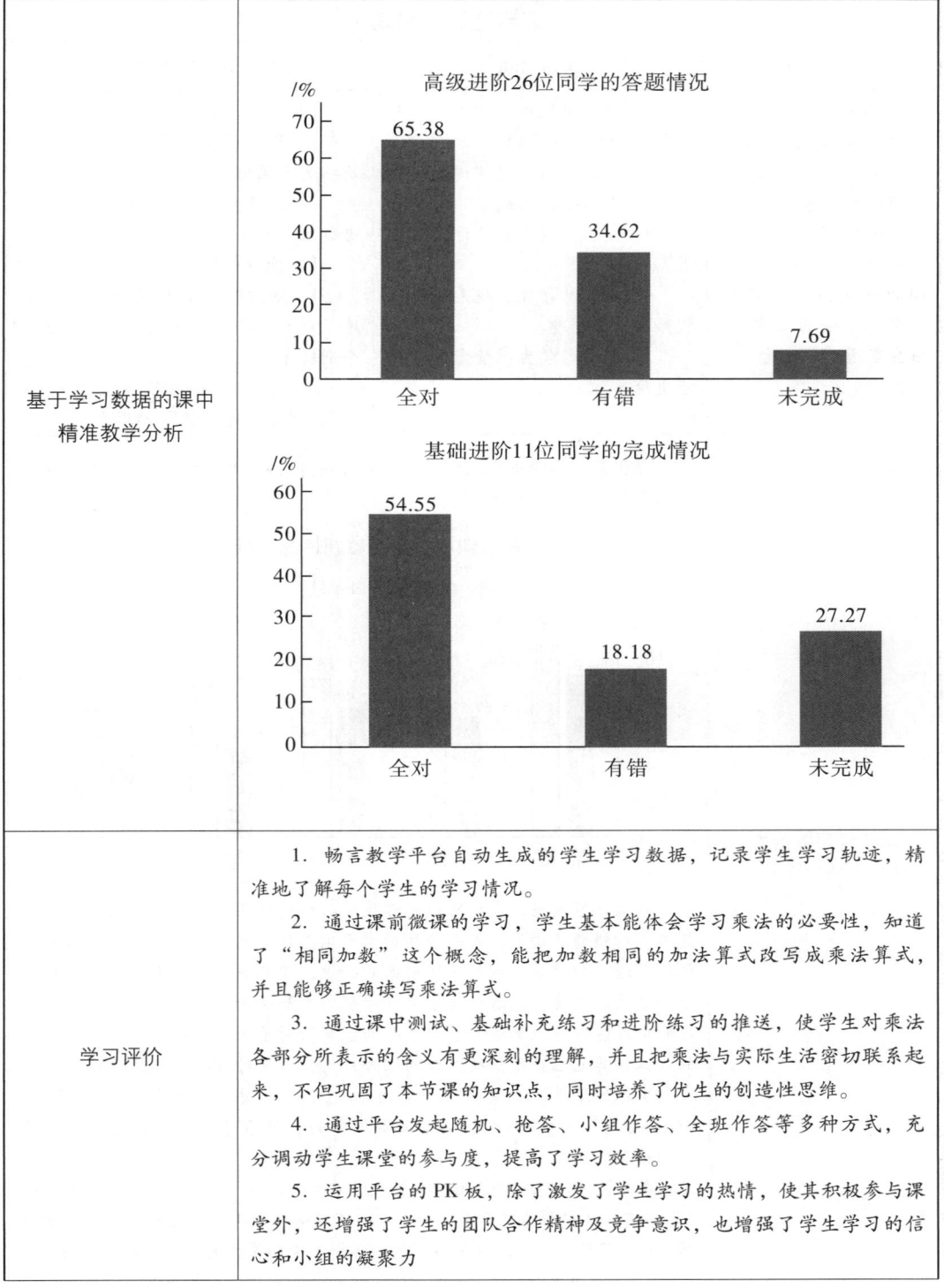
学习评价	1. 畅言教学平台自动生成的学生学习数据，记录学生学习轨迹，精准地了解每个学生的学习情况。 2. 通过课前微课的学习，学生基本能体会学习乘法的必要性，知道了"相同加数"这个概念，能把加数相同的加法算式改写成乘法算式，并且能够正确读写乘法算式。 3. 通过课中测试、基础补充练习和进阶练习的推送，使学生对乘法各部分所表示的含义有更深刻的理解，并且把乘法与实际生活密切联系起来，不但巩固了本节课的知识点，同时培养了优生的创造性思维。 4. 通过平台发起随机、抢答、小组作答、全班作答等多种方式，充分调动学生课堂的参与度，提高了学习效率。 5. 运用平台的PK板，除了激发了学生学习的热情，使其积极参与课堂外，还增强了学生的团队合作精神及竞争意识，也增强了学生学习的信心和小组的凝聚力

续上表

三、课后检测（分层）		
学习目标	学习活动	技术使用与功能评析
基础目标：通过练习，加强对乘法的进一步认识，并进一步理解乘法算式意义。 进阶目标：进一步理清乘法与加法之间的联系，进一步学会解答乘法的文字题，融会贯通，举一反三	1. 通过平板推送"课后综合卷"和相应微课资源。 2. 通过平板推送"课后进阶卷"和相应微课资源。 3. 全班一起完成"课后综合卷"。 4. 有错的学生，观看微课小视频，订正错题。 5. 全对的学生继续完成"课后进阶卷"	【技术使用】 1. 畅言教学平台推送测试题目及推送微课功能。 2. 通过畅言教学平台的 AI 录课进行微课录制。 【功能评析】 1. 通过测试数据的反馈，精准地了解学生的学习情况，对差生进行个别辅导。 2. 有效地解决了差生"吃不了"，优生"吃不饱"的现象
基于学习数据的课后个性辅导分析	根据课前和课中检测这两套题的答题情况的对比分析，显示本节课的课堂效果还不错，数据如下： 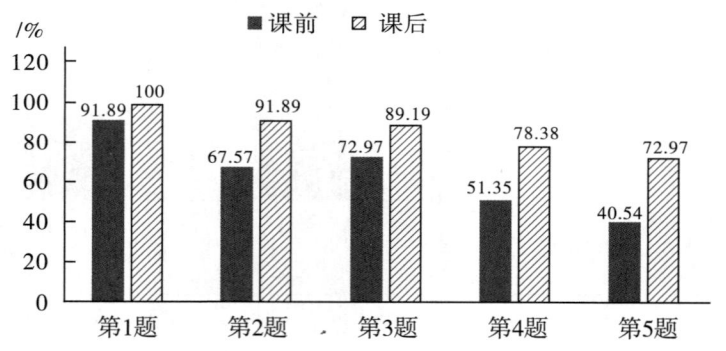 课前、课中检测卷答题情况分析 根据学习数据，我们可以对学生进行分层辅导。对学困生的辅导不能是单单对错题的讲解，而是应该留意学生思维上的不足，及对前后新旧知识的疏通，帮助学生理解巩固前面的知识，理解并简单运用新知识。对于中间层次的学生，笔者认为重点在于疏通本节课知识的巩固掌握，采取练习的形式能很好地加深学生对新知的理解。对于优生，主要是强化本节课的知识和其他已有知识的融合的综合应用，以及对后续知识的联系，注重发散思维的培养。笔者觉得分层辅导就三点："扎实旧知""巩固新知""综合应用，发散思维"，分层辅导做得好，很多时候我们能达到事半功倍的效果。 课中检测与课前检测相比较，优生从16人上升到26人，良好学生维持7人不变，及格学生从6人变为4人，不及格学生从8人变为0人。这些数据就说明了课堂效果还是很不错的，各个层次的学生都有了一定的提高	

续上表

学习评价	1. 通过课后综合卷的数据反馈，大部分同学对于乘法有关的知识掌握得不错，对于乘法各部分表示的含义也理解得比较透彻，能把乘法与生活中的简单实际问题联系起来。 2. 通过课后进阶检测数据的反馈，很多同学都能把乘法与实际生活联系起来，并且能够与之前学过的知识联系起来，融会贯通，举一反三

四、教学反思

（一）学习数据分析

学生在本节课的课中练习正确率达到79.4%，而在这练习中，有错误的学生及时看微课学习，从数据可以说明每道错题都有同学通过微课的学习重新掌握。而在进阶方面，正确率达到64.7%，有些同学是直接进入的，而有些同学是需要完成巩固练习和观看微课后再进入，所以这些同学有部分题没法完成。

通过本节课的学习，学生对知识点的掌握比课前检测的正确率提高了许多。全班的平均分由课前的72分提高到课后的90分，达到"优秀"的学生由原先的16人上升到26人，"不及格"的学生人数有所下降，由课前检测的8人下降到课中检测的0人。

（二）教学效果分析

本节课首先通过学生比较熟悉而又十分喜爱的游乐园引起学生的兴趣，为认知乘法做准备。然后是初步认识相同加数及相同加数的个数，从而引入乘法，这是本节课的一条主线。其次是乘法算式的写法和读法，这是理解乘法意义和实际计算的基础。本节课注重培养学生兴趣，充分调动了学生学习的积极性。对于把加数相同的加法算式改写成乘法算式，以及乘法算式各部分的含义等知识，大部分同学都掌握得不错，习题的正确率也都比较高。

（三）教学模式提炼（见图1）

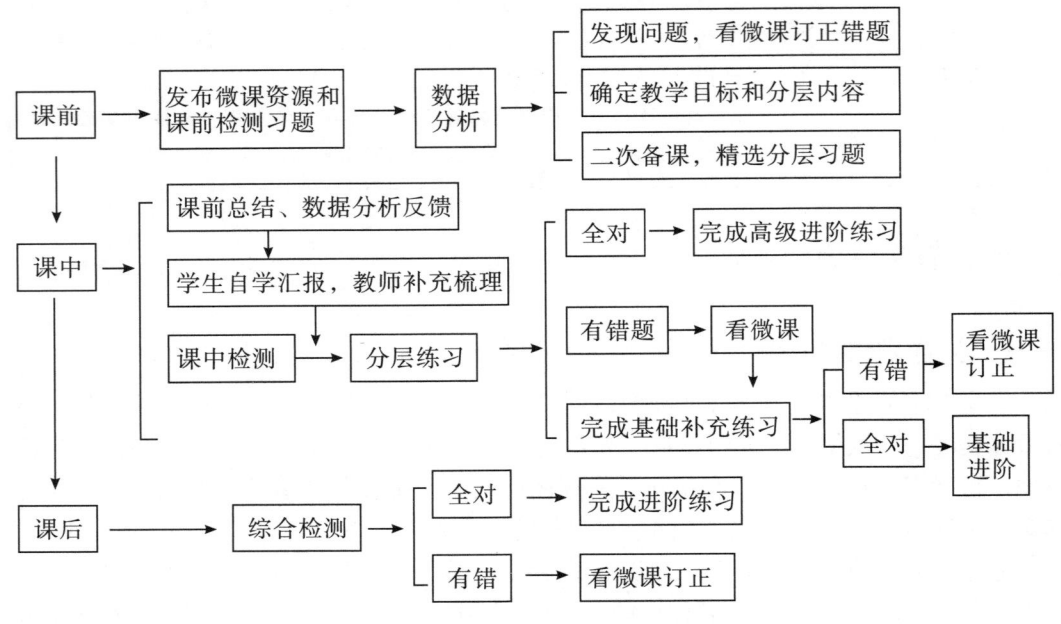

图1　数与代数教学模式

（四）教学改进方案

（1）本节课教师没有设计动手操作的环节，其实可以在预习汇报前，增加一个用小棒摆三角形的实操帮助学生理解乘法和加法的联系。

（2）进阶练习的时间没有设计教师讲解的环节，虽然有微课视频讲解，但是对于错误较高的题，还是很有必要面对面讲解的。

（3）教师在选题上要更有针对性，基础题要更全面一些，涉及每一个知识点，特别是进阶题需要有更强的梯度，以激发学生的挑战欲。

（4）通过本次教学，更加深化了教师要以人为本，针对不同水平的学生，教学形式要多样化，要具有激励性、启发性和指导性。

（5）教师要善于调动学生的积极性、善于点拨和引导，应变能力强才能有效驾驭课堂，收放自如。

（五）师生教与学的显著变化

教师在教方面最显著的变化，首先是改变了传统的"教师讲，学生听；教师问，学生答，动手练"的"填鸭式"教学，而平板分层是在课中采取新颖的形式，寓教于乐，充分调动学生学习的积极性，培养学生创造性的思维。其次教师能通过数据准确及时地了解学生真实的学习情况，随时准备解决他们所面临的问题。

学生在学这方面的显著变化是使每名学生都能在课堂上成为积极的参与者而不仅仅是看客；提高了学生的自主学习能力，让学生变得更主动学习了，并且学生敢于大胆创新、培养思维的独立性。

五、专家点评意见

（一）亮点

（1）对学科本质和教学重难点的把握比较到位，能够让学生通过动手、动口、动脑等多种方式体会乘法的意义。

（2）信息技术手段使用比较恰当，通过技术手段及时分析学生的学情，在二次备课中设定更精准的教学目标和教学内容。通过媒体技术及时记录学生的学习轨迹，了解学生的测试情况，并根据测试结果推送相应的微课，满足学生个性化学习需求。

（3）为学生提供自主探究、探索发现、小组研讨的机会，加强课堂互动，激发学生参与，提高学生学习积极性。

（4）课堂组织管理能力强，学生学习表现良好。

（二）建议

本节课是乘法的初步认识，教师要帮助孩子结合具体情境和实例体会乘法的意义，建议加强对具体情境的创设和使用，使教学目标定位更加精准。

点评专家：鲍银霞，广东省教育研究院教学教材研究室研究员，教育学博士，广东省中小学名教师工作室主持人，华南师范大学教师教育学部兼职教授。

教学视频

生活中的比

一、基本信息

课型：新授课　　　　　　　　　　　课时：第一课时
学校：梅州市丰顺县实验小学　　　　授课教师：陈晓燕
学科（版本）：小学数学（北师大版）　年级：六年级上学期

二、教学分析

教学目标	1. 学生能正确读写比，会求比值。 2. 知道比各部分间的名称。 3. 知道比和除法、分数之间的关系，建立比与除法、倍数、分率的知识联系，体会变与不变的数学思想。 4. 能理解比的意义，利用比的知识解释一些简单的生活问题。 5. 感受数学与生活的联系，提升学习数学的兴趣
教学内容分析	《生活中的比》是北师大版六年级上册第六单元第一课时的起始课，是建立在学生已学过的分数的意义及基本性质以及分数与除法的关系的基础上进行的，学生在具体情境中理解比的意义，知道比各部分间的名称，知道比和除法、分数之间的关系。这部分知识为下一步比的化简、比的应用打好基础
学情分析	1. 学生已经学过除法的意义、分数的意义以及分数与除法的关系。 2. 学生在生活中已经接触或使用过比，具有一定的生活认知基础。 3. 比是一个抽象的概念，六年级学生处于小学阶段形象思维向抽象思维发展的高段，因此，丰富表象、建立联系、类比迁移、应用拓展是教学中着重思考的问题

续上表

技术应用重、难点	1. 平台推送功能。 2. 平台数据统计功能。 3. 拍照上传功能。 4. 班级优化大师评价功能
教学环境与资源	希沃教学平台；希沃云课堂；希沃课件、预课中的微课、预课中的在线测试

三、教学过程

一、课前学习		
学习目标	学习活动	技术使用与功能评析
1. 经历从具体情境中抽象出比的过程，体会认识比的必要性，理解比的意义。 2. 能正确读写比，会求比值，理解比与除法、分数的关系。 3. 能利用比的知识解释一些简单的生活问题，感受比在生活中的广泛应用	教师： 1. 发布学习资源和任务。 2. 汇总学生学习数据，分析数据，进行二次备课。 学生： 1. 根据导学单观看微课。 2. 完成课前线上测试	【技术使用】 1. 平台在线自主学习功能。 2. 上传学习资料及作业功能。 3. 检测做题情况，统计数据功能，有利于二次备课。 【功能评析】 1. 提高预习效果。 2. 利用发现的学生的学困点，进行二次备课
学习评价	希沃平台自动生成的学生学习数据，记录学生学习轨迹	
基于学习数据的课前学情诊断	通过自学，学生会读写简单的比，但对图片像与不像的原因不是很清楚，也就是对比的意义不是很理解	
二次备课说明	比是数学中的一个重要概念，而学生理解比的意义往往比较困难。利用裁剪相片环节，从而引导学生明白图片像与不像的原因与图片的长与宽有关，长与宽这两个对等的量可以刻画出长方形的特征，从而体会引入比的必要性。本课还要利用旧知迁移新知的方法，让学生理解比与除法、倍数、分率的知识联系	

续上表

二、课中学习

（一）问题导向学习

学习目标	学习活动	技术使用与功能评析
1. 学生明确本课的教学目标。 2. 学生能提出有价值的数学问题	教师： 1. 展示课前学习结果，引出本课的教学目标。 2. 演示相片裁剪过程，引导学生提出问题。 学生： 1. 了解课前学习情况，明确本节课目标。 2. 提出核心问题："相片像与不像的原因是什么？什么是比？比与我们学过的哪些知识有关？"	【技术使用】 1. 希沃平台的数据分析功能。 2. 希沃平台的克隆及裁剪功能。 【功能评析】 1. 及时展示学生的自学情况，增强师生互动。 2. 学生通过观看演示，直观地发现图片像与不像的原因是与图片的长与宽有关

（二）课堂学习探究

学习目标	学习活动	技术使用与功能评析
1. 学生能正确读写比，会求比值。 2. 知道比各部分间的名称。 3. 知道比和除法、分数之间的关系，建立比与除法、倍数、分率的知识联系，体会变与不变的数学思想。 4. 能理解比的意义，利用比的知识解释一些简单的生活问题。 5. 感受数学与生活的联系，提升学习数学的兴趣	教师： 1. 把情景图推送给学生，引导学生根据自学结果合作学习。 2. 组织小组上台展示讨论结果。 学生： 1. 学生根据自学情况在小组里交流自己的收获、讨论自己的困惑。 2. 小组上台汇报学习结果： ①图片像与不像的原因； ②比的意义及比各部分名称； ③怎样求比值？④比与除法、分数之间的联系与区别	【功能评析】 1. 白板推送、圈画功能。 2. 查看任务统计情况功能。 3. 希沃白板克隆、蒙层功能。 4. 白板的计时功能。 【功能评析】 1. 增强课堂师生、生生互动。 2. 提高学生自主合作学习的能力

续上表

(三) 拓展提升学习		
学习目标	学习活动	技术使用与功能评析
1. 进一步巩固比各部分间的名称。 2. 能准确地求比值。 3. 学会用比解决生活中的问题。	教师： 1. 教师向学生推送练习（找一找、分一分、求比值、判断题）。 2. 引导学生分析错误点。 3. 引导学生说说生活中的比。 学生： 1. 学生以闯关的形式完成练习。 2. 学生讨论汇报练习情况	【功能评析】 1. 白板的推送功能。 2. 查看任务统计情况功能。 3. 白板抢答、抽选功能。 【功能评析】 1. 调动学生的学习兴趣。 2. 及时查看每个学生测验的情况，提高课堂效率
基于学习数据的课中精准教学分析	学生通过自主学习、合作交流学习，明白了相片长与宽的比不变时相片相像，反之不像，体会了比是用来刻画事物不可度量的属性的，引出两个数相除又叫两个数的比，理解了比的意义。比各部分间的名称学生掌握得比较好，求比值时学生知道方法但有部分学生无法正确地进行计算	
学习评价	1. 希沃教学平台自动生成的学生学习数据，记录学生学习轨迹。 2. 小组展示，增强学生的合作精神。 3. 课堂活动，调动学生的学习积极性	

三、课后学习

学习目标	学习活动	技术使用与功能评析
1. 学生能正确地写出比。 2. 学生能用比的知识解决生活中的问题。	教师： 1. 教师向学生推送线上课后练习测试。 2. 根据测试结果进行课后个性辅导。 学生： 1. 完成课后练习测试。 2. 测试不合格者再次测试	【功能评析】 1. 平台推送功能。 2. 线上检测功能。 【功能评析】 1. 可以强化课堂教学效率。 2. 有利于培优辅差
基于学习数据的课后个性辅导分析	通过测试，发现80%的同学能做全对，15%的同学做错一题，可以自行纠正，有5%的同学无法正确地写出比，写错的原因是混淆了比的前项和后项，通过个别辅导后，再出对应的练习，发现他们基本过关	
学习评价	1. 通过平台自测，自动生成数据。 2. 可以多次测试，增强学习效率	

续上表

	四、教学反思
学习数据分析	课前小测： 1. （　　）与原图 A 相像，（　　）与原图 A 不像。 　A. 图 B　　　B. 图 C　　　C. 图 D　　　D. 图 E 2. 图片相像的原因是： 3. 6∶2＝3 中 2 是比的（　　），6 是比的（　　） 　A. 前项　　　B. 后项　　　C. 比号　　　D. 比值 4. 2∶3＝（　　）÷（　　）＝（　　） 　A. 2　　　B. 3　　　C. $\frac{2}{3}$　　　D. $\frac{3}{2}$ 课前小测数据分析： 　　大部分学生通过观察能正确判断出哪些图片与原图相像，但对相像的原因不甚清楚，明确本课的教学重点，通过研究图片相像的原因引出比的意义。学生把比写成分数时错误率较高，教学时要重点解释。 课中练习： 　　把课中练习设置成闯关的形式，利用平台推送给学生，发现学生的学习兴趣浓厚，准确率极高。 课后练习： 1. 把 20 克糖溶解在 80 克水中，糖和水的比是 1∶_____。 2. 接上题，糖和糖水的比是 1∶_____。 3. 在分数、除法和比中，分母、除数和比的后项都不能为_____。 4. 把 1 克药粉放入 40 克水中，药粉与药水的比是_____。 5. 正方形的边长是 3 cm，正方形的周长与边长的比是_____；正方形的面积与边长的比是_____。 　　通过测试，发现 80% 的同学能做全对，15% 的同学做错一题，可以自行纠正，有 5% 的同学无法正确地写出比，教师可以进行个性化辅导

续上表

教学效果分析	本节课是充分利用现代移动互联环境设计的一节优质课，教学目标明确、教学过程以学生的学为主，教师的教为辅，充分调动了学生的学习兴趣，教学效果优。表现在以下几个方面： 1. 超前学习，明白本课的学困点。学生根据导学单观看视频，完成线上小测，提前掌握新知。而教师通过数据统计功能，了解学生在分析图片像与不像的原因中出了问题，所以在二次备课中，插进了裁剪相片环节，从而引导学生明白图片像与不像的原因与图片的长与宽有关，长与宽的倍数关系不变时，图片相像，从而引出比的意义，顺利地解决了本课的重难点。 2. 课堂学习，改变学习方式。整节课，以学生为主，教师为辅，充分体现了学生的主体地位。在探索新知时，让学生根据问题导向，在小组中分享学习收获，交流困惑，然后在全班中展示学习成果。这种方式比以往的教师教，学生学的教学效果更优。 3. 闯关练习，激发学生兴趣。练习是掌握知识、形成技能、发展智力的重要环节，根据学生的年龄特点和认知规律，本着趣味性、思考性、综合性相结合的原则，由易到难，由浅入深，笔者设计了找一找、分一分、求比值、判断题，以闯关的形式推送给学生，学生在玩中学，学中玩，学习效果很好
教学模式提炼	课堂教学模式 学 — 自主超前学习：推荐学习信息与资源、自主自助策略 导 — 问题导向学习：提炼生成问题、教师引导策略 议 — 互动合作学习：亮考帮模式、同伴互助策略 展 — 展示交流学习：小组展示成果、适时点拨策略 评 — 自主反馈学习：评价学习过程、多元评价策略

续上表

教学改进方案	1. 课前让学生收集生活中的比，甚至可以利用学生提供的素材导入新知。让学生进一步理解数学来源于生活又服务于生活。 2. 在练习中一定要考查学生根据具体情景写比的能力，从课后小测发现有部分学生混淆了比的前项和后项，如果在课堂发现可以更及时更有效地纠正学生的错误

四、专家点评意见

（一）亮点

（1）学生小组合作有序，具有良好的学习习惯和质疑习惯。

（2）教师以问题引领学生进行学习，经历从照片像不像的情境中抽象出比的过程，体会用比表示的必要性。

（3）课堂气氛活跃，媒体技术运用充分，能有效激发学生的行为参与及情感参与。

（二）建议

（1）进一步完善教学设计，调整教学侧重点，充分让学生感受理解生活中的比的意义，结合具体情境辨析比，构建比的模型。

（2）区分生活中的比与数学的比的异同，拓宽学生对比的意义认识，两个相关的量的比可以抽象为两个数的比，这两个相关的量既可以是同类量，也可以是不同类量。

点评专家：鲍银霞，广东省教育研究院教学教材研究室研究员，教育学博士，广东省中小学名教师工作室主持人，华南师范大学教师教育学部兼职教授。

教学视频

圆柱的表面积

一、基本信息

课型： 新授课 **课时：** 第一课时
学校： 中山市南头镇民安小学 **授课教师：** 陈晓琳
学科（版本）： 小学数学（人教版） **年级：** 六年级下学期

二、教学分析

教学目标	1. 理解圆柱表面积的意义，能借助对圆柱的认识说出圆柱表面积的构成。 2. 根据圆柱的侧面展开图，经历圆柱侧面积、表面积计算公式的推导过程，并能运用公式解决实际问题。 3. 培养学生良好的空间观念，体会数学知识间的内部联系，渗透数学来源于生活的思想
教学内容分析	本课是人教版小学数学六年级下册第三单元的内容，在此之前，学生已经认识了长方体、正方体和圆柱的基本特征，掌握了长方形、正方形、圆形等平面图形的知识，这些都为学习圆柱的表面积做好了铺垫。圆柱是学生初次接触的立体图形，它的表面积构成部分、计算公式的推导过程、公式的实际应用以及如何利用已有的知识经验来对新知识进行转化、迁移是这节课的重点

续上表

学情分析	学生在学习本课前，已经掌握了圆的面积计算及圆柱的特征。学生在五年级学习长方体与正方体表面积时，已经理解了表面积的定义，这是求圆柱表面积的基础。对于学生而言，求上下两个底面的圆形面积并不是新知识。因此，在学习的过程中应把侧面积计算公式的推导过程作为侧重点，引导学生观察圆柱侧面与长方形各边的关系，经过迁移的过程来推导出圆柱侧面积的计算公式，进而引导学生自主推理求圆柱表面积的计算方法。由于班级学生的学习情况存在个体差异性，为此采用分层教学的模式，实行因材施教的原则
技术应用重、难点	圆柱表面积的展开过程
教学环境与资源	钉钉教学工具；《圆柱的表面积》课件；问卷星等

三、教学过程

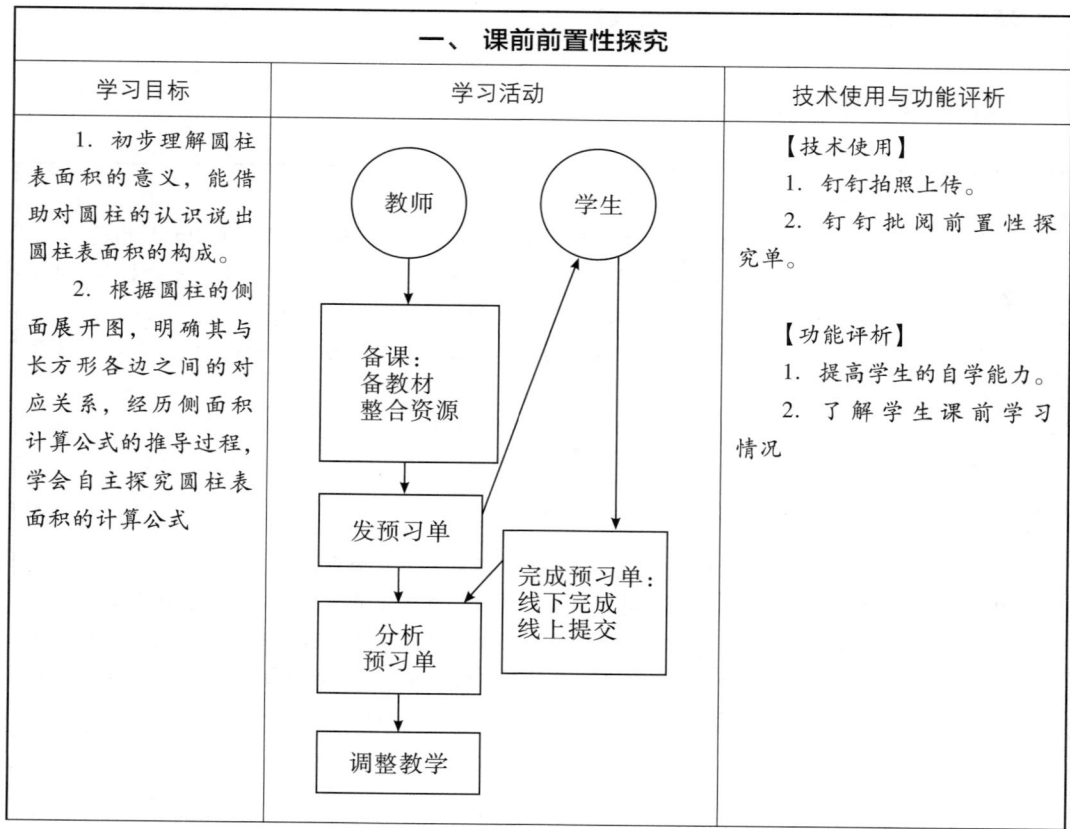

续上表

学习评价	1. 通过钉钉平台记录学生的自主学习情况，了解学生对新知识的掌握程度。 2. 教师批阅，并统计相关学习数据，为调整新课的教学提供数据依据
基于学习数据的课前学情诊断	1. 在预习单的复习部分，95.24%的学生都能够正确地填写，说明学生们对圆形的周长、面积公式掌握扎实，对"圆柱的认识"一课掌握较好。但是，对于侧面展开图是正方形的这种情形，仍有个别学生没有理清侧面展开图与截面图形的区别。 2. 经过认识圆柱侧面的展开图，88.1%的学生都能够顺利地推导出圆柱侧面展开图与长方形之间各部分的对应关系，明确了要计算圆柱侧面积就必须知道圆柱的底面周长和高这两个条件。同时，在用字母表示侧面积公式方面，发现正确率仍不够理想，仅61.9%。 3. 在经历圆柱侧面积的推导过程后，学生们基本都能够借此顺利推导出表面积的组成部分及计算公式，但在用字母表示"$S =$ _____ + _____"一题里，基本只呈现两种正确的形式，思维的多样性未能得到体现： $2\pi r^2 + 2\pi rh$　　　$S_表 = S_侧 + 2S_底$
二次备课说明	（一）复习 针对"圆柱侧面展开图是正方形"一题，在课件中增加一个演变图：从侧面展开图是长方形变形成一个正方形，加深学生对圆柱侧面是正方形的理解。 （二）探究新知 1. 圆柱的侧面积。 （1）出示圆柱侧面的展开图，明确底面与底面周长两个概念的不同。 （2）在用字母表示圆柱侧面积方面，引导学生回想圆的周长公式的表示方式，以多种形式表达圆柱侧面积。 2. 圆柱的表面积。 在用字母表示圆柱表面积上，采用"总—分"的形式，让学生先用侧面积＋2个底面积的表示，细化到更多的表示形式

续上表

二、课中新知探究

（一）复习旧知

学习目标	学习活动	技术使用与功能评析
1. 复习圆的周长公式和面积公式，为学习圆柱的表面积计算做好铺垫。 2. 复习圆柱各部分的组成结构，明确圆柱侧面展开图与长方形各部分之间的联系	1. 学生根据条件，求出圆的周长和面积，并用字母表示两条计算公式。 2. 教师小结公式（用字母表示）。 3. 学生回答： 圆柱的两个底面是（　）形，侧面是（　）面。 圆柱的侧面沿高剪开，得到一个（　）形，它的长是圆柱底面的（　），它的宽是圆柱的（　）。 什么情况下圆柱侧面展开得到的是正方形？	【技术使用】 1. 钉钉参与在线互动学习。 2. 课件展示知识点。 【功能评析】 1. 复习已有的知识，为新知识学习做铺垫。 2. 调动学生学习的积极性

（二）探究新知

学习目标	学习活动	技术使用与功能评析
1. 理解圆柱表面积的意义，能借助对圆柱的认识说出圆柱表面积的构成。 2. 能根据圆柱的侧面展开图，明确其与长方形各边之间的对应关系，经历侧面积计算公式的推导过程。 3. 自主推理出圆柱表面积的计算方法	1. 观察思考：圆柱的侧面展开后得到的长方形的面积和圆柱的侧面积有什么关系？ 2. 小结。 3. 思考：怎样计算圆柱的侧面积？ 4. 发送问卷星的链接到钉钉平台，学生回答。 5. 问卷星后台统计答题数据。 6. 观察与思考： 联系长方体和正方体的表面积进行类比，思考圆柱表面积指的是什么？ 圆柱的表面积指的是哪几个面的总面积？ 7. 尝试推导：怎样计算圆柱的表面积？ 8. 教师小结：圆柱的表面积＝圆柱的侧面积＋2×底面的面积	【技术使用】 1. 钉钉参与在线互动学习。 2. 课件展示知识点。 3. 钉钉平台推送问卷星回答链接。 4. 问卷星后台统计数据。 【功能评析】 1. 直观展示圆柱的表面积，引导学生进行知识的迁移、转化。 2. 及时掌握学生学习情况，提高课堂效率。 3. 增强课堂师生、生生互动

续上表

	(三) 巩固提高	
学习目标	学习活动	技术使用与功能评析
能联系生活实际，灵活运用圆柱表面积的计算公式解决实际问题	1. 发送问卷星的链接（选择每题中的表面积具体指哪些面）到钉钉平台，学生回答。 2. 教师根据学习数据评讲易错点。 例题：一顶圆柱形厨师帽，高30cm，帽顶直径20cm。做这样一顶帽子至少要用多少平方厘米的面料？（得数保留整十数） 3. 学生自主阅读理解：弄清已知条件，明确问题要求的是哪几个面的面积之和。 4. 教师圈出重点，帮助学生读懂题意。 5. 学生列式解答。 6. 教师点评解答过程，明确问题求的是1个底面和侧面的面积之和。 7. 思考：在解决有关圆柱表面积的实际问题，有什么要注意的地方？ 8. 归纳小结： （1）明确问题要求的是哪几个面的面积之和。 （2）结果取近似值时，应结合实际采用合适方法	【技术使用】 1. 钉钉参与在线互动学习。 2. 课件展示知识点。 3. 钉钉平台推送问卷星回答链接。 4. 问卷星后台统计数据。 【功能评析】 1. 梳理信息，抓住重点，有效达成学习目标。 2. 以选择题的方式及时掌握学生对表面积在实际应用中的理解情况，提高课堂效率。 3. 增强课堂师生、生生互动
基于学习数据的课中精准教学分析	1. 第一次使用钉钉平台互动：学生基本能掌握"圆柱的认识"一课的知识点。 2. 第一次使用问卷星：从后台生成的数据所知，47.83%的学生选择周长和高，43.48%的学生选择底面周长或直径或半径和高，还有8.7%的学生认为是半径和高。从数据的分析可知，学生的信息技术水平要进一步加强，但也反映学生们基本能通过圆柱侧面的展开图获知与长方形之间的关系，从而顺利推导出圆柱侧面积的计算公式，教学可在此环节多展示圆柱侧面积的多种计算公式表现形式，也有效的解决课前预习中存在的问题。 3. 第二次使用钉钉平台互动：尽管在钉钉平台不能及时地获取具体的数据，但是从互动面板中学生的回答可知：大部分学生借助课件的直观展示能够明确圆柱表面积的构成部分及表面积的计算公式，为此在本环节中就是以预习中存在的问题为重点，引导学生用更多的不同的字母表示方式来表达圆柱表面积的计算公式。	

续上表

	4. 第二次使用问卷星：从后台生成的数据所知，第一题的正确率是88%，第二题的正确率仅有60%，第三题的正确率是72%。为此，在本题的教学中，笔者通过课件展示圆柱形茶叶桶的商标纸以及生活中的油桶真实图片，让学生能够直观的获知问题求的是哪些面的面积。 5. 第三次使用钉钉平台互动：根据钉钉的互动面板观察分析所得：大部分学生都明确这里用的是进一法，为此在教学过程中对于这一环节简略带过即可。
学习评价	1. 问卷星自动生成的学生学习数据，记录学习轨迹。 2. 学生在线互动

三、课后拓展应用

学习目标	学习活动	技术使用与功能评析
用新知识来解决生活中的问题，感受数学与生活的密切联系	教师布置分层作业，作业内容： 1. 求下面圆柱的表面积： （1）底面直径是6分米，高是12.5分米。 （2）底面周长是12.56米，高25米。 2. 解决实际问题：一台压路机的前轮是圆柱形，轮宽2米，底面直径是1.5米。前轮滚动一周所压路面的面积为多少平方米？ 3. 计算生活中的圆柱表面积： （1）物体名称：_____。 （2）物体的底面直径：_____。 （3）物体的高：_____。 （4）物体的侧面积：_____。 （5）物体的表面积：_____。 A层学生：完成第2题和第3题； B层学生：完成第1题和第2题； C层学生：完成第1题	【技术使用】 钉钉拍照上传。 【功能评析】 分层练习，符合不同层次学生的学习要求
基于学习数据的课后个性辅导分析	A层学生的动手操作能力较强，能准确地测量物体并应用圆柱表面积公式进行计算。同时，第2小题的正确率较高。 B层学生的第1题正确率较高，但是第2题则有学生未能读懂题意，未明确问题求的是什么，正确率仅为73.3%。	

续上表

	C层学生基本能应用圆柱表面积计算公式来解答问题，但个别学生的计算准确率仍需加强。 针对第2题：学生对于压路机的侧面难以理解，为此借助生活中的类似实用工具进行一个演示，以视频的方式记录其滚动一周的轨迹，让学生直观的理解本题
学习评价	课后知识巩固

四、教学反思

（一）学习数据分析

不同学习阶段的学习数据具有不一样的意义：在课前，学习数据的意义在于给教师备教材的同时，能够做到"备学生"，更好地实行因材施教；在课中，教师可以结合学习数据来调整接下来的教学重点，突破学生的学习难点与易错点，提高学习的质量与效率；在课后，学生作业回答的正确率直接体现了学生对新知识的掌握程度，这也为教师准备次日评讲练习内容提供了参考依据，能够更好地引导学生理解题意、巩固知识。学习数据的产生为我们教师提供了一个备课、教学的调整依据，为提升教学质量提供了保障。

（二）教学效果分析

结合不同阶段生成的学习数据来看，学生们在不同的学习阶段基本能够达到学习目标。学生通过课前的预习完成了初步的自主探究，对新知识有了一定的了解。在课中，学生在教师的引导下，能够指出圆柱表面积的构成部分，经历圆柱侧面积、表面积公式的推导过程，使得旧知识得以迁移、转化、类比，更好地把知识内化。基于学习数据环境下开展小学数学差异化的教学模式，更体现学生学习的主体地位，教师在教学的过程中能够更有针对性地教育与培养学生，同时借助基于学习数据的教学优势，使得小学数学的教学能够更科学化、合理化地开展，从而提高小学数学课堂的教学质量与教学效率。

（三）教学模式提炼（见图1）

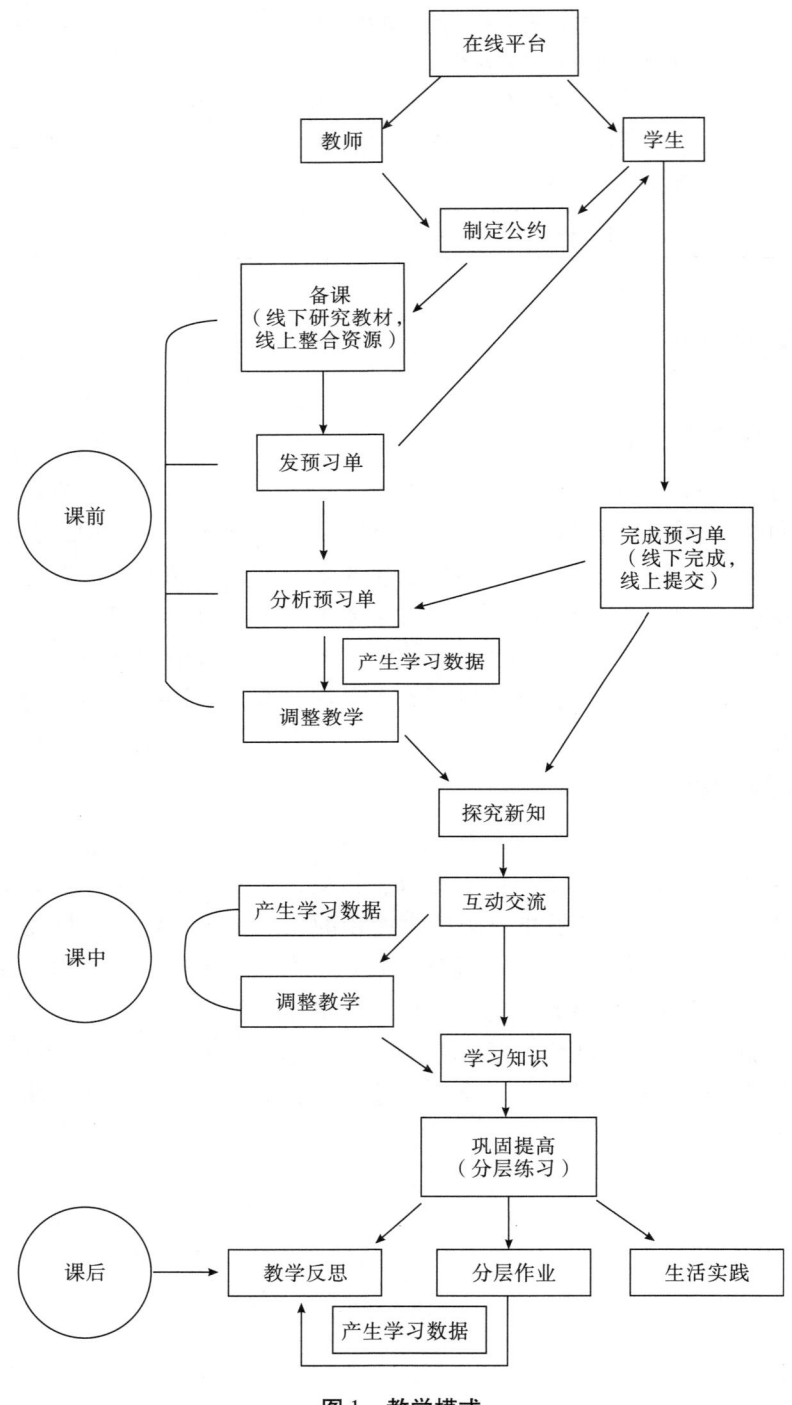

图1　教学模式

（四）教学改进方案

（1）构建学科特色教育云：结合学校的实际教学现状，构建的网络教学应用服务平台，为实施数字化教学、网络协同教研等需要提供了教学支撑系统。

（2）推进信息技术与数学教学的融合：利用信息技术开展启发式、探究式、讨论式、参与式教学，整合网上优质教学资源，利用学习数据，探索建立以学习者为中心的个性化教学模式，提高信息化教学水平。

（3）培养学生信息化环境下的学习能力，增强学生在网络环境下提出问题、分析问题和解决问题的能力。

五、专家点评意见

（一）亮点

（1）基于学习数据进行适应性教学设计与实施，体现了"学为中心"的理念，值得肯定。

（2）教学中设计了课前前置性探究环节，并且对探究性学习结果加以利用，有助于提高教学精准性。

（3）重视对学生已有知识的利用，促进知识迁移，体现了以旧引新的教学策略，有助于学生对新知识的掌握。

（4）采用信息技术手段对学生的学习效果进行形成性评价与及时反馈，有助于加强教学的针对性和促进学生学习。

（二）遗憾

（1）教学目标2的定位不够准确，建议加上课程标准中"结合具体情境，探索并掌握圆柱的表面积计算方法"。

（2）对教学重点的突破不够到位。本节课的重点是组织引导学生探索并掌握圆柱表面积计算方法，但教学中体现不够。

（3）在基于信息技术手段的教与学方式转变方面有待加强。

点评专家：鲍银霞，广东省教育研究院教学教材研究室研究员，教育学博士，广东省中小学名教师工作室主持人，华南师范大学教师教育学部兼职教授。

基于学习数据的适应性教学设计
《比的应用》

一、基本信息

课型： 数学解决问题新授课　　　　　　　　**课时：** 第四单元第三课时
学校： 广州市白云区颐和实验小学　　　　　**授课教师：** 邹有花
学科（版本）： 小学数学（人教版）　　　　**年级：** 六年级上册

二、教学分析

教学目标	1. 知识与技能。 基础目标： （1）理解按比分配问题的意义。 （2）掌握按比分配问题的解答方法。 进阶目标：会用多种方法解决按比分配问题。 2. 过程与方法。 （1）根据题目给出的两个量的比或"份数"，引导学生善于转化信息，从本质上理解量与量之间的关系。 （2）重视直观模型图的作用，引导学生运用知识的迁移，解决按比分配问题。 3. 情感与态度。 通过学习进一步感受按比分配问题在日常生活中的作用，体验解决问题的多样性，培养分析能力、概括能力，并在做题过程中养成审题和反思的习惯
教学内容分析	本节课是在之前二年级时学习平均分和这一学期的第一单元理解分数乘法的意义的基础上展开学习的。每份同样多，叫平均分，以相关的数量关系——求一个数的几分之几是多少，进而呈现和比相关的较复杂的按比分配问题（即为过去习惯中所说的"按比例分配"，由于这类题目实质上是按"比"分配，此时暂未学习比例，所以称为之为"按比分配"更妥）。本节课同时也为六年级下学期学习比例打下基础。这节课重点让学生理解按一定比例来分配一个数量的意义。难点在于根据题中所给的比，掌握各部分量占总数量的几分之几，能熟练地求出各部分的量

续上表

学情分析	教材安排了按照一定的比进行分配的实际问题，这实际上是"平均分"方法的延伸和发展。按比分配是把一个量按照一定的比进行分配，"平均分"是按比分配的特殊情况。同时按比分配问题根据比的意义，把新问题转化为已经学过的平均分问题和分数乘法问题，运用知识之间的联系，进行知识的迁移，解决按比分配的问题。主要有三种方法：一是把比的前、后项看作分得的份数，先求出每一份。二是求出前、后项分别占总数的几分之几，用分数乘法来解答。三是用比例知识来解答。较早的算术课本通常采用第三种方法，因此，习惯上也经常把"按比分配"叫作"按比例分配"。现在我们的教学，一般以第二种方法为主，因为学生理解了比和分数的关系，并会利用分数乘法解决实际问题，对这种方法比较容易理解和接受，也有利于加强知识间的前后联系，学生应该还是比较容易理解和接受的
技术应用重、难点	本节课主要借助乐课网教学平台发起课前检测，针对检测反馈的数据分析对学生进行分层学习，同时提供习题讲解微课辅助学生自主学习
教学环境与资源	乐课网教学平台；平板；比的应用的课件；习题及其例题讲解微课若干；自学笔记本；教具

三、教学过程

一、课前检测		
学习目标	学习活动	技术使用与功能评析
基础目标：了解学生对于本节新授课知识的掌握情况。 　　进阶目标：从自学笔记中提炼出自己仍然存在的疑惑	1. 教师通过乐课网平台发布例题及其课前检测题，学生在规定的时间内完成例题和课前检测题（注：做《比的应用》的课前检测）。 　　2. 教师提前录制相应例题和检测题的微课，然后同一时间发送微课，学生观看错题的微课资源，修正错误（注：看《比的应用》的课前检测习题微课）。 　　3. 学生根据自己完成的课前练习和观看习题微课，完成自学笔记上模块一：自学收获二：发现的问题	【技术使用】 　　1. 平板推送习题。 　　2. 平板随机、及时展示学生习题。 　　3. 一体机同步展示测试习题和测试情况。 【功能评析】 　　1. 调动学生课堂参与积极性。 　　2. 及时展示学生测试情况，提高课堂效率。 　　3. 增强课堂师生、生生互动

续上表

学习评价	1. 乐课网推送的习题，学生自行完成练习。 2. 学生自批检测题，了解自己对知识的掌握和答题情况，根据答题情况观看错题微课，巩固知识。 3. 乐课平台自动生成学习数据，记录学生学习的轨迹
基于学习数据的课前学情诊断	根据乐课网平台推送的例题、习题，以及微课讲解，初步了解了学生对于这一知识的掌握情况，虽然是一节新授课，但是因为学校从三年级开始就运用SQC问题导学型课堂学习模式，在每一节新授课前布置自学任务，完成自学笔记本，因此在六年级这个阶段有一部分学生的自学能力已经相当强了，还有一些同学因为参与课外辅导班的培训所以对于这一新授课知识也掌握得不错，虽然本节新授课的难度不大，但是六B班有34人，课前例题和习题合计仅有12位同学全做对，有8位同学做题的态度出现问题，计算出错或者题目的数据抄错，不太认真对待，有3位同学对于按比分配问题思路不清晰，明显可以看出是一知半解或者是照搬做题模型，抑或是乱写而导致错漏百出
二次备课说明	基于课前检测和同学的自学预习情况，以及对于全班34位同学的了解，这届学生是笔者从一年级带上来的，所以无论是对于学生的学习成绩方面、学习习惯，抑或是个人思维和学习能力方面都是非常了解的，因此笔者根据对数据的分析以及对学生的了解，得出大部分学生可以通过参考课辅资料和课本的学习，以及通过课前推送的微课的学习，会把比看作份数之比，先求出每份是多少，再求几份是多少。还有一小部分同学可以根据直观图呈现的方法和比的意义，算出两种量分别占总体的几分之几，把问题转化为求一个数的几分之几是多少，用分数乘法来解决。这种情形就反映出了学生学习数学知识不能很好地做到融会贯通，新旧知识不能很好地联系到一起，而直观图呈现的方法常便于学生理解并解决这类问题，所以笔者选择针对性强而且可以用画图的形式来呈现的题目，比较容易联系旧知引出新知，让学生在潜移默化中接受新知识。而且数学源于生活，所以选题时，联系实际生活也是要考虑的重要因素，然后在根据选择的习题录制相应的讲解微课，确保基础薄弱的同学第一时间就可以在课堂的学习中找到学习的自信和动力。然后再为课前检测中做得很好，而且平时的学习能力也特别强和表现突出的同学筛选题目，因为这些同学的学习能力比较强，爱表现，也爱挑战，因此选题时也不能掉以轻心，选择的题目必须层层递进，或者是同一道题目必须有多种解法，最好还有一定的开放性，这样才能吸引这些同学的学习兴趣和欲望，选好之后同样录制相应的微课

续上表

二、课中分层

（一）例题讲解

学习目标	学习活动	技术使用与功能评析
基础目标：掌握按比分配问题的一般解决方法。 进阶目标：能够清晰地讲解出按比分配问题的多种解题方法	学生活动：学生以小组为单位拿出自己的自学笔记本，分享自学的收获，并提出自己的疑问。 教师活动：教师对学生的自学笔记以及课前习题进行新知讲解，总结归纳，提炼出按比分配问题的关系式模型	【技术使用】 1. 平板推送习题。 2. 平板随机、及时展示学生习题。 3. 一体机同步展示测试习题和测试情况。 【功能评析】 1. 调动学生课堂参与积极性。 2. 及时展示学生测试情况，提高课堂效率。 3. 增强课堂师生、生生互动

（二）分层巩固

学习目标	学习活动	技术使用与功能评析
基础目标：会根据描述信息方式的不同（有的给出两个量的比，有的是以"份数"的形式出现，还有的给出人数的信息），来理解数量关系，解决按比分配问题。 进阶目标：会根据一般解决方法举一反三，灵活解决按比分配的相关题目	学生：根据课前预学结果进行诊断： （1）一起完成课中练习（注：做《比的应用》的课中练习）。 （2）正确率100%的学生直接思考完成课中进阶习题（注：做《比的应用》的课中进阶，看进阶习题微课自查），并准备上台分享。 （3）做错的学生观看错题相应的习题微课，（注：看《比的应用》的课中练习题微课），并完成课中巩固练习（注：做《比的应用》课中巩固，看《比的应用课中巩固习题微课》自查）。 （4）课中巩固正确率100%的同学做课中进阶习题。 教师：给出指令，巡视学生，给予及时辅导和帮助	【技术使用】 1. 平板推送习题。 2. 平板随机、及时展示学生习题。 3. 一体机同步展示测试习题和测试情况。 【功能评析】 1. 调动学生课堂参与积极性。 2. 及时展示学生测试情况，提高课堂效率。 3. 增强课堂师生、生生互动

续上表

(三) 进阶讲解		
学习目标	学习活动	技术使用与功能评析
基础目标：再一次加深对做题方法的理解。 进阶目标：进一步理清知识点之间的联系，融会贯通，举一反三。 总目标：将优生和思维上有提升的后进生进行一个有效的衔接	课中检测题和补充练习在课堂上不进行讲解。根据进阶习题的难度和做进阶题的同学的完成速度，通过乐课网平台的数据分析，讲解错误率高的进阶习题。 学生活动：根据系统自批改情况，看进阶习题中出现错误习题的微课讲解。 教师活动：根据平台自批的进阶题完成效果，挑选进阶习题中的习题进行讲解或给予同学提示	【技术使用】 1．平板推送习题。 2．平板随机、及时展示学生习题。 3．一体机同步展示测试习题和测试情况。 【功能评析】 1．调动学生课堂参与积极性。 2．及时展示学生测试情况，提高课堂效率。 3．增强课堂师生、生生互动
基于学习数据的课中精准教学分析	本节课的课中部分安排了三个环节：①学生根据自学笔记提出新授课要解决的问题，师生一起分析解决。②全班一起完成课中检测，全对的同学做进阶练习，有错误的同学看错题微课，做错题对应的补充练习。③全班一起听教师或优生讲解进阶习题。在这三个环节中，第一个环节，根据自己课前自学情况，提出本节课要解决的问题，全班34位同学的积极性都很高，希望主动来讲解例题做题思路的同学有15位左右。在第二个环节教师根据题目的容量以及对学生的了解，给10分钟完成课中检测，系统批改或发起学生互批，做全对的做进阶练习，有错误的看相应错题微课，做相应的补充练习，还有时间就做进阶练习，这一环节，有13位同学做全对，在做进阶习题的过程中，这13位同学的速度和正确率出现了差异，有8人进阶是全对的，但是有5位同学出现了错误，而做基础补充练习的21位同学则有6位同学在做进阶练习时全对，说明在课堂教学中很多情况会跟预测存在一些差异，这样在分层的过程中，教师对学生课堂积极性的调动，对于学生做题态度和习惯的管控一定要到位，并且要正确引导，采取一些积极的措施。课堂最后一个环节就是进阶习题的讲解，一节课40分钟，到这一环节只有5分钟，因为时间的把控出现问题，而导致进阶的讲解没有完成任务，有两道题目没有讲解完，拖堂5分钟讲解完毕才下课	
学习评价	1．对于乐课网推送的习题，学生根据自己课中完成的情况，自行选择与之对应的习题完成。 2．系统自批检测题，了解自己对知识的掌握和答题情况，根据答题情况观看错题微课，加深对知识的巩固。 3．乐课平台自动生成学习数据，记录学生学习的轨迹	

续上表

三、课后检测

学习目标	学习活动	技术使用与功能评析
基础目标：巩固本节课按比分配问题的解题方法。 进阶目标：为优生提供更多的与本节课知识相关的拓展习题或自学下一节课的内容	教师：根据课中检测的情况，为优生推送一份课外拓展练习，为后进生准备微课（微课内容为：总结提炼做题方法和基础巩固练习）。 学生：优生做一份课外拓展练习，后进生看教师准备的微课	【技术使用】 平板推送习题和电子教材。 【功能评析】 1. 及时督促学生完成课后学习任务。 2. 增强课下师生、生生互动
基于学习数据的课后个性辅导分析	整节课上完后，根据数据的对比分析（课前检测和课后检测这两套检测题目），六B班有34人，课前有12人做全对，打开乐课网检查发现8人因为学习态度问题而未完成，3人因为对本节课的知识完全不理解而出现问题。课中练习做全对的有13人，增加1人，但是不及格现象消失了，同样是两套难度系数相当的题目，课后检测的数据发生了一些变化，34人中全对的人数有20人，6人存在学习态度和方式的问题，4人错得较多，但相比之前却出现了不同的问题，不是对知识一无所知了，而是可以简单去画出直观图，可以根据题意列出其中的一步算式。那么针对这些不同的层次的学生，首先对于一直保持和进步的优生，也就是那13人，笔者采取积分奖励的机制，通过积分兑换奖品。而对于因为学习态度不够端正、不够认真的同学，则采取严厉措施。对于对题目的理解不是很到位的，而导致错误率高的同学，让他们反复观看教师推送的微课，每位同学派一位优生监督，并联系家长监督辅导，也可以私下问教师	
学习评价	精心设计两份课后作业（基础巩固习题和进阶习题），当天新授课上完后，根据课堂检测和分层巩固的情况，发给对应的学生进行课后补充检测。 第二天教师批阅这两份作业，算出分数和等级，记录完成的效果，获得相应的数据	

四、教学模式提炼

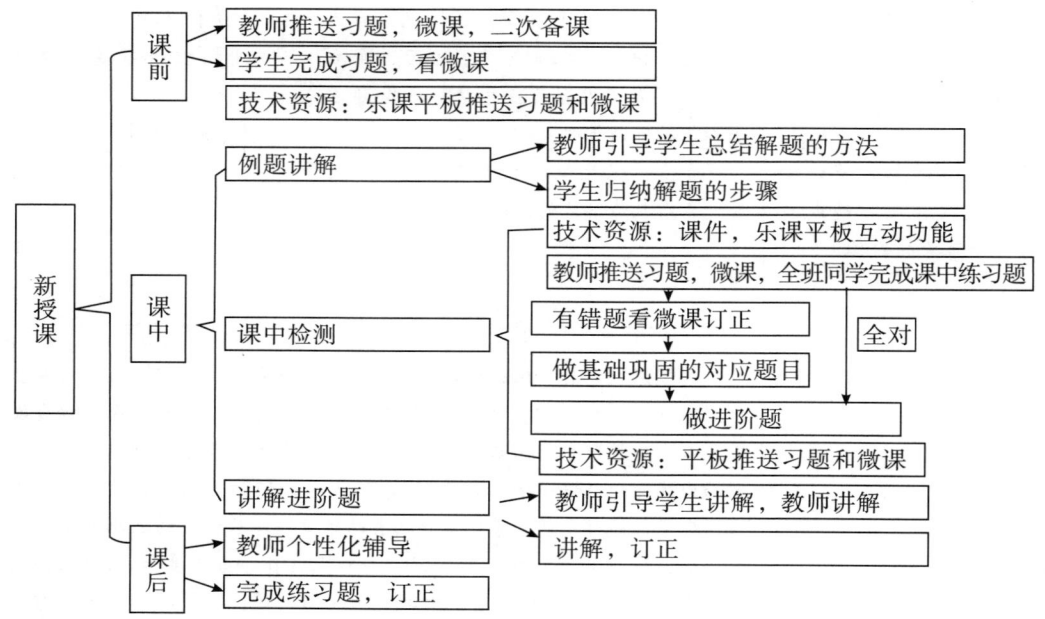

图1 教学模式

五、专家点评意见

（一）亮点

（1）本节课教师能够结合解决问题的课型开展教学，引导学生探讨解决问题的方法，加深对"比的意义"的理解，发展学生的应用意识和解决问题能力，教学目标把握较准确。

（2）组织学生进行前置性学习，在教学实施过程中注重对学生学习情况的信息收集，据此设计教学活动并进行及时反馈，体现了"以学定教"的理念。

（3）注重开展自主、探究和合作学习，体现了新课程理念。

（4）设计分层练习和微课，关注学习差异。

（二）遗憾

（1）对解决问题的"回顾与反思"环节重视不够，不利于让学生经历问题解决的完整过程以及反思习惯的养成。

（2）教学设计文本表述比较庞杂，教学分析语言不够精准，看不到本节课要解决的数学问题是什么，也不清楚教师是怎样引导孩子解决这个问题的。

（3）课前练习设计内容比较单一，微课制作很随意，没有技术含量。

点评专家：鲍银霞，广东省教育研究院教学教材研究室研究员，教育学博士，广东省中小学名教师工作室主持人，华南师范大学教师教育学部兼职教授。

教学视频

第三部分　小学英语教学设计案例

Unit 1 My day Part B Read and write

一、基本信息

课型：读写课　　　　　　　　　　　　**课时**：第六课时
学校：东莞市寮步镇石步小学　　　　　**授课教师**：梁翠冰
学科（版本）：PEP人教版小学英语　　　**年级**：五年级下册

二、教学分析

教学目标	1. 语言能力。 （1）能够在教师的帮助下，结合图片读懂机器人的台词，完成正误判断的活动。 （2）能够在养成良好的阅读习惯和掌握相关的阅读技能，以及获取提信息的能力。 （3）学生能够模仿阅读部分的书信范本补全回信，完成个性化书写，书写一封信，写一写自己每天做的活动。 2. 文化意识。 学生通过阅读课本内容与结合此次寒假期间宅家的经历，明白不管面对怎样艰苦有限的环境，都应该坚强乐观，保持积极的心态，树立健康人生观，提高人文素养。 3. 思维品质和学习能力。 通过任务驱动，培养学生抓词、猜义、梳理、归纳等学习策略。学生通过阅读文本，会分析、推理、评价主人公的行为，思考如何形成更健康更有意义的个体活动

Unit 1 My day Part B Read and write

续上表

教学内容分析	本节课是本单元的第六课时。教材分为两部分，第一部分要求学生阅读 Robin's play，读后对 tick 和 cross 中的三句话做出判断；第二部分为个性化书写活动，要求学生补全给 Robinson 写的一封信，告诉自己的日常活动。教材旨在通过引导学生阅读 Robin's play 和补全给 Robinson 一封信的活动，协助学生进一步巩固本单元的核心句型和词汇。通过本节课的学习协助学生掌握一定的阅读方法，提升学生的阅读和简单的书写水平
学情分析	五年级的学生，有一定的语言基础，养成了一定的英语学习习惯，在这基础上推动学生了解相关的课内外英语阅读内容非常有必要
技术应用重、难点	学生熟练掌握钉钉平台的基本功能，如参与直播课堂、学习打卡、提交作业、连麦功能、发语音等
教学环境与资源	东莞教学资源应用教学平台；钉钉平台、一起作业应用APP；平板电脑、智能手机等（本案例的教学PPT和微课均来自东莞云课堂）

三、教学过程

一、课前		
学习目标	学习活动	技术使用与功能评析
学生了解本课所学内容和目标，完成相应知识检测	1. 教师发布学习任务——学前导学案和微课，指引学生登录钉钉平台获取学习资料，进行课前独立探索学习。 2. 学生课前观看与文本相关的视频资料或者书籍《鲁滨孙漂流记》	钉钉平台
学习评价	在课前活动中，学生初步对《鲁滨孙漂流记》的主角人物特征、生活方式、背景文化知识有了初步了解，为进一步学习打下基础	
基于学习数据的课前学情诊断	教师在班级群推送"课前导学单"，学生根据任务单进行课前检测，并在钉钉群"家校本"上传自己预习任务单的照片。教师通过后台数据可以直观了解到学生课前的预习情况和上交率，并对学生导学单进行点评与批改，课前初步一对一精准辅导学生	
二次备课说明	教师根据学生对课前学习任务的掌握程度，对教学内容和重难点进行必要的删减、调换和补充，从而更好地根据学生的需要开展教学	

续上表

二、课中

（一）Pre – reading

学习目标	学习活动	技术使用与功能评析
1. 课前实时统计学生到班上课的情况，便于记录和提醒登记。 2. 教师通过 Free talk 激活话题	1. 掌握课前签到情况，在线上学习开始前，教师设立"学习签到"功能，了解学生出勤率。 2. 以《鲁滨孙漂流记》的电影和书籍引入话题。 3. 利用微课创设情境，假设学生自己是鲁滨孙，设身处地的分析思考问题，预测文本中问题。– If you are Robinson, where do you live? – What do you do on the island every day?	钉钉平台

（二）While – reading

学习目标	学习活动	技术使用与功能评析
1. 通过略读，了解文本体裁为书信格式，获取书信的作者，以及了解落款撰写位置这些文本相关信息。 2. 训练学生扫读文本等阅读技能，培养迅速从文本中提取信息回答问题的能力。 3. 检测学生是否对文本的细节内容有了很好的掌握。 4. 有利于模仿正确的语音语调，纠正发音。开放性问题有助于引发学生积极思考，激发学生的创造性思维	1. 1st reading：Read and say. 第一次阅读本文，回答以下两个问题。What's this? Who write the letter? 2. 2nd reading：Read and circle. 引导学生利用 always, often, sometimes 三个关键词的扫读策略，通过问题引领快速找出 Robinson 在岛上做的事情。 3. 3th reading：Read and tick or cross. 第三次阅读文本，根据文本内容判断以下描述是否正确。 4. 跟录音，大声朗读文本内容。并注意连读。朗读后根据文本内容，回答两个开放性问题。Is Robinson's life on the island healthy? How do you think of him?	

续上表

	（三）Post – reading	
学习目标	学习活动	技术使用与功能评析
1. 为下一步的写作做铺垫。 2. 进一步了解写信的格式以及活动内容安排，为创造性书写一封书信提供范例。 3. 学生运用本课所学知识以及核心句型，回归实际生活和拓展延伸	1. 让学生思考在非常时期如何能做一些有益健康的宅家活动以使这个假期过得更有意义。 2. 提供听力语音和图片范本，让学生听短文的同时填写书信所缺内容。 3. 撰写一封关于你在这个特别寒假日常活动的书信给 Robinson	

三、课后

学习目标	学习活动	技术使用与功能评析
1. 小结课堂、成果展示。 2. 课后检测，查漏补缺	1. 教师与学生一起小结课堂，对所学词汇、句型、阅读策略、书信的撰写格式等进行梳理。并鼓励同学将优秀的课堂笔记、课堂练习等上传到学习群上。 2. 课后学生完成本课的一起作业平台及同步学堂上的习题，并在钉钉学习群的家校本处提交	钉钉平台； 一起作业平台； 微信平台
基于学习数据的课后个性辅导分析	线上评改作业，直观追踪反馈。教师通过钉钉群发布每日作业，可以实时观测学生的上交人数，对于接近规定时间还没提交的同学，可以应用软件的提醒功能。通过软件统计优秀作业的人数，教师可以快速了解本节课学生的知识掌握情况。还可以在平台上给予学生一对一的指导，提供个性化反馈，让学生及时了解自己的薄弱环节，查漏补缺。而一起作业APP的智能自动批改，系统能自动诊断学情，并根据学生的作业评价等级推荐相应的习题	
学习评价	学生能够及时有效地完成课后作业	

四、教学反思

（一）学习数据分析

利用网络大数据对学生在课前、课中、课后的学习行为进行直观、快速和实时的评价，引导学生反思自己的课堂表现、课后的作业、自主学习能力等，对学生在线上线下混合式学习中起到很大的鼓励和反馈作用。同时，更给教师提供了一系列可视化数据，教师通过对这些数据进行整理、分析，可以精准了解每一位学生的学习情况，并根据学生的实际情况调整和开展教学。

（二）教学效果分析

（1）在网络环境下，更有利于教师给予学生一对一的反馈，可以精准地了解学生对课前学习任务的掌握程度。课中对个别学生出现疑问或错的知识点及时进行精准纠正，实现在线课堂零距离。课后让学生及时了解自己的薄弱环节，查漏补缺。

（2）在网络环境下，开发与利用各种教学资源，创设更加真实、生动和灵活的英语教学环境，让学生在视觉、听觉和体验充分结合的英语课堂中增强对知识和技能的理解与学习，激发学生参与课堂的兴趣，达到寓教于乐的学习效果。

（三）教学模式提炼

课前：

（1）搭建支架，发布任务。
（2）辅导答疑，资料上传。
（3）独立探索，完成检测。

课中：

（1）头脑风暴，唤醒旧知。
（2）创设情境，微课导入。
（3）问题引领，理解文本。
（4）任务驱动，完成练习。
（5）知识迁移，成果展示。

课后：

（1）小结课堂，知识升华。
（2）拓展延伸，深度学习。
（3）课后检测，查漏补缺。

（四）教学改进方案

在开展线上教学过程中，对学生的线上学习监督比较难到位，可以根据课型的特点结合"以练代管"的方式帮助学生保持学习的专注度和提高课堂的参与度，从而提高线上教学的效率。

五、专家点评意见

本节课课型特点突出，教学环节从简入深，铺垫有序，重点突出，任务驱动。有以下两方面的做法特别值得借鉴：

（1）技术的加持使教师对学生一对一的学习反馈和帮助更便捷更到位，本节课学生课前通过平台获取学习资料，进行课前独立探索学习，并完成"课前导学单"，教师通过后台数据直观了解到学生课前的预习情况和导学单上交率，并对学生导学单进行点评与批改，课前初步一对一精准辅导学生；课中对个别学生出现疑问或错的知识点及时进行精准纠正，实现在线课堂零距离，并在阅读的过程中有意识地渗透阅读策略；课后利用基于学习数据的个性辅导分析，让学生及时了解自己的薄弱环节，查漏补缺。

（2）教师课堂的问题设置能较好地引发学生进行想象和创造，并能较好地结合生活，实现迁移创新。

本节课很好地达到了教学要求，完成了教学目标，但仍存在需要进一步优化的地方，建议：目标设置、活动设计以及作业设计进一步体现层次性，体现面对全体、分层教学。

点评专家： 王琳珊，广东省中小学正高级教师，广东省义务教育英语教研负责人。

教学视频

小学英语语法 《一般过去时复习》

一、基本信息

课型： 复习课
学校： 广州市白云区颐和实验小学
学科（版本）： 小学英语（教科版）
课时： 第二课时
授课教师： 黄泽虹
年级： 六年级上学期

二、教学分析

教学目标	基础目标： 1. 学会正确理解一般过去时的含义。 2. 能够识记动词一般过去时的变化形式。 3. 能够在肯定句中熟练运用一般过去时。 进阶目标： 1. 掌握并区分一般过去时在不同的句式中的结构。 2. 熟练运用一般过去时的各种句式，包括一般疑问句、特殊疑问句、否定句。 3. 培养学生参与课堂教学的兴趣和积极性，以及培养他们运用语法知识的口头交际能力
教学内容分析	本节课教学内容是教育科学出版社六年级上册的语法知识：一般过去时的复习。一般过去时这个语法点是六年级上册的一个重点，也是小学阶段最重要的语法知识点之一。通过新授课，学生已经系统地学习了一般过去时的概念、标志词，以及动词变化规则。 而本节的重点则是归纳动词变化形式以及在句子中的运用，同时增加进阶内容的学习，以及一般过去时的各种句式的结构和运用。进阶内容必须在学生掌握一般过去时的动词变化规律的基础知识点上才能够加以理解

续上表

学情 分析	六C班的学生在英语学习上呈现出两极分化的现象，优生有着良好的英语学习基础，对于一般过去时的动词变化规则和在肯定句中运用一般过去时，这些基础知识点已经掌握得很好，他们对于更深层次的学习有很大的需求。 　　但是后进生则对于一般过去时的含义和动词过去时变化掌握得不够扎实，主要体现在没有系统地归纳动词的规则变化规律，而对于动词不规则变化的记忆是单一的、零散的，很难熟记，他们需要巩固好基础知识后才能顺利学习进阶内容。 　　在这个学情上，本节课利用平板学习工具，向学生推送不同习题和习题讲解微课，兼顾优生和后进生的学习需求，确保能够在有限的40分钟内既让后进生扎实巩固本节课的基础知识点，又让优生得到进阶知识点的补充和拓展
技术应用 重、难点	本节课主要借助乐课网教学平台发起课前检测及课中检测，针对检测反馈的数据分析对学生进行分层教学，同时提供习题讲解微课辅助学生自主学习。 教学重点： 1. 一般过去时的动词规则变化和不规则变化的规律总结。 2. 一般过去时在具体句式中的应用。 教学难点：一般过去时在一般疑问句和特殊疑问中的运用
教学环境 与资源	乐课网教学平台；平板、一体机教学工具；《一般过去时复习》课件；习题讲解微课若干

三、教学过程

一、课前检测		
学习目标	学习活动	技术使用与功能评析
1. 了解并学习一般过去时的含义。 2. 了解并学习一般过去时在句子中的标志词	1. 教师通过乐课网平台发布课前检测习题，并录制习题微课若干。 2. 学生完成习题后根据错题情况学习相应的微课并订正错误的习题，解决基础知识点。 3. 教师查看课前习题检测数据，并进行分析和二次备课	【技术使用】 1. 平板推送习题和微课。 2. 平板收集习题检测数据。 【功能评析】 收集数据，分析学生在本课中存在的共性问题和个性问题

续上表

学习评价	1. 学生通过完成课前检测和学习错题讲解微课，解决了基础知识点。 2. 乐课网教学平台自动生成学生的课前学习数据，实时记录学生的学习轨迹。 3. 课前的数据分析帮助教师分析在本课知识点中，学生存在的共性问题和个性问题
基于学习数据的课前学情诊断	"课前检测习题"班级整体答题正确率为63.9%，具体成绩分布如下图： 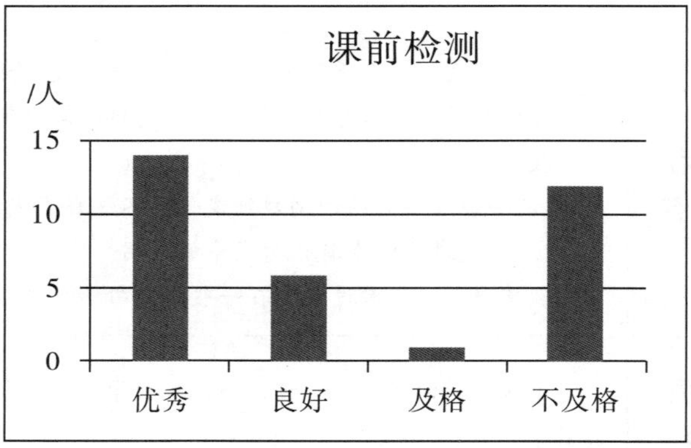 课前检测 /人 15 ▅ 10 5 ▅ 0 ▅ ▅ ▅ ▅ 优秀 良好 及格 不及格 1. 从表格可看出优生基础扎实，知识点掌握牢固，答题正确率高，取得"优秀"的有14位同学。 2. 中等生对知识点的掌握仍处于一知半解中，从课前检测看，有7位同学对于一般过去时这个语法点的掌握是零碎的，而非系统的。 3. 班上仍有12位同学几乎没有掌握一般过去时这个语法点，做起题目来错误百出。 可发现六C班的学生在一般过去时这个语法点的学习上存在较大的差异性，呈现出两极分化的情况，基于这个学习数据，教师进行二次备课，确定教学分层目标
二次备课说明	教师根据课前检测习题的整体情况进行二次备课。 1. 根据课前检测的完成情况数据分析，将学生分为三个层次A、B、C。根据他们对于"一般过去时"这个知识点的已知知识水平不同，教师确定本节课的基础知识点和进阶知识点，同时筛选知识点配套的习题难度，并录制习题微课若干，以保证学生在课堂上遇到的难题和困惑都能在第一时间得到相应的解答。

续上表

	2. 根据课前检测的完成情况，中等生和后进生在动词变化规则这个知识点的掌握情况仍很薄弱，几乎在课前检测中两道同类习题的考查上都做错了，所以在本节课基础知识点的巩固上会着重放在动词变化规划方面；而在课前检测中针对"一般过去时句式变化"知识点的考查上，班级整体上对于"一般过去时否定句"这个知识点掌握得较好，但是关于一般疑问句和特殊疑问句知识点考查的练习题正确率很低，所以在进阶内容的学习上，教师也会将重点放在这里。 3. 根据本节课学生的课前检测结果，将本课教学纵向内容分层如下： （1）基础内容为一般过去时动词的规则变化和不规则变化。 （2）进阶内容则是一般过去时的句式变化。（见下图） 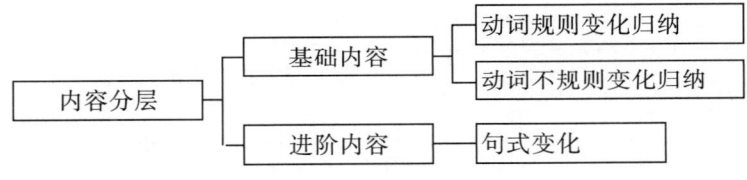

二、课中学习，分层指导

（一）基础内容讲解

学习目标	学习活动	技术使用与功能评析
1. 归纳总结一般过去时的动词规则变化。 2. 归纳总结一般过去时的动词不规则变化	1. 教师呈现课前检测的答题情况，表扬表现较好的同学，同时邀请学生分享解题思路。 2. 通过师生问答，教师与学生一起总结归纳在一般过去时中动词的规则变化。 3. 教师跟学生一起总结、归纳一般过去时中动词的不规则变化	【技术使用】 1. 平板出示答题数据。 2. 平板实时进行红花奖惩。 3. 平板进行随机抽答。 【功能评析】 1. 增强课堂的趣味性。 2. 直观地了解到本课学习的重难点。 3. 及时展示检测情况，提高教学效率

续上表

	(二) 基础内容分层巩固	
学习目标	学习活动	技术使用与功能评析
基础目标：能够读、认出动词过去时的规则和不规则变化。 进阶目标：能够书写出动词过去式时规则和不规则变化	教师向全体学生推送"基础习题试卷一"，根据答题情况对学生进行分层。分层操作如下： 1. 正确率为100%的学生完成"进阶习题三"。 2. 其他学生根据自己的错题看相应的习题微课，并完成"基础补充习题二"： A. 正确率为100%的学生完成"进阶习题三"。 B. 有错误的学生继续观看习题微课，进行第二次巩固学习，不要求完成"进阶习题三"	【技术使用】 通过乐课网教学平台向学生推送习题检测和习题微课。 【功能评析】 收集数据，并以此为标准对学生进行分层

	(三) 进阶内容讲解	
学习目标	学习活动	技术使用与功能评析
学习并区分一般过去时在不同句式中的结构	1. 教师点拨"进阶习题三"中错误率较高的习题，基础和补充习题不讲解。 2. 学习本课进阶内容：be动词和实义动词的一般过去时态的各种句式变化。 3. 学生根据例句输出句型，教师引导或纠正	【技术使用】 通过乐课网教学平台向学生展示课中检测的情况。 【功能评析】 及时展示检测情况，提高教学效率

	(四) 进阶内容分层巩固	
学习目标	学习活动	技术使用与功能评析
基础目标： 1. 区分实义动词和be动词的一般过去时态的句式变化。 2. 能够理解在句式变化中"did/didn't + 动词原形"这个语法点。 进阶目标：熟练地运用一般过去时各种句式变化	教师向全体学生推送"基础习题试卷四"，根据答题情况对学生进行分层。分层操作如下： 1. 正确率为100%的学生完成"进阶习题六"。 2. 其他学生根据自己的错题看相应的习题微课，并完成"基础补充习题五"： A. 正确率为100%的学生完成"进阶习题六"。 B. 有错误的学生继续观看习题微课，进行第二次巩固学习，不要求完成"进阶习题六"	【技术使用】 通过乐课网教学平台向学生推送习题检测和习题微课。 【功能评析】 收集数据，并以此为标准对学生进行分层

续上表

(五) 课堂综合检测		
学习目标	学习活动	技术使用与功能评析
1. 掌握一般过去时的动词的规则变化和不规则变化。 2. 灵活运用一般过去时的句式变化	教师通过乐课网教学平台向学生推送统一的综合检测练习题，检测学生本课知识点掌握情况	【技术使用】 乐课网教学平台上向学生统一推送练习题。 【功能评析】 收集数据，了解学生本课知识点的掌握情况

(六) 课后分层巩固		
学习目标	学习活动	技术使用与功能评析
1. 解决本课中仍存在的疑惑点。 2. 掌握一般过去时各种句式在篇章练习中的运用	教师根据综合检测的数据分析对学生课后学习进行分层： A：正确率为100%的学生继续完成有关一般过去时各种句式在篇章练习中的运用的习题。 B：在综合检测中仍做错的同学继续学习相应的习题微课进行知识点的巩固	【技术使用】 乐课网教学平台上向不同学生推送不同的练习题。 【功能评析】 收集数据，掌握学生学习动态，提供相应的学习资源
基于学习数据的课中精准教学分析	本节课的课中检测数据分析如下： （1）在本课基础内容学习后进行的第一个分层练习中，乐课网上的数据显示"基础补充习题试卷二"有24位学生完成了，从数据上看，"优秀"学生人数有12人，而且都是全对，说明这些同学通过观看基础题讲解微课和完成补充练习题后透彻地掌握了基础知识点，顺利地进入到进阶内容的学习，而仍有错误的同学可以继续观看习题讲解微课再一次巩固基础知识点。这份习题的具体成绩分布如下图： 基础补充习题试卷二（第一次分层练习） 优秀：12人　良好：4人　及格：1人　不及格：7人 （2）有27位同学完成了"进阶习题试卷三"，说明除了有11位全对完成"基础习题试卷一"的同学外，还有16位同学在完成"补充习题试卷二"后解决了困惑点后也进入了进阶难度习题的练习，得到了知识点的补充和拓展。	

续上表

基于学习数据的课中精准教学分析	（3）在本课进阶内容学习后进行的第二个分层练习中，有23位学生完成了"补充习题试卷五"，达到"优秀"的学生人数有15人，说明他们通过观看基础题讲解微课后掌握了知识点，"不及格"学生人数仍有5位，但全错的学生已经由原来的3位下降到1位，说明这几位后进生进步了，做题的正确率也提高了。这份习题的具体成绩分布如下图： 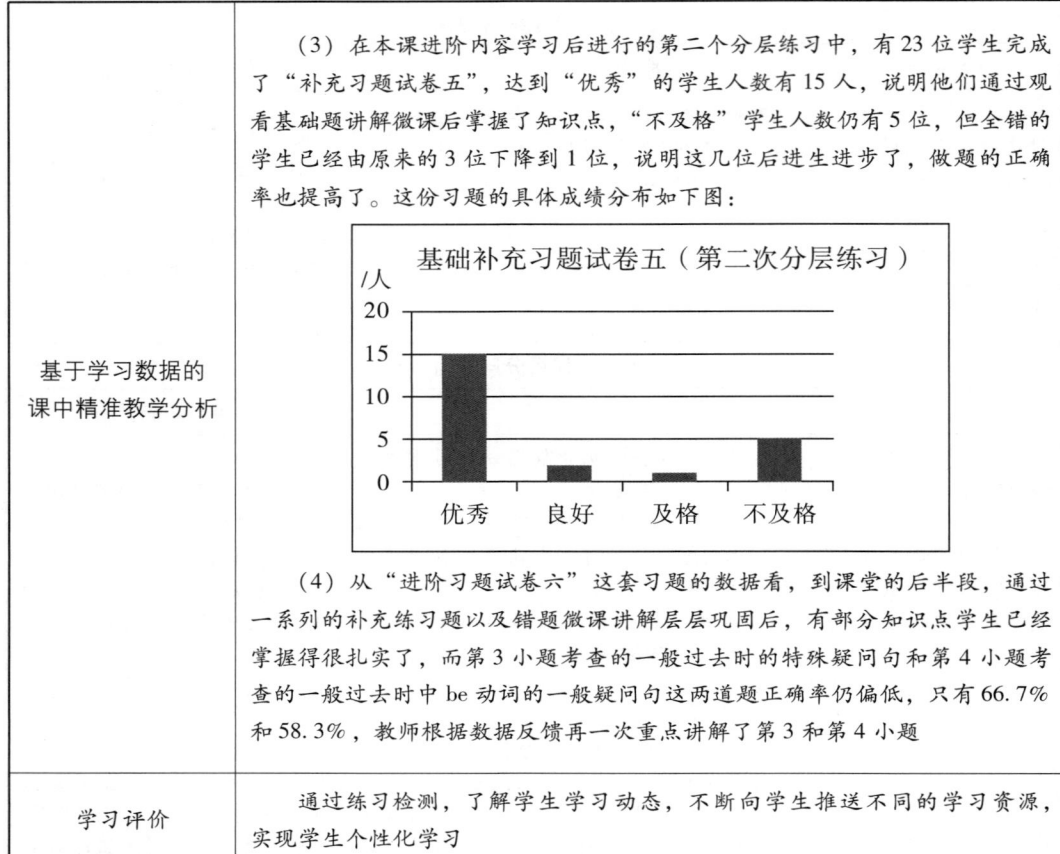 （4）从"进阶习题试卷六"这套习题的数据看，到课堂的后半段，通过一系列的补充练习题以及错题微课讲解层层巩固后，有部分知识点学生已经掌握得很扎实了，而第3小题考查的一般过去时的特殊疑问句和第4小题考查的一般过去时中be动词的一般疑问句这两道题正确率仍偏低，只有66.7%和58.3%，教师根据数据反馈再一次重点讲解了第3和第4小题
学习评价	通过练习检测，了解学生学习动态，不断向学生推送不同的学习资源，实现学生个性化学习

四、教学反思

（一）学习数据分析

课前检测与综合检测两份习题的难度是相当的，考查的知识点也是一致的，但通过本节课的学习，每道题每个知识点的考查都比课前检测的正确率提高了许多。全班的答题正确率由课前的63.9%提高到课后的89.4%，达到"优秀"的学生由原先的14人上升到24人，"不及格"的学生人数也有所下降，由课前检测的12人下降到综合检测的2人。

这说明平板分层教学提高了课堂的效率和实效性，后进生通过观看错题微课讲解，以及完成补充巩固练习题真正地掌握了知识点，而优生通过完成进阶习题也得到了能力的提升。

（二）教学效果分析

本节课利用习题微课辅助英语语法教学，我们将一些基础的知识点放在课前解决，教师了解到学生的疑难点，从而进行有效的二次备课。而这次备课对于优等生，可以最大限度地挖掘自身的内在潜能，学习内容有挑战了，优等生才有学习动力和对学习产生成就感。对于学困生，可从他们的实际情况出发，为他们"量身定做"适合他们理解和接受水平的知识内容，从而使他们对本学科学习产生兴趣，不会在知识断层后衔接不上，滋生畏难情绪，进而厌学。只有从学生的学习需求出发，才能最大限度地提高学生的自主学习兴趣，满足不同学生的学习需求，进而提高课堂教学效率。

另外一个班六 B 班也是平板教学班，但在本节课中没有采用平板分层教学，而是如平常一样正常授课，由于教师是按照传统课堂上课，统一练习，统一讲解，结果却很不理想。以下是六 B 班完成的练习题跟六 C 班相对应的练习题的情况对比表：

本课习题	六 B 班正确率	六 C 班正确率	补充说明
课前检测	62.9%	63.3%	这两个班的学生在课前对"一般过去时"知识点的掌握情况是基本一致的
基础习题试卷一	64.7%	72.8%	说明六 C 班的学生通过课前观看并学习了错题微课，进入课堂的"高度"提高了，大部分同学已经掌握了本节课的基础内容
补充习题试卷二	不做	75.8%	本节课第一个分层练习，六 C 班没有掌握基础内容的同学在这个环节再一次进行巩固练习
进阶习题试卷三	45%	63.7%	六 B 班全体学生在统一听教师讲解完"基础习题试卷一"之后，进入到进阶习题的练习，但是正确率很低，全班不及格人数超过一半，所以这些同学基础内容还未掌握，并不适合进行进阶习题的练习
基础习题试卷四	没时间完成	70.9%	由于教师花费了太多时间在课堂上讲解基础内容的每一道练习题，所以本课进阶内容的所有习题都没有时间完成
补充习题试卷五	不做	80.9%	本节课第二个分层练习，六 C 班没有掌握基础内容的同学在这个环节再一次进行巩固练习
进阶习题试卷六	没时间完成	75.8%	由于时间关系，六 B 班没有完成该习题。优生得不到拓展，仍停留在基础内容的学习上
综合检测	未完成	89.4%	由于时间关系，六 B 班没有完成此套练习题

可以看到，虽然六 B 班也是采用平板教学，但是发挥的作用并不大，只是作为一

个工具来推送习题,至于每份习题反馈的数据并没有得到利用,没有了解和满足不同学生的学习需求,进而提供相应的学习资源。教师仍然统一练习,统一讲解,课堂效率很低,教师为了兼顾到所有学生的错题,讲解了所有练习题,但是花费了大量的时间,本节课在教师讲完进阶知识点后便结束了,后面的练习题都没有时间完成,后进生得不到巩固训练,优生又得不到进阶练习题的提升,从学习数据和对照班级情况来看,本节平板分层课有着普通平板课所不能达到的效果,不但学生掌握的内容增加了,而且各个层次的学生都能"吃饱"。

(三)教学模式提炼(图1)

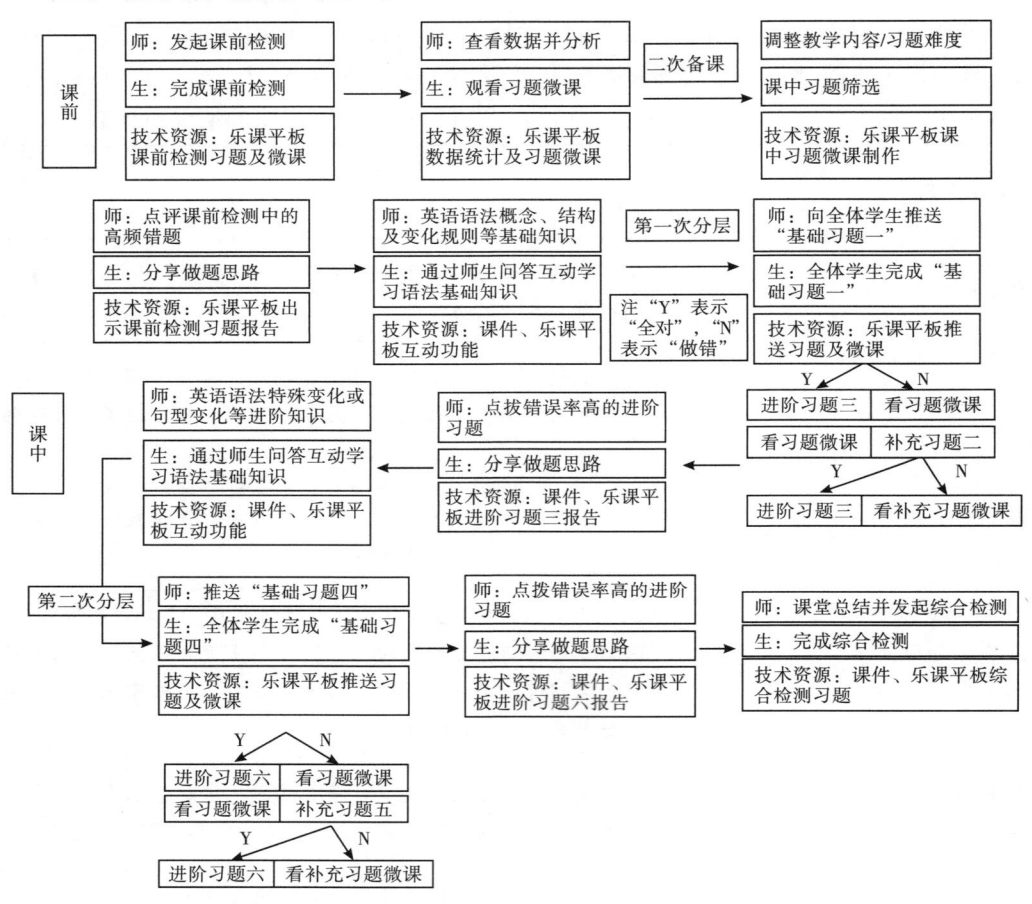

图1 分层教学模式

(四)教学改进方案

(1) 在这种课堂模式下,教师对于知识点的把握尤其关键,比如分层练习巩固时,如何在大纲内容的基础上确定进阶内容。进阶内容应该是在基础内容上的延伸或者对基础内容进行补充、强化、巩固。这个过程要求教师应熟悉教材,只有在把握教材的主线脉络的前提下,才能做到进阶内容的准确性和专一性。

（2）习题的筛选很重要。既然是习题微课辅助分层教学，那么每一道习题便必须能够精准地考查到学生相应知识点的掌握情况，目的性要十分明确，决不能信手拈来。补充习题要跟基础习题考查的知识点一致，以确保学生在课中可以得到二次巩固，在此基础上就有机会和优生一同来到进阶内容的学习，自信心也会得到相应程度的提高。同时进阶习题要体现层次性，相对于基础题要增加一定的难度，以满足学生的求知欲但又不可跨度太大，以免打击学生的学习积极性。

（3）对后进生的实时帮助要及时。在本节课中的两次分层练习的补充练习题中，从数据上可发现占大比例的学生能够通过观看基础习题的微课解决疑惑点，掌握知识点。但是这两次补充练习题"不及格"的人数仍分别有 7 位和 5 位同学，说明习题微课对他们的帮助并不大，这其中有学生本身的专注力原因，同时也提醒教师在制作基础习题微课时要考虑到后进生的学习能力，或者采用"师徒一帮一"的形式进行帮助。

这三点都要在以后的分层教学实践中不断加强，才能够真正地提高课堂教学的有效性。

五、专家点评意见

信息技术的加持促进复习课教学环节的顺利推进，本节课利用习题微课辅助英语语法复习，教师通过教学平台向学生推送习题检测和习题微课，以收集到的数据为标准实施分层教学。习题微课讲解清晰，较好地帮助学生理解一般过去时相关知识点。课前利用技术获得的学习数据较好地促进了教学目标的精准定位，有的放矢，针对性强；课中利用信息技术较好地优化教学行为，促进了学习的个性化，体现了分层教学的优势。建议：

（1）本节课基本都是在做题中完成复习活动，脱离了语言的情景性和交际性，"培养他们运用语法知识的口头交际能力"的目标未能很好地体现。

（2）进一步强化信息技术加持的课后学习，建议提供更多选择的分层的智能化的课后学习活动，帮助学生跳出机械性的重复耗时的学习。

（3）适当设计小组合作探究的活动。

点评专家：王琳珊，广东省中小学正高级教师，广东省义务教育英语教研负责人。

教学视频

My Favorite Activities 词汇和句型

一、基本信息

课型： 新授课　　　　　　　　　　　　**课时：** 第二课时
学校： 中山市南头镇民安小学　　　　　**授课教师：** 梁莉妍
学科（版本）： 小学英语（粤人版）　　**年级：** 五年级上学期

二、教学分析

教学目标	1. 语言知识和技能。 目标词汇：go swimming, go hiking, go fishing, go ice-skating, often, once, twice, three times. 目标句型：How often do you … ?　I … +频率副词. （1）掌握目标词汇的读音，理解含义。 （2）掌握频率副词表达，time 表达次数时的用法。 （3）掌握目标句型的运用和表达：询问对方进行某项活动的频率。 2. 过程与方法。 （1）通过介绍教师最喜爱的活动导入，借助图片等素材，把活动和频率副词串起来，形成连贯逻辑的教学。 （2）通过数据化教学模式：前置性作业—数据化教学—数据化评价、一起作业APP、问卷星等数据化软件，提高学生的课堂效率和兴趣，达到目标效果。 3. 情感态度与价值观。 通过课堂内容和活动，渗透对生活的热爱，积极向上的人生态度。拓展学生眼界，认识更多不同的活动，使学生们对生活有更多的憧憬和乐趣

My Favorite Activities 词汇和句型

续上表

教学内容分析	结合情境，让学生掌握词汇，运用频率副词表达自己喜欢的活动和频率，并询问对方进行某项活动的频率。 重点：结合活动的相关词汇，学会表达喜欢的活动和进行活动的频率。 难点：运用本课重点句型询问对方进行某项活动的频率。
学情分析	1. 有一定的语言能力。学生在英语学习上有了一定的基础，有一定的口头表达能力。能用 I like… 句型来描述喜欢某种活动，能用频率副词 always 等来加强表达的语言。 2. 学习兴趣降低。由于新型冠状病毒肺炎疫情原因，学生们居家利用移动设备进行网课，一节课时长为 20 分钟。长时间待在家，上课时师生之间缺乏眼神和肢体语言交流，学习兴趣有所降低
技术应用重、难点	重点在于：灵活运用不同的平台和软件，建立高质量的课堂和及时的数据反馈。 难点在于：钉钉平台上的语言交流和互动。少部分同学使用电脑版钉钉，无法在课堂上按要求发语音或交流。
教学环境与资源	教师：电脑；钉钉平台；一起作业 APP；问卷星 学生：电脑/平板电脑/手机；钉钉平台；一起作业 APP

三、教学过程

一、课前数据分析		
学习目标	学习活动	技术使用与功能评析
通过图片的提示和跟读，初步理解词汇的含义和读音	1. 学生在限定时间内完成前置性作业。 2. 教师提前布置一起作业 APP 上的题目，收集和分析数据，二次备课	【技术使用】 1. 移动设备（手机、平板等）。 2. 一起作业 APP 推送的课前作业。 【功能评析】 1. 有针对性地选择前置性作业，学生进行课前检测，及时掌握数据和分析学生情况。 2. 提高学生的课堂参与度与积极性。 3. 提高课堂效率。 4. 助于学生了解课堂内容，建立学习目标

续上表

学习评价	1. 一起作业 APP 的自动生成学生课前测试结果的数据，记录学生课前任务的学习轨迹。 2. 教师进行数据分析
基于学习数据的课前学情诊断	根据一起作业 APP 的数据分析，94% 的同学读音过关，教师重点需要注意学生读 once，twice 时的尾音；对于词汇理解的含义上需要进一步进行情境导入，加深理解和运用
二次备课说明	从数据分析进行课堂调整，课堂上点拨词汇发音，对词汇、句型的含义理解进行重点讲解，增加学生开口的机会，加强运用

二、课中授课

（一）课堂准备

学习目标	学习活动	技术使用与功能评析
1. 放松心情，在轻松的氛围下进入课堂。 2. 从数据中了解同学之间的水平差距，明白自己应该在哪些方面改进	1. 唱歌曲：How often do you go hiking? 2. 课前分析数据，引导学生注意易错知识点	【技术使用】 1. 爱奇艺万能播放器。 2. 一起作业 APP 收集的数据分析。 【功能评析】 1. 调动学生的学习兴趣，营造轻松的氛围。 2. 分析数据，让学生了解数据体现出来的问题。 3. 助于学生确立学习目标和努力的方向

（二）旧识引入

学习目标	学习活动	技术使用与功能评析
唤起曾学过关于活动的词汇记忆，了解本堂课的主要主题	教师展示一些有趣的活动图片，激起学生积极发言，通过钉钉群里发语音表达自己喜欢的活动	【技术使用】 1. PPT 课件。 2. 钉钉直播教学平台。

续上表

(三) 课堂内容		
学习目标	学习活动	技术使用与功能评析
1. 借助图片、对话等正确理解词汇所表达的意思。 2. 通过跟读，能正确地读出活动的相关词汇和频率副词。 3. 通过思考和总结，猜一猜频率副词中3次或以上要怎么表达，试着说出它的规律。 4. 通过课堂小测知道自己的掌握程度，明白课后需要重点复习哪些知识点。 5. 借助问题支架1："What do you like doing? I like ..." 和支架2："How often do you ...? I ... +频率副词." 讲一讲喜欢的活动及进行活动的频率。 6. 通过完成问卷星和一起作业，加深对课堂内容的理解和记忆。 7. 通过图片了解更多的活动	1. 教师创设情境：有些同学喜欢购物，有些同学喜欢玩游戏，活动这么多，你喜欢什么样的活动呢？多久进行一次这样的活动呢？引起学生思考。 2. 教师展示与活动相关的信息，如：天气、活动用具、情感等进行"猜一猜"，引出目标词汇。学生根据教师的提示进行思考，说出答案。 3. 教师点拨词汇后播放录音，学生跟读熟悉读音。 教师运用"I like swimming. I go swimming every day."引导学生思考How often问句的表达含义，引出频率副词（次数的表达）。 4. 教师运用周、月、年的日历，结合"How often"问句教授学生一周一次等的表达，引导学生思考当次数超过2次时，应怎样表达，并在钉钉上用语音方式展示出来。 5. 教师利用问卷星等对学生进行课堂小测和巩固，学生限时完成任务，教师评讲答案后分析完成情况，学生进行自我评价。 7. 教师利用对话支架： A: What do you like doing? B: I like ... A: How often do you ...? B: I ... +频率副词进行示范后，学生参与对话，培养语言表达能力和交流意识。 8. 教师展示更多其他的活动照片，拓展学生眼界	【技术使用】 1. 问卷星。 2. 微课。 3. 钉钉直播教学平台（语音功能）。 【功能评析】 1. 利用问卷星设置课中小测，检测课堂内容掌握情况；对课堂数据和前测数据进行分析。 2. 运用微课评讲小测，增添网络课堂的趣味性。 3. 运用钉钉教学平台中的语音功能，培养学生大胆发表自己见解的主动性，促进学习英语的主观能动性

续上表

学习目标	学习活动	技术使用与功能评析
基于学习数据的课中精准教学分析	1. 问卷星反馈数据分析：授课后约93%的学生对词汇能完全理解，产生了一定的记忆。个别学生对go hiking 和 go fishing 混淆。 2. 一起作业数据反馈： | 项目	课前	课中
听音选词	96 分	100 分
单词跟读	96 分	98 分
失分最大值	9 分	2 分 | 通过课中的学习，学生在听、说、读上都取得了明显的进步，特别是对词汇的含义理解比较到位，个别学生在个别词汇上存在发音不准的问题	
学习评价	通过钉钉教学平台中的语音功能，记录学生在课堂中的参与度和发言记录。 通过问卷星自动生成的学生课堂小测数据，记录学生的知识掌握程度和分布。 利用微课讲解课堂小测，提高学生学习兴致，达到结合数据与自评加强学生的学习意识	
1. 通过练习检测学习效果，查漏补缺。 2. 学以致用，增强语言能力	1. 教师布置一起作业APP上的题目，帮助学生巩固课堂内容，学生按时完成作业。 2. 教师收集数据，跟课前、课中的数据进行对比，进行教学调整	【技术使用】 一起作业 APP。 【功能评析】 1. 及时得到学生完成情况的反馈，利于分析学习情况。 2. 自动进行错题收集。 3. 提高学生课后口语的能力。 4. 助于教师及时调整课堂进度和内容
基于学习数据的课后个性辅导分析	课后学习数据反映有46%的学生对频率副词在句子中的位置产生疑惑，容易跟上个单元学的 always 等频率副词所在位置混淆。教师应增设一些活动或作业，培养学生的语感，创设更多与生活相关的情境，帮助学生熟悉和运用句型	

续上表

学习目标	学习活动	技术使用与功能评析
学习评价	1. 通过一起作业 APP 课前小测和课后作业所收集的数据进行分析，记录学生的学习过程和成果。 2. 教师根据数据分析，掌握学生情况及知识掌握程度等，及时进行课程调整	

三、课后作业（表头）

四、教学反思

（一）学习数据分析

（1）分析预习：根据一起作业 APP 的数据分析，94%的同学读音过关，教师在课堂上应重点注意学生读 once、twice 时的尾音；对于词汇理解的含义上需要进一步进行情境导入，加深理解和运用。

（2）分析学习数据：

①根据问卷星反馈，授课后约 93%的学生对词汇能完全理解，产生了一定的记忆。个别学生对 go hiking 和 go fishing 混淆。

②从一起作业 APP 班级得分数据反馈的情况，可看出各学生对各题的掌握情况。

（二）教学效果分析

（1）采用访谈的形式了解到学生对各种各样的活动有一定的学习兴趣，希望能了解更多；对本单元的目标词汇和句型基本能掌握，包括词汇读音和含义，句型也能简单地运用。

（2）通过小测和课后作业了解到学生在听力、发音和含义理解上都能过关，也能运用频率副词来询问和表达自己喜欢某项活动的频率，说明本节课能基本达到学习目标；但是语感的能力和句型的运用能力还有上升的空间，希望之后的教学能加强这些能力的培养。

（三）教学模式提炼

利用移动设备学习平台，建立课前、课中、课后的前置性作业、数据化教学和数据化评价，提高课堂的效率，达到教学目的和培养学生的语言能力等。教学模式如图 1 所示。

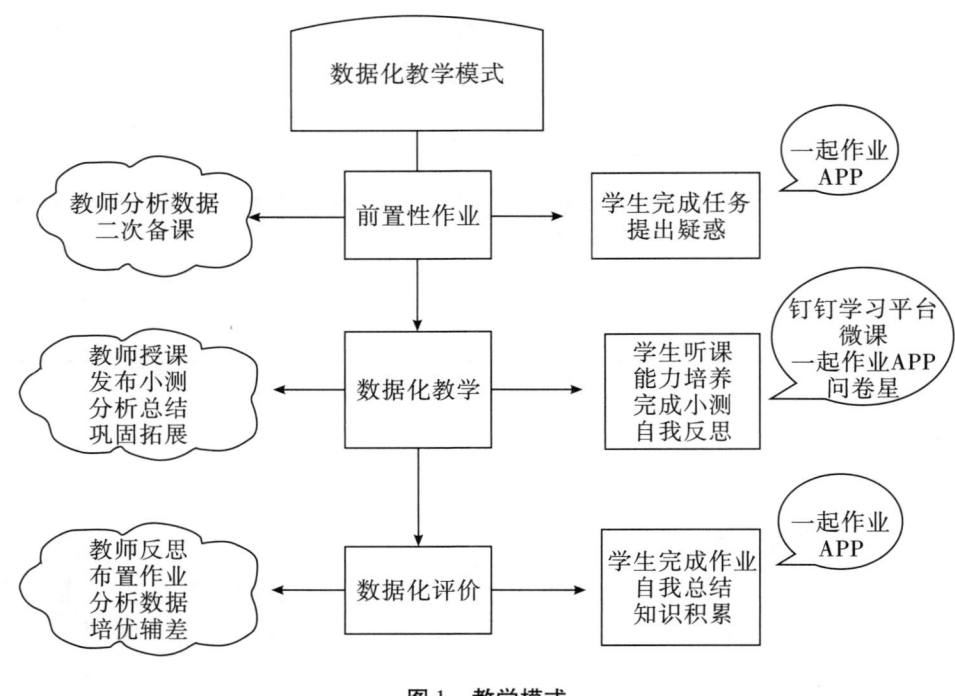

图1 教学模式

（四）教学改进方案

（1）引入部分：可插入学生生活中的活动视频，或以后希望去做的活动等引出话题。

（2）重点部分：需要创设一个来源于生活的情境，把目标词汇串起来，比如一年四季里可完成不同的活动。

（3）难点部分：增加简易的频率副词标示图，插入小游戏"看谁反应快"来巩固难点。

（4）小测部分：建立评价机制，提高做题速度和质量。对学生进行分层，进行更多的巩固练习和小测。

（5）能力培养部分：增加更多的交流方式，或小组合作等，提高学生参与度。

（6）拓展部分：可适当拓展一些冷门的活动及其进行活动时的安全意识。

（五）师生教与学的显著变化

教师教学过程的前、中、后，能及时得到学生对应的学习内容的数据，及时了解学生已经掌握的知识和还需巩固的知识，大大提高了课堂的效率。教师还能充分利用课堂时间，巩固知识和拓展课外知识，综合提高学生的素质。

学生通过数据化的教学模式，明确了课堂内容目标，更积极参与课堂活动和更大胆发表自己的想法。使得课堂更加活跃，带动不同程度的学生投入到课堂中，充分感受课堂内容带来的乐趣，对学习内容有更深入的了解，并提高了学习效率。

五、专家点评意见

教师信息素养高，能熟练和灵活使用各种平台和教学软件，及时掌握数据、分析学生学习情况，努力开展线上教与学的互动与分享，实施线上个性化互动与点评，是一节互动性较强的线上课例，较好地激发了学生宅家线上学习过程中的参与度与积极性，提高了课堂效率。

需要进一步优化的地方：①注意教师课堂语言表达的准确性，如 twice a week 是属于"very often"吗？②练习活动的设计不能仅停留在简单应用，还要进一步思考和关注给学生更多地表达自己想法的机会。③作业设计建议有必做和选做之分，以满足不同层次学生不同的活动需求。

点评专家：王琳珊，广东省中小学正高级教师，广东省义务教育英语教研负责人。

教学视频

Weather around the world

一、基本信息

课型： 新授课（英语词汇综合课）   **课时：** 第一课时
学校： 中山市南头镇民安小学   **授课教师：** 肖雪芳
学科（版本）： 小学英语（粤人版2011）   **年级：** 五年级上学期

二、教学分析

教学目标	一、知识与技能
	1. 语言知识。
	  会说、认读单词、词组"the North Pole, the South Pole, China, Kenya, Australia, only"；
	  复习、巩固并能准确熟练使用季节、月份、天气等词，能根据提示词讲述出课文中各地的天气情况。
	2. 语言技能。
	（1）能听懂课文。
	（2）能根据图片、关键词复述课文。
	（3）能理解课文，根据课文回答问题。
	（4）根据提示，介绍景点等地方天气概况及相应的活动。
	二、过程与方法
	（1）通过Gogo旅游的线索，把散乱的知识串起来，形成一条主线，创设情景导入教学。
	（2）通过课文的学习，创设活动，发展学生的口头表达能力，培养学生灵活运用语言的能力。

续上表

教学目标	三、情感态度与价值观 在教学过程中渗透情感教育，了解世界各地的气候，体会世界与中国的异同，激发学生热爱生活的情感态度和保护地球的环保意识
教学内容分析	1. 本课 Culture 1　Weather around the World 是一个文化单元，学习不同国家和地区天气的特点和异同。 2. 重点：了解、感知 China，Australia，Kenya 等地方的天气特征。 3. 难点：向 Gogo 介绍度假胜地的天气和活动
学情分析	词不离句，句不离篇，词汇的学习不是独立的，一定是要在某个语境下使用。只有置身于语境中，有意义的词汇学习才能生成，才能帮助学生掌握好这些词汇，并能在日常交际中会实际运用。学生能轻松掌握词汇的"四会"能力，可是在实际运用口语表达时，总是无法灵活运用所学过的词汇来表达。课后家庭版学习平台使用后，配套的一些练习、同主题的相关绘本学习等，较好地帮助了学生巩固词汇
技术应用重、难点	重点：学生能就话题介绍景点，能阐释当地的天气和活动等。 难点：智慧课堂互动中，学生利用拍照功能上传并互评。
教学环境与资源	一对一数字化教学平台；一起作业 APP；希沃课件；肯尼亚风情微课等

三、教学过程

教学过程		
一、课前探究		
学习目标	学习活动	技术使用与功能评析
1. 指导复习关于天气的单词。激活知识储备。 2. 刺激学生怀着好奇心去了解世界各地的不同天气	师：布置前置性作业。复习天气的词汇并录音。 推送微课视频《Around the world》 生：学生根据任务完成更多天气相关的知识搜索和收集	【技术使用】 1. 利用学习交互平台，推动了课堂的翻转。先学后教，以学定教。 2. 推送微课视频。按需服务，落实学生个性化学习。 【功能评析】 1. 检测学生对本课主题 weather 的认识，帮助学生纠正新单词的发音。 2. 推送的微课《Around the world》培养学生国际视野，激发学生学习的兴趣，去探究更多国家的天气，培养主动探究的品质

续上表

学习评价	1. 一起作业平台自动生成的学生学习数据，记录学生学习轨迹，如单词语音发音的正误等，便于教师把握学生的差异化的英语认知。 2. 学生通过APP开展自主学习，进行多元化的预习，拓展课外知识
基于学习数据的课前学情诊断	1. 前置性的作业，发现不少学生在预习环节中，对某些生字词如south pole, north pole的发音把握不准。 2. 探究性任务，通过搜索更多的天气并在小组微信群分享的活动。发现较多学生思维局限于几个欧美国家，地理知识比较匮乏
二次备课说明	根据学生前置性的数据反馈，需要着力讲解发音错误的词汇。要让学生借助比较熟悉的城市图片来进行语言的迁移和输出。需要提前让学生关注前一天的天气预告节目，做好知识的储备

二、课中引导

（一）课前热身

学习目标	学习活动	技术使用与功能评析
1. 头脑风暴复习天气的单词。 2. 观看视频，了解地域差别与天气的异同	1. 情境导入： 师：创设主人公Gogo旅行的绘本故事。在故事中，嵌入新授词和新句型。 师：播放视频，拓展学生国际视野。 2. 师生互动： 生：观看视频后，头脑风暴。复习季节和天气的内容	【技术使用】 1. 利用智慧课堂平台的分组和加分棒功能。 2. 利用随机提问的功能，随机点名提问学生。 3. 希沃课件动态性强，颜色丰富。 【功能评析】 1. 分组加分调动学习积极性与增强小组合作能力。 2. 随机提问能增强师生互动和让学生保持适度的学习紧张感。 3. 课件生动吸引学生，视频播放开拓学生的视野

（二）重点突破

学习目标	学习活动	技术使用与功能评析
1. 利用创设的绘本学习Gogo旅行记。	1. 绘本推进： 师：继续学习绘本，利用Gogo喜欢滑雪导入南北极知识的学习。	【技术使用】 1. 在绘本情境中渗透新词汇的学习。

续上表

学习目标	学习活动	技术使用与功能评析
2. 通过视频、图片、录音等方式开展语篇的学习，逐步帮助学生阅读了解语篇，在语篇中习得词汇。 3. 每个不同的国家与天气为一个小语篇，学生学习完后完成相关练习	 生：学生阅读第一个语篇后完成补全填空。通过填空来突出新授词汇。 师：设问，以问促学。 南北极只有冬天，而肯尼亚只有夏天。推送肯尼亚风光的短视频。 生：阅读第二个语篇并完成相关练习。学习赤道的地理知识。 Kenya is near the equator. 靠近赤道 It's usually hot and it often rains. Kenya 师：请同学复述介绍肯尼亚。 2. 温故知新： 师：Gogo 想要去游泳，但是北京是冬天，他可以去哪里？以旧带新，出示前一单元的阅读语篇的信件。 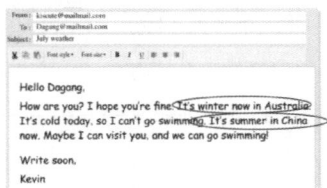 通过季节对比来导入澳大利亚和北京天气的语篇学习。 生：学生小组讨论并补全填空	2. 利用多媒体播放肯尼亚风光的视频，将学生带入情境。 3. 利用智慧课堂评测功能推送客观题完成互动的练习。 4. 利用动态 PPT 和静态的板书教授地理知识，动静结合。 【功能评析】 1. 智慧课堂互动平台推送练习，实现反馈及时、全面互动的效果。 2. 通过智慧课堂抢答功能调动学习气氛和学习积极性。 3. PPT 教学与视频的交互使用，使教学立体直观，创设更为逼真、自由、开放的语言环境

续上表

	（三）巩固提升	
学习目标	学习活动	技术使用与功能评析
1. 利用智慧课堂一对一的平台完成语篇的巩固练习，判断对错。 2. 学生完成主观题并拍照互动互评。 3. 学生英语口头操练：给Gogo介绍一个旅游的地方（地点、天气、活动）	1. 巩固提高 生：学生完成判读对错习题。并在平台上提交答案。 判断对错： 1. I don't see any people at the South Pole. (√) 2. There's only winter at the North Pole. (√) 3. There's only fall in Kenya. (×) 4. Sumer in Australia is from June to August. (×) 5. It's cold in Australia in July. (√) 师：根据答题情况评讲。 生：学生思考后完成读写练习并拍照提交。 师：学生完成后，发送互评活动。 2. 拓展延伸 师：Gogo想要去更多的地方旅游，你能介绍某个去处吗？ 生：学生根据给的图片和支架进行口语操练并展示	【技术使用】 1. 利用智慧课堂客观题统计学生完成情况并分析讲解。 2."想想写写"的练习中，利用智慧课堂的功能，学生完成后拍照上交，下放互评回收，并展示答案。 3. 利用动态的PPT展示教学。 【功能评析】 1. 通过平台的课堂评测的即时反馈学生完成情况，方便教师有针对性地讲解。同时引导学生检查自主学习的效果。 2. 拍照互评增强课堂的生生互动。使更多学生参与进来，特别是部分比较内向的孩子，能照顾到全体。 3. PPT展示一些景点图片，帮助学生搭建知识支架
基于学习数据的课中精准教学分析	错误率较高，教师适当做了详细的讲解。主观题拍照上传中，同样也发现学生把澳大利亚和中国的季节及天气弄混，没有很好地明白南北半球的差异，错误率达到32%	
学习评价	1. 课堂检测，通过主客观题目，检测学生知识掌握的水平。 2. 小组互批、互评，提高参与度，并在评价中再次巩固所学知识	

续上表

三、课后延伸		
学习目标	学习活动	技术使用与功能评析
延伸话题到具体生活。引发学生关爱地球关爱环境的意识	师：布置任务给学生，如何保护地球。 生：尽可能用英文表达个人如何保护地球的看法。 师：布置作业，搜索更多国家的天气并分享	【技术使用】 鼓励学生利用多媒体辅助寻找信息。 【功能评析】 提高学生信息技术的素养，能借助计算机网络平台寻找资料，进行探究性作业
基于学习数据的课后个性辅导分析	1. 课前、课后布置的学习APP平台和课中的数字化一对一平台有学生个人错题库的功能，提供了个性化补偿学习和分层学习的可能。学生可自主温习，查看错题反馈，记录自己的错题集，教师有针对性地进行个性化辅导，如一对一错题讲解。 2. 学生在最后一个口语展示活动中，因时间有限或某些同学羞于开口，未能在课堂展示。关注后进学生，鼓励他们课后发送视频或录音到小组学习群，教师给予评价和指导	
学习评价	1. 智慧教学平台自动生成的学生学习数据，记录学生学习轨迹，建立错题集库。教师根据学生的弱项，对学生进行个性化辅导，优化自己的教学。 2. 课后鼓励学生发送英语口头表达的视频或音频，突破了时间和空间的局限，具有较大的灵活性	

四、教学反思

本课通过视频《环游世界》导入全球主题，巧妙地引入主人公 Gogo 去旅游的主线。学习新课时，通过归类最冷和最热的地方，导入南北极和肯尼亚的学习、再通过问题引导、温故知新一封邮件，了解中国和澳大利亚的季节差异。了解赤道的存在。最后，通过介绍度假胜地给 Gogo 的小组活动，提高学生的口头表达能力和拓展学生的知识面，让学生体会世界的美好、地球的美丽，从而提高他们的环保意识。

如果是按传统的教学，那么这节课的容量会比较大，但是学习时间有限。数字化平台教学通过课前的预习和反馈，课中的数字平台的互动等，节约了较多的时间，转换了师生的角色，学习路径由"跟教师学"变为"课外自学和课堂互学"，因数字平台的数据反馈及时，教师根据大数据反馈找到个性和共性的问题并及时解决，使个性化自主学习更加明显。数字平台的运用也丰富了学生的学习体验，实现了个性化的发展。

（一）学习数据分析

（1）课前，通过微课、学习APP等方式布置前置性作业，学生利用课余时间结合自身的理解与认识对新知识进行信息处理与加工。

（2）课中，通过智慧一对一学习平台，我们获得学生鲜活、丰富的真实数据。巩固练习中的判读题和选择题能对学生的答案一目了然。根据反馈，错误率较多的需要着重讲解，以突出教学重难点，做到有的放矢。主观题的拍照功能，能记录下学生做题的痕迹等动态的学习资源。学生互评，增加了课堂的参与度，丰富了课堂评价的主体，同时帮助教师更好的分析和把握学生掌握的情况。

（3）课后的作业布置能帮助教学优化任务并能实施分层作业的布置，使学生有自我思考的空间和时间，促进个性化学习。

（4）"一对一数字化学习"环境下的在线自测题，对学生的学习情况进行即时反馈，及时矫正，当堂巩固，使教师对每类学生的知识掌握情况有更深的了解，更便于实现因材施教。根据每个孩子的个性特点，教师、小组、个人共同参与对其进行综合评价，挖掘、发扬每个学生的"闪光点"，让学生获得积极的情感体验，个性差异在这里得到极大的关注。

（二）教学效果分析

采用问卷调查、访谈的形式了解学生对本课的学习兴趣，以及了解学生的课堂学习成绩、教学效率、教学质量等内容。

（1）利用情境教学，融词汇于情境中，让学生通过上下文或图片等的辅助来理解词汇，渗透学习新词汇。但是学生对于澳大利亚和中国因季节相反而导致天气的差异还是有些混淆。

（2）学生基本能掌握并运用已学句型，进行交际。但对词汇和句子的口头表达还不够熟练。

（3）整节课特别着重人文情怀的培养，渗透着爱生活、爱世界，以及保护环境的情感意识的培养，体现英语学科培养学生核心素养的特色。学生感慨此课跟平常的传统教学不一样，学到更多课外的知识。

总的来说，本课借助了数字平台的优势，通过师生互动、生生互动、人机互动等形式，使教学直观、生动，丰富了学生的学习体验，并拓展了一些地理的知识。在阅读语篇中帮助学生习得词汇，通过任务驱动，使学生主动参与并延伸主题，强调与学生生活联系的输出，培养了学生高阶思维的发展。

（三）教学模式提炼

移动互联环境下小学英语词汇情境式教学模式（见图1）：情境—互动—迁移三联

动 词汇教学模式。

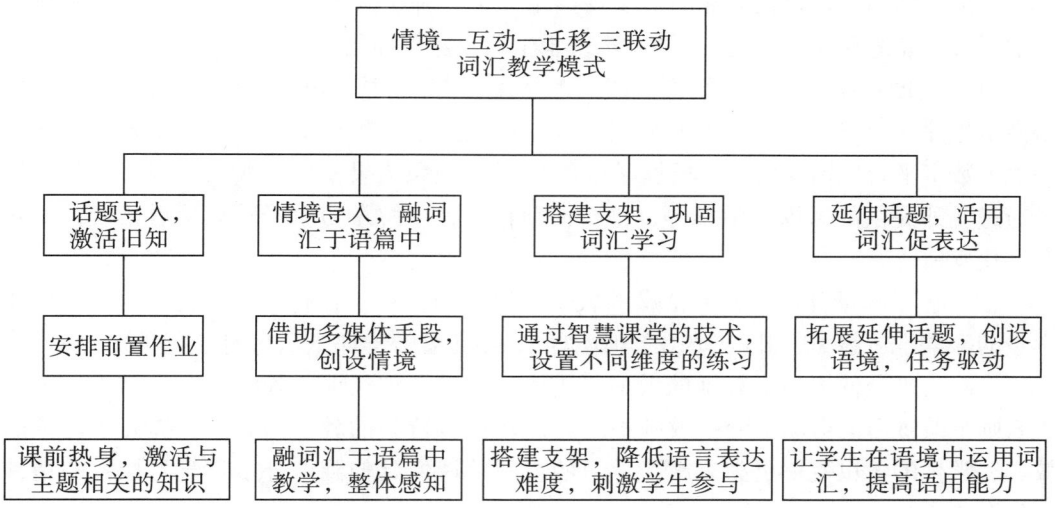

图1 情境—互动—迁移三联动 词汇教学模式

（四）教学改进方案

（1）智慧课堂信息技术运用方面，如拍照和互评等，学生使用还不够娴熟。

（2）在推荐旅游胜地给Gogo的拓展活动的环节，给学生的准备时间不够充分；此外，担心学生说不好，给学生提供了一个挖空的框架，反而限制了学生的思维，无法畅所欲言。另外学生运用知识的能力还有待加强，很多学过的活动词汇未能脱口而出，仅仅停留在常见的一些活动。平时教学中教师要创造更多的机会让学生训练与提高。

（3）可以基于云平台的数据分析，结合学生练习反馈的数据如根据学生做题的准确度、速度等，将学生分层教学，布置不同的任务，实现课堂的分层教学。

（4）教师一个人的力量微薄，可以根据完成练习的分数，确定满分者即为"小老师"，帮助教授其他有困难的同学，增加师徒结对的互动。

（5）可以增加"词汇正音"的环节，比如现场录音，评分并随机检查，照顾好后进生。

（6）本课的前置性作业，只是让学生做了天气相关主题的研究，没有针对某个国家，指令性不够强。如能针对本课出现的几个地点，效果可能更好。

（五）师生教与学的显著变化

传统教学存在一些困境，如学生能轻松掌握词汇的"四会"能力，可是在实际运用口语表达时，总是无法灵活运用所学过的词汇来表达。学生的词汇较难正确迁移到实际运用中，缺乏语用能力；学生接受能力有个体差异，传统的课堂较难照顾到优生和后进生。

移动互联设备的应用是课堂教学方式的变革，使课堂40分钟得到充分利用和延伸。学生在移动互联设备的辅助下实现生生互动、师生互动、小组互动等。这种新颖的学习方式能避免"一刀切"，同时尊重学生的个体差异化。

（1）借助移动设备实现线上、线下的学习跟踪。利用课前、课后学习APP平台，掌握学生课前预习和课后复习的数据，根据反馈给予学生针对性的指导。课中，利用一对一数字平台反馈的信息，根据学生的学习过程和结果，分析成因，因材施教。学生通过教师提供的微课、学案等，进行课前预习，了解学习重难点；课后拓展，实施个性化发展。

（2）教学移动互动设备使枯燥的教学变得生动多彩，有利于拓展教学内容、发展学生的探索学习能力、开阔学生的知识视野，使传统教学课堂从封闭走向开放。

一对一平台使用后，教师的教显得更为轻松了，现场课堂检测即时的结果，解放了教师批改练习的劳动，便于教师把时间放在更有价值的教学内容上，提高了课堂的效率，学生的学也变得更为有趣，学习的空间从课堂延伸到课外了，学习探究的精神也日渐浓厚。

课堂资源信息表

课堂实录二维码

五、专家点评意见

教师能较熟练使用教学平台、移动终端的各项功能，面向全体学生，关注个性差异，开展数据驱动的精准分析，努力实现个性化教学。教师借助技术通过师生互动、生生互动、人机互动等形式，使教学直观、生动，丰富学生的学习体验，拓展学生的文化视野、培养环保意识。在活动设计方面通过实践英语学习活动观，任务驱动，学生主动参与，培养用英语做事情的能力。

本节课较好地达成了教学目标，学生学习获得感强，教师也较善于反思。需要进一步优化的地方及建议如下：

（1）教学目标的撰写需进一步体现学生主体、学生主语。

（2）教学内容的分析需进一步体现单元整体教学理念。

（3）课后延伸环节教师布置"如何保护地球"的任务给学生，此任务显得有点唐突，课前探究和课中引导两环节都未提及和渗透保护地球的任何语言或观点意识，到最后要完成"如何保护地球"的课后延伸任务较难有水到渠成的效果。

点评专家：王琳珊，广东省中小学正高级教师，广东省义务教育英语教研负责人。

第四部分　小学其他学科教学设计案例

有趣的剪纸娃娃

一、基本信息

课型： 新授课　　　　　　　　　　　　　　**课时：** 第二课时
学校： 珠海市三灶镇中心小学　　　　　　　**授课教师：** 蒋尚霓
学科（版本）： 小学美术（2011课标版）　　**年级：** 二年级下册

二、教学分析

教学目标	1. 知识与技能：掌握对称剪纸"造型对称、连接不断、图案有趣"的设计特点与制作方法。 2. 过程与方法：学习用对称剪纸的方法剪出有独特创意的娃娃形象。 3. 情感态度与价值观：感知民间对称剪纸造型简练、构图饱满的审美情趣；培养学生对民间剪纸艺术传承与交流的情感
教学内容分析	教学内容为以彩纸创造性的剪出对称娃娃形象造型的设计课程，主要培养提高学生手眼协调能力。让学生在自主尝试中探究线的连接不断的方法以及图案装饰的技能技巧，提高审美情趣
学情分析	二年级学生形象思维十分活跃，想象力丰富，语言和行为欢快活跃，好奇心强，好动，注意力集中时间短，本节课是在以"吉祥百变的巧手工"单元主题要求下，进行的动手实践的手工剪纸教学活动，非常适合当下二年级学生情况。学生已经具备剪纸的基本素养，学生对剪纸兴趣浓厚，但动手能力尚待提高；学生已理解对称概念、初步掌握智慧课堂系统操作方法

续上表

技术应用 重、难点	重点：探讨对称娃娃的剪纸方法，以及如何剪出装饰纹样和有趣的外形。 难点：理解和感受剪纸文化的特点及审美价值
教学环境与资源	录播室；学生平板电脑；智慧课堂系统教学平台；《剪纸娃娃》课件；示范微课等

三、教学过程

一、课前学习		
学习目标	学习活动	技术使用与功能评析
1. 了解民间剪纸的基础文化知识。 2. 明白剪纸娃娃特点："对称、花纹、夸张、变形、象征"。 3. 能够初步掌握如何剪出对称的剪纸娃娃	1. 观看视频《民间剪纸》，通过视频的图文介绍了解民间剪纸的文化特点。 2. 观看视频教师的讲解和示范完成"课前自由剪纸娃娃"及任务。 3. 在智慧系统教学平台上传自己的剪纸娃娃（拍照），附上过程中发现的问题	【技术使用】 1. 学生通过智慧系统教学平台拍照上传作品。 2. 教师及时收集获得学生课前习作。 【功能评析】 1. 调动学生参与积极性。 2. 及时收集获得学生习作，同时能给学生及时的反馈，提高效率。 3. 分析学生习作并找出本节课的不足及大部分学生未掌握的地方，更好地为后续第二课时做铺垫
学习评价	智慧教学平台收集学生剪纸作品，由教师批改分类，找出需要解决的问题。有利于教师提前清楚学生对这一课的难点掌握出现的障碍和问题	
基于学习数据的课前学情诊断	全部学生都提交了完成的作品，但作品出现以下问题： 1. 大部分学生能剪出对称娃娃造型以及装饰花纹。 2. 小部分学生出现剪断、不成对称形等失误。 整体上，学生对于剪纸娃娃外形创意、装饰纹样变化不佳	
二次备课说明	针对小部分学生的简单性失误，以及外形变化创意的引导，做二次调整备课。重点分析对称造型美和花纹美，以及设计外形的有趣性以提高学生的审美眼光，让学生在完成作品的基础上，能够展示剪纸娃娃有趣的美	

续上表

二、课中授课		
（一）回顾旧知导入		
学习目标	学习活动	技术使用与功能评析
再次回顾理解剪纸娃娃的特点	学生利用智慧教学系统的抢答器，抢答问题	【技术使用】 智慧教学系统的抢答功能。 【功能评析】 抢答功能的运用可提高学生专注力，增加课堂趣味互动性
（二）课前习作展示		
学习目标	学习活动	技术使用与功能评析
1. 解决对称娃娃剪纸的外形设计，纹饰组合设计剪纸过程与方法。 2. 提高学生对剪纸娃娃美感、趣味、创意设计的概念	教师： 1. 对比欣赏：从外形创意、花纹、趣味等方面，在学生课前习作中选出不同程度的作品；让学生小组之间讨论选出最具创意又有趣的作品。 2. 分析比较：挑选展示学生课前有失误的习作；与学生共同讨论分析以及如何解决相关问题。 3. 小结如何设计出有创意的剪纸。 学生： 1. 小组投票选出最具创意又有趣的作品。 2. 讨论分析失误作品的解决办法。 3. 分析小结如何设计	【技术使用】 智慧教学系统的投票功能。 【功能评析】 利用投票的形式选出小组喜欢的作品，让学生拥有自主性，能更好地激起学生对课堂的兴趣
（三）二次动手实践		
学习目标	学习活动	技术使用与功能评析
1. 二次动手剪出对称娃娃，不再出现剪断、剪反等错误。 2. 绝大多数学生能设计出更有趣且具创意的剪纸娃娃	学生： 观看教师的二次示范微课，结合本节课的知识再次设计自己的剪纸娃娃。 1. 学生设计对称娃娃外形，拍照提交，教师点评。 2. 学生剪纹样，教师进行集体辅导和个别辅导	【技术使用】 学生利用平板拍照上传作品。 【功能评析】 平板拍照的方式十分方便学生展示及教师辅导作品。解决了黑板画幅展示地方不够的问题

续上表

(四) 作品展示评价		
学习目标	学习活动	技术使用与功能评析
1. 能用剪纸艺术的语言表达自己的或评价他人的剪纸娃娃。 2. 能简单介绍自己怎样设计的剪纸娃娃（造型特点、创意、特殊技能等）	学生： 1. 将自己的作品贴到展示区。 2. 用投票器选择自己最喜欢的作品。 教师： 利用智慧教育平台统计学生选择数据，随机挑人来介绍自己的作品；抑或说说喜欢的作品	【技术使用】 智慧课堂教学系统的投票、挑人、计时器功能。 【功能评析】 运用投票器与随机挑人的方式来进行学生自评、互评；让课堂增添趣味性，同时提高学生兴致和注意力
基于学习数据的课中精准教学分析	1. 全部学生未出现不对称或剪断中轴线的问题。 2. 个别学生在花纹设计、外形创意方面出现困难。 3. 大部分学生在自评或互评作品中，能运用剪纸艺术语言进行简单评价。 4. 小部分学生对于作品描述时出现词汇匮乏情况。 5. 个别学生由于某些因素，无法进行评价	

三、课后拓展

学习目标	师生活动	技术使用与功能评析
观看视频，课后延伸了解剪纸的其他表现方式	教师： 发布视频《剪纸的其他表现形式》。 学生： 观看剪纸的拓展视频	【技术使用】 录制视频软件制作。 【功能评析】 教师收集剪纸的其他表现形式，并用软件录制出来，让学生能直观了解、拓展学习
学习评价	利用智慧课堂系统中的投票功能，让学生选择自己喜欢的作品，观察分析剪纸作品中的错误，运用抢答功能激起学生思考问题的兴趣，从而进行后面的分析解决办法。最后作品完成，可通过平台收集的数据统计了解学生的选择情况；来挑人分享自己的想法和对作品的评价	

四、教学反思

（一）学习数据分析

课前学习：学生能基本完成《有趣的剪纸娃娃》微课学习，从课前剪纸作品的完成情况来看，整体学生对剪纸文化的艺术特点认识不足。只学习到制作剪纸娃娃的步骤，能完成一个简单的作品，但大部分学生对造型美和纹饰美没有认知，不知道怎样设计一个"精美有趣"的剪纸娃娃，个别同学出现剪纸知识性错误。

课中教学：通过课前作品的收集和存在的问题再次教学后，全班学生没有出现不对称和剪断的知识性错误；个别学生对于装饰花纹和外形创意的设计出现困难。大部分学生能够用简单的词汇和语句，从外形美和纹饰美两方面点评其他同学的作品，个别学生审美不足、词汇匮乏。

课后拓展：个别积极、对剪纸有探索欲望、渴望深入学习的学生观看完拓展学习视频后能够动手模仿其中的剪纸形式。

（二）教学效果分析

微课学习让学生对剪纸有初步的认知，但理解不够。在二次教学后，在对比欣赏中让学生理解民间剪纸的特点及审美情趣。学生加深了对知识的理解，并能运用在剪纸作品的创作中。

本节课基本达到了预期教学效果，学生感知了民间对称剪纸造型简练、构图饱满的审美情趣，掌握了对称剪纸"造型对称、连接不断、造型有趣"的设计特点和制作方法，体验到了剪纸的乐趣。

（三）教学模式提炼（见图1）

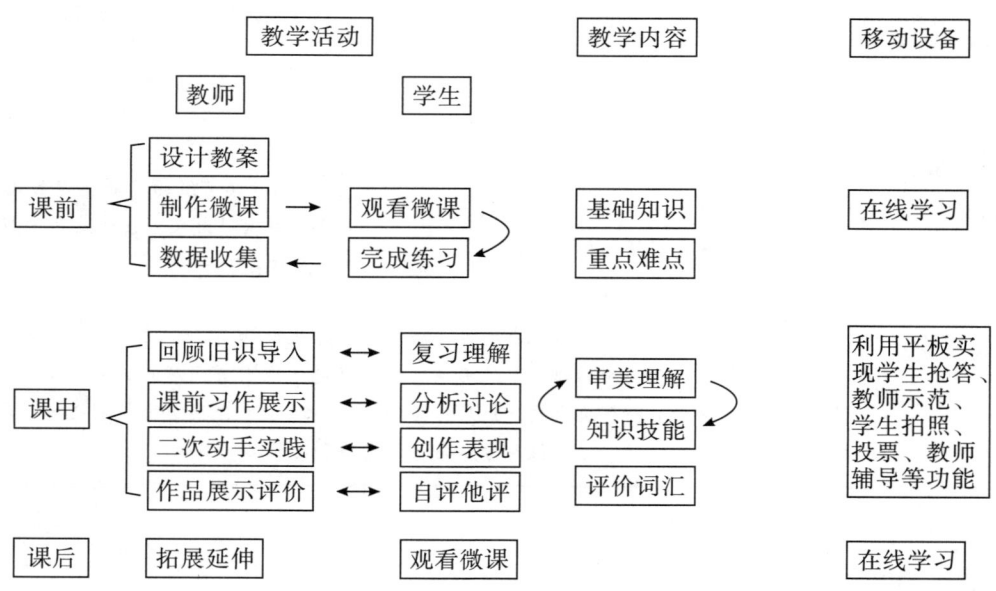

图1 教学模式

（四）教学改进方案

问题：低年段的学生对于品德方面的认知还不够完善，剪纸时，有许多边角废纸掉落在地不会自主拾起并放进垃圾桶。本节课欠缺了对品德教育的关注。

改进：在微课中加入德育示范，让学生在潜意识中记住；在课中授课时提醒学生自主处理好剪纸废料。及时对收拾好剪纸废料的学生进行表扬。

五、专家点评

本节案例体现了教师的教学观，能从学生具备的剪纸基本素养的实际起点出发，善于发现学生存在的问题，运用多种教学方法和学习方式，使学生在知识理解的同时获得方法，推进教学进程。

反思改进：

（1）教师在引导学生对剪纸花纹的过程中可以再深入挖掘，比如将剪纸中常见的美丽装饰花纹让学生通过观察画出来，并亲自动手来摆放在只有外轮廓造型的剪纸上，学生通过自己动手动脑的劳动，使认知更加深刻，有利于学生的知识层次由感知——理解——巩固——应用——创新的步步升华。

（2）教师在教学中要注意语言表达的亲和力和感染力。

点评专家：李冬梅，珠海市九州中学美术教师，正高级教师。

教学视频

乘雪橇

一、基本信息

课型：音乐欣赏课　　　　　　　　　　　课时：第 1 课时
学校：中山市南头镇民安小学　　　　　　授课教师：吴秀霞
学科（版本）：小学音乐（人音版）　　　年级：五年级上册

二、教学分析

教学目标	1. 知识与技能：能在教师的指导下准确听辨出音乐中的马鞭声。通过个性化学习，发展学生艺术特长。 2. 过程与方法：教师通过引导、设问等方法，能听辨出管弦乐曲《乘雪橇》主题出现的次数和变化，并能用动作和打击乐器表现乐曲的形象。 3. 情感态度与价值观：带领学生充分感受乐曲中表现的马拉雪橇的音乐形象，体验马拉雪橇的乐趣，感受爵士音乐的风格
教学内容分析	《乘雪橇》由美国作曲家、指挥家安德森创作，是标题音乐中极具代表性的作品。乐曲热情奔放，充满活力，音调、节奏富有爵士音乐的风格特点，在铃铛、马鞭、马蹄、马叫声的衬托下，表现了人们驾着雪橇、策马飞驰的情景和兴高采烈的心情。 乐曲是带再现的复三段体结构，主题旋律具有歌唱性，共出现四次，乐曲中部与主题音乐形成鲜明对比，并加入了马蹄声和马鞭声，主题的第三次再现为全曲高潮，最后音乐的力度不断减弱，仿佛是雪橇载着人们的欢歌笑语向远方奔驰而去

续上表

学情分析	五年级学生处在义务教育的高段，经过四年多的音乐学习，大多数学生已经养成了良好的听赏习惯和歌唱习惯，同时也具备了一定的歌唱能力、欣赏能力和演奏能力。但鉴于高段学生的兴奋点相对较高、表现欲较低年级有所下降的现状，应在课堂上利用生动的音乐形象吸引学生，让学生的注意力始终关注音响本身，同时运用生动的音乐活动调动学生，使学生积极参与听、唱、记、演等丰富的音乐实践活动，活动的设计要遵循从音乐出发，关注音乐要素的原则，既要让学生肯接受、能接受，又要稍有难度，从而在音乐活动中提高学生的听觉能力、表现能力及演奏能力
技术应用重、难点	技术应用重点： 1. 利用希沃一体机测评工具的单选题、多选题、主观题，以及提问的抢答功能了解学生的课堂学习效果，避免滥竽充数，有利于调整教学。 2. 利用希沃一体机的自习时间，以及共享资源库的资料，学生进行个性化学生。 3. 利用希沃一体机的作业批改功能，进行个性化作业批改。 技术应用难点： 播放课件时，课件里的音乐不能播放，要在云端打开才能播放，操作不够便捷
教学环境与资源	希沃一体机；平板电脑；共享课堂；《乘雪橇》课件

三、教学过程

一、课前预习		
学习目标	学习活动	技术使用与功能评析
初步了解爵士音乐风格	1. 学生学习课前微课《爵士音乐风格》。 2. 学生完成课前小测试题。 3. 学生上传测试结果，教师批改	【技术使用】 1. 平台的自主学习功能。 2. 平台的上传资料功能。 3. 平台的批改作业功能。 【功能评析】 1. 利用自主学习功能，资源共享，学生自由预习。 2. 利用线上收集小测结果，线上批改作业，省时省力
学习评价	1. 智慧教学平台自动生成的学生学习数据，记录学生学习轨迹。 2. 预习检测，了解学生预习情况	

续上表

基于学习数据的课前学情诊断	通过学习微课并进行检测,学生初步对爵士音乐风格有所了解
二次备课说明	课前已初步对爵士音乐风格有所了解,课中重点感受爵士音乐的风格特点

二、课中学习

(一)导入

学习目标	学习活动	技术使用与功能评析
1. 哼唱主题旋律。 2. 熟悉主题旋律	1. 冬天下雪时,小朋友们会做什么? 2. 看看图片中的小朋友在做什么? 3. 揭课题《乘雪橇》。 4. 乘雪橇有一条主路线,请你听一听,并画出旋律线,拍照上传。 5. 分析旋律走向。 6. 跟琴哼唱主题旋律,根据学唱情况,由慢速逐渐到快速弹奏旋律	【技术使用】 1. 平台的上传资料功能。 2. 平台的作业展示功能。 【功能评析】 1. 作业能够即做即展示,展示方便且快捷。 2. 教师可即时在作业中圈点批改

(二)新授

学习目标	学习活动	技术使用与功能评析
1. 听辨出主题旋律在不同乐段出现时,音色、节奏、力度的变化。 2. 听辨出音乐作品中,马铃声、马蹄声、马鞭声。 3. 感受爵士的音乐特点	1. 完整聆听。 (1) 完整聆听全曲,主题旋律出现了几次? (2) 主题旋律每次出现有什么变化? 2. 分段聆听。 (1) 聆听 A 段。 ①聆听 A 乐段。你听到了什么声音? ②你觉得用什么乐器来演奏这些声音呢? ③用乐器伴奏。 (2) 聆听 B 段。 ①我们听一听是什么有趣的声音? ②分析马鞭在哪个地方出现。 ③跟音乐,模仿马鞭动作。	【技术使用】 1. 平台测评功能中的单项选择题、多项选择题。 2. 平台提问功能中的抢答。 【功能评析】 1. 在单项选择题、多项选择题中,通过正确率和错误率了解检测掌握的程度。 2. 通过提问功能,在抢答过程中,提高学生的学习兴趣,师生互动

续上表

学习目标	学习活动	技术使用与功能评析
	（3）聆听 A1 乐段。 ①为什么听着这段音乐会想跳舞？（出示曲谱） ②讲解爵士乐特点。 ③跟着音乐舞动。 3. 分析乐曲结构。 （1）分析乐曲结构，聆听全曲。 4. 揭示作者，归纳复习。 （1）揭示曲作者以及创作背景。 （2）介绍本曲的爵士风格	

三、个性化学习

学习目标	学习活动	技术使用与功能评析
进行个性化学习	教师发送个性化资源，分声乐类、器乐类、舞蹈类等，学生根据自己的特长选择资料，进行个性化内容学习，其他学生进行本课内容的巩固学习	【技术使用】 平台自主学习的功能。 【功能评析】 自习功能为进行个性化学习提供了有利条件
基于学习数据的课中精准教学分析	学生进行个性化学习，形成个性化学习记录	
学习评价	1. 智慧教学平台自动生成的学生学习数据，记录学生学习轨迹。 2. 通过自习功能，学生进行个性化学习	

四、个性化学习检测

学习目标	学习活动	技术使用与功能评析
对学生个性化学习的检测	1. 学生完成学习检测。 2. 学生拍照上传学习检测。 3. 教师进行个性化批改点评	【技术使用】 1. 平台的上传资料功能。 2. 平台的批改作业功能。 【功能评析】 1. 在学习后，可以上传测评结果。 2. 通过平台可以个性化批改作业

续上表

基于学习数据的课中精准教学分析	学生进行个性化学习,教师可以进行个性化批改、点评
学习评价	智慧教学平台自动生成的学生学习数据,记录学生学习轨迹

五、线下练习

学习目标	学习活动	技术使用与功能评析
1. 特长生完成资源库提供的练习。 2. 普通学生进行课后练习	学生在家自行练习	—

六、线上展示秀

学习目标	学习活动	技术使用与功能评析
学生展示,互相学习	生生互相交流、互评、教师点评	【技术使用】 1. 录制视频,才艺交流。 2. 线上点评。 【功能评析】 1. 能展示学生的个性化表演。 2. 师生互动,生生互动
基于学习数据的课后个性辅导分析	形成学生个人音乐学习成长记录档案	
学习评价	1. 智慧教学平台自动生成的学生学习数据,记录学生学习轨迹。 2. 通过自习功能,学生进行个性化学习	

四、教学反思

(一)学习数据分析

在《乘雪橇》这一课中,笔者运用了希沃一体机、平板电脑中的共享课堂给学生进行授课。利用移动设备进行学习数据的分析过程主要有以下几点:

(1)利用希沃一体机测评工具的主观题,画旋律线,拍照上传,进行分析。学生听完了主题旋律音乐以后,在纸上画出旋律线,拍照上传。教师通过照片了解学生对旋律的听辨能力,也可以对个别学生的画法进行分析、点评。学生和教师都可以观看全部同学的旋律线,通过观看其他同学和自己的旋律线异同,提高自己画旋律线的方法和方式。从本次上传结果中，反映出学生基本对主题旋律的感受不深。

（2）利用希沃一体机测评工具的单选题，检测学生听出主题旋律出现的次数。学生不受其他同学的影响，独立思考，自己作答，通过测评及时了解学生的答题情况。从数据了解到大多数同学把主题旋律每次重复出现数了两次，所以结果容易数错，由此判断学生对主题旋律的熟悉度不高，教师要马上对主题旋律的教学再次深化。通过单选题的数据分析，教师可以及时知道学生的学习情况，分析学生的学习行为，进行有效的讲解，提高学习效果。

（3）用测评的多选题，检测学生听 A 段旋律时，听到了几种什么声音。学生认真聆听完以后，可以独自思考，独立作答。避免有的同学在回答的时候浑水摸鱼；听到其他同学怎么说，他们就怎么回答。解决了在实际课堂上只能听见几个同学的回答，而忽略了一些平时很少举手回答问题的学生的思考。从统计数据分析，80% 的学生能听辨出马铃声，72% 的学生能听辨出马蹄声。由此可见，学生对马铃声与马蹄声的听辨比较准确。

（4）利用提问，进行 B 段出现了什么声音的问题抢答。在这个抢答过程中，增加了学生的学习兴趣，在游戏娱乐中进行问题的回答，也提高了学习氛围，有利于提高学习效果。

（5）在自习时间共享资源库资料，学生进行个性化资源库的学习，再通过主观题测评检测学生在自习期间的学习成果。在学习完本节课内容以后，如果对本节课内容还没有很好掌握的同学，可以继续对本课内容进行巩固学习，有音乐特长的同学可以根据自己的特长选择自己的学习资料，发展自己的特长。

（6）在自习结束以后，教师通过主观题测评，检测每位学生在自习期间的学习效果，进行个性化批改。

（7）在课后展示秀中，通过学生录制表演视频进行展示，在每次展示秀中，形成学生个人的成长记录，为学生的成长评价提供参考数据。

（二）教学效果分析

为了解教学效果，课后从学生对音乐作品的分析和教学模式的作用方面进行了问卷调查，上课学生为 25 人，回收有效问卷 25 份。

1. 对《乘雪橇》音乐作品的掌握

问卷中学习数据的分析显示，问题 1 中 76% 学生完全会，24% 学生基本会，从学习数据中可见，大部分学生可以熟悉主题旋律。问题 2 中 84% 的学生完全能听辨，16% 的学生基本能听辨，全部学生基本掌握。问题 3 中 60% 学生能感受到爵士音乐风格，学生对爵音乐士风格的感受不深。

表1 《乘雪橇》作品分析的掌握调查统计

问题	选项	样本数	百分比
你是否会哼唱《乘雪橇》的主题旋律	完全会	19	76%
	基本会	6	24%
	不会	0	0
你是否能听辨出《乘雪橇》的马铃声、马蹄声、马鞭声	完全能	21	84%
	基本能	4	16%
	不能	0	0
你是否能感受到《乘雪橇》的爵士音乐风格	完全能	15	60%
	基本能	9	36%
	不能	1	4%

2. 对个性化教学模式的反馈

表2 学生对个性化教学模式的反馈调查统计表

问题	选项	样本数	百分比
你认为个性化教学模式的作用大吗？	非常大	8	32%
	比较大	15	60%
	一般	2	8%
	没有	0	0
你是否喜欢个性化教学模式？	非常喜欢	9	36%
	喜欢	15	60%
	一般	1	4%
	不喜欢	0	0

（三）教学模式提炼

在移动互联环境下音乐个性化教学课堂模式具体流程包括"教—测—学—测—练—秀"。如图1所示。

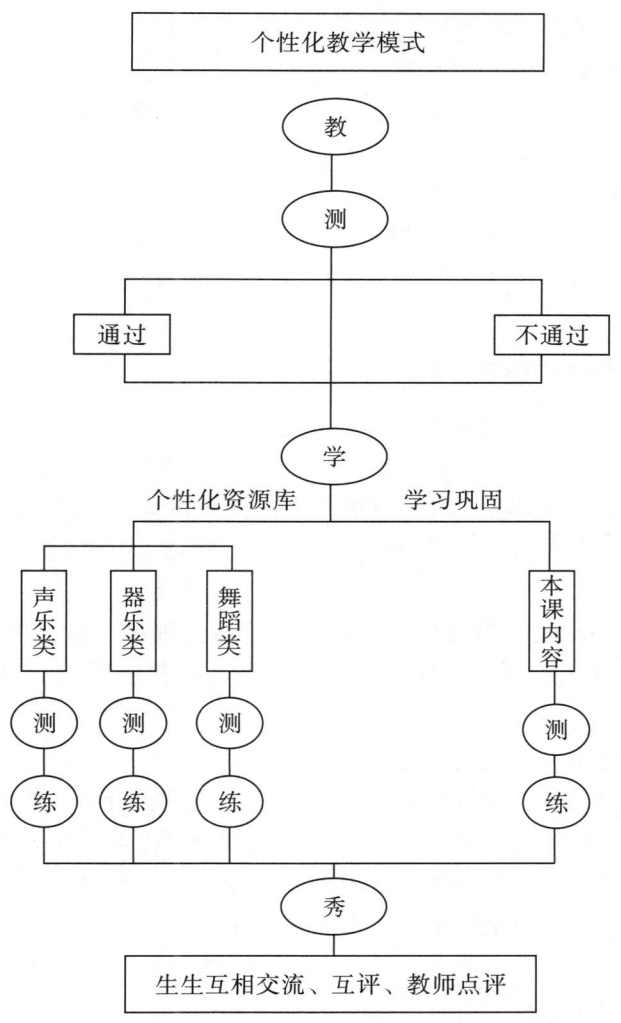

图 1 教学模式

（四）教学改进方案

从学习数据中可知，学生对主题旋律的熟悉度和对爵士音乐风格的感受度还可以有提高的空间，另外，在个性化学习前需先测试本课内容的学习效果，为此总结出以下教学改进方案：

1. 提高主题旋律的熟悉度

增加聆听主题旋律的次数。在导入和画旋律线前两个环节增加聆听主题旋律。在导入中，学生欣赏雪上活动照片时，可播放主题旋律，让学生无意识地聆听主题旋律。在画旋律线前，先让学生聆听主题旋律，再边听边画旋律线。通过多次有意识与无意识的聆听，提高学生对主题旋律的听辨能力。

2. 增加个性化学习前的测试

为保证特长生对教学内容的掌握，进行个性化学习前，先对特长生进行课堂小测再进行个性化学习，如课堂检测不及格，则进行巩固学习，如课堂检测及格则进行个性化学习。

3. 加强爵士音乐风格的感受

在课前微课预习中，增加不同爵士音乐的聆听，让学生多次感受爵士音乐风格，教师少讲解。另外，在讲解 A1 乐段时，模唱具有爵士风格的小旋律，重点感受爵士音乐风格的节奏感。

（五）师生教与学的显著变化

1. 教师的音乐素养和教学水平得到了提升

在教研组内初步形成了"教—测—学—测—练—秀"课堂模式，并以此为契机，提高教师的音乐素养。在建立个性化资源库中，教师必须对音乐的各个方面都要了解，不断学习钻研，发掘各种优秀音乐教学资源，更好地培养学生的音乐特长，发展学生的个性。

在个性化音乐课堂模式教研中，教师们研读相关理论文献，教学水平不断提高。在不断的备课、上课、评课、磨课中，积极反思，寻找困难的突破点，提高了科研水平。

2. 教学模式发展了学生的个性

在移动互联网环境下，个性化音乐课堂模式得以完美开展。不同的学生可以在同一课堂上学习不一样的内容，让每一位学生都能在课堂上有新的收获，发展学生的个性。在采用音乐个性化教学模式的一个学年里，学生的音乐特长水平有所提高，在各级比赛中，能大胆展现自己的风采，获得优异的成绩。

五、专家点评意见

该节课教学重难点把握准确，教学内容主次分明，能够抓住关键；结构合理，教学目标的三个维度符合学段教学要求、教材特点与学生实际，是一堂较为成熟的课；对于新技术的运用较为得体、恰当，但稍有些单一；对教材与学情的分析有待进一步深入思考；对于课后的反思应从多方面进行展开；对待课堂教学的即时评价应更为清晰、具体。

点评专家：杨健，广东省教育研究院教学教材研究室音乐教研员。

教学视频

炊具与餐具

一、基本信息

课型：新授课　　　　　　　　　　**课时：**第一课时
学校：梅州市汤坑镇第一中心小学　　**授课教师：**谢柏安
学科（版本）：小学美术（岭南美术出版社）　**年级：**四年级上册

二、教学分析

教学目标	1. 知识与技能： 感知"透叠画法"，能用重叠、透叠与组合的方法画出炊具与餐具的线条或色彩装饰画。 2. 过程与方法： 能在探究中，学会对比感受传统和现代创意炊具与餐具的造型、色彩与功能；学会装饰、重叠画面。 3. 情感态度和价值观： 能体会社会与科技的发展；感受装饰绘画带来的生活趣味
教学重、难点	重点：用"透叠"法画出能表现炊具与餐具的线条和色彩特点的装饰画。 难点：能画出主体物突出、画面丰富多变、重叠色表达准确的不同题材的装饰画
教学内容分析	1. 剪影、透叠、重叠的定义和炊具与餐具的课堂小练习。 2. 用"透叠"法画出表现炊具与餐具的线条和色彩特点的装饰画

续上表

学情 分析	炊具与餐具是学生熟悉的生活用具，学生能分辨炊具与餐具，对视觉图像能初步分析、处理和模仿；对炊具与餐具的素材能进行临摹学习，部分学生能较好地控制画面的构图、颜色等，部分学生的构图、线条运用感较差等。学生对透叠的绘画方法、构图的美学要素较难把握。学生能对习题分析判断作答、简单绘画、拍照、投票评价上传；学生较难掌握透叠的绘画方法
技术应用 重、难点	课件制作、Photoshop 图片处理、易课堂学生练习
教学环境 与资源	易课堂教学平台、课件、学生平板、炊具与餐具微课

三、教学过程

一、课前学生观看微课情况		
学习目标	学习活动	技术使用与功能评析
1. 能感知炊具和餐具、剪影、重叠与透叠的定义。 2. 能够初步掌握重叠和透叠的绘画技法。 3. 体会"对称、均衡、重复、对比"的审美要素	1. 学生观看炊具与餐具的微课。 2. 教师发布炊具与餐具定义的课堂小练习。 3. 学生完成测试小练习。 4. 教师公布答案并统计学生答题情况	【技术使用】 希沃易课堂推送测试小练习。 【功能评析】 1. 调动学生课堂参与积极性。 2. 即时公布答案，提高课堂效率。 3. 增强课堂师生、生生互动
学习评价	学生通过观看微课预习炊具与餐具，大部分学生对炊具与餐具的定义都能通过形象的图片选出正确的答案	
基于学习数据的 课前学情诊断	学生微课预习调查（饼图：已预习、未预习）	

续上表

基于学习数据的课前学情诊断	96%　　　　　　　　99% 　　　3%　1%　　　　0%　1%　　▲ 正确 　　　炊具　　　　　　　餐具　　　　　▲ 错误 　　　　　　　　　　　　　　　　　　▲ 未答 ▲ 正确　96%　　　99% ▲ 错误　3%　　　　0% ▲ 未答　1%　　　　1%
二次备课说明	调整对炊具与餐具中重叠、透叠、剪影的概念、练习题图片的选择，以及课件的内容

二、课中探究学习

（一）什么是炊具、餐具（创意餐具）

学习目标	学习活动	技术使用与功能评析
1. 能用文字描述出炊具、餐具的定义。 2. 能区分传统餐具和创意设计的餐具	教师展示对比传统餐具和创意餐具的区别，让学生感知创意餐具的特点： 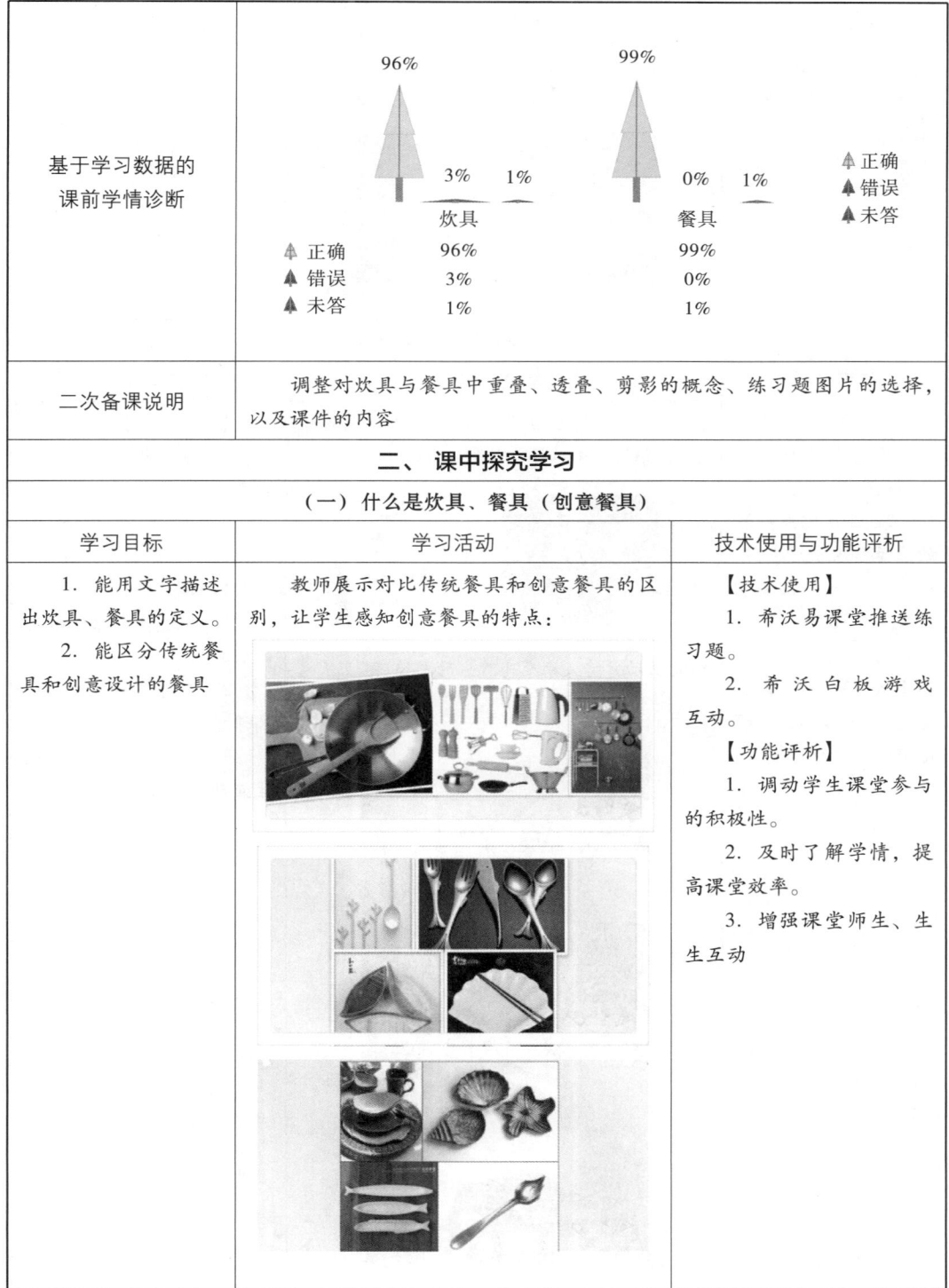	【技术使用】 1. 希沃易课堂推送练习题。 2. 希沃白板游戏互动。 【功能评析】 1. 调动学生课堂参与的积极性。 2. 及时了解学情，提高课堂效率。 3. 增强课堂师生、生生互动

续上表

学习目标	学习活动	技术使用与功能评析
通过游戏的方式让学生对创意餐具的设计、造型和传统餐具有一个对比	教师发布选出创意餐具的小游戏。学生参与游戏并点选出创意餐具的图片。	

（二）什么是剪影、重叠和透叠

学习目标	学习活动	技术使用与功能评析
1. 学生掌握剪影、重叠和透叠的定义以及绘画方法。 2. 学生完成剪影的选择题练习。 3. 学生用画笔在希沃屏幕上将大象的照片用黑色的画笔勾勒出外轮廓，将其变为剪影的大象平面图形	1. 学生观看剪影的动画短片《晚的故事》，推送剪影练习，学生答题。 探究活动：将大象变为剪影的图像。	【技术使用】 1. 希沃易课堂推送练习题。 2. 希沃白板画笔绘画。 【功能评析】 1. 调动学生课堂参与的积极性。 2. 及时了解学情，提高课堂效率。 3. 增强课堂师生、生生互动

续上表

学习目标	学习活动	技术使用与功能评析
	教师引导学生在屏幕上画出大象剪影的外轮廓。 总结剪影的定义是：只有简单的外轮廓。让学生将立体的图形转换为平面图形的思维方式。 2. 探究重叠，教师发布重叠的选择题；探究重叠的摆放位置（例：海洋动物剪影），发布共享课件，让学生在平板上移动物体练习重叠，直观感受物体的旋转、重复、遮挡和重叠的关系； 教师及时同步学生的绘画情况，了解学生的掌握程度，让学生示范正确画法，总结重叠绘画方式。	

续上表

学习目标	学习活动	技术使用与功能评析
	教师让学生观察重叠后的颜色变化： 透叠的观察： 教师发布透叠课堂小练习： 学生答题，教师公布正确答案，总结透叠的画法并将看不到的线条也画出来	

续上表

(三)课堂绘画创作		
学习目标	学习活动	技术使用与功能评析
学生利用重叠、透叠的绘画方法，绘画一幅创意的装饰画（素材内容可以是生活中的其他内容）	学生进行课堂创作，教师用平板巡堂学生实时的绘画情况，拍照并展示学生作品，点评学生的绘画内容。 教师分享绘画素材（文具、动物、植物、乐器等）： 教师用平板 APP—Autodesk Sketchbook 绘画软件展示数字化绘画内容，让学生感受信息化美术课堂带来的科学技术的进步	【技术使用】 1. 希沃易课堂推送练习题。 2. 希沃白板画笔绘画。 【功能评析】 1. 调动学生课堂参与的积极性。 2. 及时了解学情，提高课堂效率。 3. 增强课堂师生、生生互动
学习评价	小部分学生对剪影、重叠和透叠的概念没有理解，绘画创作存在构图比例关系把握不到位等问题。基础较好的同学能运用教师推送的素材绘画创作	

续上表

	（四）展示与评价	
学习目标	学习活动	技术使用与功能评析
学生通过平板展示作品、互评，让学生互相交流以提升欣赏能力和表达能力	学生用平板拍照上传分享，介绍自己的作品创意构思，学生进行互相评价。 教师让学生投票选出最有创意、完整的绘画	【技术使用】 拍照上传、平板、希沃易课堂平台。 【功能评析】 学生投票，增强生生互动

三、课后作业

学习目标	学习活动	技术使用与功能评析
推送绘画作业，学生复习课堂内容和课后拓展知识	1. 学生通过平板接收教师发布的课后作业、复习课堂内容和拓展知识。 2. 学生拍照上传课后作业。 3. 教师点评学生课后作业	【技术使用】 希沃易课堂教师空间作业布置、拍照上传。 【功能评析】 学生接收图片等素材；教师线上收取作业并点评打分
基于学习数据的课后个性辅导分析	学生课后作业数据分析：未提交 12，掌握绘画技法 90，已提交 88。 学生课后学习内容数据分析（雷达图：课后巩固、剪影、重叠、透叠、课后拓展、平板APP绘画；基础较差、基础一般、基础较好）	

续上表

学习评价	通过教师课后巩固作业的推送，不同阶段的学生能够较好地掌握课堂内容，大部分同学已上传提交课后练习且已掌握相关知识，大部分同学能很好地将透叠的绘画技法运用在其他生活绘画素材上。在信息化技术推送下，学生可在平板端下载 Autodesk Sketchbook 等绘画软件进行数字化绘画，但由于软件操作存在一定的难度，学生比较难掌握，需要多加练习
教学效果分析	学生能通过希沃易课堂平台学习，答题效率和热情较高，对剪影、重叠、透叠定义的理解有显著提升，正确率高。学生通过课堂内的拓展能够将透叠的绘画技法运用到生活中的其他素材上
教学模式提炼	教学模式： 课前——微课、练习、二次备课——数据统计、分析 课中——炊具、餐具——推送答题；剪影、重叠——推送答题；透叠——推送答题；绘画——平板展台展示——评价——数据统计、分析 课后——作业——班级优化大师——教师点评批改
教学改进方案	学生利用平板安装绘画 APP，让学生在平板上快速绘画并提交到后台，节省了时间，根据数据分析及时调整教学内容，教师端平板数字绘画展示内容与素材可及时同步到学生平板电脑，让学生初步接触平板数字化绘画，感受科技与技术在美术课堂上的运用
师生教与学的显著变化	教师在课堂上能够及时掌握学生对绘画理论知识的掌握程度，借用数字图像和平板教学，让学生更好地掌握绘画内容与定义。学生在课堂上打破了传统美术教学中没有习题的模式，让每一位学生都参与到课堂中，拍照、投票功能增加了学生展示作业的积极性，让教师能快速了解学生的绘画掌握情况。 在未来的美术教学模式上提供了一个新的数字化教学方向，利用移动互联网强大的大数据信息技术和平板 APP 平台，构建综合多元化立体的小学美术课堂模式。 在课后，教师可根据学生课堂的学习情况发布课后巩固练习，针对基础一般的同学可再进行基础巩固练习，而基础较好的同学可以拓展到装饰画领域，让学生感受装饰画带来的视觉冲击效果

四、专家点评意见

本课围绕生活中的物体在水中上浮现象开展探究活动,密切联系生活,赋予学习以明确和丰富的生活意义;采用学生熟悉的橡皮泥作为研究材料,比较不同形状的橡皮泥在水中上浮和下沉的不同,来揭示同种材料、同一重量的不同物体,体积大越容易上浮的基本规律,探究过程严谨、研究手段和材料生活化,在平实的探究中涵养学生的科学精神和实践能力;基于教学智慧平台,开发和准备微课视频等丰富的教学资源,精心设计教学内容和环节,以学习数据为基础,将教学置于实证的基础之上,有助于科学施教、提高单位教学时间的效益和效率;教师整体素质较高,课堂驾驭能力较强,师生交互有的放矢、切合教学场景,确保了教学环节间的平滑衔接,营造了浓厚的学习氛围。

点评专家:胡军苟,广东省教育研究院教学教材研究室信息技术教研员,中学信息技术高级教师。

教学视频

橡皮泥在水中的沉浮

一、基本信息

课型： 实验课 **课时：** 示例：第二课时
学校： 珠海市三灶镇中心小学 **授课教师：** 黄洁婷
学科（版本）： 小学科学（教科版） **年级：** 五年级下学期

二、教学分析

教学目标	科学概念目标： 1. 能够了解改变物体排开的水量，物体在水中的沉浮可能发生改变。 2. 能够了解钢铁制造的船能够浮在水面上，原因在于它排开的水量很大。 科学探究目标： 1. 利用刻度杯测量橡皮泥排开的水量。 2. 通过自主学习，用橡皮泥制作成不同的形状，使之能够浮在水面上。 3. 根据橡皮泥排开的水量，做出沉浮判断。 科学态度目标： 1. 认识到认真细致采集数据的重要性。 2. 懂得证据的重要性
教学内容分析	《橡皮泥在水中的沉浮》是教科版五年级下册第一单元的第三课。本课将用学生熟悉的橡皮泥作为研究材料，实心的橡皮泥沉入水底，船形橡皮泥却能浮在水面上，原因是船形橡皮泥浸入水中的体积增大了。本课引入了测量橡皮泥排开的水量的活动，通过比较各种形状橡皮泥排开的水量，揭示沉浮变化的基本原因，从而帮助学生理解钢铁制造的轮船为什么能够浮在水面上。本课由三个部分组成：第一部分是"观察实心橡皮泥的沉浮"；第二部分是"让橡皮泥浮在水面上"；第三部分是"测量橡皮泥排开的水量，探索橡皮泥上浮的原因"

续上表

学情分析	在这课之前，学生已经研究了物体沉浮的规律，学生也知道了在体积不变的情况下，改变物体的重量能够改变物体在水中的沉浮状态。学生对橡皮泥是比较熟悉的，一些学生或许在生活中已经有了类似的经验，能够把橡皮泥做成船的形状，浮在水面上。但是，一般的学生都不会去考虑其中的原因，本课将带领学生用实验数据揭开其中的秘密
技术应用重、难点	重点：改变物体排开的水量，物体在水中的沉浮可能发生改变。 难点：认识到认真细致采集数据的重要性
教学环境与资源	TEAM MODEL 教学智慧平台、微课视频

三、教学过程

一、课前观看关于"使用量杯"的微课视频		
学习目标	学习活动	技术使用与功能评析
1. 通过课前观看微课视频，让学生在课前对物体的沉浮状态有一定的了解，掌握量杯正确读数的方法以及需要注意的事项。 2. 帮助学生在课堂中更深一步学习和更容易通过自主学习完成预期想达到的学习目标	1. 课前，通过观看微课视频，知道量杯正确读取刻度的方法以及注意事项。 2. 完成"课前小测"	【技术使用】 电脑、微课视频。 【功能评析】 帮助学生在课堂中更容易通过自主学习完成预期想达到的学习目标
学习评价	1. 小组学生互批。 2. 小组学生交流讨论	
基于学习数据的课前学情诊断	通过学习数据分析，了解到大部分同学对物体在水中的沉浮情况有一定的了解，为后面教学中的自主学习与自主探究教学打好基础	
二次备课说明	把部分教师的讲解改成学生的自主学习、合作交流	

续上表

二、课中过程

（一）观察实心橡皮泥的沉浮

学习目标	学习活动	技术使用与功能评析
通过生活经历引入本节课的学习，并通过自主阅读资料，培养学生提炼关键信息的能力。	1. 导入：有的物体在水中是沉的，有的物体在水中是浮的。（出示橡皮泥）老师这里有一块实心的橡皮泥，如果把它放入水中，它是沉的还是浮的？（学生猜测） 2. 师：下面让我们跟着导学单1，研究一下橡皮泥在水中的沉浮，看看你有什么新的发现？ 3. 活动前，请看几个温馨提示： （1）活动前，先认真阅读导学单，从导学单1开始，完成导学单1后再打开导学单2，根据提示，完成全部挑战。 （2）4人一组合作，使用平板记录并发布上传。 （3）思考导学单的问题，并交流讨论。 4. 师：从提示中，你读到了哪些重要信息？	TEAM MODEL 教学智慧平台的课件展示功能

（二）根据导学单1，自主学习，完成挑战

学习目标	学习活动	技术使用与功能评析
1. 教学这一环节时，可以完全放手，让学生根据单的提示与引导自主学习，完成探索挑战。 2. 提供给学生每人4块橡皮泥，采用合作以及竞赛的形式，让学生尽快地做出不同的实心形状以及浮的形状，人人参与，就会出现尽可能多的形状。 3. 在实验的过程中，强调及时记录，并加强对数据的思考分析，认识到认真细致采集数据的重要性。	根据导学单，自主学习，完成挑战： 《橡皮泥在水中的沉浮》导学单1： 挑战1：观察橡皮泥的沉浮，并尝试让橡皮泥浮在水面上。 材料：4个分别装有200mL水的量杯，4块重量一样的橡皮泥。 （一）实验步骤： 1. 取3块橡皮泥做成不同的实心形状，分别放入3个量杯中，观察它的沉浮。 2. 取一块橡皮泥，改变它的形状，让它浮在水面上。 3. 记录观察到的现象，并把实验现象拍摄传送到大屏幕。	TEAM MODEL 教学智慧平台的平板任务传送功能和平板拍摄上传功能

续上表

学习目标	学习活动	技术使用与功能评析
4. 通过学生分小组自主学习并合作自主完成实验探究挑战，调动学生的学习积极性，提高独立自主学习的能力；通过平板上传制作成果，让每个同学都有展示学习成果的机会，在这个过程中让学生产生学习满足感	4. 思考： （1）放入不同实心形状的橡皮泥后，它们的沉浮状态如何？水面上升高度一样吗？ （2）上浮的橡皮泥和下沉的橡皮泥，水面上升的高度一样吗？ （二）学生交流讨论，发表观察到的现象和在实验中有什么发现。 （三）引出概念：当物体放入水中时，会占据一定的空间，导致水面上升，水面上升的部分就是物体在水中排开水的体积，我们把物体在水中排开水的体积叫作排开的水量。（大屏幕出示，生齐读） （四）这个橡皮泥排开的水量是多少呢？（请学生读数计算，了解排开的水量＝物体放入水后水面刻度－原来量杯中的水量） （五）师：同学们，通过前面两个实验，我们发现，不同形状的橡皮泥在水中排开的水量一样吗？橡皮泥在水中的沉浮与水中排开的水量会不会有关系呢？	

（三）根据导学单2，自主学习，总结归纳实验结论

学习目标	学习活动	技术使用与功能评析
1. 利用学生一起参与课前拍摄制作的微课视频，不仅更吸引学生的注意力与兴趣，而且可以通过自主学习让学生自主发现在实验过程中需要注意的事项，在接下来的实验过程中，学生根据导学单进行实验，达到教师完全放手交给学生自主学习的目的。	1. 师：那下面请同学们打开导学单2，根据导学单的提示，完成挑战，研究橡皮泥的沉浮与排开水量的关系。 为了让同学们掌握得更好，开始之前，我们先来观察学习一个视频。（学生拍摄的微课视频） 2. 通过微课视频，我们发现在实验过程中需要注意哪些事项？ 《橡皮泥在水中的沉浮》导学单2 挑战2：比较橡皮泥排开的水量 材料：量杯，橡皮泥。 实验步骤： （1）取一个烧杯，在烧杯里倒入200mL的水；	TEAM MODEL 教学智慧平台的平板任务传送功能和平板拍摄上传功能

续上表

学习目标	学习活动	技术使用与功能评析
2. 利用 TEAM MODEL 教学工具，实现教学中学生自主学习，通过小组交流学习情况的过程，让其他小组学会倾听别人的观点、在相互交流的过程中自然而然地总结归纳出"沉的形状，排开的水量小；浮的形状，排开的水量大。"的这一结论，使师生与生生之间紧密联结、高效互动	（2）把橡皮泥做成实心团，放入烧杯中，将测量到的数据记录在书本 P8 的表格中； （3）再把橡皮泥做成能浮在水面的各种形状，观察它们排开的水量，并记录在表格中； （4）拍摄《橡皮泥排开的水量》记录表，并上传到大屏幕； （5）思考： 从上面的数据中，我们发现了什么？ （6）收拾整理好实验材料。 3. 师：从实验数据，我们发现了什么？ 学生交流讨论实验现象，以及实验过程中需要注意的事项；总结分析，得出结论：沉的形状，排开的水量小；浮的形状，排开的水量大。从上面的数据中，我们发现：橡皮泥浮起来的原因是它的重量虽然没变，但排开水的体积变大了	

（四）随堂反馈

学习目标	学习活动	技术使用与功能评析
1. 通过随堂练习对本节课的知识进行及时巩固，不仅使上课效率提高，还更深一步巩固课堂中的学习内容。 2. 利用 IRS 反馈器作答，实现全班同学参与到学习活动中来，并通过反馈数据分析，及时了解到学生对于本节课所学知识点的掌握情况，同时达到巩固知识的目的	1. 问：利用本节课学习的知识，你能解释为什么钢铁在水中是沉的，而用钢铁制成的轮船却可以浮在水面上呢？ （选两个学生回答） 2. 随堂检测。 判断题： （1）把橡皮泥捏成不同的形状，它的重量会发生改变。（　） （2）实心的橡皮泥比空心的橡皮泥排开的水量要多一些。（　） 选择题： （3）物体在水中排开的水量越（　），物体越容易上浮。 A. 大　　B. 小　　C. 不变 （4）原来在水中沉的物体，想办法增大它的（　），这个物体在水中有可能变成浮的。 A. 重量　　B. 体积　　C. 长短	IRS 即时反馈系统、即问即答、抢答功能以及数据分析统计功能

续上表

基于学习数据的 课中精准教学分析	1. 通过 IRS 系统的即时反馈数据统计，教师能及时分析并了解学生的学习情况，然后针对这一学习情况做出相对应的教学活动，例如反馈数据显示 95% 以上的同学都已经掌握该知识点，教师可以略过此知识点直接到下一个知识点的讲解，提高教学的效率。 2. 利用 IRS 系统、平板电脑等技术支持，在教学设计中能实现学生的全员参与，大大提高学生的参与度，特别是后进生会感觉课堂参与度高了、课堂更加具有公平性了，同时还能提高学生的自主学习能力，在展示的过程中产生学习满足感
学习评价	智慧教学平台自动生成的学生学习数据，能够让教师一目了然，清楚学生的掌握情况，做到"对症下药"

三、课后巩固

学习目标	学习活动	技术使用与功能评析
1. 能够增强学生的动手能力。 2. 能够激发学生学科学、用科学的兴趣	用橡皮泥造一艘小船，比一比，谁的小船能装载更多的货物。这个活动既是对这课知识的巩固应用，又为后面一课做好铺垫，同时激发学生学科学、用科学的兴趣	金湾智校 APP 公布练习
学习评价	小组之间相互比赛	

四、教学反思

（一）学习数据分析

（1）科学探究不仅要大胆，更要细致谨慎。在做导学 1 时 4 块橡皮泥应尽量在同一时间放入水中，有两个目的：①橡皮泥较硬，这样可以软化；②同时让学生看到这些实心形状的橡皮泥在水中是沉的，不是实心的形状可以浮在水面上。这个实验，不仅要在材料上下功夫，还应提醒学生仔细实验，以减少误差。

（2）在根据导学单自主完成实验挑战的过程中，学生利用平板电脑把实验现象和结果及时传输到班级屏幕上，教师通过巡视以及学生及时上传的实验数据，了解并分析各小组在制作过程中遇到的问题和学生的制作情况。

（3）在学生完成随堂练习检查的过程中，教师利用智慧教学平台反馈的学习数据，分析学生在哪些知识点掌握比较好，哪些知识点欠缺并及时进行巩固教学。

（二）教学效果分析

教师对不同等级的学生单独进行了访谈和调查问卷，大部分学生反馈更喜欢"自学+随堂练习检测"这种教学模式。在智慧教学平台的支持下，教师会经常让学生小组合作学习，还会让学生有自己学习的时间，增长学生的自主学习本领；而后进生反馈：以前都是教师一直在讲，没有给学生自己思考与学习的时间，这样感觉比较枯燥无味，现在这种模式会使学生觉得上课更有兴趣。通过访谈，了解到有些同学认为上课使用反馈器的教学效果很好，例如抢答，抢到就是抢到答题权，没抢到就是没有抢到，愿"赌"服输，不会像往常举手回答问题时感觉到教师"偏心"，总不选自己回答问题。

（三）教学模式提炼

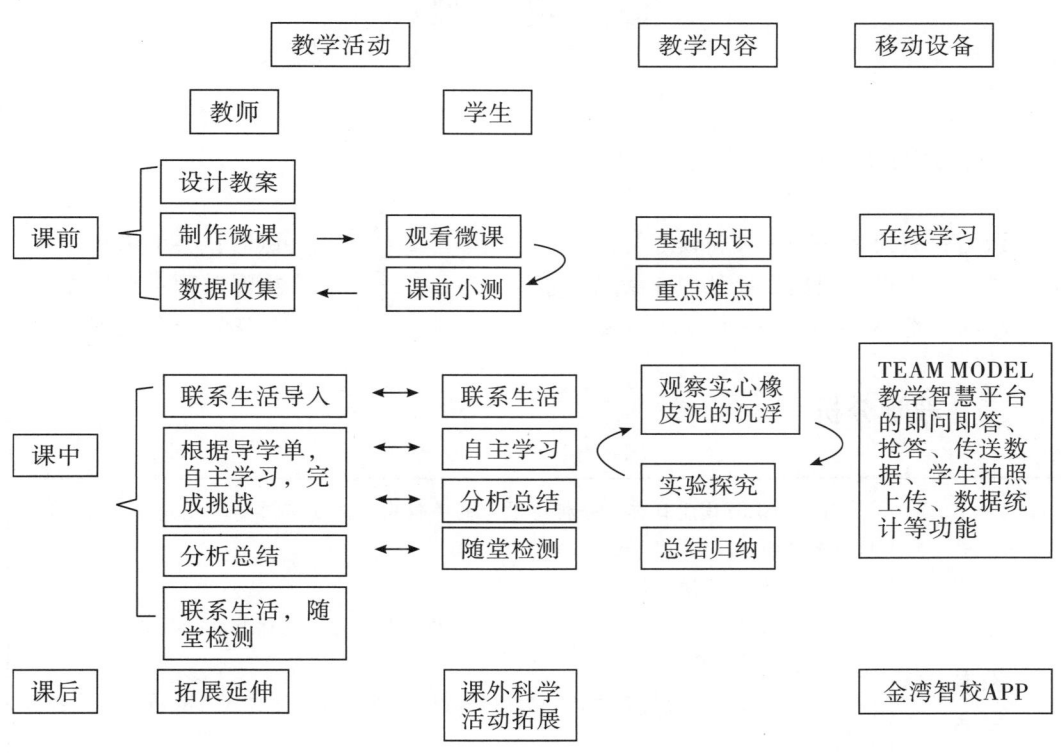

图1　教学模式

（四）教学改进方案

（1）多给学生激励性的语言。

（2）需要注意：对于科学实验，特别是对于实验数据的获得，需要通过规范的操作和严谨的记录得到。

（3）导学单文字较多，可设计得更有趣些。

（4）对于数据的处理，需要将学生的记录单整理在一起进行分析。

教学视频

第五部分　初中语文教学设计案例

黄　河　颂

一、基本信息

课型：新授课——课文精读　　　　　　　　　　课时：共1课时
学校：佛山市顺德区容桂四基初级中学　　　　　授课教师：陈思奋
学科（版本）：初中语文（部编版）　　　　　　年级：七年级下学期

二、教学分析

教学目标	1. 知识与技能目标：分析诗歌中的关键词，感受黄河英雄气概；以读悟情，探讨黄河精神。 2. 过程与方法目标： 让学生对前置任务（疫情期间的动人故事与精神）进行展示，引出《黄河颂》中需要歌颂的精神。 通过问答法，对诗歌背景、朗诵词进行分析，创设诗歌慷慨激昂、气势磅礴的情境。 通过朗读，并运用讨论法、分层任务法，引导学生对诗歌中关键词的表层、深层意义进行理解，从而探究其中所蕴含的精神态度。 3. 情感态度与价值观目标：探讨、表达更深层次对黄河气魄、民族精神的理解，并结合疫情期间的故事，感悟家国情怀
教学内容分析	《黄河颂》选自部编版语文七年级下册第二单元第5课。本单元所选皆为表现家国情怀的作品，如《老山界》《土地的誓言》《木兰诗》，能够激发学生的爱国情感。本课选自组诗《黄河大合唱》，通过自己创造的艺术形象反映现实斗争，激发全国人民的抗日热情，是抗战时期许多进步作家、艺术家的心愿。其中，《黄河颂》重在"颂"，颂祖国英勇的儿女，颂伟大坚强的民族精神，并要以它为榜样，

续上表

教学内容分析	发出向它学习的誓言。本课例设计者通过引领学生联系时代背景，品味作品语言，把握黄河的英雄气概与伟大而又坚强的民族精神。通过学习精读，注重涵泳品味，让学生浸润在作品氛围之中。 课前，布置三样语文素养考验作业（分享疫情期间触动你的图片与故事、发布课文朗读音频、录制讲解微课）。针对前置任务所出现的问题（朗读时对情感把握不到位，未融合时代背景以及爱国诗人当下的情感，未能抓住关键词的深层意义），设置教学目标（分析诗歌中的关键词，感受黄河英雄气概；以读悟情，探讨黄河精神）。课中，前置任务反馈，以"家国情怀"接入核心教学目标；通过展示优秀微课作品，进以关注作品背景；用声音（不同方式的朗诵）来感悟画面，理解诗歌，传递情感（尝试将感悟转为语言文字描述）。用分层任务的方法对问题（探讨黄河精神）进行探讨，更深层次理解黄河的气魄、民族精神。并结合疫情期间的照片、时事，感悟家国情怀
学情分析	容桂四基中学属于薄弱学校，学生学习基础较弱，学习主动性、能力与成绩均有待提高。参与本课例的被试者是来自其中的网络班，成绩较其他班有领先优势。在之前的教学中，偏向于基础抓牢、课文内容把握、文本解读，缺乏感悟引导。经过一个学期的训练，学生已基本能够初步读懂文章，但是在概括、表达、感悟方面仍欠佳
技术应用重、难点	【重点】 1. 运用高分云平台中的前置任务展示区，设置不同形式的任务内容：微课程（名家朗读录音欣赏与学习）＋学习心得（学生发布朗读录音）＋讨论区上传（疫情间的动人故事）＋学生互评（点赞、评论，选出课中展示作品）。丰富的形式能够让学生对课文更感兴趣；有针对性的问题提出，能够让学生提前感知课文、寻找与课文的共情点；并在借助互相点评、评论的过程中，与其他同学的想法进行思维碰撞，一定程度上解决了初始困惑。 2. 教师提前批改，确定学生困惑点为教学方向，教师提前对作业进行批改，掌握预习学情，对课堂进行初始的框架与问题设计，重点解决薄弱项；挑选出优秀作品作为课中展示，对学生进一步的思考方向加以引导。 3. 通过高分云抢答、点名、加分、计时器等基本功能带动课堂氛围。 4. 运用学生预习素材，借助微课资源区（可上传学生制作的微课作品、朗读作品、网络资源视频作品等），进行课堂中的任务学习，丰富学习方式的同时，加入媒体素材，更能吸引学生注意力。 【难点】 1. 通过小组白板推送，对问题进行讨论与互批，在切磋中分析关键词，进行小组合作，集思广益，拓展思路；进行小组问题探讨结果展示，考验合作能力。 2. 通过分层白板任务推送，不同学情层次的学生进行不同难度的学情挑战，题目设置要有针对性，分梯队（A层关注精神高度概括/B层关注作者横向创作的关注点/C层提取关键词并加以旁批）对文章进行剖析，用于解决不同层次的问题，逐层递进有助于不同学情学生达到适合自己的学习程度。同时借助互批平台给予展示机会，提高学生的概括能力、表达能力，提升学生的语文综合素养

续上表

教学环境与资源	1. 运用高分云平台中的前置任务展示区，学生互相点评、评论，教师对作业进行批改，掌握预习学情；通过抢答、点名、加分、计时器等基本功能带动课堂氛围；借助微课资源区（可上传学生制作的微课作品），进行课堂中的任务学习；通过小组白板推送，进行讨论与互批，在切磋中分析关键词；通过分层白板任务推送，不同学情层次的学生进行不同难度的学情挑战，并借助互批平台给予展示机会。 2.《黄河颂》PPT 及相关音频素材

三、教学过程

一、课前前置任务设计，提前布置及批改，了解学情		
学习目标	学习活动	技术使用与功能评析
1. 提前朗读，初步悟情。 2. 学生选取其中一段，录制微课，了解课文内容。 3. 收集疫情期间动人故事，为《黄河颂》所展示出来的家国情怀理解做延伸	生收集素材及学习资源，完成前置任务： 1. 预习《黄河颂》，选其中一段，录制不超过3分钟的微课。 2. 发布名家朗读音频作为学习资源，并提交朗读录音。 3. 找一张防疫抗疫过程中的照片，讲讲最触动你的照片中的故事。并让同学们提前点赞，热评数最高的两位来进行课中展示。 师布置任务，提前批改，根据学情调整教学目标： 分析诗歌中的关键词，感受黄河英雄气概；以读悟情，探讨黄河精神	微课程（名家朗读录音欣赏与学习）＋学习心得（学生发布朗读录音）＋讨论区上传（疫情间的动人故事）＋学生互评（点赞、评论，选出课中展示作品）
学习评价	1. 学习心得检查。 2. 作业讨论区评选优秀作品	
基于学习数据的课前学情诊断	1. 前置任务中，"疫情期间的动人故事"，以同学们的点赞数以及评论为测试依据。	

续上表

| 基于学习数据的课前学情诊断 |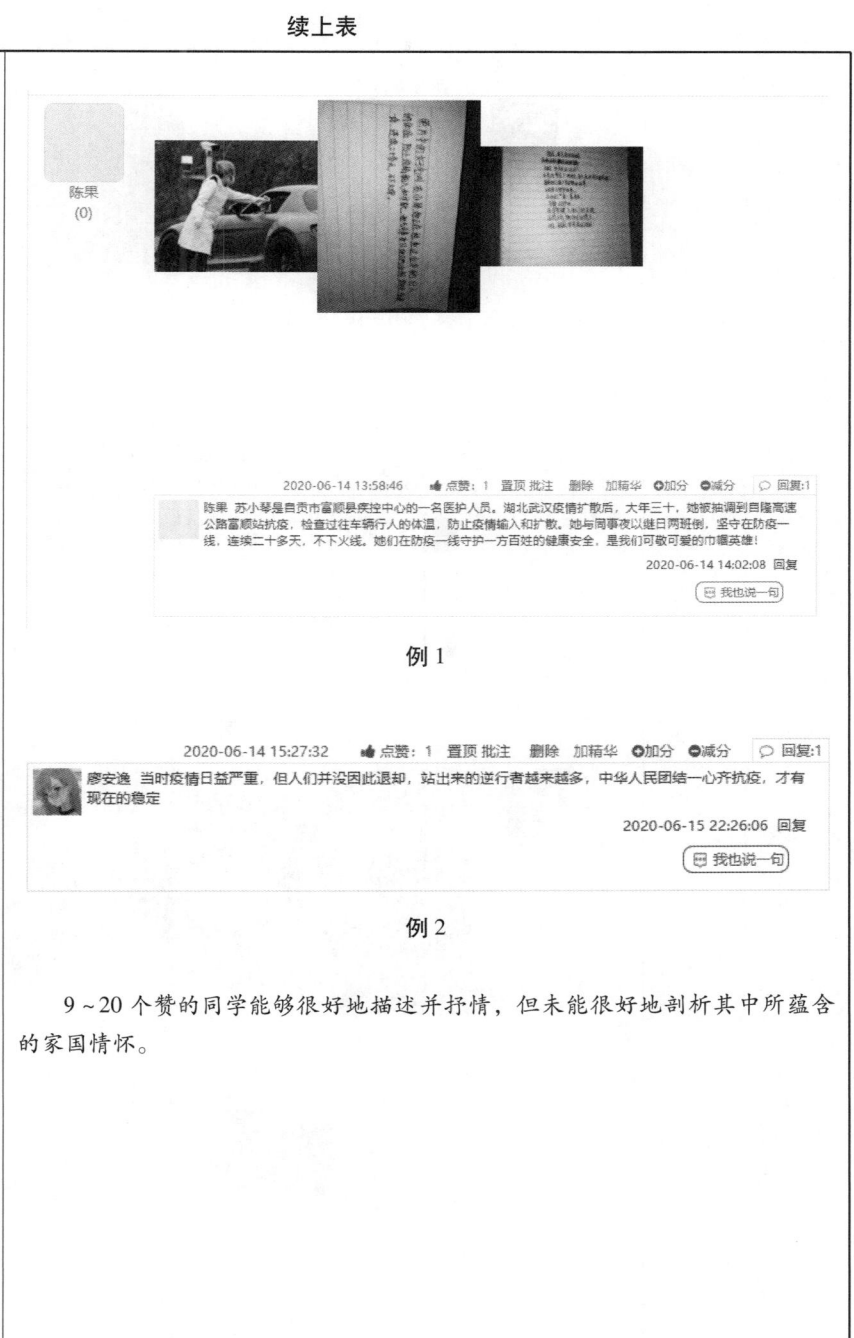

例 1

例 2

9~20 个赞的同学能够很好地描述并抒情,但未能很好地剖析其中所蕴含的家国情怀。 |
|---|---|

续上表

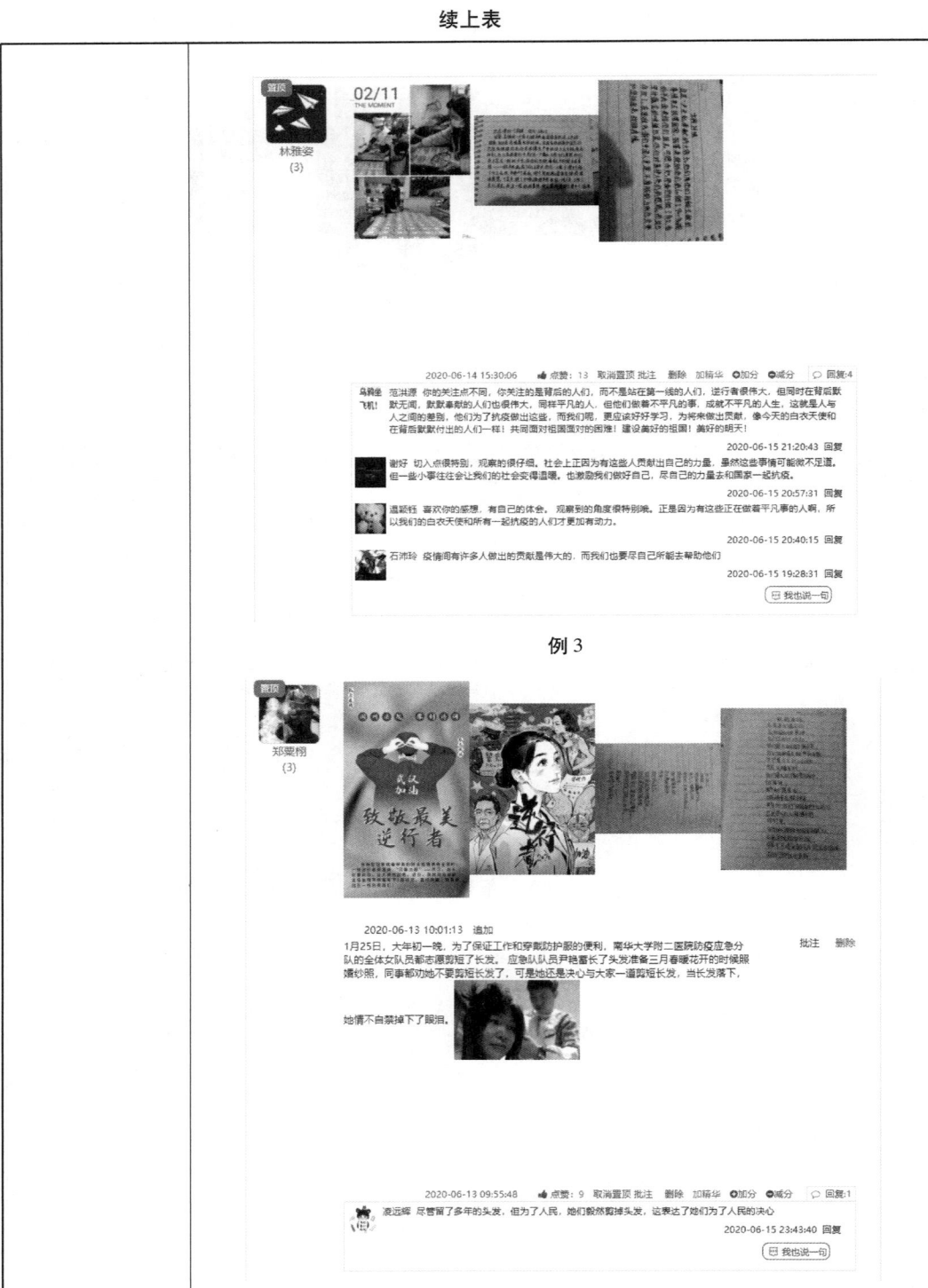

例 3

例 4

续上表

| | 20个赞及以上的同学，能够从家国情怀方面去进行抒情，引人触动，感人至深。

例5

例6 |

续上表

最终 20 赞以上的两位同学，作为课中上台展示的作品，引入《黄河颂》中与困难艰苦斗争的精神。

2. 微课作品前置任务完成中：

9 位同学入选班级微课资源区，其中 1 位同学选中被进行课中展示。

朗读录音作为作品评定中的一部分，6 位同学被置顶选为优秀作业，剩余 44 位同学在朗诵节奏/流畅度/情感等方面存在一定问题，需加大关注力度。

选中的作品中：

①朗读录音占 3 个，每个有不同的侧重点：罗积龙录音侧重正确的读音示范，谢好录音侧重音调的起伏，郑粟栩录音侧重音色示范，蓝锦明录音侧重情感的变化。

②微课讲解示范占 5 个，是从不同文段的微课作业中，选出的优秀作品：

续上表

	温颖钰对"摇篮"段落进行讲解；杨健朗对"屏障"段落进行讲解；张彩欣对"臂膀"段落进行讲解；方美懿对最后一段进行讲解；邓晓桐对作品背景进行介绍。每个点都有侧重点，学生们通过浏览视频，可以一定程度上进行自学。  
二次备课说明	基于预习结果，找出存在的问题：朗读时对情感把握不到位，未融合时代背景以及爱国诗人当下的情感，未能抓住关键词的深层意义。 新制定学习目标：分析关键词，感受黄河英雄气概；以读悟情，探讨黄河精神

二、课中聆听、交流与感悟

（一）前置任务反馈，以家国情怀接入核心教学目标

学习目标	学习活动	技术使用与功能评析
通过展示前置任务（防疫抗疫期间的动人故事）讨论区中热评数、点赞数最高的两位同学，作为战胜疫情与《黄河颂》情感领悟中"共情"的切入点	1. 师分享抗疫故事。 ※师以漫画图片引入，引导学生思考：在困难面前，中华民族是如何战胜困难的呢？  2. 生展示作业中点赞数最高的防疫抗疫期间的家国故事。	高分云讨论区（前置任务的展示）+PPT课件+图片分享（防疫抗疫期间的动人故事）

续上表

学习目标	学习活动	技术使用与功能评析
	3. 通过温颖钰同学的诗歌展示，学生思考：中华民族在困难、坎坷面前，是如何赢得胜利的？ 4. 生展示完毕，师总结民族精神。 　　借此引入在抗日战争背景下，具有同样斗争精神的《黄河颂》	

（二）关注作品背景，展示优秀微课作品

学习目标	学习活动	技术使用与功能评析
了解《黄河颂》背景，展示学生优秀微课作品以对背景进行补充介绍，理解文章感情基调	1. 教师提问，关注背景。 2. 生抢答：《黄河颂》的背景介绍。 　　同学们互相补充，对作者、作品进行介绍。 3. 师展示、学习其中一位同学录制的微课作品，生做补充笔记。 （邓晓桐-作品背景介绍 MP4 2020-06-14 23:50:26） （学生笔记图片） 4. 师补充总结：展示PPT中拓展的背景介绍（光未然《<黄河>本事》），带领同学们感受作品情绪。 　　怒吼吧，黄河！向着全中国被压迫的人民，向着全世界被压迫的人民，发出战斗的警号吧！——我们代表五万万人民为祖国的最后胜利而呐喊着。 　　——光未然《黄河》本事	1. 抢答，让同学们展示预习成果，并对自己所掌握的背景进行互相补充。 2. 微课资源区展示，师提前上传优秀作品到资源区中，作为课中展示

续上表

（三）用声音来感悟画面，理解诗歌，传递情感		
学习目标	学习活动	技术使用与功能评析
通过朗读来感悟画面，通过小组讨论，来聆听、点评、分析、展示，从而理解诗歌，传递情感	1. 从朗诵词中提取作者所关注的两个方面：英雄的气概、民族的精神。 2. 首先关注"英雄的气概"段落： ※请一位同学来进行朗读，生聆听。 ※小组讨论：小小点评家，从朗诵的情感表现方面来看，哪些字词是需要重点关注的？ （引导重点词的感悟） 师公布讨论规则： ※生展示＆师引导：教师在小组进行展示时，对需要重点关注的词加以引导，总结出黄河：气势澎湃、惊涛骇浪、雄伟壮阔、迅猛利落的特征。 我站在高山之巅，望黄河滚滚，奔向东南。 惊涛澎湃，掀起万丈狂澜；——气势磅礴，惊涛骇浪 浊流宛转，结成九曲连环；——雄伟壮阔 从昆仑山下奔向黄海之边，——迅猛利落 把中原大地劈成南北两面。	1. 抢答，生带着自己的理解对第一段进行朗读展示。 2. 小组白板任务区、计时器：师推点评任务，引导生对"英雄的气概"段落进行分析。 3. 小组互批与展示：拍照上传"关键词分析"后，小组间互批，得分高的小组率先获得展示机会。 4. 微课资源区：展示"滚滚的黄河"视频，同学们进行配音朗读，对"英雄的气概"加强理解

（四）用对分层问题的探讨，更深层次理解黄河的气魄、民族精神		
学习目标	学习活动	技术使用与功能评析
用对分层问题的探讨，生自行思考并分层互批，更深层次理解黄河的气魄、民族精神	1. 其次，关注"民族的精神"段落： ※提出分层问题，给出4分钟时间作答。 A层作答： （1）全诗所展现的黄河精神是怎样的？难度系数★★★ B层作答： （2）诗人从哪些方面赞颂黄河的民族精神？难度系数★★	1. 推白板任务区、计时器：师设计A．B．C三层不同的问题，让不同学情的学生都有针对性的任务。 2. 分层互批与展示：不同分层的同学们层内互批，选取高分者进行展示，最终汇总得出总结

续上表

学习目标	学习活动	技术使用与功能评析
	C 层作答： （3）请找其中一段来进行分析，哪些关键词需要注意？难度系数★ 师公布分层规则： **分层任务：** 推分层白板，每个同学都有不同的任务。3分钟时间思考、完成，30秒拍照上传。完成以后，进行分层互批，分数高的同学优先获得展示机会（+2分/人）。 ※同一层难度互批以后，三层中的最高分答案进行展示，师对不同问题进行总结： ※"作者从历史贡献、地理优势、流域宽广、泽被众生等方面对黄河进行了赞颂，在赞颂之中，她是摇篮、是屏障、是臂膀。从孩子的角度，来看母亲河，感受到了母亲河雄伟的气魄。" 摇篮：历史贡献，中华民族的发祥地 屏障：地理优势，抵御外侵的制胜法宝 臂膀：泽被众生，流域众广 ※全班高声朗读	

学习目标	学习活动	技术使用与功能评析
在感悟《黄河颂》英雄气概、民族精神的基础上，结合前置任务中疫情期间的照片，以读悟情，感悟家国情怀	1. 师总结：在苦难、挣扎面前，表现出来的是中华民族的气度，诗人始终保持着对自由幸福的追求和对胜利的确信！ 2. 结合前置任务，师将孩子们收集的疫情期间的动人图片进行展播，在配乐声中，同学们有感情地朗读最后一段，感悟家国情怀	1. 前置任务讨论区：将学生收集的图片汇总，做成小视频进行轮播展示，唤醒内心的触动。 2. 微课资源区：播放配乐，感受氛围，齐声朗读

四、教学反思

(一) 教学效果分析

课堂中学生分析关键词的含义,表达课文中所包含的"民族精神",基本到位;课堂中朗读基本能够蕴含其中"慷慨激昂"的情感;课后布置的作业中,对本节课进行反馈,要求对自己所搜索的防疫抗疫故事照片抒发情感,写一首短诗,质量总体不错。此次教学设计中的小组合作模式、分层互批模式能一定程度上激发学生在讨论交流中寻找诗歌中的"共情",并尝试用语言表达出来,达到了教学目标。

(二) 教学模式提炼（见图1）

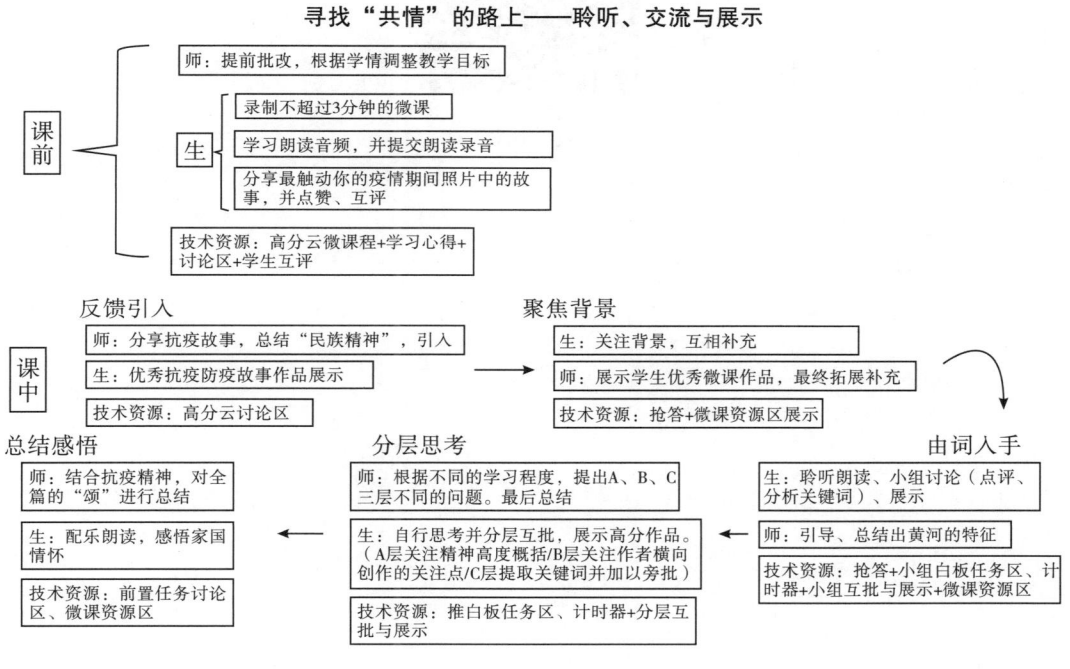

图1 教学模式

五、专家点评意见

该课能紧扣文本特点、单元学习要求和学生学情来确定教学目标,引导学生在反复诵读和批注感悟中把握作品思想情感,使学生受到作品内在精神的熏陶。课堂活动由浅入深,由表及里,有较好的节奏感;活动形式多样,容量适度,学生参与度较高,学习效果较好。技术的运用在教学全程发挥了良好作用,课前前置任务让学生录制讲解微课、学习名家朗诵、上传自己的朗读片段、收集抗疫图片和故事,为课堂学习奠定了基础;课中恰当利用任务分发功能和反馈系统推动学习,获取即时信息,增加了学生参与度和教学指导的针对性。

不足之处是没有充分发挥诗歌的音乐性、形象性和情感性特点,课堂中的诵读激情不足,感染性不强。

点评专家:冯善亮,广东省教育研究院语文教研员,中学语文正高级教师,华南师范大学兼职硕士生导师。

教学视频

第六部分　初中英语教学设计案例

M 11 Photos U 3 Language in use

一、基本信息

课型： 复习课　　　　　　　　　　　　**课时：** 第五课时
学校： 佛山市顺德区容桂容里初级中学　**授课教师：** 廖丽丹
学科（版本）： 初中英语（外研版）　　**年级：** 九年级上学期

二、教学分析

教学目标	1. 能够在复杂情境/语境下正确使用定语从句。 2. 能够写带定语从句的句子。 3. 能够正确使用定语从句描述照片和人
教学内容分析	1. 掌握定语从句。 2. 用定语从句描述照片和人。 3. 用定语从句写题为"我最喜爱的照片"的短文
学情分析	1. 对定语从句有一定了解，能够区分who, which, that的使用规则。 2. 对复合句不能理解到位，做题时易受干扰。 3. 在特定的语篇语境中不能灵活运用定语从句
技术应用重、难点	检测做题情况，统计、诊断数据功能
教学环境与资源	移动技术教学平台；平板；定语从句课件；定语从句微课等

三、教学过程

一、课前学习		
学习目标	学习活动	技术使用与功能评析
1. 学生能理解定语从句功能与句子结构。 2. 学生能初步掌握定语从句的具体用法与注意事项	1. 观看微课"定语从句的注意事项",并通过思维导图进行总结。 2. 完成"课前小测"。 3. 在高分云讨论区上传"我最爱的照片"及作文	【技术使用】 1. 平台在线自主学习功能。 2. 上传资料及作业功能。 3. 统计数据功能。 【功能评析】 1. 学生能在线自主学习,打破时间和空间的限制。 2. 平台统计数据功能,提高教师二次备课效率与精准度
学习评价	1. 智慧教学平台自动生成的学生学习数据,记录学生学习轨迹,了解学生学习情况。 2. 学生自主学习帮助学生理解定语从句功能与句子结构及初步掌握定语从句的具体用法与注意事项,为课中学习做铺垫	
基于学习数据的课前学情诊断	根据学生学情反馈数据,了解到学生通过自学微课,已初步掌握定语从句的使用规则,在单独考查主谓一致和关系词时,学生掌握情况良好;但在综合考查句意理解、主谓一致及关系词选择时比较容易用错	
二次备课说明	本课的教学重点应放在真实的语境下定语从句的正确使用	
二、课中学习		
（一）课前学习评价		
学习目标	学习活动	技术使用与功能评析
1. 学生能通过思维导图讲解学习定语从句的意义与功能。 2. 学生能在讨论学习中掌握易错点。 3. 学生能突破难题。 4. 学生能明确学习目标	1. 教师展示部分学生的思维导图,引导学生关注定语从句的意义和功能。 2. 小组合作：讨论思维导图中出现的错误,并直接在平板上改正。 3. 讲解课前小测错题。 4. 了解课前学习情况,明确本节课目标	【技术使用】 1. 白板推送、圈画功能。 2. 查看任务统计情况功能。 3. 数据分析功能。 【功能评析】 展示学生的习题,明确学习目标

续上表

(二) 课堂学习探究		
学习目标	学习活动	技术使用与功能评析
1. 学生能快速进入状态，操练定语从句的句型及渗透关系词的使用技巧。 2. 设计真实语境训练语法及进行情感态度教育。 3. 学生通过小组合作探究能巩固定语从句的使用方法	1. 根据教师的描述猜人，用定语从句描述教师，操练句型。 2. 上台介绍"我最喜爱的照片"。 3. 小组合作：划出使用定语从句的句子，直接在作文上改正，并拍照上传 	【技术使用】 1. 白板推送功能。 2. 拍照上传功能。 【功能评析】 1. 调动学生课堂参与积极性。 2. 及时展示学生最喜爱的照片，提高课堂效率。 3. 增强课堂师生、生生互动

(三) 课中小测		
学习目标	学习活动	技术使用与功能评析
1. 学生能检测所学知识。 2. 学生能自主个性化学习，强化训练语法知识	1. 做小测。 2. 没全对的同学自行观看微课进行纠错。 3. 全对的同学做巩固练习（课后自己看微课） 	【技术使用】 1. 推小测功能。 2. 统计数据与及时反馈功能。 3. 学生自主学习功能。 【功能评析】 及时检测课堂学习效果，提高效率，促进个性化学习

续上表

(四) 拓展提升：采访		
学习目标	学习活动	技术使用与功能评析
1. 训练学生的口语、交际能力。 2. 学生能在真实的情境下正确、得体地使用定语从句	1. 采访，填写表格： 2. 用定语从句写句子描述采访的人（包括外貌、爱好/工作、性格）。 3. 拍照上传。 4. 分享采访结果，介绍你的新朋友：	【技术使用】 1. 白板推任务功能。 2. 拍照上传功能。 3. 倒计时功能。 【功能评析】 1. 调动学生课堂参与积极性。 2. 及时上传照片，使学生能在真实的情境下正确、得体地使用定语从句

(五) 课堂总结		
学习目标	学习活动	技术使用与功能评析
学生能回顾所学知识，构建语法知识架构	回顾所学知识，构建语法知识架构	【技术使用】 PPT展示功能。 【功能评析】 总结及回顾所学知识
基于学习数据的课中精准教学分析	通过学习数据分析得知，本课重点训练学生在特定的语篇语境中灵活运用定语从句	
学习评价	1. 小组合作使学生能在讨论学习中掌握易错点。 2. 平台的拍照、推送功能活跃学习气氛，调动学生学习积极性，提高课堂效率。 3. 课中检测及时反馈学习效果	

续上表

三、课后作业		
学习目标	学习活动	技术使用与功能评析
巩固所学	改写作文:"我最喜爱的照片"	【技术使用】 拍照上传功能。 【功能评析】 巩固所学
基于学习数据的课后个性辅导分析	加强对学生在写作中得体使用定语从句的训练	
学习评价	通过课后作业巩固所学知识	

四、教学反思

(一)学习数据分析

通过课中小测数据分析得知,学生不仅能够区分 who, which, that 的使用规则,经过学习及练习之后,学生能对复合句理解到位,做题排除干扰。而且,在特定的语篇语境中能灵活运用定语从句。

(二)教学效果分析

课前学习小测的数据反馈学生在综合考查句意理解、主谓一致及关系词选择时比较容易用错,但课中小测的数据反馈学生在实际做题中进步很大,并且在课中学生能在真实的情境中正确、得体地使用定语从句,说明教学效果良好。

(三)教学模式提炼(见图1)

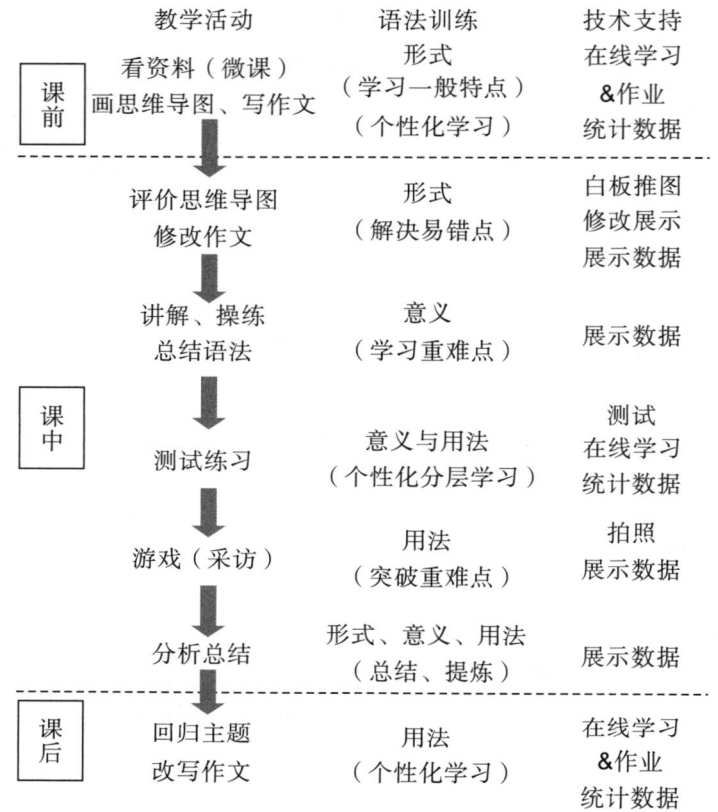

图 1　基于学习数据适应性的初中英语语法复习课教学模式

（四）教学改进方案

（1）课中小测的题目与个性化学习的题目应与中考接轨，需改变题型。

（2）教学设计及课堂教学的重点应该以数据分析为基点，并随着各阶段的练习而得到的数据不断改进教学活动。

（五）师生教与学的显著变化

（1）教师的教学设计能更好地结合主题及内容，突出重点难点。

（2）学生学习英语的积极性变高，敢于且乐于开口讲英语，学习成绩提高，综合能力明显增强。

五、专家点评意见

案例利用数据准确诊断学生对目标语法的掌握情况，以"正确使用定语从句描述照片和人"为教学目标，重点突破形式准确和使用得体两大难点。教学目标合理、具体、可检测。

教师合理应用信息技术和平台功能，有效实现了课堂翻转、优化了学习方式和学习环境、增强了师生互动和评价反馈的实效。基于数据的语言课堂实践环境，对于提高学生自信表达、发展高阶思维能力和交际素养等方面有明显促进作用。

　　课堂气氛融洽，学生学习积极主动，精神愉悦，尤其是在最后一个综合语言学习活动中，教师巧妙利用现场众多观课教师作为临时交际对象，让学生通过访谈所得说一段话描述新结识的听课教师。活动很好地检验了教学目标的达成度。从学生的最终产出来看，学生学习获得感强。

　　建议：教师在点评学生活动时，反馈可以更有建议性，如当学生未能按要求使用定语从句进行表达时，可以鼓励其他学生一起帮助学生找到适合使用定语从句的地方，帮助学生提升表达的效度。

点评专家：陈皓曦，广州市教育研究院高中英语教研员。

教学视频

黑布林整本书阅读《反恶霸小分队》导读课

一、基本信息

课型： 新授课 **课时：** 第一课时
学校： 佛山市顺德区容桂外国语学校 **授课教师：** 陈淑英
学科（版本）： 英语（黑布林英语阅读） **年级：** 初二第一学期

二、教学分析

教学目标	【运用】 1. 学生能在课前预读故事后，理清故事人物脉络，描绘出人物脉络图，并拍照上传至高分云系统。 2. 学生能够通过小组合作，说出故事的发展情节，并表演。 【记忆】 学生能够识记本课的新词汇，对于阅读过程中遇到的新词汇，学会大胆地猜测词义。 【理解】 理解《反恶霸小分队》第一章和第三章的故事情节
教学内容分析	本节课的内容是黑布林英语阅读教材《反恶霸小分队》导读课。此教材作为本校八年级培优教材，内容生动有趣，此书大部分的词汇、句型结构以及语法点均在八年级英语教学内容的范围之内，适合初二学生阅读。同时通过不同题材的阅读材料，培养学生从书面材料中提取信息的能力，扩展学生的课外词汇量。 本节课对应《义务教育英语课程标准》（2017年版）的课程内容如下： 有明确的学习需要和目标，对英语学习表现出较强的自信心。

续上表

教学内容分析	能在所设日常交际情境中听懂对话和小故事。能用简单的语言描述自己或他人的经历，能表达简单的观点。能读懂常见文体的小短文和相应水平的英文报刊文章。能合作起草和修改简短的叙述、说明、指令、规则等。能尝试使用不同的教育资源，从口头和书面材料中提取信息、扩展知识、解决简单文体并描述结果。 能在学习中相互帮助，克服困难。能合理计划和安排学习任务，积极探索适合自己的学习方法。 在学习和日常交际中能注意到中外文化的异同
学情分析	通过一段时间的阅读技能培训，大部分学生能够自主阅读黑布林课外阅读教材，理解故事内容。但是由于整本书阅读有别于传统的常规课堂阅读课，因篇幅较长，部分学生会难以坚持读完整本书，因此需要教师给予学生阅读指导，引导学生如何正确地阅读，提高学生的兴趣，提升学生的阅读能力。本节课为《反恶霸小分队》这本书的导读课，正是通过课堂的导读，指引学生课后积极阅读
技术应用重、难点	重点：利用高分云平台，让学生课前通过预读教材，绘画人物关系图，拍照上传至平台。教师及时掌握学生的数据，调整并进行二次备课。 难点：如何在学生原有的基础上，适当拓展提高阅读能力，编写相关话题的拓展阅读题目，并整卷导入平台，课中推送给学生
教学环境与资源	教学平台："高分云"；课件：《反恶霸小分队》导读课；课中小测：《课堂阅读理解小测》《课堂拓展阅读小测》

三、教学过程

一、课前		
学习目标	学习活动	技术使用与功能评析
通过课前预读，让学生理清故事人物角色及其关系	1. 学生预读《反恶霸小分队》第一章和第三章。（10min） 2. 学生理清故事人物脉络，描绘出人物脉络图，并拍照上传至高分云系统。（5min）	【技术使用】 平板拍照上传。 【功能评析】 教师能够在课前了解学生的预读情况，调整教学难度与层次
学习评价	1. 根据高分云上传的人物脉络图，了解学生对阅读材料的掌握情况。 2. 教师批阅	
基于学习数据的课前学情诊断	全班均能在规定的时间提交任务，态度比较认真。根据学生提交的人物脉络图，可知学生的预读情况良好，基本能够初步理解故事情节，理清人物脉络	

续上表

二次备课说明	根据预习数据（人物脉络图）分析，学生能够理清故事人物关系，本来预设在课堂上处理的关于"Who"方面的问题，可以不做处理，直接进行下一步的课堂学习活动

二、课中

（一）点评前置任务（答疑解惑）（3min）

学习目标	学习活动	技术使用与功能评析
通过点评学生课前提交的人物脉络图，进一步帮助学生梳理故事人物关系，为进一步阅读理解扫清障碍	展示部分学生的人物脉络图，教师点评学生的预习情况：  你是否 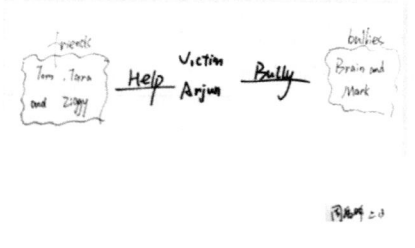	【技术使用】 利用高分云平台投屏功能，展示学生课前绘制的人物脉络图。 【功能评析】 直观展示学生的作品，促进学生理清故事人物关系，便于学生更好地理解故事情节

（二）课中细读（10min）

学习目标	学习活动	技术使用与功能评析
通过让学生仔细阅读，训练学生在阅读材料中筛选关键信息的能力	1. 学生细读第一章和第三章，完成高分云的阅读理解练习。 2. 提醒学生在阅读过程中，要注意基本要素：who，when，what happened，how…… 3. 部分未达标的同学，通过再次推小测（纸质）的形式，继续巩固操练。 4. 已达标的同学进入下一步变式练习（巩固操练）的活动	【技术使用】 智慧教学平台推送微课和测试题目功能，考查学生对阅读材料的理解能力。 【功能评析】 提高课堂效率，实时反馈。系统即时显示学生的正确率及错误选项，有利于精准教学

续上表

（三）变式练习（巩固操练）(7min)		
学习目标	学习活动	技术使用与功能评析
1. 通过小组合作预测故事情节并表演，进行拓展提升，引起学生的兴趣，自主阅读本书剩余部分，并鼓励学生说英语。 2. 引起学生关注社会热点问题——校园欺凌，引导学生如何处理该问题	1. 学生小组合作，表演故事，鼓励学生运用想象，大胆预测下一幕的内容，并表演。 2. 共同讨论：让学生小组讨论以下话题： Are there bullies in your school? If so, what will you do to stop them? And what do the school authorities do to stop them?	【技术使用】 传统的小组交流，合作学习。 【功能评析】 通过小组合作，表演，小组讨论，增强课堂师生、生生互动

（四）主题升华（2min）		
学习目标	学习活动	技术使用与功能评析
通过思想品德教育，让学生树立勇敢坚毅的品质	思想品德教育：展示书本P60的句子"Never feel too small, a single mosquito can drive you crazy!"引导学生遇到困难时，不要放弃，勇敢面对，方可成功	【技术使用】 PPT展示。 【功能评析】 直观具体，便捷
基于学习数据的课中精准教学分析	1. 本节课基本能够达成预设的目标，学生能够从材料中提取信息并完成课中小测任务；识记本课的新词汇；理解《反恶霸小分队》第一章和第三章的故事情节；能够通过小组合作，说出故事的发展情节，并表演。 2. 在课前预读部分，学生能够基本读懂第一章与第三章的内容，所提交的人物脉络图，基本能够准确表达故事人物之间的关系，效果较好。 3. 在细读故事第一、三章阅读材料，并完成高分云平台的相关细节理解练习的环节中，有了移动互联平台数据的支持，使得课堂教学更有针对性，更能精准教学，提高课堂效率。 4. 本轮实践没有设置分层教学，对于能力稍弱的学生来说，比较难以理解，在今后的实践研究中，应加入分层教学，满足不同层次学生的需求，发挥学生的最大学习潜能	
学习评价	1. 通过学生表演时的发音、表情、动作，以及对剧本的理解等来检测学生的学习成果。 2. 通过观察法，观察学生的课堂表现，来推断学生的理解情况。 3. 通过师生互动提问，来检测学生的学习效果	

四、教学反思

（一）教学调整说明

（1）学生在细读阅读材料，查找关键信息的时间比预设时间要长，为了让学生有充分的时间阅读，此环节在实际课堂操作中延长了 4 分钟。

（2）在细读故事第一、三章阅读材料，并完成高分云平台的相关细节理解练习的环节中，笔者预设了分层教学：对于做得不好的同学，给他们发小测纸的形式，进行巩固操练。但学生在完成网上练习时，不达标的同学比预设的多，担心发小测纸会比较混乱，难以操控，临时调整了教学方法。

（3）在表演环节，第二组学生的表演耗时较长，但是其表演非常精彩，学生非常感兴趣，因此笔者压缩了后面小组讨论环节的内容，让学生尽情地欣赏课本改编剧的表演。

（4）在讨论环节，由于时间的限制，没有进行小组讨论，直接由教师引导学生说出该如何阻止校园欺凌。

（二）学习数据分析

（1）本节课基本能够达成预设的目标，学生能够从材料中提取信息并完成课中小测任务；识记本课的新词汇 furious, sigh, untie, locker, stitch, trouble spot, victim, incident, fist, sensible, blood, civilized, blood, menacing, upset, pull out, earphone, exist, roll one's eyes, mutter, text message, cheap loads of；理解《反恶霸小分队》第一章和第三章的故事情节；能够通过小组合作，说出故事的发展情节，并表演。

（2）在课前预读部分，学生能够基本读懂第一章与第三章的内容，所提交的人物脉络图，基本能够准确表达故事人物之间的关系，效果较好。

（3）在细读故事第一、三章阅读材料，并完成高分云平台的相关细节理解练习的环节中，对于错误率在 70% 以下的题目，邀请学生讲解。

（4）在课外拓展阅读部分，选材是此书后续内容改编版，既基于故事情节，又有一定拔高训练，部分学生感觉比较难，有一定的梯度，能够达到训练学生阅读思维，培养学生阅读能力的效果。

（5）在表演环节中，笔者设想让学生表演第一章和第三章的故事内容，后来经教研专家的提醒，如果每个组都原封不动地表演故事情节，缺乏创意，学生的积极性不够高。因此，笔者基于课本主题，让学生大胆猜测故事情节，并表演。第二组的表演，表情动作到位，语言穿透力强，再现学生日常生活中可能遇到的欺凌场景，把课堂气氛推向了高潮，学生非常喜欢这样的表演。

（三）教学模式提炼（见图1）

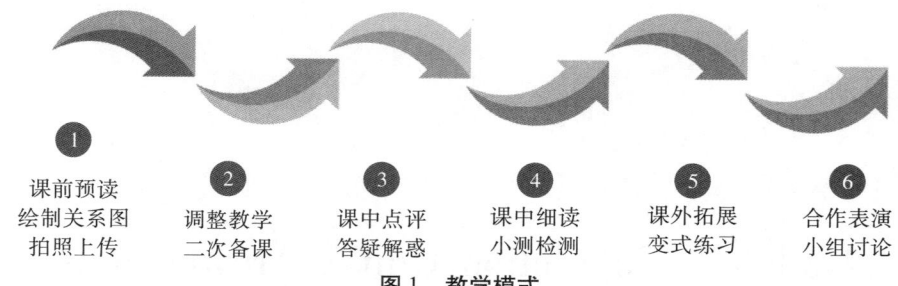

图1　教学模式

（四）教学改进方案

在讨论环节中，笔者引导学生说出遇到校园欺凌应该如何处理，以及学校官方该如何处理后，笔者画风一转，转向介绍作者为什么写这本书。但是这样的设置会让人感到突兀，笔者可以尝试这样改进：顺延校园欺凌这一话题，让学生联系生活实际，进行深入反思，可能效果会更好。

（五）师生教与学的显著变化

传统教学布置学生课前预读，难以体现阅读效果。堂上阅读检测练习，难以得到学生答题情况的相关数据分析。

学习数据的应用及其优势：学生课前预读后，理清故事人物脉络，描绘出人物脉络图，并拍照上传至高分云系统。教师可以课前预读学生提交的人物脉络图，掌握学生的阅读理解情况，并及时调整课堂教学的难度与层次。通过高分云推阅读小测任务，检测学生的阅读技巧——如何在文段中搜索有用信息，教师可以通过平台快速获得学生答题情况分析的相关数据，并进行有针对性的答疑解惑。

五、专家点评意见

教学设计合理，教学模式环节具体、可操作。信息技术的融合应用有效地破解了传统教学方式难以诊断学生课前阅读效果的难题。通过平台的功能，教师课前能够基于数据精确诊断学情，及时调整教学的难度与重点；课中能够及时根据答题数据进行有针对性的评价反馈，大大提升了教学实效。

教学内容"Bullying"的选取、教学活动的设计（如表演）均比较好地实现了整本书（故事类）阅读教学的价值，充分体现学科的育人功能，有助于学生实现个人的发展与提升。教师在教学改革方案中的反思较为深刻，按改进方案的设计，应该能够通过有效引导学生关注与讨论身边的"校园欺凌"等真实问题，激发学生深入思考个人如何积极努力，向好而行，达成教师设计这本书阅读的教学初衷。

点评专家：陈皓曦，广州市教育研究院高中英语教研员。

Module 9 Population Unit 2 Arnwick was a city with 200 000 people

一、基本信息

课型：阅读课
学校：佛山市顺德区容桂四基初级中学
学科（版本）：初中英语（外研版）
课时：第一课时
授课教师：姚晓玲
年级：八年级上学期

二、教学分析

教学目标	知识与能力：学习有关人口增长和城市发展变化问题的词汇，并进行这一主题的简单口语作文表达。 过程与方法：了解人口过剩和城市发展变化的问题，读懂相关文本。 情感态度与价值观：关心人口和社会发展，培养学生保护环境和可持续发展的意识，培养社会责任感
教学内容分析	本课是外研版八年级上学期 Module 9 Population Unit 2 Arnwick was a city with 200 000 people！以"人口"为主要话题，涉及环境污染和城市发展等内容，在现实生活多有体现，看似抽象的内容实际上与学生日常生活息息相关。 本课教学具体内容包括： 1. 背景知识：了解人口过剩，噪音和污染等问题以及由此产生的后果。 2. 词汇用语：人口过剩和城市发展变化的问题的相关词汇和短语。 3. 文化意识：在教学中培养学生保护环境和可持续发展的意识

续上表

学情分析	1. 已有知识和经验： （1）学生通过本学期 Module 2 My hometown and my country 的学习，对于各自的家乡、城市以及国内外著名城市的历史情况以及现况都有一定了解，对于城市这一主题有一定词汇积累。 （2）但学生已有知识和经验主要是地理环境和城市特征方面的背景知识，对于城市发展和人口过剩等情况缺乏了解。 2. 学生个体情况： （1）四基初级中学是佛山市顺德区容桂街道一间镇属初级中学，学校大部分学生学习基础相对较弱，学习主动性、学习能力和学习成绩都有待提高。 （2）上课班级是四基中学初二10班，属于智慧平板班，有良好的信息素养。总人数49人，分为9个小组，每个小组5~6人，根据学生能力水平分为1~6号，个体差异较大，适合开展分层教学。 （3）该班级在初二年级中英语总体水平为中等偏上，学生们乐观活跃，敢于尝试，大胆思考，愿意积极与同伴进行交流与合作，有良好的小组合作学习习惯和浓厚自主探索氛围
技术应用重、难点	1. 技术应用重点：互批互改，点名功能，抢答功能，拍照上传，电子白板推送，堂测试卷推送，视频与图片的多媒体播放。 2. 技术应用难点：电子白板推送，堂测试卷推送，视频与图片的多媒体播放
教学环境与资源	高分云智慧教学平台；教学工具：交互式教学一体机；教学课件；两个自制微课：①Sherlyn's Thoughts on Population；②Changes in Ronggui

三、教学过程

一、课前—前置学习		
学习目标	学习活动	技术使用与功能评析
通过自主搜索、观看微课等多种形式的前置学习，学习以下内容： 1. 词汇短语：人口增长和城市发展变化的问题的相关词汇和短语。	1. 观看微课"Sherlyn's Thoughts on Population"以及微课"Changes in Ronggui"，并通过思维导图进行总结。 2. 完成"课前小测—口语测评"。 3. 在高分云智慧教学平台讨论区上传"思维导图"及自学笔记	【技术使用】 1. 平板拍照上传思维导图。 2. 智慧教学平台推送测试题目及微课功能。 【功能评析】 1. 推送微课及题目，学生自主把握学习节奏和学习时间，根据需要反复学习。

续上表

一、课前—前置学习		
学习目标	学习活动	技术使用与功能评析
2. 背景知识：结合实际生活，了解所在城市的发展及问题，为课堂学习做背景知识准备		2. 拍照上传思维导图，即时反馈学生自学情况以及前测数据，便于教师二次备课，精准教学
学习评价	1. 通过高分云智慧教学平台自动生成的学生课前自学和课中学习的检测数据，记录学生学习轨迹。 2. 通过电子白板功能，实现小组学生互批互改，检测学生掌握情况。 3. 通过拍照上传功能，即时掌握学生课前和课中学习情况	
基于学习数据的课前学情诊断	1. 学生能掌握微课中所提供的容桂的发展及问题，并且根据微课中的提示为城市发展提供相应的建议。 2. 但是学生对于容桂的发展变迁了解不够全面，只局限于掌握微课提供的概括性情况。 3. 学生只能根据微课的提示提出相应的建议，未能提出更多的建议。 4. 测评结果总体情况良好，平均分为85分，但词汇局限于微课提供的词汇，比较单一	
基于学习数据的课前学情诊断	口语测评成绩 0~60分：25.90 61~80分：7.40 81~100分：66.70 平均分：85.25	

续上表

二次备课说明	通过即时前置作业反馈、批改以及平台的检测数据分析，如下图，笔者二次备课的教学目标有所调整。具体调整主要围绕以下方面，以进行更加个性化的课堂教学： 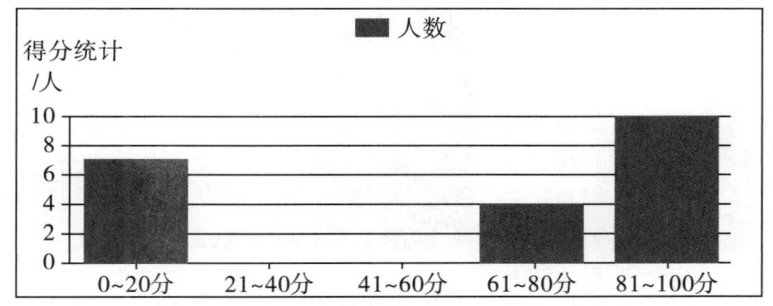 1. 增加容桂发展变迁的补充和拓展，同时提供正确的英文表达，满足绝大部分学生需要。 2. 针对测评分数较低的词汇，在课堂中适当增加薄弱词汇操练，以满足基础薄弱学生需要。 3. 对于学生自主学习局限于微课提供的内容，课堂中适当丰富表达，进行拓展，以满足高层次学生需要

二、课中教与学

（一）预习反馈

学习目标	学习活动	技术使用与功能评析
前置自学反馈，同伴互学	1. 根据图片设问，引入话题；数据对比，并自然过渡到预习反馈 2. 预习反馈： 选取思维导图和回答问题的两种前置作业的典型样本，补充点拨。	【技术使用】 1. 实时反馈学生作业提交情况。 2. 智慧教学平台推送测试题目、自动统计前测数据，了解学生前置学习情况。 【功能评析】 1. 推送功能推送测试，收取学生实时测试数据，根据前置学习数据分析前置学习的薄弱点和空白点，针对性巩固操练。 2. 通过电子白板功能分享优秀思维导图，便于同伴互学

续上表

学习目标	学习活动	技术使用与功能评析
	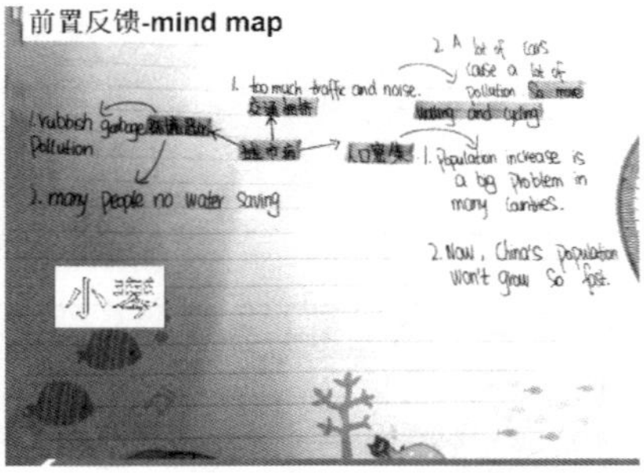 3. 朗读测评分数较低的词汇。 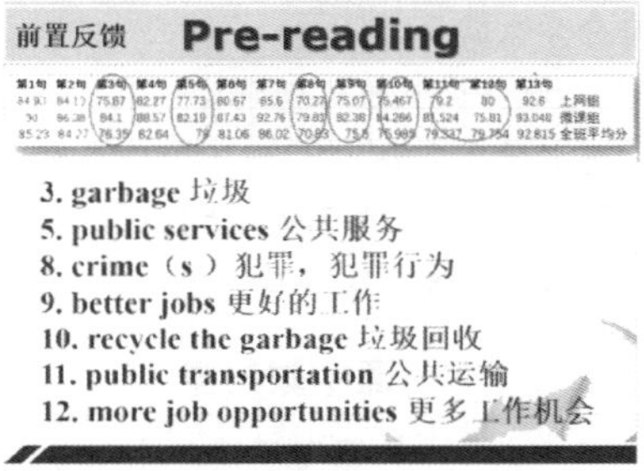	

(二) 查漏补缺，操练巩固		
学习目标	学习活动	技术使用与功能评析
1. 巩固自学薄弱点和填补知识空缺，帮助 A 层学生拓展。 2. 学习范例，以供 BC 层学生巩固	1. 课中补充相关微课，简介容桂的发展变迁，填补学生认识空缺，适度拓展。  2. 看图分号抢答：完成句子，在语境中巩固操练薄弱词汇。	【技术使用】 1. 抢答、点名功能。 2. 智慧教学平台推送测试题目、推送微课功能。 【功能评析】 1. 推送功能推送微课及题目，补充课前学习的空缺点。 2. 通过电子白板推送功能，展示思维导图范例

续上表

学习目标	学习活动	技术使用与功能评析
	3. 引导学生梳理前置学习内容的框架，展示思维导图范例。	

（三）检测内化

学习目标	学习活动	技术使用与功能评析
阅读训练，同时学习阅读技巧	1. 阅读训练：skimming 选择题，找主旨大意。 2. 阅读检测：scanning 平板推试卷，选择题。 3. 评讲，点拨技巧（细节题、推断题）。	【技术使用】 1. 平板拍照上传答题情况。 2. 智慧教学平台推送测试题目。 【功能评析】 1. 推送课堂检测题目，检测课堂学习效果，并及时点评反馈。 2. 拍照上传答题情况，快速收取全班学生回答情况，即时反馈学生课堂答题情况

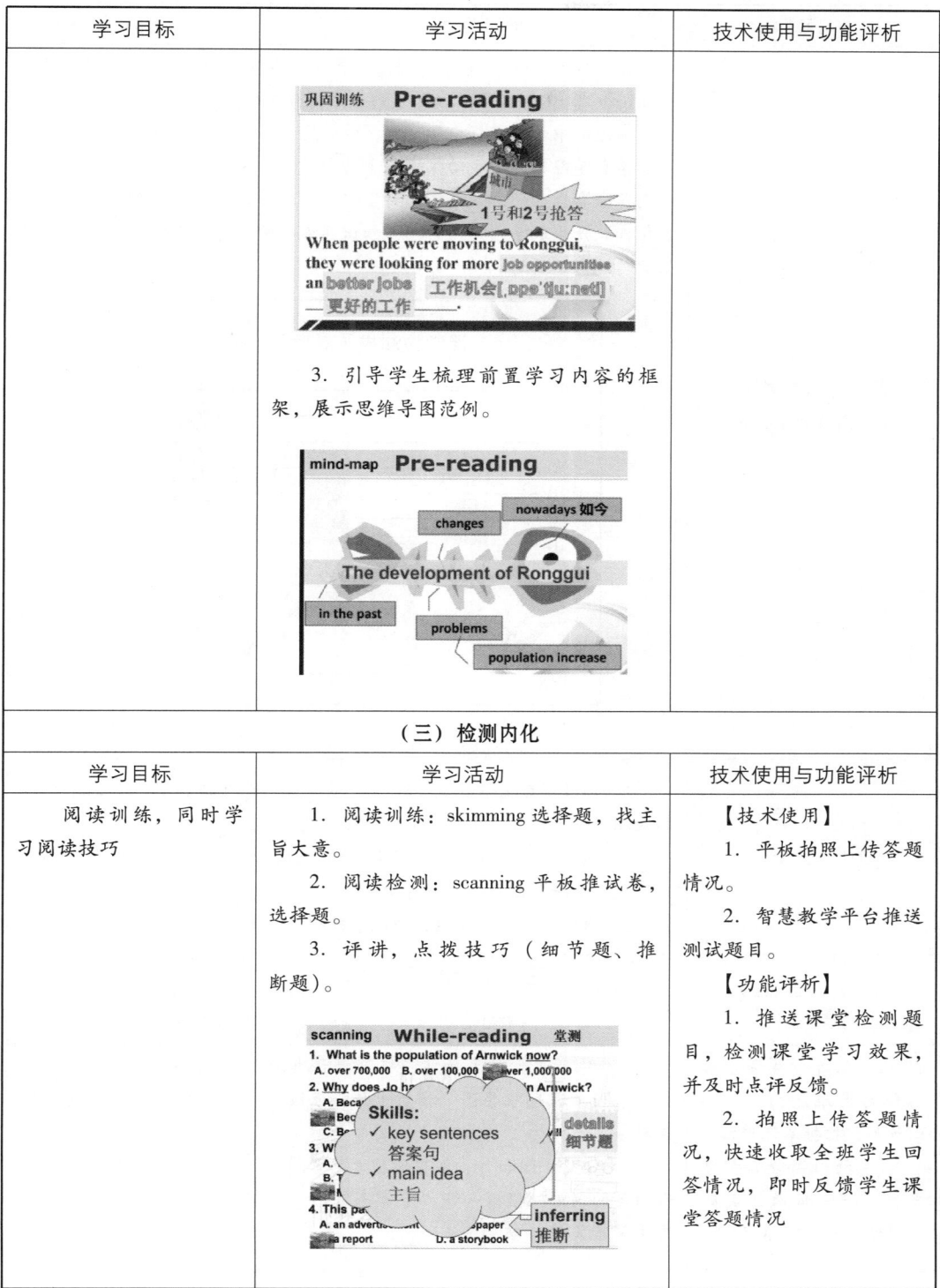

续上表

学习目标	学习活动	技术使用与功能评析
基于学习数据的课中精准教学分析	课堂检测总分为20分，超过半数学生得分在16分以上，18.5%的学生得分在10分以下，约26%学生得分良好。 通过课中学习数据分析可知，学生通过课前自学，极大地激发了学习热情和学习兴趣，主动探索和主动学习。在课中，更加有自信和欲望与同伴分享自己的自学效果，对于课堂上教师的拓展也更容易与自己的已学知识产生联系，形成自己的知识网络。学习更加有针对性，学习效果比传统课堂更好。 课堂检测成绩对比：1~10分（低分）18.50%，11~15分（良好）25.90%，16~20分（高分）55.60%	
学习评价	1. 通过高分云智慧教学平台自动生成的学生课前自学和课中学习的检测数据，对学生进行诊断性学习评价。 2. 通过电子白板功能，实现小组学生互批互改，检测学生掌握情况，对学生进行过程性学习评价。 3. 通过拍照上传功能，即时掌握学生课前和课中学习情况	

三、课后提升

学习目标	学习活动	技术使用与功能评析
1. 培养学生联系和迁移的思维能力，并学以致用，把握本课内容。 2. 利用高分云智慧平台，即时批改，实时了解学生的掌握情况。	1. 引导学生联系所学，梳理本课框架，整理本课思维导图，拍照上传，互改互批。 2. 课后小组合作，根据所搜索的资料和所学的词汇，模拟一场"专家会客厅"，专家答市民问（分层任务）：	【技术使用】 1. 平板拍照上传答题情况。 2. 智慧教学平台推送范例。 【功能评析】

续上表

学习目标	学习活动	技术使用与功能评析
3. 分层任务，进行个性化教学：就容桂城市化发展及其问题进行对话，并录音	1~4号，两人一组，分别扮演专家和市民，就容桂城市化发展及其问题进行对话，给出评分标准； 3~4号至少提2个问题及2个建议，1~2号至少提3个问题及建议； 5~6号：朗读并在草稿纸上默写/抄写笔记本的词汇短语，稍后展示（朗读或默写）	1. 推送课后小组合作内容和要求，实现学生自主化学习，灵活安排学习时间和自行把握学习节奏。 2. 拍照上传答题情况，快速收取全班学生回答情况，即时反馈学生课后合作情况
基于学习数据的课后个性辅导分析	根据学生课后反馈的互评数据分析，一般学生能够提出2~3个问题并提出建议。但是总体得分未达到预计水平，也有个别学生得分较高，有两极分化的趋势。因此在课后辅导方面，采取以下措施： 1. 巩固指引：B层学生完成相应的巩固练习：同类文本阅读训练。 2. 拓展指引：A层学生完成相应的拓展练习：同类主题的写作训练。 3. 加强家校沟通，提高C层学生的学习质量	
学习评价	1. 过程性评价：根据课中的课堂参与度和活跃度，对学生进行评价与激励。 2. 形成性评价：根据课前检测，课中检测的结果，以数据评价学生的学习效果	

四、教学反思

（一）学习数据分析

从课前检测的学习数据看，学生掌握情况一般，如图1所示。经过精准分析，二次备课和课堂的针对性巩固训练后，学生对于相关词汇掌握情况良好，能够正确阅读理解相关文本，分别如图2、图3所示。

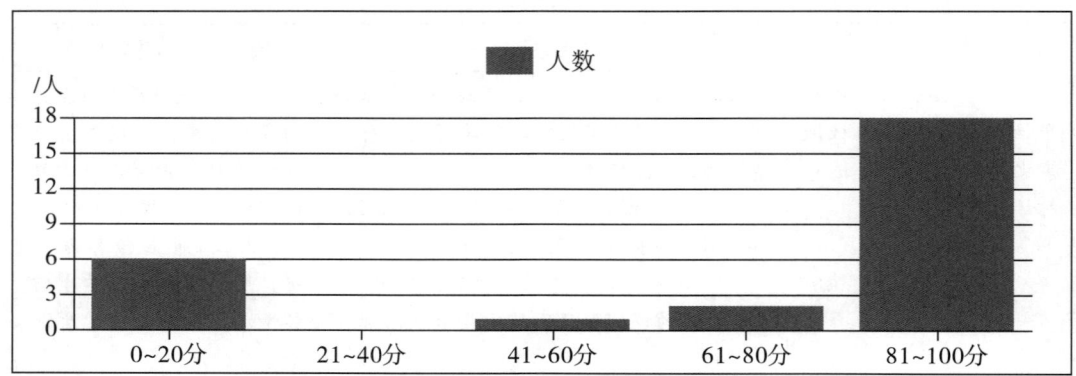

图 1　得分统计情况

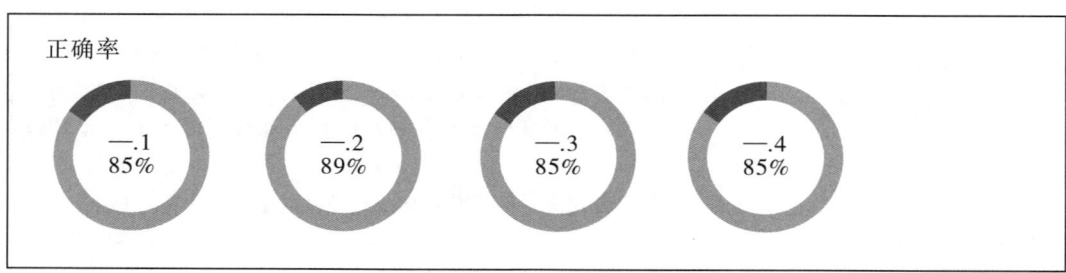

图 2　客观题统计情况

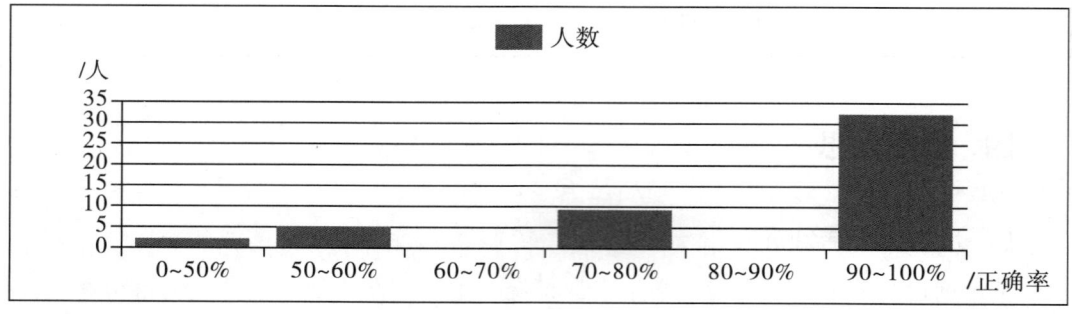

图 3　试卷统计情况

（二）教学效果分析

1. 知识掌握情况

（1）从课堂检测的结果看，学生对于相关的词汇掌握情况良好，能够正确阅读理解相关文本。

（2）从课堂学生展示的情况来看，大部分学生表达流畅，基础较弱的学生也能做基本表达。综上所述，学生的知识掌握情况较好。

2. 课堂氛围情况

(1) 课堂上学生积极抢答,踊跃回答问题。
(2) 能积极发表自己在课前学习的成果和见解。
(3) 在采访和小组合作的活动中,学生踊跃讨论。
(4) 在口头报告环节中,各小组争相展示。总体而言,课堂气氛和谐民主,积极向上,师生互动良好。

(三) 教学模式提炼

(1) 通过本案例教学提炼出适合本校学情的英语阅读课型的教学模式——"分拆—先学—巩固—提升":确立教学目标—拆解教学内容—前置学习反馈—操练巩固—检测内化—拓展提升。

(2) 教学模式如图4所示。

	知识点	教学活动
课前	背景知识	观看微课,搜索资料回答问题
	相关词汇	记录微课中的词汇
	检测	完成口语测评
课中	反馈点评,同伴互学	Lead – in(预习反馈)
	预习薄弱和空缺点	Pre – reading(查漏补缺、操练巩固)
	相关主题听力训练	While – reading(应用迁移)
	口语对话、口头作文	Post – reading(拓展提升)

图4 教学模式

(四) 教学改进方案

(1) 课前检测的数据需要更加全面,既要有诊断性学习评价也要有前置学习的过程性评价。

(2) 要留意课堂气氛,当课堂气氛转变时,需及时调整;保持教师个人的节奏,带动学生,避免受个别学生影响。

(3) 对于学生做得不够好的地方,如回答问题的声音不够响亮,应及时用正面的语言鼓励,同时也可调动其他学生。

(4) 课堂关注面可以更广,尽量关注到每一个组,每一位学生。

(五) 师生教与学的显著变化

通过运用翻转课堂教学模式,结合智慧教学平台的数据分析和即时反馈,作为教师最大的感受是备课的过程更加细致也更加深入,对于学生学情的分析和判断也更加具体和清晰。同时,能感受到学生的学习积极性明显提高,学生的学习有了更大的自由度,个性化学习程度得到很大提升。

五、专家点评意见

信息技术和平台功能得到有效应用，有效支持了课前的背景拓展学习和词汇的巩固训练，便于教师实现基于数据的精准教学，优化了教学过程的师生互动和评价反馈的实效。教师根据主题设计了如"专家会客厅"等主题拓展学习活动，引导学生关心家乡的发展，并且针对发展中的问题研讨解决对策，教学目标定位高远，立足于学生熟悉的家乡建设的相关话题讨论，培养学生关注世界性话题，提升环保意识和可持续发展意识，有利于逐步树立学生的社会责任感。课堂教学活动有效，学生学习积极主动，获得感强。值得讨论的是，作为阅读课（第一课时），课堂上对于主体课文的阅读过程似乎不够充分，反而是主题关联话题讲得比较多，建议考虑重新定位课型。

点评专家：陈皓曦，广州市教育研究院高中英语教研员。

教学视频

第七部分　初中数学教学设计案例

整式的乘法

一、基本信息

课型：新授课　　　　　　　　　　　　　　**课时**：第二课时
学校：佛山市顺德区伍蒋惠芳初级中学　　　**授课教师**：朱艺纯
学科（版本）：初中数学（北师大版）　　　**年级**：七年级下学期

二、教学分析

教学目标	知识与技能：在具体情境中了解单项式与多项式乘法的意义，会进行单项式与多项式的乘法运算。 过程与方法：经历探索单项式与多项式乘法法则的过程，理解单项式与多项式相乘的算理，体会乘法分配律的重要作用及转化的数学思想，发展学生有条理的思考和语言表达能力。 情感态度与价值观：在探索单项式与多项式乘法运算法则的过程中，获得成就感，激发学习数学的兴趣
教学内容分析	1. 复习乘法分配律。 2. 复习单项式乘以单项式。 3. 运用乘法分配律计算单项式乘以多项式
学情分析	1. 学生在小学已经了解并学习了乘法分配律，而前面几节课学习了幂的运算性质，同时在本课的前一课时学生学习了单项式乘以单项式，为本节课的学习奠定了充足的知识基础。 2. 在前面学习幂的运算性质时，学生经历了探索的学习活动，积累了数学运算的探索经验，同时前面所学的单项式乘以单项式奠定了学生对运用转化思想解决数学问题的基础能力

续上表

技术应用 重、难点	本节课主要运用洋葱数学前期布置学微课，全朗高分云平台收集学生的讨论结果，课中更多运用钉钉直播。 【重点】学生要熟悉操作上传、交作业等功能。 【难点】教师要熟悉运用平台在每个教学环节及时完成教学
教学环境 与资源	全朗高分云教学平台；钉钉直播教学工具；洋葱数学微课等

三、教学过程

一、课前预习		
学习目标	学习活动	技术使用与功能评析
1. 复习单项式和多项式的概念。 2. 会利用乘法分配律进行简单的单项式乘以多项式的运算	师：布置洋葱数学微课 生： 1. 预习 P15～16 的电子课本。 2. 观看洋葱数学平台发布的微课视频并完成相应的检测。 3. 自学视频内容后完成以下任务并在讨论区上传："请以小组为单位，每位组员出一道计算题：单项式乘多项式，小组内互相解答，并批改"	【技术使用】 1. 洋葱数学"微课+测验"。 2. 高分云上传讨论结果。 3. 钉钉软件作为讨论平台。 【功能评析】 1. 洋葱数学微课生动且讲解清晰，学生可以更好地理解课题内容。 2. 高分云平台及时收集讨论结果，既可以高效统计上交情况，同时每个同学都可以看到其他组的讨论情况，有效调动学生课堂参与积极性，及时展示学生习作，提高课堂效率。 3. 增强师生互动，让线上学习的学生更好地参与课堂
学习评价	1. 洋葱数学自动生成的学生学习数据，及时统计学生观看微课的情况及效果。 2. 高分云平台收集讨论结果实时显示，各小组间可以互相看到讨论情况，互相督促。 3. 钉钉小组讨论时，教师也会参与其中，及时观察学生存在的问题，课堂上重点讲解	

续上表

基于学习数据的课前学情诊断	1. 班级45人，共44人完成了预习任务，预习态度认真。 2. 在小组出题环节中，很多同学对于单项式乘以多项式的概念不熟悉的，组员都能进行纠正。 3. 在小组讨论过程中，同学们非常积极，在计算过程中也对每一步的运算结果进行讨论，解疑。 4. 很多小组通过讨论得出单项式乘以多项式是运用了乘法分配律，但也有部分同学不熟悉相关知识点，课堂上要重点讲解
二次备课说明	1. 学生对上学期的学习内容"单项式、多项式"概念不熟悉，课堂上要继续点明概念。 2. 乘法分配律是本节课的重点内容，课堂上要多出相关题目以加强同学的应用

二、课中提升

(一) 答疑解惑（15min）

学习目标	学习活动	技术使用与功能评析
1. 巩固单项式和多项式概念。 2. 复习乘法分配律，运用乘法分配律解决单项式乘以多项式	师：点评单项式和多项式的知识点以及乘法分配律复习： （手写板书图） 根据乘法的分配率 $p(a+b+c) = pa+pb+pc$ $p(a+b+c) = pa+pb+pc$	【技术使用】 1. 高分云收集讨论结果。 2. 钉钉直播的屏幕分享（展示讨论结果+知识讲解）。 【功能评析】 1. 高分云收集讨论情况直观高效，根据钉钉小组群讨论和高分云收集结果分析，部分学生对于单项式和多项式的概念模糊，所以本节课先采用钉钉直播的方式对小组收集的讨论随机展示、点评，并对单项式和多项式的知识点进行回顾讲解以期达到更好的教学效果。 2. 学生课前完成的讨论中错误率比较高的是对乘法分配律要分配给多项式的每一项，第一项之后会漏乘。所以在课堂展示时会统一讲解梳理，进一步引导学生对单项式要乘以多项式的每一项这个法则进行更深层的理解和应用

续上表

学习目标	学习活动	技术使用与功能评析
检验学生对单项式乘以多项式的运算	1. 对上交的讨论内容进行部分展示，批改，讲解。 2. 讲解过程中渗透单项式乘以多项式的运算法则： **知识要点** 单项式乘以多项式的法则 单项式与多项式相乘，将单项式分别乘以多项式的每一项，再将所得的积相加。 注意 (1) 依据是乘法分配律；$a(b+c)=ab+ac$ (2) 积的项数与多项式的项数相同。 师：布置巩固练习； 生：完成巩固练习。 导学案 P16 第 5 题，拍照上传家校本。	【技术使用】 1. 钉钉家校本（课堂解答的及时收集统计）。 2. 钉钉直播的屏幕分享（题目讲解）。 3. 钉钉连麦（点名学生解答）。 【功能评析】 1. 根据高分云课前讨论收集分析，学生对于单项式乘以多项式运算不熟悉，通过刚刚的解答疑惑环节，让学生掌握了运算法则，当堂进行检测，可以更好地检验上一环节的教学结果。所以本环节采用钉钉家校本收集课堂练习，教师实时刷新浏览点评，实现线下课堂中巡堂查看的效果，及时找到典型证法进行点评和展示，利用钉钉的即时统计功能，可达到随机考勤的效果。直播屏幕分享圈点典型错误的方式在课堂上进一步加深学生对单项式乘以多项式运算法则的理解。 2. 对于习题的讲解采用点名学生连麦讲解的方式。在课堂的中后期，学生容易走神，适当的转换方式，可以吸引学生学习注意力，回归课堂。再展示优秀学生的证法，做正面反馈。 3. 课堂巩固练习反馈了学生对于知识点的掌握程度，通过钉钉家校本可以更高效地统计出学生做题情况，也可以避免学生来回切换软件浪费不必要的时间

续上表

	(三) 课堂小结 (3min)	
学习目标	学习活动	技术使用与功能评析
给框架让学生归纳总结本节所学知识，强化学生加深理解、便于记忆和应用所学知识	整式的乘法 —— 单项式乘多项式：$a(b+c)=ab+ac$，实质上是转化为单项式×单项式 注意：(1) 计算时，要注意符号问题。多项式中每一项都包括它前面的符号，单项式分别与多项式的每一项相乘时，同号相乘得正，异号相乘得负。 (2) 不要出现漏乘现象。 (3) 运算要有顺序：先乘方，再乘除，最后加减。 (4) 对于混合运算，注意最后应合并同类项	【技术使用】 采用钉钉直播的方式，随机点名让学生连麦由学生进行总结，教师圈点重点和要注意的地方再做最后的补充
基于学习数据的课中精准教学分析	1. 自信心：学生自己出题，并且批改同学们对自己出的题目的解答时，增强了他们学习的自信心。一对一的出题，解答，批改规模小，方便管理，效率高，执行力强。 2. 自问题：在整个学习的过程中学生要做的第一件事，就是自己发现自己的问题，然后在组员的帮助下解决，促进自己的数学能力的提升。 3. 自分析：除了分析同学的解答，对自己的分析也至关重要。通过发现问题，解决问题，还要对自己存在的问题进行分析。 4. 高效率：一对一，方便管理，也可以高效率解决问题	
学习评价	1. 根据钉钉小组群讨论和高分云收集结果分析，部分学生对于单项式和多项式的概念模糊，所以本节课先采用钉钉直播的方式对小组收集的讨论随机展示，点评，并对单项式和多项式的知识点进行回顾讲解，重点在于单项式乘以多项式运算法则的讲解，通过让学生在课前自己出题，小组讨论，批改成员解答，将典型的错误收集，课上展示，提问学生，增强课堂互动性，提高参与感，培养学生的观察能力和表达能力，也可达到对典型错误进行重点圈讲的效果。 2. 习题的讲解采用点名学生连麦讲解的方式，在课堂的中后期，学生容易走神，适当的转换方式，可以吸引学生学习注意力，回归课堂。展示优秀学生的证法，做正面反馈	

三、课后作业

学习目标	学习活动	技术使用与功能评析
1. 学习目标未达到的同学，观看微课并做课后作业。 2. 已达学习目标的同学，可完成洋葱数学提高部分的试题以促使高阶学科能力的发展	学生用数学本完成教师精选的两道计算题（按照计算题解题格式）	【技术使用】 钉钉家校本上传课后作业＋观看微课＋洋葱数学布置提高题

续上表

基于学习数据的课后个性辅导分析	1. 通过本节课的学习，个别同学在单项式乘以多项式计算时经常漏乘第二项，课后，针对这一现象对这一部分同学布置了比较基础的单项式乘以多项式，让他们先掌握单项式要乘以多项式的每一项这一知识点。 2. 单项式乘以多项式涉及幂的乘法三种以上的计算，因此课后习题，也需对之前所学幂的乘法进行复习巩固
学习评价	总体该课达成的效果比传统教学模式更好

四、教学反思

（一）学习数据分析

1. 课堂参与度高（见图1）

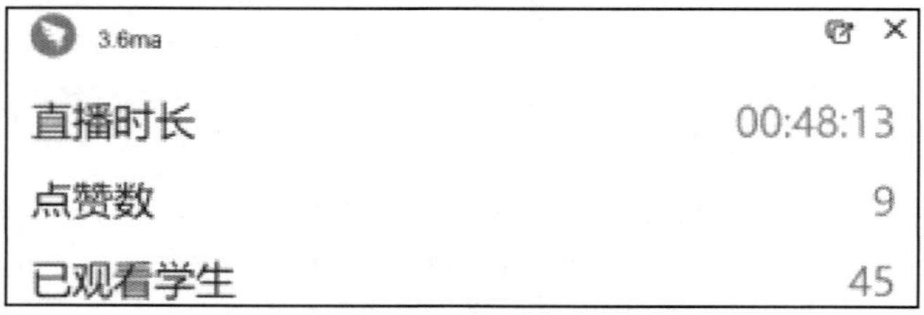

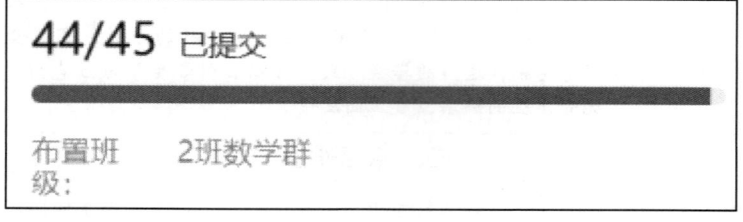

图1　课堂参与度情况

2. 课堂答题参与度也提升了（见图2）

图2　课堂答题参与度

（二）教学效果分析

经过这节课的教学，学生对于单项式乘以多项式的运算已经基本掌握，课中钉钉课堂巩固练习的正确率达92%以上，有些同学仅在计算题书写格式中还有需要注意的地方。但比起课前讨论，对于有些同学完全不会计算来说，已经有所提高。

原因：课前，学生仅仅看过微课知道怎么算，但实际怎么运用还是缺乏实操，因此微课和课堂结合是课堂教学的最佳搭档。

建议：除了用微课分割知识点的讲解，还要有对每一个步骤进行实际计算的引导和一些必要的经常错误的提示这是一节计算新授课非常重要的部分。

（三）教学模式提炼（见图3）

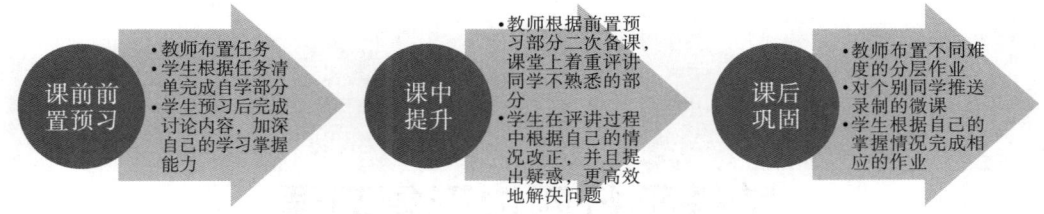

图3　教学模式

（四）教学改进方案

（1）创设良好的学习氛围：线上学习因为没有办法接触学生，因此保持他们的学习兴趣和创设良好的学习氛围至关重要。计算题的学习比较枯燥，因此要在教学过程中，尽量抓住学生的学习兴趣。

（2）有必要对个别计算能力比较弱的同学进行个别辅导。

（3）分层教学要注重不同的难度，适应不同梯度的学生的自我提升。

五、专家点评意见

本案例是疫情期间，网络教学的设计案例。教师通过课前、课中和课后数据的精准教学分析以充分了解学情及学生的最近发展区和知识储备，从而定位本节课的起点，做到以生为本、以学定教，优化了课堂的教学效果。与传统课堂相比，本节课将课堂教学与信息技术深度融合，创设了基于数据认知、促进知识建构的教学环境，教师既可以横向分析全班每个学生对某一知识点或某一问题理解和掌握的具体数值，也可以纵向分析全班每个学生对某一知识点或某一问题前后理解和掌握的变化情况，从而有效指导学生开展学习活动，充分体现了教是开放的，学是立体的。

点评专家：张青云，东莞市东莞中学松山湖学校，中学数学正高级教师，广东省名教师工作室主持人。

特殊平行四边形复习课

一、基本信息

课型： 复习课
学校： 佛山市顺德区容桂容里初级中学
学科（版本）： 初中数学（北师大版）
课时： 第一课时
授课教师： 李影霞
年级： 九年级

二、教学分析

教学目标	1. 了解矩形、菱形、正方形的性质定理：矩形的四个角都是直角，对角线相等；菱形的四条边相等，对角线互相垂直；正方形具有矩形和菱形的一切性质。 2. 理解矩形、菱形、正方形的概念，以及它们的判定定理"三个角是直角的四边形是矩形，对角线相等的平行四边形也是矩形；四边相等的四边形是菱形，对角线互相垂直的平行四边形也是菱形"。 3. 理解平行四边形、矩形、菱形、正方形之间的关系
教学内容分析	特殊四边形性质和判定是九年级上册北师大版新课学习内容。初三复习课放在平行四边形性质和判定之后。学生理顺平行四边形的内容后复习特殊四边形性质与判定，进一步对平行四边形的内容进行深化，但菱形和矩形之间的关系很容易被混淆，这是本节复习课所需要帮忙学生解决的问题
学情分析	所任教的班级是学校的平衡班级，优秀人数只占全班8%，及格人数占全班52%，学生基础不扎实，定理性质记不牢，导致证明找不到方法或思路不清晰

续上表

技术应用重、难点	理解平行四边形、矩形、菱形、正方形之间的关系
教学环境与资源	钉钉平台；高分云平台；屏幕书写工具；PPT 课件

三、教学过程

一、课前前置学习		
学习目标	学习活动	技术使用与功能评析
通过课前小测，了解学生对矩形和菱形性质与判定知识的应用存在混淆情况，并设计一道选择题了解学生对平行四边形、矩形、菱形、正方形之间的关系是否理解	学生：在前一天晚上进入高分云平台对本课复习内容的知识点视频进行选择性观看，要求必须完成课前小测。 教师：提前一天在高分云平台上发布课前小测（必做）和本课时一些相关内容的视频（菱形性质、菱形判定、矩形性质、矩形判定）供学生选学，根据小测结果分析学生的薄弱点并进行点评和调整课中教学活动	【技术使用】 1. 高分云平台推送测试题目功能。 2. 高分云平台推送微课作业功能。 【功能评析】 1. 知识点微课推送，让学生根据自身情况选择性观看，课前对基础知识点查漏补缺。 2. 了解学生掌握基础知识点的情况，进行二次备课，提高课堂效率
学习评价	1. 高分云平台自动生成的学生观看微课学习数据，记录学生学习轨迹。 2. 高分云平台自动生成的学生练习小测学习数据，分析学生掌握情况	
基于学习数据的课前学情诊断	客观题统计 正确率 一.1 50%　一.2 49%　一.3 70%　一.4 72%　一.5 64% 一.6 50%　一.7 80%　一.8 54%	

续上表

基于学习数据的课前学情诊断	课前小测完成率为96.2%： 第1题正确率50%，第2题正确率49%，第3题正确率70%，第4题正确率72%，第5题正确率64%，第6题正确率50%，第7题正确率80%，第8题正确率54%。学生课前小测第1、2、6、8题得分较差，第1、2题是菱形的性质考查，第6题是图形判定的文字描述考查，第8题是平行四边形、矩形、菱形、正方形之间的关系考查。 从学生选项来看，第1、2题集中错选的项显示学生不了解菱形性质，第6、8题各选项选的人数差不多，说明错选的学生完全不懂的相关知识点
二次备课说明	加强理解平行四边形、矩形、菱形、正方形之间的关系，有助于对矩形、菱形、正方形性质与判定的记忆

二、课中学习

（一）基础知识梳理

学习目标	学习活动	技术使用与功能评析
以题带点，通过课前小测题目，重点复习矩形和菱形性质与判定有关的知识点，梳理知识结构，提出平行四边形、矩形、菱形、正方形之间的关系图，结合关系图去记忆性质与判定定理	学生：听课，打开书中"要点基础梳理"部分进行笔记，对知识易错点和混淆点做好标记。重点记下关系图。 教师：利用PPT课件点评课前小测，并总结归纳知识点和数学方法。加强理解平行四边形、矩形、菱形、正方形之间的关系，有助于对矩形、菱形、正方形性质与判定的记忆	【技术使用】 1. 高分云平台数据分析功能。 2. 钉钉群互动板交互功能。 【功能评析】 1. 互动面板功能，及时互动，调动学生课堂参与积极性。 2. 数据分析功能，了解学情，提高课堂效率

（二）考点探究

学习目标	学习活动	技术使用与功能评析
动态图形中的问题，应用矩形、菱形的判定方法判定图形类型	学生：完成例1动态图形中的问题，并利用钉钉家校本上传答案。 教师：利用PPT课件发布任务，结合学生上传的答案，有针对性地开展点评，再利用PPT课件展示讲解，并总结归纳知识点	【技术使用】 1. 几何画板动画功能。 2. 智慧教学平台推送测试题目功能。 3. 拍照上传任务，钉钉家校本发布任务功能。 【功能评析】 1. 拍照上传任务，能了解学生完成任务的情况。 2. 钉钉家校本任务收集作业功能，通过任务了解学生共性问题，为接下来的讲解做依据，也可及时展示学生作业，提高课堂效率。 3. 增强课堂师生、生生互动。 4. 了解学生在线情况

续上表

(三) 综合运用		
学习目标	学习活动	技术使用与功能评析
了解中点四边形的证明，学会平行四边形、矩形和菱形性质与判定的综合运用。 　　中考基本图形类型问题变式训练，学会平行四边形、矩形和菱形性质与判定的综合运用。学习内容深化，提炼学习方法，一道题转化成一类题	学生：听教师评讲课前小测第7题，然后完成例2，并利用钉钉家校本上传答案。完成变式1和变式2，上传到钉钉群互动板。 　　教师：评讲课前小测第7题，展示证明题如何书写，规范答题格式。利用PPT课件发布例2任务，结合学生上传的答案，有针对性地开展点评，再利用PPT课件展示讲解，并总结归纳知识点。最后进行变式训练，图形变式让学生体会图形改变	【技术使用】 　　1. 钉钉家校本任务收集作业功能，以及拍照上传功能。 　　2. 钉钉群互动板交互功能。 【功能评析】 　　1. 群互动板交互功能让效率高的学生有展示自己的机会，调动学生课堂参与积极性，达到互相激励作用。 　　2. 家校本任务，了解学生情况，及时展示学生作业，提高课堂效率。 　　3. 增强课堂师生、生生互动
培优： 　　中考基本图形类型问题变式训练，此题为综合训练题。学会平行四边形、矩形和菱形性质与判定的综合运用	学生：完成教师发布的任务，在培优群中发布任务图片，可以互相借鉴学习。 　　教师：在培优群中发布任务信息	【技术使用】 　　钉钉群发布信息功能和互动板交互功能。 【功能评析】 　　1. 互动板留下学生学习过程数据，了解课堂培优情况。 　　2. 及时展示学生习作，互相借鉴学习，提高课堂效率
基于学习数据的课中精准教学分析	4月15日数学课中例1拍照上传 我 发布于 04-15 07:54 今天我们在数学课堂上学习了XX，良好的数学能力需要及时练习，请各位同学及时完成下述功课：认真复习今日所学的知识并且…… 47/53 已提交 布置班级：九年级17班 布置对象：家长	

续上表

基于学习数据的课中精准教学分析	**4月15日数学课中例2** 我 发布于 04-15 08:35 今天我们在数学课堂上学习了XX，良好的数学能力需要及时练习，请各位同学及时完成下述功课：认真复习今日所学的知识并且… **49/53** 已提交 布置班级：九年级17班 布置对象：家长 1. 根据学生家校本的数量，检查在线人数和学生的关注度，能按时提交家校本的，例1完成率有88.7%，例2完成率有92.5%。利用家校本可达到检查在线人数和专注度的效果。 2. 从答题的过程中查看学生是否可以用知识去解决问题，找出学生的问题
学习评价	1. 智慧教学平台自动生成的学生任务学习数据，记录学生学习轨迹。 2. 交互的信息数据，记录学生课堂参与程度

三、课后检测

学习目标	学习活动	技术使用与功能评析
跟踪测试，及时反馈，激发学生学习积极性	学生：课后进入高分云平台完成课后小测。 教师：在高分云平台上发布课后小测内容	【技术使用】 高分云平台在线自主学习功能，统计数据功能。 【功能评析】 1. 了解学生在线情况。 2. 了解学生课堂学习效果
基于学习数据的课后个性辅导分析	**客观题统计** 正确率 一.1 58%　一.2 58%　一.3 62%　一.4 86%　一.5 52% 一.6 30%　一.7 62%　一.8 46%　二.9 72%　二.10 26%	

续上表

基于学习数据的课后个性辅导分析	课后检测完成率是94.3%： 第1题正确率58%，第2题正确率58%，第3题正确率62%，第4题正确率86%，第5题正确率52%，第6题正确率30%，第9题正确率72%，第10题正确率26%。第7、8题为对课程主观评价。 两次小测有一道中点四边形的题目，完全一样，正确率上升6%，说明有14%的学生没有认真听评讲，需要教师关注。菱形边方面的性质正确率从50%上升到72%，明显进步。第3题用文字描述特殊四边形判定判别真假的题目正确率从50%上升到62%，明显进步。 预习时"菱形具有而矩形不具有的性质"正确率达64%，而课后小测时"矩形具有而菱形不具有的性质"正确率达58%，下降6%，说明学生还是对矩形、菱形性质容易产生混淆。 预习时矩形判定题目正确率达72%，而课后小测时换成菱形判定题目正确率只有58%，说明学生对菱形判定掌握不好。 针对例1动态图形中的问题，课后小测第5题换了三角板做背景，误选的集中在D答案，学生认为有可能是正方形。本节正方形证明略点一下。后面课程需要对正方形性质和证明做一些学习指导。 第6题用文字描述题目，证明中点四边形，与第3题对比，有图的题目的正确率高过无图而只有文字描述的题目。 第8题正确率低，综合运用勾股定理和菱形面积，在后面课程需要补充讲解
学习评价	1. 智慧教学平台自动生成的学生学习数据，记录学生学习轨迹。 2. 课堂检测

四、教学反思

（一）学习数据分析

从课前课后小测数据看，课前小测的考查的知识点比较单一，学生正确率会高些，而课后小测的题目更综合些，涉及其他章节的知识点，对学生的综合能力要求更高，正确率自然会下降。

文字描述题目需要加强学生根据题目画图的能力。后面课程需要对正方形性质和证明做一些学习指导。

本节重难点突出理解平行四边形、矩形、菱形、正方形之间的关系，关系图有助于解决学生在做题过程中容易出现的混淆现象。从课后检测中反馈出学生对关系图的理解不到位，在于部分基础较差的学生在知识形成上有障碍，教师课前所做的微课补充，他们很可能看了但只是应付，反映部分学习学习驱动力不足。

（二）教学效果分析

本节课根据课前、课中数据分析不断调整教学内容和节奏。课中进行变式练习，减少学生读题量，以保证学生有更多时间运用知识，发现问题。分层教学，让学有余力的同学得到综合提升训练。关系图贯穿到课前课中，重难点突出。

(三)教学模式提炼(见图1)

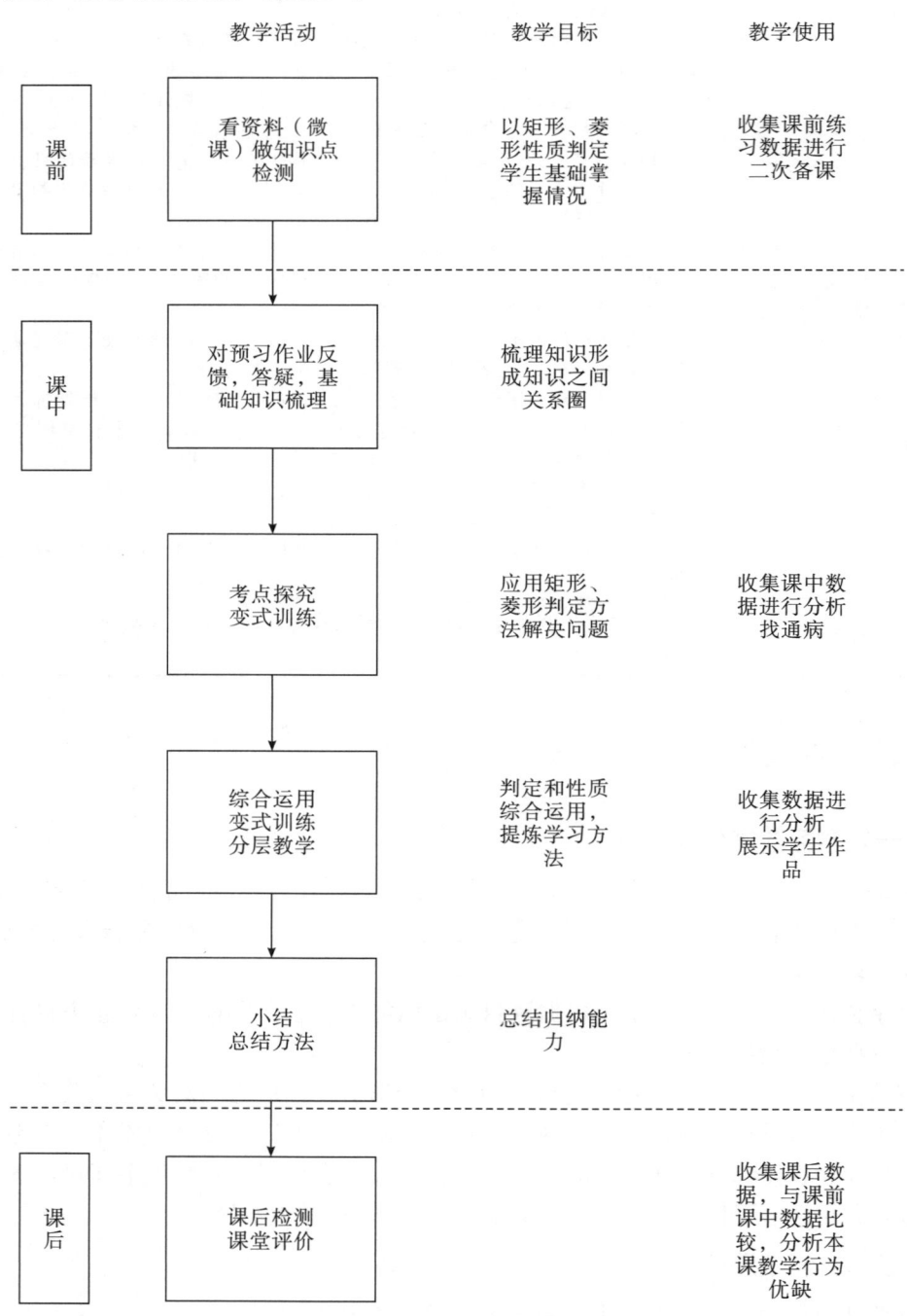

图1　教学模式

（四）教学改进方案

（1）按照学生的不同层次，要更精准的设计好分层练习。

（2）课堂练习时间要紧凑些，讲解环节节奏可以适当加快。

（3）适当增加变式题目的难度，给予优生更大的思维训练量。

（五）师生教与学的显著变化

教师方面，不单靠经验教学，以课堂数据为抓手来研判课堂效果，把课堂主体还给学生，以学定教。针对过程数据情况，教师对教学内容进行相应调整，适当干预，从而达到预期效果。

学生方面，课堂以学生为主体，从学生生成的数据出发，分享学生学习成果，在课堂上有归属感和成就感，学生参与度自然提高。

五、专家点评意见

基于学习数据的适应性这种教学模式，可以使教师更加准确地了解学生对数学原理的掌握情况，从而使教师能更好地制定更加精炼和高效的教学方式和方法，提高教师的教学效率，本节的教学设计有如下几个优点：

第一，大数据分析，让教师在课前了解学生的基本状况，此时教师可针对学生的状况，决定课堂上精讲的数学原理，同时在布置相应的课堂练习时能更加精炼、有效。

第二，课后还有反馈性练习，可以让教师更好地了解课堂上学生的理解情况，从钉钉作业再到平台上的数据反馈，可以更清晰地了解到学生的进步情况，方便教师安排往后的教学任务。

第三，能更好地照顾到每一类型的学生，课前微课的教学，让不同类型的学生能够根据自己的掌握情况进行课前预习，更好地实行了"因材施教"的教学策略。

当然，本案例的不足之处在于我们看不到教师做了什么，是些什么内容？复习了具体的哪些活动等，在设计中，应该说清楚。

点评专家： 张青云，东莞市东莞中学松山湖学校，中学数学正高级教师，广东省名教师工作室主持人。

教学视频

《位置与坐标》 单元复习

一、基本信息

课型： 复习课　　　　　　　　　　　　　　**课时：** 第一课时
学校： 佛山市顺德区容桂四基初级中学　　　**授课教师：** 李晓丹
学科（版本）： 初中数学（北师大版）　　　**年级：** 八年级上学期

二、教学分析

教学目标	1. 复习本章，发展空间观念。 2. 进一步发展数形结合意识和应用意识，更直观地认识几何。 3. 能结合具体情境灵活运用多种方式确定物体位置
教学评价	1. 关注学生参与观察、讨论等活动的主动程度。 2. 关注学生对思考结果的表达，以及交流的程度和水平。 3. 关注对学生学习评价的多样性
教学内容	北师大版数学八年级上册第三章《坐标与位置》整章： 1. 确定物体的位置。 2. 平面直角坐标系的构成。 3. 坐标轴上的点，点到坐标轴的距离。 4. 轴对称与坐标变化，平行于坐标轴线段上的点（x 轴、y 轴）。 5. 轴对称与坐标变化，与坐标轴对称的点（x 轴、y 轴、原点）。 6. 坐标轴与其他章节（函数、图形）内容综合应用

续上表

学情 分析	此班级数学成绩平均处于中等偏上，班级优等生少，中等生所占比例大，学困生占比也不少。对数学学习兴趣较为浓厚，但课堂学习效率不高，复习课效果不佳。 　　《坐标与位置》这章内容较为基础，所以常以选择题、填空题等类型考查，但坐标又是综合题的背景之一，所以学习重难点放在与其他章节的综合运用上
教学重、 难点	坐标轴与其他章节（函数、图形）内容综合应用
技术应用 重、难点	1. 网络平台组卷功能。 2. 及时分析测验数据功能。 3. 分层功能
教学环境 与资源	高分云教学平台；第三章复习课件；学生自己录的微课等
学习数据的应用及其优势	
传统教学 困境	1. 复习课形式单一，主要都是教师讲解、学生做练习，复习效率不高，不能有效发挥学生主体性。 　　2. 学生在复习课上不能准确地找出自己薄弱的知识点并有针对性地进行查漏补缺
学习数据的 应用及其优势	1. 真正做到学生自主学习、复习。对于学生学习的薄弱点即刻分析，便于学生和教师的当堂反馈。 　　2. 学生通过课前任务即可对自己的薄弱知识点有个大概了解，从而带着疑问进入课堂，真正成为学习的主人

三、教学过程

一、课前复习		
学习目标	师生活动	技术支持
1. 学生对简单知识点的复习。 　　2. 学生对本章复习知识点有个大致回忆与了解	1. 教师发布复习课件，学生自行浏览复习。 　　2. 按照教师要求完成复习任务： 任务1：自己录制微课并上传。要求：第三章重点知识点，2~3个搭配例题讲解。 任务2：完成前测（8道客观题）	高分云平台

续上表

基于学习数据的课前学情诊断	1. 学生对识记性知识（第1、6、7题）未完全掌握，需要在课堂上讲解。 2. 学生对综合性理解题目（第8题）：关于坐标与三角形综合，完全不掌握，需要在课堂重点讲解及训练。 一.1 64%　一.2 82%　一.3 78%　一.4 86%　一.5 78% 一.6 60%　一.7 68%　一.8 35%
二次备课说明	1. 增加了综合性理解题目（选择题、填空题）。 2. 针对薄弱知识点增加两个例题

二、课中复习

（一）课前反馈

学习目标	师生活动	技术支持
1. 解决识记性知识点。 2. 回顾本章节的重要知识点。 3. 学习归纳知识点的能力	1. 教师展示课前小测错误率较高题目。请学生讲解，教师点拨，拓展。 2. 观看学生录制的微课，请学生讲解课前预习时归纳的知识点	1. 推白板功能，提高学生讨论问题效率。 2. 观看学生录制的微课，活跃课堂气氛

（二）小组合作

学习目标	师生活动	技术支持
1. 关于坐标与其他知识综合的学习。 2. 小组讨论，解决一部分问题。 3. 对于这部分题目进行知识的迁移	1. 教师给出两道例题，学生自觉完成后小组讨论。 2. 开展小组讨论。对于不明白的问题尽量在小组里弄懂。 3. 讨论后，教师将推送各学生的答案，进行互批。 4. 学生展示讨论成果。 5. 教师进行错例分析、讲解及点拨	1. 白板功能。 2. 班里互批，学生做"小老师"

续上表

	（三）课堂检测	
学习目标	师生活动	技术支持
1. 检测本节课学习情况。 2. 查缺补漏，对学生未掌握知识点再进行讲解	1. 教师在高分云平台推送小测题。 2. 规定5分钟时间内，学生完成小测题	高分云平台
基于学习数据的课中精准教学分析	1. 全班掌握识记性知识达90%以上。 2. 对于综合性题目有一点提高，但效果不明显。说明学生对于知识还不能做到综合运用，还需要加强方法指导	

三、课后作业反馈

学习目标	师生活动	技术支持
1. 强化应用性知识和学生数形结合思想。 2. 了解学生对于新形式的课堂学习的看法	1. 一道综合性应用题目，学生课后完成。 2. 一份关于前置任务的调查问卷	高分云平台
基于学习数据的课后个性辅导分析	1. 中低水平层次学生基本能完成解答题的第一问，个别能完成到第二问。五分之二的优生，6~7人能写出第三问。说明课后学生对于综合性知识有了进一步的掌握。 2. 前置任务对其课堂学习是否有帮助： 3.你认为课前任务对你的课堂学习有帮助吗？[单选题]* |	〇有	〇有一点	〇没有
---	---	---	---
A组	58.82%	41.18%	0%
B组	76.47%	17.65%	5.88%
C组	70.59%	22.22%	7.19% | ■A组　■B组　■C组 3. 知识掌握程度：	

续上表

基于学习数据的 课后个性辅导分析	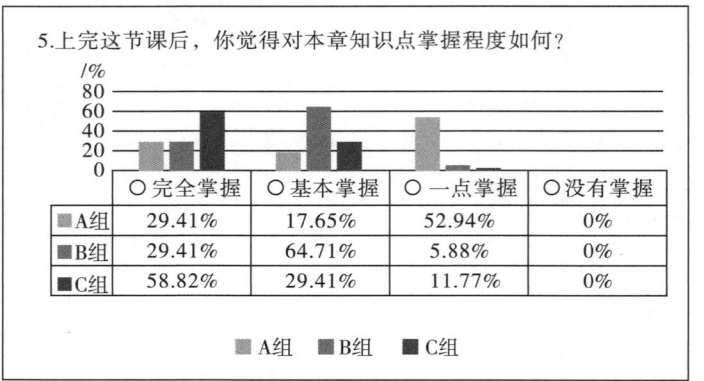 调查结论：①96%的学生认为前置任务对自己课堂学习质量有帮助；②80%的学生认为自己基本掌握了本节课知识点，与后测成绩基本相符

四、教学反思

（一）学习数据分析

课前数据反映了学生课前复习的效率不高，但总体来说，比传统的课堂效率提高了一点。

课后调查表明，96%的学生表示前置任务对自己的学习有所帮助，具体表现在：①更清楚复习的知识点；②对于重难点会自己尝试解决，解决不了的时候在课堂上会更认真听讲，更认真参与小组讨论。

课中的数据反映，课前布置的任务对于课堂学习有所帮助，加上同学和教师的讲解，本章知识点掌握率在85%以上，识记性的知识掌握率在90%以上。

课后的综合性解答题显示学生在课堂上的所学知识（针对选择题、填空题）可以迁移到解答题上，对于学生的学习情况有所帮助。

（二）教学效果分析

（1）应用新教学模式后的课堂显得更为活跃，学生的参与度明显提高，学习兴趣浓厚，学生学习更投入。

（2）对于课中的重难点反馈，由于学生已经事前录制微课讲解过，所以更容易理解教师讲的例题，能更加精准地进行复习。

（3）对于综合性、应用性强的知识点，学生掌握情况仍然不理想，但比之前有了进步，针对此类型题目，教师可以继续利用课堂和课后时间加强指导。

（三）教学模式提炼

对于数学复习课，教学模式（见图1）。

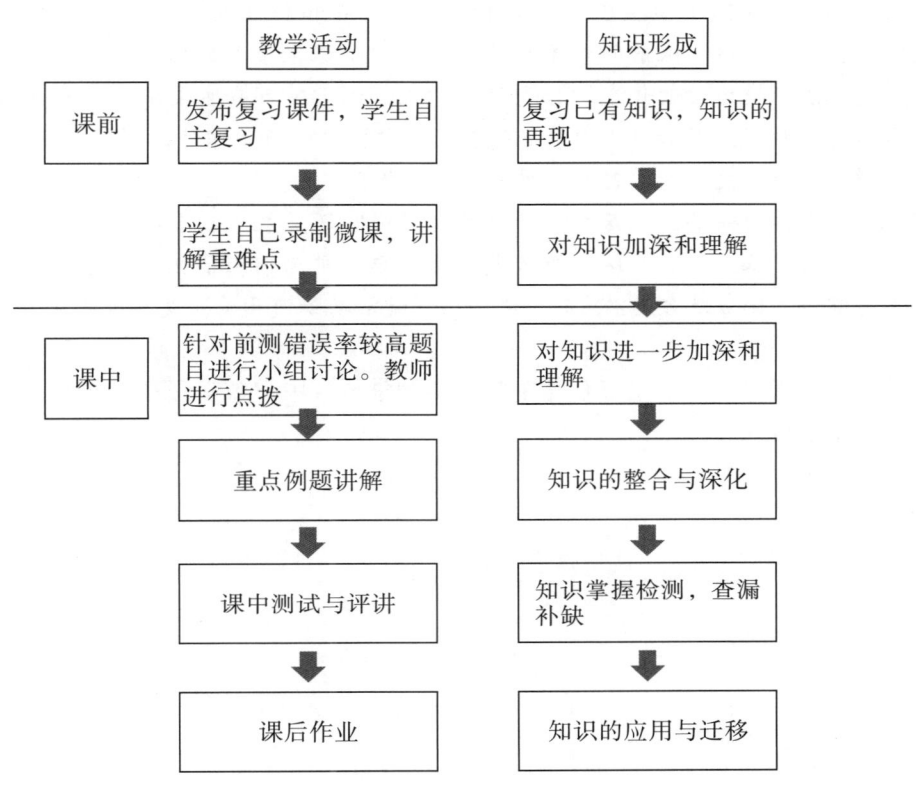

图 1 教学模式

（四）教学改进方案

（1）课前任务方面，教师可以多设计几项复习任务，学生挑选自己薄弱方面的任务予以完成，可以更好地发挥学生的主观能动性。

（2）优化前置任务，可以让学生在评论区留言自己弄不懂的，以及需要教师讲解的知识点，教师能更直观地看出学生薄弱的地方，结合课前小测的数据，更好地进行二次备课。

（3）对于在复习课中加强学生的综合应用能力方面，可以再讲解完例题之后马上做一道对应练习，练习后可以让小组长或者1、2号同学进行讲解，锻炼不同层次学生的能力。课后继续强化，加深知识的应用与迁移，能起到促进作用。

（4）课后的精准辅导可以参考课中小测的分层，对不同层次的学生进行分层训练，做到精准学习，效果会更佳。

五、专家点评意见

这是一节复习课，教师尝试采用小组合作与信息化融合的形式开展，打破了传统复习课上的形式，提高了学生在复习课上的学习兴趣和积极性。课前自行录制微课，让学生更加主动去学习。课前的电子测试则是二次备课很重要的依据，由此来最终确定课堂的重难点，把力量聚焦在综合型的问题上。课堂前部分主要解决了难度较小的高频错题，并且利用微课活跃课堂学习气氛。课中利用小组合作讨论形式来解决问题，教师辅助讲解，讲在关键处，大大提高了课堂效率。

但让人不太明白的是，这是初三的系统复习呢？还是基于初二年级的章学习后的章节复习？如果是基于初二年级的章节复习课的话，那为何在前测练习中，又出现了后面还没有学习的函数综合题？同时，教师的课堂活动如何开展，没有讲清楚。

点评专家：张青云，东莞市东莞中学松山湖学校，中学数学正高级教师，广东省名教师工作室主持人。

平方差公式（1）

一、基本信息

课型：新授课
学校：佛山市顺德区容桂红旗初级中学
学科（版本）：初中数学（北师大版）
课时：第一课时
授课教师：李东生
年级：七年级上学期

二、教学分析

教学目标	1. 经历探索平方差公式的过程。 2. 能运用公式进行简单的运算。 3. 在探索平方差公式的过程中，培养符号感和推理能力，培养学生观察、归纳、概括的能力
教学内容分析	北师大版本的《平方差公式》是七年级下册第一章第五节内容。平方差公式一共需要两个课时，本节课是第一课时内容。主要是对平方差公式进行推导和简单运用。平方差公式是在学习了同底数幂的乘法、幂的乘方与积的乘方、同底数幂的除法、整式乘法等知识的基础上，再继续学习的知识内容。在学生已经掌握了多项式乘法之后，自然过渡到具有特殊形式的多项式的乘法，是从一般到特殊的认知规律的典型范例。对它的学习和研究，不仅给出了特殊的多项式乘法的简便算法，而且为以后的因式分解、分式的化简、二次根式中的分母有理化、解一元二次方程、函数等内容奠定了基础，同时也为完全平方公式的学习提供了方法。因此，平方差公式在初中阶段的教学中也具有很重要地位，是初中阶段的第一个公式

续上表

学情分析	在七年级上学期，学生已经历具体问题符号化的过程，积累了自主探究、合作学习的经验，培养了一定的符号感和推理能力。同时，在整式运算等相关知识的学习过程中，学生经历了许多探究学习的过程，具有了一定的独立探究意识和从具体问题情境中抽象出数量关系和变化规律的能力。但学生的抽象思维能力、逻辑思维能力、数学符号化能力有限，理解平方差公式的推导过程和结构特点可能会有一定困难。所以教学中应尽可能多地让学生动手操作，突出平方差公式的探索过程，自主探索出平方差公式的基本形式，并用语言表述其结构特征，进一步发展学生的合情推理和演绎推理能力
技术应用重、难点	技术应用重点：利用高分云平台进行组卷：课前小测、课中检测、课后检测，诊断学生掌握知识情况；课堂的翻转。 技术应用难点：利用大数据进行学情的分析，通过诊断采取有效的措施
教学环境与资源	全朗高分云教学平台；《平方差（1）》课件；《平方差（1）》微课

三、教学过程

一、课前预习		
学习目标	学习活动	技术使用与功能评析
通过完成预习任务，了解平方差公式，并初步运用平方差公式进行简单的运算	教师：通过全朗高分云平台，发布学习任务（1）预习微课视频《平方差公式（1）》和学习任务（2）课前预习小测。 学生：完成学习任务（1）观看《平方差公式（1）》微课视频；完成学习任务（2）课前预习小测	【技术使用】 1. 利用全朗高分云平台推送微课视频。 2. 利用全朗高分云平台的组卷功能，生成课前预习小测，并在课前推送任务给学生。 【功能评析】 1. 通过平台的大数据功能，及时了解学生观看微课的情况。 2. 通过平台的批改功能，及时了解学生课前自主学习和掌握知识的基本情况。 3. 教师根据学生完成任务的情况进行二次备课

续上表

学习评价	进行课前预习小测，检测学生自主学习效果
基于学习数据的课前学情诊断	**客观题统计 正确率** 一.1 84%　一.2 86%　一.3 92%　一.4 69%　一.5 66% 　　从 1~3 题完成的准确率来说，大部分学生通过预习，对运用平方差公式进行简单的计算掌握得还算不错，有接近 85% 的过关率，不需花太多的时间点评，教师浏览学生答题情况，在课中的教学中，有针对性地解决学生存在的问题。 　　第 4、5 题教师点评，帮助学生找到了错误的原因，并让做错的学生进行修正。第 5 题带有符号变化的运算属于较难的问题，34% 的学生还不过关，在本节的教学中设法突破该难点
二次备课说明	加强符号运算习题的设计，使学生理解过关

二、课中互动教学

（一）答疑解惑

学习目标	学习活动	技术使用与功能评析
初步了解平方差公式	教师：点评第 4、5 题： 4. 下列各式能用平方差公式计算的是（　　） ① $(x-2y)(2y+x)$ ② $(x-2y)(-x-2y)$ ③ $(-x-2y)(x+2y)$ ④ $(x-2y)(-x+2y)$ A. ①②　　B. ②③ C. ①③　　D. ③④ 5. 下列各式中，计算结果为 $81-x^2$ 的是（　　） A. $(x+9)(x-9)$ B. $(x+9)(-x-9)$ C. $(-x+9)(-x-9)$ D. $(-x-9)(x-9)$ 学生：修正错误，带着疑问进行新课的学习	【技术使用】 利用全朗高分云平台的自动批改功能，并使用平台的分析数据。 【功能评析】 1. 通过平台的大数据功能，及时了解学生的答题情况，精准地知道有多少学生错误，错误率为多少，错误的学生是谁。 2. 通过平台的批改功能，及时了解学生错误的原因

续上表

(二) 探索平方差公式		
学习目标	学习活动	技术使用与功能评析
经历探索平方差公式的过程	教师：进行教学设计： 1. 计算下列各式： （1）$(x+2)(x-2)$ （2）$(x+y)(x-y)$ （3）$(1+2a)(1-2a)$ （4）$(4m+n)(4m-n)$ 观察思考： （1）等式左边的两多项式有什么特点？ （2）等式右边的多项式有什么规律？ （3）你能归纳出上述等式的规律吗？ 猜想：$(a+b)(a-b)=$ _____ 2. 你能用你的发现快速计算出以下这个式子的结果吗？ $(a+b)(a-b)$ 学生：自主学习，合作交流，展示互动，纠错修正。 归纳规律：（1）左边是两个数的和乘以这两个数的差。 （2）右边是这两个数的平方的差。 引出平方差公式的概念：两数和与这两数差的积，等于它们的平方差。 （3）初步总结平方差公式的特征：左边有一项完全相同，另一项是互为相反数；右边相同项的平方减去互为相反数项的平方	【技术使用】 1. 利用全朗高分云平台的白板功能和学生互批功能。 2. 利用平台的倒计时功能。 3. 平板拍照上传。 【功能评析】 1. 调动学生课堂参与的积极性。 2. 及时展示学生学习成果，提高课堂效率。 3. 通过互批增强课堂师生、生生互动

(三) 运用公式进行简单的运算		
学习目标	学习活动	技术使用与功能评析
用公式进行简单的运算	例1. 你能运用平方差公式完成以下计算吗？ （1）$(x+1)(x-1)$ （2）$(y+3)(y-3)$ （3）$(1-2x)(1+2x)$ 例2. 请你判断下列式子能否用平方差公式？ （1）$(5-y)(5+y)$	【技术使用】 1. 利用全朗高分云平台的白板功能和学生互批功能。 2. 利用平台的倒计时功能。 3. 平板拍照上传

续上表

学习目标	学习活动	技术使用与功能评析
	(2) $-a+3$ $(a+3)$ (3) $(m+4)$ $(-m-4)$ (4) $(m-2)$ $(m-2)$ (5) $(-2a+b)$ $(b-2a)$ 例3. 计算： (1) $(a+3b)$ $(a-3b)$ (2) $(1-5y)$ $(1+5y)$ (3) $(3+2a)$ $(-3+2a)$ (4) $(-x-1)$ $(1-x)$	【功能评析】 1. 调动学生课堂参与的积极性。 2. 及时展示学生学习成果，提高课堂效率。 3. 通过互批增强课堂师生、生生互动

（四）课堂小结

学习目标	学习活动	技术使用与功能评析
培养学生的归纳、概括能力	师生互相交流本堂课上应该掌握的平方差公式，教师对课堂上发现的学生掌握不好的地方给以强调，特别要注意符号发生变化的，如何根据式子的特征进行公式运用	【技术使用】 PPT投屏问题，学生思考回答。 【功能评析】 了解学生的掌握情况

（五）课堂检测

学习目标	学习活动	技术使用与功能评析
能运用公式进行运算	1. 计算 $(3a-b)(3a+b)$ 的结果等于（　） A. $9a^2+b^2$　B. $3a^2-b^2$ C. $9a^2-b^2$　D. $3a^2+b^2$ 2. $(-x+y)($　$) = x^2-y^2$，其中括号内的是（　） A. $-x-y$　B. $-x+y$ C. $x-y$　D. $x+y$ 3. $(4x^2-5y)$ 需乘以下列哪个式子，才能使用平方差公式进行计算（　） A. $-4x^2-5y$　B. $-4x^2+5y$ C. $(4x^2-5y)^2$　D. $(4x^2+5y)^2$	【技术使用】 1. 高分云平台推送检测任务。 2. 平台即时批改、即时反馈检测结果。 3. 倒计时限时训练。 【功能评析】 1. 调动学生课堂参与的积极性。 2. 及时反馈测试结果，提高课堂效率。 3. 增强课堂师生、生生互动

续上表

学习目标	学习活动	技术使用与功能评析
	4. 下列计算正确的是（　　） A. $(2x+3)(2x-3)=2x^2-9$ B. $(x+4)(x-4)=x^2-4$ C. $(x+5)(x-6)=x^2-30$ D. $(-1+4b)(-1-4b)=1-16b^2$ 5. 已知 $a+b=4$，$a-b=3$，则 $a^2-b^2=$（　　） A. 4　　B. 3　　C. 12　　D. 1 6. $(x+2)(x-2)(x^2+4)$ 的计算结果是（　　） A. x^4+16　　B. $-x^4-16$ C. x^4-16　　D. $16-x^4$ 7. 计算 $(2+1)(2^2+1)(2^4+1)(2^8+1)$ 得（　　） A. $2^{16}-1$　　B. 2^9+1 C. 2^9-1　　D. $2^{16}+1$ 8. 如果用平方差公式计算 $(x-y+5)(x+y+5)$，则可将原式变形为（　　） A. $[(x-y)+5][(x+y)+5]$ B. $[(x-y)+5][(x-y)-5]$ C. $[(x+5)-y][(x+5)+y]$ D. $[x-(y+5)][x+(y+5)]$	
基于学习数据的课中精准教学分析	通过点评课前预习检测和课后作业中错误率较高的题目后，再次进行二次备课，课前预习检测中错误问题得到了解决，效果明显。但当平方差公式的系数较复杂时，学生思维转变不过来；另外，学生的逆向思维也容易出错。在下节课的教学设计时，要有针对性地解决学生的学习障碍	
学习评价	进行当堂检测，检测学生课堂学习效果	

三、课后作业

学习目标	学习活动	技术使用与功能评析
能运用公式进行运算	教师：利用高分云平台在线生成检测试题，并发布课后检测任务。 学生：当天完成课后检测任务	教师利用高分云平台在线生成检测试题，并发布课后检测任务
基于学习数据的课后个性辅导分析	通过课前、课中、课后作业，全朗高分云教学平台可以向教师提供基础较薄弱的学生名单，并且通过具体的题目和选项，教师能分析出学生存在的问题，做到一对一精准辅导	
学习评价	通过高分云平台发布检测任务	

四、教学反思

（一）学习数据分析

教师利用高分云平台在线生成当堂检测试题，并发布课中检测任务。1 名学生因平板出现故障未能及时完成。运用高分云平台进行课中检测，学生做题后可马上掌握学生的学习效果。

707 班在规定时间内完成的情况如图 1 所示。

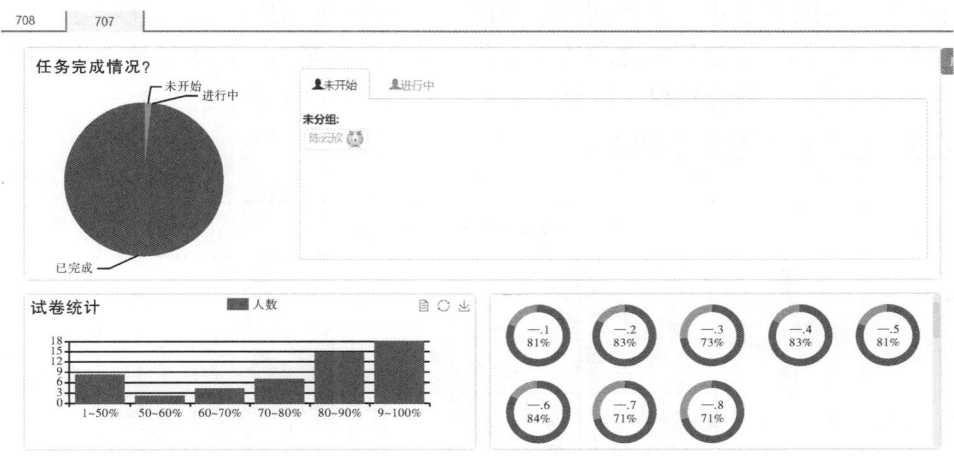

图 1　707 班的完成情况

708 班在规定时间内完成的情况如图 2 所示。

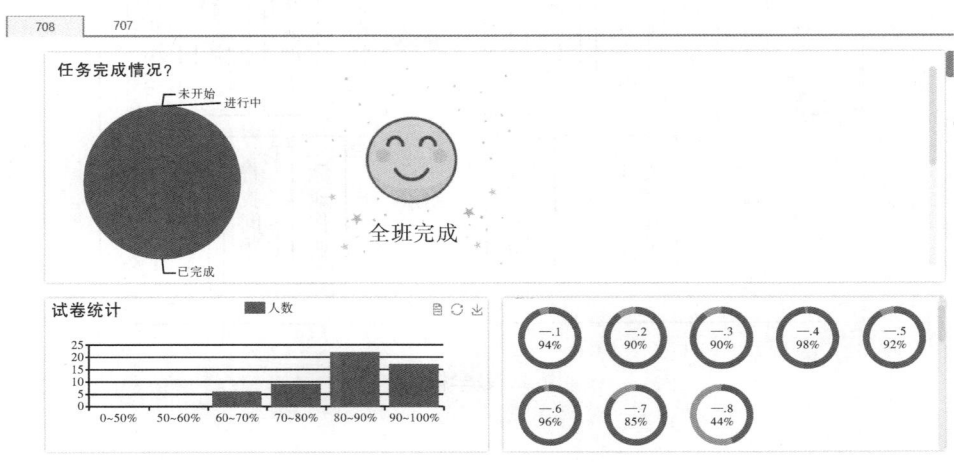

图 2　708 班的完成情况

从平台的大数据分析统计来看，707 班 1~6 题准确率在 80% 以上，708 班 1~6 题准确率在 90% 以上，绝大部分学生平方差公式掌握得很好；也可以看出，对于基础部分，708 班优于 707 班。教师根据所教的班级进行对比，针对性地进行点评和教学。

从每道题的统计情况来看，学生完成第 7、8 题的情况稍差些，教师可进行及时点评，再让不过关的学生修正，这样可以进行精准教学，从而提高课堂效率。

（二）教学效果分析

以任务驱动教学，让学生独立思考，探索平方差公式，学生完成拍照上传，学生互批和适时交流，学习效果不错。

在课中的例题教学中，教师利用平台的白板功能——拍照上传、互批互改，让每一位学生积极参与，增加师生之间的互动和生生之间的互动。从中了解学生掌握情况和随时了解学生认真听课情况，让他们有紧张感，以端正学习态度。

（三）教学模式提炼（见图 3）

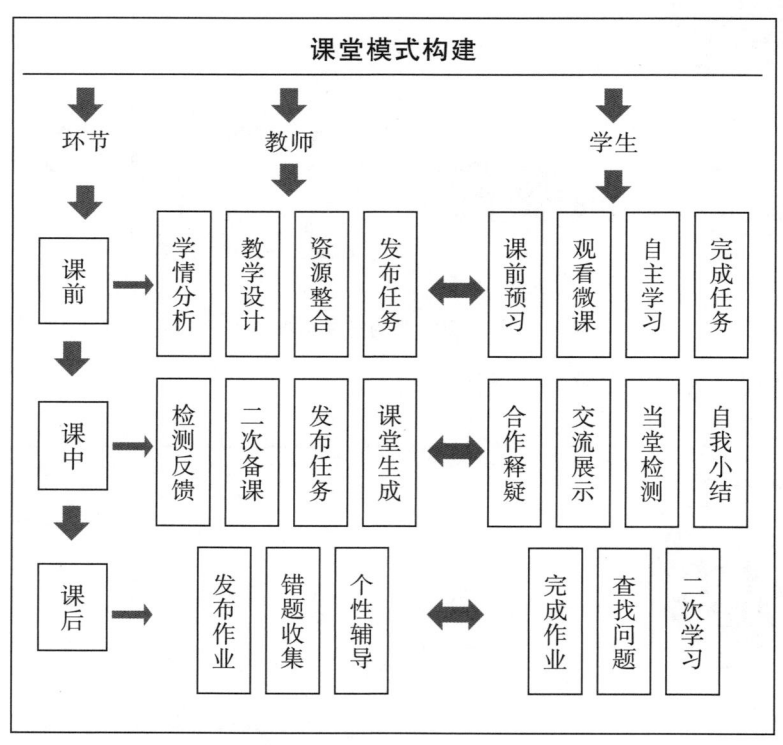

图 3　教学模式

（四）教学改进方案

1. 解决学生课堂学习专注度、参与度的问题

相比传统教学，学生是在教师的平板监控下进行上课的。也就是说在授课的过程中，可对学生学习进行及时有效的管理和监督，比如谁未及时完成，名单会投屏在屏幕上。另外，加强了过程监控，也就是让学生练习完，马上把作品拍照上传，平台会展示出每位学生的作品，可以互批、互改，进行及时的点评。这样做，对能及时完成上传的学生表扬加分，学生还是很积极的，也能从作品中发现典型的错误，以提高教学效果。

2. 探讨课堂师生互动问题

师生互动：选用高分云平台进行课中检测，即时反馈，参与度高；针对课堂的主观题的学习，学生在练习本上写出答题过程，拍照上传，通过平台展示了全体学生的学习成果，老师可从平台观察到每一个学生的作品，无形中加强了师生的互动。

生生互动：课堂上，学生在平台上也可以看到其他同学上传的图片，教师利用全班互批功能，让同学们互相取长补短；也可让学生进行互相点评，课堂上不懂的地方通过学生的互相质疑、思维碰撞，可得到较好的解决。

教学研究，任重道远，以上是笔者一节课的设计、体会和反思。选择在移动互联的环境下教学，会有不同的做法和想法。无论怎样的选择和做法，一定要基于在提高教学效果和学生的学习效率上去思考。

五、专家点评意见

本案例的设计，采用信息化与课程融合，通过翻转课堂的形式，让学生先学再教，很好地把握住学生学情，精准定位到学生学习的薄弱环节。利用学生课前学习后的习题反馈，对不同班级进行不同的二次备课，使课堂教学更加有针对性。课堂遵循了公式原理的学习路径，从具体例子的探索尝试，逐步推导归纳出结论，再把结论应用到具体的例子中，可以很好地把信息化和知识教授融合，既不会脱离原理教学的基本原则，又可把信息化的优势充分发挥。

点评专家：张青云，东莞市东莞中学松山湖学校，中学数学正高级教师，广东省名教师工作室主持人。

教学视频

等腰三角形复习课

一、基本信息

课型：复习课　　　　　　　　　　　　　课时：第一课时
学校：佛山市顺德区容桂容里初级中学　　授课教师：何言彩
学科（版本）：数学（北师大版）　　　　年级：九年级下学期

二、教学分析

教学 目标	1. 了解等腰三角形、等边三角形的概念。 2. 掌握等腰三角形的性质定理：等腰三角形的两底角相等；底边上的高线、中线及顶角平分线重合。掌握等腰三角形的判定定理：有两个角相等的三角形是等腰三角形。掌握等边三角形的性质定理：等边三角形的各角都等于60°。掌握等边三角形的判定定理：三个角都相等的三角形（或有一个角是60°。掌握等腰三角形）是等边三角形。并运用这些性质和判定定理进行相关的几何推理证明和计算。 3. 渗透分类讨论和转化的数学思想，发展合情推理，培养观察、分析、归纳问题的能力，启发引导学生体会合情推理与演绎的相互依赖和相互补充的辩证关系。 4. 在运用数学知识解答问题的活动中获取成功的体验，建立学习的自信心，以及独立思考的良好学习习惯
教学 内容 分析	1. 教学内容的地位：等腰三角形是在一个图形中存在的边、角的数量关系间相互转化的案例。从方法上，创设了一种说明等边、等角或构造等边、等角的全新方法。同时它也是进一步探究三角形中的边、角关系的起点。 2. 教学重点： （1）复习等腰三角形的性质定理：等腰三角形的两底角相等；等腰三角形的判定定理：有两个角相等的三角形是等腰三角形，并进行相关的几何证明和计算。 （2）复习等边三角形的性质定理：等边三角形的各角都等于60°；等边三角形的判定定理：三个角都相等的三角形（或有一个角是60°的等腰三角形）是等边三角形，并进行相关的几何证明和计算。 3. 教学难点：分类讨论思想和转化数学思想的灵活运用

续上表

学情分析	等腰三角形是在学习了平行线、全等三角形和轴对称图形等知识之后学习的。等腰三角形是探究三角形中的边、角关系的起点。学好等腰三角形会大大提高学生几何推理能力，为今后的几何学习打下坚实的基础。等腰三角形的性质和判定定理是证明线段相等和角相等的重要依据，在几何推理证明和计算上应用很广。等腰三角形也是让学生进一步体会分类讨论思想和转化思想的重要章节，进一步提高学生分类讨论和转化的能力
技术应用重、难点	高分云平台和钉钉教学平台的灵活运用
教学环境与资源	高分云平台；钉钉教学平台；白板教学工具；屏幕书写工具；PPT 课件

三、教学过程

一、课前小测		
学习目标	学习活动	技术使用与功能评析
1. 检查学生对等腰三角形、等边三角形相关概念的了解情况。 　　2. 让学生初步体会分类讨论和转化的数学思想。检查学生分类讨论和转化的运用能力。 　　3. 培养学生自主学习的能力	学生：在前一天晚上进入高分云平台按教师要求分层完成课前小测。要求：选择题全班同学完成；解答题分层完成：小组3、4号完成第1小题，1、2号完成第2小题。选择题直接选答案，解答题先用练习本完成后拍照上传到高分云平台相应作答位置。 　　教师：提前一天在高分云平台上发布课前分层小测内容，审阅并批改学生提交的课前小测答案，结合高分云平台对学生小测得分数据进行分析，对学生的薄弱点进行点评并及时调整课中教学活动	【技术使用】 　　1. 教学平台推送测试题目功能。 　　2. 高分云平台在线自主学习功能。 　　3. 上传学习资料及作业练习功能。 　　4. 检测做题情况，数据统计功能。 【功能评析】 　　1. 学生薄弱知识点汇总分析功能。 　　2. 学生自主学习评估功能
学习评价	高分云教学平台自动生成的学生学习数据，记录学生学习轨迹，学生完成情况评价	

续上表

基于学习数据的课前学情诊断	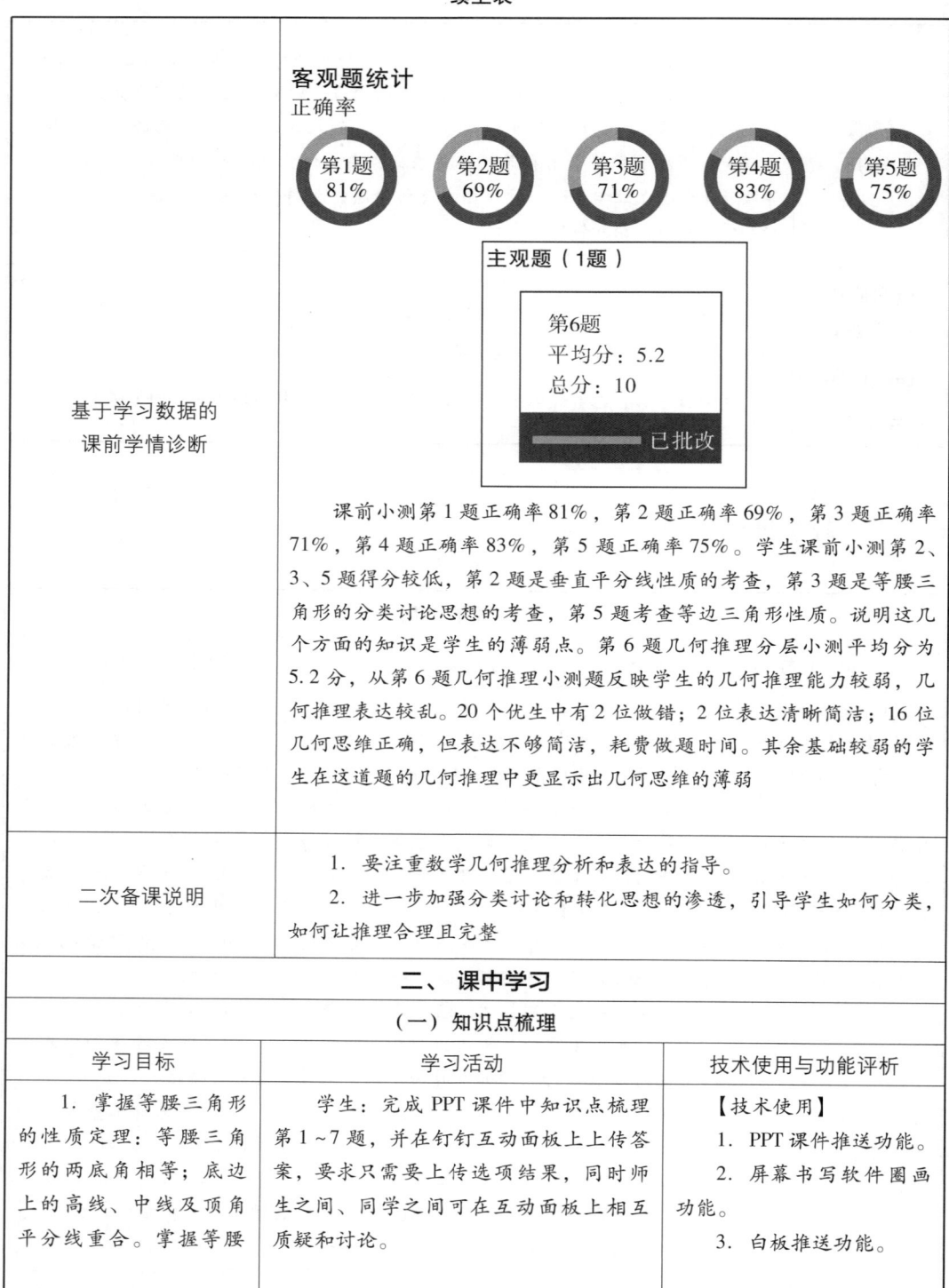 课前小测第1题正确率81%，第2题正确率69%，第3题正确率71%，第4题正确率83%，第5题正确率75%。学生课前小测第2、3、5题得分较低，第2题是垂直平分线性质的考查，第3题是等腰三角形的分类讨论思想的考查，第5题考查等边三角形性质。说明这几个方面的知识是学生的薄弱点。第6题几何推理分层小测平均分为5.2分，从第6题几何推理小测题反映学生的几何推理能力较弱，几何推理表达较乱。20个优生中有2位做错；2位表达清晰简洁；16位几何思维正确，但表达不够简洁，耗费做题时间。其余基础较弱的学生在这道题的几何推理中更显示出几何思维的薄弱
二次备课说明	1. 要注重数学几何推理分析和表达的指导。 2. 进一步加强分类讨论和转化思想的渗透，引导学生如何分类，如何让推理合理且完整

二、课中学习

（一）知识点梳理

学习目标	学习活动	技术使用与功能评析
1. 掌握等腰三角形的性质定理：等腰三角形的两底角相等；底边上的高线、中线及顶角平分线重合。掌握等腰	学生：完成PPT课件中知识点梳理第1~7题，并在钉钉互动面板上上传答案，要求只需要上传选项结果，同时师生之间、同学之间可在互动面板上相互质疑和讨论。	【技术使用】 1. PPT课件推送功能。 2. 屏幕书写软件圈画功能。 3. 白板推送功能。

续上表

学习目标	学习活动	技术使用与功能评析
三角形的判定定理：有两个角相等的三角形是等腰三角形。 2. 掌握等边三角形的性质定理：等边三角形的各角都等于60°。掌握等边三角形的判定定理：三个角都相等的三角形（或有一个角是60°的等腰三角形）是等边三角形。 3. 运用这些性质和判定定理进行相关的几何推理证明和计算。 4. 培养学生独立思考的能力	教师：利用PPT课件发布任务，结合学生上传的答案，有针对性地开展点评，再利用PPT课件展示讲解，并总结归纳知识点和数学方法	4. 钉钉互动面板任务统计情况功能。 5. 数据分析功能。 【功能评析】 1. 梳理本章节有关的知识点，激发梳理知识结构的主动性。 2. 及时展示学生的练习答案，提高课堂效率。 3. 增强课堂师生、生生互动，合作交流

（二）考点探究

学习目标	学习活动	技术使用与功能评析
1. 运用等腰三角形的性质和判定定理进行分类讨论。 2. 进一步渗透分类讨论的数学思想。 3. 培养学生主动质疑的精神	学生：完成PPT课件中考点探究第1题、第2题变式1和变式2，并在钉钉互动面板上上传答案，要求只需要上传选项结果，同时师生之间、同学之间可在互动面板上相互质疑和讨论。 教师：利用PPT课件发布任务，结合学生上传的答案，有针对性地开展点评，再利用PPT课件展示讲解，并总结归纳知识点和进一步渗透分类讨论的数学思想。教师进行对"分类讨论"思想的点拨，引导学生进行分类，提出分类要点	【技术使用】 1. PPT课件推送功能。 2. 屏幕书写软件圈画功能。 3. 白板推送功能。 4. 钉钉互动面板任务统计情况功能。 5. 数据分析功能。 【功能评析】 1. 调动学生课堂参与积极性。 2. 及时展示学生作答结果，提高课堂效率。 3. 增强课堂师生、生生互动，合作交流

续上表

	（三）中考链接	
学习目标	学习活动	技术使用与功能评析
1. 链接中考，提炼中考基本构图：角平分线＋平行线构成等腰三角形，学习内容深化，提炼学习方法，一道题转化成一类题。 2. 进一步渗透转化的数学思想。 3. 培养学生自主探究的能力，获取成功的体验	学生：5分钟内分层完成PPT课件中考链接第1题变式2～5，其中普通学生完成变式2、4，优生完成变式3、5，要求先用练习本完成后把解答过程拍照上传到钉钉家校本指定位置，同时师生之间、同学之间可在互动面板上相互质疑和讨论。 教师：利用PPT课件和钉钉家校本同时发布任务，结合学生拍照上传的答案。教师在后台统计上交人数，了解学生作答速度，并初步审阅已上传提交的学生的解答过程，根据学生的错题和多样的解法，推送出学生中的典例开展有针对性地点评，最后教师总结归纳知识点和转化的数学思想，教师进行对"转化"思想的点拨，引导学生进行转化，提出转化要点	【技术使用】 1. PPT课件推送功能。 2. 屏幕书写软件圈画功能。 3. 白板推送功能。 4. 钉钉家校本任务统计情况功能。 5. 数据分析功能。 6. 拍照上传功能。 【功能评析】 1. 调动学生课堂参与积极性。 2. 及时展示学生作答结果，提高课堂效率。 3. 增强课堂师生、生生互动，合作交流
基于学习数据的课中精准教学分析	1. 根据学生家校本拍照上传的数量和速度，检查在线人数和学生的关注度，其中能按时拍照上传家校本的有46位同学，7位同学没有及时上传。 2. 从学生家校本拍照上传的解题过程中可看出，学生的几何推理明显提高，答题也规范简洁了。其中优生有11位能简洁表达证明过程，比课前小测增加了9位	
学习评价	钉钉教学平台记录学生学习数据，学生完成情况评价	

三、课后小测

学习目标	学习活动	技术使用与功能评析
跟踪测试，及时反馈，激发学习积极性	学生：在当天课后进入高分云平台按教师要求分层完成课后小测。要求：选择题全班同学完成；解答题分层完成：小组3、4号完成第1小题，1、2号完成第2小题。选择题直接选答案，解答题先用练习本完成后拍照上传到高分云平台相应作答位置。	【技术使用】 1. 高分云平台在线自主学习功能。 2. 检测做题情况，统计数据功能。

续上表

学习目标	学习活动	技术使用与功能评析
	教师：在课程结束后及时在高分云平台上发布课后分层小测内容，审阅并批改学生提交的课前小测答案，结合高分云平台对学生小测得分数据进行分析，为下一阶段的教学调整方式方法	【功能评析】 1. 及时反馈学习效果。 2. 调整教学方式方法
基于学习数据的课后个性辅导分析	客观题统计 正确率 第1题 60%　第2题 66%　第3题 78%　第4题 86%　第5题 80% 主观题（1题） 第6题 平均分：4.1 总分：10 已批改 课后小测第1题正确率为60%，第2题正确率为66%，第3题正确率为78%，第4题正确率为86%，第5题正确率为80%，第6题几何推理分层小测平均分为4.1分，总体得分比课前小测低	
学习评价	高分云教学平台自动生成的学生学习数据，及时反馈学习效果	

四、教学反思

（一）学习数据分析

从课前课后分层小测数据看，第1题角平分线的性质的正确率由81%下降到60%，第2题垂直平分线的正确率由69%变为66%，第3题等腰三角形分类讨论的正确率由71%上升到78%，第4题等腰三角形判别及分类讨论的正确率由83%上升到86%，第5题等边三角形性质的正确率由75%上升到80%，第6题几何推理分层小测平均分由5.2下降到4.1。

（二）教学效果分析

对比课前小测和课后小测数据，在知识点相同，但课后小测对学生的能力要求更高的情况下，选择题的正确率仍总体上有所提高，可以反映出学生在学习完本节课后对等腰三角形相关知识点的掌握与运用都有所进步。虽然第 6 题的几何推理得分下降，但这主要是因为课后小测较课前小测难度更大，考查更综合。

本节课从课前小测入手进行变式，课前、课中、课后都进行了分层教学。分层、变式练习都做得很到位，也都贯穿到了课前课中。初三中考复习课对知识的综合运用能力要求更高，对课时的容量要求也更大。如何把握最大限度的容量，那么精选优质有效的习题是关键。精讲多练，融会贯通是大容量的前提。本节课基本达到预设的教学效果，学生对等腰三角形的知识点的掌握提高了一个层次，特别是对于分类思想和转化思想的理解更透彻，独立思考的能力更强了。

（三）教学模式提炼：线上教学环境下"变式＋分层"的几何复习模式（见图1）

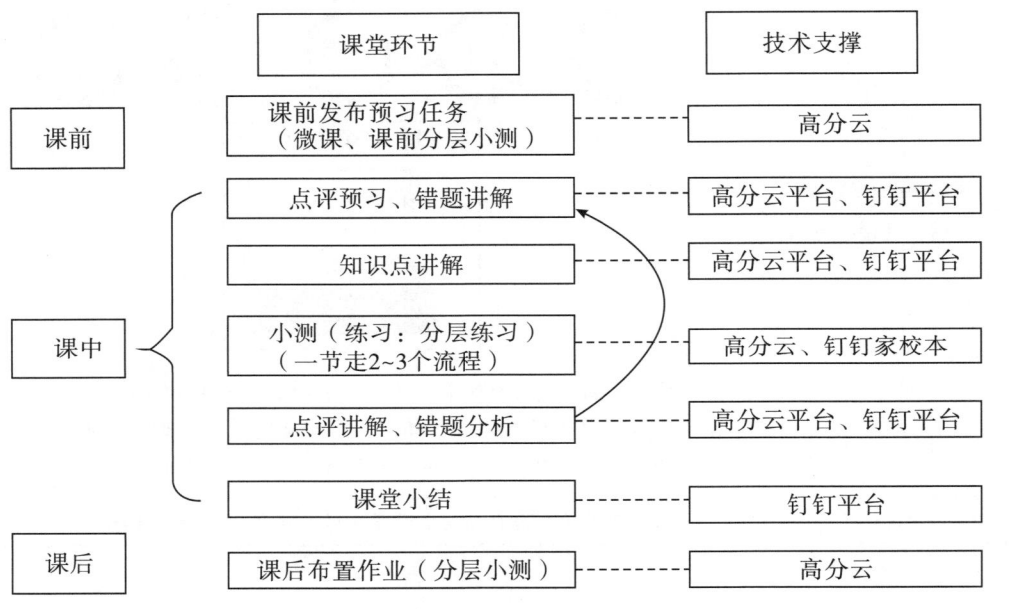

图 1　教学模式

（四）教学改进方案

（1）教学设计中留给学生的时间和空间偏少，导致学生发现问题、提出问题太少，长此以往会造成学生问题意识的淡化。在探索问题时，笔者也缺乏耐心急于把思路给出，学生因此容易产生思维惰性。故课堂上教师要为学生质疑创造足够的空间和时间，在问题解决过程中要多培养学生问题意识和发现问题、提出问题的能力。

（2）学生的学习是个漫长的过程，教师应该扮演指导者的角色，课堂要精讲多练，特别是线上教学，要以练代管。练习要按照学生的不同层次，更精准的设计好分层练习，同时课堂练习时间要紧凑些，讲解环节节奏可以适当加快些。

（3）防止优生"吃不饱"的现象，要适当把变式题目难度加大，给予优生更大的思维训练空间。

（4）要充分利用好高分云平台和钉钉家校本的作业功能，把这些功能灵活运用在课堂练习上。

（五）师生教与学的显著变化

（1）教师对线上教学的把控更强了，更突出了教学的目的，线上教学的效果也更加有效了。

（2）学生自主学习的能力更强了，对分类讨论和转化思想的要点更明确了。

（3）学生学会了由简单的知识演变成知识体系，把握了知识结构的提炼方法，学会了提炼知识的模式。

五、专家点评意见

复习课并非单纯地进行知识重述，而应是知识点的重新整合、深化与升华。教师通过知识点梳理引导学生自主复习，将已学过的知识进行自主整理、分类和整合，从整体上组成一个比较完整的知识网络系统，形成良好的认识结构。在中考链接环节中，为了让学生尽快融入这个模块的考点和易错点，教师针对知识的重点、学习的难点和学生的弱点，以典型的例题为载体，以数学思想为复习重点，对复习内容进行有机整合。同时充分运用线上教学的优势，根据复习内容和学情，做到易题精讲、陈题新讲，将简单的知识演变成知识体系。

点评专家：张青云，东莞市东莞中学松山湖学校，中学数学正高级教师，广东省名教师工作室主持人。

教学视频

平行四边形的性质（1）

一、基本信息

课型： 新授课 **课时：** 第一课时
学校： 佛山市顺德区梁开初级中学 **授课教师：** 陈晓丽
学科（版本）： 初中数学（北师大版） **年级：** 八年级下学期

二、教学分析

教学目标	（一）知识与技能 使学生掌握平行四边形的定义和性质，并会进行有关的论证和计算。 （二）过程与方法 1. 在知识探究过程中，能进行简单的推理，培养学生的动手实践能力。 2. 在知识归纳过程中，经过有条理的思考，提高学生的语言表达能力。 3. 在知识应用过程中，获取证明线段和角相等的新的数学方法，加强学生的逻辑推理能力。 （三）情感态度价值观 充分运用小组合作模式，使学生形成团队合作的意识、勇于探索，从而体验成功的快乐，树立学习数学的信心
教学内容分析	本节课选自北师大版八年级下册第六章第一课时，内容是平行四边形的概念和性质。 平行四边形是一种特殊的四边形，是图形与几何领域中最基本的几何图形之一，它在生活中有着十分广泛的应用。两组对边分别平行是平行四边形的本质属性。初中平行四边形的内容综合了平行线与三角形的相关知识。因此，平行四边形的学习是训练学生思维的良好平台。 平行四边形的性质是平行线和全等三角形等知识的延续和深入，也为后续学习矩形、菱形、正方形等积累更丰富的学习经验，在教材中起到承上启下的作用

续上表

学情分析	在小学，学生已经认识了平行四边形并了解了其相关性质，初中阶段研究平行四边形与小学最大的不同是建立平行四边形相关知识的逻辑结构体系。其核心的价值是应用平行线和全等三角形的相关知识及用逻辑推理的方法研究平行四边形的性质，在研究和应用中进一步发展学生的空间观念、几何直观和推理能力
技术应用重、难点	重点： 1. 学生课前、课中、课后学习的素材必须精心挑选与制作。 2. 使用平台功能的齐全，操作简单，生成数据丰富直观。 难点： 1. 平台及时智能化生成教学所需的数据。 2. 生成的大数据，如何更好地服务于教学
教学环境与资源	学生人手一台平板；智慧教育教学平台；《平行四边形的性质（1）》PPT课件；微课［包括《平行四边形的引入》《认识平行四边形》《平行四边形的性质（1）》等］；平行四边形的教具等

三、教学过程

一、课前预习、掌握学情			
学习目标	学习活动		技术使用与功能评析
1. 借助微课明确平行四边形的相关概念。 2. 借助微课初探平行四边形边、角的性质。 3. 能运用平行四边形的性质解决单一思维层次的题目	1. 先阅读课本第137～138页，再观看微课视频： 视频1内容：平行四边形的七个冷知识。 视频2内容：平行四边形相关概念的介绍。 视频3内容：平行四边形中心对称的操作演示和平行四边形性质的简单介绍。 ▶视频1平行四边形的引入　　▶视频2认识平行四边形　　▶视频3平行四边形的性质（一） 2. 完成"课前小测"：导学案中的【预习案】，完成后拍照上传平台：		【技术使用】 1. 智慧教学平台发布包括微课等资源，学生进行资源自学。 2. 智慧教学平台推送测试题检测学生预习情况。

续上表

学习目标	学习活动	技术使用与功能评析
	预习案 课前导学 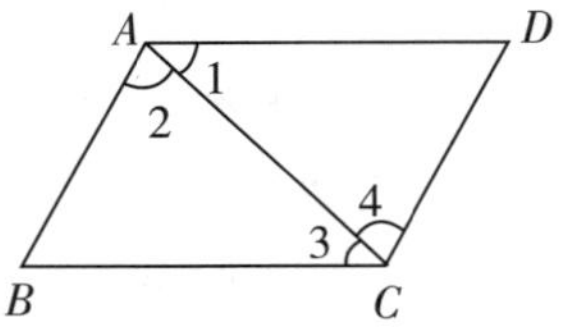 先阅读课本第 137~138 页，再观看微课视频，完成下列内容。 1. 如图， ∵ $AB // DC$，∴ ∠___ = ∠___， ∵ $AD // BC$，∴ ∠___ = ∠___。 2. 下列图案中是中心对称图形但不是轴对称图形的是（　　） A. 　　B. 　　C. 　　D.  3. 平行四边形：有___组对边分别_____的四边形是平行四边形．它是___对称图形。 4. 请用 符号语言 给平行四边形下个定义： ∵ ___ // ___，___ // ___ ∴ 四边形 $ABCD$ 是平行四边形。 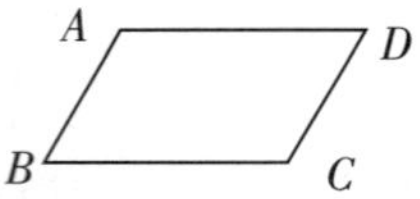 5. 平行四边形的数学符号是"▱"，平行四边形 $ABCD$ 可以记作：___。 读作：<u>平行四边形 $ABCD$</u>。 6. 对角线：平行四边形_____的两个顶点连成的线段叫作平行四边形的对角线。 如上图 ▱$ABCD$，可以连出___条对角线，它们分别是：___和___。 7. 请用图形、文字、符号三种语言整理平行四边形的性质。 图形语言： 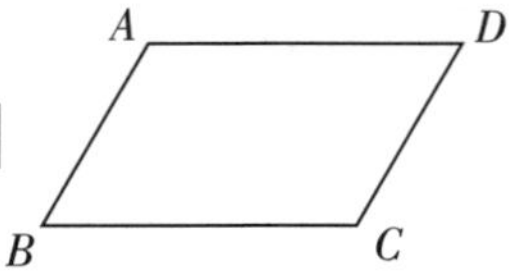	3. 平台智能批改后数据的生成与反馈（包括得分分布的条形统计图、反映正确率的扇形统计图和完成检测所用时间等的数据统计）。 【功能评析】 1. 学生在平台提交答题情况，系统即时智能化批改反馈，学生即时收到反馈以及每个题的详细解析过程，可以进行自我订正。 2. 教师通过平台检查学生的预习情况，通过系统统计数据做好预习反馈，根据预习情况进行二次备课，调整和完善上课流程

续上表

学习目标	学习活动	技术使用与功能评析

	文字语言：
	平行四边形的对边_____、对角_____。
	符号语言：
	∵ 四边形 ABCD 是平行四边形，
	∴ AD // BC，_____（平行四边形对边平行）；
	AD = BC，_____（平行四边形对边相等）；
	∠A = ∠C，_____（平行四边形对角相等）。
	
	尝试练习
	
	1. 在 ▱ABCD 中，AB = 5cm，那么 CD = ____ cm。
	2. 在 ▱ABCD 中，∠A = 65°，则 ∠D 的度数是（　　）
	A. 105°　B. 115°　C. 125°　D. 65°
	3. 如图，在 ▱AEFD 中，若 ∠2 = 50°，则 ∠1 的大小是（　　）
	A. 30°　B. 40°　C. 50°　D. 60°
	4. 如图，在 ▱ABCD 中，BE 平分 ∠ABC，BC = 5，DC = 3，则 EC 的长（　　）
	A. 1　B. 1.5　C. 2　D. 3 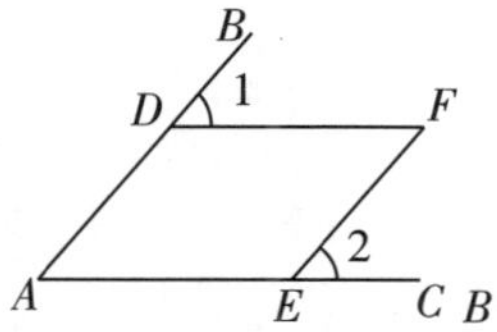
	
	第 3 题 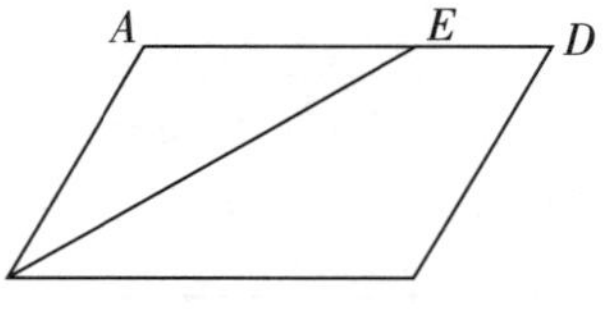　　　　第 4 题
	
	▶视频 尝试练习	

续上表

学习评价	通过教学平台自动生成的学生学习数据（包括学生答题用时、正确率、平均分、选择题、填空题提交答案的分布情况等），分析学生当前对知识的掌握程度
基于学习数据的课前学情诊断	课前诊断，确定学习起点。学生在导学案的引导下自主完成课前预习：阅读课本→观看微课→完成预习案→登录智慧教育平台完成预习检测，之后系统自动批改并生成预习报告，报告如下图显示：4道检测题，只有第2题有2个同学粗心做错，其他全对，并且做错同学通过观看题目配套解析或讲解视频，已经解决相关问题。  **客观题统计** 正确率 第1题 100%　第2题 96%　第3题 100%　第4题 100%
二次备课说明	基于预习检测报告分析，学生的掌握情况比较理想。因此，课堂关键在于知识的产生、知识的形成过程的探索，以及运用平行四边形的边角性质解决多元思维层次题目和关联思维层次的题目

二、课堂互动、合作探究

（一）预习展示、引入新课

学习目标	学习活动	技术使用与功能评析
师生互动，再识平行四边形的相关概念	师：请同学们欣赏这一组图片——小区的停车位，学校的伸缩门、楼梯的扶手等，我们都能看到平行四边形的身影。 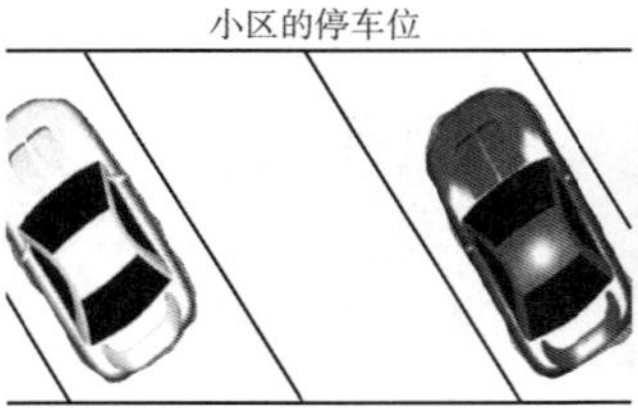 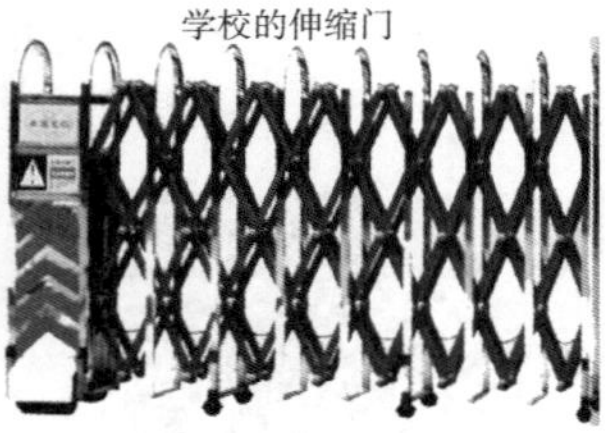  小区的停车位　　学校的伸缩门 楼梯的扶手	【技术使用】 1. 平板推送图片等学习资源。 2. 平台智能批改后数据的生成与反馈。

续上表

学习目标	学习活动	技术使用与功能评析
	师：生活中的平行四边形随处可见，它装点着我们的生活，服务着我们的生活，本节课我们将学习平行四边形的性质。（点题） 我们把什么样的图形称之为是平行四边形呢？ 生：两组对边分别平行的四边形叫平行四边形。 师：很好！用数学语言来说就是？ 生：∵ AB∥DC，AD∥BC　∴ 四边形 ABCD 是平行四边形。 师：（归纳）有一句话是这么说的：平行复平行，平行四边形。所以一定是两组对边平行的四边形才是平行四边形。 类比三角形的表示方法，平行四边形用"▱"这个符号来表示，这个平行四边形可以记作：符号后加四个字母，可以顺时针写，也可以逆时针写，读作：平行四边形 ABCD。 其中我们把不相邻的两个顶点连成的线段叫作平行四边形的对角线。如图▱ABCD，可以连出多少条对角线？ 生：两条。 师：它们分别是？ 生：线段 AC，线段 BD。 紧接着教师反馈点评学生课前预习案的完成情况，小组合作解决部分题目，教师进行个别题目（错误率高）的点拨	【功能评析】 1. 提升兴趣，调动学生课堂参与积极性。 2. 根据平台反馈的课前预习情况数据，直观展示学生的答题情况，让学生明确学习目的，帮助教师课堂做到精准点评

（二）合作交流、探索性质

学习目标	学习活动	技术使用与功能评析
动手操作，再探讨平行四边形边、角的性质	1. 问题： （1）平行四边形是中心对称图形吗？如果是，你能找出它的对称中心吗？小组合作，利用你手中工具（平行四边形纸片、圆规、三角板等）验证你的结论。 （2）平行四边形是一种特殊的四边形，由定义可知它的边有什么特殊性质？通过上述验证，你还发现平行四边形的哪些性质？ 2. 猜想：_____。 3. 验证你的猜想： 已知：如图，在▱ABCD 中， 求证：（1）$AB = CD$，$AD = BC$； （2）$\angle A = \angle C$，$\angle B = \angle D$。 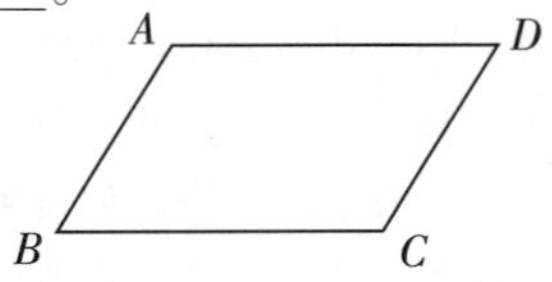	【技术使用】 1. 平板推送视频。 2. 在平台推送白板给每组组长，学生进行讨论交流后提交每个小组最后的讨论结果并进行展示交流。

续上表

学习目标	学习活动	技术使用与功能评析
	证明： 先独立思考完成，之后（1）题请打开书本 P136 页订正答案，（2）题请和小组内同学讨论交流各自想法，尝试多种解法解决。 师：初步认识平行四边形后，有人说：平行四边形颜值很高，看着很顺眼，这是为什么呢？通常我们看什么东西顺眼，八成是因为它对称，比如有些建筑、人脸、雪花等，它们都是轴对称图形，那平行四边形是轴对称图形吗？ 生：不是。 师：为什么？ 生：一般情况下，平行四边形无论沿任何一条直线对折，直线两侧的部分都不能完全重合。 学生利用手中的平行四边形纸片验证一下，上下折，左右折。 师：那它颜值高的秘密是什么？除了轴对称，还有其他的对称性吗？ 生：中心对称图形。 师：是吗？对称中心在哪？以小组为单位，利用手中的工具验证你的结论。 生：小组合作：用圆规将两个平行四边形固定，绕对角线交点旋转 $180°$，和原来图形重合。 师：请看大屏幕，老师也来验证一下。（教师借着多媒体动画进行演示） 所以，我们得到：平行四边形是中心对称图形，其对称中心是对角线的交点。 由平行四边形的定义可知，平行四边形具有两组对边分别平行这一性质，通过上述验证，你还发现平行四边形的哪些性质？ 生：平行四边形的对边相等、对角相等。 师：我们很难通过动手操作所有平行四边形来验证这一结论，因而，我们需用数学语言推理证明它的正确性，你能做到吗？请写出你的推理过程。 独立思考 5 分钟，小组讨论 3 分钟。 请同学上台给我们讲解第 2 小题——验证平行四边形对角相等。还有其他做法吗？	【功能评析】 1. 动态的视频能形象直观呈现图形的性质，有助于突破本节课的学习难点。 2. 协助学生合作交流，指引学生通过讨论解决本节课的重点

续上表

学习目标	学习活动	技术使用与功能评析
	借助智慧教育平台推送平板功能，每个小组提交一份讨论后的最终作品，小组之间相互点评。 接下来我们用图形、文字、符号三种语言整理所得到的平行四边形的性质。 图形语言： 文字语言：平行四边形的对边平行且相等、对角相等。 符号语言： ∵ 四边形 $ABCD$ 是平行四边形 ∴ $AD \parallel BC$，$AB \parallel DC$（平行四边形对边平行） $AD = BC$，$AB = DC$（平行四边形对边相等） $\angle A = \angle C$，$\angle B = \angle D$（平行四边形对角相等）	

（三）练习内化，理解性质

学习目标	学习活动	技术使用与功能评析
运用平行四边形的性质解决简单的几何问题，规范推理格式的书写	流程：教师推送评分标准→学生借助智慧教育平台互评功能进行互评→教师挑选推送典型的答题情况（包括满分示范以及典型错误）反馈存在问题→小组点评，教师点拨→教师推送变式训练。 运用平行四边形的性质，可以帮助我们解决许多问题，请完成下列练习。 解决四边形问题时，我们一般转化为熟悉的三角形问题来解决，由未知转化为已知，从而实现由繁化简的数学思考。（转化思想） 解题时，多从几个角度去思考会使我们的思维得到训练，通过比较我们会找出较简单的解题方法，希望同学们养成多思考、多比较的习惯，学好数学，并且较轻松地学好数学。	【技术使用】 1. 平台推送微课进行题目讲评。 2. 平台智能批改后数据的生成与反馈。 3. 平台的抢答功能。 4. 解答题由学生先书写在课堂练习本上，再拍照上传。

续上表

学习目标	学习活动	技术使用与功能评析
	1. 已知，□ABCD 的周长为 32，$AB=4$，则 $BC=$（　　） 　A. 4　　B. 12　　C. 24　　D. 28 2. 已知，在 □ABCD 中，$\angle B+\angle D=200°$，则 $\angle A=$（　　） 　A. 50°　B. 60°　C. 80°　D. 100° 3. 如果 □ABCD 的周长为 40cm，△ABC 的周长为 25cm，则对角线 AC 的长是（　　） 　A. 5cm　　B. 15cm 　C. 6cm　　D. 16cm 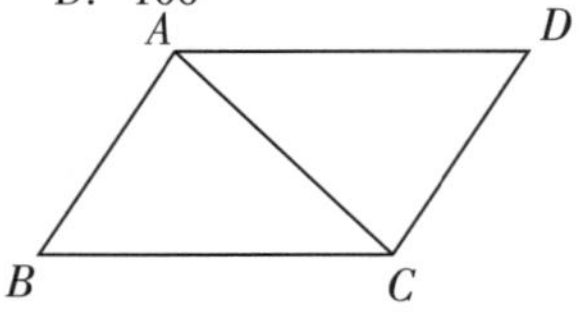 4. 在 □ABCD 中，E、F 是对角线 AC 上的两点，并且 $AE=CF$。 　求证：$BE=DF$。 【变式训练】 　在 □ABCD 中，E、F 是对角线 AC 上的两点，并且 $BE\perp AC$，$DF\perp AC$。求证：$BE=DF$。 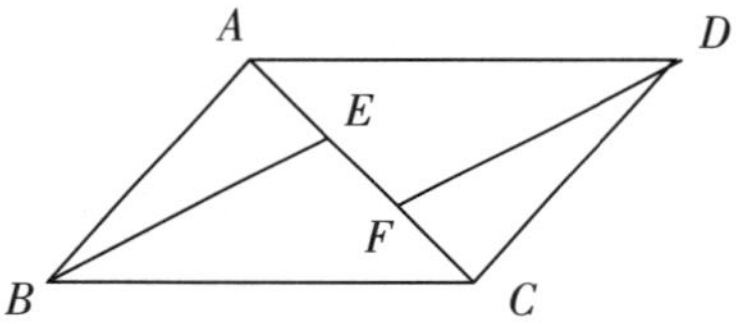 第 4 题和变式练习图 5. 如图，在 □ABCD 中，BE 平分 $\angle ABC$，$BC=6$，$DE=2$，$\angle D=70°$ （1）求 □ABCD 的周长。（2）求 $\angle AEB$ 的度数。 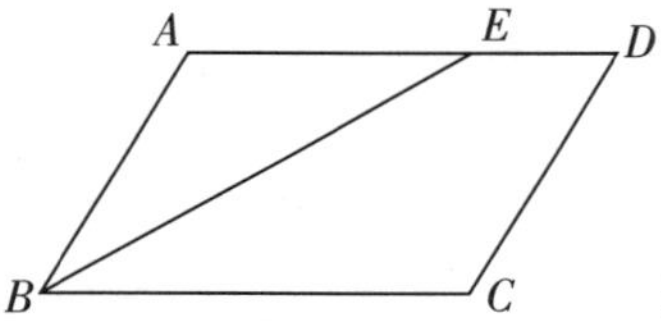 第 5 题图 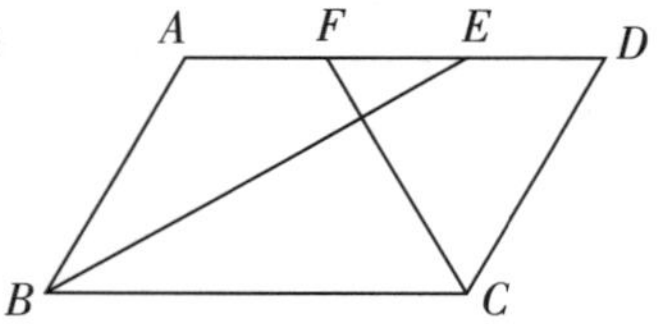　　第 5 题变式训练图 【变式训练】 　如图，在 □ABCD 中，$AB=4$，$BC=6$，BE 平分 $\angle ABC$，CF 平分 $\angle BCD$，BE、CF 分别交 AD 于点 E、F，求 EF 的长。 视频 课内训练第1~3题　　视频 课内训练第4题及变式训练　　视频 课内训练第5题及变式训练	【功能评析】 1. 提升兴趣，调动学生课堂参与积极性。 2. 及时展示学生答题情况，学生根据自己的错题选择讲评微课进行学习，提高课堂效率。 3. 根据平台反馈的课堂学习数据，直观展示学生的答题情况，帮助教师做到精准点拨

续上表

基于学习数据的课中精准教学分析	**客观题统计** 正确率  		
	总人数：50人 （每题满分10分）	原题	变式训练
	第4题　平均分	8.2分	9分
	满分人数	24人	40人
	5分以下人数	5人	2人
	第5题　平均分	8.5分	9.6分
	满分人数	23人	45人
	5分以下人数	7人	3人
	课堂检测，把握学生易错点，选准点拨重点。通过学生互评反馈的第4题、第5题的答题情况（数据如上所示），学生存在答题不规范，逻辑推理不严谨。例如：①没有前提，直接得$AD\parallel BC$；②直接利用周长$=2(AB+BC)$；③没有得出$AD\parallel BC$，直接得$\angle DAC=\angle BCA$；④答题方法复杂化：再次证明平行四边形的对边相等等问题。通过原题互评数据反馈出来的问题，小组先点评，教师再点拨，之后教师推送变式训练。通过变式训练互评数据反馈，以上出现的问题基本得以解决		
学习评价	通过小组互相批改、讨论、展示、点评，当堂检测生成数据，分析数据并进行反馈		

三、课后巩固、拓展延伸

学习目标	学习活动	技术使用 与功能评析
1. 加深对平行四边形性质的理解与应用。 2. 学生体验数学来源于生活而适用于生活，进一步培养对知识的应用意识	 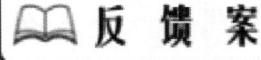 1.（1）如图，平行四边形的两邻边之比为2：3，周长为20cm，则此平行四边形两邻边的长分别为$AB=$ _____cm，$BC=$ _____cm。 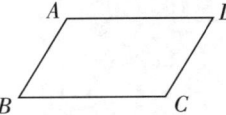	【技术使用】 1. 智慧教学平台推送测试题目。 2. 平板推送微课进行题目讲评。 3. 使用平台的随机点名答题功能。

续上表

学习目标	学习活动	技术使用与功能评析
	(2) 在 □ABCD 中, 若 ∠B : ∠C = 1 : 2, 则 ∠A = _____°, ∠D = _____°。 2. 在 □ABCD 中, ∠B 比 ∠A 大 20°, 则 ∠D 的度数是 ( ) A. 80°　B. 90°　C. 100°　D. 110° 3. 在 □ABCD 中, ∠A : ∠B : ∠C : ∠D 的值可以是 ( ) A. 1 : 2 : 3 : 4　B. 1 : 2 : 2 : 1 C. 2 : 2 : 1 : 1　D. 2 : 1 : 2 : 1 4. 如图, 在 □ABCD 中, E 为 AD 的中点, BE, CD 的延长线相交于点 F, 若 △DEF 的面积为 1, 则 □ABCD 的面积等于 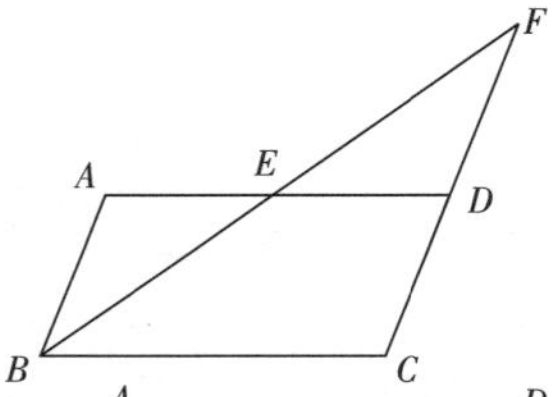 _____。 5. 如图, 点 E 是 □ABCD 的边 BC 上的点, 且 AE、DE 分别平分 ∠BAD、∠ADC。 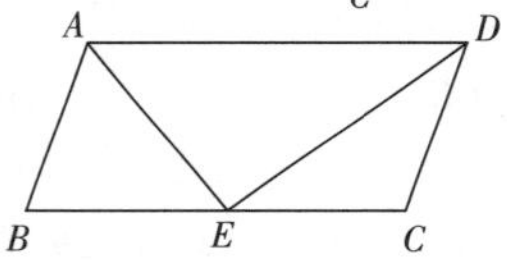 (1) 求证: BE = CE; (2) 若 AB = 5, AE = 6, 求 △ADE 的周长。 学校买了四棵树, 准备栽在花园里, 已经栽了三棵 (如图), 现在学校希望这四棵树能组成一个平行四边形, 你觉得第四棵树应该栽在哪里? 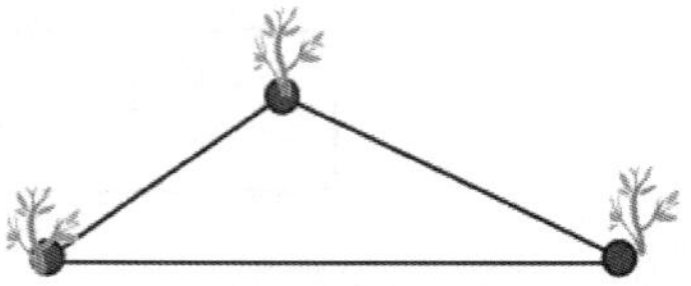 ▶视频　基础训练第1~3题　　▶视频　基础训练第4~5题　　▶视频　拓展提高	4. 解答题学生书写在课堂练习本上, 拍照上传。 5. 平台智能批改后数据的生成与反馈。 【功能评析】 1. 调动学生课堂参与积极性。 2. 增强课堂师生、生生互动。 3. 便于教师快速掌握学生的学习达成度, 及时反馈。 4. 教师及时展示学生答题情况, 学生观看错题的微课讲评, 进行学习的查漏补缺

续上表

基于学习数据的课后个性辅导分析	客观题统计 正确率 一.1 100% 一.2 84% 一.3 78% 一.4 94% 		
	总人数：50人（每题满分10分）	第1问	第2问
第5题 平均分		9.8分	6.5分
第5题 满分人数		47人	25人
第5题 5分以下人数		2人	13人
拓展提高 平均分		5.9分	
拓展提高 满分人数		12人	
拓展提高 5分以下人数		30人（只答一种情况）	

基于以上数据分析，第1题、第4题、第5题的第（1）小问，学生的掌握情况良好，个别粗心答错的同学，借助平台上的相对应题目的答案解析可以轻松解决。而对于第2题、第3题、第5题的第（2）小问，看完答案解析后，仍有一部分学生存在困惑，则教师在平台上推送讲解视频及时帮助其解决问题。而拓展提高，大部分学生只考虑了一种情况，该题目着重考虑分类讨论的数学思想，此外，两组对边分别平行的四边形是平行四边形这一判定方法也是解答本题的关键。基于此题数据分析，要求学生不仅要通过答案解析和讲解视频解决题目，了解分类讨论的思想，后续教师教学也要关注分类讨论这一数学思想的渗透：对研究对象进行分类，进而使复杂的问题简单化，模糊的问题条理化

学习评价	小组互相批改，在讨论区对作品进行评分并做简单点评。帮助学生开阔思维，也了解一些可能存在的失分点和得分点

四、教学反思

（一）学习数据分析

从预习案中的课前导学以及检测数据反馈看，学生已完成"知识与技能"目标的低阶思维目标；基于课堂、课后的大数据反馈，师生互动基本完成了"过程与方法""情感态度与价值观"的高阶思维目标。由于信息技术、大数据的参与，使课堂深度、广度增加成为现实。

（二）教学效果分析

借助大数据的反馈，本节课的整体题目设计层层深入，不仅实现了一题多解，也体现了一题多变。变式教学使一题多用，多题重组，常给人以新鲜感，能唤起学生的好奇心和求知欲。通过变式训练，教师对学生的思维发展提供一个支架，而这个支架恰好是学生思维发展的一个阶梯，有利于学生构建合理、完整的新知识。

（三）教学模式提炼（见图1）

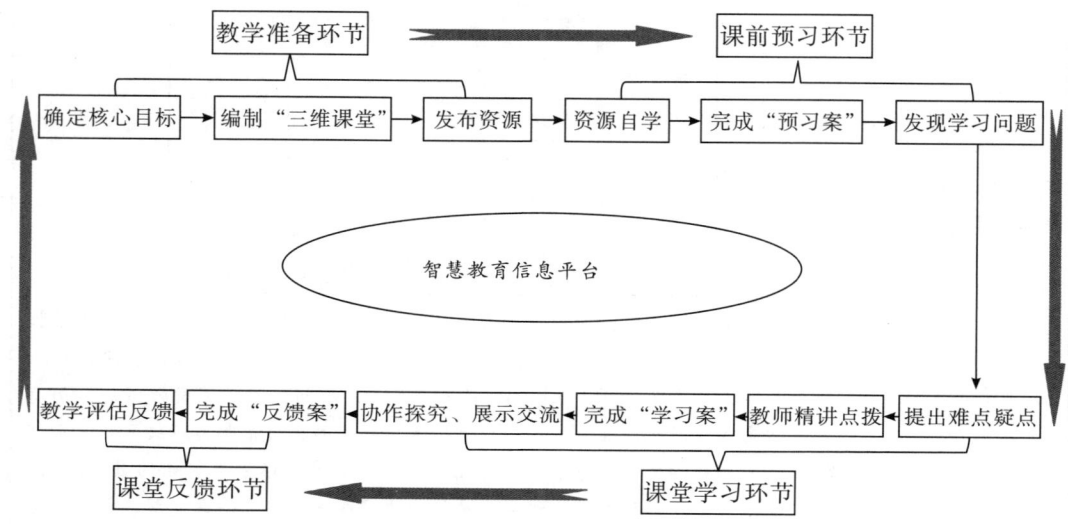

图1 "四环、十二步"循环教学模式

（四）教学改进方案

（1）目前学校使用的智慧教育平台，功能还有待进一步的完善，例如，针对学生某一题目的答题错误，能很快匹配同一考查知识点的同一难度的题目进行智能推送，帮助学生更好地掌握知识点，同时将数据反馈到教师的移动端口。

（2）依托大数据的分析，我们关注到了每一环节中的每一题目的同学的掌握情况，通过平台推送的解析和讲解视频落实了辅导，但是忽略了尖子生更加全面的数学核心素养的培养。例如：对于在学习案中的第4题、第5题的原题，有一部分同学已经能很完美写出证明并过关，那么针对变式训练只需要思考出证明思路即可，无须写出证明的详细过程，而是把剩余的时间用来思考：①一题多解，一题多变，此题还能怎样变？②题干不变，还能得到哪些其他结论？③解题过程中涉及哪些数学思想或是数学方法？……

（3）课堂的小结，不仅是像往常一样，师生进行知识、思想方法等的总结。还应该有教师和学生本人，基于平台所反馈的数据，对于本课时的学习情况的总结。

五、专家点评意见

本案例的教学设计基于智慧教育平台,采用四环12步循环教学模式展开教学,具有鲜明的信息技术与数学学科学习融合的特征,有一定的示范性、先进性,表现为以下三个特点:

第一,教学目标设计精准,本节课作为平行四边形学习的第一课时,以平行四边形的性质为重点展开,设计丰富的教学资源引导学生的探究活动,促进学生对性质的理解和掌握。

第二,教学充分体现了数学学习重视过程性教学的特点。在预习过程中,准备的教学资源既可以引导学生自学,开拓学生视野,又可以作为先行材料,引导学生的课堂学习,使之对即将研究的内容有一个比较明确的认识。

第三,性质的巩固练习比较充分,针对重点内容,各种题型设计比较丰富。

点评专家:张青云,东莞市东莞中学松山湖学校,中学数学正高级教师,广东省名教师工作室主持人。

第八部分　初中化学教学设计案例

空　　气

一、基本信息

课型：新授课　　　　　　　　　　　　**课时：**第一课时
学校：佛山市顺德区梁开初级中学　　　**授课教师：**卓国香
学科（版本）：初中化学（人教版）　　**年级：**九年级上学期

二、教学分析

教学 目标	1. 知识与技能： 　　了解空气的主要成分；初步认识什么是纯净物、混合物并进行区分。（核心素养：宏观辨识。关键能力：理解能力） 2. 过程与方法： 　　通过对"测定空气里氧气含量"实验的设计、操作、观察、分析，了解空气的组成。（核心素养：实验探究与创新意识。关键能力：实验能力、探究能力） 3. 情感、态度与价值观： 　　通过空气中氧气含量的测定，初步培养学生的探究兴趣和能力；通过人类认识空气的简史介绍，使学生认识到进行科学探索，必须具备严肃认真、实事求是的科学精神和态度。（核心素养：科学精神与社会责任）
教学 内容 分析	本课题是人教版九年级《化学》上册第二单元课题1，这是初中学生首次从化学视角较深入地认识具体的化学物质。空气是学生非常熟悉的身边的物质，符合"从学生熟悉的物质入手进行科学教育"的原则，比较顺利地引导学生进入物质世界并探索其奥秘，为本单元及后续课程的学习打好基础

续上表

教学内容分析	本课题包含了三部分内容，即"空气是由什么组成的""空气是一种宝贵的资源"和"保护空气"。这三部分内容相互联系，并逐步深入。考虑到思维密度和知识容量，把"空气是由什么组成的"作为第一课时的内容，剩下的作为第二课时的内容。 第一部分通过对"测定空气中氧气含量"的探究，初步学习应用实验方法对物质进行研究，建构纯净物、混合物的概念，从物质组成的视角认识、研究空气，实现了化学教学促进学生认识发展的教育价值
学情分析	初中化学是学生学习化学的启蒙阶段，教学重点在于"授人以渔"。从学生已有的知识经验来看，大部分学生知道空气中含有氧气，但对空气中氧气的含量以及对氧气以外的其他物质缺乏了解；知道看得见、摸得着的几种物质混在一起是"混合"的生活概念，但对类似空气、溶液等均一稳定的"混合物"缺乏本质认识。 从学生已有的实验基础来看，初三学生能初步使用简单的化学仪器，但未能掌握成套仪器的装配和使用，更缺乏应用实验手段研究具体化学物质的学习经验。 从学生的心理发展来看，初三学生的思维方式正逐步由感性思维向理性思维过渡，但缺乏具体的思维方法
技术应用重、难点	重点：通过高分云平台推送前置任务和前置任务检测，评估学生前置学习情况；通过"101教育PPT"的交互性功能活跃课堂气氛，调动学生积极性，突破本节课难点；通过高分云平台推送课堂检测，检测学生课堂学习效果。 难点：在兼顾学生课堂反应和操作平台的同时，把控课堂实践，提高课堂效率
教学环境与资源	高分云教学平台；"101教育PPT"软件PC端和手机端；《空气》课件；"空气的成分及发现史"微课及"物质的分类"微课

三、教学过程

一、课前自学和诊断性评价		
学习目标	学习活动	技术使用与功能评析
1. 了解空气的主要成分。 2. 初步认识什么是纯净物、混合物并进行区分	1. 教师登录高分云发布微课"空气的成分及发现史""物质的分类"以及对应的检测习题。 2. 学生登录高分云观看微课内容，并完成相应的习题	【技术使用】 高分云平台推送前置任务和前置任务检测。 【功能评析】 高分云平台自动生成学生答题得分率的学习数据，记录学生学习轨迹（观看微课时长和点击次数等）

续上表

学习评价	高分云平台自动生成的学生观看微课时长和点击频率,记录学生学习轨迹,并且自动生成学生答题得分率的学习数据
基于学习数据的课前学情诊断	<table><tr><td colspan="2">项目</td><td>得分</td><td>1班（54人）</td><td>2班（52人）</td><td>3班（51人）</td></tr><tr><td colspan="2" rowspan="2">1. 选择题</td><td>2分</td><td>48人</td><td>47人</td><td>45人</td></tr><tr><td>0分</td><td>6人</td><td>5人</td><td>6人</td></tr><tr><td colspan="2" rowspan="2">2. 填空题</td><td>2分</td><td>47人</td><td>45人</td><td>46人</td></tr><tr><td>0分</td><td>5人</td><td>7人</td><td>5人</td></tr></table> 从高分云平台生成的数据可以看出,九成以上的学生通过自觉观看微课,能够掌握这两个基础知识点:"空气的组成成分"和"物质的简单分类"。 还有几个同学对空气的成分没有看清楚是"体积分数"、也有几个同学不能正确区分某些物质如冰水、二氧化碳、纯牛奶等属于纯净物还是混合物
二次备课说明	1. 分享优秀学生的作业。 2. 纠正典型错误,提醒学生注意"易错点"。 3. 思考如何跟学生讲解才能更好地突破本节课的重难点

二、课中精讲点拨

（一）课前自学反馈,查漏补缺

学习目标	学习活动	技术使用与功能评析
1. 明确空气的成分指的是"体积分数"。 2. 正确区分纯净物和混合物	教师对课前练习出错率比较高的题目进行讲解,强调空气的成分指的是"体积分数"。再次明确混合物和纯净物的概念,解释冰水混合物属于"纯净物"、二氧化碳属于"纯净物"、纯牛奶属于"混合物"等	【技术使用】 高分云平台查看某些学生的作答情况。 【功能评析】 抓住典型出错的地方,有针对性讲解,提醒学生注意

（二）谜语导入,激发兴趣

学习目标	学习活动	技术使用与功能评析
激发学生的学习兴趣	教师:猜谜语:"一物到处有,用棒赶不走;眼睛看不见,手摸也没有;咀嚼无滋味,没它活不久。" 学生:空气。 教师:空气是人类生活离不开的物质,不易被我们觉察,大家能否通过一些实例或实验证明它的存在? 学生1:空烧杯在盛满水的水槽中向下压,烧杯内的水无法上升到顶部。	【技术使用】 "101教育PPT"展示课件辅助课堂。 【功能评析】 谜语导入,课件辅助,让课堂更加直观精彩

续上表

学习目标	学习活动	技术使用与功能评析
	学生2：扇子朝脸扇、树叶在动，有风。 学生3：给车胎打气，鼓起来。 教师：证明空气存在的实例很多，再如盒装牛奶喝完后，剩下塑料盒，在不漏气的情况下吸走盒里面的空气，我们会看到什么现象？请同学们用物理知识解释一下。 学生：盒子变扁。吸走盒内空气，压强变小，外面大气压就把盒子压扁	

（三）突破重难点：测定空气中氧气的含量

学习目标	学习活动	技术使用与功能评析
1. 通过对"测定空气里氧气含量"实验的设计、操作、观察、分析，初步培养学生探究兴趣和能力。 2. 使学生认识到进行科学探索，必须具有严肃认真、实事求是的科学精神和态度	过渡：从课前学习中，我们知道空气中氧气的体积含量是21%，也就是大概占空气的1/5体积，这个值由拉瓦锡早在200多年前就已测出来了。那么我们能否设计实验测定出这个数据呢？ 教师：要测定空气中的氧气含量，我们总不能拿地球所有的空气都研究吧，这做不到也没有必要，我们只要测定一瓶空气中氧气的含量就好了。但氧气是无色透明的，它的体积无法直接观察，那我们是否可以间接来观察？ 教师点拨：看下图实验，注射器抽出10mL气体，会产生什么实验现象？这在氧气含量测定的实验设计思路上给我们什么启示？ 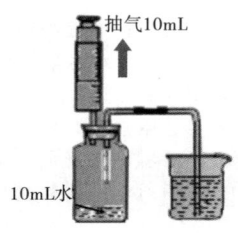 学生：烧杯中的水会倒吸入集气瓶中。抽走10mL气体，就会倒吸入10mL水，水的体积等于减少的气体的体积。 教师：物质燃烧可以消耗氧气，我们可以根据上述原理在密闭集气瓶内消耗氧气，然后倒吸入瓶内的水的体积就是消耗的氧气的体积。那是不是所有能燃烧的物质都可以用于该实验？教师提供4种方法（如下图），你选哪个？	【技术使用】 1. "101教育PPT"展示课件辅助课堂，并使用"投屏"功能展示学生的实验操作过程。 2. 教师在高分云平台推送课堂检测任务。 3. 学生完成纸质的导学案作业（用"计时器"限时训练），用平板拍照上传到高分云平台。 4. 学生在高分云平台互评作业，每个学生互评两份。 5. 教师打开某学生的作答情况，进行点拨。

续上表

学习目标	学习活动	技术使用与功能评析
	一些物质燃烧反应的文字表达式： 1. 石蜡+氧气 $\xrightarrow{点燃}$ 水+二氧化碳 （固体）（气体）　　　　（液体）（气体） 2. 红磷+氧气 $\xrightarrow{点燃}$ 五氧化二磷 （固体）（气体）　　　　（固体） 3. 木炭+氧气 $\xrightarrow{点燃}$ 二氧化碳 （固体）（气体）　　　　（气体） 4. 镁+氧气 $\xrightarrow{点燃}$ 氧化镁 （固体）（气体）　　　（固体） 　镁+氮气 $\xrightarrow{点燃}$ 氮化镁 （固体）（气体）　　　（固体） 小组讨论：哪种物质燃烧可以做到"以水换气"，最终达到测定氧气的体积含量？ 学生：分组讨论：最终决定选择原理2，理由有3个：①只消耗氧气；②不能消耗其他气体；③不能增加其他气体。 教师：展示实验的装置图（如下），接下来讲授该反应文字表达式的写法与读法、物质的化学符号、物质的颜色等几个基础问题。 教师：那么这个实验具体怎么操作呢？PPT展示5个步骤，请同学们排序。接下来请两位课代表上台演示这个实验，其余同学观看并记录现象。在这个环节，使用"投屏"功能，把学生的实验操作过程在白板上展示出来，全班同学都可以看清楚，并对学生的操作进行评论。 学生：实验现象：产生大量白烟；装置冷却后，打开止水夹，烧杯中的水倒吸入瓶中，水面上升约占集气瓶容积的1/5。 教师：根据现象，你能得出什么结论？ 学生：空气中氧气含量约占总体积的1/5。 教师：对于这个实验，老师还有以下疑问：①集气瓶底一开始为什么要加少量水？②如果某同学做实验发现水面上升少于1/5，你认为可能是什么原因？ 学生1：集气瓶底加少量水是为了防止红磷燃烧放热导致瓶底受热不均而炸裂。 学生2：可能是红磷不足；或者是装置漏气；还可能是未冷却至室温就打开止水夹。 巩固练习：学生完成导学案中的填空题。这个环节教师利用"计时器"功能，限定10分钟。教师巡视观察学生答题情况。学生做完题目并利用平板拍照上传，然后学生进行互评，教师适时点拨	【功能评析】 1. "投屏"功能可以让学生看清楚实验操作细节和实验现象，并对学生的操作进行评价。 2. "计时器"功能可以提高学生做题效率。 3. 学生互评作业可以增强课堂师生和生生互动。 4. 抓住典型出错的地方，有针对性讲解，提醒学生注意

续上表

	题型	分数	1班（54人）	2班（52人）	3班（51人）
基于学习数据的课中精准教学分析	填空题（10分）	8~10分	28人	24人	25人
		6~7分	22人	22人	23人
		6分以下	4人	6人	3人
	从表格数据可看出一半的学生得分优秀（8分以上），只有几位学生的得分是不合格的（6分以下），有力的证明信息技术与化学学科教学融合的优势，比如"投屏"功能展示学生实验操作过程，让全班学生都很激动；比如"高分云平台互评作业"让学生都非常认真细致；比如"计时器"功能让学生做题有了紧迫感，提高了做题效率等				
学习评价	1. 课堂检测，通过学生答题的得分率可看出学生对本节课重难点的掌握情况。 2. 小组学生互评，每人批改两份				

三、课后检测提升，个别辅导

学习目标	学习活动	技术使用与功能评析
1. 攻克本节课的易错点。 2. 掌握本节课重难点，部分同学要求达到举一反三的高度	1. 针对课前和课中数据反馈的学生的易错点设置一些变式训练，再次检测学生对知识点的掌握情况。 【练习】1. 空气中氮气和氧气的体积比约为（　　） A. 5:1　B. 4:1　C. 1:4　D. 1:5 【变式】1. 空气中氧气质量约占21%，这句话对吗？ 【变式】2. 将1L空气中的氧气全部抽走，剩余气体体积是（　　） A. 0.21%　B. 0.78%　C. 0.78L　D. 0.79L 【练习】2. 下列属于混合物的是＿＿＿＿＿＿＿ A. 洁净的空气　B. 冰水混合物　C. 二氧化碳　D. 红磷　E. 氧气 【变式】3. 将下列物质进行分类：①澄清石灰水　②液氧　③五氧化二磷　④冰水混合　⑤纯牛奶　⑥二氧化碳　⑦稀有气体　⑧自来水。属于纯净物的是＿＿＿＿（填序号，下同），属于混合物的是＿＿＿＿。 2. 增加一些能力提升题目，即有关空气中氧气含量测定实验的创新装置，让学生对本节课内容做到举一反三。 【能力提升】1. 用下图装置进行空气中氧气含量的测定实验。(1) 实验成功的关键是＿＿＿＿＿＿＿。 (2) 实验中观察到烧杯中的水变为红色，原因是＿＿＿＿＿＿＿＿＿＿＿＿＿＿。	【技术使用】 高分云平台推送检测题目（一部分是变式训练题，一部分是能力提升题）。 【功能评析】 教师根据学生的答题情况进行针对性辅导

续上表

学习目标	学习活动	技术使用与功能评析
	【能力提升】2. 某兴趣小组开展"测定密闭容器中某气体的体积分数"的探究实验。 实验1：用红磷燃烧的方法测定空气中氧气的体积分数。 实验2：在集气瓶内壁用水均匀涂附铁粉除氧剂（其中辅助成分不干扰实验），利用铁锈蚀原理测定空气中氧气的体积分数。 （1）实验1中红磷燃烧的主要现象是_____。红磷熄灭后集气瓶冷却至室温，打开止水夹，水能倒吸入集气瓶的原因是_____。 （2）为提高实验的准确性，以上两个实验都需要注意的事项是_____。（写一点） （3）实验过程中，连接数字传感器，测的实验1和2中氧气的体积分数随时间变化的关系。根据该关系相关信息，_____（填"实验1"或"实验2"）的测定方法更准确，判断依据是_____。 （4）结合你的学习经验，若要寻找红磷或铁粉除氧剂的替代物，用以上方法测定空气中氧气的体积分数，该替代物应满足的条件是_____	
基于学习数据的课后个性辅导分析	见下表	

题型	分数	1班（54人）	2班（52人）	3班（51人）
变式训练 6分	6分	45人	42人	42人
	5分以下	9人	10人	9人
能力提升 14分	10~14分	20人	19人	20人
	6~10分	19人	18人	18人
	6分以下	15人	13人	13人

从高分云平台数据统计可看出，变式训练题（每题2分，共6分）的得分率，3个班都在85%以上，说明学生通过本节课学习，相比课前自学，学生基本上可以避免"易错点"再次犯错。

续上表

基于学习数据的课后个性辅导分析	其次,能力提升题(每空2分,共14分)有40%左右学生可以拿到10分以上,有35%左右学生得6~10分,有力地证明了信息技术辅助化学课堂的优势。 教师根据学生答题情况,利用钉钉聊天窗口对学生进行个性化辅导,使学生基本上都能掌握本节课知识。辅导内容:①解释冰水混合物、洁净的空气、二氧化碳等属于纯净物还是混合物。②测定空气中氧气含量实验的实验原理分析,碰到改进类的装置只有弄透原理才能根据实验现象得出实验结论
学习评价	1. 学生"变式训练"答题得分情况。 2. 学生"能力提升"答题得分情况

四、教学反思

(一)教学效果分析

总体上基本达到了预设的教学效果。学生课前通过自觉观看微课自学,基本能够掌握这两个基础知识点:"空气的组成成分"和"物质的简单分类"。

课中学生上课积极性比较高,教学效果良好,当堂检测得分率比较高,有力的证明信息技术与化学学科教学融合的优势。

课后从高分云平台数据统计看出,变式训练题得分率在85%以上,说明学生通过本节课学习,相比课前自学,学生基本上可以避免"易错点"再次犯错。其次,能力提升题(每空2分,共14分)有40%左右学生可以拿到10分以上,有35%左右学生得6~10分,有力地证明了信息技术辅助化学课堂的优势。

(二)教学模式提炼(见图1)

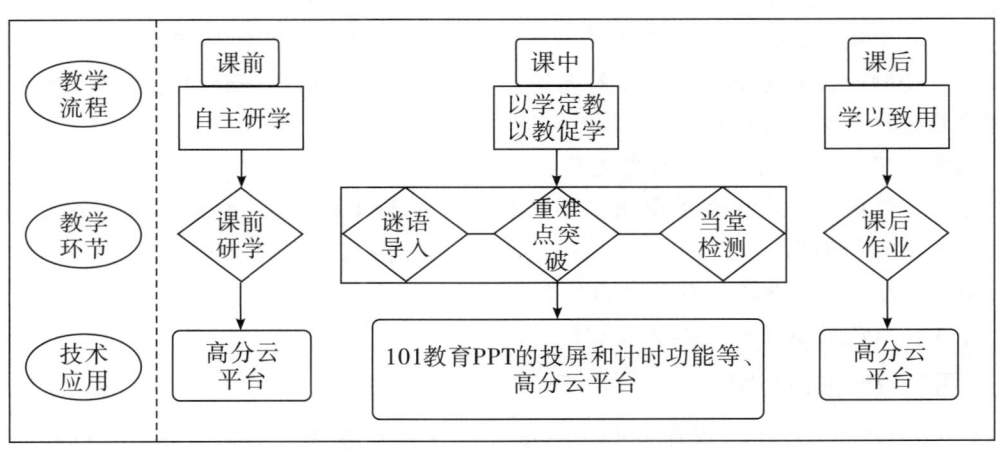

图1 基于学习分析的信息化教学模式

(三)课堂精彩生成片段

【"测定空气中氧气含量"教学片段】

教师:那么这个实验具体怎么操作呢?PPT展示5个步骤,请同学们排序。

教师:接下来请两位课代表上台演示这个实验,其余同学观看并记录现象。(在这个环节,使用"投屏"功能,把学生的实验操作过程在白板上展示出来,全班同学都可以看清楚,并对学生的操作进行评论。)

演示实验的学生:按照实验步骤进行实验,步骤1:检查气密性。

教师:检查气密性时用手握住集气瓶,温度变化不大,可以怎么操作?

观察的学生:用热的湿毛巾包住。

演示实验的学生:步骤2:在集气瓶内加少量水,并将水面以上空间分为五等份,用弹簧夹夹紧胶皮管。

观察的学生:老师,他们忘了夹紧胶皮管。(全班笑)

演示实验的学生:步骤3:点燃燃烧匙内的红磷,立即伸入瓶中并把塞子塞好,观察现象。

观察的学生:看到红磷燃烧现象发出"哇哇"的惊叹声。

演示实验的学生:步骤4:待红磷熄灭并冷却后打开弹簧夹,观察现象。

观察的学生:看到水倒吸入集气瓶,非常兴奋。

教师:你们观察到什么实验现象?

观察的学生:烧杯中的水倒吸入集气瓶中。

教师:水面上升多少?

观察的学生:1/5。

教师:前面红磷燃烧的时候观察到什么现象?

观察的学生:有好多烟雾。

教师:准确说应该是产生大量的白烟。"烟"和"雾"是两个完全不同的概念,烟是固体小颗粒,雾是小液滴。红磷燃烧生成的五氧化二磷是一种白色固体,所以实验现象应该说产生大量白烟。

教师:哪位同学能把实验现象完整地描述一下?

学生:红磷燃烧产生大量白烟。装置冷却后打开弹簧夹,烧杯中的水倒吸入集气瓶,水面上升约1/5.

教师:根据实验现象,你能得出什么结论?

学生:氧气约占空气总体积的1/5。

(四)教学改进方案

(1)收集学生对于前置作业的满意度和建议等问卷调查结果,进行分析和完善教学。

(2)红磷或白磷燃烧产生的白烟是有毒物质,对师生身体健康不利。笔者查阅过很多资料,该实验有很多改进的方法。装置改进比如"外燃式"改为"内燃式";药品改进比如用铜丝、活性铁粉等做实验;方法改进比如用传感器测定氧气含量变化。

五、专家点评意见

(一)优点

(1)该节课有明确的教学目标,着力于学生核心知识、关键能力、核心价值及核心素养的培养。

(2)从本节课在整个中学化学中的教材地位出发来设计,具有大概念的教学意识。

(3)将信息技术与教学评价深度融合,通过高分云平台推送前置任务、前置任务检测和课堂检测,能及时诊断学生学习情况,加强了过程性评价,有助于有针对性地教学。

(4)充分利用了化学实验的教育功能,使看不见的空气可视化,使看不见的压强可视化。既提高了学生学习的兴趣,又锻炼了学生的思维能力和实验创新能力。

(二)待改进之处

(1)"【变式】2. 将1L空气中的氧气全部抽走,剩余气体体积是()",这个问法待改进。第一,空气中没有办法单独抽走氧气,只能利用沸点大小改变状态除掉氧气,或者通过化学反应除掉氧气。第二,除掉氧气,只有在恒压情况下,剩余气体的体积才能是0.79L。

(2)要弄清楚空气的组成、混合物纯净物的概念,培养学生的微粒观非常重要,需要建构从宏观到微观再到符号的联系。

点评专家:陈俊,广东省教育研究院高中化学教研员。

第九部分　初中地理教学设计案例

巴　西

一、基本信息

课型： 新授课　　　　　　　　　　　　**课时：** 第一课时
学校： 佛山市顺德区容桂四基初级中学　　**授课教师：** 曾思萍
学科（版本）： 初中地理（湘教版）　　　**年级：** 七年级下册

二、教学分析

教学目标	知识与技能： 利用地图综合分析巴西的地理位置；分析巴西的景观图、地形图，正确描述巴西的自然状况。根据巴西的自然条件，了解巴西自然资源的开发和工农业；归纳热带雨林的作用、危机和保护措施。 过程与方法： 通过读图、析图认识巴西的自然特征、工农业发展以及热带雨林的危机和保护。 情感态度与价值观： 分析亚马孙热带雨林的危机和保护措施，树立正确的环保观念。了解环境的整体性和全球性，培养学生可持续协调发展的思想观
教学内容分析	就教材而言，本节内容选自湘教版七年级下册地理教材，第八章第六节。教材突出了巴西"亚马孙平原与亚马孙河""发展迅速的经济""人口与城市"等三方面的内容。这些内容充分体现了区域地理部分"认识国家"中的地理课程标准。 　　通过分析学生课前预习的情况，发现学生在本节课学习上存在部分问题，并将这些问题设置成本节课的重难点，在课堂中帮助学生解决问题。 　　1. 亚马孙雨林遭遇的危机与保护措施。（重点） 　　2. 巴西的自然环境以及该环境下的工农业。（易错点） 　　3. 巴西人口构成与城市分布特点。（常考点）

续上表

学情分析	通过前面"大洲""地区"和部分"国家"的学习，学生们已经掌握了基本方法，但因为是新课学习，在课前预习中仍然存在部分问题：如对地理题目的审题不够细心，缺乏对难题的探究和延伸能力。因此，在课堂中要设计活动，帮助学生克服粗心的问题。另外，学生的独立性不够强，因此在课堂中应该设置更多的环节，让学生能够充分展示，在掌握知识的基础上，培养其自信阳光、从容不迫的心态
技术应用重、难点	重点：PPT制作、微课录制、高分云平台功能的使用。 难点：在课堂上发布分层任务
教学环境与资源	高分云教学平台；《巴西》课件；学生《地理五分钟》课件、《三分钟带你了解足球以外的巴西》微课、《巴西》自学微课等

三、教学过程

一、课前预习		
学习目标	学习活动	技术使用与功能评析
1. 掌握巴西自然环境、工业发展等方面的基础知识。 2. 了解热带雨林的价值以及保护热带雨林的重要性。 3. 拓展对巴西的了解，扩大知识面	1. 观看微课《巴西》，将重要的基础知识在课本上做笔记。 2. 观看微课《三分钟了解足球以外的巴西》，拓展知识面。 3. 在高分云平台讨论区上传"最优笔记"。 4. 认真完成课前检测题	【技术使用】 1. 平板发布微课预习功能。 2. 平板拍照上传功能。 3. 平板随机、及时展示学生优秀笔记。 4. 高分云平台推送测试题目功能。 【功能评析】 1. 调动学生课堂参与积极性。 2. 及时展示学生优秀作业，提高课堂效率。 3. 充分了解学生学习情况，帮助教师进行二次备课
学习评价	1. 讨论区拍照上传的笔记，可以作为学生学习地理的痕迹，教师可以看出学生学习地理的整体情况，包括学生的字体、用心、用时等。 2. 高分云平台自动生成的学生学习数据，记录学生学习轨迹，教师能够及时查看学生的学习数据，实现二次备课	

续上表

基于学习数据的 课前学情诊断	1. 通过检查学生在讨论区拍照上传的笔记，教师发现大部分学生能够将重要的基础知识落实到课本相应的位置，但仍有一小部分学生笔记不齐全，内容缺失。 2. 通过检查学生的课前检测题数据，教师发现学生在关于"巴西的自然环境描述""巴西的工业与矿产资源分布的关系""热带雨林的环境效益"等题目错误率比较高。 3. 通过检查学生的笔记和课前检测题，教师发现大部分学生在"认真审题，看图说话"上存在不足
二次备课说明	1. 在课中设计"火眼金睛"环节，帮助学生克服粗心大意的地理做题弊端，提高学生的审题能力。 2. 以"爱·帝理"的家乡故事作为情境教学主线，将学生在预习过程出现的难点、重点等知识设计为地理问题，让学生在趣味中探究出地理知识

二、课中教学过程

（一）课前预习反馈

学习目标	学习活动	技术使用与功能评析
学生了解课前预习的整体情况，明确本节课重难点	1. 教师展示课前预习的"优秀笔记"，为预习中存在不足的那小部分学生提供学习模板。 2. 教师展示课前检测题的整体数据，让学生看到错误率比较高的题目，并对这些题目进行分析，找到共同的错因：审题不认真、"雨林"知识不过关等。 一.1(1) 94%　一.1(2) 74%　一.2 92%　一.3(1) 96%　一.3(2) 58% 一.4(1) 64%　一.4(2) 52%　一.4(3) 72%　一.4(4) 46%　一.5 62%	【技术使用】 1. 平板展示功能。 2. 平板抢答功能。 【功能评析】 1. 实时反馈学生的预习作业情况。学生能直观了解到自己的预习情况。 2. 学生能够明确本节课的重难点

续上表

(二) 重难点突破		
学习目标	学习活动	技术使用与功能评析
1. 解决学生审题不够认真的问题，提高学生的审题能力，培养学生细心的学习品质	教师借助"爱·帝理"的"自我介绍信"，设计了"亮出火眼金睛"环节，向学生推送白板，在白板中找茬并且更正。  学生收到白板后，在2分钟时间内完成找茬和更正，最后提交白板。 学生互批互改白板，学生代表展示正确答案	【技术使用】 1. 平板抢答功能。 2. 平板推送白板、互批互改。 【功能评析】 1. 抢答功能使每一位学生都积极参与到课堂中来。 2. 互批互改反馈的结果能够有效地展示学生的学习情况
2. 突破学生课前预习中产生的重难点知识，及时查漏补缺	通过讲述"爱·帝理"家乡的故事，教师引导学生探究亚马孙河水流量大的原因并思考：亚马孙热带雨林有哪些价值？亚马孙雨林遭遇了哪些危机？我们应该怎样保护热带雨林？ 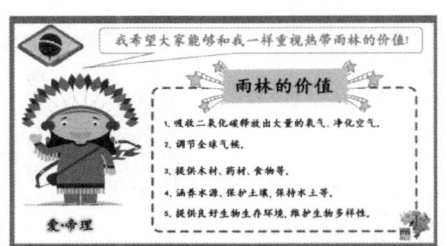 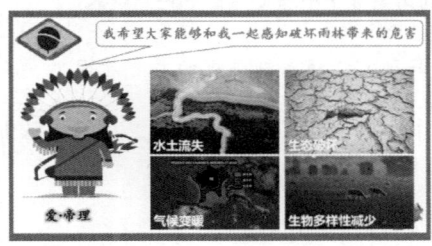	【技术使用】 1. 平板抢答功能。 2. 平板涂鸦功能。 3. 平板截屏保存功能。 【功能评析】 1. 抢答功能使每一位学生都积极参与到课堂中来。 2. 利用涂鸦功能可以将知识落实到实处，并且帮助学生记忆知识点。 3. 学生可以充分利用平板截屏，及时有效地将重要知识截屏保存，利于课后进行巩固提高

续上表

学习目标	学习活动	技术使用与功能评析
	学生思考、讨论并做好展示准备	
3. 学习"巴西的自然环境以及该环境下的工农业的特点",（易错点）以及"巴西人口构成与城市分布特点"	教师以"爱·帝理"的口吻讲述其家乡遭遇的故事,引出"巴西农业与工业的发展",让学生为"爱·帝理"的新家出谋划策。 学生根据情景内容进行思考	【技术使用】 1. 平板抢答功能。 2. 平板计时功能。 【功能评析】 1. 抢答功能使每一位学生都积极参与到课堂中来。 2. 计时能够让学生明确学习思考时间,提高课堂时间利用率
4. 对本节课所学的重点知识进行归纳总结	教师展示"巴西国旗",通过分析巴西国旗包含的地理知识,帮助学生梳理本节课的重点知识	【技术使用】 1. 平板涂鸦功能。 2. 平板拍照功能。 【功能评析】 1. 利用涂鸦功能可以将知识落实到实处,并且帮助学生记忆知识点

（三）课堂检测训练

学习目标	学习活动	技术使用与功能评析
检测学生对本节课知识的掌握程度,反馈课堂学习效果	教师利用高分云平台发布课堂检测试卷。 （本题5分） 1. 亚马孙河流域人烟稀少的主要原因是（　　） 　A. 气候湿热,不利于人类发展 　B. 地形崎岖,交通不便 　C. 旱涝频繁,农业落后 　D. 资源不足,工业欠发达	【技术使用】 平板在线发布试卷。 【功能评析】 及时反馈出学生对本课的掌握情况

续上表

学习目标	学习活动	技术使用与功能评析
	（本题5分） 2. 某企业家准备到巴西投资设厂，考虑投资的项目有四个，你认为比较可行的是（　　） ①面粉厂　②蔗糖厂　③羊毛纺织厂　④钢铁厂 A. ①②　　B. ①④　　C. ①③　　D. ②④ （本题5分） 3. "巴西很奇怪，汽车喝酒精"说的是巴西三分之一的汽车以酒精（用甘蔗加工）为燃料，这种现象产生的原因是巴西（　　） A. 石油资源缺乏　　B. 甘蔗含糖量低 C. 铁矿石多为贫矿　D. 煤矿储量少 学生独立自主完成检测题	
基于学习数据的课中精准教学分析	根据课堂检测现时数据，教师可以看到学生对本课的重点知识掌握程度比较高。但涉及上学期的"东西半球"判断相关知识点时，学生出现了明显的错误，只有50%的学生能够做对，这在一定程度上也反映了关于"东西半球"判断知识点仍是学生的薄弱点，需要在往后的学习中不断让学生加强巩固和学习。 一.1 80%　　一.2 93%　　一.3 97%　　一.4(1) 50%　　一.4(2) 95%	
学习评价	利用高分云平台的现时检测功能，能够快速有效地呈现学生的课堂学习情况，教师根据学生的课堂掌握程度确定学生的学习程度。而课堂检测的数据显示，学生对现学的内容掌握程度较高，但对已学知识的运用能力仍需要在往后的学习中加以提高	

三、课后巩固与提高

学习目标	学习活动	技术使用与功能评析
1. 学生及时巩固本节课知识点，提高记忆力。 2. 在"东西半球"判断知识点存在误区的学生完成巩固提升题	1. 学生完成课后巩固练习。 2. 教师批改练习，发现学生的共性和个性问题。 3. 教师针对共性问题和个性问题进行课后辅导	【技术使用】 高分云平台的组卷功能。 【功能评析】 帮助学生巩固新知，加强训练

续上表

基于学习数据的课后个性辅导分析	1. 根据课后巩固练习的数据，教师可以发现学生能够学以致用，对课堂所掌握的、所理解的知识运用得很好，但仍可以看到部分地理薄弱的学生对"巴西自然环境的知识点"理解还不够深入。因此，课后还要重点讲解错题并设计相关的变式训练。 正确率 一.1 95%　一.2 97%　一.3(1) 82%　一.3(2) 76%　一.3(3) 97% 2. 根据"东西半球"的判断的知识点进行的专项练习检测数据，教师可以发现针对性练习能够帮助学生及时查漏补缺，充分利用平台资源帮扶地理薄弱生，增强练习，提高答题能力。 正确率 一.1 81%　一.2 72%　一.3 90%　一.4 63%　一.5 54%
学习评价	1. 学生能够认真完成课后巩固练习，并且呈现的学习效果良好。 2. 本节课出现的地理知识盲区通过有效地针对性练习得到了很好的改进

四、教学反思

（一）学习数据分析

从课前检测反馈数据来看，同学们自学普遍比较认真，第 5 题关于"巴西国家的描述正确的是"错误率较高，主要是同学们对巴西的概括不能全部掌握，所以容易混淆答案，从而不能选择正确答案。第 8 题考查的是学生们的读图能力，但由于学生在作答时忽略了题目的关键词，不能认真看图，从而选错答案。第 9 题错误率比较高的主要原因是学生们受自身知识的限制，自学理解有局限性，需要教师进一步讲解透彻。教师把学生课前检测题中错误率高的知识点以及解题存在的问题，设计成一次找茬题和情境思考题，课堂上让学生竞赛改正，大大提高评讲效率，并增加趣味性。

从课堂检测题数据来看，学生对本节课重点知识掌握得比较好，但涉及已学知识的题目，学生们的错误率就比较高了，这主要的原因可能是前置任务中没有涉及这方面知识的复习，学生没能及时巩固；也可能是学生知识盲区的一个体现。因此，在往后的地理课上，要注重知识的连贯性，常温故而知新。

（二）教学效果分析

从学生课前能够认真完成微课学习、认真做笔记、认真完成课前检测题来看，这节课的课前预习效果良好，教师根据学生的反馈情况实行二次备课，课中教学流程对学生自主学习过程中发现的问题进行讲解和评价，使课堂教学具有明确的针对性，节省下来的时间可以在课堂上重点解决实践和运用层面的知识点，对重难点和应用层面的知识点创设情境，把问题转换成有趣的情境探究题，使学生对个人或小组探究成果能在课堂上展示出来。

从课堂学生的投入程度、学生的展示水平、课堂的活跃气氛来看，这节课能够充分调动学生的积极性，在趣味中学习地理，在学习中收获快乐，而学生得到充分的展示，能够培养他们自信品质和表达能力。可以说，这节课实现了以"学生为主体"的教学理念。

从课堂检测数据来看，这节课学生能够比较好地掌握重难点知识，同时从错误率比较高的题目又可以反映出学生的地理知识储备情况，能够让教师再次进行备课，在接下来的教学中"取其精华，去其糟粕"。

（三）教学模式提炼（见图1）

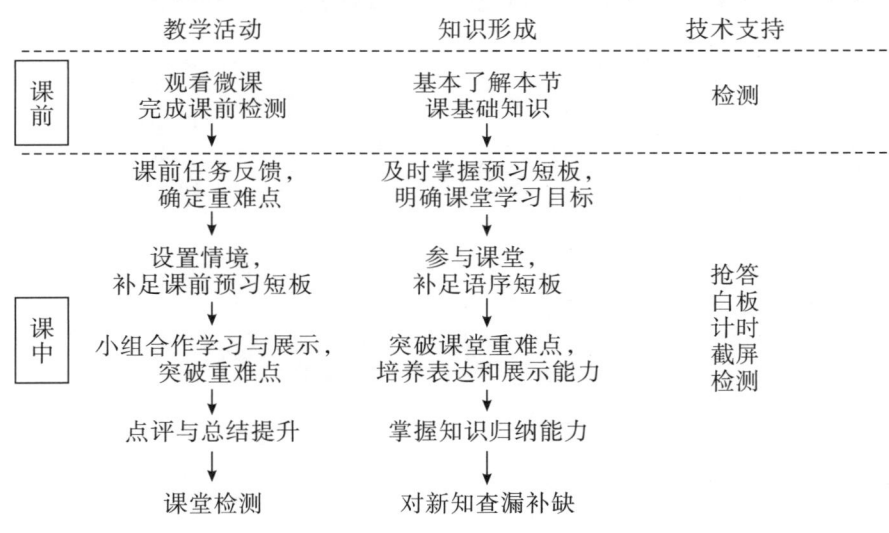

图1 展示型地理课堂模式

（四）教学改进方案

（1）优化前置任务内容，增设多一些关于"巴西"基本概括的介绍，采用微课讲学的形式，在增强本节课的趣味性的同时，帮助学生梳理本节课知识。

（2）完善课堂检测题的分层设计，有针对性有目的地对地理学习层次不同的学生进行不同题目的检测，难易分层，保证地理优生"吃得好"，地理薄弱生"吃得饱"。

（3）关注课堂中学生对地理知识的需求和对地理问题解决过程的思考，实现真正的以"学生为主体"的地理课堂。

五、专家点评意见

本节教学设计教学目标设置符合课标要求，适应学生的知识与能力基础。熟练使用新技术，利用互联网平台实现课前自主学习—学情检测—教师以学定教—数据驱动课堂的精准教学，落实新课标的以学生为主体的理念，学生学习的参与感和获得感较高。课后巩固的形式和内容满足学生个性需求，有利于学生的个性提升。就教学内容设计而言，本节教学设置了一位巴西的印第安人，设置了具有故事性和探究性的学习活动，适应初中学生，尤其是七年级学生的年龄特点，在教学素材的选择和处理上，也具有一定的创新性，大量选用课本外的素材，有利于拓宽学生的视野。

存在的不足之处是：①同类素材缺乏精简，导致课件内容繁杂；②根据课前检测得到本节的学习重难点，未能厘清3个问题在学科知识和逻辑上的递进关联，导致课堂活动主题不够突出，衔接上不够自然。

点评专家：施美彬，广东省教育研究院地理教研员。

第十部分　初中历史教学设计案例

复习秦汉时期：统一的多民族国家的建立和巩固

一、基本信息

课型： 复习课　　　　　　　　　　　**课时：** 第一课时
学校： 佛山市顺德区梁开初级中学　　**授课教师：** 莫肖容
学科（版本）： 初中历史（部编版）　**年级：** 七年级上学期

二、教学分析

教学目标	1. 通过思维导图的制作和秦始皇、汉武帝措施对比表格的完成，帮助学生对本单元知识建立清晰明了的知识体系，形成整体的知识框架，培养学生的历史理解能力。 2. 通过前置练习和课堂材料题的训练，加强培养学生的阅读分析能力与知识迁移能力。 3. 认识秦汉时期巩固大一统的措施对我国统一多民族国家的形成产生的深远影响，认识到大一统是历史发展的必然趋势，引导学生树立维护国家统一和民族团结的意识，培养学生的爱国情怀
教学内容分析	统编教材《中国历史》七年级上册第三单元，从公元前230年秦国发动灭六国的战争开始，至东汉末年的黄巾起义，包括了秦的统一与灭亡、西汉的强盛、东汉的动荡，两汉时期的文化等内容。秦汉时期是中国历史上一个极为重要的时期，诸多史事对此后两千多年的中国历史发展产生了深远的影响
学情分析	初一的学生对于学习历史的兴趣浓厚。他们已经学习并基本掌握了第三单元的基本知识，但对秦汉时期对于中国的历史影响的理解还不够透彻，对单元知识的梳理与归纳能力还不足，分析与理解能力、从材料中准确提取有效信息的能力有待提高

续上表

技术应用 重、难点	重点：秦统一六国；秦始皇巩固大一统的措施；汉武帝加强大一统的措施。 难点：理解秦汉时期对中国历史发展的重要影响
教学环境 与资源	高分云教学平台；平板电脑；希沃教学软件

三、教学过程

一、课前：前置学习		
学习目标	学习活动	技术使用与功能评析
1. 检测学生对第三单元知识的掌握与运用程度	1. 学生的前置学习任务： （1）教师在高分云平台推送《第三单元检测练习》。 （2）学生制作第三单元思维导图，拍照上传到高分云平台。 2. 教师准备： （1）教师关注、分析学生的试卷完成数据，分析学生未掌握的知识点，精准二次备课。 （2）根据学生练习测试的成绩对学生进行分层。 （3）审阅批改学生的思维导图，将优秀作品置顶或评为精华帖	【技术使用】 1. 高分云平台推送试题。 2. 高分云系统根据练习测试成绩自动分层的功能。测试卷满分为100分，在高分云系统设置80～100为A层、80分以下为B层。 3. 思维导图的发布使用了高分云平台的"讨论"功能。 【功能评析】 1. 高分云教学平台自动生成的学生学习数据，使教师直接得知每个学生的掌握情况。 2. 教师能掌握每一题的得分情况，便于利用数据进行有效教学。 3. "讨论"功能里学生可以发表文字、图片等信息，其他同学也可看到或评论同学的帖子，也可学习教师推荐的优秀作业
学习评价	这是一节复习课，既要保证基础知识的落实，也要训练能力的提高。前置学习这一环节的设置部分使用了高分云平台的"翻转课堂"理念与功能。教师根据课标与历史核心素养的要求，组编一份考查第三单元基础知识掌握与历史学习能力的选择题练习，难度系数约为0.7。高分云教学平台推送选择题测试练习试卷，系统自动批改、即时生成的学生完成练习的数据，及时反馈学生对各知识点的掌握程度，使教师能够准确地二次备课，更好地提高教学效果	

续上表

基于学习数据的课前学情诊断	每一题的正确率： 一.1 78%　一.2 98%　一.3 54%　一.4 98%　一.5 98% 一.6 91%　一.7 80%　一.8 89%　一.9 71%　一.10 98% 一.11 98%　一.12 54%　一.13 78%　一.14 98%　一.15 88% 一.16 92%　一.17 52%　一.18 82%　一.19 84%　一.20 96% 前置练习的数据反映出学生对于第三单元的基础知识掌握得不错，但对秦汉时期对于中国的历史影响的理解还不够透彻。综合性强的题目得分不理想，单元知识的梳理与归纳能力还不足，分析、理解能力与从材料中准确提取有效信息的能力有待提高
二次备课说明	1. 根据前置作业反馈的数据，针对学生的薄弱知识，课堂上教师重点讲解秦汉时期对于中国的历史影响。 2. 布置学生整理第三单元的思维导图，锻炼学生对知识的梳理、归纳能力。 3. 课堂加强材料题的训练与评讲，培养"论从史出"的能力

续上表

二、课中活动

（一）导入

学习目标	学习活动	技术使用与功能评析
1. 明确课堂学习目标。 2. 通过《朝代歌》不仅使学生了解中国的朝代更迭，更是为了训练学生时空定位的意识，培养学生的时空观	1. 导入：播放《朝代歌》，学生欣赏歌曲，观看歌词，找出歌词中与本学期所学的朝代。 2. 学生在教师的平板上圈画出朝代。 《朝代歌》 你的课堂，历史中流淌；夏商的事悠悠，开来继往。周朝太长，一分成了双；春秋在竹简上，战国忙打仗。秦灭六国，长城曾辉煌；因为那暴政，二世而亡。汉在远方，西元前后伤；随风飘散，新的模样。三国残，两晋殇，胡人模样已泛黄；北方人断肠，天苍苍，野茫茫。吴晋偏，宋齐梁，陈的江山被剪断；六朝胭脂粉，在何处成双。隋朝太短，唐落了灿烂，凋谢的丝道上，五代不堪。宋朝渡江，南北折两半，怕辽金上了岸，江山在摇晃。元的江山，马蹄声狂乱；明朝的戎装，呼啸沧桑。清军入关，天朝轻声叹；一夜巨响，如此难堪。历史书，满是殇，你的容颜已泛黄；读书人断肠，伤心事，静静淌。北风乱，夜未央，二十五史剪不断；徒留我孤单，落下泪两行。 3. 教师过渡语：亚洲艺术部部长何慕文说："如果你想了解中国的今天，就必须走近中国的秦汉。秦汉之于中国，如同古罗马之于欧洲，对后世的影响同样深远。"	使用希沃教学互动软件、高分云投屏功能，学生直接在教师的平板上圈画朝代，教学效果直观，也能激活教学气氛

（二）环节一：思维导图，梳理知识

学习目标	学习活动	技术使用与功能评析
掌握第三单元秦汉时期的基本历史史实：秦始皇、汉武帝、加强君主专制的措施、丝绸之路、秦汉的科技文化	1. 课前： 学生整理第三单元的知识，制作思维导图，并在高分云教学平台提交。教师引导学生课前多学习其他同学整理的思维导图。 2. 课堂上： （1）学生上讲台讲解个人整理思维导图的思路。 （2）教师点评学生提交的优秀思维导图。鼓励学生点评其他同学的作品，同一章节的内容整理的思路多样，互相的交流学习，利于思维的碰撞，也是拓展思维、培养能力的过程	1. 使用了高分云教学平台的"讨论"发帖子功能，学生能查阅其他同学提交的作业，可点评，也可给优秀作品点赞。 2. 教师将优秀思维导图设置为精华帖置顶，表扬优秀同学，也有助于同学互相学习。 3. 课堂学生讲解使用了高分云的投屏、涂鸦功能，效果直观清晰

续上表

	（三）环节二：难点突破，拓展提升	
学习目标	学习活动	技术使用与功能评析
1. 通过表格的整理与学习，帮助学生梳理、归纳第三单元的知识线索，培养学生的分析、归纳、比较能力。 2. 加强学生对秦汉时期对于中国的影响的理解	1. 小组合作探究。 （1）学生完成"比较分封制和郡县制"和"比较秦始皇和汉武帝巩固统治的措施"两个表格。 （2）课堂小组合作学习，讨论知识疑点。教师关注各小组的讨论。 （3）小组代表展示讨论成果。 （4）教师小结学生发言，通过梳理秦汉政治、思想、外交方面的措施，联系其对当今社会的影响，引导学生认识到统一是历史的趋势	1. 使用希沃教学软件，展示知识点，便于理解。 2. 探究表格的设计能帮助学生对比性地理解秦始皇和汉武帝巩固大一统的措施，进一步培养了学生总结归纳的能力，完成了本节课重点的突破，也利于培养学生合作学习的能力
	环节三：快乐记忆，巩固知识	
学习目标	学习活动	技术使用与功能评析
检查本单元基础知识的落实	通过4个小程序游戏比拼知识记忆。 游戏1：分组竞争：两小组比拼谁能更快找出"秦始皇巩固统治的措施"。 游戏2：分组竞争：两小组比拼谁能更快找出"汉武帝巩固统治的措施"。 游戏3：超级分类："丝绸之路"传出与传入的物品分类，比速度。 游戏4：选词填空	使用了希沃教学互动软件、触摸屏一体机，学生在电脑前以游戏PK的形式比拼知识点的记忆，调动了学生学习积极性，活跃了课堂气氛
	环节四：分层学习，人人成功	
学习目标	学习活动	技术使用与功能评析
检测基础知识掌握	1. 根据前置任务的检测情况，将学生分为A、B层，教师使用高分云分层功能推送试题。 2. 学生完成试题后提交，教师根据高分云生成的数据分析，查看班级平均分及学生错误率，由此推断学生存在的知识漏洞和共性问题。 3. 学生分层分小组讨论问题。教师巡视帮助解惑和点拨。 4. 完成材料题训练，拍照上传、互批	1. 使用高分云"自动分层""分层推送"的功能，根据学情推送难度不同的A、B两套试题。 2. 高分云自动批改选择题的功能，使教师及时了解学生的掌握情况。 3. 拍照、互批功能

续上表

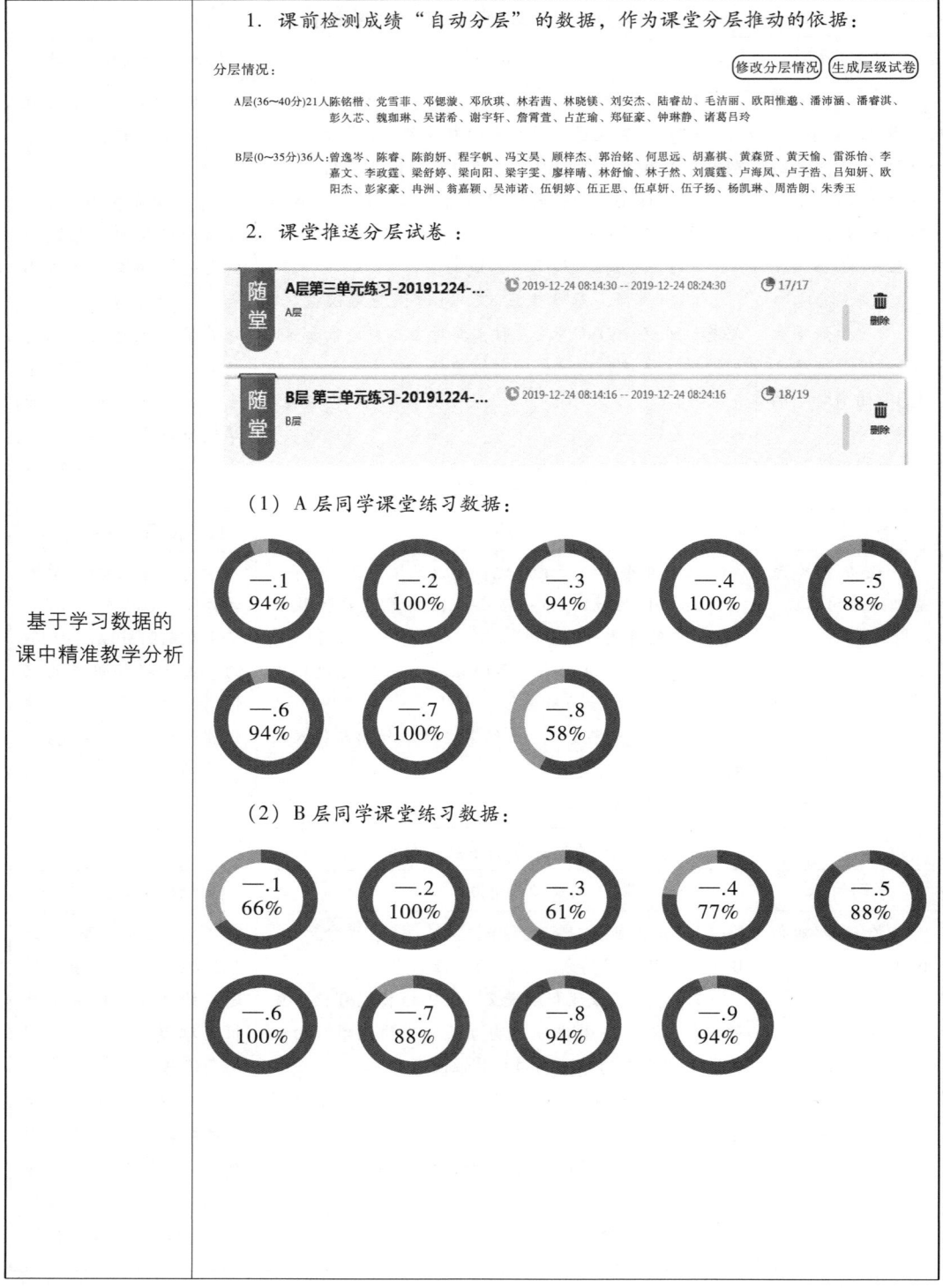

续上表

学习评价	1. 思维导图的梳理与讲解加深了学生对第三单元知识的掌握与理解，锻炼了学生的表达能力 2. 教师从政治、思想、对外等方面讲解梳理秦汉时期的特征，结合"一带一路"等热门时事，讲解秦汉时期从民族凝聚力、大一统的观念等方面讲解秦汉时期对于中国的历史影响深远。 3. 游戏 PK 环节学生积极性高，课堂效果好。 4. 分层推送试题，学生分层讨论、评讲试题，既充分训练学生的表达能力，也能有针对性地训练学生

课后：巩固练习

学习目标	学习活动	技术使用与功能评析
加强练习，检测学生对于课堂复习的学习效果，提高学生对知识的运用能力	1. 学生完成教师推送的练习。 2. 学生自主看微课视频，个性突破	1. 高分云平台推送功能。 2. 高分云自动生成数据功能
基于学习数据的课后个性辅导分析	一.1 94%　一.2 100%　一.3 94%　一.4 100%　一.5 88% 一.6 94%　一.7 100%　一.8 58% 一.1 66%　一.2 100%　一.3 61%　一.4 77%　一.5 88% 一.6 100%　一.7 88%　一.8 94%　一.9 94% 从 A、B 层的课堂练习数据反映，优生对于综合性强、知识联系较多的试题得分情况不理想，反映出学生对于排除法、关键词法等解题技巧运用不熟练，课后作业需加强这一类型的题目练习。B 层学生的基础知识较课前有进步，可在课后推送难度稍大的题目	
学习评价	学生的解题习惯、答题规范需加强训练	

四、教学反思

（一）学习数据分析

前置学习的数据为教师的精准备课提供依据。课前，在高分云平台上推送第三单元的《基础知识过关》，以检测学生对第三单元知识的掌握情况。通过数据反馈，得知部分学生知识遗忘率较大，基础知识记忆不过关，尤其是对于汉武帝大一统的措施、"丝绸之路"等重要知识掌握不到位。因此，确定了本节课的教学重点是以知识的过关、记忆为主，难点是对秦汉时期在中国历史上的影响。

（二）教学效果分析

1. 梳理思维导图，构建知识体系

学生通过整理思维导图，加深了对基础知识的记忆、学习，同时也锻炼了学生对历史事件进行横向或纵向归纳、分析，培养厘清历史线索的能力。学生在讲解思维导图的过程中，教师能感受到学生的分析、表达能力的提升。

2. 把握核心素养，训练关键能力

在本节复习课中，通过练习题训练、历史素材的选用、思维导图的制作、教师的提问渗透学科核心素养的培育与关键能力的训练。如讲述秦汉大一统的格局，教师点拨政治的大一统势必会推动中华文化大一统的实现，进而影响中国文化的未来发展方向，使得中国处于大一统的格局中，统一是历史的必然。

3. 分层教学，人人成功

利用高分云的分层功能，推送符合学情的试题，既能准确地锻炼学生的能力，也提高了学生的成功感，增强了自信心。学生分层讨论试题，既锻炼学生的合作学习能力与表达能力，也使学生的学习更有针对性，改变了以往教师全班统一讲解"大锅饭"式的做法。

4. 希沃游戏软件应用，点燃课堂气氛

把秦始皇加强中央集权、汉武帝大一统的措施、"丝绸之路"输送的物品等知识点设置成游戏通关题目，通过小组PK玩游戏检测记忆、背诵的形式，大大改变了复习课沉闷的学习气氛，课堂气氛非常活跃，学生的参与热情高。

（三）教学模式提炼（见图1）

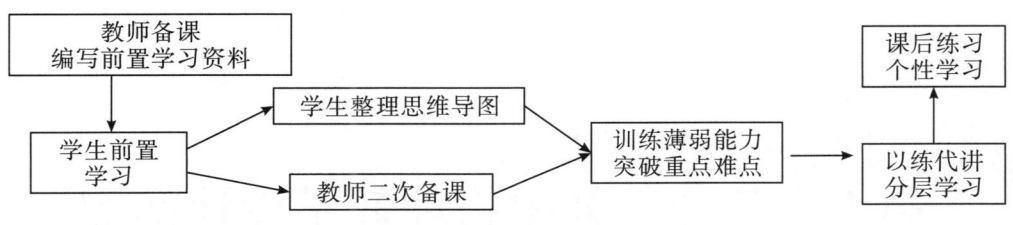

图 1 "翻转课堂"智慧班教学模式

(四) 教学改进方案

(1) 本节课设计了前置任务,课前备课、教学设计也是按照前置任务反馈的数据而设计,但是教师在授课前没有把数据反馈给学生看。如果能让学生在课前对自己及其他同学对知识掌握的情况有一个总体了解,可能会更能鼓励优秀、调动稍弱的同学的学习热情,在以后的教学中要改进。

(2) 希沃互动软件与高分云平台的切换使用次数较多,拖缓了教学的进度。课堂时间的把握不够好,这需要教师后期不断的实践完善,掌控好每个环节的时间。

(3) 分层讨论的时候,教师把主要的精力用于关注 B 层学生,忽略了 A 层学生对更综合的知识的学习要求。以后教学中要及时改进,以达到 B 层学生"吃得饱"、A 层学生"吃得好"。

(4) 高分云的分层功能刚上线,在课堂实践使用过程中存在不稳定的情况。

五、专家点评意见

复习课重在学生能力的提升,在设计上,尤其教学目标的确立要关注学生关键能力的培养;比如:《朝代歌》的导入,目的何在?是否有必要?知识的巩固是单纯记忆还是需要设计能力的提升?高分云平台分层的原理和标准是什么?为什么是 80 分?前置任务题目的选择标准是什么?难度?信度?效度?在以后的教学设计中建议完善以上问题。

点评专家:陈家运,广东省教育研究院历史教研员。

第十一部分 初中物理教学设计案例

浮　　力

一、基本信息

课型：实验探究课　　　　　　　　　　　　**课时**：第一课时
学校：佛山市顺德区容桂四基初级中学　　　**授课教师**：卢煜桦
学科（版本）：初中物理（人教版）　　　　**年级**：八年级下学期

二、教学分析

教学目标	1. 知识与技能： 知道什么是浮力以及浮力的方向。 能认识浮力产生的原因，会用弹簧测力计测量物体在液体中所受浮力。 通过实验探究，认识物体所受到的浮力的大小跟它浸入液体中的体积有关，以及跟液体密度有关。 2. 过程与方法： 经历观察生活中的浮力现象和通过实验认识浮力的过程。 尝试应用平衡力和液体压强的相关规律去解释生活中的浮力问题，有初步的分析概括能力。 3. 情感态度与价值观： 亲身参与科学探究的过程，在活动中大胆提出自己的猜想，能实事求是地记录数据，并根据实验数据提出自己的见解，有与他人合作交流的愿望
教学内容分析	本节教材以"浮力的大小等于什么"为主线，结合一些生动形象的实验将浮力的概念、浮力的测量等知识逐层展开，最后通过探究实验得出浮力的大小跟哪些因素有关，体现了物理学科以观察和实验为基础的特点。通过探究和学习，培养学生的观察分析能力和实验操作能力。 教学重点：浮力大小跟哪些因素有关。 教学难点：浮力产生的原因

续上表

学情分析	容桂四基初级中学是广东省佛山市顺德区容桂街道一间镇属初级中学，属于薄弱学校。学校大部分学生是进城务工人员子女，学习基础以及学习习惯相对比较差。 　　浮力与生活息息相关，学生在前面已经学习了力的概念、力的平衡，能进行简单的受力分析，为本节的学习打下了基础。学生学习物理的兴趣浓厚，但学生对于线上学习自觉性欠佳。为提高学生学习兴趣，激发学生学习的积极性和主动性，本课以"居家实验＋实验报告单"为前置任务发布给学生完成
技术应用重、难点	重点：高分云平台推送PPT、测试。 难点：线上学习期间小组合作、分层辅导的落实，特别是对学困生
教学环境与资源	钉钉、高分云教学平台；PPT课件；实验视频微课

三、教学过程

一、课前预习		
学习目标	学习活动	技术使用与功能评析
初步感受浮力；尝试猜想浮力和哪些因素有关	师：设计浮力探究实验，附上图片和文字解释，实验报告单明确同学们要观察哪些内容，提前布置好前置任务。 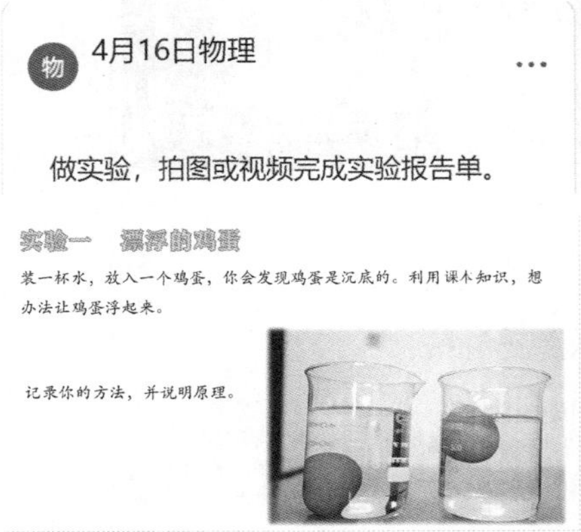 4月16日物理 做实验，拍图或视频完成实验报告单。 实验一　漂浮的鸡蛋 装一杯水，放入一个鸡蛋，你会发现鸡蛋是沉底的。利用课本知识，想办法让鸡蛋浮起来。 记录你的方法，并说明原理。	【技术使用】 　　拍照上传实验的照片和实验报告单或预习填空。 【功能评析】 　　能及时把学生的答题情况反馈给教师，掌握学生前置任务预习情况，做好二次备课

续上表

	实验二 体验浮力 把装满水的容器放在盘子里，再把空饮料罐（空瓶子）按入水中。在感受到浮力的同时，能看到排开的水溢出到盘子里。当饮料罐压入得更深、排出的水更多时，受感受会如何变化？ 记录你的感受，并说明原理。   **实验报告单** 　　　　　　　　　　班级_____　姓名_____ 实验一 （1）我的方法是_____ （2）原理是_____ 实验二 （1）下压饮料罐时手的感受_____ （2）饮料罐被压得越深，排出的水_____，手的感受_____ （3）分析原理_____ 生：根据教师要求完成浮力居家探究实验并填写实验报告单，在钉钉家校本中上传实验照片或实验视频、实验报告单。  	

续上表

学习评价	教师逐一批改课前预习作业，评选出优秀作业。
基于学习数据的课前学情诊断	1. 通过学生上传的实验操作图片及实验报告图片发现：学生通过自己动手实验，对实验能有感性认识，但学生对现象、结论的表述不规范。 2. 学生只知道浮力是向上的力，但不清楚浮力产生的具体原因
二次备课说明	本节课仍需要重点突破浮力的概念、影响浮力大小的因素。本课的难点为浮力产生的原因。直播课上采用播放微课视频突破重难点。居家实验与课本实验器材、步骤等有所差异，在直播课上仍需规范演示课本实验

二、课中重难点突破与提高

（一）课前预习反馈

学习目标	学习活动	技术使用与功能评析
1. 通过分享学生的前置任务结果，加深对浮力的认识。 2. 对预习中发现的薄弱知识点进行纠正、巩固（如实验现象、结论的规范表述）	1. 教师展示自主预习居家实验中典型作业，补充点拨。同学之间进行分享、交流、研讨。 2. 学生着重分析居家实验失败的原因，并规范实验报告单上实验结论表述。 3. 优化实验方案和实验结论，规范表述，优化后拍照上传。	1. 推白板功能，及时展示学生完成情况，提高课堂效率。 2. 在钉钉评论区交流、点评，加强课堂中的师生互动、生生互动，活跃线上课堂气氛

续上表

学习目标	学习活动	技术使用与功能评析
	4. 教师对做得好的学生进行表扬。 5. 学生了解本节课的学习目标，带着疑问进入重难点突破环节	

（二）重难点突破

学习目标	学习活动	技术使用与功能评析
1. 解决预习中学生不理解的地方，掌握浮力的方向、浮力的产生原因、浮力的影响因素等重点知识。 2. 通过实验微课让学生认识浮力的过程，记录数据、得出结论，由浅入深，培养学生的观察能力及分析数据能力	教师播放微课实验视频，学生完成任务一——浮力的概念及方向；任务二——称重法；任务三——浮力的产生原因；任务四——探究浮力的影响因素。 称重法实验视频截图 浮力的产生原因视频截图	微课实验视频＋实验报告形式，巩固已学知识点，并为中学生与学困生提供范例。 通过合作交流提高题拓展优生知识面，达到培优效果

续上表

	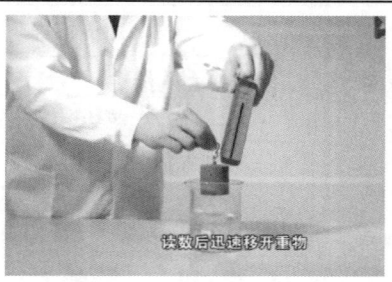

探究浮力影响因素实验视频截图

1~2号看实验视频直接得出结论，并在两两私聊讨论后思考提高题。

提高题：

①（浮力的产生原因）预习课本，联系压强知识，思考浮力的产生原因。

②（探究浮力的影响因素）浮力还与哪些因素有关？怎样验证？

> 我觉得浮力还与液体深度有关
>
> 那我们一起想想怎么验证吧
>
> 把物体浸在液体里面，改变深度，看看浮力是否改变
>
> 在做这个实验应该把物体全部浸入液体里
>
> 以免浸入液体体积会影响
>
> 你说得对
>
> 说不定浮力还可能与物体密度有关
>
> 说不定也与容器形状有关

优生讨论浮力还与哪些因素有关

3~4号看实验视频记录数据，得出实验结论：

①浮力的方向是竖直向上的。

②称重法测量方法：$F_{浮} = G - F_{示}$

③浮力与浸入液体体积、液体密度有关，与深度无关。 | |

续上表

	称重法实验数据和结论 探究浮力的影响因素实验及结论 5~6号看实验视频后对结论进行熟记。 2. 学生在评论区进行抢答实验的重点内容（实验原理、研究方法、实验结论等），教师课堂上给予点拨评价。	

续上表

	（三）课中检测	
学习目标	学习活动	技术使用与功能评析
检测学生是否掌握本节课知识，查漏补缺	重难点的选择题小测	高分云平台，能让教师实时掌握学生答题情况
基于学习数据的课中精准教学分析	其中第1、3、4、5题考查浮力概念和判断浮力大小。第2题是考查压强和浮力的综合知识题。对于说明浮力的概念、判断浮力的大小等题目，学生掌握情况不错，但对于浮力结合其他知识的综合考查的正确率则较低，说明学生的综合能力有待提高。 客观题统计 正确率 一.1 72%　　一.2 25%　　一.3 70%　　一.4 70%　　一.5 82%	
学习评价	相比线下学习正确率90%以上而言，线上学习期间学生答题正确率不高，掌握知识程度一般；对于浮力结合其他知识的综合考查的正确率较低。教师需要评讲第2小题，以及在课后布置的相应习题中要有针对性地培养学生的综合能力	
	三、课后练习与巩固	
学习目标	学习活动	技术使用与功能评析
巩固本节课内容，布置浮力的实验题	1. 教师分层推作业，学生做作业。 2. 小组1~2号完成提高练习。 3. 小组3~6号完成基础练习。 教师批改作业并点评	高分云平台，检测学生的知识掌握情况
基于学习数据的课后个性辅导分析	设计问卷，收集不同学生对前置任务的学习感受。本次调查样本为两个班的学生。问卷如下：	

续上表

基于学习数据的课后个性辅导分析	**初中物理前置任务调查问卷** 亲爱的同学： 　　你好！这是一份关于中学物理实验教学情况的调查问卷，目的是了解我们学校物理课堂教学的现状。调查结果仅供物理教学研究用，匿名问卷，因此填写时不需要有任何顾虑。 　　1. 你的物理学习成绩是： 　　A. 80～100分　　　B. 60～80分　　　C. 0～60分 　　2. 线上学习中你的预习方式是怎样的？ 　　A. 自己动手居家实验并写实验报告单 　　B. 看书预习讲学稿 　　C. 都可以 　　3. 你喜欢做居家物理实验吗？ 　　A. 不喜欢 　　B. 喜欢，觉得实验对提高自己的认知有很大帮助 　　C. 喜欢，觉得实验就是玩玩而已 　　D. 觉得做不做实验都一样 图表分析： （1）你的物理学习成绩是： 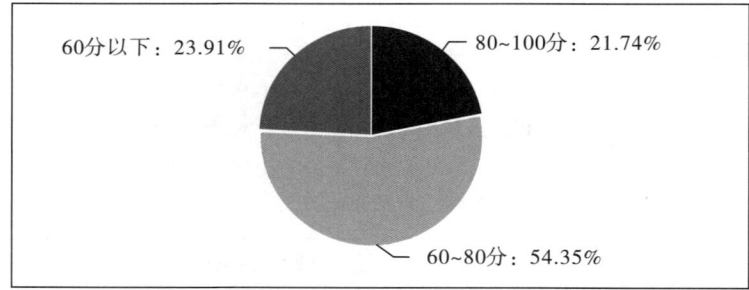 （2）线上学习中你的预习方式是怎样的？ 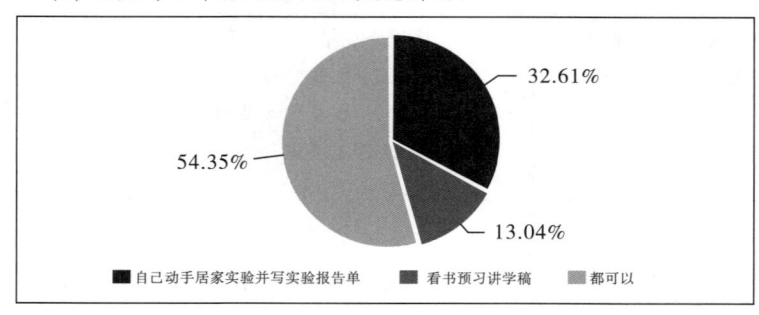

续上表

基于学习数据的课后个性辅导分析	（3）你喜欢做居家物理实验吗？ 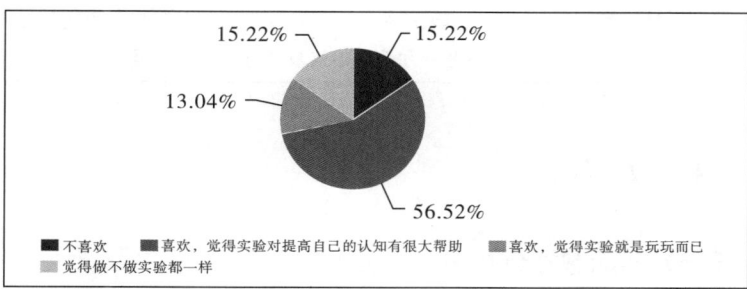 （4）交叉分析： 不同层次学生对线上教学前置任务的倾向： 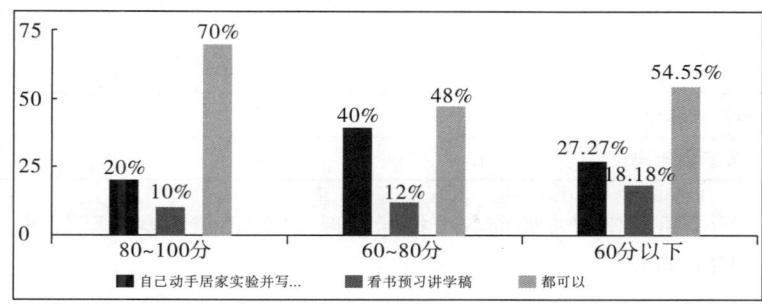 不同层次学生对居家实验效果满意度 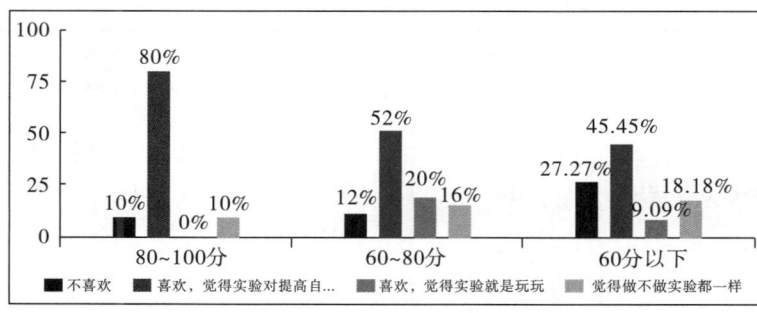 学生学习满意度结论： （1）32%的学生喜欢的前置任务为自己动手居家实验并写实验报告单。54%的学生认为两种形式都可以。 （2）对于物理成绩为80~100分的学生而言，此分数段70%的学生认为不管哪种形式的线上教学前置任务都可以，80%的学生认为对自己的认知有帮助。 （3）对于物理成绩为60~80分的学生而言，有52%的学生认为对自己的认知有帮助

浮力

= 519 =

续上表

学习评价	由于优生在线上学习期间自觉性较好，无论哪种方式，对于优生来说效果差异不大；对于中层学生而言，居家实验更有利于理解物理概念，掌握物理规律。另一方面，建议教师可以设置更具可行性和趣味性的居家实验

四、教学反思

（一）学习数据分析

本次研究还与把"知识点填空"作为前置任务的班级做了对比研究。

1. 前测数据分析

班级	优秀人数 （80%以上）	合格人数 （60%~79%）	低分人数 （0%~30%）	平均分
知识点填空班	16	33	4	66.4
居家实验班	13	34	3	66.2

两个班在学习本课前各个指标相近，"知识点填空班"优秀人数稍多，学生整体水平无明显差异。

2. 后测数据分析

（1）课后练习结果数据如图：

班级	优秀人数 （80%以上）	合格人数 （60%~79%）	低分人数 （0%~30%）	平均分
知识点填空班	18	23	12	二.13 平均分：3.9 总分：10.0 已批改
居家实验班	21	27	13	二.13 平均分：5.1 总分：10.0 已批改

较前测数据相比，"居家实验班"的优秀人数、及格人数都超越"知识点填空班"，平均分高出1.2分，前置任务为居家实验教学效果更佳。

（二）教学效果分析

（1）基于以上数据，说明"居家实验+实验报告单"在线上学习期间有一定的效果。

（2）居家实验提高了学生的感性认识，更有利于学生理解物理概念和掌握物理规律。"居家实验＋实验报告"的前置任务、"教师反馈—学生点评"的课前居家实验环节，不仅仅告诉学生物理规律是什么，更要使学生在实验过程中掌握发现问题和解决问题的能力。

（3）"居家实验＋实验报告单"有利于提高学生学习兴趣，激发学生学习积极性。"居家实验班"的线上课堂每节课评论数可达70条，"知识点填空班"的线上课堂每节课评论数在30条左右，"居家实验班"较"知识点填空班"学习兴趣更浓，课堂氛围更活跃。

（4）低成本的居家物理实验，解决了线上教学中仪器短缺问题；学生利用身边器材做物理实验，有利于提高学生的动手能力和实践能力。

（三）教学模式提炼（见图1）

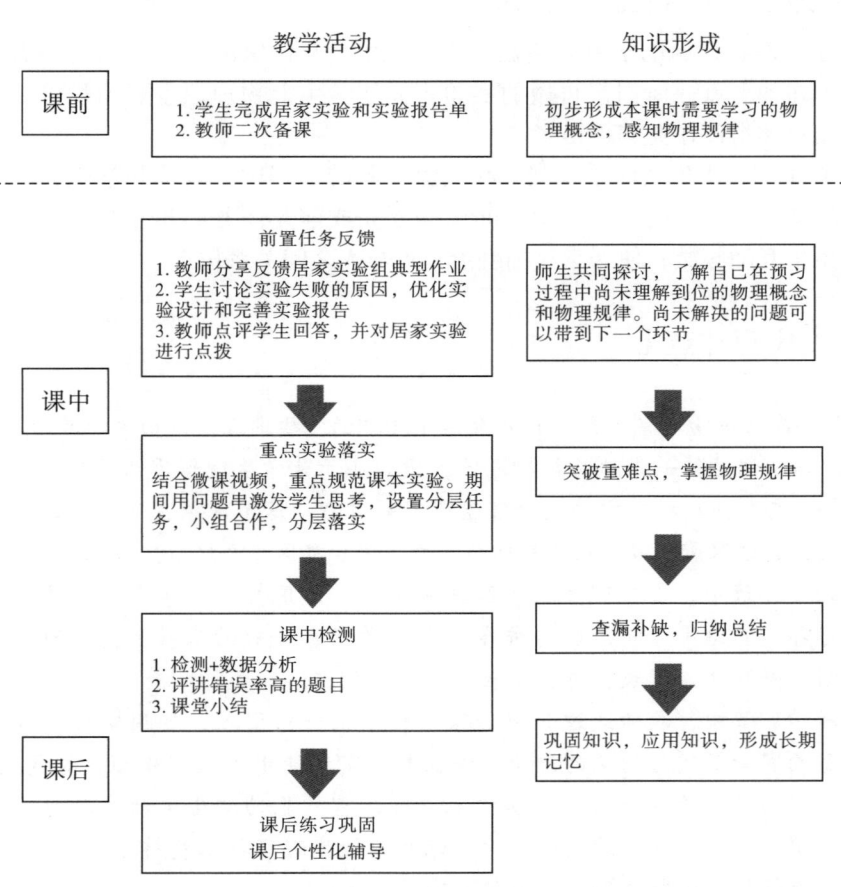

图1 "居家实验＋实验报告单"的物理实验探究课教学模式

(四)教学改进方案

(1) 学生猜想影响浮力大小的因素还有物体的密度等,但在本研究中因教师设计实验受限,以后可以尝试"教师设计实验+实验报告单"和"学生自主设计居家实验+分享展示"对比,对于农村薄弱学校而言,哪种前置任务教学效果更好就采用哪一种。

(2) 优化前置任务。本研究的"居家实验组"前置任务只关注到浮力的影响因素这个知识点,下次再执教本课时,可以加上针对浮力的方向、浮力产生的原因进行居家实验前置任务设计;设置前置任务时,需增强前置任务设置的趣味性、情境性。

(3) 本研究是基于疫情下线上学习的研究,若是线下实验课堂,教学过程中可让学生动手完成课本实验。

(五)师生教学中的显著性变化

(1) 学生对物理课的学习兴趣提高了。学生用自己家随手可得的材料做实验,会更期待教师在课上点评他们亲自做的实验,促使学生上物理课也更加积极。学生们还认为实验作业比书面作业有趣得多。

(2) 师生间、生生间联系加强。在线上学习的过程中,教师和学生,学生和学生之间因为疫情缘故,不能见面。学生间会需要完成前置任务而相互交流,在课堂中师生互动、生生互动频繁,使课堂氛围融洽,人与人之间关系拉近。

五、专家点评意见

《浮力》是初中物理(人教版)八年级下学期的重要内容,是初中物理学习的重点与难点知识。本节课是第一课时的教学设计,核心在于让学生理解浮力原理及计算公式的同时,能够参与到使用科学方法进行实验探究的过程。这节课采用了在线教学结合居家实验的方式,通过课前预习、在线教学与检测、课后巩固三个环节完成课程教学。

课前预习环节中,教师布置了居家探究实验,使用智慧教学平台收集学生实验报告单及预习答题的结果分析,在传统学情和教学内容分析的基础上,实现对学生学习的精准诊断,并基于学习数据进行了教学分析和调整。

在线教学环节中,教师通过分析居家实验结果进行引入,使用实验视频引导学生进行浮力影响因素及实验结论的讨论。课程教学交叉使用了微课视频、智慧教学平台、评价系统、网络交互软件等多种信息技术手段,有效驱动学生主动参与对浮力知识及实验原理、研究方法、实验结论的探讨。课程设计体现了技术支持下的智慧教学理念,是使用在线教学模式进行物理课程教学的有益探索。

点评专家:张伟,博士,暨南大学理工学院物理学系副教授,广东省物理学会理事,广东省物理实验教学指导委员会副主任,暨南大学物理实验中心主任。

焦 耳 定 律

一、基本信息

课型： 新课　　　　　　　　　　　　　**课时：** 第一课时
学校： 佛山市顺德区容桂四基初级中学　　**授课教师：** 陈镇华
学科（版本）： 初中物理（人教版）　　　**年级：** 九年级上学期

二、教学分析

教学目标	1. 能通过生活实例，认识电流的热效应。 2. 体验实验探究物理规律的过程，引出焦耳定律，会用焦耳定律进行计算。 3. 通过学习电热相关知识，学会辩证地看待问题
教学内容分析	焦耳定律是初中物理学习的主要定律之一，体现了电能与内能之间的转化。教学内容由三部分组成：电流的热效应、焦耳定律、电热的利用和危害。电流的热效应、电热的利用和危害与生活经验联系紧密，学生比较容易接受和理解，重难点在焦耳定律的探究、理解及应用
学情分析	学生在学习本节知识前已经有了电流、电阻、电功、电功率等概念，有一定的探究实验的经验及归纳能力。但是对于学习电学知识时间不长的中学生（特别是农村薄弱学校的学生）而言，抓住实验过程的关键因素，运用控制变量法、转化法来探究物理规律，还存在一定难度。 　　所教学生为薄弱学校的普通班（均衡分班），学生起点水平相差比较大，班级学习氛围良好，但缺少拔尖学生，学困生较多。学生的信息采集能力、归纳能力、计算能力、表达的规范性尚待提高

续上表

技术应用 重、难点	本堂课技术运用重点在于利用平板推送学习微课、课前检测、课中检测，利用平台采集实验现象并推送，以及利用平台反馈检测情况等
教学环境 与资源	高分云教学平台；平板电脑、一体机；录制及下载的若干微课，如《加热较短时间（水温变化）》《加热较长时间（水温变化）》《发红的电阻丝和不那么热的导线》，以及乐乐课堂《电流的热效应》和《探究影响导体产生热量的因素》等；本课PPT、导学案

三、教学过程

一、课前预学		
学习目标	学习活动	技术使用与功能评析
1. 认识电流的"热效应"。 2. 知道电流通过导体产生的热量与通过导体的电流大小、通电时间长短以及导体的电阻有关	1. 观看微课《电流的热效应》，完成导学案"引入1"。 2. 观看《电炉丝与导线发热对比》，跟帖组长进行讨论，分析在此情况下，相同时间内造成导线和电炉丝发热量不同的原因。 3. 观看微课《通电时间不同的两个加热过程》，猜想电流通过导体产生的热量多少与什么因素有关。跟帖讨论。 4. 观看微课《探究影响导体产生热量的因素》。 5. 完成前置任务测试1	【技术使用】 智慧教学平台推送学习微课、布置学习任务及获取反馈。 【功能评析】 1. 通过平台送课到家，帮助学生预学新内容，为课堂拓宽空间。 2. 通过前置学习检测及早了解学生的学情，以助教师提前做出教学调整
学习评价	利用高分云教学平台自动生成的学生学习数据： 客观题统计 正确率 一.1 68%　一.2 86%　一.3 51%　一.4 95%　一.5 66%	

续上表

基于学习数据的课前学情诊断	在预学内容中，教师先通过学生非常熟悉的生活现象让学生对"电流通过导体产生的热量"的多少与通电时间、导体电阻产生关联，引导学生猜想，再让学生看微课《探究影响导体产生热量的因素》使学生对"焦耳定律"有了大概认识，然后布置前置测试。测试内容基本与前置学习内容相符。检测发现：通过借助微课的学习，学生对"电流的热效应"有了比较深刻的认识。数据反馈出： 　　学生对探究实验的电路设计理解不到位； 　　前面的电学基础还存在问题，对电路的理解不够透彻，部分基础较好的学生"倒"在串联分压的知识点上； 　　意想不到的是学生对"相同功率的电冰箱、电脑和电热毯正常工作相同时间产生的热量的多少的比较"居然出现了34%的错误率
二次备课说明	根据前置测试数据反馈做出以下调整： 　　1. 在探究"电热与什么因素有关"的实验中，要帮助学生理解好从电路设计到物化成实际电路的过程。 　　2. 要梳理好控制变量法、转换法在实验过程中的运用。 　　3. 要规范学生书写实验结论。 　　4. 帮助学生认识到电能可以通过不同的用电器转化成其他多种形式的能量，在通过电热器时，电能转化为内能；认识常见的电热器

二、课中学习活动

（一）前置任务反馈

学习目标	学习活动	技术使用与功能评析
1. 通过前置任务反馈及拓展，引领学生对"电热与什么因素有关"的探究实验进行设计。 2. 帮助学生明确电热器与其他用电器在能量转化上的区别。 3. 帮助学生解决个别电路基础问题	1. 展示错题，小组讨论后抢答，解决部分问题。学生解析不够清晰的地方，采他组补充或教师补充的方法解决。 2. 利用PPT及黑板板书，引导学生进行"探究电热与导体电阻的关系"实验电路的设计及"探究电热与通过导体的电流的关系"实验电路的设计，学生记录在导学案上	【技术使用】 1. 平板抢答。 2. 平板加分激励。 【功能评析】 激发学生的参与热情，调节课堂氛围

续上表

（二）分组实验

学习目标	学习活动	技术使用与功能评析
通过实验探究电热与电阻、电流、通电时间的关系	1. 在前一活动明晰电路设计原理及采用"控制变量法"后，教师引导学生列举反映"放热多少"的方法，介绍实验器材。 2. 按顺序分别探究电阻、通电时间、电流对电热的影响。 3. 教师推白板，学生按顺序对实验现象进行拍照上传。 4. 各小组对自己的实验现象进行分析，在导学案上尝试写出实验结论。 5. 利用平板随机抽查，由学生展示自己小组的实验现象并展示结论，教师引导学生归纳出"焦耳定律"：  6. 问题回溯：为什么电炉工作时，电阻丝热得发红，导线却不那么热？要求学生利用"焦耳定律"进行回答。（抢答）	【技术使用】 1. 平板拍照上传。 2. 平板随机、及时展示学生习作。 3. 平板推抢答并进行加分激励。 【功能评析】 1. 促使各个小组高效、认真完成实验，因为存在对比，所以实验效率比较高，其他任务也有类似效果。 2. 随机抽查小组，会给学生均等的压力，把学生的注意力留在课堂上。 3. 抢答＋加分激励可以提高学生学习积极性

（三）课堂检测

学习目标	学习活动	技术使用与功能评析
1. 了解学生的学习情况。 2. 利用检测促进学生对"焦耳定律"的理解。 3. 利用检测加深学生对探究实验过程的认识。 4. 提高学生学以致用的能力	1. 学生完成堂测。  2. 针对错题组织学生交流及点评，对于比较典型的问题，可以由教师协助解决	【技术使用】 智慧教学平台推送测试题目功能。 【功能评析】 利用平台进行课中检测，可以较快地掌握学生的学情

续上表

基于学习数据的课中精准教学分析	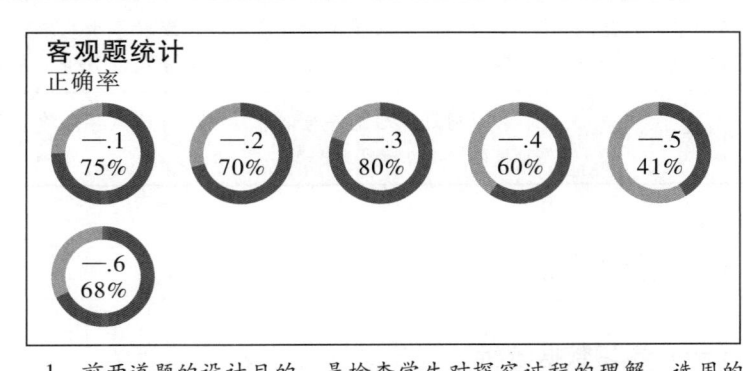 1. 前两道题的设计目的，是检查学生对探究过程的理解，选用的题目对学生综合能力要求比较高，有将近25%的学生失分。 2. 第3、4、5题的设计目的是考查学生运用焦耳定律解决问题的能力。第3题解决的是电炉丝比导线热的问题，仍有20%的学生出错，让人有点意外，这说明在课堂上还是要多关注学困生，要设法对他们予以帮助。第4题、第5题要求逐渐提高，需要学生充分理解"电热与电阻的关系"才可以顺利作答，完成情况一般，但通过交流、展示、质疑等学习活动可以改善。 3. 第6题需要结合电路基础来解决问题，基本达到预期
学习评价	综合课中测试的数据，可以看出，三分之二的学生对本节内容掌握良好。主要呈现的问题在于知识的运用，学生在运用知识解决问题时，怎么将"情景"与"理论"产生关联，然后利用理论去解决实际问题。这是这堂课后需要加以巩固的地方

三、课后巩固与辅导

学习目标	学习活动	技术使用与功能评析
1. 加深学生对"焦耳定律"的理解。 2. 提高利用"焦耳定律"分析实际问题的能力	1. 学生利用平台选看教师补充的针对性辅导微课。 2. 在导学案上完成课后分层练习（小组1～3号完成A组题，4～6号完成B组题），拍照上传	【技术使用】 1. 智慧教学平台推送学习微课。 2. 平板拍照上传。 【功能评析】 1. 及时解决学生仍然存在的问题。 2. 展示学生完成情况，使教师能及时掌握学生学情。 3. 实现各取所需的个性化学习

续上表

基于学习数据的课后个性辅导分析	通过批改学生的分层训练，发现学生基本上能达到教师的要求，A 组题满分率接近 60%，B 组题满分率接近 70%。错误点比较分散
学习评价	通过课后辅导与训练，学生对"焦耳定律"掌握良好，达到课堂设计目的

四、教学反思

（一）学习数据分析

本课例学习数据源于两次测试、一次课后训练，即前置任务测试、课中测试和课后分层练习。前置任务测试学习数据反馈出学生对探究实验的原理还未理解到位，同时反映了学生电学基础的一些问题，也提醒了我们：有些教师认为简单而忽略的内容，放在学生身上不一定简单。针对学生前置测试反馈的情况，教师进行了教学设计，其一是帮助学生解决前置测试中发现的一些问题，其二是以问题为线索，引导学生设计并进行实验，加深学生对探究实验的理解。

完成试验后教师带领学生回应了"电炉工作时，电阻丝热得发红，导线却不那么热？"的问题，开始引导学生用焦耳定律解题，但这个时候，学生相关的经验还是非常浅，所以课中测试的学习数据又反馈出一些问题。教师随即组织学生进行点评、解决。

（二）教学效果分析

本节课的教学效果，很大程度上是通过两次测试及一次课后补充训练的结果来呈现的。当然还包含了实验的操作过程。总体而言达到了设定目标，学优生基本上能把焦耳定律运用到相关情景来分析问题，对探究过程认识较深；学困生能理解电热与什么因素有关，对探究过程的认识尚待加强。

（三）教学模式提炼（见图1）

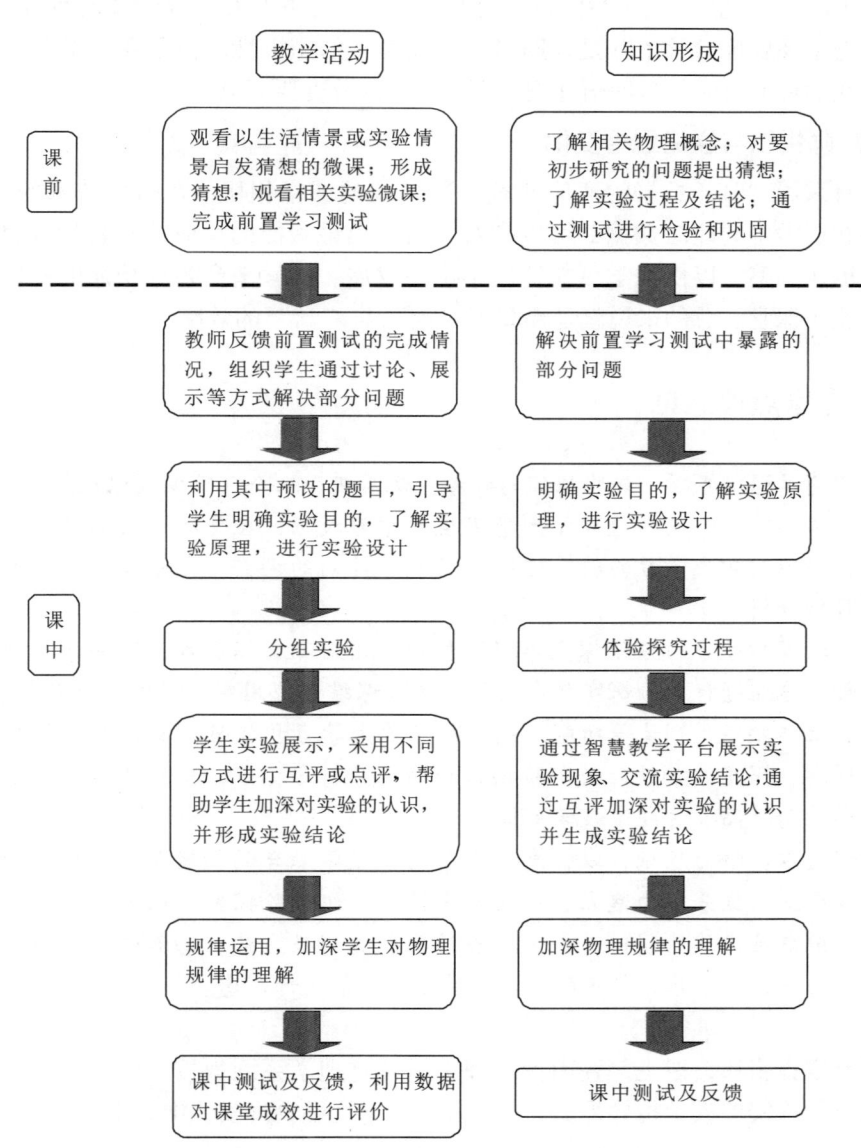

图1　教学模式

（四）教学改进方案

（1）在两次测试及课后补充训练中，选用的题目还需要斟酌。题目的综合性偏强，对新课教学不一定有利，会分散学生特别是学困生对新知识的掌握；面向"农村薄弱学校"的学生，应选针对性较强的、与课堂教学内容吻合度更高的题目，而不是综合性强的题目。

（2）题目以客观题为主。因为客观题容易反馈，但是在训练学生的书面表达能力方面有所欠缺。主观题可以弥补这些，但又存在难以获得人工智能及时反馈的问题。考虑可以把主观题推给学生互批，同时能提高学生的积极性。但是在互批前一定要进行指导，在设计题目时尽量明晰评判标准，分值区分度要明显。

（五）师生教与学的显著变化

与没有采用"基于数据的适应性教学"模式的课堂相比，在信息技术的支持下，教师能够掌握学生的即时数据，可以针对学情做出最敏捷的反应，对教学内容、教学方法做出迅速调整，以使教学更能适应学生的发展。教学平台各种功能的使用，能使学生更专注于课堂。总的来说就是提高了"教"与"学"的效率。

五、专家点评意见

这节课通过课前预学、课中探究与检测、课后巩固三个环节完成课程教学。

课前预学环节中，教师通过学生学习生成学习数据，在传统学情和教学内容分析的基础上，实现对学生学习的精准诊断以及教学计划的调整，充分体现了基于学习数据的教学目标分析。

课中是教师指导下的分组探究学习，教师使用前测数据引入，引导学生理解概念及实验设计，分组进行实验探究焦耳定律。本节课综合应用智慧教学平台抢答、加分、微课推送、上传拍照、测试等功能，充分激发学生学习积极性，有效驱动学生主动参与到概念理解、探究方案设计、实验操作和结论分析等环节，充分体现了技术支持下的探究教学理念，高效达成了教学目标。

本节课是以实验为基础，以信息技术与物理教学融合的物理课。课程教学环节清晰明确，以课前数据分析为起点，以技术支持的分组实验探究为课堂核心，让学生在层层深入理解焦耳定律的同时，探究物理规律的过程及方法，培养学生分析问题、解决问题的能力，体现了基于数据的适应性学习的教学设计理念。

点评专家： 张伟，博士，暨南大学理工学院物理学系副教授，广东省物理学会理事，广东省物理实验教学指导委员会副主任，暨南大学物理实验中心主任。

第十二部分　初中生物教学设计案例

生物进化的原因

一、基本信息

课型：新授课　　　　　　　　　　　　**课时**：第一课时
学校：佛山市顺德区容桂外国语学校　　**授课教师**：方志甄
学科（版本）：初中生物学（人教版）　**年级**：八年级下学期

二、教学分析

教学目标	1. 通过观看《分析生物进化的一个实例》的微课视频，能分析出生物进化的原因（内因是遗传和变异、外因是环境改变）。 2. 通过观看《模拟保护色的形成过程的探究实验》视频，能指出保护色的形成过程是环境对生物选择的结果。 3. 尝试说出视频中模拟实验的不足，提出实验改进的办法。 4. 阐述自然选择学说，认同生物进化的基本观点，可以用自然选择学说的内容去解释生活中的实例。 5. 通过微课，能区别自然选择和人工选择的异同
教学内容分析	本节课选自人教版《生物学》第七单元第三章第三节，学生已学习第二章《生物的遗传和变异》，第三章《生命起源和生物进化的历程》，可在此基础上分析生物进化的原因。 本节课对应《义务教育生物学课程标准（2011年版）》的课程内容如下：生物多样性是生物亿万年进化的结果，是大自然的宝贵财富。生命起源和生物的进化是生物科学研究的重要领域，以自然选择学说为核心的生物进化理论，解释了生物进化和发展的原因，这部分知识对学生形成生物进化的观点，树立辩证唯物主义自然观具有重要意义。课标的具体内容是认同生物进化的观点

续上表

教学内容分析	教材的内容如下：先通过从英国曼彻斯特地区两种桦尺蛾的数量随着环境的变化而改变的实例引导学生分析环境的变化影响着生物的生存，再通过保护色的形成过程的模拟实验，让学生感受到环境的改变在保护色的选择和形成中的作用，初步认识到生物进化的基础是遗传和变异，动力是环境的改变，只有适应环境变化的生物才能在此过程中生存下来。最后，阐述了达尔文的自然选择学说的主要内容，让学生加深认识生物进化的过程和进化的原因，从而形成重要概念："生物的遗传变异和环境因素的共同作用导致生物的进化。"
学情分析	通过前面的学习，学生已认识到"遗传和变异是生物普遍存在的现象，是生物的基本特征之一，"能理解"进化的内因是遗传和变异，外因是环境的改变"，却难以理解"生物的进化是自然选择的结果"。学生学习此内容会有前概念，拉马克进化论的"用进废退"观点，认为"生物是为了适应环境而产生了变异，环境变化是生物进化的原因，环境产生变化，生物也随之发生。"而达尔文的自然选择学说认为"生物的变异是不定向的，自然选择是定向的。只有能适应环境的类型才能生存下来，并且能够产生后代，而不适应环境的类型就会被淘汰。"
技术应用重、难点	重点：多个教学平台的有效衔接，及时掌握学生的数据，并且进行反馈，加强师生的互动。前期准备要充分。 难点：微课资源多，如何有效运用
教学环境与资源	教学平台："高分云""腾讯QQ""腾讯课堂极速版""腾讯视频"； 教学工具："QQ群作业""WPS"； 课件：《生物进化的原因》； 微课：《分析生物进化的一个实例》《模拟保护色形成过程的探究实验》《自然选择学说》《生物进化的原因的思维导图》

三、教学过程

一、课前		
学习目标	学习活动	技术使用与功能评析
能够通过自主预习，分析生物进化的内因和外因，对自然选择学说的主要内容有一定的认识	1. 教师提前布置任务。 2. 学生自学课本62~69页，圈画重点，完成《同步》的自主预习，知识点梳理和基础速反馈。 3. 完成后上传	【技术使用】 1. 平板拍照上传。 2. 利用一键提醒功能，提示尚未完成的学生及时上传。 【功能评析】 1. 提高效率。 2. 线上批注，及时反馈
学习评价	1. QQ群作业记录学生学习轨迹。 2. 教师批阅	

续上表

基于学习数据的课前学情诊断	大多数学生能按时上传任务，个别学生通过一键提醒功能也上传。上传的结果反馈：学生通过自学教材内容可以完成知识优梳理中大部分填空，但对于"自然选择学说的四个内容，判断哪个是原因、动力、基础""动物的保护色是自然选择的结果"等内容，由于课本没有文字的介绍，学生完成有难度，空白较多
二次备课说明	在教学资源中选取有关以上难点的内容进行讲解的微课，帮助学生突破这些难点

二、课中

（一）分析生物进化的原因

学习目标	学习活动	技术使用与功能评析
通过一个生物进化的实例，分析生物进化的原因（内因是遗传和变异、外因是环境改变）	1. 老师推送微课《分析生物进化的一个实例》，完成一个选择题： （2018广东广州中考，30，★☆☆）18世纪的英国曼彻斯特地区山清水秀，这里的桦尺蠖大多数是浅色的，少数是深色的。100年以后，工业污染把树皮熏成了黑褐色，深色的桦尺蠖成了常见类型，浅色的却成了少数。造成这种变化的原因是　　（　　） A. 黑烟将桦尺蠖熏成了深色 B. 浅色桦尺蠖迁出，深色的桦尺蠖迁入 C. 浅色桦尺蠖变成深色的桦尺蠖 D. 环境对桦尺蠖体色选择的结果 正确答案： D 答案解析： 解析： D 18世纪时，浅色桦尺蠖的体色与环境颜色一致，浅色是一种不易被敌害发现的保护色；100年以后，工业污染使环境颜色变深，浅色桦尺蠖的体色就与环境颜色形成了反差，成了易被敌害发现的体色，深色这时反而成了保护色，深色桦尺蠖不易被敌害发现，外界环境对桦尺蠖的体色进行了选择。 2. 学生观看微课，完成选择题提交。对于迟迟未提交的同学，教师可及时提醒。 3. 教师即时收集学生的相关学习数据	【技术使用】 1. 智慧教学平台推送微课和测试题目功能：高分云平台上的微课资源和试题资源，微课3分钟，一道与微课相关的题目。 2. 利用一键提醒功能，提示尚未完成的学生及时上传。 【功能评析】 1. 提高课堂效率，实时反馈。 2. 视频内容的讲解能让学生更生动地理解相关知识

续上表

（二）模拟保护色形成过程的探究实验		
学习目标	学习活动	技术使用与功能评析
1. 通过模拟保护色的形成过程的探究视频，能指出保护色的形成过程是环境对生物选择的结果。尝试说出实验中的不足，提出实验改进的办法。 2. 能指出实验的细节，彩色布和小纸片各模拟什么，能通过五代的幸存者数判断背景色	1. 教师推送微课《模拟保护色形成过程的探究实验》，配套了一个主观题。并让学生尝试找到视频中存在问题的地方，进行分享。 生物小组在做"模拟保护色的形成过程"的实验，实验准备了一块面积为 0.8m×0.8m 的彩色布和红、黄、绿、白、蓝小纸片各50片。同学在模拟保护色的形成过程的实验中，得到了下表的数据，请你根据此表回答问题： | 纸片的颜色	第一代 开始数目	第一代 幸存者数	第二代 开始数目	第二代 幸存者数	第三代 开始数目	第三代 幸存者数	第四代 开始数目	第四代 幸存者数	第五代 开始数目	第五代 幸存者数
---	---	---	---	---	---	---	---	---	---	---
红	17	17	4	0	0	0	0	0	0	0
黄	17	7	21	12	36	17	51	22	66	25
绿	17	4	12	6	18	3	9	1	3	0
白	17	3	9	3	9	2	6	1	3	0
蓝	16	4	12	1	3	0	0	0	0	0 | 根据所记录的数据，实验所用的布料应该是_____色。 由实验数据可得出，小纸片的颜色与彩色布的色彩对比反差_____，就越容易被发现并选出。反之，越容易保存下来。 实验过程中，彩色布模拟的是_____，小纸片模拟的是_____。 用达尔文的进化论观点分析，动物_____是自然选择的结果。 2. 学生观看微课，完成主观题，进行思考	【技术使用】 智慧教学平台推送微课和测试题目功能：微课6分钟，一道与微课相关的主观题，内含4个小题，考查实验细节、实验结果和结论的判断。 【功能评析】 提高课堂效率，实时反馈

续上表

	(三)自然选择	
学习目标	学习活动	技术使用与功能评析
1. 概述自然选择学说，认同生物进化的基本观点，可以用自然选择学说解释生活中的实例。 2. 通过微课，区别自然选择和人工选择	1. 教师推送两个微课《自然选择学说》《自然选择》并安排两道选择题，学生自行观看微课，完成两道选择题。 (2017通辽市考题) 以下有关达尔文自然选择学说的选项，不正确的是（ ） A. 各种生物普遍都具有很强的繁殖能力 B. 生物要生存下去，就得为了获得食物和空间而进行生存斗争 C. 自然选择保留的变异永远都有利于该生物的生存 D. 害虫抗药性的增强是农药对害虫不断选择的结果 (2017湖北武汉中考) 下图表示几类哺乳动物的起源情况，对此图的分析正确的是（ 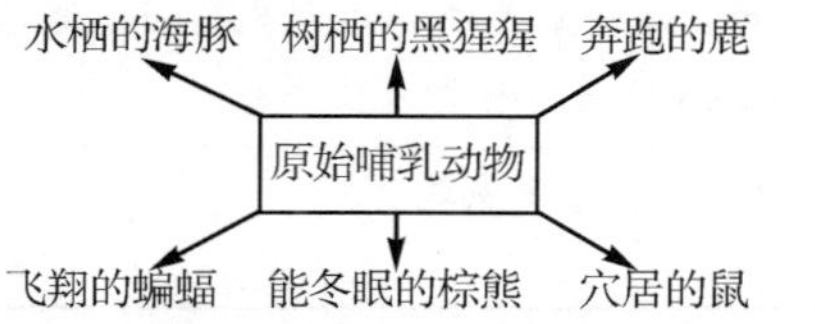 ） 水栖的海豚　树栖的黑猩猩　奔跑的鹿 ← ↑ → 原始哺乳动物 ← ↑ → 飞翔的蝙蝠　能冬眠的棕熊　穴居的鼠 A. 现存各类哺乳动物的出现是自然选择的结果 B. 原始哺乳动物为适应不同的环境而进化为现存各类哺乳动物 C. 生物通过定向的变异适应变化的环境 D. 在现存条件下，原始哺乳动物也可进化为现代哺乳动物 正确答案：A 2. 教师利用腾讯课堂极速版直播，学生通过腾讯课堂收看直播，并在讨论区进行提问和反馈，可发现学生探究实验中存在的问题，教师进行针对性讲解。 3. 教师组织学生完成《同步》能力提升较难的题目，如"长期使用单一农药对害虫种群密度变化情况分析，用自然选择学说分析青霉素和抗药性细菌的关系"，并进行讲解	【技术使用】 1. 智慧教学平台推送微课和测试题目功能。 2. 课前利用WPS中自带的思维导图工具绘思维导图，并录制微课。 3. 腾讯课堂极速版进行直播教学，师生互动，播放绘思维导图的视频，小结本节课的内容，对难题进行讲解。 【功能评析】 1. 提高课堂效率，实时反馈。 2. 思维导图有助于学生梳理整节课的脉络。 3. 绘思维导图便于学生回顾相关内容，不熟悉的同学可以多次阅读。 4. 直播教学，可增强课堂师生、生生互动

续上表

基于学习数据的课中精准教学分析	4个微课程的完成率分别为100%、100%、97.96%、93.88%，通过平台可知道哪些学生尚未开始任务，哪些学生进行中，哪些已完成
学习评价	1. 智慧教学平台自动生成的学生学习数据，记录学生学习轨迹。 2. 课堂检测

三、课后

学习目标	学习活动	技术使用与功能评析
认同生物进化的观点，可用自然选择学说解释生活实例	教师组织学生完成《同步》能力提升的其他题目，要求保留分析痕迹，学生完成题目拍照上传。有疑惑者私聊教师进行辅导。 教师利用高分云推送《思维导图》微课资源，帮助学生课后梳理内容	【技术支持】 利用腾讯QQ的群作业功能，重点查看学生的分析痕迹，判断学生是否理解相关知识。 【功能评析】 便于收集学生对相关知识的理解情况
基于学习数据的课后个性辅导分析	1. 通过能力提升的上传反馈，学生大多可以在题目上指出变异是不定向的，自然选择是定向的。 2. 对于未能及时在课堂完成任务的学生，安排课后时间补完。对于仍然出现错误的学生，通过QQ进行私聊来辅导	
学习评价	1. QQ群作业记录学生学习轨迹。 2. 教师批阅	

四、教学反思

（一）学习数据分析

从微课程的完成率分析，微课程的数目越多，越往后推送的微课，学生的完成率越低，因此一节课安排的微课程不要太多，建议控制在三个以内。通过学习数据的及时反馈，可以知道学生是否已掌握重点和突破难点。经过教师直播讲解，安排收看其他微课资源，再安排测试，测试结果发现，部分学生对于金鱼和菊花品质的原因是人工选择的结果掌握不太理想，正确率是58%，学生错误理解这是自然选择的结果。但关于生物进化的原因的其他题目正确率达到了80%以上，说明大多数学生突破了难点，能把握自然选择学说的内容。

（二）教学效果分析

教学目标1和目标2通过短视频的微课学习达成较好，但目标2中的探究实验，由于只是看视频，没有进行实验，缺少了体验，学生无法说出视频中实验存在的问题。

目标3和目标4，仅仅依靠微课学习，效果不佳，需要配合教师的讲解。通过分析多个实例，帮助学生理解自然选择学说的内容，认同生物进化的观点，形成重要概念："生物的遗传变异和环境因素的共同作用，导致了生物的进化。"

（三）教学模式提炼（见图1）

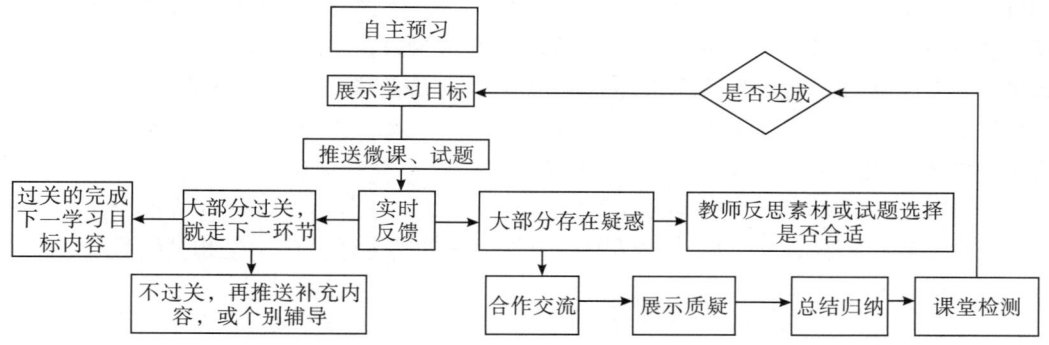

图1 自主学习下的"2+7"模式（教师主导，学生主体，7个环节）

（四）教学改进方案

提前一周布置学生进行模拟保护色形成过程的实验，记录实验数据。学生通过智慧课堂平台上传实验数据，小组成员再相互评价实验数据，找出不足，学生有体验，就容易发现问题，并且能更好理解保护色的形成是自然选择的结果。也鼓励了学生探讨实验改进的做法，拓展了学生的思维。

《自然选择学说》视频推送后，及时跟进学生答题情况进行讲解，可以通过长颈鹿的实例，分析拉马克和达尔文的观点，讲解完后再次安排练习，从而及时了解难点的突破情况。

（五）师生教与学的显著变化

传统教学主要通过个别提问及个别学生的展示，来了解学生的掌握情况，无法在短时间内对全班同学做出诊断。教师需要批改学生的作业，纸笔记录大量的数据来分析学生的情况，耗时较长。通过巡视发现问题，了解不够全面。教师的上课内容只能针对大部分的学生。

学习数据的应用及其优势：通过让学生学习微课，配套完成相应的选择题或者主观题，可以及时进行判断，把全班的学生的完成情况汇总，即时采集学生的学习数据，判断出哪些知识点是学生已经掌握得比较好的？哪些知识点还存在着问题？有利于教师及时调整教学的策略，也有利于对学生个性化的辅导，教师可以针对不同层次的学生准备不同的微课进行学习，发布不同难度的试题。智慧教学平台还可以一直记录学生的学习轨迹，更有利于教师因材施教。

对于学生来说，他们能获取更接近他们的最近发展区的学习素材，更有利于个人提升。对于做题拖拉的学生，班级学习情况的及时反馈可以起到提醒的作用。

五、专家点评意见

这是一个线上课程的教学设计。教师积极探索新型互联网+教学方法和学习方式，利用"高分云""腾讯QQ""腾讯课堂极速版""腾讯视频"多个平台完成课程。教师在该教学设计中利用4个微课程和配套的练习来滚动推进课程，让学生在体验中深化认识，体会生物进化的原因。引导学生从科学家的角度去思考认识问题，培养学生的探究思维。教师应特别注意课堂提问应该在学生"最近发展区"以内，切实促进学生认知结构的形成、巩固和发展。

点评专家：刘桦，华南师范大学附属中学教学处副主任，中学生物高级教师。

神经调节的基本方式

一、基本信息

课型：概念规律讲解；实验探究　　　　　　　　　　**课时：**第一课时
学校：佛山市顺德区容桂四基初级中学　　　　　　　**授课教师：**梁艺华
学科（版本）：初中生物（人教版）　　　　　　　　**年级：**七年级下学期

二、教学分析

教学目标	（一）知识目标 1. 了解反射的概念，能举例说出反射是人体神经调节的基本方式。 2. 描述反射弧的结构与反射中神经冲动传导的途径（根据前置任务制定）。 3. 举例说出反射包括简单的反射和复杂的反射。 （二）能力目标 1. 观察或体验人或动物的某些反射活动，说明其意义。 2. 培养学生自主学习、合作学习、表达交流的能力。 （三）情感目标 1. 培养学生实事求是的科学态度。 2. 启发学生乐于探索生命奥秘的兴趣。 3. 认同神经调节结构基础的唯物观以及生物对环境的适应观
教学内容分析	《神经调节的基本方式》是人教版《生物》七年级下册第四单元《生物圈中的人》第六章《人体生命活动的调节》的第三节。作为本章的重点内容，教材中主要介绍了反射和反射弧。其中反射的概念和反射弧完成过程的内容都比较抽象难以理解，本节中设置的多个反射活动可以激发学生学习的兴趣，从而感知体验反射的概念和反射弧的组成，结合教学平台的前置任务发布、变式训练、白板、检测等功能亦可加深学生对基础知识的理解

续上表

学情分析	在本章前，学生已对人体几大系统的生理结构特征、人体感觉器官及神经系统组成进行了学习，而且可以通过课前的微课学习勾起其与神经调节相关的生活现象和体验的回顾。因此，学生对本节课的学习已有一定的实践和理论基础。而七年级学生对生活现象有着很强的好奇心和求知欲，乐于探索，愿意与人合作，但注意力不能长时间地集中，生活经验不是很丰富，部分学生可能会对反射弧的完成过程认识得不够清晰，需要教师设置一些有趣的反射活动并提供相关的训练，为学生创造动脑分析、交流表达的机会
技术应用重、难点	重点：PPT制作、发布前置任务、根据前置任务完成情况设计变式练习、高分云平台使用。 难点：在课堂上发布分层任务
教学环境与资源	高分云教学平台；《神经调节的基本方式》课件；《反射与反射弧》微课；膝跳反射实验器材、新鲜酸梅等

三、教学过程

一、课前预习		
学习目标	教学活动	技术使用与功能评析
1. 感知什么是反射。 2. 描述反射弧的结构。 3. 初步区分简单反射和复杂反射	师：甄选微课《反射和反射弧》；根据微课内容及教学重难点设计好前置任务；根据学生对前置任务的完成情况调整教学目标并设计相关变式练习；根据学生对前置任务的完成情况对其进行分层。 生：全班学生观看微课并完成前置任务；部分学生看书预习并完成练习册上的预习题	【技术使用】 1. 平板随机、及时展示学生答题情况。 2. 高分云平台推送测试题目功能。 【功能评析】 及时反馈学生的答题情况，利于教师掌握学生前置任务预习情况，调整教学目标，做好二次备课
学习评价	1. 高分云平台自动生成的学生学习数据，记录学生学习轨迹。 2. 课前检测	
基于学习数据的课前学情诊断	1. 涉及反射弧结构的题目错误率较高，大部分学生的易错点集中在反射中神经冲动传导的途径（主要因为不会区分图片中的传入神经和传出神经），表明这两个知识是学生学习的难点。 2. 结合练习册预习的同学在做题时准确率高一些	
二次备课说明	基于预习结果的反馈，在课堂教学上引导学生结合教学目标，从题目考查哪个目标、易错点、如何突破陷阱等三个方向讲解典型例题，并完成相关变式训练	

续上表

	二、课中教学过程	
	(一) 课前预习反馈	
学习目标	教学活动	技术使用与功能评析
从典型错题了解本节课的学习重点	师：1. 展示学生对预习题的完成情况；展示本课学习目标以及根据前测分析出的学生薄弱的知识。 2. 请一位做错的学生分析做错的原因并揭露此题的"陷阱"。 3. 请一位做对的学生根据教师提示的三个方向讲解错题。 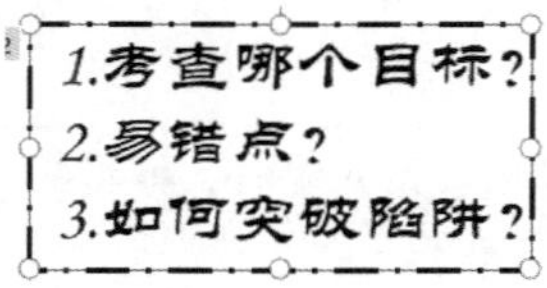 1. 考查哪个目标？ 2. 易错点？ 3. 如何突破陷阱？ 4. 当堂发布相关的变式练习。 （2018 广东模拟，25，★☆☆）如图是人体完成缩手反射的结构示意图，有关缩手反射的叙述正确的是（ 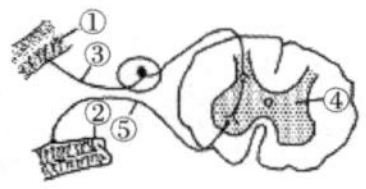　　） A. 该反射的传导顺序是②→⑤→④→③→① B. 先感觉到疼痛后再缩手 C. 缩手反射的神经中枢位于脊髓 D. 缩手反射属于复杂反射 生：认真听解题方向，了解本节课的学习目标；完成发布的变式练习	1. 高分云平台能及时反馈学生的答题情况，利于教师及时有针对性地选择做错或做对的学生分析题目。 2. 高分云平台的题库中有不少相关知识点的类似题目，可筛选部分作为变式练习
基于学习数据的课中精准教学分析	根据堂测结果数据可以看出，学生对反射弧结构及反射中神经冲动的传导途径这一重点知识的掌握在解题思路分析及完成变式练习之后有了20%的提高。 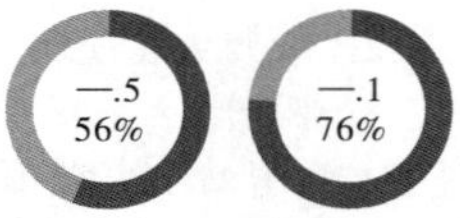 —.5　56%　　—.1　76% （考查同一概念规律的类似题目在课前预习及随堂变式练习中的准确率变化）	

= 541 =

续上表

（二）课中重点落实和提高

学习目标	教学活动	技术使用与功能评析
体验反射	1. 游戏导入： 游戏热身： 1. 拍手背：两人一组，掌心相对，掌心向上者快速反手拍打对方手背，两人互拍10次，击中次数多者为胜。 2. 正说反做：根据教师所报指令迅速做出相反动作。 2. 膝跳反射分组实验： 根据以上三个反射活动归纳反射概念	【技术使用】 高分云平台的计时及点名功能。 【功能评析】 活跃课堂气氛，规范游戏时限
概念辨析	结合教师提供的图片资料，根据反射概念的三个关键词区分"反射"与"应激性"	【技术使用】 高分云平台的抢答功能。 【功能评析】 活跃课堂气氛
自主归纳反射的结构基础	1. 通过上述三个反射活动归纳出反射弧的组成。 2. 完成白板训练： 请在白板上标出：图中字母和数字所代表的反射弧的结构名称，并用箭头连接字母或数字分别表示出两个反射中神经冲动传导的途径。 膝跳反射 缩手反射 3. 完成白板的互批任务	【技术使用】 高分云平台的白板功能。 【功能评析】 通过完成白板、推范例、互批等让学生掌握反射弧的组成及反射中神经冲动的传导方向，突破预习中不会区分传入神经和传出神经等易错点
熟练区分并运用反射的类型	1. 归纳膝跳反射与缩手反射的共同点。 2. 教师分发酸梅，一部分学生吃酸梅，一部分学生不吃酸梅；分别让吃酸梅和看酸梅的学生描述自己的感受。 3. 辨析"吃梅""望梅""闻梅"的反射弧。 4. 利用表格归纳对比简单反射与复杂反射的特点。 5. 随堂练习（小题小测）	【技术使用】 高分云平台的任务发布。 【功能评析】 课前组卷，课中学习完反射类型后及时发布相关的小题小测，以了解学生掌握情况，帮助学生巩固新知

续上表

(三) 课中检测		
学习目标	教学活动	技术使用与功能评析
检测学生是否掌握本课的重难点知识，查漏补缺	教师根据学生对前置任务的完成情况对其进行分层，让四个层次的学生分别完成难易程度依次递减的A卷、B卷、C卷和D卷	【技术使用】 高分云平台的分层推送功能。 【功能评析】 对不同学习层次的学生进行针对性训练
基于学习数据的课中精准教学分析	根据堂测结果数据可以看出，在本次分层测试中，A卷难度较大，学生解题正确率偏低，教师课后需加强A层学生的思维训练。B卷最后两题偏难，没有学生能正确作答，教师课后需纠错、反复训练。C卷和D卷有个别题目正确率也偏低。因此教师可在课前调整分层情况或调整试题难度。 A卷、B卷、C卷和D卷的完成数据分别如下： A卷正确率： 一.1 33%　一.2 11%　一.3 33%　一.4 44%　一.5 22% 一.6 55%　一.7 66%　一.8 22%　一.9 33%　一.10 44% B卷正确率： 一.1 66%　一.2 33%　一.3 100%　一.4 100%　一.5 100% 一.6 100%　一.7 66%　一.8 100%　一.9 0%　一.10 0% C卷正确率： 一.1 100%　一.2 83%　一.3 83%　一.4 66%　一.5 50% 一.6 50%　一.7 83%　一.8 41%　一.9 0%　一.10 100% D卷正确率： 一.1 29%　一.2 54%　一.3 83%　一.4 79%　一.5 25% 一.6 70%　一.7 79%　一.8 20%　一.9 83%　一.10 20%	

续上表

学习目标	教学活动	技术使用与功能评析
学习评价	四个层次的检测都出现了一些错误率较高的题目，分层测试的梯度还需要调整	

三、课后巩固练习和辅导

学习目标	教学活动	技术使用与功能评析
1. 学生及时巩固知识，以免遗忘。 2. 学生过关薄弱的知识点	1. 教师为C、D层学生发布微课《反射——密室逃生》及相关错题，相关学生重做错题。 2. 教师为A、B层学生发布有关反射的概念和反射弧完成过程的深层练习，相关学生完成练习	【技术使用】 高分云平台的组卷功能。 【功能评析】 帮助学生巩固新知
基于学习数据的课后个性辅导分析	根据课后练习的数据可以发现，B层学生在本次练习中，第2题错误率较高。因此，课后还要重点讲解错题并设计相关的变式训练。 | 学生姓名	完成时间	测试总用时	测试得分	—.1	—.2	—.3	—.4	—.5	—.6	—.7
---	---	---	---	---	---	---	---	---	---	---
远辉(0)	2020-06-11 11:42:12	03:15	90	10	10	10	10	10	10	10
子琼(0)	2020-06-11 11:43:56	03:27	80	10	10	10	10	10	0	10
佳恩(0)	2020-06-11 11:41:53	02:56	80	10	10	10	10	0	10	10
名富(0)	2020-06-11 11:41:34	02:56	70	10	10	10	0	10	10	10
清桦(0)	2020-06-11 11:43:58	05:01								
锦明(0)	2020-06-11 11:42:51	03:54	50	10	10	0	10	10	0	0
培诗(0)	2020-06-11 11:42:27	02:41	50	10	0	0	10	10	0	10
粟栩(0)	2020-06-11 11:41:20	02:23	50	0	0	10	10	10	10	0
大辉(0)	2020-06-11 11:43:44	04:46	20	0	0	10	10	0	0	0	
学习评价	部分学生对本节的难点内容的变化题型不够熟练，课后仍需加强	

四、教学反思

（一）学习数据分析

1. 前测题数据分析（见表1）

表1 基于前测数据整理的统计表

组别	各小测题正确率				
微课组	第1题 68%	第2题 66%	第3题 62%	第4题 63%	第5题 56%
微课结合练习册组	第1题 68%	第2题 68%	第3题 65%	第4题 64%	第5题 57%

数据分析：①在前测阶段，"微课结合练习册组"的平均分比"微课组"稍高，说明线上作业与课本作业可互为补充。②前测试题的5道题目分别考查的知识点为：反射的类型、膝跳反射的特点、反射弧的结构、反射的概念和反射弧结构及反射中神

经冲动的传导途径，其中第 5 题（考查反射弧结构及反射中神经冲动的传导途径）的正确率最低，说明学生通过预习并不能很好地掌握此知识点。

2. 课堂检测情况及数据分析

根据学生的前测数据分析，反射弧结构及反射中神经冲动的传导途径这一概念规律在学生利用微课预习后仍然掌握得不够牢固，因此本节课的教学目标及教学重难点可调整为反射弧结构及反射中神经冲动的传导途径。调整目标之后，教师在课堂上可参考平台数据先请一位做错的学生分析做错的原因并揭露此题的"陷阱"，再请一位做对的学生根据教师提示的三个方向讲解错题，然后及时发布相关的变式练习。

（二）教学效果分析

本次教学设计的知识目标调整，是基于根据前置任务的数据分析调整教学目标并通过进行错题分析及变式训练所得到的教学效果而做出的研究。经过基于数据分析做出教学任务调整后，根据堂测结果数据可以看出，学生对反射弧结构及反射中神经冲动的传导途径这一重点知识的掌握在解题思路分析及完成变式练习之后有了一定的提高。

本节课的内容和生活的联系比较紧密，让学生学习对生活有用的生物学知识，并把所学的知识运用到实际中去；如通过亲身体验几个有趣的反射活动，初步建构概念模型；再通过实证、判别、归纳、推理等形成概念，锻炼了学生动脑分析、自主学习、合作学习、交流表达的能力，同时培养了学生的科学素养，使其关注身边生活。

（三）教学模式提炼（见图 1）

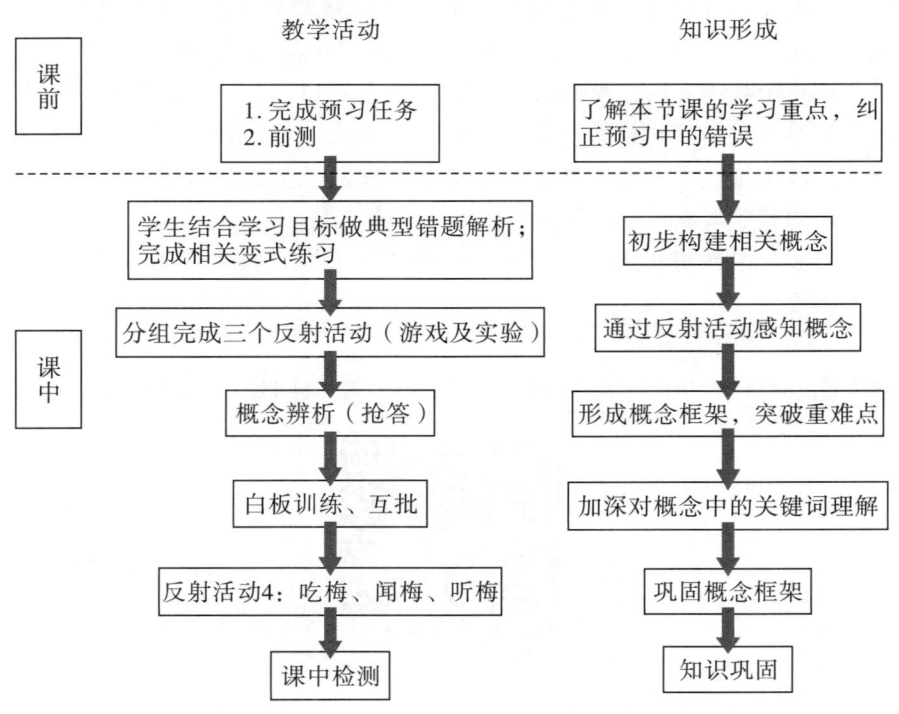

图 1 构建概念框架的生物学活动探索课教学模式

（四）教学改进方案

根据数据显示，采用观看微课进行预习的前置任务让学生在课前通过微课学习勾起其与神经调节相关的生活现象和体验的回顾，从而感知并初步构建相关概念，效果比较好。

但采用微课作为前置任务的方式可以更多样化。类似的实验探究课或与生活体验相关的课型，可以将动机原理融入前置任务的设计中，让学生体验到完成任务后的成就感。以本节课为例，膝跳反射及"吃梅""望梅""闻梅"的反射活动两个实验环节可以让学生在课前先通过预习以小组为单位自主录制微课，教师结合学生录制的微课推送相关的投票活动或设计图示反射弧等相关练习题，学生的主观能动性及学习兴趣将会大大提高。

另外，变式训练及小题小测在本节课的教学中也呈现出不错的效果。但由于本节课容量较大，变式训练的题量偏少，课后可通过增加一定的变式练习有效渐进地帮助学生掌握知识迁移的一般规律和方法；小题小测的频次不够高，往后的教学中可多进行"练习—反馈—巩固—延伸"这类模式的小步调、高频次的小题小测效果研究。

五、专家点评意见

教师的教学设计比较有层次：游戏感知概念—实践探索概念—案例分析延伸概念。在教学设计中教师最初利用"神经调节"的两个小游戏，让学生感知概念，了解神经调节的现象；接着利用演示实验和探究性实验（膝跳反射），教师创设问题——实践思考，让学生使概念教学直观化和真实化，引导学生判别、归纳、推理从而逐步形成概念，同时激发学生的学习积极性，使学生轻松愉快地学习；最后利用生活中三个典型案例，通过生活体验的方式传递概念，将反射和反射弧概念进行运用与延伸。教师设计中注重概念的科学形成过程，注重以学生发展为中心。

稍稍遗憾的是"望梅止渴"的"望"并不是"看"或"视觉感受"，而是"想象或盼望"的意思。

点评专家：刘桦，华南师范大学附属中学教学处副主任，中学生物高级教师。

教学视频

第十三部分 初中道德与法治教学设计案例

美好生活需要法律

一、基本信息

课型：新授课 　　　　　　　　　　　**课时**：第二课时
学校：佛山市顺德区梁开初级中学　　　**授课教师**：林丽斯
学科（版本）：初中道德与法治（粤教版）　**年级**：七年级上学期

二、教学分析

教学目标	1. 使学生了解法律在社会生活发挥的作用，知道"全面依法治国"基本方略。 2. 使学生逐步形成自觉按法律规范自己活动的能力。 3. 使学生在活动中感受法律的作用，树立法治意识
教学内容分析	《美好生活需要法律》是粤教版《道德与法治》七年级上册最后一单元的内容。新版教材依照教育部《青少年法治教育大纲》的基本要求，引导学生学法知法守法，提升对法治教育重要性的认识，树立法治意识，促进学生健康成长，增强法治教育的成效。本课由心理及道德内容过渡到法律知识，让学生初识法律，感受生活离不开法律，在了解法律的同时，增进对法律的认同感。这对学生打下学法基础，培养理性思维尤为重要
学情分析	初一学生仍处于形象思维向抽象思维的过渡期，且此前在道德与法治课上一直进行心理及道德内容的学习，初踏入学习法律的世界，知识难度一下子加大。由于初中生生活阅历有限，其对抽象的"政治生活"不甚了解，因此有必要采用微课学习的方式帮助学生"秒懂"。学生对知识的追求不只是简单粗暴地识记知识点，他们渴望理解并在生活中灵活运用所学知识。只有理解何谓"政治生活"，才能真正理解法律在行政生活中的重要作用，进而理解美好生活需要法律，从心底树立学法守法的意识

续上表

技术应用 重、难点	使用云教育平台推送当堂检测，快速查看学生完成的正误情况，及时反馈点评；平板拍照上传，及时展示学生习作
教学环境 与资源	高分云教学平台；个人移动终端（教学工具）；《美好生活需要法律》课件；《政治生活需要法律》微课等

三、教学过程

一、课前预习		
学习目标	学习活动	技术使用与功能评析
1. 巩固法律含义的知识。 2. 理解法律对生活的重要性	1. 自行翻阅本课内容。 2. 完成"课前小测"。 3. 谈谈对法律的认识	【技术使用】 1. 智慧教学平台推送测试题检测学生预习情况。 2. 讨论区留言查看学生对本课理解的现有水平。 【功能评析】 便于教师收集学情信息，进行二次备课
学习评价	通过教学平台自动生成的学生学习数据（如准确率），分析学生当前对知识的掌握程度	
基于学习数据的课前学情诊断	学生生活经验有限，对法律作用的认识较片面，对政治生活离不开法律的理解较浅	
二次备课说明	需要对资料进行再加工，使学生通过微课学习，突破难以理解的"政治生活"难点，用形象生动的事例帮助学生有效理解抽象的专业术语	
二、课中探索学习		
（一）导入新课		
学习目标	学习活动	技术使用与功能评析
能够快速集中注意力，进入课堂	观看东莞小学生获全国大奖的法治漫画，从画面中提取信息回答国家宪法日日期	【技术使用】 平板推送图片。 【功能评析】 提升兴趣，调动学生课堂参与积极性

续上表

\(二\) 新课讲授 合作探究1. 感受法律如影相随		
学习目标	学习活动	技术使用与功能评析
思考自己的生活与法律之间的联系，感受法律如影相随	1. 听音频，观看PPT，感受主人翁生活与法律的联系。 2. 利用法律锦囊，画线将生活事件与对应的法律连接起来	【技术使用】 1. 平板推送视频。 2. 交互白板完成连线任务。 【功能评析】 1. 提升兴趣，调动学生课堂参与积极性。 2. 特意设计附上法律锦囊，指引学生通过讨论解答疑惑，帮助学生理解，协助学生自学

(三) 新课讲授 合作探究2. 反向思考，以案明理——认识法律的作用		
学习目标	学习活动	技术使用与功能评析
深入思考并讨论法律的重要性，意识到法律与生活息息相关，生活离不开法律，突破学习难点	1. 观看视频。 2. 思考并分组讨论：假如生活失去法律？ ①假如日常生活失去法律…… ②假如经济生活失去法律…… ③假如政治生活失去法律…… 3. 观看微课《政治生活需要法律》。 4. 案例分析，分析生活事件以明晰法律的作用	【技术使用】 平板推送微课。 【功能评析】 先安排展开充分的讨论，继而通过微课讲解，快速让学生认识政治生活，从而突破教学难点

(四) 新课讲授 总结归纳"法律的作用"，练习检测——闯关升级		
学习目标	学习活动	技术使用与功能评析
回顾本课所学知识，适时总结归纳，强化记忆	1. 总结归纳"法律的作用"。 2. 完成平板推送任务。 3. 抢答进阶问题	【技术使用】 智慧教学平台推送测试题目。 【功能评析】 1. 调动学生课堂参与积极性。 2. 增强课堂师生、生生互动。 3. 便于教师快速掌握学生的学习达成度，及时反馈

续上表

基于学习数据的课中精准教学分析	1. 经充分讨论，学生发表意见补充观点，在观点碰撞中加深对知识内容的理解。 2. 学生对法律作用掌握得很好，也能从生活事例中认识到日常、经济与政治生活皆需要法律的参与
学习评价	通过小组互相批改、讨论、展示、点评，当堂检测生成数据，分析数据并进行反馈

三、课后巩固

学习目标	学习活动	技术使用与功能评析
学习使用法律知识解决生活问题，树立法治意识	1. 设计普法宣传标语并拍照上传。 2. 利用互联网和平板工具，查找法律信息解决以下两个疑惑： 疑惑1：我（初中生）可以打暑假工吗？ 疑惑2：家长虐打小孩违法吗？	【技术使用】 1. 平板拍照上传。 2. 平板随机、及时展示学生习作。 【功能评析】 1. 调动学生课堂参与积极性。 2. 及时展示学生习作，提高课堂效率。 3. 增强课堂师生、生生互动。 4. 便于教师了解学生的知识运用情况
基于学习数据的课后个性辅导分析	部分学生的标语作品存在为扣题而扣题，而不管语句逻辑的问题；但也不乏语句通顺点题清晰的高分作品。鉴于此，可利用平台进行优秀作品的分享，以帮助学生积累以期可灵活运用	
学习评价	小组互相批改，在讨论区对作品进行评分并做简洁点评。帮助学生开阔思维，从中了解存在的失分点和得分亮点	

四、教学反思

（一）学习数据分析

题目：

（1）下列行为属于违反公共交通秩序的是（　　）

（2）政治生活需要法律，以下说法不正确的是（　　）

（3）学生李某在学校违纪，被班干部张某批评后心里非常恼火，便邀了几个哥们在放学路上对张某大打出手，结果被抓进了派出所。对此，下列说法正确的是（　　）

（4）赵氏兄弟因遗产纠纷诉讼至法院，法律在查明事实的基础上做出公正的判决，解除了兄弟间的冲突。这体现了法律能（   ）

准确率：（1）100%　　　　（2）100%　　　　（3）96.3%　　　　（4）92.6%

分析：总体而言，学生对法律的作用掌握得不错，也能理解政治生活需要法律这一难点；部分学生能理解法律作用的两个角度，但在联系实际例子做具体分析应用时欠缺灵活。

（二）教学效果分析

本课使用平板推送任务完成当堂检测，打破了原本的纸笔训练教师难以短时内审阅总体的常规情况。平台强大的高速运算能为教师提供即时的答题情况，让教师只需手持平板便对全局了然于胸，讲解答疑能做到有的放矢。

问题设置得细致清晰，让学生有话可说。从这节课的表现看来，学生学法的兴趣浓厚。在接触了鲜活的案例后，他们的讨论非常热烈，发言涉及的角度很广，举例从社会事件到身边亲友的亲身经历，尝试用课本知识去解决生活实际问题；思维发散不再拘泥于书本，认知在激烈的思维碰撞下由浅入深，这样的综合运用和表达能力恰好是我们追求的目标。

（三）教学模式提炼（见图1）

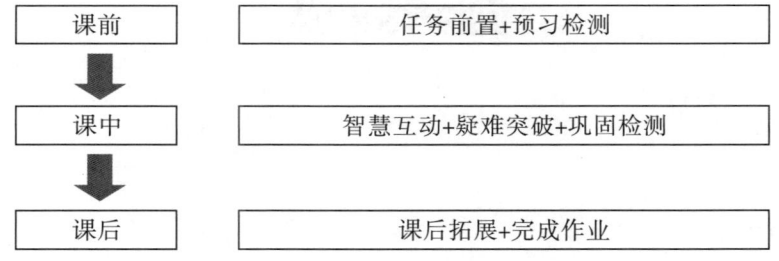

图1 "自学、探究、反馈"三环教学模式

（四）教学改进方案

本课章节在教材中不过区区两页，知识点不多，可对学生的法律意识及公民意识的培养有着非常重要的作用。若学生在学法之初能感受到法律原来与自身生活息息相关，相信日后的学习定必兴趣百倍。因此教师可以不拘泥于书本知识所限，尽量地丰富教学素材，丰富学生知识库，借用强大的互联网信息搜集功能，让学生得以在网上看世界，学习用法治的眼光看世界。

五、专家点评意见

《美好生活需要法律》是粤教版《道德与法治》七年级上册最后一单元的内容。初中一年级的学生生活阅历有限，如何帮助他们结合生活实际理解"法律对生活的重要作用"是本节课的重点和难点。课前，教师通过查看讨论区留言等方式精准掌握学情，在发现学生普遍难以理解"政治生活"的概念时，进行了二次备课，为学生准备了微视频。课中，教师组织学生围绕"假如生活失去法律"开展讨论，并推送微课，用形象生动的事例帮助学生理解抽象的专业术语，支撑学习活动的开展，帮助学生有效突破重难点。值得称赞的是教师还指导学生利用互联网和平板工具，开展了探究式学习，"设计普法宣传标语""志勇闯关"的活动激发了学生的学习兴趣，拓展了知识面，培养了法律意识。整节课能遵循"自学—探究—反馈"的教学步骤，基于学习数据开展精准教学，较好地达成了教学目标。建议教师要精选更贴近学生生活和实际的案例，组织更深入的研讨，以提高学生分析问题的能力。

点评专家：姚轶洁，中学政治高级教师，广东省教育研究院基础教育研究室副主任，华南师范大学兼职硕士生导师。

教学视频